8º ANO

Ciências da NATUREZA

Caro leitor:

Visite o site **harbradigital.com.br** e tenha acesso aos **objetos digitais** especialmente desenvolvidos para esta obra. Para isso, siga os passos abaixo:

- acesse o endereço eletrônico **www.harbradigital.com.br**
- clique em **Cadastre-se** e preencha os **dados** solicitados
- inclua seu **código de acesso**:

36D8C022CE50D7A942D5

Seu cadastro já está feito! Agora, você poderá desfrutar de vídeos, animações, textos complementares, banco de questões, banco de imagens, entre outros conteúdos especialmente desenvolvidos para tornar seu estudo ainda mais agradável.

Requisitos do sistema

- O Portal é multiplataforma e foi desenvolvido para ser acessível em *tablets*, celulares, *laptops* e PCs (existentes até ago. 2018).
- Resolução de vídeo mais adequada: 1024 x 768.
- É necessário ter acesso à internet, bem como saídas de áudio.
- Navegadores: Google Chrome, Mozilla Firefox, Internet Explorer 9+, Safari ou Edge.

Acesso

Seu código de acesso é válido por 1 ano a partir da data de seu cadastro no portal HARBRADIGITAL.

editora HARBRA

BNCC — MATRIZ DE COMPETÊNCIA

CIÊNCIAS DA NATUREZA

1	• Observar o mundo a sua volta e fazer perguntas.	Definição de problemas
2	• Analisar demandas, delinear problemas e planejar investigações.	Definição de problemas
3	• Propor hipóteses.	Definição de problemas
4	• Planejar e realizar atividades de campo (experimentos, observações, leituras, visitas, ambientes virtuais etc.).	Levantamento, análise e representação
5	• Desenvolver e utilizar ferramentas, inclusive digitais, para coleta, análise e representação de dados (imagens, esquemas, tabelas, gráficos, quadros, diagramas, mapas, modelos, representações de sistemas, fluxogramas, mapas conceituais, simulações, aplicativos etc.).	Levantamento, análise e representação
6	• Avaliar informação (validade, coerência e adequação ao problema formulado).	Levantamento, análise e representação
7	• Elaborar explicações e/ou modelos.	Levantamento, análise e representação
8	• Associar explicações e/ou modelos à evolução histórica dos conhecimentos científicos envolvidos.	Levantamento, análise e representação
9	• Selecionar e construir argumentos com base em evidências, modelos e/ou conhecimentos científicos.	Levantamento, análise e representação
10	• Aprimorar seus saberes e incorporar, gradualmente, e de modo significativo, o conhecimento científico.	Levantamento, análise e representação
11	• Desenvolver soluções para problemas cotidianos usando diferentes ferramentas, inclusive digitais.	Levantamento, análise e representação
12	• Organizar e/ou extrapolar conclusões.	Comunicação
13	• Relatar informações de forma oral, escrita ou multimodal.	Comunicação
14	• Apresentar, de forma sistemática, dados e resultados de investigações.	Comunicação
15	• Participar de discussões de caráter científico com colegas, professores, familiares e comunidade em geral.	Comunicação
16	• Considerar contra-argumentos para rever processos investigativos e conclusões.	Comunicação
17	• Implementar soluções e avaliar sua eficácia para resolver problemas cotidianos.	Intervenção
18	• Desenvolver ações de intervenção para melhorar a qualidade de vida individual, coletiva e socioambiental.	Intervenção

8º ANO

Ciências da NATUREZA

ARMÊNIO UZUNIAN

Mestre em Ciências na área de Histologia pela Universidade Federal de São Paulo

Médico pela Universidade Federal de São Paulo

Professor e Supervisor de Biologia em cursos pré-vestibulares na cidade de São Paulo

ERNESTO BIRNER

Licenciado em Ciências Biológicas pelo Instituto de Biociências da Universidade de São Paulo

Professor de Biologia na cidade de São Paulo

JOSÉ EDUARDO REZENDE

Bacharel em Física pela Universidade Estadual de Campinas

Coordenador e professor de Física, Química e Matemática em escolas particulares e cursos pré-vestibulares

Trabalha com projetos de formação continuada de professores da rede privada

MARLON WRUBLEWSKI

Mestre em Ciência e Engenharia de Materiais pela Universidade Federal do Paraná

Licenciado em Física pela Universidade Federal do Paraná

Professor de Física em cursos de graduação em Engenharia na Pontifícia Universidade Católica do Paraná

Professor de Física do Ensino Fundamental e Médio

editora HARBRA

Direção Geral:
Julio E. Emöd

Supervisão Editorial:
Maria Pia Castiglia

Edição de Texto:
Carla Castiglia Gonzaga

Programação Visual:
Mônica Roberta Suguiyama

Editoração Eletrônica:
Neusa Sayuri Shinya

Assistente Editorial:
Darlene Fernandes Escribano

Capa:
Grasiele Lacerda Favatto Cortez

Fotografias da Capa:
Shutterstock

Impressão e Acabamento:
Forma Certa Gráfica e Editora Ltda.

CIP-BRASIL. CATALOGAÇÃO NA PUBLICAÇÃO
SINDICATO NACIONAL DOS EDITORES DE LIVROS, RJ

C511

Ciências da Natureza: 8º ano / Armênio Uzunian ... [et al.]. - 1. ed. - São Paulo : HARBRA, 2020.
344 p. : il. ; 27 cm. (Ciências da natureza)

Inclui bibliografia

ISBN 978-85-294-0528-5

1. Ciências - Estudo e ensino (Ensino fundamental). I. Uzunian, Armênio. II. Série.

19-60146 CDD: 372.35
CDU: 373.3.016:5

Vanessa Mafra Xavier Salgado - Bibliotecária CRB-7/6644

Ciências da NATUREZA – 8º ano

Rua Mauro, 400
04055-041 – São Paulo – SP
Tel.: (0.xx.11) 5084-2482

ISBN (coleção) 978-85-294-0516-2

ISBN 978-85-294-0528-5

Impresso no Brasil *Printed in Brazil*

PREFÁCIO

Prezado estudante:

É com prazer que lançamos uma coleção que valorizará sempre a sua intensa participação e incentivará o conhecimento das Ciências da Natureza com ética, responsabilidade, estimulando o respeito a si próprio e ao outro. Dirigiremos nossas abordagens principalmente ao princípio da valorização do meio ambiente e incentivaremos sempre que possível a sustentabilidade ambiental de forma responsável, conscientes de que é preciso interagir e efetuar um trabalho em conjunto, com ênfase na ética e na cidadania, sempre com a meta de formar cidadãos responsáveis e participativos.

Nesta coleção, valorizaremos insistentemente o processo investigativo e questionador, sempre recorreremos à contextualização dos conhecimentos, e utilizaremos as Ciências da Natureza para incentivá-lo a tomar decisões frente a questões científicas, tecnológicas e socioambientais, com respeito à saúde individual e coletiva. Enfatizaremos os princípios éticos, democráticos, sustentáveis e solidários. Para isso, é preciso reconhecer a importância da transversalidade e a integração dos conhecimentos de Química, Biologia e Física, e mostrar que as novidades derivadas dessas áreas contribuem para formar cidadãos participativos, questionadores e difusores de boas práticas diárias de respeito ao meio ambiente e às pessoas que nos cercam, valorizando a diversidade de indivíduos e grupos sociais, sem preconceitos de qualquer natureza.

Nós, professores, precisamos levar em conta a opinião dos nossos alunos. Precisamos valorizar a sua opinião, necessitamos de sua conhecida capacidade de observar fenômenos, propor hipóteses, fazer perguntas, planejar e realizar atividades que permitam a perfeita compreensão dos fenômenos que ocorrem à sua volta. Esse é um dos importantes diferenciais da presente obra – contar com a participação dos estudantes. Esse foi o desejo da editora HARBRA e dos autores, também professores, ao lançar a presente coleção de Ciências destinada aos alunos do Ensino Fundamental de nosso país e que se enquadra perfeitamente bem às novas orientações geradas pela Base Nacional Comum Curricular.

Os autores.

APRESENTAÇÃO DA COLEÇÃO

Organização do volume

2 Linguagem adequada à faixa etária dos alunos

Textos escritos em linguagem acessível, de modo a facilitar a compreensão dos conceitos.

1 Unidades organizadas segundo a BNCC

A abertura de cada unidade assim como de cada capítulo, com fotos motivadoras e texto cuidadosamente preparado, visam captar a atenção dos alunos, apresentando-os ao conteúdo a ser estudado e sua relação com o cotidiano.

Quadros à margem do texto estimulam a interação dos alunos com o conteúdo

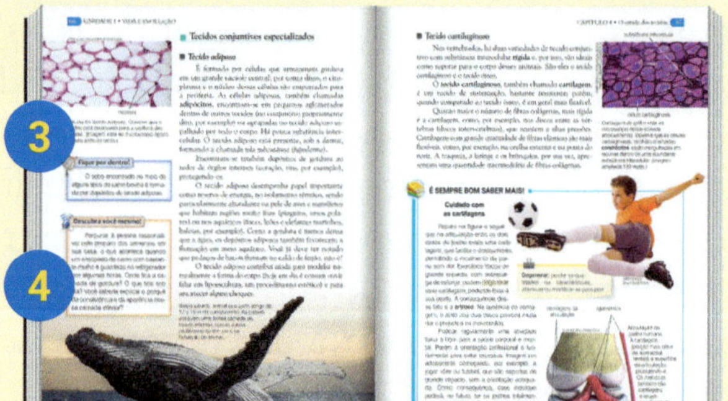

3 Fique por dentro!

Pequenas curiosidades motivadoras sobre o tema em pauta.

4 Descubra você mesmo!

Neste momento, os alunos são convidados a pesquisar em livros da biblioteca ou por meio eletrônico, hoje praticamente ao alcance de todos, para descobrir respostas a atividades propostas.

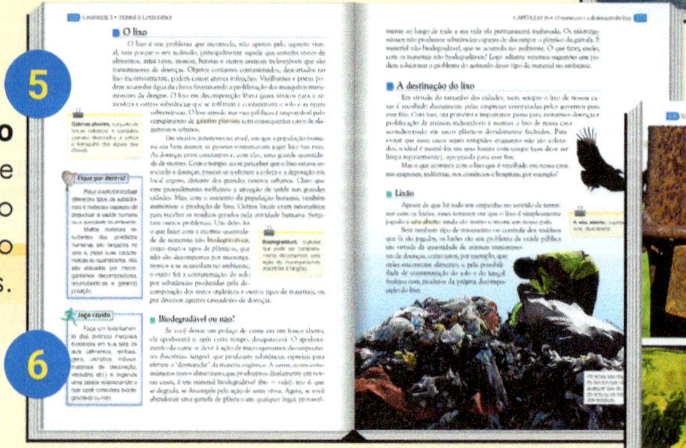

5 Glossário

Nova oportunidade para enriquecer o vocabulário dos leitores.

6 Jogo rápido

Perguntas simples sobre o tema que acabou de ser exposto, cujas respostas podem estar no próprio capítulo ou já fazer parte do repertório dos alunos.

Lembre-se

São destacados do corpo do texto dados e informações relevantes que os alunos não podem deixar de contemplar.

Complementando a teoria, quadros apresentam uma diversidade de situações em que o tema em estudo é aplicado

7 De olho no planeta
Meio ambiente, Sustentabilidade e Ética & Cidadania
Neste quadro, a importantíssima questão socioambiental, tema da atualidade, é abordada, em seus três pilares, objetivando o desenvolvimento da capacidade de atuação no e sobre o mundo, importante ao exercício pleno da cidadania.

8 Estabelecendo conexões
Cotidiano, Interdisciplinaridade e Saúde
Quadros que integram os temas abordados no capítulo com outras áreas do conhecimento, situações do cotidiano e saúde.

9 É sempre bom saber mais!
Destacados do corpo principal do texto, esses sempre interessantes aprofundamentos podem ser abordados em sala de aula a critério do professor.

12 Nosso desafio
Ao fim do capítulo, atividade de construção de mapas de conceitos.

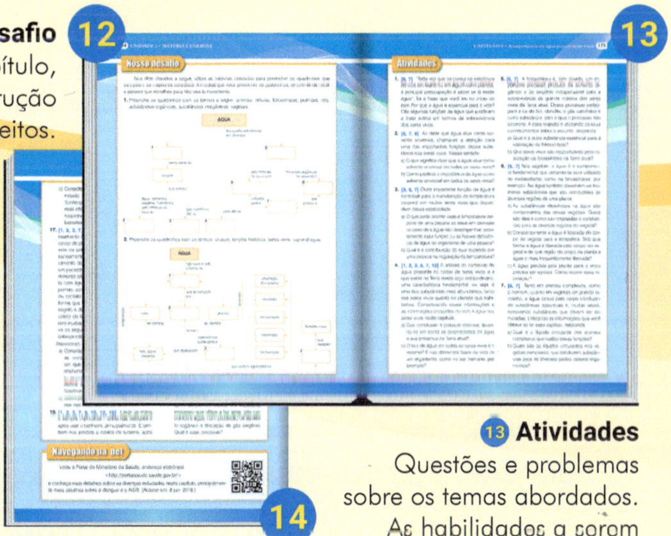

10 Entrando em ação!
Práticas que não precisam de laboratório para serem realizadas.

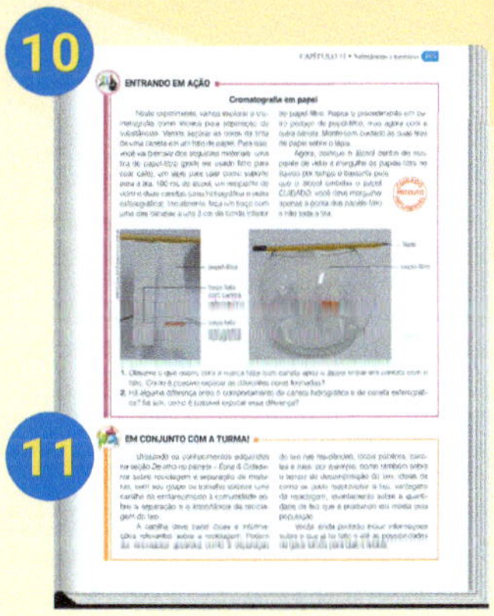

11 Em conjunto com a turma!
Atividades facilitadoras de integração e interação entre os membros da equipe. Estimulam o interesse e a curiosidade científica, permitem definir problemas, levantar, analisar e representar resultados, comunicar conclusões e propor intervenções.

13 Atividades
Questões e problemas sobre os temas abordados. As habilidades a serem desenvolvidas em cada atividade estão indicadas entre colchetes no início de cada uma.

14 Navegando na net!
Sugestão de *sites* relacionados ao tema do capítulo.

Ao final de cada unidade

15 Leitura
Enriquecendo a unidade, uma leitura direcionada, seguida de uma ou mais questões para reflexão, é mais uma oportunidade para estimular os alunos a investigar sobre os temas apresentados.

16 *Tecnews*
Leitura em formato de revista científica. Inclui sugestão de pesquisa, oportunidade em que os alunos podem utilizar ferramentas, inclusive digitais, para coleta, análise e representação de dados.

CONTEÚDO

UNIDADE 1 — Vida e EVOLUÇÃO 15

capítulo 1 — BRIÓFITAS, PTERIDÓFITAS E GIMNOSPERMAS 16

capítulo 2 — ANGIOSPERMAS 36

capítulo 3 — ALIMENTOS E NUTRIÇÃO HUMANA 68

capítulo 6 — SISTEMA CARDIOVASCULAR OU CIRCULATÓRIO 121

capítulo 7 — SANGUE 138

capítulo 8 — SISTEMA URINÁRIO (EXCRETOR) 156

capítulo 9 — SISTEMAS ESQUELÉTICO E MUSCULAR 170

UNIDADE 2 — Matéria e ENERGIA 263

capítulo 13 — ORGANIZAÇÃO DA MATÉRIA 264

capítulo 14 — A ENERGIA DOS MOVIMENTOS 298

UNIDADE 3 — TERRA E UNIVERSO 321

capítulo 15 — FENÔMENOS ATMOSFÉRICOS E PREVISÃO DO TEMPO 322

UNIDADE 1

Vida e
EVOLUÇÃO

A existência de grande diversidade de seres vivos, da qual fazem parte os seres humanos, é o que caracteriza a Terra em que vivemos. E, dessa diversidade, temos os componentes do reino *Plantae*, popularmente denominados de plantas. Derivados de vegetais são importantes em nossa alimentação, pois são fontes de vitaminas, fibras e outras substâncias essenciais para a saúde do nosso organismo.

Uma alimentação balanceada, com o ingresso de nutrientes adequados, permite que nossas células trabalhem e liberem a energia necessária, que mantém o corpo aquecido e possibilita a realização de diversas atividades.

Nesta unidade, estudaremos o reino *Plantae* e o fascinante equilíbrio dinâmico do corpo humano, que depende da liberação de energia pelas nossas células.

BERND JUERGENS/SHUTTERSTOCK

capítulo 1

BRIÓFITAS, PTERIDÓFITAS E GIMNOSPERMAS

Tinta verde-musgo, camiseta verde-musgo, calça verde-musgo

Quem já viu um barranco forrado de musgos, certamente entenderá porque o homem imitou a coloração desse tipo de vegetal para produzir tintas e tingir camisetas e calças com a cor verde-musgo.

Há tempos o homem aprendeu a imitar a variedade de cores da natureza, não apenas para colorir objetos, mas também para enfeitar e camuflar o próprio corpo. Além da coloração típica das rochas, dos solos e dos animais, também se destacam as existentes em flores, frutos, folhas e troncos de árvores, que, como se sabe, são estruturas pertencentes a plantas. E os musgos também são plantas, embora bem simples, que vivem preferencialmente em locais úmidos de florestas e cachoeiras.

Neste capítulo, vamos conhecer mais detalhes sobre o filo briófitas, ao qual pertencem os musgos. Também estudaremos o filo pteridófitas, cujos representantes mais conhecidos são as samambaias, e as gimnospermas, representadas pelos pinheiros.

CHIANURI/SHUTTERSTOCK

Sob a denominação plantas enquadram-se seres que pertencem a quatro filos vegetais: **briófitas** (musgos, hepáticas), **pteridófitas** (samambaias, avencas), **gimnospermas** (pinheiros, ciprestes) e **angiospermas** (laranjeiras, pau-brasil, roseiras).

Neste capítulo, estudaremos os representantes dos três primeiros filos.

Jogo rápido

1. As células das plantas são eucarióticas ou procarióticas?
2. Quanto à obtenção de alimento orgânico, as plantas são autótrofas ou heterótrofas?
3. Que característica justifica a inclusão das plantas no reino Vegetal, em vez de serem incluídas no reino Protista?

Briófitas

Musgos são as mais conhecidas briófitas (do grego, *bryon* = = musgo + *phyton* = planta). Possuem pequeno tamanho, crescem eretos e formam uma espécie de tapete verde em barrancos, rochas ou troncos de árvores.

KAMRAD71/SHUTTERSTOCK

Musgo da espécie *Polytrichum comune*. Muito comum em ambientes úmidos das regiões Sul e Sudeste do Brasil, já é encontrado nos estados de Goiás, Amazônia e Roraima.

Fique por dentro!

Hepáticas é um nome que deriva do grego, *hepatos* = fígado, porque os primeiros estudiosos julgavam que as bifurcações da lâmina se assemelhavam às subdivisões externas (lobos) do fígado humano.

HANJO HELLMANN/SHUTTERSTOCK

Hepáticas, como a da foto acima (*Marchantia polymorpha*), têm formato de pequenas lâminas esverdeadas, achatadas e bifurcadas, que crescem rente ao solo, podendo também ser encontradas em meio aquático doce.

LUIS MOURA/acervo da editora

A estrutura de um musgo compreende os **rizoides**, finíssimos fios que prendem o musgo ao solo e dele retiram água e nutrientes minerais, o **cauloide** e os **filoides**, que correspondem à parte aérea, visível. Os filoides são lâminas muito delgadas, sem nenhum revestimento protetor.

Estrutura de um musgo. Tanto nas células do cauloide como nas dos filoides existem cloroplastos, organelas nas quais ocorre o processo de fotossíntese. (Cores-fantasia. Ilustração fora de escala.)

Lembre-se!

Não existem briófitas vivendo na água do mar.

DE OLHO NO PLANETA

Sustentabilidade

As turfas

Extensos depósitos de musgos parcialmente decompostos formam as **turfas**, conhecidas principalmente no norte da Europa e nos Estados Unidos. Misturados ao solo, aumentam a retenção de água graças à grande capacidade de absorção.

A turfa seca é também usada como fonte de energia. Os Estados Unidos possuem mais de 60 bilhões de toneladas de turfeiras, combustível equivalente a cerca de 240 bilhões de barris de petróleo. Na Irlanda, 20% da energia provém das turfeiras usadas, por exemplo, no aquecimento domiciliar.

RICHSOUTHWALES/SHUTTERSTOCK

A turfa tem a característica de ser inflamável e, por isso, no passado sua queima foi muito utilizada para aquecer as casas. Na foto, blocos de turfa deixados ao sol para secagem.

O pequeno tamanho dos musgos

Lembre-se!

Como nas briófitas não existe um sistema de transporte através de vasos, essas plantas são consideradas **avasculares**.

Fique por dentro!

Qualquer sistema de transporte eficiente (de sangue, de seivas, metroviário, rodoviário, aeroviário etc.) permite vencer distâncias maiores em tempo menor. Uma das consequências é o crescimento dos organismos ou das cidades, por exemplo.

O pequeno tamanho dos musgos, quando comparado ao de uma árvore, pode ser explicado pela diferença no transporte de substâncias através do corpo desses dois tipos de vegetais. No interior do corpo de um musgo, não existe um sistema especializado no transporte de água e minerais absorvidos do solo. A água move-se lentamente de célula a célula, desde as pequenas ramificações dos rizoides até atingir as partes mais altas da planta. Se a evaporação da água existente no corpo do musgo for maior do que a absorção pelos rizoides e o transporte célula a célula, o musgo poderá desidratar-se e morrer. Esse é o motivo de os musgos viverem preferencialmente em ambientes úmidos, onde a perda de água é mínima e pode ser compensada, mesmo com a absorção e o transporte lentos.

Já nas árvores existe um sistema especializado de transporte, formado por finíssimos tubos, que começam nas raízes e terminam nas folhas. Pelo interior desses tubinhos a solução de água e sais minerais flui velozmente e atinge a copa, compensando rapidamente as perdas através das folhas, o que possibilita a vida mesmo em ambientes relativamente secos. Graças a esses finíssimos tubos, chamados de **vasos condutores**, o tamanho das árvores pode *ser maior*.

Reprodução sexuada dos vegetais

A reprodução sexuada de qualquer vegetal, incluindo musgos, hepáticas e samambaias, é bem diferente da que ocorre na grande maioria dos animais. Nestes, a reprodução sexuada, quase sempre, produz diretamente descendentes com o mesmo formato e aparência dos pais. Minhocas produzem minhocas, cães produzem cães, e assim por diante. Nas plantas isso não ocorre.

Muitos grupos de algas e todos os componentes do reino *Plantae* reproduzem-se sexuadamente por meio de um ciclo reprodutivo no qual ocorre uma **alternância de duas gerações**, cada qual produzindo a outra. Acompanhe pelo esquema abaixo.

Nesse ciclo, a reprodução ocorre, em uma das gerações, com a produção de **gametas**, que, por meio da **fecundação**, geram uma célula denominada **zigoto**.

O zigoto se desenvolve e origina a outra geração, que, por sua vez, produz células denominadas **esporos**. Estes, ao germinarem, originam novos indivíduos produtores de gametas.

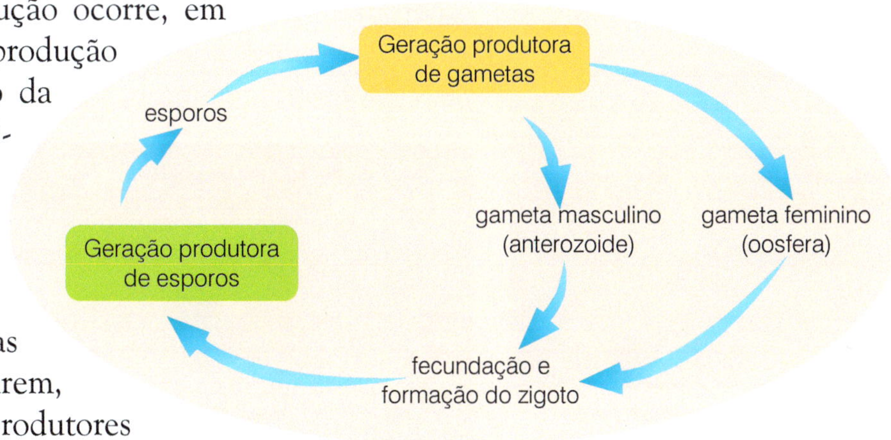

Ciclo reprodutivo nos componentes do reino *Plantae*.

As plantas que produzem os gametas são chamadas de **gametófitos** e as que produzem os esporos são chamadas de **esporófitos**.

Reprodução sexuada dos musgos

Acompanhe o texto pelas imagens ao lado.

Os **gametófitos** dos musgos, que têm sexos separados (**gametófitos masculinos** e **femininos**), produzem gametas em órgãos microscópicos localizados no topo de cada planta. Gametas masculinos móveis, dotados de flagelos, são liberados e, com o auxílio de gotículas de água do ambiente, alcançam o topo da planta feminina, onde se dá o encontro com um gameta feminino (fecundação), originando-se o zigoto.

O zigoto desenvolve-se e forma o **esporófito**, que cresce apoiado no topo do gametófito feminino. O esporófito dos musgos é formado apenas por uma fina haste que sustenta, no ápice, uma cápsula (dilatação) onde se formam os esporos.

LUIS MOURA/acervo da editora

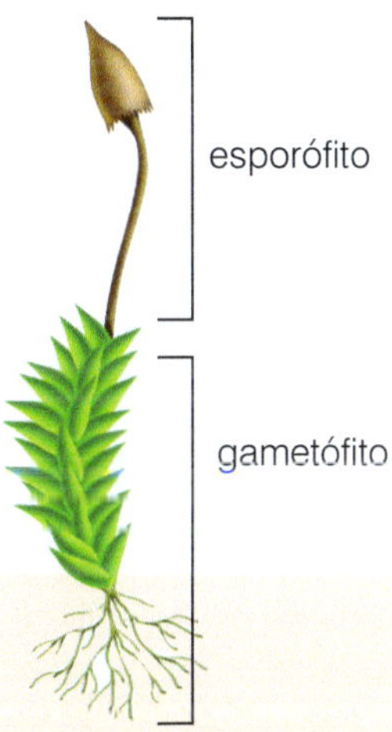

Esporófito sobre gametófito de musgo. (Cores-fantasia.)

LUIS MOURA/acervo da editora

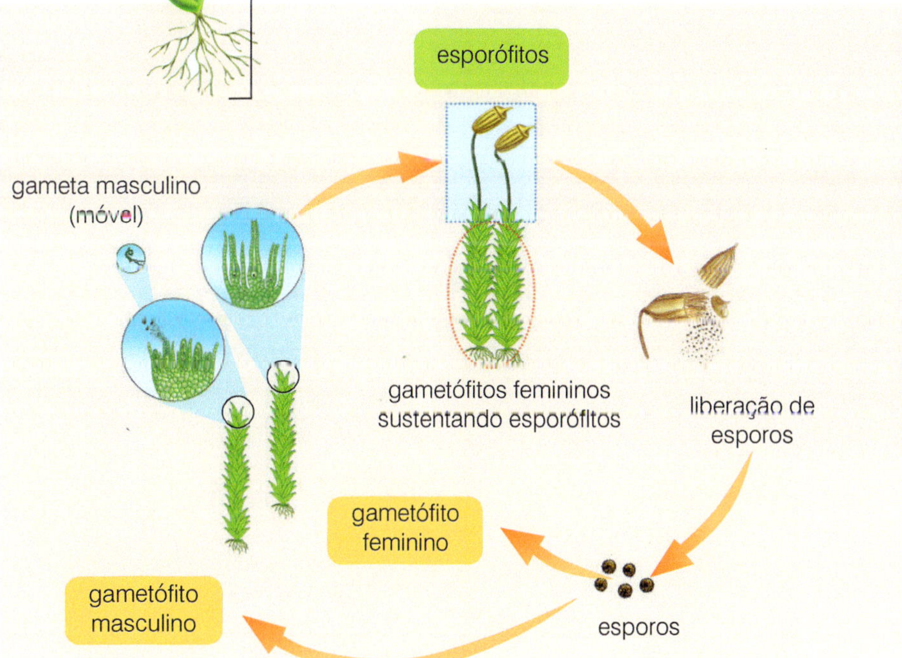

Ciclo reprodutivo em musgos.

TODD BOLAND/SHUTTERSTOCK

Hepática do gênero *Marchantia*. As porções mais elevadas, semelhantes a sombrinhas com a borda recortada, são os esporófitos e só aparecem na época da reprodução.

Ao amadurecer, o esporófito libera os esporos, que, caindo em locais favoráveis, desenvolvem a geração seguinte, isto é, os novos gametófitos.

Nos musgos, a geração gametofítica é a mais duradoura. O esporófito é passageiro, não possui clorofila, é incapaz de realizar fotossíntese e, por isso, vive do alimento orgânico produzido pelo gametófito feminino, sobre o qual se apoia.

ANEST/SHUTTERSTOCK

Esporófitos do musgo *Polytrichum comune*.

Pteridófitas

Samambaias são *pteridófitas* (do grego, *pteris* = samambaia). Além delas, são também pteridófitas as avencas, o xaxim (samambaiaçu ou "samambaia gigante"), a cavalinha (equisseto), os licopódios, as selaginelas, entre outras.

(a) Samambaias, (b) avencas, (c) selaginelas, (d) licopódios e (e) equissetos são exemplos de pteridófitas.

KOSMOS111/SHUTTERSTOCK

EAKWIPHAN SMITABHINDHU/SHUTTERSTOCK

Nas samambaias existem raízes, caules e folhas, órgãos inexistentes nas briófitas. Comumente, as folhas das samambaias nascem enroladas nas pontas e, ao se abrirem, geram folhas compostas, dotadas de muitos folíolos.

Pteridófitas são as primeiras plantas nas quais existem **vasos condutores** de seivas, aqueles finíssimos tubos a que nos referimos no caso das árvores. Por isso, essas plantas podem atingir um tamanho maior do que o das briófitas.

As pteridófitas são, então, as primeiras **plantas vasculares** a ocupar o meio terrestre, iniciando uma conquista promissora que culminou com a formação de grupos mais complexos, como veremos nos capítulos seguintes.

Pteridófitas são plantas comumente encontradas no meio aquático doce, no interior de matas úmidas, no solo, presas nos troncos de árvores ou em barrancos e em fendas de paredes e muros, de preferência, sombrios e úmidos.

Fique por dentro!

Na evolução das plantas, as primeiras a possuir estruturas especificamente destinadas à condução rápida de água e nutrientes minerais foram as pteridófitas. Essa característica foi a que permitiu o início bem-sucedido da conquista do meio terrestre pelos vegetais.

Embora tenham conquistado com sucesso ambientes terrestres, na reprodução das pteridófitas o encontro de gametas ainda depende da participação da água do ambiente.

No Brasil, a Mata Atlântica e a Amazônica possuem inúmeras espécies de pteridófitas.

d

KURKUL/SHUTTERSTOCK

c

PANDA3800/SHUTTERSTOCK

e

TERESA OTTO/SHUTTERSTOCK

Samambaias, as pteridófitas mais conhecidas

As fotos a seguir e o esquema que as acompanha mostram como é organizado externamente o corpo de uma samambaia comum. As folhas ramificadas em folíolos emergem de um caule subterrâneo do tipo **rizoma**. O prefixo *rizo*, que você conheceu anteriormente, refere-se à raiz. Na verdade, por ser subterrâneo, o rizoma exerce uma função parecida com a de uma raiz. Do rizoma emergem finas raízes, que o fixam ao solo, e as folhas, que crescem para o meio aéreo.

STANISLAV FOSENBAUER/SHUTTERSTOCK

LUIS MOURA/ acervo da editora

PREECHAB/SHUTTERSTOCK

(a) Samambaia adulta típica; (b) folha jovem; (c) detalhe da folha, evidenciando os folíolos.

DE OLHO NO PLANETA

Sustentabilidade

O caráter ornamental das samambaias justificou, por muito tempo, seu cultivo em residências. Para isso, com frequência elas eram plantadas em vasos de xaxim. Para a confecção desses vasos, o xaxim era inevitavelmente derrubado, seu tronco era cortado em pedaços e escavado para servir de vaso. Claro que essa atitude quase resultou na extinção do xaxim, uma vez que, a cada derrubada, não havia a correspondente reposição do espécime retirado.

Atualmente, a retirada do xaxim está proibida e, para substituí-lo, uma alternativa tem sido fabricar vasos com fibras de coco-da-baía.

RICARDO DE PAULA FERREIRA/SHUTTERSTOCK

Mata de xaxins (*Dicksonia sellowiana*), em Urubici, SC.

Reprodução sexuada das samambaias

Ao se reproduzirem sexuadamente, as samambaias realizam o ciclo padrão de reprodução com duas gerações alternantes (esporófito e gametófito) comum a todos os vegetais, e que você conheceu na reprodução dos musgos. Mas com uma importante diferença: nas samambaias, a *geração duradoura é o esporófito*, que é a planta que você vê nas matas ou plantada em vasos. Acompanhe o texto com o esquema a seguir do ciclo de vida de uma samambaia comum.

Os pontos escuros que ficam na face inferior dos folíolos são **soros**, locais em que são produzidos os esporos.

Na época da reprodução, surgem pontos escuros na face inferior dos folíolos. Esses pontos escuros denominam-se **soros** e correspondem aos locais em que são produzidos **esporos**. Liberados e atingindo locais favoráveis, os esporos se desenvolvem e originam pequenas lâminas esverdeadas, que são notadas por um observador bem atento. Pois bem, essas lâminas, também denominadas de **protalos** (do grego, *pro* = antes + *thallos* = ramo, broto), correspondem aos *gametófitos*, ou seja, a geração produtora de gametas.

Cada protalo é capaz de produzir na face inferior, que se mantém em contato com uma fina camada de água no solo, tanto gametas masculinos quanto femininos. Nessa película de água, os gametas masculinos nadam ao encontro dos gametas femininos.

Ocorrida a fecundação, origina-se o zigoto que, ao se desenvolver apoiado no protalo em que se formou, gera uma nova samambaia (esporófito), enquanto o protalo (gametófito) morre.

Protalos de samambaia, como os da foto, são pequenos: têm em média 8 mm de comprimento.

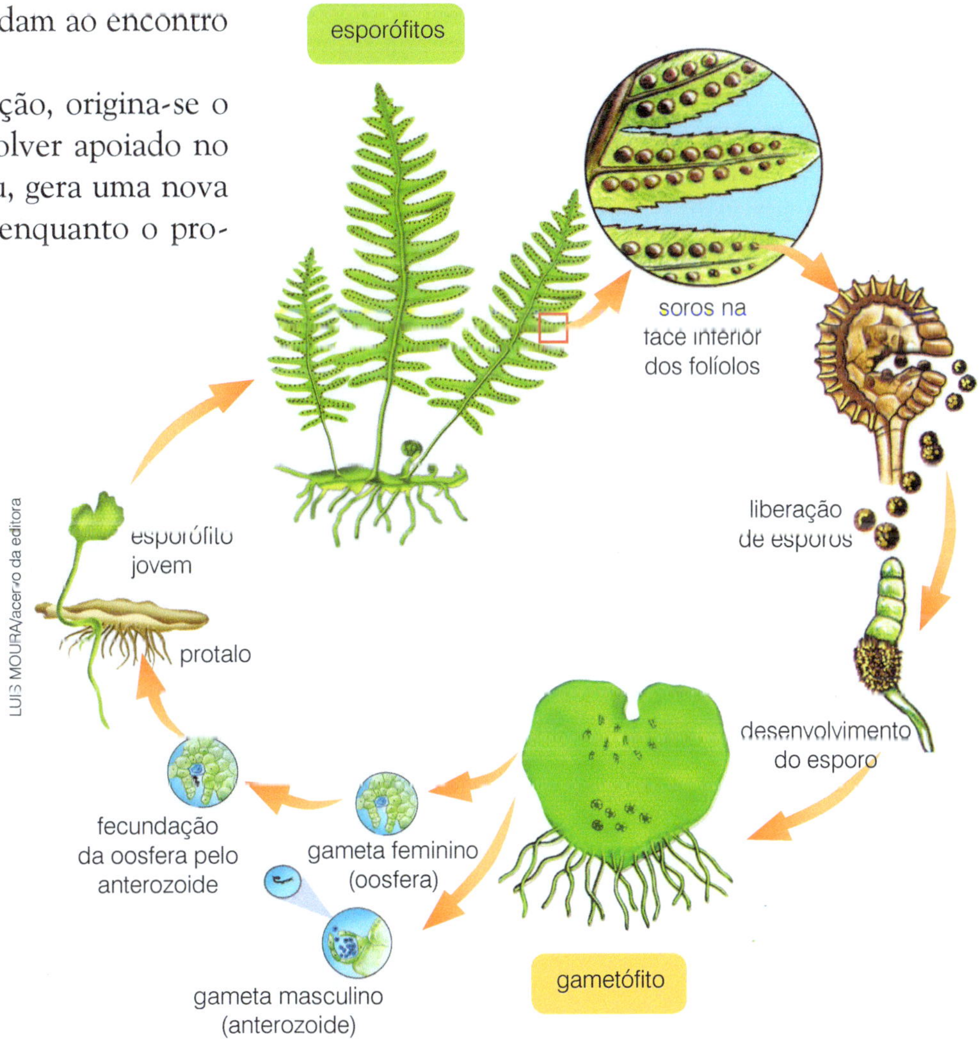

Ciclo reprodutivo da samambaia. (Cores-fantasia. Ilustrações fora de escala.)

É SEMPRE BOM SABER MAIS!

Comparando os ciclos de vida dos musgos e das samambaias, perceba as diferenças entre as fases duradoura e passageira em ambos os casos.

Nos musgos, a fase duradoura é representada pelas plantinhas verdes que formam o "tapete de musgos" sobre superfícies úmidas; são elas os gametófitos masculinos e femininos. Os esporófitos (haste e cápsula) crescem sobre os gametófitos femininos, dos quais dependem, e duram apenas o suficiente para formar e liberar os esporos.

Nas samambaias, a fase duradoura é a planta ornamental (o esporófito) que sobrevive mesmo depois de formar e liberar esporos.

A fase de pouca duração é o protalo ou gametófito (cada protalo tem os dois sexos; é, portanto, hermafrodita). Dura apenas o tempo para formar os gametas, ocorrer a fecundação e originar o zigoto, que, ao se desenvolver, forma novo esporófito.

Nas samambaias, diferentemente dos musgos, tanto o esporófito quanto o gametófito são **verdes**, **clorofilados**; logo, capazes de fazer **fotossíntese**.

ESTABELECENDO CONEXÕES

Cotidiano

Samambaias podem se reproduzir também de modo assexuado

Uma bonita samambaia, plantada em um vaso, cresce na sala da sua casa. De repente, uma amiga da sua mãe, encantada com a beleza da planta, pergunta se não é possível obter uma muda. Pois saiba que isso é possível.

Criadores de plantas com frequência multiplicam samambaias a partir de pedaços do rizoma. Eles são plantados em novos vasos e geram samambaias idênticas à que forneceu os pedaços do caule subterrâneo. Claro que é uma modalidade de reprodução assexuada, que não contou com a participação de gametas, nem de esporos.

FABIO COLOMBINI

Renda-portuguesa (*Davallia* sp.), vendo-se rente ao solo seu caule, conhecido como rizoma, de onde partem as folhas que podem atingir 50 cm de comprimento. Pedaços desse caule podem ser cortados e replantados, gerando plantas geneticamente semelhantes à planta-mãe.

As gimnospermas atuais

A principal novidade das gimnospermas, quando comparadas às pteridófitas, é a presença de **sementes**. As sementes são estruturas destinadas à reprodução. Neste caso, são *nuas*, isto é, não se encontram protegidas dentro de um fruto. O nome **gimnospermas** (derivado do grego, *gymnos* = nu + *sperma* = = semente) refere-se a esse fato.

As gimnospermas mais conhecidas são as do grupo das **coníferas**, cujos representantes formam grandes árvores, como pinheiros, sequoias, ciprestes, araucárias e tuias. As sementes nesse grupo de gimnospermas são produzidas em **cones** ou **estróbilos**, razão do nome coníferas dado ao grupo.

Estróbilo: estrutura cônica em que as folhas dispõem-se espiraladamente ao redor de um eixo central. Termo derivado do grego, *stróbilos* = pião, objeto em forma cônica.

As coníferas são mais comuns em regiões de temperatura mais amena (clima frio ou temperado). Os troncos possuem grande espessura e as folhas podem ser longas e ter formato de agulhas ou serem curtas e espessas, em forma de escamas pontiagudas como as da araucária.

VICTOR SUAREZ NARANJO/SHUTTERSTOCK

NADEZHDA KHARITONOVA/SHUTTERSTOCK

(a) Pinheiro da espécie *Pinus canariensis*, que chegam a atingir cerca de 35 m, e (b) detalhe das folhas em forma de agulha de muitas coníferas.

PAUL J MARTIN/SHUTTERSTOCK

Cipreste da espécie *Chamaecyparis lawsoniana*, também conhecido como cedro-branco, pode atingir cerca de 50 m de altura.

FABIO COLOMBINI

Descubra você mesmo!

Procure informações na internet e nos livros da sua escola a respeito da distribuição original da Mata de Araucárias pelo território brasileiro. Em que estados essa espécie de gimnosperma era mais comum? Investigue se em outros estados brasileiros são encontradas árvores dessa espécie.

Araucaria angustifolia, conhecida como pinheiro-do-paraná, conífera que chega a medir 50 m de altura.

CRISTI KEREKES/SHUTTERSTOCK

Outros exemplos de gimnospermas são as **cicas** (gênero *Cycas*), popularmente conhecidas como palmeiras-de-ramos ou palmeira-de-sagu, comuns em praças e jardins. As cicas são menores que as árvores coníferas, também podem formar troncos espessos e as folhas são alongadas, parecidas com as das palmeiras, porém menores e muito mais rígidas.

Cycas revoluta, conhecida como palmeira-de-sagu ou sagu-de-jardim (altura média 2 m).

KENNETH KEIFER/SHUTTERSTOCK

IGOR GROCHEV/SHUTTERSTOCK

Estróbilos (a) masculino e (b) feminino de *Cycas revoluta*, rodeados por folhas que, nessa espécie, são dispostas em espiral.

A distribuição geográfica das gimnospermas atuais

As maiores concentrações de gimnospermas estão hoje restritas às regiões temperadas da Terra, notadamente no hemisfério norte, constituindo as famosas Florestas de Coníferas.

Característicos de regiões de latitude alta, os pinheiros são **muito resistentes** ao frio e **permanecem** vivos mesmo quando cobertos de neve. É o que você vê nas ilustrações de cartões de Natal, inspiradas em paisagens estrangeiras.

No Brasil, são comuns nos estados do sul e nas regiões montanhosas de alguns estados, como São Paulo e Minas Gerais.

PLANISFÉRIO – FLORESTAS DE CONÍFERAS

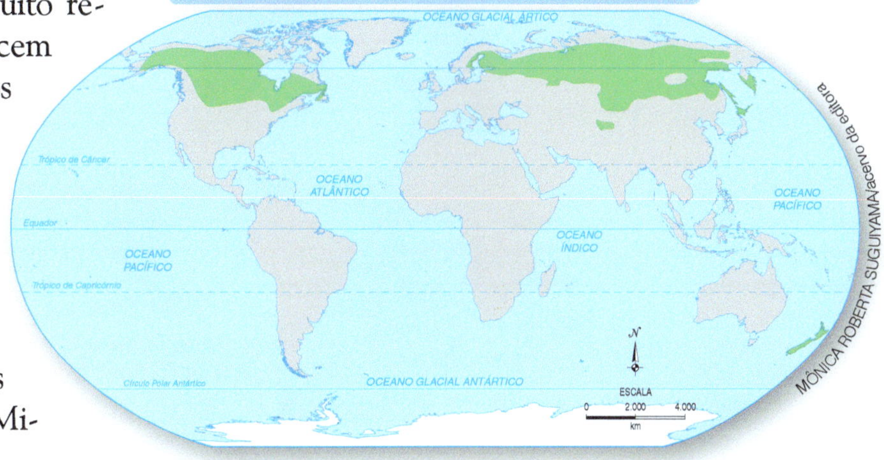

MÔNICA ROBERTA SUGUIYAMA/acervo da editora

Fonte: ATLAS Geográfico Escolar. 6. ed. Rio de Janeiro: IBGE, 2012. p. 70. Adaptado.

Reprodução sexuada das gimnospermas

Diferentemente das briófitas e das pteridófitas, as gimnospermas **não** dependem da água para sua reprodução. Isso porque os gametas masculinos das gimnospermas, protegidos por uma estrutura chamada **grão de pólen**, são levados pelo vento de uma gimnosperma à outra.

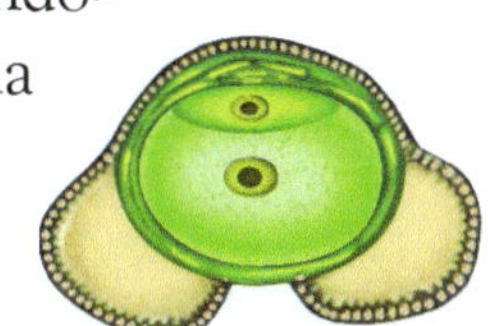

LUIS MOURA/ acervo da editora

Os grãos de pólen dos pinheiros mais comuns (gênero *Pinus*) possuem duas expansões, como se fossem asas, que auxiliam na sua dispersão. (Cores-fantasia.)

Vimos que nas coníferas as sementes são produzidas em cones (também chamados de estróbilos). Na época da reprodução, cones masculinos produzem milhares de grãos de pólen. Os cones femininos bem jovens produzem óvulos, estruturas que futuramente originarão as sementes. No interior de cada óvulo forma-se o gameta feminino, chamado **oosfera**.

Lembre-se!

Na araucária também há dois tipos de cones, porém produzidos em *árvores diferentes*.

GEO-GRAFIKA/SHUTTERSTOCK
ICEALEX/SHUTTERSTOCK

(a) Estróbilo feminino e (b) estróbilos masculinos de *Pinus* sp.

Na época apropriada, grãos de pólen são liberados e, transportados pelo vento, alcançam os óvulos nos cones femininos (acompanhe o texto pelo esquema abaixo).

Ciclo reprodutivo de gimnospermas. (Cores-fantasia. Ilustrações fora de escala.)

Lembre-se!

O transporte de grãos de pólen de um cone (estróbilo) para outro é denominado *polinização*. No caso das gimnospermas, a polinização sempre ocorre pelo vento. O encontro de gametas, nas coníferas, não depende da existência de água ambiental.

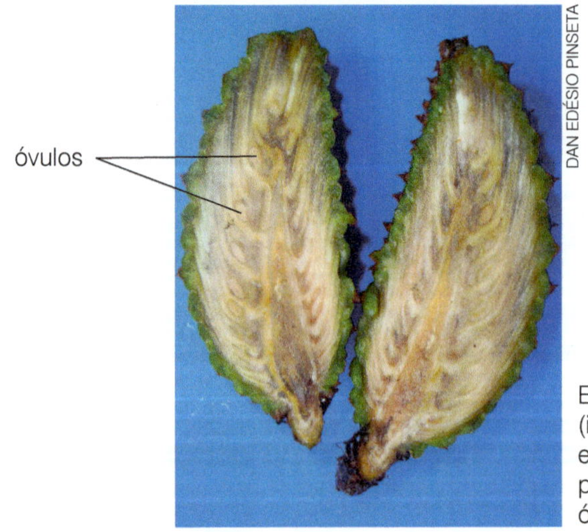

Estróbilo feminino (imaturo) de *Pinus* sp. em corte, em que podem ser vistos os óvulos.

Cada grão de pólen germina e origina um **tubo polínico**, no interior do qual existem duas células correspondentes a gametas masculinos. O tubo polínico alonga-se e alcança o óvulo e um dos gametas masculinos fecunda o gameta feminino representado pela *oosfera* contida no óvulo. O zigoto formado origina o embrião. Como consequência, o óvulo converte-se em semente, com três componentes: casca, embrião e reserva alimentar. Ao amadurecerem, de cada estróbilo feminino soltam-se as sementes.

FABIO COLOMBINI

Nas árvores femininas de araucária, após a fecundação os cones crescem muito e são formados pela reunião de inúmeros pinhões; cada pinhão é uma semente. Na foto, pinha aberta (estróbilo feminino) de araucária, vendo-se os pinhões.

DAN EDÉSIO PINSETA

Pinhões de araucária abertos e fechados, vendo-se embrião, casca e reserva alimentar.

Fique por dentro!

Os cones ou estróbilos femininos das gimnospermas são popularmente conhecidos como "pinhas".

DE OLHO NO PLANETA

Meio Ambiente

A dispersão das sementes de araucária

Os pinhões servem de alimento para esquilos e inúmeros outros animais, entre eles a gralha-azul (*Cyanocorax caeruleus*), ave de aproximadamente 40 cm de altura e que se alimenta dessas sementes, principalmente no inverno.

Uma característica interessante dessas aves e que contribui para a disseminação das sementes de araucária é que, para se alimentar, as gralhas-azuis mexem na pinha enquanto esta ainda está na árvore. Com isso, os pinhões caem no solo e germinam, originando novas árvores.

Por vezes, as gralhas-azuis colhem os pinhões, os enterram e camuflam o local para buscá-los depois. No solo, muitas dessas sementes também germinam.

FABIO COLOMBINI

Gralha-azul enterrando pinhão. Houve época em que essas aves eram muito numerosas. Hoje, das 600 espécies existentes, quase um terço corre risco de extinção.

É SEMPRE BOM SABER MAIS!

A recordista mundial de crescimento

Qual é o maior ser vivo do mundo? Muitos diriam que é um animal como, por exemplo, a baleia-azul. Mas, na verdade, o maior ser vivo do mundo é uma árvore que leva o nome científico de *Sequoiadendron giganteum*. Os maiores exemplares dessa espécie estão no Parque Nacional das Sequoias, localizado na Caifórnia, que abriga 34 bosques de sequoias--gigantes. Uma delas, a árvore General Sherman, por exemplo, tida como a campeã, alcança 84 metros de altura por 11 de base, pesa 1.385 toneladas e tem 3.200 anos de idade.

As sequoias podem crescer 60 cm por ano até atingirem alturas entre 60 e 90 metros – elas também detêm o recorde da planta que apresenta o crescimento mais rápido do mundo!

Fonte: UZUNIAN, A. & BIRNER, E. *Biologia 2*. 3.ª edição, 2006. São Paulo: HARBRA, p. 703.

MOUNTAINHARDCORE/SHUTTERSTOCK

"General Sherman", sequoia-gigante, considerada o maior ser vivo do mundo.

A importância das gimnospermas

Do ponto de vista evolutivo, as gimnospermas são as primeiras plantas independentes da água ambiental para a fecundação, produtoras de sementes que protegem e nutrem o embrião, duas importantes adaptações à vida terrestre.

Embora com um número reduzido de espécies, quando comparadas, por exemplo, às angiospermas, as gimnospermas possuem grande importância evolutiva, econômica e médica. A seguir, algumas de suas aplicações:

- no passado, o âmbar, uma resina formada há 30 milhões de anos pelo pinheiro *Pinus succinites* e que não é mais encontrada, foi importante para preservar por inteiro muitos fósseis de insetos, que foram englobados pelo âmbar que escorria das árvores coníferas daqueles tempos;
- cerca de 75% da madeira utilizada no mundo é proveniente de árvores coníferas e uma quantidade equivalente do papel consumido também tem a mesma origem;
- instrumentos musicais, como violinos, e caixas e palitos de fósforo são feitos com madeira derivada de coníferas;
- da casca da árvore do teixo, gimnosperma da espécie *Taxus brevifolia*, extrai-se o taxol, substância empregada no tratamento do câncer de ovário;
- certos tipos de resinas utilizadas para impermeabilizar cascos de navios são extraídos de coníferas.

Nosso desafio

Para preencher os quadrinhos de 1 a 13, você deve utilizar as seguintes palavras: briófitas, esporófito, frutos, gametas, gimnospermas, musgos, pinhão, pteridófitas, samambaias, tamanho, sementes, vasos condutores, zigoto.

À medida que você preencher os quadrinhos, risque a palavra que escolheu para não usá-la novamente.

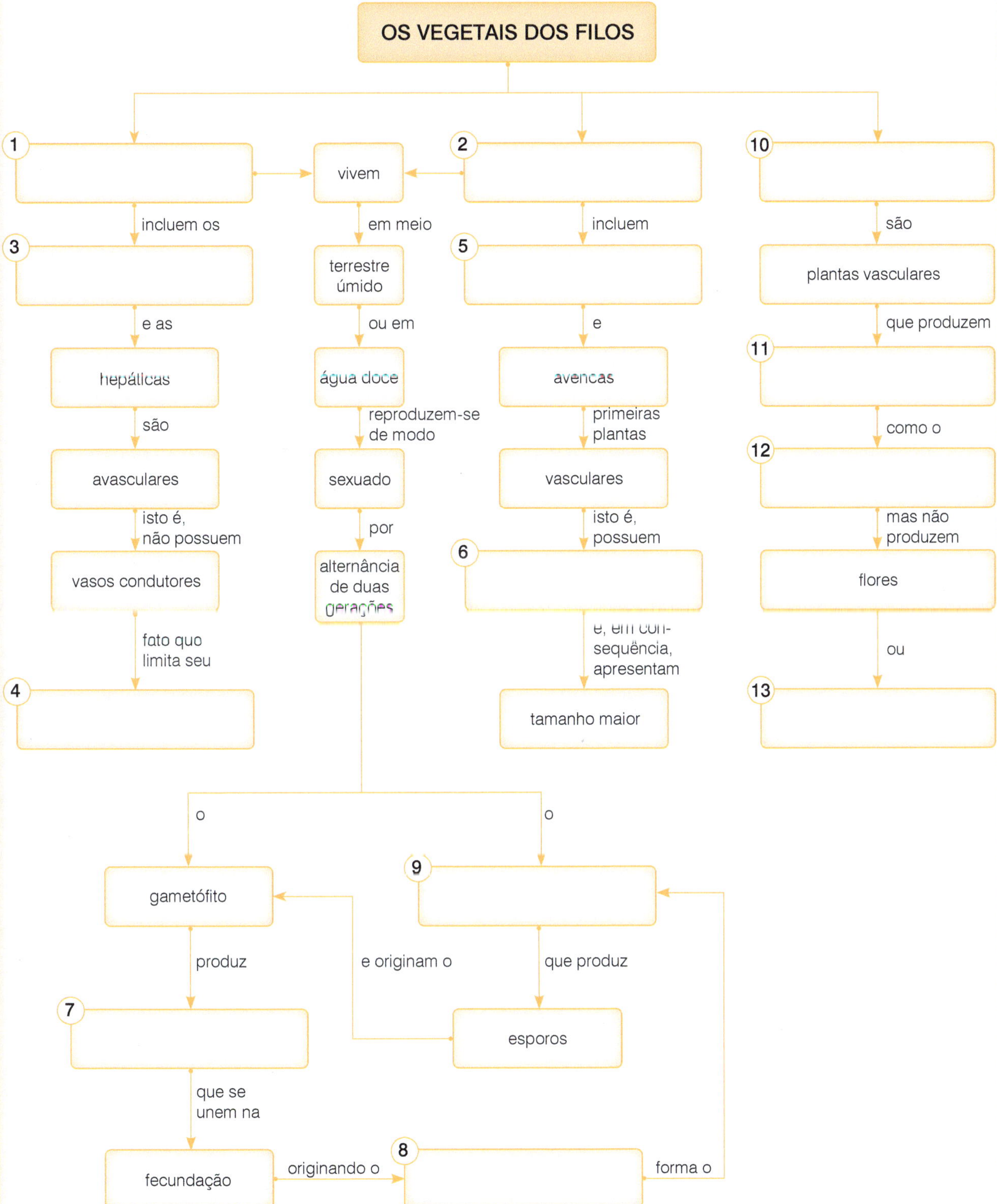

Atividades

1. **[1, 2, 12]** Plantas e vegetais são duas denominações utilizadas na designação de seres vivos, que tradicionalmente sempre foram radicalmente opostas a animais. Atualmente, utiliza-se o termo *Plantae* ao se referir a componentes desse importante reino, que costumam ser separados em quatro filos.
   a) Cite os quatro filos que pertencem ao reino *Plantae*.
   b) Atualmente é praticamente aceita a origem das plantas a partir de seres aquáticos pluricelulares que já eram capazes de produzir seus alimentos a partir da fotossíntese. Considerando representantes do grupo das bactérias, dos fungos e das algas, qual deles provavelmente foi o ancestral das plantas? Justifique sua resposta.

2. **[1, 2, 4, 12]** Em barrancos, rochas e troncos de árvores de regiões úmidas é comum encontrar-se uma formação esverdeada que forra essas estruturas e é descrita como plantas simples de pequeno tamanho que sobrevivem basicamente em regiões terrestres de elevada umidade, embora também possam ser encontradas em meio aquático doce.
   a) Se em uma excursão o guia mostrar essa formação esverdeada e alertar os visitantes de que se trata de plantas simples, que denominação popular ele utilizará ao nomeá-las e a que grupo vegetal ele indicará que essas plantas pertencem?
   b) Indique uma característica dessas plantas que explique o tamanho que possuem, em comparação, por exemplo, com as árvores nas quais se apoiam.

3. **[1, 2, 4, 14]** Na mesma excursão citada na questão anterior, o guia ainda utilizou um termo técnico, relativo à classificação dos vegetais, que normalmente se refere a plantas de pequeno porte no interior das quais o transporte de água e minerais ocorre lentamente devido à ausência, em sua constituição, de estruturas que permitam a condução rápida de água.
   a) Indique o termo técnico que deve ter sido utilizado pelo guia na descrição desses vegetais de pequeno tamanho.
   b) Em comparação ao termo técnico utilizado pelo guia na designação dessas plantas, que termo ele teria utilizado na designação das árvores que lhes servem de apoio e que certamente possuem estruturas que permitem condução rápida de água e minerais.

4. **[1, 2, 14]** Nos *musgos*, representantes do filo briófitas, constata-se a existência de rizoides, filoides e cauloide que, como o nome sugere, assemelham-se, quanto à forma e função, a raízes, folhas e caules. Com relação a essas estruturas, descreva as suas funções básicas.

5. **[1, 2, 14]** Nas árvores e nas samambaias, a existência de tubos de calibre microscópico (vasos condutores) permite a rápida condução de água pelo corpo desses vegetais, o que não ocorre com as briófitas. A ausência dessas estruturas nas briófitas acarreta duas consequências, uma delas relativa ao tamanho e a outra ao *habitat*. Com relação a essas informações, responda:
   a) O tamanho de musgos e hepáticas é equivalente ao de árvores e samambaias? Justifique a sua resposta.
   b.) Em vista da resposta que você deu ao item anterior, cite, justificando, qual o *habitat* mais comumente ocupado por musgos e hepáticas.

6. **[1, 2, 3, 6, 14]** Considerando que musgos são plantas desprovidas de estruturas que lhes permitam conduzir água rapidamente, um dos visitantes da excursão dirigiu duas perguntas ao guia.
   a) Como ocorre, então, a condução de água e minerais ao longo do organismo de um musgo?
   b) Como justificar o pequeno tamanho dessas plantas em vista da ausência de um sistema rápido de condução de água e minerais?

7. [1, 2, 3, 14] Em termos de organização da estrutura dos musgos, ou seja, de seus componentes que se fixam no solo e os que permanecem em contato com a atmosfera, responda ao que se pede.

a) Assim como ocorre em vegetais de maior complexidade e tamanho, é correto dizer que musgos possuem raízes, caule e folhas? Justifique sua resposta.

b) Das estruturas do organismo de um musgo e localizadas em contato com o meio aéreo, qual delas se assemelha às correspondentes estruturas de um vegetal complexo, no que se refere à captação de luz solar e realização de fotossíntese?

8. [1, 2, 3, 14] Samambaias, avencas e xaxim são algumas das pteridófitas mais conhecidas. Com relação a essas plantas:

a) Cite a principal diferença entre elas e os musgos, quanto à condução de água e sais pelo corpo e como essa diferença se reflete no tamanho desses vegetais.

b) Em que *habitat* são encontrados representantes do filo pteridófitas?

9. [1, 2, 3, 7, 14] Acredita-se que representantes do grupo das pteridófitas foram os primeiros a iniciar efetivamente a conquista do meio terrestre, embora com restrições. Nesse sentido, a existência de um eficiente sistema de condução de água e minerais foi determinante para essa conquista, além de favorecer vegetais que podem atingir tamanho maior que o encontrado nos musgos.

a) Como justificar que a existência de um eficiente sistema de condução de água e minerais deu início à conquista do meio terrestre por alguns representantes do grupo das pteridófitas?

b) Como são denominadas, então, as estruturas do organismo de uma samambaia?

10. [1, 2, 3, 7, 14] Nas samambaias e rendas portuguesas, pteridófitas que comumente são cultivadas em estufas, residências e jardins, o caule recebe uma denominação especial. Já em pteridófitas arbustivas como o xaxim, que possuem caules semelhantes a troncos, tal denominação não é utilizada.

a) Indique a denominação utilizada para o caule das pteridófitas e rendas portuguesas, justificando a razão pela qual são assim denominados.

b) Considerando, então, que pteridófitas já possuem sistema especializado na condução rápida de água e minerais, que denominação passou a ser utilizada na caracterização de plantas com base nesse critério?

11. [1, 2, 3, 7, 14] A pteridófita conhecida popularmente como xaxim possui um tronco que se desenvolve no meio aéreo, ao contrário do caule da maioria das samambaias, que é uma estrutura subterrânea denominada rizoma.

IAIN McGILLIVARY/SHUTTERSTOCK

O tronco do xaxim, por ser fibroso e favorecer a retenção de água, era usado na fabricação de vasos e placas para o cultivo de plantas ornamentais. No entanto, o xaxim encontrado no Brasil correu risco de extinção, devido ao extrativismo excessivo, sem reposição de novas plantas. Com relação a esse tema, responda:

a) Que procedimento deve ser adotado no sentido de se preservar essa espécie e poder voltar a utilizá-la para a produção de vasos? Explique a sua resposta.

b) Existe alguma alternativa viável que possa conduzir à produção de vasos que se destinem ao plantio de samambaias ornamentais ou outras plantas, sem que seja necessária a utilização de vasos de xaxim? Explique a sua resposta.

12. [1, 2, 3, 14] Em muitos ambientes brasileiros, musgos e samambaias podem ser encontrados vivendo lado a lado, embora samambaias sejam plantas dotadas de sistemas especializados na condução rápida de água, o que não se constata em musgos.

a) Considerando as características existentes nos organismos desses dois grupos, indique em que regiões do território brasileiro musgos e samambaias são mais comumente encontrados.

b) Se uma pessoa quiser cultivar musgos e samambaias em uma estufa, por exemplo, que condição deve ser observada para esse cultivo?

13. [1, 2, 3, 7, 8, 14] O grupo das gimnospermas efetivou a conquista do meio terrestre, espalhando-se por mais ambientes do que os representantes do grupo das pteridófitas. Isso pode ter ocorrido principalmente devido ao surgimento de importante estrutura que possibilitou com mais eficiência a dispersão, o espalhamento, de representantes das gimnospermas.

a) Em termos comparativos, qual é a estrutura ausente nas pteridófitas e que passou a ocorrer em representantes do grupo das gimnospermas, diferenciando os dois grupos?

b) Pinheiros, sequoias, ciprestes, araucárias e tuias são nomes de vegetais do grupo das gimnospermas, que são dotadas de estruturas denominadas cones ou estróbilos, utilizadas na reprodução dessas plantas. Que denominação popular foi atribuída a essas árvores por serem portadoras de cones?

14. [1, 2, 3, 7] Estas matas são alegradas pelo barulho das gralhas e outros pássaros que em bandos pousam nos pinhais, a partir do mês de abril, até o fim de maio ou começo de junho, que é a época em que as grandes pinhas do ano anterior estão maduras e, ao menor toque, esses pesados frutos, as pinhas, caem no chão da mata, com um barulho característico, em volta dos pinheiros. Esses frutos, repletos de pinhões, constituem o alimento preferido pelas gralhas e esquilos, que os catam no chão.

Adaptado de: JOLY, A. B.
Conheça a Vegetação Brasileira.
São Paulo: EDUSP/Polígono, 1970. p. 66.

No texto acima foi cometido intencionalmente um erro, que não existe no original.

a) A que grupo vegetal o texto se refere?

b) Aponte o erro constante do texto.

c) Ao catar pinhões no chão para a sua alimentação, as gralhas-azuis enterram alguns deles em locais distantes, para os consumirem depois. Acabam "esquecendo", e os pinhões lá permanecem, fato que contribui para a formação de uma nova árvore. Essa atividade é relacionada a um importante papel ecológico desempenhado pelas gralhas. Cite esse papel.

15. [1, 2, 3, 7] Consulte na internet ou na biblioteca da sua escola um mapa de vegetação mundial e responda:

a) Em que regiões da Terra atual existem florestas naturais de grandes extensões de gimnospermas?

b) Como essas florestas são denominadas?

16. [1, 2, 3, 7, 14] Em termos de distribuição geográfica, também no território brasileiro as gimnospermas arborescentes são bastante comuns em algumas regiões do nosso país.

a) Em território brasileiro qual é a região que tradicionalmente possui representantes arborescentes do grupo das gimnospermas, característicos da chamada Mata de Araucárias?

b) Muitas empresas que se dedicam à produção industrial de papel e derivados em nosso país recorrem ao plantio de determinada espécie de árvore gimnosperma para fins industriais. Embora essa espécie não seja nativa do nosso território, adaptou-se muito bem e hoje faz parte da paisagem de muitos locais do nosso país. Os estróbilos ou cones dessa espécie, inclusive, são também muito valorizados nos festejos natalinos. Indique a denominação por meio da qual essa espécie de gimnosperma é popularmente conhecida.

17. [1, 2, 3, 7, 14, 17] Na estrada que dá acesso ao sítio de um agricultor existe uma banca de venda de frutas. Dia desses, ele presenciou uma cena em que um rapaz perguntava ao vendedor o que representavam "aquelas frutas marrons, de casca grossa", que uma plaquinha designava como pinhões, que planta as produzia e de qual região do Brasil eram procedentes. Percebendo que o vendedor se atrapalhava nas respostas, o agricultor, conhecedor das coisas da roça, decidiu ajudá-lo na explicação. Quais as explicações corretas para:

a) as "frutas marrons, de casca grossa" designadas como pinhões?

b) a planta que produz os pinhões e em que região brasileira são mais abundantes?

18. [1, 2, 3, 7, 14] Gimnospermas coníferas constituem o grupo em que certas espécies arborescentes atingem elevado comprimento da parte aérea, ou seja, do tronco e galhos. No hemisfério norte, existe um parque nacional, localizado no estado da Califórnia, que abriga vários bosques contendo uma espécie de árvore que constitui um símbolo da preservação vegetal naquela região.

a) Indique o nome popular dessa espécie de árvore e, se possível, redija o nome da espécie à qual ela pertence.

b) Como o nome científico dessa espécie deixa claro, o tamanho gigantesco só é possível devido a uma importante característica que permite às plantas terrestres atingirem grande tamanho e, assim, conduzirem água e nutrientes minerais às porções mais elevadas. Que característica é essa e que denominação recebem as plantas dotadas dessa característica?

19. [1, 2, 3, 7, 14, 15] Sem dúvida fica bem estabelecida a importância dos vegetais do grupo das gimnospermas no ambiente terrestre. Embora não constituam hoje as plantas dominantes, sendo superadas pelas angiospermas, ainda assim sua importância é extraordinária em termos históricos, uma vez que são plantas que dominaram a flora terrestre no que se denomina "a era dos dinossauros".

a) Em termos de adaptação ao meio terrestre, indique uma razão que justifique o conceito de que o grupo das gimnospermas estabeleceu efetivamente a conquista do meio terrestre pelos vegetais, sendo superado apenas pelos representantes do grupo das angiospermas.

b) O número de espécies de plantas gimnospermas não é elevado, atingindo atualmente cerca de 650 espécies, quantidade bem menor do que a existente nos grupos briófitas e pteridófitas, representados atualmente por numerosas espécies. Ainda assim, o grupo das gimnospermas superou o das briófitas e das pteridófitas em uma característica importante. Indique qual seria essa característica.

20. [1, 2, 3, 7, 14] Relativamente às informações que você obteve nesse capítulo, cite duas que revelem, em sua opinião, a importância de se preservar as plantas pertencentes ao grupo das gimnospermas.

capítulo 2

ANGIOSPERMAS

Você sabe como é feito o chocolate?

Dizem que essa delícia, chamada chocolate, já era conhecida da civilização asteca, que habitou a atual região do México entre os séculos XIV e XVI. Esse povo colhia as sementes de cacau e com elas preparavam o *xocoatl*, bebida amarga e apimentada que era servida apenas aos imperadores. Depois, com a vinda dos espanhóis para o continente americano, as sementes de cacau foram levadas para a Europa e lá foi se modificando o seu preparo até chegar ao chocolate que se conhece hoje.

A produção do chocolate começa com a retirada das sementes dos frutos do cacaueiro, *Theobroma cacao*, árvore que na natureza pode chegar a 12 m de altura. Essas sementes são muito ricas em gordura e água e precisam passar por um processo de secagem, em geral, ao Sol, antes de serem encaminhadas para as indústrias. Nelas, as sementes são torradas para a total retirada da umidade.

Depois de resfriadas, as sementes de cacau são trituradas, formando-se uma massa de odor característico. Essa massa é submetida a novo processo em que é extraída a manteiga de cacau; o restante é o que se chama de torta de cacau. A manteiga de cacau, acrescida de açúcar e leite, dá origem ao chocolate branco. A torta de cacau, com a adição de açúcar, leite e manteiga de cacau, serve para preparar o chocolate em pó ou para fazer tabletes de chocolate tradicional.

Como veremos neste capítulo, flores, frutos e sementes, como as do cacaueiro, são os elementos reprodutivos das angiospermas, grupo que estudaremos neste capítulo.

AARON AMAT/SHUTTERSTOCK

O grupo das **angiospermas** é o mais numeroso grupo vegetal presente na Terra atual, tanto em termos de espécies (aproximadamente 300.000), quanto em quantidade de indivíduos.

O termo *sperma* você já conhece: deriva do grego e significa semente. O termo *angio*, também derivado do grego, *aggeion*, significa vaso, urna, recipiente, e refere-se ao **fruto**, que protege e contribui para a dispersão das sementes contidas em seu interior. Portanto, *angiosperma* significa *semente dentro de um fruto*. O fruto é produzido como consequência da transformação de uma parte da **flor** das angiospermas, o ovário. Assim, **flor** e **fruto** são duas estruturas produzidas apenas por vegetais do grupo das angiospermas.

SHERRY YATES YOUNG/SHUTTERSTOCK

SHUTTERSTOCK/VALENTYN VOLKOV

A laranjeira (*Citrus* sp.) é uma árvore conhecida pelo perfume de suas flores brancas (a) e apreciada por seus frutos (b), genericamente conhecidos como laranjas. A água de flor de laranjeira, obtida a partir de um chá das pétalas dessa planta, é bastante empregada na fabricação de doces caseiros.

Lembre-se!

Plantas angiospermas são as que produzem sementes dentro de frutos.

A organização do corpo de uma angiosperma

Uma porção do corpo mergulhada no solo e a outra no meio aéreo ou aquático, assim é a vida da grande maioria dos vegetais. Por serem imóveis e não poderem ir atrás do alimento, como faz a maioria dos animais, as plantas retiram do solo e do ar (algumas vezes da água) as substâncias necessárias à sua sobrevivência. A porção que, de modo geral, fica permanentemente mergulhada no solo é a **raiz**. As que permanecem no meio aéreo ou aquático são o **caule** e as **folhas**. Não se esqueça que a maioria das plantas faz fotossíntese e é autótrofa.

A água e as diversas substâncias minerais absorvidas do solo pelas raízes, assim como o gás carbônico e a luz assimilados do meio aéreo ou aquático pelo caule e principalmente pelas folhas, possibilitam às plantas produzirem o alimento orgânico. Delas dependem todos os seres heterótrofos dos ecossistemas terrestres.

BLUERINGMEDIA/SHUTTERSTOCK

Esquema ilustrativo das porções aérea e subterrânea de uma angiosperma. (Cores-fantasia.)

A raiz

Fixar o vegetal ao solo, absorver a água e os nutrientes minerais e conduzi-los ao caule são as funções de uma raiz. Além disso, é do ar que penetra no solo que muitas raízes retiram o oxigênio para a sua respiração. Veja a ilustração ao lado.

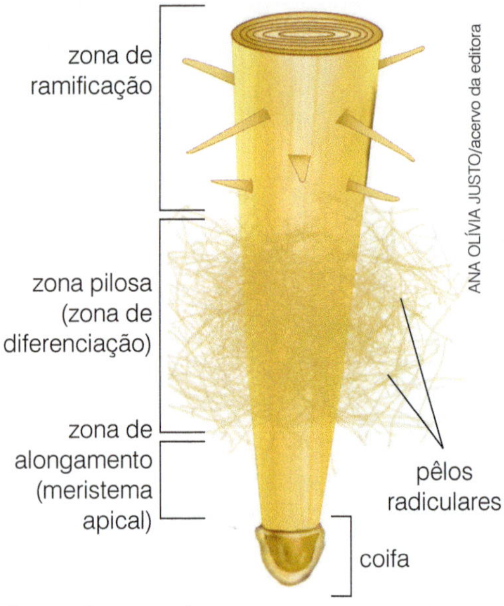

Partes de uma raiz.

Toda raiz possui uma **região de ramificação**, da qual surgem inúmeros ramos que auxiliam sua fixação ao solo. Também possuem uma **região pilífera** (ou zona pilífera), dotada de inúmeros **pelos absorventes**, local em que ocorre principalmente a absorção de água e de nutrientes minerais. Na ponta da raiz situa-se a **região de crescimento**. Nela, um tecido especializado na produção de novas células garante o crescimento da raiz. Por fim, uma estrutura em forma de capuz, a **coifa**, protege a ponta da raiz durante o seu crescimento e penetração no solo.

Imagem, vista ao microscópio eletrônico, da ponta de raiz de trigo (*Triticum aestivum*), em que podem ser vistas a zona pilífera e a região da coifa. (Imagem ampliada 67 vezes. Colorida artificialmente.)

Raízes aéreas e raízes aquáticas

Nem todas as plantas possuem raízes **subterrâneas**. Nas orquídeas, por exemplo, as raízes são **aéreas**. As orquídeas são plantas epífitas, isto é, apoiam-se, de modo geral, em outras plantas, principalmente galhos elevados de árvores. Nessa posição, conseguem a luz necessária para a realização de fotossíntese. É do meio aéreo que as raízes dessas plantas conseguem a água e os nutrientes minerais, graças à água das chuvas que lavam a copa das árvores.

Quando as raízes aéreas têm clorofila, como nas orquídeas, podem também fazer fotossíntese.

(a) As raízes que se veem "saindo" dos vasos de orquídea são aéreas e, na natureza, (b) auxiliam a fixar a planta ao substrato.

As **raízes aquáticas** estão presentes, por exemplo, nos aguapés. Distribuem-se amplamente pelo meio aquático e, muitas vezes, em algumas plantas, são dotadas de tecidos armazenadores de ar que auxiliam a flutuação e a respiração das raízes.

(a) Aguapés, também chamados jacintos-d'água, são plantas do gênero *Eichhornia*. Aquáticos flutuantes, os jacintos-d'água reproduzem-se rapidamente e, algumas vezes, infestam lagos e rios. (b) Aguapé em aquário, em que podem ser vistas as raízes aquáticas.

Raízes modificadas

Em algumas plantas, as raízes modificam-se e exercem diferentes tipos de função, como as descritas a seguir.

Raízes tuberosas: volumosas e ricas em reservas alimentares, principalmente o amido. Fornecem alimento e diversas outras substâncias úteis ao nosso metabolismo, como é o caso do caroteno, pigmento amarelado armazenado, por exemplo, na cenoura, importante na síntese de vitamina A.

Amido: principal carboidrato de reserva dos vegetais.

O que conhecemos como (a) beterraba e (b) mandioca (também chamada de macaxeira ou aipim) são as raízes tuberosas dessas plantas.

(a) Detalhe de manguezal. Note os pneumatóforos emergindo do solo encharcado dessa formação ecológica. (b) Esquema de raízes respiratórias (as trocas gasosas ocorrem por meio de pequenos orifícios existentes ao longo de cada raiz).

Raízes respiratórias (pneumatóforos): em regiões alagadas e pobres em oxigênio, como é o caso dos nossos manguezais, certas espécies de árvores possuem raízes que se exteriorizam e auxiliam na retirada do oxigênio do ar.

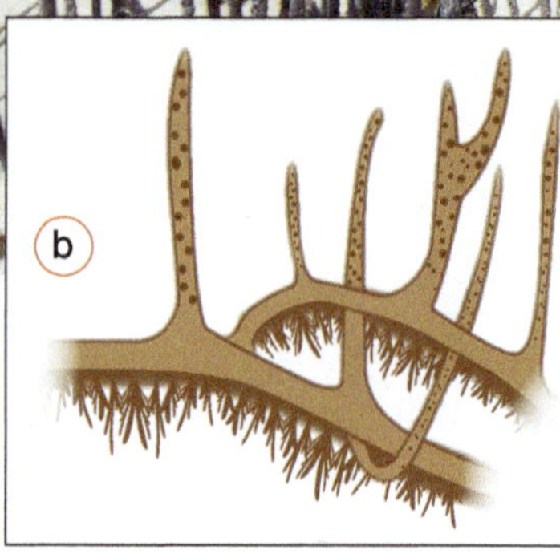

ANA OLÍVIA JUSTO/acervo da editora

PAUL VINTEN/SHUTTERSTOCK

Raízes sugadoras: em plantas parasitas, como o cipó-chumbo, uma planta angiosperma aclorofilada, de cor amarela, incapaz de realizar fotossíntese, as raízes, também denominadas de **haustórios**, penetram no caule de uma planta hospedeira, da qual retiram água e nutrientes orgânicos e inorgânicos, o que pode acarretar a morte da hospedeira.

Jogo rápido

De certo modo, a atividade sugadora das raízes de plantas parasitas assemelha-se a um comportamento existente em insetos sugadores de seiva orgânica ou de sangue humano. Cite um inseto sugador de seiva vegetal e pelo menos dois insetos que, ao se alimentarem de sangue humano, atuam como transmissores de agentes causadores de doenças.

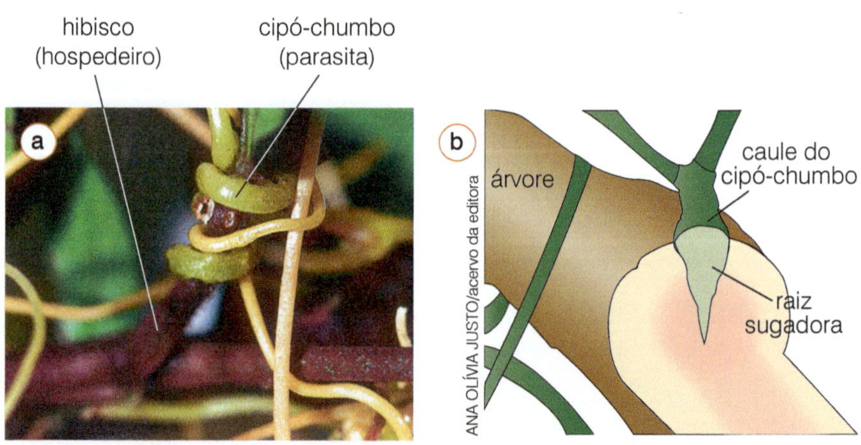

ANA OLÍVIA JUSTO/acervo da editora

(a) Ramo de hibisco, parasitado por cipó-chumbo. (b) Detalhe, em corte, da raiz sugadora do cipó-chumbo no interior dos vasos condutores de alimento da planta hospedeira.

O caule

Pelo caule, a água e os sais minerais absorvidos pelas raízes transitam em direção às folhas, ao mesmo tempo em que o alimento orgânico produzido pelas folhas na fotossíntese segue em sentido contrário, rumo às raízes, ou para um fruto ou caule de reserva. O caule é, portanto, uma via de "mão dupla", isto é, liga as raízes às folhas e estas às raízes.

No caule existem **gemas**. Na **gema terminal** (gema apical), localizada na ponta do caule, a produção constante de novas células garante o crescimento em comprimento do caule. Das gemas laterais brotam ramos, folhas e flores.

Com forma e tamanho extremamente variáveis, o caule é geralmente aéreo.

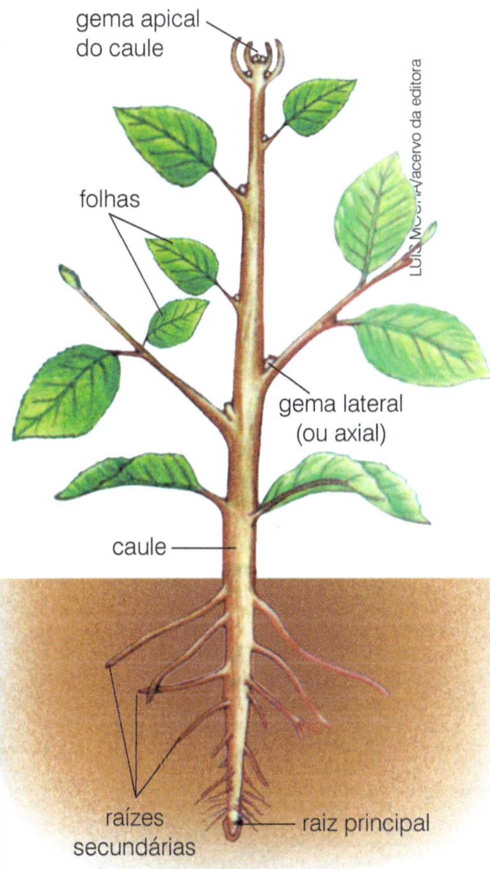

Esquema ilustrativo da localização das gemas caulinares.

SUBIN-C-I/SHUTTERSTOCK

Há plantas cujos caules são verdes, como os cactos, bambus e milho, por exemplo; nesses casos, também os caules realizam fotossíntese.

Tipos de caule

Caules aéreos

Os principais tipos de caule aéreo são **tronco, estipe, colmo e haste.**

Tronco: caule de grande espessura e ramificações variadas constituindo os galhos, repletos de folhas.

Estipe: caule que se assemelha a um tronco, porém sem galhos. É típico de palmeiras e coqueiros. As folhas surgem do topo do estipe.

EPS454/SHUTTERSTOCK

Caule de jacarandá (*Jacaranda* sp., 15 m de altura), tipo tronco.

ANDRISL/SHUTTERSTOCK

Coqueiros apresentam caule do tipo estipe.

No colmo do bambu podem ser vistos os nós e os entrenós (como o próprio nome indica, entrenós são as regiões entre dois nós).

Colmo: caule aéreo dotado de nós, típico do bambu (colmo oco) e da cana-de-açúcar (colmo cheio).

(a) O colmo do bambu é cheio quando começa a brotar do chão e, nessa fase, é comestível.

(b) Quando mais velho, torna-se rígido e oco.

DE OLHO NO PLANETA

Sustentabilidade

Cana-de-açúcar e biocombustível

Colmos de cana-de-açúcar armazenam sacarose, açúcar produzido a partir de moléculas de glicose resultantes da fotossíntese realizada nas folhas.

O açúcar de cana é utilizado em culinária e para a produção de etanol, um biocombustível. Cerca de 1% do nosso território está ocupado com o plantio de cana-de-açúcar. O Brasil saiu na frente na luta contra o aquecimento global gerado pela emissão excessiva de gás carbônico, um dos gases responsáveis pela acentuação do efeito estufa. A queima do etanol em veículos automotores libera gás carbônico que pode ser reaproveitado pelas plantas ao realizarem fotossíntese, constituindo-se em um ciclo de emissão/reabsorção, que justifica o termo "fonte de energia limpa" aplicado a esse biocombustível.

Haste: caule delgado, flexível, geralmente verde, comum em hortaliças.

Além dos quatro tipos de caule mais comuns, também há outros menos comuns, mas não menos importantes em sua função, como os **rastejantes**.

Rastejantes (estolão): caules que crescem rente à superfície do solo, comuns, por exemplo, em plantas de morango e de abóbora.

MADLEN/SHUTTERSTOCK

Hortelã (caule em haste).

HXDBZXY/SHUTTERSTOCK

IDIZ/SHUTTERSTOCK

(a) Plantação de morangos. (b) O caule dessa fruta não se sustenta e, como o próprio nome diz, cresce rasteiro, isto é, rente ao chão.

ANMBPH/SHUTTERSTOCK

O caule das aboboreiras também é do tipo rastejante.

Rizoma de gengibre (*Zingiber officinale*), em que podem ser vistas as raízes e as folhas.

Caules subterrâneos

Alguns tipos de caule podem ser subterrâneos, como o **rizoma**, o **tubérculo** e o **bulbo**.

Rizoma: é o caule subterrâneo das bananeiras, do gengibre e das samambaias. Dele surgem as raízes e folhas.

Nas bananeiras, do rizoma surgem raízes e folhas. A parte aérea que se vê **não** é um caule, mas uma reunião de folhas cujas bases alargadas formam bainhas que se abraçam de modo a parecer um tronco.

As batatas (*Solanum tuberosum*) que comemos são caules do tipo tubérculo, que se formam dentro da terra na extremidade de ramos do caule principal.

Tubérculo: caule que, além de ser subterrâneo, é volumoso e armazena amido. Apresentam essa formação, por exemplo, as batatas-inglesas (conhecidas simplesmente por batatas ou batatinhas).

Bulbo: em Botânica, o termo *bulbo* é usado para caracterizar um tipo de caule de modo geral oculto pelas folhas de reserva. O exemplo mais simples de se entender é o da cebola. É bom saber, no entanto, que uma cebola na verdade não é apenas um caule, mas um conjunto de estruturas onde se pode facilmente reconhecer um caule, raízes e folhas. O verdadeiro caule fica na base da cebola, é reduzido e rígido; dele emergem raízes, que o fixam ao solo, e as folhas.

Fique por dentro!

A palavra bulbo deriva do latim e significa "cebola" e, por extensão, aplica-se a estruturas que tenham forma de cebola, como, por exemplo, o bulbo de uma lâmpada.

As folhas de cebola se sobrepõem concentricamente, como anéis, que podem ser vistos nas fatias de cebola cortadas transversalmente.

IGOR MARUSICHENKO/SHUTTERSTOCK

DAN EDÉSIO PINSETA

Uma "cabeça" de alho é formada pela reunião de diversos bulbos pequenos, que chamamos "dentes-de-alho". Cada bulbo é como a cebola, tanto que se você plantar um deles obterá um pé de alho.

HONG VO/SHUTTERSTOCK

A folha

Veja os dois exemplos de folhas apresentados nas imagens abaixo. Ambas possuem um **limbo**, a lâmina da folha. Na folha (a), existe um "cabinho", o **pecíolo**, que prende a folha ao caule. Além disso, perceba que as nervuras do limbo lembram uma rede e, por esse motivo, a folha é **reticulinérvea**, também denominada de folha com nervura em rede ou reticulada. Na folha (b), não há pecíolo, ou seja, a folha embainha, "abraça" o caule por meio de uma **bainha**. Além disso, note que as nervuras presentes nesse tipo de folha são paralelas umas às outras, ou seja, a folha é **paralelinérvea**, também denominada de folha com nervuras paralelas.

LUIS MOURA/acervo da editora

(a) Folha com pecíolo e limbo e (b) folha com bainha e limbo.

Jogo rápido

As fotos mostram um pé de milho e algumas rosas. Identifique qual o tipo de nervura e se há ou não pecíolo nessas plantas.

SONGSAK P/SHUTTERSTOCK

Folhas de muitas plantas são **simples**, possuem limbo único, de largura e superfície variáveis. Em outras plantas existem folhas **compostas**, em que o limbo, extremamente dividido, é constituído de inúmeros **folíolos**.

ORIORI/SHUTTERSTOCK

CLM/SHUTTERSTOCK

(a) Folha simples (limbo inteiro, único) e (b) composta (limbo dividido).

Jogo rápido

As fotos mostram um pé de mandioca e um ramo de tangerina (ou mexerica). Identifique qual é o tipo de folha de cada planta.

AGARIANNA76/SHUTTERSTOCK

IVASCHENKO ROMAN/ SHUTTERSTOCK

A folha em corte

De modo geral, a folha é um órgão de duas faces, a superior e a inferior. Em cada uma delas, existe um revestimento, constituído de um tecido denominado **epiderme**. Portanto, há duas epidermes na folha, a superior e a inferior, ambas protegidas por uma **cutícula cerosa**, de natureza lipídica.

Em folhas de muitas plantas, as epidermes possuem minúsculos poros de abertura regulável, os **estômatos**, por meio dos quais ocorre o ingresso e a saída de gases (gás carbônico, oxigênio). Outro importante papel dos estômatos é regular a saída de vapor-d'água das folhas em direção à atmosfera, a chamada **transpiração**. A transpiração é importante por favorecer o transporte de água das raízes até as folhas, onde será utilizada na fotossíntese. Assim, há dois importantes papéis relacionados aos estômatos: favorecer o ingresso de gás carbônico na folha e a saída de oxigênio para o ambiente, e, ao mesmo tempo, regular a saída de vapor-d'água para o ambiente.

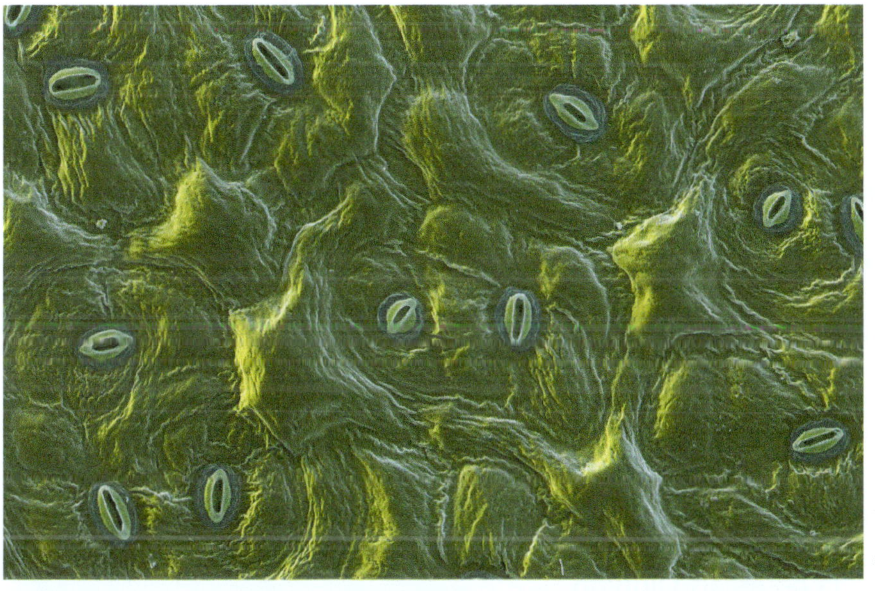

Estômatos (poros ovais) abertos em epiderme de folha de repolho (*Brassica* sp.). Imagem vista ao microscópio eletrônio; ampliada 470 vezes.

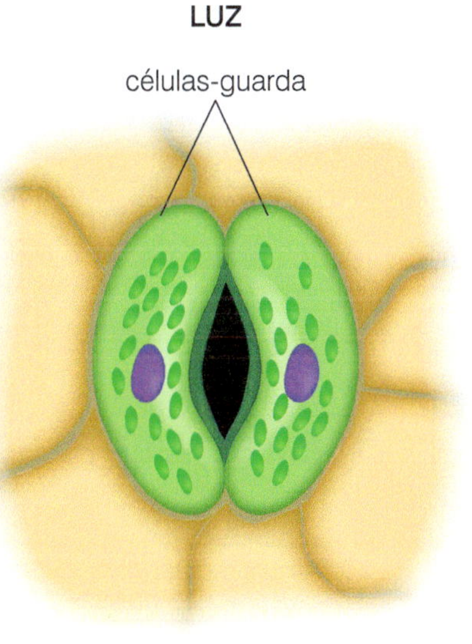

GRASIELE FAVATTO/acervo da editora

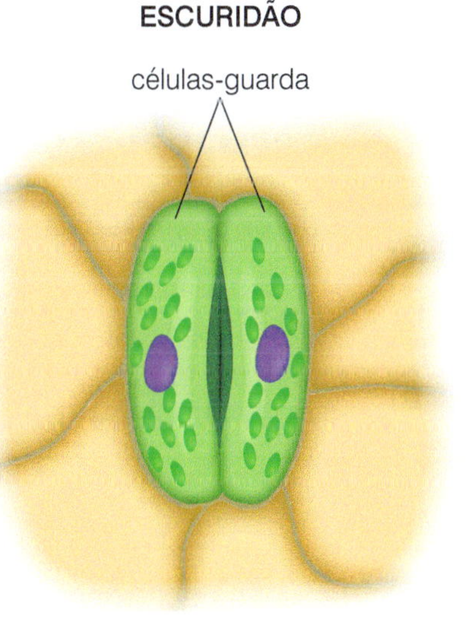

GRASIELE FAVATTO/acervo da editora

Note, na figura superior, um estômato aberto, o que, de maneira geral, ocorre durante o dia. À noite, os estômatos da maioria das plantas encontram-se fechados (figura inferior).

Se, porém, a perda de água por transpiração for excessiva e a reposição não compensar a perda, as células dos estômatos murcham e os estômatos fecham temporariamente, o que favorece a economia de água da planta.

O interior da folha é preenchido por células com **cloroplastos**, orgânulos que contêm **clorofila**, o pigmento verde que atua no processo de fotossíntese, que conta com a participação da luz do Sol. As células do interior da folha que realizam fotossíntese são constituintes do parênquima clorofiliano, como mostrado na figura a seguir. O ar contendo gás carbônico atravessa a epiderme e os estômatos e se dirige às células que fazem fotossíntese. O oxigênio produzido pela fotossíntese difunde-se em sentido contrário e sai, com o ar, através dos estômatos, espalhando-se pela atmosfera. Assim, a atividade das folhas garante o alimento orgânico para a planta e libera o oxigênio para o meio.

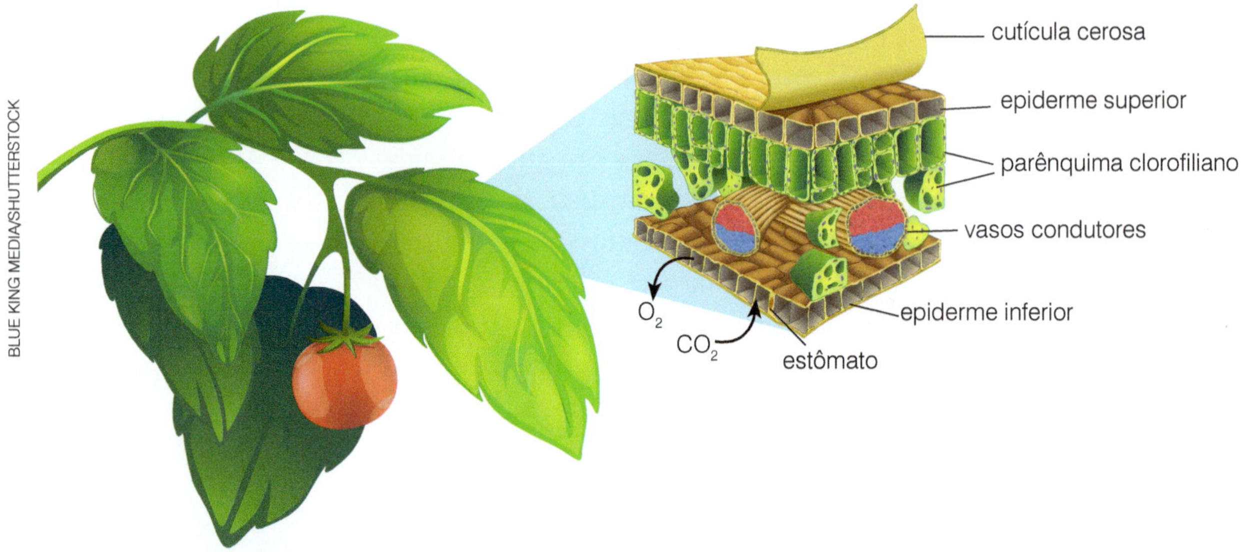

Ilustração de corte da folha, em que pode ser vista sua estrutura interna. (Cores-fantasia. Ilustrações fora de escala.)

EM CONJUNTO COM A TURMA!

A transpiração remove diariamente consideráveis quantidades de água de uma planta.

Reúna o seu grupo de trabalho e sugiram um experimento simples que possa comprovar a ocorrência desse fenômeno. Depois, respondam: que fatores ambientais poderiam acentuar a ocorrência de transpiração em uma planta?

É SEMPRE BOM SABER MAIS!

Gutação: liberação de água no estado líquido

Em algumas plantas, principalmente durante madrugadas úmidas e de solo encharcado, os estômatos encontram-se fechados e não ocorre transpiração. Nessas condições, o transporte de água pelos vasos condutores em direção às folhas não cessa e pode ocorrer liberação de água liquida pelos bordos das folhas. Esse fenômeno é denominado de **gutação** e ocorre por **hidatódios**, pequenas aberturas permanentes existentes nos bordos foliares.

Gutação em folha de rabanete (*Raphanus sativus*).

ESTABELECENDO CONEXÕES

História

A coroa de louros

ANCH/SHUTTERSTOCK

Você já deve ter reparado que em muitas competições esportivas, o vencedor é coroado com uma "coroa de louros". Mas por que essa tradição?

Na Antiguidade clássica, também conhecida como Antiguidade greco-romana por incluir as civilizações da Grécia Antiga (séculos XII a.C. a II a.C.) e da antiga Roma e do Império Romano (dos séculos VI a.C. a V d.C.), os generais que venciam batalhas e obtinham outras vitórias importantes eram coroados com uma coroa de louros – ou até mesmo de ramos entrelaçados de outras árvores, como, por exemplo, das oliveiras –, símbolo de glória máxima. Essa tradição tem origem em um mito, o da ninfa Dafne.

Reza a lenda que Apolo, deus do Sol e das Artes, possuidor do dom da juventude, irrita com sua autoconfiança Eros, o deus do Amor, que o atinge com uma flecha, fazendo com que ele se apaixone pela ninfa Dafne. Esta, no entanto, foi atingida por uma seta de chumbo lançada por Eros, e não se apaixona por Apolo. Ao contrário, busca refúgio na floresta a fim de escapar à perseguição.

Apolo persegue a ninfa e, quando já a está quase alcançando, Dafne pede ajuda a seu pai, Peneu, um dos deuses gregos dos rios, que transforma o corpo da filha em tronco, os membros em galhos e os cabelos em folhas de um loureiro, vencendo desse modo ao deus do Sol e das Artes.

Desesperado, Apolo agarra-se à árvore – em verdade, seu grande amor – e de seus ramos e folhas faz uma coroa, que o acompanhará para sempre.

Ninfa: na mitologia grega, é uma divindade feminina que habita campos, florestas, rios, mares, riachos, e está frequentemente ligada a um deus de maior importância; daí ser considerada por alguns como uma deusa secundária.

Eros: equivalente ao Cupido da mitologia romana.

Descubra você mesmo!

A coroa de louros, também chamada **láurea**, é símbolo de distinção e faz parte do emblema de algumas entidades, como a Academia Brasileira de Letras. Pesquise na internet o símbolo da ABL e procure o significado de seus dizeres.

Láurea Acadêmica também é uma honraria. A quem é oferecida?

LLXERENDERING/SHUTTERSTOCK

Apolo e Dafne. Escultura em mármore de Gian Lorenzo Bernini, 1622-1625, 243 cm. Galeria Borghese, Roma, Itália.

PRAWAT THANANITHAPORN/SHUTTERSTOCK

Os espinhos dos cactos são, na verdade, folhas modificadas.

Folhas modificadas

Do mesmo modo que ocorre com raízes e caules, as folhas também podem apresentar modificações adaptativas, principalmente relacionadas ao ambiente em que as plantas vivem. Veja os exemplos a seguir.

Folhas transformadas em espinhos: em ambientes desérticos ou semiáridos, a vegetação, quando existe, é representada principalmente por plantas da família dos cactos. Nessas plantas, os espinhos correspondem a folhas modificadas, uma importante adaptação que contribui para a redução da transpiração, além de representar uma defesa contra animais herbívoros. Nessas condições, é o caule, verde, que realiza fotossíntese, além de ser "suculento", rico em água armazenada em seus tecidos.

Folhas que aprisionam insetos: em alguns ambientes pantanosos ou montanhosos, em que há deficiência em nutrientes minerais nitrogenados, uma das adaptações apresentadas por algumas plantas que vivem nesses ambientes é a "armadilha" representada por folhas que capturam insetos. Os insetos são aprisionados, digeridos e os produtos nitrogenados resultantes da digestão são absorvidos e utilizados pela planta. É importante lembrar, no entanto, que essas plantas são autótrofas, ou seja, produzem o seu alimento orgânico por fotossíntese. A "captura" de insetos é apenas um recurso adaptativo ao ambiente pobre em nutrientes minerais nitrogenados.

A9PHOTO/SHUTTERSTOCK

MARCO ULIANA/SHUTTERSTOCK

(a) *Dionaea muscipula*, planta carnívora que (b) captura e digere pequenos insetos e aracnídeos.

Brácteas: folhas, de modo geral coloridas, com aspecto de flores, que contribuem para a atração de agentes polinizadores. São comuns, por exemplo, na primavera, no copo-de-leite, no antúrio, entre outras plantas.

Brácteas em (a) antúrios (*Anthurium* sp.), (b) bico-de-papagaio (*Euphorbia pulcherrima*) e (c) primavera (*Bougainvillea glabra*).

BLOOM/SHUTTERSTOCK

ZIGZAG MOUNTAIN ART/SHUTTERSTOCK

MRPHN/SHUTTERSTOCK

Gavinhas: do mesmo modo que ocorre em alguns caules, as folhas de algumas plantas também correspondem a gavinhas e dão maior fixação à planta.

Gavinha em ramo de ervilha (*Pisum* sp.).

A circulação de água e nutrientes nas plantas com tecidos condutores

A água que circula nas plantas transporta nutrientes minerais e orgânicos em vias separadas. Nutrientes minerais são transportados da raiz às folhas por finíssimos tubos componentes do tecido denominado **xilema** (do grego, *ksylon* = = madeira), também denominado **lenho**. A solução aquosa com sais minerais transportada pelo xilema é a **seiva bruta**.

Nutrientes orgânicos são transportados para as raízes, caule, flores e frutos por outro conjunto de finíssimos tubos constituintes do tecido **floema** (do grego, *phloios* = casca, envelope, porque fica na parte viva da casca que envolve o caule), também denominado **líber** (do latim, *liber* = livre). A solução aquosa com nutrientes orgânicos transportada pelo floema é a **seiva orgânica**.

Diferentemente do que ocorre em muitos animais, não há uma bomba propulsora de seivas, ou seja, não há um órgão como o coração nas plantas vasculares. O deslocamento da seiva bruta depende fundamentalmente da ocorrência da transpiração e da fotossíntese, que removem constantemente a água dos tubos condutores. O deslocamento da seiva orgânica se dá em função de uma diferença de concentração: o alimento orgânico é deslocado das folhas (órgãos em que ocorre a fotossíntese e, portanto, local de maior concentração) para os locais em que será consumido.

Lembre-se!

A **seiva bruta** também é chamada de **seiva mineral** ou **inorgânica** e a **seiva orgânica** também é chamada de **elaborada**.

Ilustração do caminho percorrido pela água, minerais e seiva elaborada.

ESTABELECENDO CONEXÕES

Cotidiano

Que cheiro bom!

Tem pessoas que ao cozinhar perfumam toda a casa com um cheiro muito bom, que se espalha por todo o ambiente. E independe se estão preparando comida doce ou salgada. Essas pessoas, em geral, se utilizam de raízes, caules e folhas de plantas que, por sua composição, liberam aromas quando cortadas ou cozidas. Quer ver alguns exemplos?

SOMMA/SHUTTERSTOCK

VALENTINA PROSKURINA/SHUTTERSTOCK

Caules de gengibre e folhas de hortelã são empregadas no preparo de bebidas, além de darem um toque especial às carnes.

VICTORIAKH/SHUTTERSTOCK

MUELLEK JOSEF/SHUTTERSTOCK

Folhas de louro (*Laurus nobilis*, árvore que atinge 10 m de altura, em média) ou de alecrim (*Rosmarinus officinalis*, arbustos atingem 1,5 m de altura) são muito utilizadas para preparar pratos salgados.

A canela, em pó ou em pau, tão empregada em compotas doces, na verdade é retirada da casca do tronco da caneleira (*Cinnamomum verum*), árvore que chega a 18 m de altura.

ANTONIO GRAVANTE/SHUTTERSTOCK

DE OLHO NO PLANETA

Meio Ambiente

Ficar parado resulta em alguns problemas

Assim como ocorre com muitos animais, as plantas também são atacadas por inúmeros agentes agressores, dentre eles fungos, vírus, bactérias e animais herbívoros, como insetos, roedores, bois e cabras, por exemplo.

Fugir ou remover os agressores, como fazem muitos animais, é uma tarefa árdua para seres imóveis. O ataque de uma praga de gafanhotos, o parasitismo dos pulgões (que sugam a seiva elaborada das plantas) e inúmeras doenças provocadas por microrganismos resultam em danos para a vegetação, muitas vezes irrecuperáveis.

Felizmente, ao longo da evolução vegetal, sob a ação da seleção natural, resultaram variedades vegetais que possuem mecanismos de defesa, em geral a produção de substâncias tóxicas contra os agentes agressores. A rica biodiversidade observada em uma floresta tropical também garante uma proteção do conjunto das plantas contra seus inimigos potenciais. No caso das chamadas monoculturas, como, por exemplo, as de cana-de-açúcar e milho, a inexistência de diversidade no cultivo pode acarretar muitos prejuízos, principalmente os relacionados às pragas agrícolas.

Muitas vezes, ao selecionar uma planta altamente produtiva em termos alimentares, o homem deixa de lado as qualidades de resistência às doenças, próprias das plantas. O recurso da utilização de defensivos agrícolas, que protegem as plantas cultivadas, resolve alguns desses problemas, porém acarreta outros, principalmente os relacionados à poluição ambiental e à contaminação dos alimentos produzidos.

A causa do sucesso das angiospermas: flor e polinização

JACK HONG/SHUTTERSTOCK

Uma das causas do sucesso das angiospermas no meio terrestre foi o eficiente mecanismo utilizado na reprodução sexuada, gerando descendentes que se espalharam por diversos ambientes. Para isso, a **flor** foi fundamental. É uma nova estrutura, até então inexistente no reino *Plantae*. Graças a ela, a transferência de pólen de uma flor para outra conta com a participação de novos agentes de polinização, como, por exemplo, muitos insetos, pássaros e morcegos, que são atraídos pelas flores, principalmente à procura de néctar e pólen comestível.

Lembre-se!

Flor e **fruto** são duas estruturas exclusivas das angiospermas.

A dispersão das sementes é favorecida, graças à diferenciação de uma das partes da flor, o ovário, em **fruto**. Os frutos, em geral, são muito atraentes para inúmeros animais que, ao consumi-los, contribuem para a dispersão das sementes abrigadas em seu interior.

Fique por dentro!

Nas gimnospermas **não há flor**. A polinização é feita exclusivamente pelo vento.

Nas angiospermas, a flor é um elemento atrativo; por isso, novos agentes polinizadores (insetos, pássaros, morcegos) contribuem para a reprodução e expansão desse grupo de vegetais.

A flor

Veja o esquema a seguir, que representa a flor da pata-de-vaca (*Bauhinia variegata*), árvore ornamental muito comum nas cidades, que atinge 8 m de altura. É uma flor completa, constituída de quatro tipos diferentes de *folhas modificadas*, que formam as chamadas peças florais, presas ao **receptáculo floral**, uma região alargada que lhes serve de base, situada no topo do **pedúnculo floral**, que é o "cabinho" da flor. De fora para dentro, as peças florais são:

- **sépalas:** em geral, de cor verde. O conjunto de sépalas constitui o **cálice** protetor do *botão floral*, nome dado à flor antes de sua abertura.

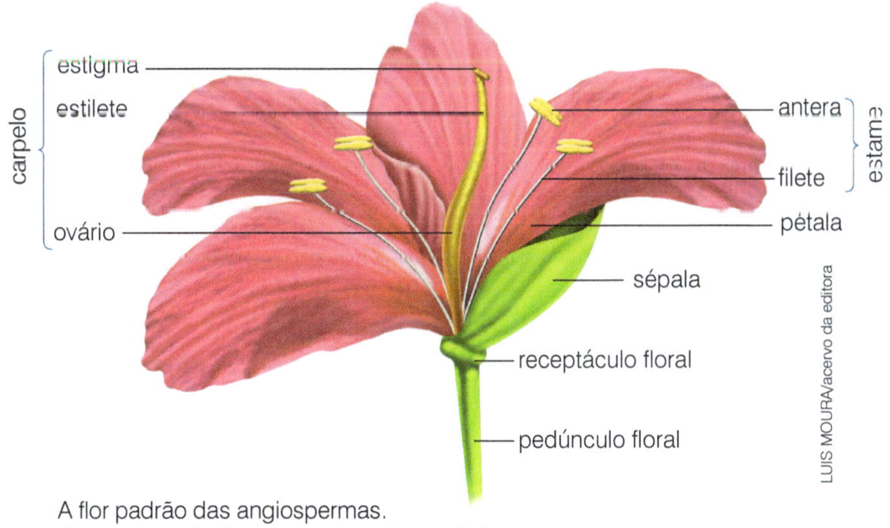

A flor padrão das angiospermas.
(Cores-fantasia. Ilustrações fora de escala.)

- **pétalas:** em geral, coloridas. O conjunto de pétalas forma a **corola** (coroa) com função de atrair os animais polinizadores.
- **estames:** componentes da porção masculina da flor, o **androceu** (do grego, *andros* = homem, macho). Cada estame possui duas regiões: o **filete** e a **antera**, sendo esta última o local em que são produzidos os grãos de pólen.
- **carpelos** (do grego, *karpos* = fruto) ou **folhas carpelares:** um ou mais carpelos formam a porção feminina da flor, o **pistilo** ou **gineceu** (do grego, *ginekos* = mulher). Cada carpelo é constituído de **estigma**, **estilete** e **ovário**. O *estigma* é a região superior em que são depositados os grãos de pólen. O *ovário* é o local em que se localizam os *óvulos*, que após a fecundação serão as futuras *sementes*. O ovário desenvolvido será o *fruto*. O *estilete* liga o estigma ao ovário.

Jogo rápido

Identifique as estruturas indicadas: quais pertencem ao gineceu e quais compõem o androceu?

MLWPHOTO/SHUTTERSTOCK

Detalhe de gineceu e de androceu de um lírio.

Há muitas espécies de angiospermas em que as flores são *incompletas*, isto é, pode faltar um ou mais elementos florais: o cálice, a corola, o androceu ou o gineceu.

Lembre-se!

Androceu (do grego, *andros* = = macho) é o nome dado ao conjunto de estames da flor. Gineceu (do grego, *ginekos* = mulher) é o nome dado ao conjunto de carpelos da flor.

Fique por dentro!

Nas casas gregas e romanas da antiguidade, o gineceu era o aposento destinado às mulheres.

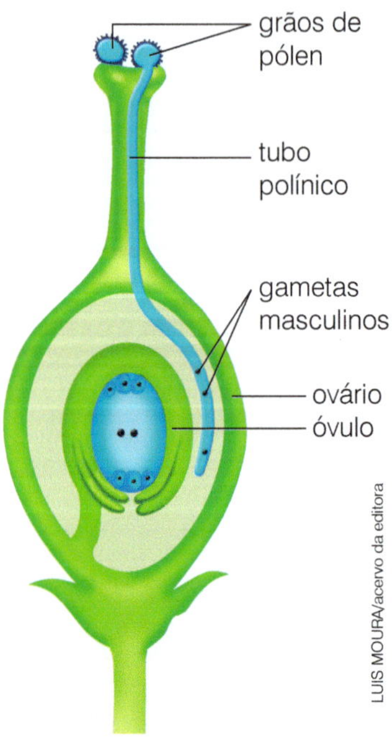

Esquema ilustrativo de polinização em angiosperma. (Cores-fantasia. Ilustração fora de escala.)

RADU BERCAN/SHUTTERSTOCK

Observe que o estigma é recoberto por uma substância viscosa, que auxilia na apreensão dos grãos de pólen.

Polinização

O primeiro passo na reprodução sexuada das angiospermas é a **polinização**, que é o nome dado ao transporte de grãos de pólen da antera de uma flor para o estigma da mesma ou de outra flor. Nas angiospermas, a polinização pode ocorrer com a participação de vários agentes polinizadores, como vento, insetos e inúmeros animais.

Ao atingir o estigma, cada **grão de pólen** germina e gera um **tubo polínico** que se prolonga no interior do estilete a caminho do ovário, até encontrar um óvulo.

DE OLHO NO PLANETA

Meio Ambiente

A polinização e a conquista do meio terrestre

A polinização pelo vento não é novidade. Ela já ocorria nas gimnospermas e também ocorre em angiospermas como o milho, a cana-de-açúcar, o arroz, o trigo e as diversas espécies de capim. A água também atua como agente de polinização, porém para um número pequeno de angiospermas aquáticas. A grande aquisição evolutiva, no entanto, foi a participação dos animais como agentes polinizadores, principalmente os insetos, as aves e alguns mamíferos, como os morcegos.

A polinização por um animal depende da atração que a flor a ser polinizada exerce. Cor, odor e alimento disponível são fatores que atraem um animal polinizador. Dos alimentos, dois merecem destaque. Um deles é o néctar. Produzido em regiões especiais da flor, é um alimento viscoso, altamente nutritivo, contendo açúcar e outras substâncias de interesse dos animais. O outro é representado por grãos de pólen comestíveis, avidamente consumidos por insetos, como os besouros, por exemplo.

A polinização por animais pode ser feita de dia ou de noite. Durante o dia, corola vistosa, colorida e "cheirosa" são os fatores de atração de agentes polinizadores (abelhas, borboletas, beija-flores). Pólen pegajoso, produzido em pequena quantidade, adere às patas, antenas, asas, bicos (nas aves) e assim é transportado. Já à noite, é o odor penetrante que atrai os animais polinizadores (morcegos e mariposas). Também na polinização noturna o pólen é pegajoso e pouco abundante.

Nas plantas polinizadas pelo vento, os grãos de pólen são menores, leves e produzidos em grande quantidade. A corola, nesse caso, não costuma ser vistosa. O que importa é aumentar bastante a superfície de recepção de pólen pelo gineceu. Os estigmas, nesse caso, são plumosos, ramificados, o que contribui bastante para a recepção do maior número possível de grãos de pólen.

Descubra você mesmo!

Procure na internet ou em livros da biblioteca da sua escola qual é a origem do mel produzido por abelhas.

Fecundação

O tubo polínico transporta duas **células gaméticas**, que *equivalem* a gametas masculinos, presentes na extremidade do tubo. Assim que o tubo polínico atinge o óvulo, uma das células gaméticas encontra-se com o *gameta feminino*, a **oosfera**, contida no interior do óvulo, formando-se o zigoto.

O zigoto passa por inúmeras divisões celulares e origina um pequeno **embrião**. A outra célula gamética transportada pelo tubo polínico encontra-se com outras duas células existentes no interior do óvulo e, após inúmeras divisões celulares, origina o **endosperma**, também denominado de **albúmen**, tecido armazenador de reserva alimentar que será utilizado pelo embrião durante a *germinação* da semente.

Lembre-se!

Nas angiospermas, *polinização* é o transporte de pólen de uma antera para um estigma. *Agente polinizador* é o que efetua esse transporte. *Fecundação* é o encontro da célula gamética masculina, conduzida pelo tubo polínico, com a célula gamética feminina que se encontra no interior do óvulo.

Lembre-se!

O encontro de gametas nas angiospermas não depende de água ambiental e é facilitado pelo tubo polínico.

Fique por dentro!

Nos animais, o óvulo é gameta feminino. Nos vegetais, porém, óvulo não é gameta. É uma estrutura que contém o gameta feminino, denominado **oosfera**. Nos vegetais, no interior do óvulo ocorrerá a fecundação, ou seja, o encontro da célula gamética masculina, transportada pelo tubo polínico, com a oosfera.

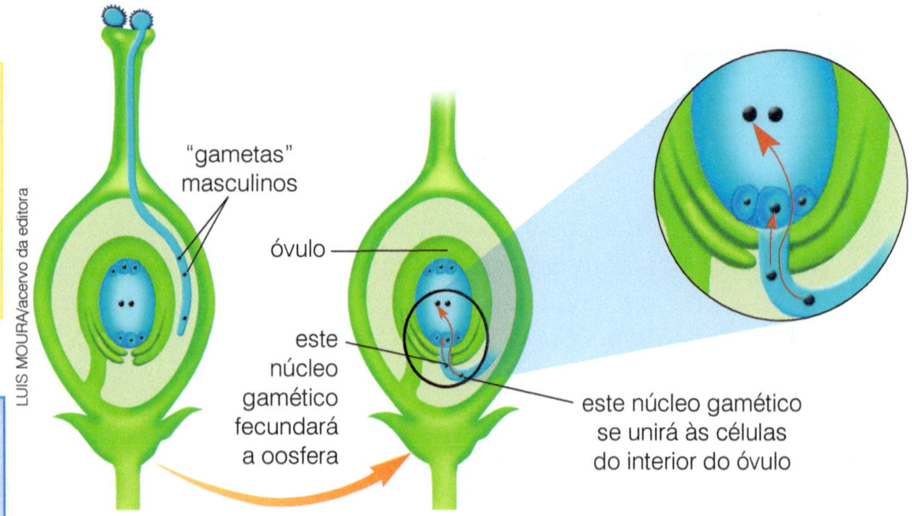

Esquema ilustrativo de fecundação em angiosperma. (Cores-fantasia. Ilustrações fora de escala.)

O *óvulo transforma-se em semente*

Após a fecundação, os óvulos se transformam em sementes. Cada **semente** possui três componentes: a **casca** (ou **tegmento**), o **embrião** e um material de reserva alimentar denominado de **endosperma** (do grego, *endos* = dentro + *sperma* = = semente), também chamado de **albúmen**, que será utilizado pelo embrião durante a germinação da semente.

Nas sementes de algumas angiospermas como, por exemplo, no feijão, na soja e na ervilha, as reservas alimentares não se situam no endosperma, mas são transferidas para duas estruturas volumosas denominadas **cotilédones**, que fazem parte do corpo do embrião.

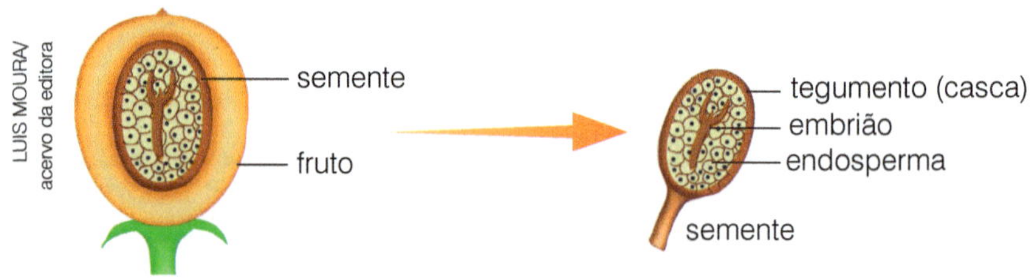

Nas angiospermas, a semente encontra-se protegida pelo fruto. (Cores-fantasia. Ilustrações fora de escala.)

O *ovário transforma-se em fruto*

Ao mesmo tempo em que os óvulos se transformam em sementes, o ovário desenvolve-se e transforma-se no **fruto**. Na flor da pata-de-vaca, o ovário se modifica e adquire o formato de uma vagem, contendo as sementes no seu interior. Na flor de abacate e de manga, por exemplo, o ovário cresce bastante, as paredes ficam espessas e são comestíveis. No abacate, o caroço corresponde à semente; na manga, a semente fica no interior do caroço. Peça a um adulto para abrir um caroço de manga para que você possa observar a semente.

Lembre-se!

Nas angiospermas, após a polinização e a fecundação, cada óvulo se converte em semente e o ovário se converte no fruto.

Um fruto típico é formado por duas partes: o **pericarpo** (*peri* = = em volta de + *carpo* = fruto) e a **semente** (uma ou mais).

O pericarpo é formado por três partes: o **epicarpo**, que corresponde à casca; o **mesocarpo**, que é a parte geralmente carnosa e comestível (a polpa do fruto); e o **endocarpo**, que é a parte que está em contato com a semente.

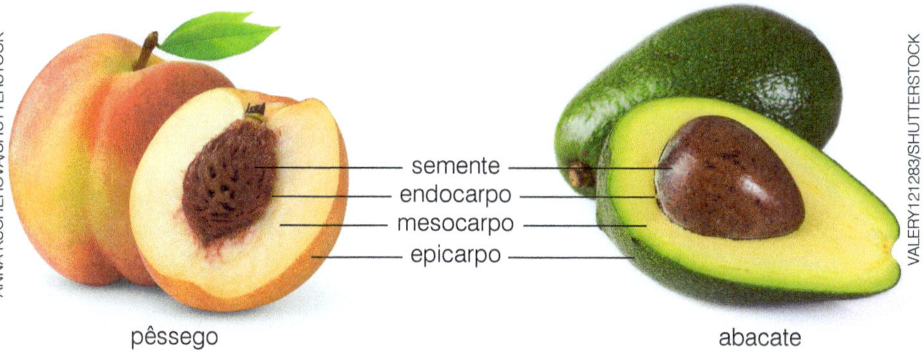

Em certos frutos o endocarpo é muito rígido e forma um "caroço" como no pêssego, na azeitona, na manga, no coco. Quebrando o caroço, encontra-se a semente. No abacate, o endocarpo é uma película marrom que envolve a semente.

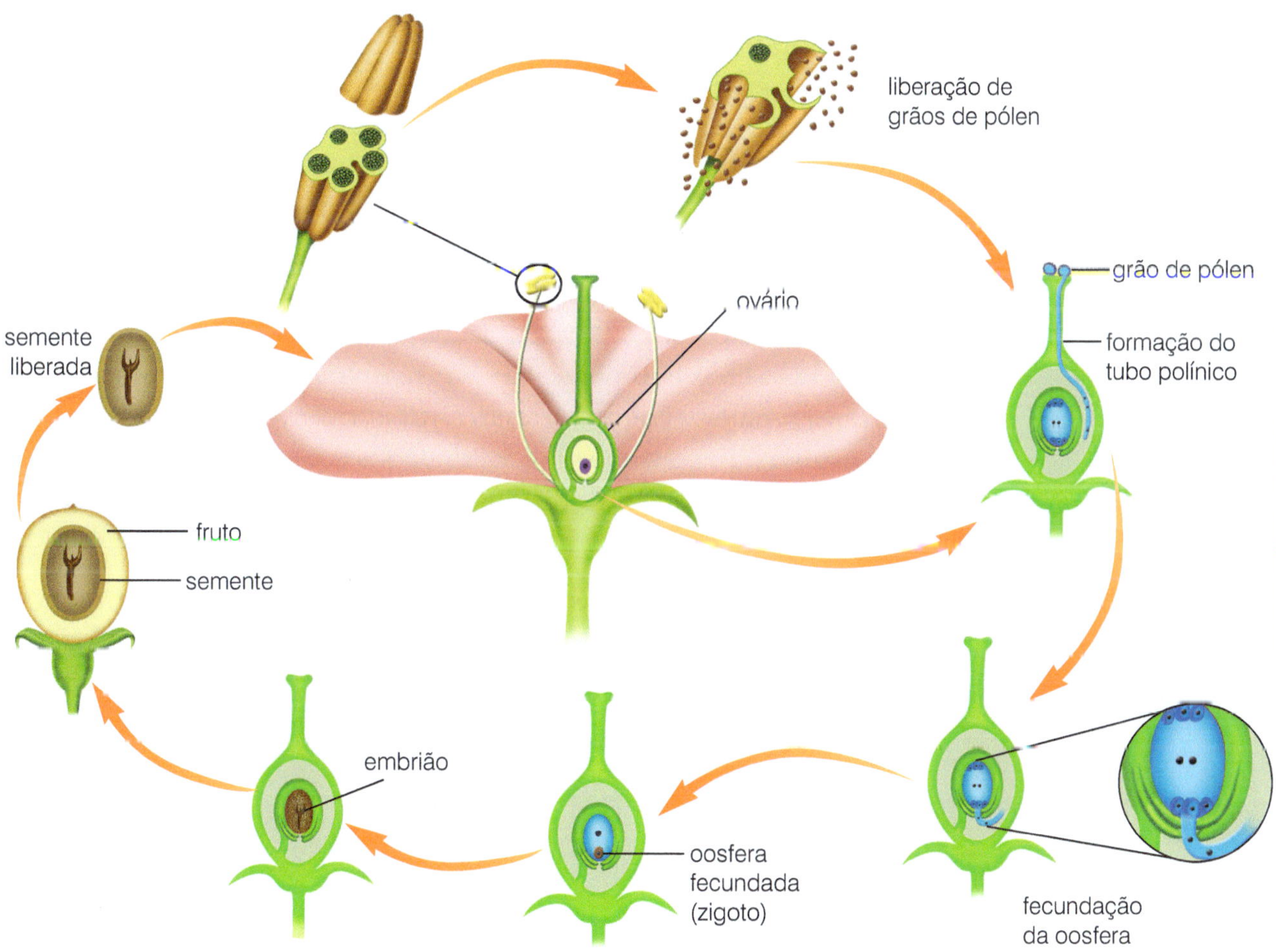

Esquema ilustrativo de reprodução em angiospermas. (Cores-fantasia. Ilustrações fora de escala.)

É SEMPRE BOM SABER MAIS!

Inflorescência leva a infrutescência

Em algumas angiospermas, as flores aparecem reunidas, formando um conjunto denominado de **inflorescência**. É o que se verifica na margarida, no girassol, no brócolis, na couve-flor, na alcachofra e na uva, por exemplo. Assim, ao ocorrerem as polinizações e as fecundações das inúmeras flores, o que era anteriormente uma inflorescência transforma-se em uma **infrutescência**, ou seja, um conjunto de frutos reunidos.

(a) Inflorescência e
(b) infrutescência de uva (*Vitis vinifera*).
(c) Brócolis = inflorescência

Tipos de fruto

Ao comer uma manga, você saboreia a polpa suculenta que corresponde a uma parte da parede do ovário (o mesocarpo) bem crescida. O mesmo ocorre quando você come um abacate, uma ameixa, um pêssego, um tomate, um pepino ou uma berinjela. Esses frutos são classificados como **carnosos**, pois têm pelo menos uma parte, geralmente o mesocarpo, suculento, espesso, rico em água e açúcares.

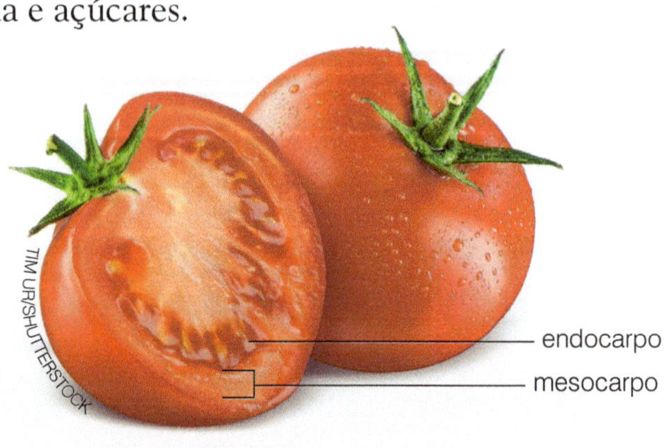

A manga e o tomate são frutos carnosos, cuja parte comestível é o mesocarpo suculento. Nas imagens, identifique o epicarpo.

Outro tipo de fruto são os **secos**, em que o mesocarpo é *pobre em água*, como por exemplo, nas vagens, ou *duro*, *lenhoso* ou *fibroso*, como, por exemplo, no coco, nas nozes e nas castanhas.

Ao se alimentar de uma vagem (fruto seco), você está comendo uma parede não suculenta do ovário.

No coco-da-baía (fruto seco), a água de coco e a parte branca comestível são endospermas líquido e sólido, respectivamente.

Quando os frutos se abrem espontaneamente, liberando as sementes, eles são chamados de **deiscentes**. É o caso, por exemplo, do feijão, em que suas vagens se abrem e expõem as sementes. Já os frutos chamados **indeiscentes** não se abrem espontaneamente, como é o caso, por exemplo, das laranjas.

É SEMPRE BOM SABER MAIS!

Frutos partenocárpicos e pseudofrutos

A banana é um caso especial de fruto carnoso em que o ovário se desenvolve sem ter ocorrido a fecundação dos óvulos. Os pontinhos pretos no interior do fruto são óvulos que não se desenvolveram em sementes; logo, são estéreis. Nesse caso, dizemos que a banana é um exemplo de **fruto partenocárpico** (do grego, *parthenos* = virgem + *carpos* = fruto). É também o caso do limão sem semente e da laranja baiana, que também não tem sementes.

Banana, fruto partenocárpico.

Agora, se você comer uma maçã, um morango ou um caju, saiba que eles não são frutos verdadeiros. É que, nesses casos, o que se come não provém do ovário que se desenvolveu. Esses são exemplos do que denominamos de **falsos frutos** ou pseudofrutos (do grego, *pseudes* = falso).

VALENTYN VOLKOV/ SHUTTERSTOCK

Na maçã, a parte comestível corresponde ao receptáculo da flor, que cresce bastante e envolve o ovário contendo as sementes.

ANNA KUCHEROVA/ SHUTTERSTOCK

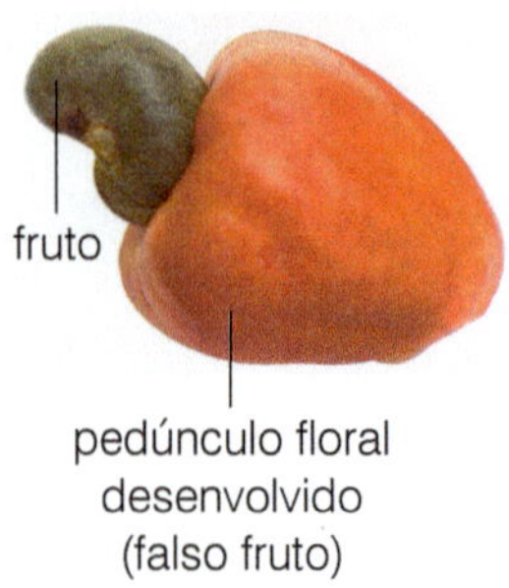

IV NIKOLNY/ SHUTTERSTOCK

No caju, é o pedúnculo floral que cresce bastante e fica suculento. O fruto, no caso do caju, é a castanha que a ele fica ligada, contendo uma semente no seu interior.

No morango, a parte carnuda, suculenta e cheirosa é o receptáculo floral muito desenvolvido. Os frutos são secos, pequenos e se apoiam no receptáculo; são os pontinhos superficiais que sentimos ao mastigar; cada um possui uma só semente em seu interior.

ESTABELECENDO CONEXÕES

Cotidiano

Frutos, frutas ou legumes? A ciência nos conta quem é quem

O que se conhece popularmente por "fruta" não tem significado botânico. Frutas têm sabor agradável, às vezes doce, às vezes azedo. É o caso da laranja, pêssego, banana, pêra, maçã, caju, morango, amora, manga, abacate, ameixa, limão, cupuaçu, graviola, tucumã, acerola, entre outros.

Nem toda fruta é fruto verdadeiro. Relembre que **fruto** é o nome dado à estrutura derivada do crescimento do ovário da flor. No caso do morango e da maçã, trata-se de *pseudofrutos*, já que nos alimentamos dos receptáculos florais desenvolvidos. E no caju, outro exemplo de pseudofruto, a parte suculenta, é o pedúnculo floral desenvolvido. Todos os demais exemplos citados são frutos e também são frutas.

Nas bancas de frutas e hortaliças de uma feira ou de um mercado, frequentemente percebemos que tomate, berinjela, jiló, pepino, pimentão e abobrinha, entre outros, são popularmente denominados de "legumes". Em termos da Botânica, no entanto, o termo "legume" é reservado para frutos do tipo "vagem", produzidos por plantas de feijão, soja, ervilha, lentilha, grão-de-bico e amendoim, entre outros. Pepino, pimentão, berinjela, jiló, tomate e abobrinha, não são legumes, mas, frutos simples, verdadeiros, suculentos, contendo várias sementes no interior.

E a palavra hortaliça, a que se refere? Nesse caso, é uma denominação *popular* para verduras e legumes, mas não tem significado botânico.

BONCHAN/ SHUTTERSTOCK

A soja é uma leguminosa, cuja característica é a presença de sementes no interior de vagens.

Observe as sementes no interior do pepino: ele é um fruto verdadeiro.

FIRST_EMOTION/SHUTTERSTOCK

A dispersão das sementes

Nas angiospermas, a semente e o fruto constituem "unidades de dispersão". Os agentes de dispersão, em ambos os casos, podem ser **animais**, **vento** e **água**.

Frutos carnosos servem de alimento para animais que, ao defecarem, espalham as sementes não digeridas. Carrapichos e picões aderem aos pelos dos animais, que os transportam para vários locais. O vento atua na dispersão de frutos e sementes dotados de expansões que se assemelham a asas. A água é o agente de dispersão de frutos, como o coco-da-baía, que flutua facilmente nela. Por fim, um caso especial é o de frutos secos maduros que se abrem explosivamente, como ocorre com as vagens da pata-de-vaca e os frutos da mamona que "arremessam" as sementes a certa distância.

Dispersão: ato de dispersar, espalhar, propagar.

BRIAN A JACKSON/SHUTTERSTOCK

Sementes de dente-de-leão (*Taraxacum* sp.) são disseminadas pelo vento.

XICO PUTINI/SHUTTERSTOCK

Frutos verdes de mamona (*Ricinus communis*). Quando amadurecem, abrem-se de modo repentino e as sementes são projetadas para fora.

OLEGD/SHUTTERSTOCK

Coco-da-baía (*Cocos nucifera*), germinando, após ser dispersado pela água.

ALTA OOSTHUIZEN/SHUTTERSTOCK

A ponta das sementes do tipo picão (*Bidens pilosa*) é dividida, o que favorece sua adesão ao pelo de animais que nela encosta.

É SEMPRE BOM SABER MAIS!

Em que momento as sementes são liberadas dos frutos?

A liberação das sementes do interior dos frutos é um dos acontecimentos mais marcantes da reprodução das angiospermas. Embora algumas sementes possam até germinar no interior do fruto, como é comum ocorrer com o chuchu, a grande maioria das sementes germina apenas após ser liberada do fruto, quando maduro.

A **maturação** do fruto é fator determinante para ocorrer a liberação das sementes. Sem dúvida, é dos frutos carnosos, dos quais nos alimentamos, que mais facilmente podemos perceber esse processo de maturação, que leva à liberação das sementes.

Frutos como o do mamão, da manga e do pêssego, por exemplo, são verdes assim que são formados. Nessas condições, nem é possível comê-los, visto que seu sabor é amargo e, muitas vezes, existem até substâncias não digeríveis. À medida que o fruto amadurece, porém, ocorre uma transformação em sua cor e em seu odor e, sem dúvida, essas mudanças atraem muitos animais dotados de visão a cores e com bom sistema olfativo. Ao se alimentarem desses frutos, os animais contribuem, sem dúvida, para a dispersão das sementes. E, uma vez liberadas, as sementes podem germinar.

Chuchu aberto, mostrando a germinação da semente em seu interior.

O amadurecimento dos frutos carnosos implica mudanças que envolvem não só sua textura, mas também cor e odor. Observe nas fotos acima a mudança na cor das sementes do mamão verde e do mamão maduro.

Sequência de germinação da semente de feijão. As setas indicam os cotilédones, folhas modificadas que contêm substância de reserva para o crescimento do embrião.

A semente e a germinação

Caindo em locais favoráveis, as sementes podem germinar. Nesse caso, o embrião, que até então estava em um estado latente, entra em atividade, consome as reservas nutritivas do endosperma ou dos cotilédones e cresce. A primeira estrutura embrionária a emergir é a **radícula** (pequena raiz), que fará contato com o solo, absorvendo água e nutrientes minerais. A seguir, emerge a estrutura que se desenvolverá no meio aéreo, o **caulículo** (pequeno caule).

Estado latente: metabolicamente inativo.

Aos poucos, a partir da radícula e do caulículo se originam raízes e caules definitivos da planta adulta. E dos caules originam-se as folhas, que serão os órgãos nos quais ocorrerá o processo de fotossíntese.

Classificação das angiospermas

Os biólogos separam as plantas angiospermas em dois grandes grupos: **monocotiledôneas** e **eudicotiledôneas**. O milho é uma planta monocotiledônea. O feijão é uma planta eudicotiledônea. Mas você deve estar se perguntando, qual é a origem desses nomes? Lembre-se que, ao nos referirmos às reservas da semente, dissemos que em algumas plantas, o feijão e a soja, por exemplo, elas se localizam nos **cotilédones**. Cotilédones são estruturas que pertencem ao embrião das plantas. Plantas cujos embriões possuem apenas um cotilédone são monocotiledôneas. Plantas cujos embriões possuem dois cotilédones são eudicotiledôneas.

Lembre-se!

Angiospermas cujas sementes possuem dois cotilédones são eudicotiledôneas, enquanto as que possuem sementes com um cotilédone são monocotiledôneas.

No feijão, assim como na ervilha, há dois cotilédones hipertrofiados. Não há endosperma.

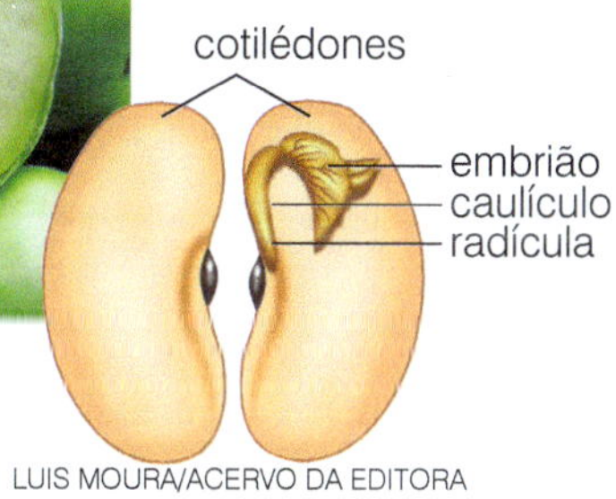

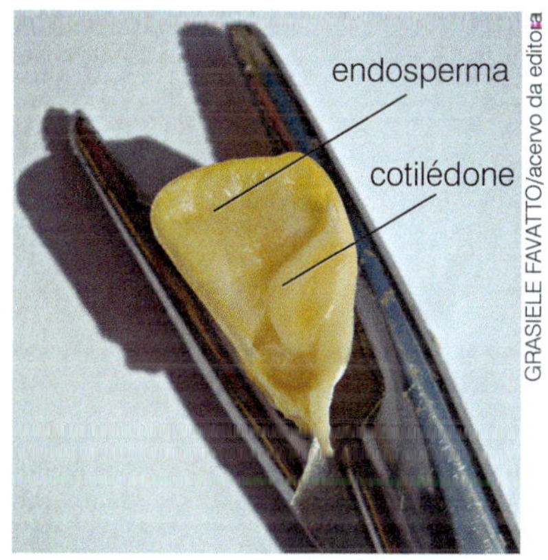

No milho, o único cotilédone é atrofiado e as reservas ficam no endosperma.

ENTRANDO EM AÇÃO

Herbário virtual

Herbários são coleções de plantas, cuidadosamente prensadas e secas, a fim de que possam ter longa durabilidade, coladas em folhas de papel ou cartão e devidamente catalogadas.

Agora, convidamos você e seu grupo de trabalho para produzirem um herbário virtual. De posse de máquina fotográfica ou de celular com capacidade para tirar fotos, passeiem pelos jardins de seu bairro e/ou município e fotografem diferentes tipos de plantas que encontrarem. Não se esqueçam de fotografar detalhes de folhas, caules, raízes aéreas, flores, frutos e sementes.

Muito provavelmente, além das angiospermas vocês também encontrarão gimnospermas, pteridófitas e, menos frequentemente, briófitas.

Todos esses grupos também devem ser fotografados para que seu herbário fique o mais completo possível.

Reúnam as imagens de todos os colegas, escolham as melhores fotos e procurem classificar o que recolheram com o auxílio de livros, professores ou da própria internet.

Que tal fazerem um *blog* e tornarem disponível seu herbário virtual para os colegas da escola?

Nosso desafio

Para preencher os quadrinhos de 1 a 10, você deve utilizar as seguintes palavras: carnosos, carpelos, estames, flor, fruto, grãos de pólen, óvulos, partenocárpicos, pétalas, sépalas.

À medida que você preencher os quadrinhos, risque a palavra que escolheu para não usá-la novamente.

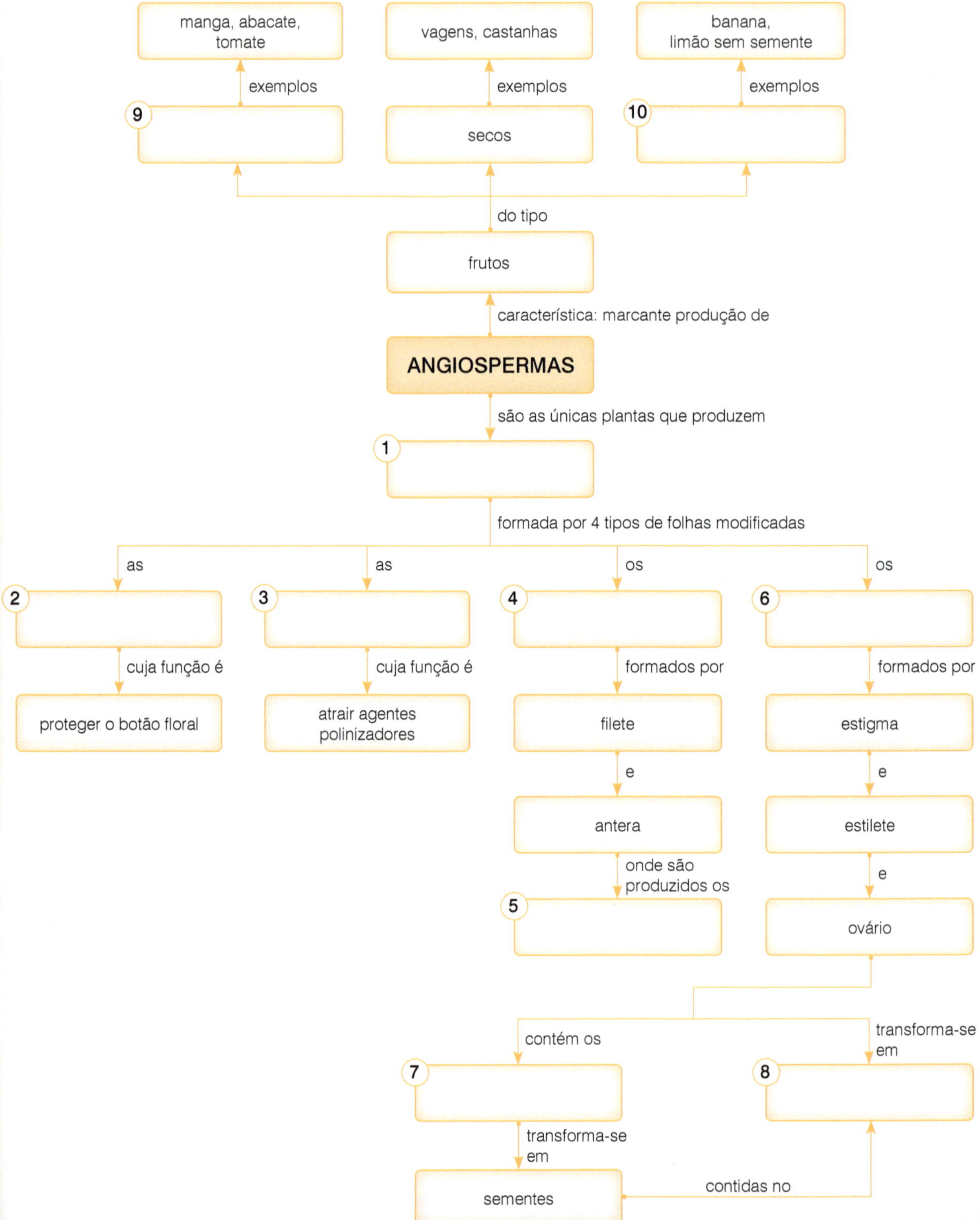

Atividades

1. **[1, 2, 12]** No esquema ao lado:

a) Cite o nome das regiões componentes da raiz.

b) Quais são as duas regiões exclusivas da raiz?

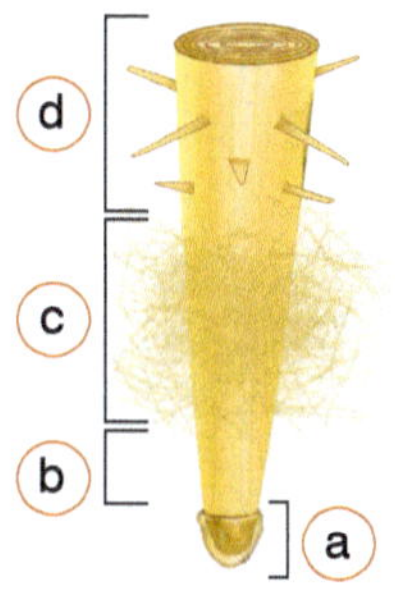

ANA OLÍVIA JUSTO/acervo da editora

2. **[1, 2, 6, 12]** Utilizando ainda o esquema da questão anterior, sabe-se que a raiz desempenha importante função de absorção de água e nutrientes minerais, além de, no meio terrestre, fixar o vegetal ao solo.

a) Das regiões mostradas no esquema, indique aquela na qual ocorre a maior parte da absorção de água e nutrientes minerais.

b) Que vantagem é decorrente da existência de uma ampla região dotada de inúmeros pelos absorventes, relativamente a outras regiões da raiz não dotadas de ramificações e que poderiam, igualmente, ser locais de absorção de água e nutrientes minerais?

3. **[1, 2, 3, 6, 12, 16]** Nem toda raiz vive no solo. Em alguns vegetais, elas permanecem no meio aéreo ou aquático. A esse respeito e utilizando os seus conhecimentos sobre o assunto:

a) Cite duas plantas que possuem raízes aéreas e uma planta cujas raízes são aquáticas.

b) De que modo as plantas que possuem raízes aéreas obtêm água e nutrientes minerais? E nas plantas de raízes aquáticas, como os nutrientes minerais são obtidos?

4. **[1, 2, 3, 6, 12]** Raízes tuberosas, pneumatóforos e sugadoras exercem funções diferentes daquelas consideradas normais para uma raiz. Em relação a esses tipos de raízes:

a) Cite o papel atribuído a cada uma delas.

b) Cite duas plantas que possuem raízes tuberosas.

c) Em que tipo de planta existe raiz sugadora? Que tipo de relação ecológica existe entre a planta com raiz sugadora e a sua hospedeira?

d) Em qual ambiente brasileiro são encontradas plantas com raízes do tipo pneumatóforos?

5. **[1, 2, 6, 12]** O pau-brasil é uma espécie de árvore com muitos galhos dos quais emergem as folhas. O coqueiro-da-baía é uma árvore em que as folhas emergem do topo, não há galhos. O caule da cana-de-açúcar apresenta nós e armazena açúcar. A respeito desses vegetais:

a) Cite o tipo de caule aéreo associado a cada uma dessas plantas.

b) Qual é o açúcar armazenado no caule da cana-de-açúcar?

c) Cite uma planta que possua caule aéreo do mesmo tipo da cana-de-açúcar.

d) Cite as regiões exclusivas de um caule.

6. **[1, 2, 7]** Rizomas, tubérculos e bulbos são considerados caules subterrâneos modificados. Em relação a esses tipos de caule:

a) Cite pelo menos uma planta em que são encontrados.

b) O bulbo possui uma característica que o diferencia de outros tipos de caules citados. Qual é essa característica?

7. **[1, 2, 3, 6, 7, 12]** Raiz tuberosa e caule do tipo tubérculo são denominações utilizadas ao se referir a tipos específicos desses órgãos vegetais especializados no armazenamento de substâncias orgânicas.

a) Indique a principal substância orgânica da categoria dos açúcares armazenada nessas duas estruturas vegetais modificadas.

b) Indique pelo menos um exemplo de raiz tuberosa e um de caule do tipo tubérculo que armazenem essa categoria de substância orgânica.

c) Como a espécie humana aproveitou a existência dessas estruturas em termos nutricionais?

8. **[1, 2, 3, 6, 12, 16]** O consumo de caules subterrâneos do tipo bulbo também é atualmente valorizado em culinária doméstica e comercial, de modo geral empregados como temperos.

a) Indique dois exemplos de consumo diário de caules do tipo bulbo pelas pessoas.

b) Caules do tipo colmo também são consumidos pelas pessoas. Cite um exemplo de planta que apresenta esse tipo de caule e indique como pode ser utilizado em nossa alimentação.

9. **[1, 2, 7, 12]** As fotos a seguir mostram dois tipos de folhas comumente encontradas nas plantas.

Para cada uma delas:

a) Reconheça as regiões apontadas pelas setas.

b) Que denominação é utilizada para essas folhas, quanto ao tipo e disposição das nervuras.

10. **[1, 2, 3, 6, 7, 12, 16]** A chamada alimentação saudável das pessoas, hoje muito valorizada, conta com a participação de folhas de angiospermas, além, obviamente, de raízes e caules de plantas desse grupo vegetal. O consumo de folhas vem aumentando gradualmente na culinária doméstica e comercial, e tem beneficiado sobremaneira a manutenção da saúde das pessoas.

a) Faça uma pesquisa e indique alguns exemplos de folhas de angiospermas habitualmente consumidas pelas pessoas.

b) Faça uma pesquisa e indique pelo menos uma vantagem decorrente do consumo alimentar de folhas de plantas do grupo das angiospermas.

11. **[1, 2, 3, 6, 12, 16]** Na Caatinga brasileira há muitas espécies de plantas angiospermas de várias espécies popularmente conhecidas como cactos. Em algumas regiões montanhosas brasileiras, como a Serra do Cipó, em Minas Gerais, há uma espécie de planta conhecida como insetívora.

a) Indique a característica básica de plantas de cacto, relativamente às folhas que possuem e a vantagem decorrente dessa característica.

b) No caso das plantas insetívoras, que órgão é responsável pela captura de insetos e que característica está presente nesse órgão que possibilita essa captura?

12. **[1, 2, 3, 6, 7, 12, 16]**

a) Qual é o importante processo realizado pelas células clorofiladas das folhas?

b) Quais são as substâncias utilizadas e produzidas pelas células clorofiladas das folhas e qual é a fonte de energia necessária para a realização desse processo?

c) Qual é o tecido condutor que transporta a água e os nutrientes minerais absorvidos nas raízes e encaminhados às folhas? Que nome se dá à seiva transportada por esse tecido?

13. **[1, 2. 3, 6, 7, 12, 16]**

a) Qual é o tecido condutor que transporta os nutrientes orgânicos, dissolvidos em água, da folha para os demais locais consumidores ou armazenadores da planta?

b) Qual é o nome da seiva transportada por esse tecido?

c) Quais são os dois importantes papéis relacionados aos estômatos?

14. **[1, 2, 3, 6, 12, 16]** Nos cactos, as folhas são transformadas em espinhos. Nas plantas denominadas de "carnívoras" algumas folhas são modificadas e utilizadas para a coleta e aprisionamento de pequenos insetos. Utilizando os seus conhecimentos sobre o assunto, responda:

a) Qual é a vantagem adaptativa decorrente da transformação das folhas em espinhos, nos cactos?

b) Qual é a vantagem adaptativa decorrente da transformação de algumas folhas em coletores e aprisionadores de insetos nas chamadas plantas "carnívoras"?

15. [1, 2, 3, 6, 12, 16] É comum ouvirmos dizer que as plantas fazem fotossíntese apenas durante o dia e respiram somente no período noturno. Você concorda com essa afirmação? Justifique a sua resposta.

16. [1, 2, 6] No esquema abaixo, que representa a flor padrão de uma angiosperma, reconheça as estruturas indicadas por setas.

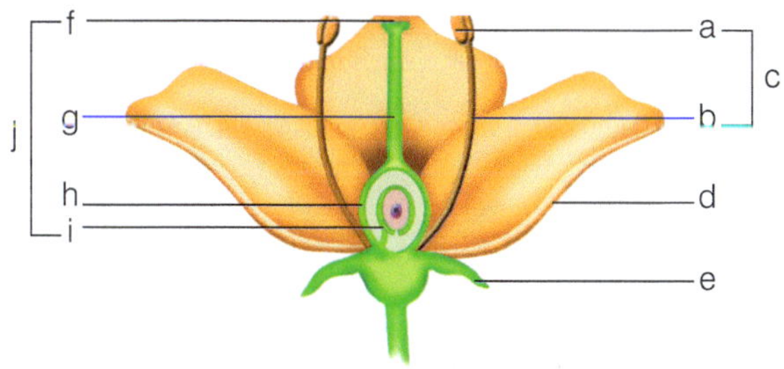

17. [1, 2, 3, 6, 12, 16] Após ter reconhecido as estruturas indicadas no esquema da questão anterior, responda:

a) Em qual das estruturas ocorre a produção de grãos de pólen?

b) Em qual das estruturas ocorre a deposição de grãos de pólen por um agente polinizador?

c) Qual estrutura se transformará em semente após a polinização e a fecundação?

d) Qual é a estrutura que se transformará em fruto?

18. [1, 2, 6, 12] Baseando-se novamente no esquema da questão de número 16, cite os nomes:

a) do conjunto de sépalas e de pétalas e as suas respectivas funções na flor.

b) do conjunto de estames e carpelos e as suas respectivas funções na flor.

19. [1, 2, 3, 6, 12, 16] Uma das preocupações da nossa espécie atualmente refere-se à qualidade dos alimentos consumidos. É inegável que a tecnologia moderna contribuiu de maneira considerável para o aumento da produtividade vegetal. No entanto, existe também a preocupação com agentes competidores das produções vegetais, tais como insetos que se alimentam de folhas, tanto em sua fase adulta como em sua fase larval, as famosas lagartas que se alimentam das folhas de várias espécies vegetais de interesse alimentar e econômico, como o milho, por exemplo.

a) Indique a contribuição que a moderna tecnologia trouxe ao cultivo de vegetais de interesse do ser humano.

b) Indique a principal preocupação de inúmeros ambientalistas no que se refere à adoção dessa tecnologia em termos de riscos aos ecossistemas.

20. [1, 2, 3, 6, 12, 16] A atividade humana levou os animais e as plantas ao declínio em todas as regiões do mundo, colocando em risco o nosso próprio bem-estar através da exploração excessiva dos recursos naturais e de poluentes, alertou uma pesquisa divulgada no dia 23/03/2018. (...) Até 90% dos corais da Ásia e do Pacífico sofrerão "degradação severa" até 2050, enquanto na Europa e na Ásia Central quase um terço das populações conhecidas de peixes marinhos e 42% dos animais e plantas terrestres estarão em declínio.

Fonte: LE ROUX, M. América pode perder 40% de sua biodiversidade até 2050, diz relatório. *Folha de S.Paulo*, São Paulo, 24 mar. 2018. Caderno Saúde + ciência, p. B7.

O alerta feito pelo texto preocupa devido à perda irreversível de inúmeras espécies de animais e plantas. Com relação às plantas existentes no planeta hoje:

a) Que sugestão poderia ser elaborada no sentido de se evitar as perdas previstas de espécies até o ano 2050?

b) Que grupo vegetal é hoje dominante na Terra em termos do número de espécies e cujo incentivo à reprodução poderia minimizar o alerta emitido no que respeita à extinção de espécies vegetais?

capítulo 3

ALIMENTOS E NUTRIÇÃO HUMANA

Enquanto isso, na cantina da escola...

Para manter-se saudável, um fator importante é nutrir-se adequadamente, consumindo uma variedade e uma quantidade de alimentos que permita às células do seu organismo realizarem corretamente o seu trabalho. Além de saudáveis, as refeições devem proporcionar momentos de prazer. Vamos analisar e avaliar duas escolhas para a hora do almoço.

Um colega escolheu como entrada um pouco de sopa de ervilha, em seguida um pedaço de peixe acompanhado de uma porção de salada mista e, para sobremesa, uma salada de frutas. Para beber, um suco de laranja. Este é um ótimo exemplo de um almoço saudável e saboroso. Outro colega preferiu fazer um prato único com um pouco de arroz, um pouco de feijão, um bife e, em um prato menor, um pouco de purê de batata. Para a sobremesa, um pudim de leite e para beber, água mineral. Esta segunda opção também é saborosa, entretanto, poderia ser valorizada por uma porção de verduras e legumes ou frutas frescas como sobremesa.

A oferta de tipos de alimentos para consumo no nosso dia a dia é enorme. O ideal é que o critério para a escolha de alimentos seja o da alimentação prazerosa e, sobretudo, equilibrada quanto aos nutrientes que dela podemos obter. Se for equilibrada, certamente será saudável.

Esperamos que ao ler este capítulo você possa fazer escolhas alimentares que incrementem a qualidade de suas refeições e de sua saúde.

SEA WAVE/SHUTTERSTOCK

A partir deste capítulo, vamos nos dedicar ao estudo do equilíbrio dinâmico do corpo humano, à integração de seus sistemas, destacando os aspectos relacionados à saúde, tanto individual como coletiva.

Composição química dos alimentos

Do que são formados os alimentos que ingerimos? Imagine que, ao fazer uma investigação a partir dos alimentos escolhidos pelos dois colegas no texto de abertura deste capítulo, triturássemos as duas refeições separadamente, transformando-as em pastas homogêneas. Ao analisar os componentes químicos das duas pastas, encontraríamos praticamente as mesmas substâncias químicas, porém em proporções diferentes. Essas substâncias pertencem a duas categorias, **componentes orgânicos** e **componentes inorgânicos**, como mostra a tabela ao lado.

Componentes dos alimentos, tanto de origem vegetal quanto animal.

Componentes orgânicos	Componentes inorgânicos
Proteínas	Água
Carboidratos	Sais minerais
Lipídios	
Vitaminas	
Ácidos nucleicos (DNA, RNA)	

IRYNA DENYSOVA/ SHUTTERSTOCK

Água: essencial para a vida

Você já reparou que onde existe água em nosso planeta quase sempre existe vida? Por isso, quando o homem tem interesse em saber da existência de vida em outro planeta, por exemplo, Marte, a primeira substância que ele procura é água. Isso porque a água é um dos principais constituintes do corpo dos seres vivos em geral. Aproximadamente 60% do corpo de um ser humano adulto é formado por água.

A água dissolve a maioria das substâncias conhecidas, sendo, por isso, chamada de **solvente universal**. Ela é um meio ideal para as reações químicas que ocorrem continuamente nas células. Além disso, a água é o meio de transporte de diversas substâncias para dentro e para fora da célula. Os nutrientes absorvidos no intestino, por exemplo, são transportados às diversas partes do corpo por meio do plasma sanguíneo que é formado, entre outras substâncias, por uma grande quantidade de água. Da mesma forma, o plasma sanguíneo transporta os resíduos gerados pelo metabolismo celular aos órgãos que os eliminam para o meio exterior.

A água é importante também na manutenção da temperatura interna relativamente constante, pois quando suamos perdemos calor, o que impede a elevação da temperatura do corpo, que deve ser mantida em níveis constantes.

ALFIRA/SHUTTERSTOCK

É SEMPRE BOM SABER MAIS!

A água e a regulação da temperatura interna do corpo

Nossa temperatura interna normal é de aproximadamente 36,5 °C, ideal para que as reações químicas celulares ocorram de modo satisfatório. Nosso organismo, então, apresenta mecanismos de controle da temperatura interna, evitando variações que poderiam ser prejudiciais.

A água é importante na manutenção da temperatura interna relativamente constante porque é uma substância que apresenta elevado *calor específico*. Isto significa que é necessário o fornecimento de muita energia térmica, isto é, muito calor, para que ocorra a elevação da temperatura de certa quantidade de água. Raciocinando ao contrário, é necessário retirarmos muita energia térmica (calor) para que ocorra o abaixamento da temperatura de certa quantidade de água. Pense em algo semelhante: grandes massas de água na natureza, oceanos, por exemplo, variam pouco sua temperatura entre as horas do dia e da noite. Como nas nossas células existe muita água, muita energia (calor) deve ser fornecida ou retirada para a elevação ou o abaixamento da temperatura interna do nosso corpo, evitando-se, assim as alterações bruscas da nossa temperatura.

O excesso de sal na comida é prejudicial à saúde.

DOTSHOCK/SHUTTERSTOCK

Sais minerais

Anemia, bócio, osteoporose... Você já deve ter ouvido falar dessas doenças que apresentam como causa comum a deficiência de sais minerais. Os sais minerais estão presentes em quase todos os alimentos que consumimos. O mineral **ferro**, que é encontrado em ovos, carnes e leguminosas (feijão, por exemplo), participa da formação da hemoglobina, que transporta gases às células. Uma alimentação deficiente desse mineral ocasiona a anemia. O **iodo** é encontrado em peixes, invertebrados (crustáceos, moluscos) e algas do mar e é acrescentado, por lei, ao sal de cozinha, pois sua deficiência provoca uma alteração da glândula tireoideana conhecida como bócio ou "papeira". O **sódio**, presente no sal de cozinha (cloreto de sódio), e o **potássio**, presente em bananas, frutas cítricas, leite, cereais (feijão, arroz, trigo etc.) são essenciais para a condução do impulso nervoso pelos neurônios e para a contração das células musculares.

Hemoglobina: proteína que dá a cor vermelha ao sangue; capaz de se combinar com o O_2, transportando-o a todos os tecidos do corpo.

O **cálcio** e o **fósforo** são necessários para a formação dos ossos e dentes e para o bom funcionamento dos músculos. Leite e derivados (queijo, iogurte), ovos, ostras e mariscos, legumes e verduras são fontes dos sais de cálcio e fósforo.

Fique por dentro!

A osteoporose é uma doença que afeta especialmente as mulheres a partir da meia-idade, e é caracterizada pela deficiência de cálcio nos ossos, enfraquecendo-os e aumentando as chances de fraturas.

O **flúor** é importante para a formação dentária, prevenindo contra as cáries. Em algumas cidades há programas para a fluoração da água potável. Gestantes devem consumir suplementos alimentares à base de flúor para o bom desenvolvimento da dentição dos bebês. As quantidades administradas desse mineral devem ser controladas, pois o flúor em altas doses é tóxico.

É SEMPRE BOM SABER MAIS!

O bócio, também conhecido por "papeira", é marcado por uma dilatação na região anterior do pescoço. Essa anomalia aparece em populações com deficiência de iodo na alimentação. Nesse caso, a glândula tireoideana aumenta de tamanho tornando-se saliente, sem conseguir produzir as quantidades ideais de seus hormônios, que contêm o iodo em suas moléculas.

Os hormônios da glândula tireoideana regulam o metabolismo celular, impedindo que ele acelere ou retarde as funções do organismo. O bócio afeta um número aproximadamente constante de pessoas em populações de diversas regiões do planeta, o que caracteriza uma **endemia**. Por isso, é também chamado **bócio endêmico**.

CHATUPHOT/SHUTTERSTOCK

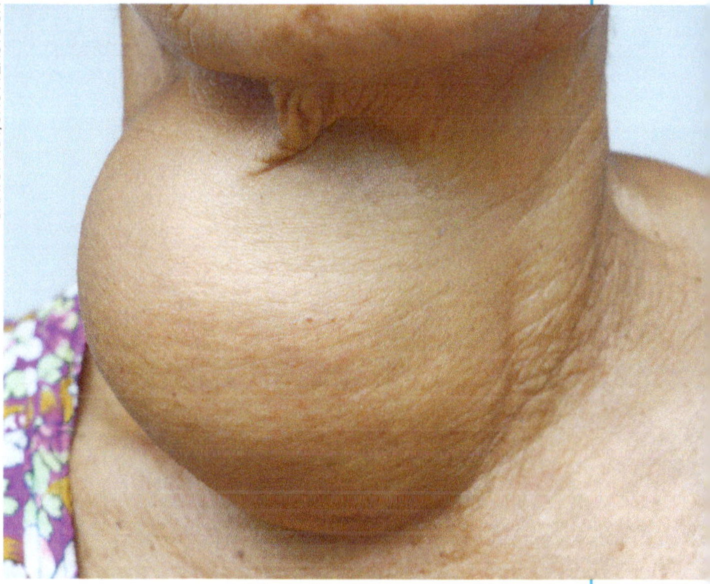

No bócio, a glândula tireoideana aumenta de tamanho, formando uma dilatação característica.

ESTABELECENDO CONEXÕES

Cotidiano

Uma alimentação rica em sal de cozinha (que apresenta muito sódio) e pobre em potássio favorece a hipertensão, que é uma doença em que a pressão exercida pelo sangue na parede das artérias é muito forte, podendo ocasionar derrames cerebrais. Já uma dieta pobre em sal de cozinha e rica em potássio tem um efeito benéfico, pois evita a hipertensão.

Hoje em dia, encontra-se no mercado um tipo de sal de cozinha "light", com teor reduzido de sódio, que é substituído por potássio. Sódio em excesso é prejudicial à saúde. Consulte sempre as tabelas com a informação nutricional impressa nas embalagens dos alimentos. Opte pelos de baixos teores de sódio.

DE OLHO NO PLANETA

Ética & Cidadania

Palidez, fadiga, tontura, falta de ar, desmaio e um cansaço após exercícios físicos leves podem ser sintomas de **anemia ferropriva**, isto é, provocada pela falta de ferro, necessário para a produção de hemoglobina, proteína presente nos glóbulos vermelhos. A hemoglobina transporta oxigênio para a respiração celular. Quando falta hemoglobina, as células passam a receber menos oxigênio, provocando os sintomas citados.

A anemia é um grave problema de Saúde Pública, pois estudos mostram que 53% das crianças brasileiras com até 2 anos de idade apresentam quantidades deficientes de ferro no sangue, o que pode prejudicar o crescimento e comprometer o aprendizado escolar. Esses dados foram coletados em creches, Unidades Básicas de Saúde e visitas domiciliares, necessitando pesquisas com base amostral maior.

Veja na tabela abaixo as nossas necessidades diárias de ferro, segundo a Organização Mundial de Saúde (OMS):

	Necessidade diária de ferro	
Crianças (4-8 anos)	10 mg	12 mg
Adolescentes	15 mg	15 mg
Adultos	10 mg	15 mg
Gestantes	30 mg	

➢ Há tempos se sabe que a utilização de panelas de ferro no preparo de alimentos é uma atividade comum em muitas regiões do nosso país. Em poucas palavras, justifique o possível benefício que a utilização desse tipo de panela pode proporcionar à saúde das pessoas.

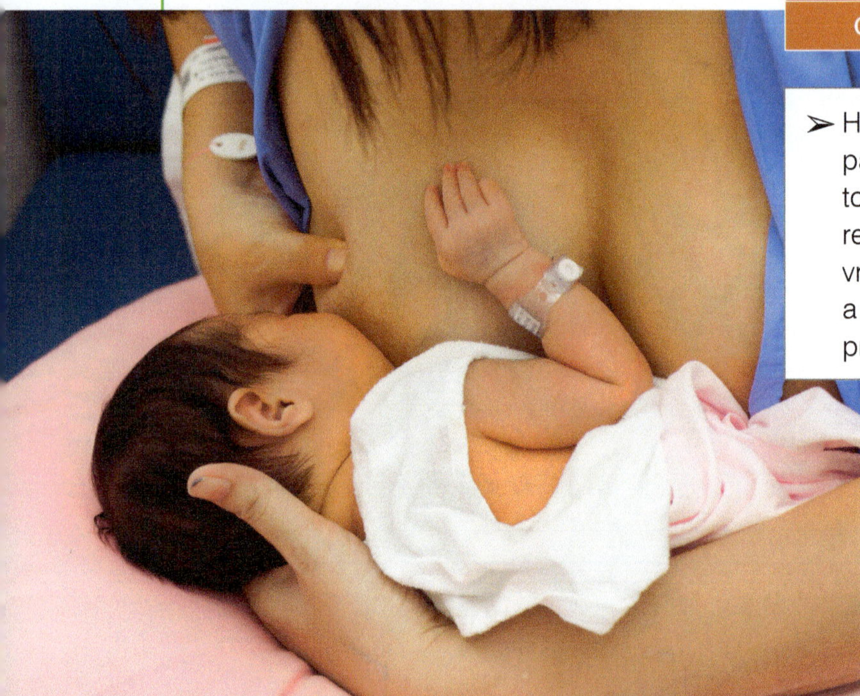

CHUTIPONL/SHUTTERSTOCK

O leite materno é pobre em ferro. O bebê nasce com reservas no fígado desse mineral, adquirido de sua mãe durante a gestação. Essa reserva se esgota por volta dos primeiros meses após o nascimento. O mineral passa, então, a ser fornecido pela alimentação complementar: papinhas preparadas com caldos de carne, legumes e verduras, frutas e sucos.

Proteínas e suas funções

As proteínas são compostos orgânicos que apresentam diversas funções no metabolismo celular. Vamos ver algumas das mais importantes.

- **Proteínas de construção ou estrutural:** são componentes das nossas células, presentes na membrana plasmática, em organelas citoplasmáticas e nos cromossomos. Essas proteínas participam ativamente do crescimento dos organismos jovens por meio da formação de novas células e, nos adultos, da reposição de células perdidas e da regeneração de tecidos lesados, sendo, por isso, chamadas de proteínas de construção ou estruturais.
- **Proteína transportadora de oxigênio e gás carbônico:** a *hemoglobina* é uma proteína que contém ferro em sua molécula. Ela é responsável pelo transporte de oxigênio para as células e de parte do gás carbônico das células até os pulmões.
- **Proteínas de defesa:** *anticorpos* são moléculas proteicas que se destinam a combater substâncias estranhas ao organismo, os *antígenos*.
- **Proteínas que aceleram reações químicas:** as reações químicas que compõem o metabolismo ocorrem na presença de *enzimas*,

que são proteínas especializadas em facilitar e acelerar essas reações com economia de energia. As enzimas são chamadas de **catalisadores orgânicos**.

Catalisador: substância capaz de acelerar uma reação química. Os catalisadores biológicos são chamados de enzimas.

Fique por dentro!

Todas as enzimas são proteínas. Atualmente, já se conhecem cerca de 80.000 enzimas que atuam no nosso organismo.

- **Proteínas da contração muscular:** as proteínas *actina* e *miosina* encontram-se nas células musculares e atuam nas suas contrações gerando movimentos.
- **Proteínas de regulação:** alguns *hormônios* são proteínas que atuam no controle do metabolismo; por exemplo, a *insulina*, que regula a taxa de glicose no sangue, evitando o diabetes.

YULIA FURMAN/SHUTTERSTOCK

Alimentos ricos em proteínas: ovos, leite integral, pescados, carnes em geral, leguminosas (soja, feijão, ervilha), cereais integrais (arroz, aveia, centeio).

Aminoácidos: os "tijolinhos" que constroem as proteínas

As *proteínas* são moléculas muito grandes, formadas pela reunião de moléculas menores chamadas **aminoácidos**. Quando você come um filé de peixe, está ingerindo proteínas, que não conseguem penetrar nas células. O tubo digestório quebra as proteínas dos alimentos em aminoácidos durante o processo de digestão. Os aminoácidos passam do intestino para o sangue, que os distribui para todas as células do organismo. Uma vez dentro das células, os aminoácidos serão agrupados novamente formando proteínas, que poderão ter, como já vimos, funções diversas.

Carboidratos: fontes de energia

Os **carboidratos** (amido, açúcares em geral), também conhecidos como **glicídios**, são as principais fontes de energia para as atividades celulares.

Carboidratos presentes em nossa alimentação

- **Glicose:** é o principal fornecedor de energia para o trabalho celular. Ela não necessita de digestão, pois é uma molécula relativamente pequena e consegue atravessar a membrana plasmática. É obtida principalmente a partir da digestão de carboidratos mais complexos como o amido, a sacarose e a lactose. Encontra-se também no mel.
- **Frutose:** como a glicose, é uma importante fonte de energia e também consegue penetrar diretamente nas células, sem precisar ser quebrada. É o açúcar das frutas.
- **Lactose:** é o açúcar do leite. A lactose não consegue penetrar diretamente nas células; sua digestão no intestino produz *glicose* e *galactose*.
- **Sacarose:** é encontrada na cana-de-açúcar; é digerida no intestino em *glicose* e *frutose*.
- **Amido:** é um carboidrato de molécula muito grande, cerca de 10.000 moléculas de glicose unidas. No tubo digestório, é quebrado primeiramente em moléculas de *maltose* e estas, em seguida, em moléculas de *glicose*.

BITT24/SHUTTERSTOCK

Seleção de alimentos ricos em carboidratos, nossa principal fonte de energia.

Produzido a partir da fotossíntese, é o carboidrato de reserva dos vegetais, armazenado em grãos (trigo, arroz, milho, aveia), caules do tipo tubérculo (batatinha, cará) e raízes tuberosas (mandioca, batata-doce).

- **Glicogênio (= gerador de glicose):** é outro carboidrato de molécula muito grande, em torno de 30.000 moléculas de glicose unidas. Faz parte da reserva energética dos animais; portanto, tem o mesmo papel do amido nos vegetais, tanto que o glicogênio é chamado de "amido animal". O glicogênio é formado no fígado a partir de moléculas de glicose. Logo, fígado de boi e de galinha são ricos nesse carboidrato. Além do fígado, é também armazenado nos músculos.
- **Celulose:** também é um carboidrato de molécula grande que faz parte da estrutura da parede esquelética das células vegetais. Nosso organismo não consegue digerir a celulose; no entanto, suas fibras são muito importantes no aparelho digestório, pois estimulam os movimentos peristálticos no intestino, facilitando a defecação.

ENTRANDO EM AÇÃO

Teste do amido

O amido é um carboidrato de reserva das plantas, produzido pela fotossíntese, especialmente abundante nos grãos ou sementes de cereais (como trigo, milho, aveia, arroz), nos tubérculos (caules de reserva, como o da batata), nas raízes tuberosas (raízes de reserva, como a da mandioca e da batata-doce). Vimos que, ao ser digerido, produz glicose, principal combustível usado na respiração celular. O amido fica corado de azul escuro ou roxo em presença de iodo. Forma-se um composto instável quando submetido ao calor, por isso os materiais testados, se cozidos, devem ser resfriados antes do teste.

O amido é largamente utilizado na indústria de papel para o revestimento de superfícies que se destinam a uma melhor impressão ou escrita.

Para esta atividade, você vai precisar de

- alguns alimentos e outros materiais para serem testados, como pão ou farinha de trigo, fatia de mandioca ou farinha de mandioca, fubá, arroz cru e cozido, macarrão cru e cozido, batata crua e cozida, fatia de maçã ou pera, leite, açúcar, tiras de papel (jornal, sulfite, folhas de caderno)
- tintura de iodo diluída em um pouco de água
- conta-gotas
- copinhos descartáveis ou pratinhos para colocar os alimentos

Inicialmente, observe a cor da tintura de iodo. Pingue algumas gotas dela sobre cada porção dos alimentos e papéis sugeridos e observe se há alteração da cor. Os alimentos cozidos devem estar frios para a realização do teste. O aparecimento de uma cor azul escura ou roxa indica a presença de amido. A seguir, organize uma lista dos alimentos e dos tipos de papel em que o teste para o amido deu positivo e daqueles em que o teste deu negativo.

1. Alguns dos alimentos sugeridos foram testados crus ou cozidos e frios. A partir do resultado obtido (positivo ou negativo), pode-se concluir que o cozimento destrói o amido? Justifique.
2. O papel que estamos acostumados a usar no dia a dia é fabricado a partir de celulose, substância presente na parede celular (ou membrana esquelética) das células vegetais. A tintura de iodo não indica a presença de celulose. Faça uma pesquisa e explique, então, por que alguns tipos de papel dão teste positivo para o amido.
3. A partir de seus conhecimentos sobre alimentos e digestão, responda por que o amido é considerado um nutriente energético.

ESTABELECENDO CONEXÕES

Saúde

A produção de proteínas e gorduras de origem animal é cara porque geralmente vem da criação de aves e gado. Populações de regiões menos desenvolvidas do mundo contam com carboidratos (do arroz, de grãos, do feijão) para a maioria de suas necessidades energéticas, porque são alimentos de produção mais fácil e barata.

Se a produção de energia cai abaixo das necessidades mínimas, o corpo usa carboidratos (glicogênio, por exemplo) e gordura armazenados para obtê-la. Se essas reservas não forem suficientes, o organismo consome proteínas, o que é característico dos estados de desnutrição. Nesses casos, o corpo consome seus próprios músculos e proteínas de outros tecidos.

A morte por desnutrição geralmente resulta de um enfraquecimento da musculatura cardíaca, de modo que o coração não consegue bombear o sangue adequadamente.

No Brasil, segundo o Ministério da Saúde, embora o número de mortes por desnutrição venha caindo, a taxa de óbitos na infância por desnutrição grave em nível hospitalar está em torno de 20%, enquanto valores aceitos pela OMS são inferiores a 5%.

Lipídios: amigos ou vilões?

Óleos e **gorduras** são certamente os lipídios mais conhecidos. Em geral, os lipídios são moléculas orgânicas formadas pela união de moléculas de *ácidos graxos* e *glicerol*. É nessas moléculas que os lipídios são transformados quando digeridos no intestino pela ação química das lipases.

Lipases: enzimas que digerem lipídios.

Os ácidos graxos e o glicerol são, então, conduzidos pela corrente sanguínea às células, onde são utilizados para diferentes finalidades:

- **Fonte de energia:** os lipídios, assim como os carboidratos, são os principais fornecedores de energia para as células. Os lipídios são utilizados como fonte de energia quando a

AFRICA STUDIO/SHUTTERSTOCK

quantidade de carboidratos disponível para esse fim é insuficiente. É o que acontece quando se quer emagrecer: reduz-se a quantidade de carboidratos ingeridos e o organismo passa a consumir gordura, principalmente aquela armazenada no tecido adiposo sob a pele (camada subcutânea ou hipoderme). Mas, cuidado! Regimes para emagrecer e reeducação alimentar devem sempre seguir orientação médica.

- **Função estrutural:** os lipídios têm função estrutural, pois formam, juntamente com as proteínas, as estruturas membranosas celulares (membrana plasmática, retículo endoplasmático, complexo golgiense, membrana nuclear etc.). Por isso se diz que essas membranas são de constituição lipoproteica.
- **Reprodução humana:** o colesterol, um importante lipídio, é fundamental para a produção do hormônio masculino (testosterona) pelos testículos e dos hormônios femininos (estrógeno e progesterona) pelos ovários.
- **Vitamina D:** o colesterol participa na pele da produção de vitamina D, importante para a absorção do cálcio no intestino e, portanto, para a formação dos ossos.

Lembre-se!

Carboidratos em excesso engordam. Nosso organismo transforma em gorduras o excesso de carboidratos consumidos na alimentação.

Colesterol

O colesterol é um lipídio muito comentado, sempre associado a quase todos os males do coração. Por isso, a partir dos 40 anos de idade, é frequente a preocupação com os níveis de colesterol. Costuma-se dizer que existem dois tipos de colesterol: o bom colesterol (HDL) e o mau colesterol (LDL).

O HDL (de ***H**igh **D**ensity **L**ipoprotein*, isto é, proteína de alta intensidade) e o LDL (de ***L**ow **D**ensity **L**ipoprotein*, isto é, proteína de baixa densidade) estão associados, cada um, a determinada proteína, cuja função é transportá-los pelo sangue. Porém, os dois tipos de colesterol têm destinos diferentes. Enquanto o LDL caminha para as artérias, onde é depositado, levando à formação de placas, o HDL transporta o mau colesterol para o fígado, onde é inativado. É por isso que o LDL é chamado de mau colesterol e o HDL, de bom colesterol.

Fique por dentro!

Gema de ovo, gordura animal, leite integral e derivados (queijos, creme de leite, manteiga) e "frutos do mar" (crustáceos e moluscos) são exemplos de alimentos ricos em colesterol. Por outro lado, frutas, cereais, clara de ovo, peixes pouco gordurosos, carnes magras e leite desnatado têm pouco ou nenhum colesterol.

OLEKSII MISHCHENKO/SHUTTERSTOCK

Vitamina não é remédio!

Ao assistir televisão, não é raro você se deparar com comerciais de alimentos e suplementos alimentares que afirmam serem ricos em diversas vitaminas. Essa característica do produto é apresentada como vantagem porque as vitaminas são substâncias orgânicas com função essencial na manutenção da nossa saúde.

Para entender a função das vitaminas nas células, precisamos recordar rapidamente o conceito de enzimas, que são proteínas que aceleram as reações químicas celulares do metabolismo com economia de energia. Porém, algumas enzimas, para exercerem suas atividades, precisam estar associadas a vitaminas.

Em nosso corpo são produzidas poucas vitaminas de que precisamos; sendo assim, devemos ingerir as demais por meio de uma alimentação rica e variada.

Tipos de vitamina

As vitaminas podem ser divididas em dois grandes grupos: as *hidrossolúveis* (dissolvem-se em água) e as *lipossolúveis* (dissolvem-se em gorduras). À medida que foram sendo conhecidas, receberam a designação de letras do alfabeto, como, por exemplo, vitamina A, B, C, D, E, K etc. A falta de vitaminas leva a doenças carenciais chamadas genericamente de *avitaminoses*. Para evitá-las é necessário que nossa alimentação seja bem diversificada.

Veja a tabela a seguir que mostra os diversos tipos de vitaminas, em que alimentos são encontradas e o que sua deficiência causa.

ALEXANDER RATHS/SHUTTERSTOCK

Principais vitaminas e sua fonte de obtenção.

Classificação	Nome	Fonte	Sintomas da deficiência
Hidrossolúvel	Complexo B	Carnes, cereais, verduras, legumes, laticínios, peixes, ovos.	Beribéri (inflamação e degeneração dos nervos). Lesões na pele. Anemia, problemas gastrintestinais. Distúrbios no sistema nervoso.
	B_1 (tiamina)	Carnes, cereais, verduras e legumes.	Beribéri (inflamação e degeneração dos nervos).
	B_2 (riboflavina)	Laticínios, carnes, cereais e verduras.	Fissuras na pele e fotofobia.
	B_3 ou PP (niacina ou nicotinamida)	Nozes, carnes e cereais.	Pelagra (lesões na pele, diarreia e distúrbios nervosos).
	B_5 (ácido pantotênico)	Carnes, laticínios, cereais e verduras.	Anemia, fadiga, dormência nas mãos e nos pés.
	B_6 (piridoxina)	Fígado, carnes, peixes, trigo, leite e batata.	Dermatite, atraso no crescimento, sintomas mentais e anemia.
	B_9 (ácido fólico)	Vegetais, laranja, nozes, legumes e cereais.	Anemia e problemas gastrintestinais.
	C (ácido ascórbico)	Frutas, especialmente as cítricas, verduras e legumes frescos.	Escorbuto (lesões intestinais, hemorragias e fraqueza).
Classificação	**Nome**	**Fonte**	**Sintomas da deficiência**
Lipossolúvel	A (retinol)	Laticínios e cenoura.	Cegueira noturna, pele escamosa e seca.
	D (calciferol)	Laticínios, gema de ovo, vegetais ricos em óleo.	Raquitismo e enfraquecimento dos ossos.
	E (tocoferol)	Óleos vegetais, nozes e outras sementes.	Possivelmente anemia e esterilidade.
	K (filoquinona)	Fígado, gorduras, óleos, leite e ovos.	Hemorragias.

ESTABELECENDO CONEXÕES

História

Na época das grandes navegações do século XVI, as longas viagens por mar faziam com que os marinheiros ficassem meses sem aportar em terra firme. Durante a viagem, as condições de saúde, higiene e alimentação eram muito precárias, fazendo com que os índices de mortalidade fossem bastante elevados. Só para você ter uma ideia, em 1741, um navio inglês perdeu, nos 10 meses de viagem, dois terços de sua tripulação.

O motivo dessa calamidade era uma doença chamada **escorbuto**. Os acometidos por ela apresentavam rompimento de vasos sanguíneos, gengivas inchadas que sangravam com facilidade, além da perda de dentes. Nessa época, ainda não se sabia a causa dessa doença. Porém, em 1754, o médico da marinha inglesa, James Lind, descobriu que o escorbuto poderia ser prevenido se os marinheiros consumissem frutas e verduras cruas durante toda a viagem, ou ingerissem suco de limão.

As recomendações sugeridas deram bons resultados e os casos de escorbuto entre os tripulantes diminuíram muito. Anos mais tarde descobriu-se que as frutas cítricas são ricas em **vitamina C**, cuja carência causa o escorbuto.

Lembre-se!

A vitamina C é quimicamente chamada de *ácido ascórbico*. Atua na produção das fibras colágenas dos tecidos conjuntivos. Fortalecendo a parede dos vasos sanguíneos, evita hemorragias gengivais e cutâneas e a perda de dentes.

PANTHERMEDIA/KEYDISC

É SEMPRE BOM SABER MAIS!

"Não posso, não posso!"

Em 1890, na ilha de Java, em uma colônia holandesa, ocorreu um fato interessante. O Dr. Eijkman, notou que os nativos eram acometidos de uma doença em que os doentes suplicavam dizendo: *"Beribéri, beribéri!"* O médico perguntou o significado dessa palavra e teve como resposta que, em cingalês, significava *não posso, não posso!*

Essa doença passou então a ser chamada de beribéri. É uma doença grave, que afeta os nervos a ponto de impedir que os acometidos conseguissem ficar em pé ou até mesmo levantar a cabeça. Quando lhes era pedido que fizessem algum movimento como esses exemplificados, eles tentavam e diziam: Não posso, Não posso!

O Dr. Eijkman decidiu enfrentar o problema e descobrir a causa da doença. Ele analisou os hábitos alimentares daquela população e percebeu que o arroz polido era a base da alimentação.

Fazendo um experimento com galinhas, o médico percebeu que quando as galinhas comiam arroz com casca, a doença não se manifestava. Ao alimentar galinhas doentes com arroz com casca, ele percebeu uma melhora no quadro. Anos mais tarde, descobriu-se que o beribéri é causado por uma deficiência de vitamina B_1, causando grave inflamação e degeneração dos nervos. Essa vitamina, na verdade, não se encontra na casca do arroz, mas na película que envolve o grão, sob a casca. Essa película é mantida no arroz integral e em outros cereais integrais como o trigo e o milho.

Caloria: unidade de energia

Já sabemos que as células gastam energia para manterem o seu metabolismo e que essa energia vem dos alimentos que ingerimos. Mas, de quanta energia você precisa para manter o seu metabolismo? Se você resolvesse correr 10 quilômetros 3 vezes por semana, quanto mais de energia seria necessário para você realizar essa atividade?

Para responder a essas perguntas, precisamos inicialmente conceituar **caloria**, que é uma medida de energia. Uma *caloria* (cal) é a quantidade de calor necessária para elevar de 1 °C a temperatura de 1 g de água. A caloria é uma unidade de medida muito pequena; por isso costuma-se medir a quantidade de energia fornecida pelos alimentos em **quilocalorias**. Uma *quilocaloria* (kcal) é igual a 1.000 calorias. Logo, uma quilocaloria também chamada de *caloria alimentar* é a quantidade de calor necessária para elevar de 1 °C a temperatura de 1.000 g (um kg) de água (equivale ao volume de 1 L de água).

Lembre-se!

Mais precisamente, 1 caloria é a quantidade de calor necessária para elevar a temperatura de 1 g de água, sob pressão normal, de 14,5 °C para 15,5 °C.

A tabela ao lado nos mostra o valor energético que pode ser liberado durante o metabolismo de 1 g de lipídios, de carboidratos ou de proteínas. Você percebeu que carboidratos e proteínas liberam a mesma quantidade de energia, mas são os carboidratos as verdadeiras fontes de energia para nossas atividades? As proteínas em geral não são usadas como fontes de energia, pois, durante o crescimento e a formação de novas células e tecidos, elas são utilizadas principalmente na construção ou reposição dessas estruturas. Também devemos ficar atentos à quantidade de lipídios (gorduras) que ingerimos em nossas refeições, uma vez que esses compostos orgânicos são os que liberam maior quantidade de calorias por grama. Isso quer dizer que se você ingerir muitos lipídios e não gastar toda essa energia, ela ficará armazenada em seu organismo sob a forma de gordura.

Valor energético de alguns grupos de substância	kcal/g
Lipídios	9,3
Carboidratos	4,1
Proteínas	4,1

De quantas quilocalorias precisamos por dia?

Para fazer uma estimativa de quantas calorias são necessárias por dia, precisamos levar em conta vários fatores:

- **Faixa etária:** as necessidades energéticas de um adolescente, de um indivíduo de 45 anos e de um idoso são diferentes: o adolescente precisa de mais calorias, pois está em fase de crescimento e, normalmente, realiza mais atividades do que um adulto ou idoso.
- **Sexo:** em geral, o metabolismo dos homens é maior do que o das mulheres, fazendo com que eles necessitem de uma dieta mais calórica.
- **Exercícios físicos:** a necessidade energética depende da quantidade de exercícios físicos e atividades que o indivíduo realiza. Quem se exercita duas horas todos os dias vai precisar de mais calorias do que aquele que se exercita apenas uma hora por semana.

Fique por dentro!

Um adolescente do sexo masculino, em média, necessita entre 3.000 e 3.500 kcal/dia, enquanto um adolescente do sexo feminino, entre 2.000 e 2.500 kcal.

É SEMPRE BOM SABER MAIS!

Entenda o valor nutricional dos alimentos

Nas embalagens dos alimentos que você encontra nos supermercados consta uma tabela (informação nutricional) como a que você vê abaixo, retirada de um pacote de macarrão.

A tabela nos informa o valor energético (em kcal ou kJ, que são unidades internacionais de medidas de calorias) associado a uma porção de 80 g de massa e a quantidade (em g e mg) dos vários nutrientes.

TALHARIM – TIPO CASEIRO COM OVOS

Ingredientes:
Farinha de trigo especial fortificada com ferro e ácido fólico, ovos e corantes naturais INS 100i e INS 160b.

CONTÉM GLÚTEN

MODO DE PREPARO:
Ferva 1 litro de água para cada 100 g de Talharim Tipo Caseiro. Se desejar, coloque um fio de azeite ou óleo na água. Quando a água estiver fervendo, acrescente o produto aos poucos. Mexa mantendo uma leve fervura durante o cozimento, 10 a 12 minutos, até que esteja "al dente". Em seguida, escorra o macarrão e sirva com um molho escolhido. Um pacote rende de 5 a 7 porções.

INFORMAÇÃO NUTRICIONAL
Porção de 80 g (1 prato)

Quantidade por porção		% VD (*)
Valor energético	298 kcal = 1247 kJ	15
Carboidratos	61 g	20
Proteínas	8,4 g	11
Gorduras totais	1,5 g	3
Gorduras saturadas	0,3 g	1
Gorduras trans	0 g	**
Fibra alimentar	2,2 g	9
Sódio	0 mg	0

* % Valor diário de referência para uma dieta de 2.000 kcal ou 8.400 kJ. Seus valores diários podem ser maiores ou menores, dependendo de suas necessidades energéticas.
** Valor diário não estabelecido.

Entende-se por valor diário (VD), expresso em porcentagem, a necessidade diária de nutrientes para se manter uma dieta de 2.000 kcal. A tabela abaixo revela qual é a porcentagem de nutrientes oferecidos por esse prato. Veja, por exemplo, que nas 80 g de massa há 61 g de carboidratos que equivalem a 20% da necessidade energética diária. Isso significa que, para uma dieta de 2.000 kcal, um indivíduo deverá complementar sua alimentação diária com mais 80% de carboidratos (20% + 80% = 100%).

Jogo rápido

Veja se você entendeu: em relação a proteínas, o prato de macarrão (80 g) oferece 8,4 g desses nutrientes, o que equivale a 11% do valor diário (VD) necessário para uma dieta de 2.000 kcal. Considerando o consumo diário de outros alimentos,

1. que porcentagem do VD complementaria a necessidade proteica diária?
2. que porcentagem do VD de gorduras totais deveria ser ingerida para satisfazer a necessidade diária?

Reeducação alimentar

Para se manter em dia com a balança, devemos sempre pensar que deve existir um equilíbrio entre as calorias que ingerimos e as que gastamos por dia. Se você ingerir uma quantidade maior de calorias do que as que você gasta, em média, por dia, você irá engordar, pois o excesso de calorias será armazenado no organismo sob a forma de gordura. Porém, se ingerir menos calorias do que as necessárias para realizar suas atividades diárias, você passará a queimar as reservas armazenadas no corpo e irá emagrecer.

Por meio da reeducação alimentar pode-se promover uma mudança nos hábitos alimentares, um "reaprendizado" em que se passa a ingerir alimentos saudáveis e em quantidades adequadas e, assim, é possível melhorar a qualidade de vida, evitando-se doenças como hipertensão (pressão alta), doenças cardíacas e obesidade.

Descubra você mesmo!

Pesquise qual é a diferença entre alimentos *diet* e *light*.

ESTABELECENDO CONEXÕES

Saúde

Anorexia nervosa e bulimia nervosa

Anorexia e bulimia nervosas são dois distúrbios alimentares particularmente importantes por serem frequentes entre os jovens e também por seu grau de letalidade.

A anorexia nervosa, muito frequente principalmente no sexo feminino, é um distúrbio alimentar caracterizado por uma preocupação excessiva com o peso, mas não o tipo de preocupação ligada a evitar problemas de saúde. Na anorexia nervosa, a pessoa vê seu corpo de modo distorcido, pois embora esteja extremamente magra, a pessoa se considera obesa, necessitando emagrecer. Com essa distorção da imagem corpórea a pessoa pouco se alimenta, exagera na atividade física, toma laxantes e força o vômito. Apesar de ser mais frequente no sexo feminino, estudos mostram um número cada vez maior de anoréticos.

Já na bulimia nervosa a pessoa ingere de modo incontrolável uma quantidade excessiva de alimentos. Porém, na sequência, sentindo-se muito desconfortável e arrependida, toma atitudes drásticas para emagrecer, como indução do vômito, uso de laxantes, prática exagerada de exercícios físicos e jejum.

Tanto a bulimia como a anorexia nervosas são transtornos de origem emocional, porém a anorexia tem um alto índice de letalidade: cerca de 20% das pessoas anoréticas morrem.

Conservação dos alimentos

Qualquer procedimento que envolva elevação ou abaixamento da temperatura visa impedir a proliferação de agentes decompositores (bactérias, fungos). O resfriamento ou congelamento inibem o metabolismo desses agentes, que deixam de se reproduzir.

As técnicas que envolvem aquecimento provocam a morte dos decompositores ou, pelo menos, a morte de alguns agentes que possam causar doenças no ser humano.

Procedimentos que envolvam a retirada de água dos alimentos fazem com que os microrganismos que entrem em contato com eles não se desenvolvam. É o que acontece com o salgamento ou o açucaramento excessivos. Carnes ou pescados ou salgados (pertences para feijoada, camarões, bacalhau etc.), doces com pouco teor de água e bastante açucarados (banana, ameixa preta, uva passa, damasco, tâmara, frutas cristalizadas, goiabada etc.), leite em pó e sementes são exemplos de alimentos que podem ser guardados durante um longo tempo fora da geladeira.

MARGOUILLAT PHOTO/SHUTTERSTOCK

Uma das formas de conservação de frutas é sob a forma de geleias, em que uma quantidade significativa de açúcar é acrescentada, fazendo com que microrganismos não se desenvolvam pela ausência de água.

Nosso desafio

Para preencher os quadrinhos de 1 a 10, você deve utilizar as seguintes palavras: anticorpos, carboidratos, celulose, enzimas, hemoglobina, lipídios, ossos, proteínas, quitina, sais minerais.

À medida que você preencher os quadrinhos, risque a palavra que escolheu para não usá-la novamente.

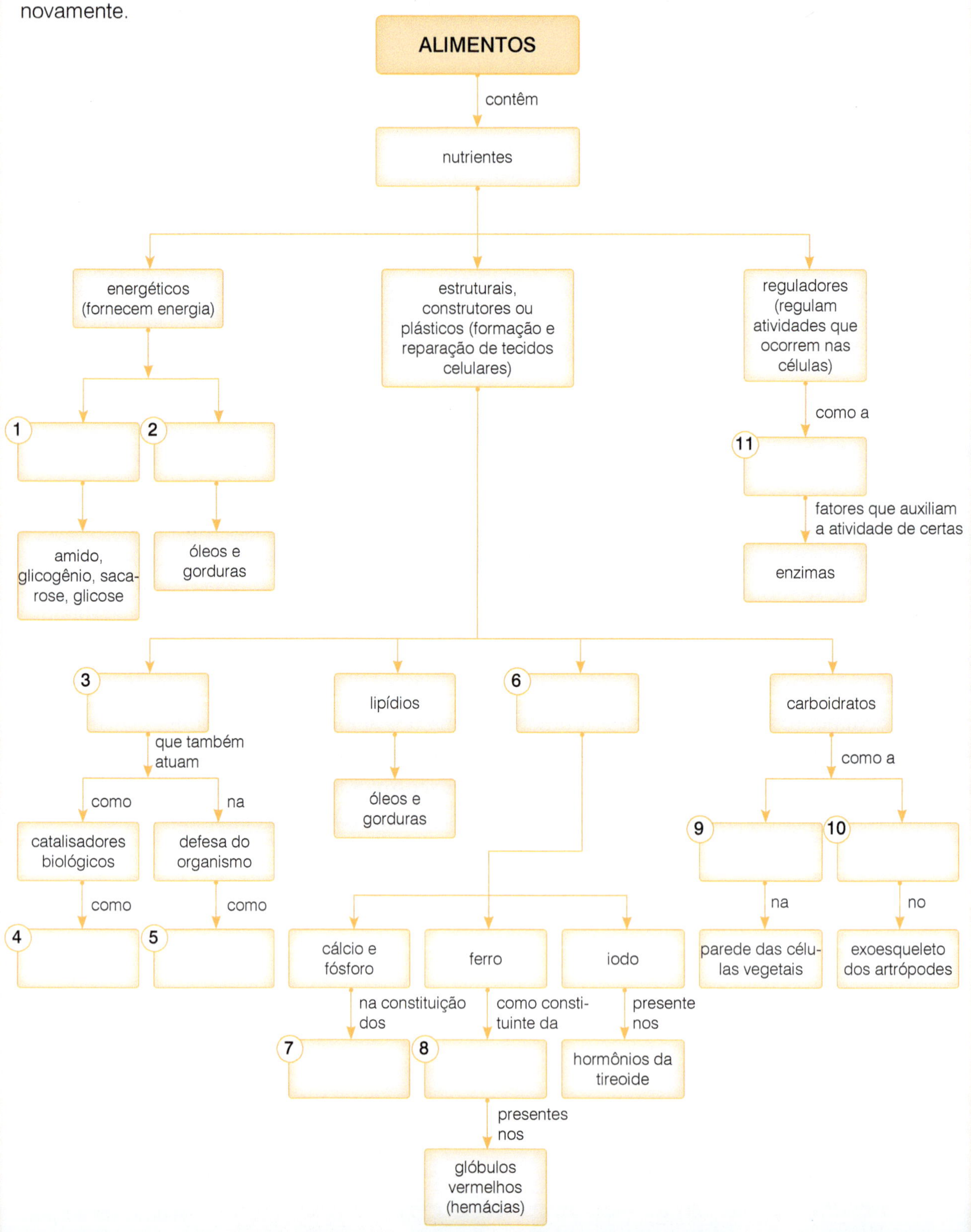

Atividades

1. [1, 2, 3, 6, 7] Em tratamentos médicos hospitalares é comum a recomendação do consumo de certos alimentos, sucos e chás, tais como: chás de ervas (camomila, erva-doce e erva-cidreira), sucos à base de soja, legumes bem cozidos (abobrinha, abóbora, cenoura, chuchu), frutas em geral (mamão, maçã, pera, banana), sopas (de legumes, carnes ou frango), pão de forma integral, óleo vegetal em pequena quantidade, carnes magras, cozidas ou assadas (bovina ou de frango, sem pele), arroz branco e macarrão bem cozidos. Considerando todos esses alimentos:

a) Indique que tipos de componentes – orgânicos ou inorgânicos – estão presentes pelo menos na maioria deles. Cite alguns exemplos.

b) Qual é o componente líquido que certamente está presente na maioria desses alimentos?

2. [2, 6, 9, 12, 15, 17] Entre os alimentos que consumimos, há os energéticos (carboidratos e lipídios) e os construtores ou estruturais (proteínas, por exemplo). Dos alimentos citados abaixo, separe-os pelo tipo de nutrientes que possuem (carboidratos, lipídios, proteínas). Alguns alimentos são ricos em mais de um tipo de nutriente, devendo ser incluídos em mais de uma categoria.

Alimentos: pão, manteiga, carnes, batata, azeite de oliva, atum, macarrão e leite.

3. [1, 2, 3, 6, 7, 10, 12, 16] O renomado cientista britânico Stephen Hawking, recentemente falecido, expressou em uma famosa frase sua opinião sobre o futuro da vida na Terra: "A raça humana terá que sair da Terra se quiser sobreviver". A hipótese de que existe vida em outros planetas é cada vez mais sugerida por inúmeros cientistas que acreditam na existência de vida extraterrestre. Para que isso realmente possa ser uma realidade, algumas condições devem ser preenchidas, uma das quais relacionada a determinada substância química imprescindível para que a vida se manifeste como ocorre atualmente no planeta Terra.

a) Indique a substância química considerada essencial à existência de vida (como a conhecemos) em qualquer planeta. Justifique sua escolha com base no papel biológico relacionado a essa substância.

b) No organismo humano, indique o local por meio do qual essa substância penetra no corpo e também o mecanismo pelo qual é transportada às células.

4. [2, 6, 7, 9, 10, 11, 12, 15, 17, 18] Uma refeição corretamente balanceada deve incluir ingredientes que forneçam os elementos químicos na forma de sais, necessários à boa saúde. De modo geral, carnes vermelhas, como os derivados de fígado de boi, contêm o elemento ferro em razoável quantidade. Nas carnes de muitos peixes e algas há grande quantidade de iodo. Leite, ovos e queijos são ricos em fósforo e cálcio. Flúor é encontrado em água fluorada servida em algumas cidades e suplementos alimentares. Sódio e potássio são consumidos com o sal de cozinha, além de estarem presentes em bananas, frutas cítricas e cereais.

Relativamente aos elementos químicos presentes nos alimentos:

a) Indique a participação de cálcio, fósforo e iodo em estruturas e órgãos humanos.

b) Um dos elementos citados, obtido pelo consumo de carnes vermelhas, é essencial à produção de importante molécula transportadora de gás oxigênio no organismo. Qual é o elemento, qual é a molécula e qual é a provável consequência relativa ao pequeno consumo desse elemento à saúde humana?

c) A geração de impulsos nervosos e a contração muscular contam com a importante participação de dois elementos citados no texto. No entanto, o excesso de consumo de um desses elementos pode causar importante alteração no organismo humano. Quais são esses elementos? Que importante alteração ocorre no organismo humano devido ao consumo excessivo de um desses elementos e qual é o elemento relacionado a essa alteração?

5. **[1, 2, 3, 4, 6, 7, 12, 15, 16]** Na figura a seguir, as setas que se dirigem à figura humana indicam ingestão ou falta de algum nutriente e as setas que partem dela indicam funções ou consequências da aquisição ou da carência do nutriente em questão. Substitua as letras (de A a E) pelas palavras *carboidratos*, *sais minerais*, *vitaminas*, *lipídios* e *proteínas*.

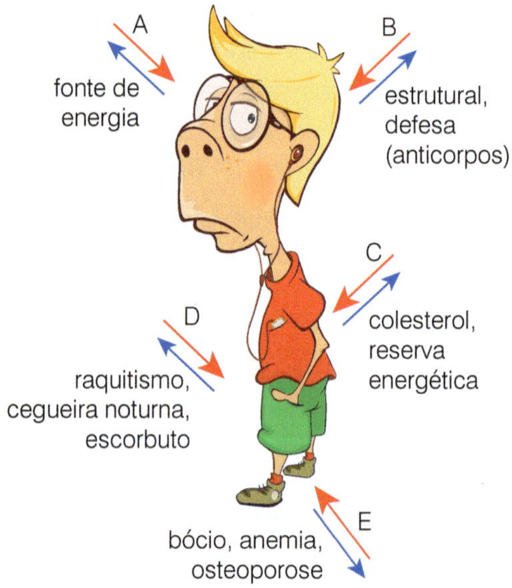

LIUSA/SHUTTERSTOCK

6. **[1, 2, 3, 4, 6, 7, 12, 15, 16]** Proteínas são nutrientes encontrados em alimentos como carnes, pescados, leite, ovos e leguminosas (feijão, soja, grão-de-bico). Quando digeridas, as proteínas são "quebradas" em moléculas menores, que são absorvidas pela corrente sanguínea e levadas a todas as nossas células, onde voltam a se ligar para formar as nossas próprias proteínas.

a) Como se chamam as moléculas que se unem para formar as proteínas?

b) Cite e explique algumas funções das proteínas em nosso corpo.

7. **[3, 6, 7, 15]** Qual é a importância dos carboidratos amido, glicogênio e celulose para o ser humano?

8. **[1, 2, 3, 6, 7, 9, 10, 11, 15, 16, 17]** Constata-se atualmente a preocupação crescente das autoridades de saúde de vários países com o consumo excessivo de alimentos que conduzem ao aumento de gordura corporal, que se deposita intensamente em alguns locais do organismo, principalmente no abdômen e na região glútea. Segundo essas mesmas autoridades, tal situação caracteriza uma epidemia global de ganho de massa corpórea, que coloca em risco a sobrevivência, na medida em que importantes vasos sanguíneos, como os que emergem do coração, podem também ficar comprometidos.

a) Indique a denominação usual empregada pelas autoridades de saúde ao se referir ao aumento de gordura corporal. Que procedimento deve ser adotado pelas pessoas no sentido de evitar tal consequência danosa à saúde?

b) Embora a situação descrita seja preocupante, moléculas de gordura contidas em alimentos estão relacionadas a importantes funções na fisiologia humana e no metabolismo. Indique quais são esses papeis relacionados a essas substâncias orgânicas.

9. **[1, 2, 3, 6, 7, 8, 11, 12, 15]** Obstrução de importantes vasos sanguíneos, sobretudo os localizados no coração ou seus ramos, constitui preocupação crescente entre as pessoas e, claro, também para os profissionais da área da saúde. Embora muitas vezes possa ter causas genéticas e hereditárias, a obstrução de importantes vasos sanguíneos é consequência, de modo geral, do excesso de consumo de alimentos ricos em gordura, falta de exercícios físicos e sedentarismo. Uma molécula, relacionada à categoria dos lipídios é frequentemente apontada como causa dessa alteração.

a) Indique a que molécula de origem lipídica o texto faz referência.

b) É preciso, no entanto, destacar que há duas modalidades relacionadas a essa molécula, uma das quais não causa preocupação e a outra é considerada prejudicial. Quais são essas modalidades?

10. **[1, 2, 3, 6, 7, 10, 11, 12, 15]** Identifique as vitaminas às quais se referem as descrições seguintes:

a) Dificuldades para enxergar em ambientes pouco iluminados (cegueira noturna); secura da córnea, evoluindo para a cegueira total.

b) Os sintomas mais comuns incluem: sangramentos subcutâneos, principalmente nas articulações e gengivas, perda de dentes, cicatrização lenta. Doença comum entre os navegantes antigos e conhecida como "mal das gengivas" ou escorbuto.

c) Cerca de 50% é produzido por bactérias intestinais; atua na coagulação sanguínea.

d) Favorece a absorção intestinal de cálcio e fósforo e a fixação desses elementos nos ossos. Uma pessoa que se exponha corretamente à radiação ultravioleta produz quantidades suficientes na pele.

e) A falta afeta o sistema nervoso, o coração, causa fraqueza muscular, dermatites. Está presente na película dos grãos de cereais integrais (milho, trigo e arroz) e em muitos outros alimentos de origem vegetal ou animal.

11. **[1, 2, 3, 6, 7, 11, 12, 15, 16]** A tabela abaixo apresenta informações nutricionais em 100 g de dois tipos de arroz.

	Arroz branco comum	Arroz integral
energia (kJ)	1.504	1.437
glicídios	81,5 g	76 g
proteínas	7 g	8,5 g
ferro	0,4 g	1,4 g
potássio	100 mg	210 mg
magnésio	13 mg	110 mg
vitamina B_1	0,04 mg	0,37 mg

Analisando os valores apresentados, responda:

a) Qual dos dois é menos calórico?

b) Se a tabela não contivesse o valor calórico (em kJ), como você poderia saber qual dos dois é menos calórico?

c) Na indústria de alimentos, o arroz branco, após a remoção da casca, é polido, de modo que a película que envolve o grão é retirada. No arroz integral essa película é mantida. De acordo com a tabela, qual é a vantagem da preservação dessa película no arroz integral?

12. **[1, 2, 3, 6, 7, 11, 12, 15, 16, 18]** A disponibilidade de vários tipos de alimentos nos dias atuais, naturais ou processados industrialmente, é um dos grandes desafios que se apresenta a profissionais da área da saúde, incluindo os de educação física. Convencer as pessoas de que o consumo sem limites de determinados nutrientes pode trazer sérios riscos à saúde é uma das grandes tarefas que se apresentam a esses especialistas em saúde da comunidade.

a) A reeducação alimentar tem sido muito valorizada no sentido de evitar o consumo excessivo de alimentos calóricos. Em poucas palavras explique em que consiste esse processo.

b) Além da contribuição relativa à valorização de uma alimentação mais saudável, indique outra medida que possa contribuir à melhor qualidade de vida das pessoas, sempre sob acompanhamento de um profissional especializado no assunto.

13. **[1, 2, 3, 6, 7, 9, 15]** Recorrer com moderação a alimentos que apresentem todos os nutrientes orgânicos é uma tarefa desafiadora nos dias atuais, principalmente no que se refere aos alimentos industrializados. É fundamental que cada pessoa julgue o que é mais adequado consumir, em termos de nutrição e da prevenção de alterações da saúde, e para isso é fundamental possuir razoáveis conhecimentos sobre o valor calórico dos alimentos orgânicos que se pretende consumir.

a) Dentre as três categorias de compostos orgânicos normalmente presentes nos alimentos consumidos, indique os que são dotados de maior valor energético, em termos de kcal/g.

b) A estimativa de quantas calorias devem ser ingeridas por uma pessoa leva em conta três importantes fatores. Indique quais são esses fatores.

14. [1, 2, 3, 6, 7, 10, 11, 15, 18] Bactérias e fungos, entre outros microrganismos, são comumente encontrados no ar, em nossas mãos e em objetos que cotidianamente manipulamos. São seres vivos que recorrem à água, aos sais minerais e às mesmas substâncias orgânicas a que recorremos em nossa vida diária alimentar. Há apenas um problema: muitos desses microrganismos são causadores de doenças em seres humanos, muitas delas de grande gravidade. Assim, é preciso muito cuidado na elaboração, manipulação e armazenagem de alimentos que consumimos. Nesse sentido:

a) Que procedimentos devem ser adotados na manipulação e no preparo dos alimentos que consumimos diariamente em nossas residências? E se os alimentos forem consumidos em bares e restaurantes, quais devem ser os cuidados sanitários a adotar?

b) Alguns procedimentos fundamentais devem ser adotados no sentido de conservar alimentos que serão consumidos muito tempo após serem elaborados. Indique alguns desses procedimentos.

[1, 2, 3, 6, 7, 12, 15] Analise cuidadosamente as questões de **15** a **19** e assinale V para as verdadeiras ou F para as falsas. Nas frases falsas, indique quais as informações que estão incorretas.

15. ( ) O glicogênio, reserva energética dos animais, é armazenado nas células nervosas.

16. ( ) A glicose e a lactose são carboidratos, fonte direta de energia para as células, pois ambas penetram nas células sem serem previamente digeridas.

17. ( ) A falta das vitaminas D, C e A ocasionam, respectivamente, raquitismo, escorbuto e visão deficiente à noite.

18. ( ) O amido é uma proteína estrutural com função de reserva energética nos animais.

19. ( ) Para reparar tecidos desgastados e lesados, usamos principalmente carboidratos.

20. [1, 2, 3, 6, 7, 12, 15, 18] Em termos de saúde humana é comum atualmente a preocupação com diversas ocorrências que podem prejudicar o bem-estar das pessoas. Dentre essas ocorrências, podem ser citadas: 1 – obesidade, 2 – deposição do mau colesterol (LDL) na parede das artérias e acúmulo excessivo de gordura no fígado, 3 – hipertensão arterial, 4 – falta de produção de anticorpos protetores contra infecções causadas por bactérias e vírus, 5 – dificuldade de evacuação por carência de ingestão de alimentos que propiciem o correto peristaltismo intestinal; 6 – intolerância à lactose, situação muito comum em muitas pessoas, provocando a formação de muitos gases intestinais e, por fim, 7 – osteoporose, ou seja, falta de deposição de cálcio nos ossos, que pode incidir em pessoas de qualquer idade, mas, principalmente, nas idosas.

Com base nas informações do texto e considerando o seu conhecimento das principais substâncias que participam da composição química dos alimentos e da ação dessas substâncias no organismo humano:

a) Reconheça e cite possíveis substâncias orgânicas ou minerais que mais se relacionem às ocorrências descritas nos números 1 a 7.

b) Cite alguns alimentos consumidos ou atitudes normalmente adotadas pelas pessoas e que possam estar relacionadas às ocorrências descritas nos números 1 a 7.

SISTEMA DIGESTÓRIO

capítulo 4

Enfezado, eu?!?!

Você já ouviu alguém ser chamado de "enfezado" quando está bravo, irritado, mal-humorado? A origem do nome vem de enfezar, isto é, ficar cheio de fezes. Quando um indivíduo não consegue evacuar, apresenta um quadro chamado de prisão de ventre ou constipação intestinal, e é natural que fique aborrecido, bravo, irritado, enfim... enfezado!

A constipação é causada principalmente pelo fato de as fezes ficarem muito tempo no intestino, tornando-as cada vez mais duras, secas e difíceis de eliminar. Em geral, os quadros de constipação acontecem com pessoas que evacuam menos de 3 vezes por semana. Porém, várias medidas podem ajudar a evitar a constipação. Entre elas, ingerir bastante água, consumir fibras (presentes em grande quantidade nos vegetais), pois elas aumentam o componente sólido das fezes e estimulam o peristaltismo (contração da musculatura da parede do tubo digestório). Outra dica importante é respeitar o sinal de urgência. Isso quer dizer que assim que você tiver vontade de ir ao banheiro, obedeça sempre. Dessa forma, você condiciona o intestino a uma rotina. Fazer exercícios físicos regulares ajuda o intestino a se manter ativo, evitando a prisão de ventre. Também é importante lembrar que o intestino grosso é um órgão muito sensível aos estados emocionais. Assim, sempre que viajar ou mudar de rotina, é muito comum o sinal de urgência desaparecer durante algum tempo e o indivíduo ficar dias sem ir ao banheiro.

Neste capítulo, vamos aprender um pouco mais sobre os órgãos que compõem o sistema digestório e como se dá o processo de digestão dos alimentos.

TIERNEYMJ/SHOOTING STAR STUDIO/SHUTTERSTOCK

BARBARA DUDZINSKA/SHUTTERSTOCK

Alimentos e digestão

Para estar adequadamente nutrido, nosso organismo precisa, diariamente, ingerir vários grupos de nutrientes: carboidratos (açúcares), ácidos nucleicos (DNA, RNA), proteínas, gorduras, vitaminas, sais minerais e água. Porém, muitos dos alimentos ingeridos são formados por moléculas de grande tamanho, que não conseguem atravessar a membrana plasmática que reveste externamente as células. É o caso dos carboidratos, proteínas, gorduras e ácidos nucleicos. É necessário, então, digeri-las, isto é, "desmontar" essas grandes moléculas em partes menores, possibilitando sua entrada e utilização pelas células.

Enzimas: elas são fundamentais para a digestão

A digestão é o processo que transforma os nutrientes insolúveis contidos nos alimentos em substâncias solúveis em água, que possam ser absorvidas e utilizadas pelas células.

Lembre-se!

A água, as vitaminas e os sais minerais não necessitam ser "quebrados" para serem absorvidos, pois conseguem ingressar nas células através de suas membranas.

Solubilidade de nutrientes.

Insolúveis	Solúveis
amido	glicose
proteínas	aminoácidos
lipídios	ácidos graxos e glicerol
ácidos nucleicos	pentoses, bases orgânicas nitrogenadas e fosfato

Nossa digestão ocorre no canal alimentar (tubo ou trato digestório) e as transformações químicas dos alimentos na digestão ocorrem sob a ação de substâncias chamadas **enzimas digestivas**.

Todas as enzimas são proteínas fabricadas no interior das células dos organismos vivos. A grande maioria delas atua no próprio meio intracelular (citoplasma e núcleo). Entretanto, algumas enzimas são secretadas pelas células e realizam seu trabalho fora delas. É o caso das enzimas que são liberadas na cavidade do tubo digestório, onde agem sobre os alimentos, a fim de que os nutrientes possam ser transformados em produtos que sejam assimilados e utilizados por todas as células do organismo. Uma enzima atua como um **catalisador**. O sufixo "ase" é indicativo de enzimas. Assim, carboidrases, proteases e lipases referem-se genericamente a enzimas que digerem carboidratos, proteínas e lipídios, respectivamente.

Catalisador: substância que acelera uma reação química, sem ser consumida por ela.

Enzimas e temperatura

A maioria das reações químicas são aceleradas por um aumento da temperatura. Isto vale também para as reações controladas por enzimas. Mas acima de 45 °C, as enzimas são alteradas e perdem sua função. É por esse motivo que temperaturas superiores a 45 °C provocam a morte de um grande número de seres vivos.

É SEMPRE BOM SABER MAIS!

As células produtoras das enzimas que digerem proteínas não são autodigeridas por essas enzimas porque são fabricadas em uma *forma inativa* e não podem agir antes de serem lançadas na cavidade do canal alimentar, onde são ativadas por determinadas substâncias químicas presentes. A *pepsina*, por exemplo, é produzida e secretada na forma inativa de *pepsinogênio* (formador de pepsina). Quando o pepsinogênio atinge a cavidade do estômago, o ácido clorídrico aí presente o converte em pepsina (enzima ativa). E a pepsina não digere as células da parede do estômago porque as glândulas estomacais produzem uma capa de muco protetor. Quando esse mecanismo falha, podem surgir irritações da mucosa gástrica (gastrites) ou úlceras.

Os alimentos precisam ser digeridos

DONOT6_STUDIO/SHUTTERSTOCK

No pão, na batata, no arroz e nas massas em geral existe um carboidrato formado por uma molécula muito grande (macromolécula), o *amido*, que, durante a digestão é quebrado em várias moléculas de *glicose*. O mesmo acontece com o leite, que contém, *lactose*, um açúcar que, durante a digestão, é decomposto em outros dois, a *glicose* e a *galactose*. O processo digestivo também leva à quebra da *sacarose*, presente na cana-de-açúcar, em *glicose* e *frutose*. Esses três tipos de açúcares – a glicose, a galactose e a frutose – são utilizados como combustíveis em nossas células.

Carboidratos	amido $\xrightarrow{\text{amilase}}$ maltose $\xrightarrow{\text{maltase}}$ glicose
	sacarose $\xrightarrow{\text{sacarase}}$ glicose + frutose
	lactose $\xrightarrow{\text{lactase}}$ glicose + galactose

PILIPPHOTO/SHUTTERSTOCK

As carnes (gado, aves, peixes) e os derivados do leite e da soja são ricos em *proteínas*. Por serem muito grandes, as moléculas de proteínas não conseguem passar pelas membranas das células, mas, sob a ação de enzimas digestivas, elas são transformadas em moléculas menores, conhecidas como *aminoácidos*. Os aminoácidos, uma vez dentro das células, são unidos entre si e podem voltar a formar proteínas.

PROTEÍNAS $\xrightarrow{\text{proteases}}$ aminoácidos

MULTIART/SHUTTERSTOCK

Alimentos de origem animal, como a manteiga e a banha de porco, ou alimentos de origem vegetal, como a margarina e os óleos, são ricos em *lipídios*, que sob ação de enzimas digestivas são quebradas em moléculas mais simples, os *ácidos graxos* e o *glicerol*, utilizados pelas células.

LIPÍDIOS —lipases→ ácidos graxos + glicerol

O sistema digestório humano

O sistema digestório é formado por um **tubo** ou **canal** e pelas **glândulas anexas**, que lançam suas secreções na cavidade do tubo. O tubo digestório compreende *boca*, *faringe*, *esôfago*, *estômago*, *intestino delgado*, *intestino grosso* e *ânus*. As glândulas anexas são as glândulas *salivares*, o *fígado* e o *pâncreas*.

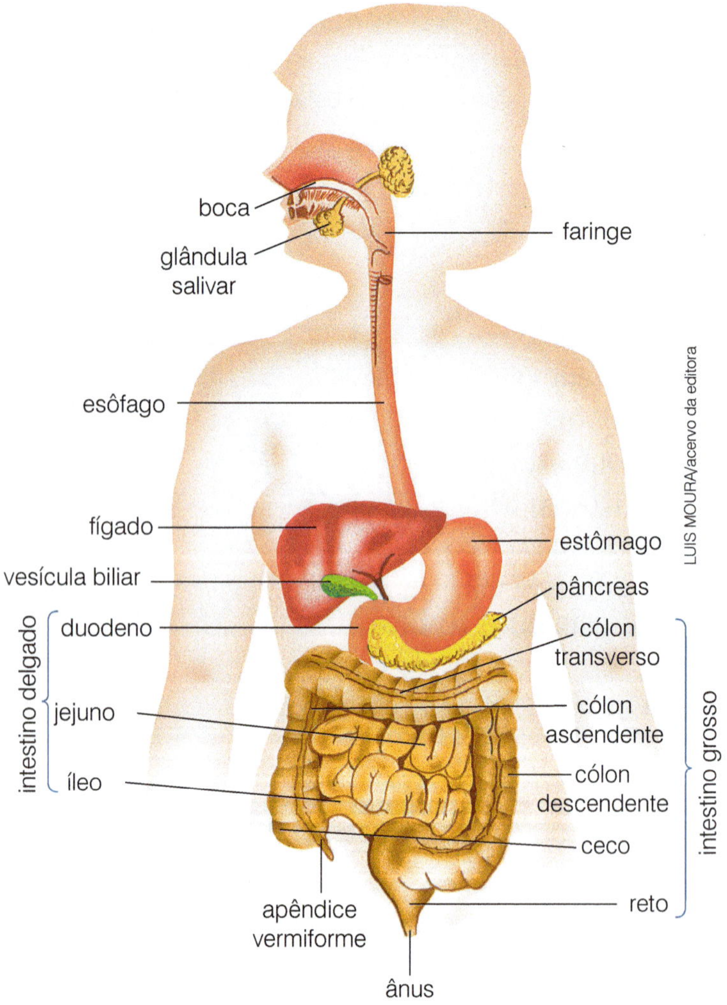

LUIS MOURA/acervo da editora

Sistema digestório humano. (Cores-fantasia. Ilustração fora de escala.)

Digestão química e digestão mecânica

O processo digestivo envolve *fenômenos físicos* que fazem parte da chamada *digestão mecânica*, e fenômenos químicos, que caracterizam a *digestão química*.

A **digestão mecânica** não altera a natureza química dos nutrientes presentes nos alimentos; apenas os fragmenta em porções menores, os conduz ao longo do canal alimentar e, finalmente, promove a expulsão das fezes para o exterior. Os fenômenos físicos da digestão são: *mastigação*, *deglutição*, *peristaltismo* e *defecação*, que veremos mais adiante.

A **digestão química**, por meio da ação de enzimas, altera a estrutura das macromoléculas dos nutrientes presentes nos alimentos, transformando-as em moléculas de menor tamanho, absorvíveis pelas células. Os fenômenos químicos da digestão ocorrem na *boca*, no *estômago* e no *intestino delgado*.

Fenômenos físicos da digestão

- **Mastigação:** ajudados por músculos da face que movem o maxilar inferior e pelo movimento da língua, os dentes trituram os alimentos sólidos reduzindo-os a pedaços menores, que podem ser misturados à saliva e deglutidos mais facilmente.

Deglutidos: engolidos.

- **Deglutição:** ato de engolir os alimentos, que passam da boca para a garganta (faringe) a caminho do esôfago.
- **Peristaltismo:** no esôfago, estômago e nos intestinos, os músculos lisos das paredes desses órgãos contraem-se e relaxam alternadamente, lembrando uma onda em movimento. A principal função do peristaltismo é empurrar o alimento ao longo do tubo digestório.
- **Defecação:** ato de eliminar as fezes, que são constituídas pela parte não absorvida (fibras, por exemplo) dos alimentos e por bactérias intestinais.

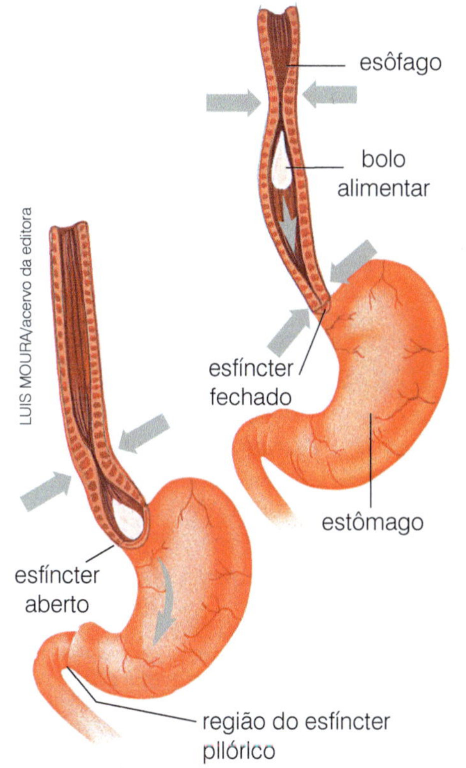

Contrações peristálticas da musculatura do esôfago encaminham o alimento até o estômago. (Cores-fantasia. Ilustrações fora de escala.)

Boca: o começo da digestão

A digestão dos alimentos começa na boca, onde ocorrem as ações mecânica e química. A digestão mecânica deve-se aos dentes, que efetuam a mastigação e à língua que movimenta o bolo alimentar, misturando-o à saliva e empurrando-o para ação dentária. A digestão química bucal, ou **insalivação**, deve-se a três pares de *glândulas salivares*, que secretam a saliva e a lançam na cavidade bucal.

Fique por dentro!

O homem produz, em média, 1,0 a 1,5 litro de saliva por dia.

A saliva é formada basicamente por *água* (99%), por uma substância viscosa, o *muco*, e uma *enzima*, a *ptialina*, também chamada de *amilase salivar*. A saliva lubrifica o bolo alimentar facilitando a deglutição. A ptialina ou amilase salivar atua em pH aproximadamente neutro e inicia a digestão do *amido* em várias moléculas do açúcar *maltose*, mas que ainda não estão prontas para entrar nas células.

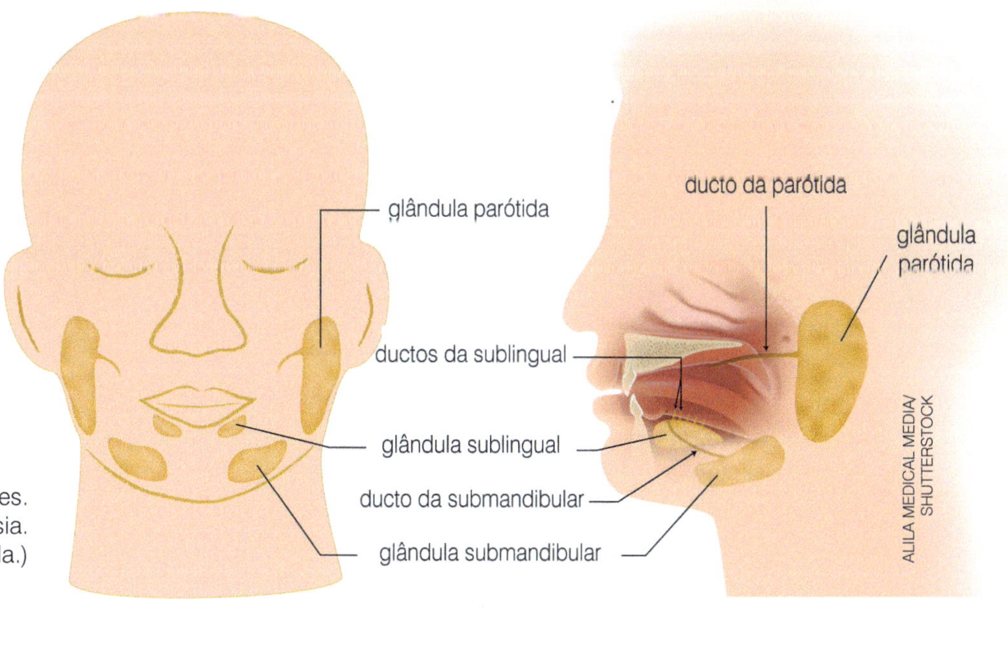

Glândulas salivares. (Cores-fantasia. Ilustração fora de escala.)

ESTABELECENDO CONEXÕES

Cotidiano

É de dar “água na boca”!

Só de olhar ou sentir o cheiro de um alimento apetitoso, nossa boca enche-se de saliva. Mas por que isso acontece?

A secreção da saliva é controlada pelo sistema nervoso. Quando determinadas áreas cerebrais são estimuladas pelo cheiro ou imagem do alimento, especialmente quando temos fome, um *reflexo*, isto é, uma resposta involuntária (que independe da nossa vontade) provoca aumento da secreção salivar.

Em outras situações, pode ocorrer uma diminuição involuntária da salivação, também provocada por um reflexo. É o que acontece, por exemplo, quando sentimos medo. Nesse caso, a boca costuma ficar seca, e o indivíduo pode chegar a ter dificuldade até para falar.

Dentes: nem só a mastigação depende deles

Durante a mastigação, os dentes fragmentam os alimentos em partes menores, facilitando a deglutição e a mistura com os sucos digestivos.

No ser humano adulto, observamos quatro grupos de dentes – *incisivos*, *caninos*, *pré-molares* e *molares*. Os incisivos são os responsáveis por cortar os alimentos. Os caninos, mais pontudos, mas não muito mais longos que os incisivos, funcionam, no ser humano, como incisivos extras. Os pré-molares e molares têm a função de triturar os alimentos.

Os dentes ainda apresentam outras funções como, por exemplo, auxiliar a articulação de palavras durante a fala e preservar a estrutura facial.

É SEMPRE BOM SABER MAIS!

Estrutura dos dentes

Os dentes são constituídos por três partes: raiz, colo e coroa. A **raiz** é a parte que fixa os dentes aos ossos da maxila e da mandíbula, ao passo que a **coroa** é a parte exposta do dente na cavidade bucal. O **colo** localiza-se entre a raiz e a coroa.

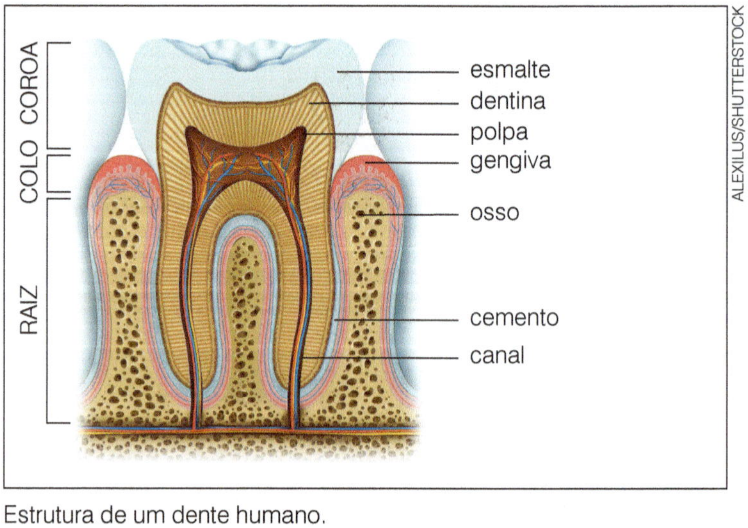

Estrutura de um dente humano.

A coroa é revestida pelo *esmalte*, um dos materias mais rígidos encontrados na natureza, rico em minerais (sais de cálcio). A *dentina* localiza-se abaixo do esmalte, também é rica em minerais e forma a maior parte da coroa e da raiz. Na raiz, a dentina é revestida pelo *cemento*, substância semelhante a osso, onde há fibras que prendem a raiz ao osso. A *polpa* é a porção interna e viva do dente, protegida pela dentina. Ela é constituída por tecido conjuntivo, vasos sanguíneos e fibras nervosas que, estimuladas, causam a sensação de dor.

As duas dentições

No ser humano há duas dentições: a primeira é chamada de dentição **decídua** (que cai) ou "de leite", e a segunda é chamada de **permanente**. A formação da dentição decídua se inicia quando o feto ainda está no útero materno e se completa perto do terceiro ano de vida. Ela é formada por 20 dentes, 10 em cada arcada (superior e inferior), assim distribuídos: quatro incisivos, dois caninos e quatro pré-molares.

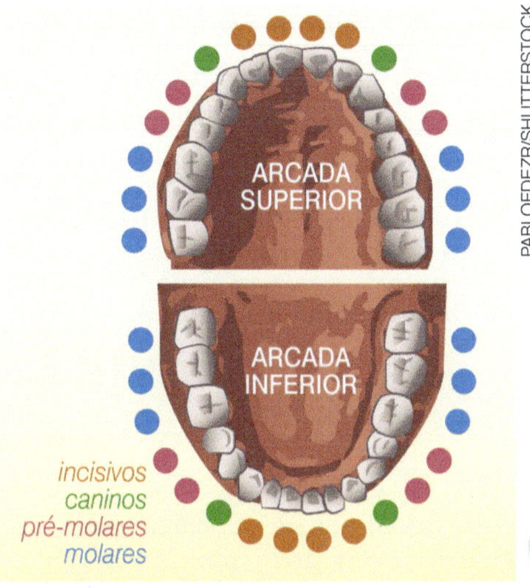

Ilustração mostrando a posição dos diferentes tipos de dente nas arcadas dentárias humanas. (Cores-fantasia.)

Por volta dos seis anos de idade os dentes de leite são gradualmente substituídos pelos dentes definitivos, aos quais se juntam também os molares. O indivíduo adulto possui 32 dentes, 16 em cada arcada, sendo 4 incisivos, 2 caninos, 4 pré-molares e 6 molares.

Fique por dentro!

Os últimos dentes (terceiros molares) de cada arcada são chamados de **dentes do siso**, conhecidos popularmente como "dentes do juízo", pois surgem na adolescência.

Mantendo a saúde bucal

A preservação e a saúde dos dentes dependem de uma boa higienização. Visitar um dentista regularmente e escovar os dentes de forma correta são duas maneiras efetivas de cuidar bem de órgãos tão importantes. A escovação da língua é fundamental, a fim de remover a camada branca que a recobre, onde há resíduos alimentares e bactérias.

A cárie é uma das principais doenças que afetam os dentes. Ela acontece pela ação de bactérias que se nutrem dos restos de alimento que ficam aderidos aos dentes. Essas bactérias decompõem principalmente os açúcares por meio de um processo de fermentação, o qual libera ácidos que atacam o esmalte dos dentes, levando à formação de cavidades – as **cáries**. Não tratadas, invadem a dentina e atingem a polpa. Polpa comprometida causa muita dor, pode levar a infecções sérias, chegando mesmo à perda do dente.

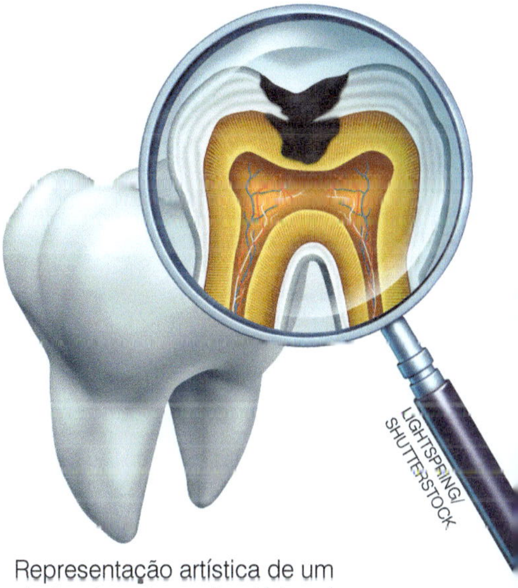

Representação artística de um dente atacado por bactérias. A lupa mostra em preto uma cárie, que tendo rompido o esmalte e a dentina já se aproxima da polpa.

Faringe: ligação entre a boca e o esôfago

A *faringe* (garganta) localiza-se no fundo da cavidade bucal, ligando-a ao esôfago. É um órgão comum a dois sistemas, o digestório e o respiratório, porque serve tanto à passagem dos alimentos a caminho do esôfago, como à passagem do ar (das fossas nasais para a laringe) a caminho dos pulmões.

Ao deglutirmos, o palato mole (fundo do "céu" da boca) se eleva e evita que o alimento penetre nas fossas nasais. A *laringe* ("pomo de Adão") se eleva de modo que sua abertura, a **glote**, é fechada pela **epiglote**, uma projeção existente na parte posterior da língua. O fechamento da glote interrompe momentaneamente a respiração e evita que alimentos, água ou saliva penetrem na laringe, evitando o engasgo. A língua encosta no palato, empurra o bolo alimentar para a faringe que se contrai e move o alimento para o esôfago.

DEGLUTIÇÃO

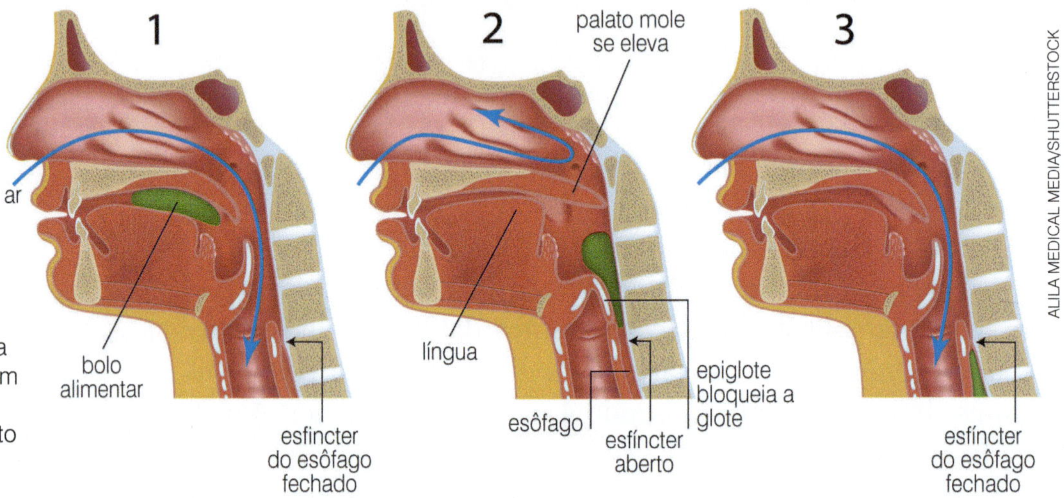

Observe que durante a deglutição, a passagem do ar fica bloqueada, evitando que o alimento penetre nas vias respiratórias.

Esôfago: início do peristaltismo

O esôfago é um tubo que mede no adulto cerca de 25 cm e atravessa verticalmente o tórax. A função do esôfago é transportar o alimento da faringe ao estômago por meio de uma sucessão de contrações e relaxamentos musculares alternados, o **peristaltismo**, que lembram uma onda em movimento.

O esôfago não secreta enzimas digestivas e, portanto, não participa da digestão química dos alimentos. A produção de muco pelo esôfago diminui o atrito com os alimentos e favorece os movimentos peristálticos.

Jogo rápido

Qual é a função do esôfago no tubo digestório humano?

Estômago: início da digestão das proteínas

O estômago comunica-se com o esôfago por meio de um anel muscular, uma válvula chamada **cárdia**, e com o intestino delgado por meio de outra válvula, o **piloro**. À medida que a onda peristáltica do esôfago se aproxima do estômago, a cárdia relaxa, permitindo a entrada do alimento. De tempos em tempos, o piloro abre-se para a passagem do alimento digerido pelo estômago para o intestino delgado.

O estômago desempenha três funções principais no processo digestivo:

- **armazenamento** – no estômago, o alimento permanece, aproximadamente, de 1 a 3 horas. Sendo assim, a primeira função do estômago é armazenar o alimento ingerido e liberá-lo em pequenas porções para o intestino;

- **digestão mecânica e química** – enquanto o alimento permanece no estômago, os movimentos peristálticos ajudam a misturá-lo com o **suco gástrico**, formando uma pasta chamada **quimo**. Por isso, a digestão química que ocorre no estômago é chamada *quimificação*. O suco gástrico é secretado pelas glândulas presentes no revestimento interno (mucosa) do estômago.
  O suco gástrico contém muco, um ácido forte – o ácido clorídrico – e **pepsina**, enzima responsável apenas pelo início da digestão das proteínas. A pepsina não chega a transformar as proteínas em aminoácidos, mas consegue quebrá-las em cadeias com um número menor de aminoácidos. A digestão dessas cadeias se completa no intestino;
- **defesa** – durante o período em que o alimento permanece no estômago, o ácido clorídrico secretado por ele irá destruir a maior parte das bactérias que possam estar nos alimentos.

Fique por dentro!

O muco é essencial para a proteção do revestimento interno do canal alimentar. Mas a proteção do esôfago não é tão eficiente quanto a do estômago. Sendo assim, se o quimo voltar do estômago para o esôfago provocará uma sensação de queimação que pode chegar até a faringe.

Intestino delgado, pâncreas e fígado: um trio dos mais eficientes

A parte inicial do intestino delgado é o **duodeno**, que mede em torno de 20 cm e apresenta-se curvo sobre o pâncreas. Em seguida, estão o **jejuno** e o **íleo**, que juntos têm em torno de 6 m. Para acomodar todo esse comprimento, o jejuno e o íleo se dobram muitas vezes, formando as *alças intestinais*.

A parede duodenal produz uma mistura de enzimas digestivas, conhecida como **suco entérico** ou **suco intestinal**.

O **pâncreas**, glândula anexa do tubo digestório, comunica-se com o duodeno por meio de ductos, através dos quais lança no duodeno o **suco pancreático**, que contém enzimas digestivas que atuam sobre uma variedade de nutrientes: amido, lipídios e proteínas.

O **fígado** é a maior glândula do corpo humano, pesando cerca de 1,5 kg no adulto. Produz a **bile**, que é armazenada em uma pequena bolsa chamada **vesícula biliar**. Durante a digestão, a bile sai da vesícula por um canal que a conduz ao duodeno, onde irá atuar sobre o quimo proveniente do estômago.

O quimo, ao sair do estômago, atravessa o piloro e entra no duodeno, onde é misturado, pelo peristaltismo, com o suco pancreático, com a bile e com o suco entérico.

Os alimentos processados no duodeno formam uma solução pastosa que recebe o nome de **quilo**. O quilo contém os nutrientes que são absorvidos para a corrente sanguínea. Por isso, a transformação química dos alimentos no duodeno recebe o nome de *quilificação*.

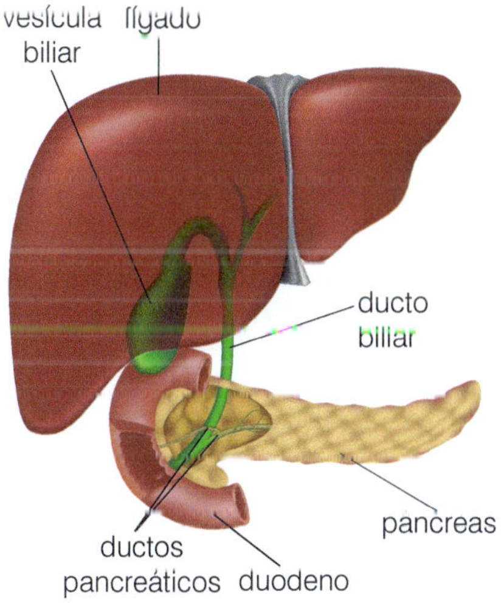

ALILA MEDICAL MEDIA/SHUTTERSTOCK

Jogo rápido

Qual é o papel da vesícula biliar?

Suco pancreático

É formado por **bicarbonato de sódio**, água e diversas enzimas. As principais enzimas pancreáticas são:

- **tripsina** – atua na digestão de proteínas;
- **amilase pancreática** – assim como a amilase salivar, digere o amido, quebrando-o em moléculas de maltose;
- **lipase pancreática** – digere as gorduras (lipídios), transformando-as em ácidos graxos e glicerol.

Lembre-se!

O **bicarbonato de sódio** neutraliza o ácido clorídrico do quimo, criando um meio favorável (pH alcalino) à ação das enzimas do suco pancreático e do suco entérico.

Bile

A **bile** é um líquido aquoso esverdeado e amargo, produzido pelo fígado e armazenado na vesícula biliar. A bile não contém enzimas digestivas, mas **sais biliares**, que agem *mecanicamente*, transformando as gotas de gordura em gotículas suspensas em água, o que facilita a ação química da lipase pancreática. Esse processo é conhecido como *emulsificação das gorduras*.

Suco entérico

O **suco entérico** ou **suco intestinal** é produzido pelas células da parede duodenal e contém enzimas que terminam a digestão dos alimentos. As principais enzimas são:

- **sacarase** – transforma as moléculas de sacarose em moléculas de glicose e frutose;
- **maltase** – digere as moléculas de maltose (provenientes da digestão inicial do amido) em moléculas de glicose;
- **lactase** – transforma as moléculas de lactose em moléculas de glicose e galactose; e
- **peptidases** – terminam a digestão das proteínas, produzindo moléculas de aminoácidos.

Fique por dentro!

Diariamente, são secretados para o duodeno 1,2 L de suco pancreático e 0,5 L de bile. O intestino delgado secreta, por dia, em torno de 3 L de suco entérico.

Vilosidades intestinais

Uma vez terminada a digestão química dos alimentos, os nutrientes necessários ao organismo (os aminoácidos, a glicose, os ácidos graxos, o glicerol etc.) são absorvidos pelas células da parede do intestino delgado (duodeno, jejuno e íleo). Esse processo é facilitado pela presença das **vilosidades intestinais**, minúsculas elevações da mucosa em forma de dedos de luva, que aumentam a superfície de contato com os nutrientes. Além disso, as células que revestem essas vilosidades apresentam microvilosidades, isto é, dobras de sua membrana, cuja função é aumentar a superfície de absorção dos nutrientes.

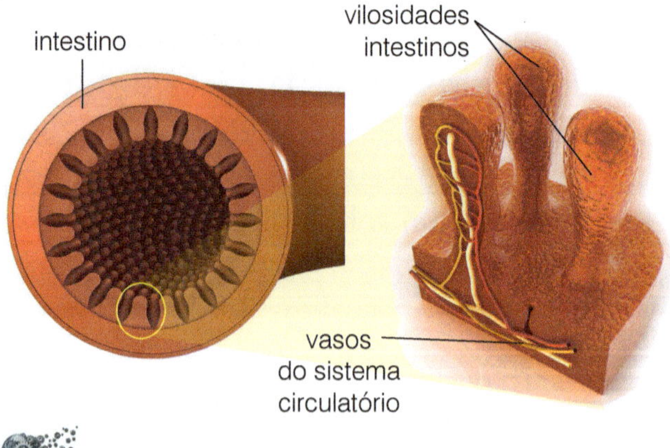

SCIENCEPICS/CREATIONS/SHUTTERSTOCK

Lembre-se!

Na boca, atua a amilase salivar. No estômago, a pepsina. No intestino delgado atuam a tripsina, a amilase, a lipase pancreática, a sacarase, a lactase, a maltase e as peptidases, além dos sais biliares e do bicarbonato de sódio. Então, o intestino delgado é o órgão onde ocorre a maior parte da digestão, além de ser o local de absorção dos nutrientes.

Intestino grosso: formação do bolo fecal

O **intestino grosso** tem quase 2 m de comprimento. Começa na parte inferior direita do abdômen e é dividido em três partes. A primeira é o **ceco**, onde termina o intestino delgado. Seguem-se o **cólon** (ou **colo**) e o **reto**. No fim do reto, encontra-se o orifício anal ou **ânus**.

A principal função do intestino grosso é **absorver água e sais minerais**, compactando os resíduos alimentares que são eliminados sob a forma de fezes. Caso isso não ocorresse, o efeito seria desastroso para o nosso organismo, pois durante o período de um dia secretamos em torno de 8 litros de sucos (saliva, suco gástrico etc.), que são formados principalmente por água e sais minerais, que devem ser reaproveitados pelo organismo.

Jogo rápido

Que funções são atribuídas ao intestino grosso, no tubo digestório humano?

Além disso, o intestino grosso hospeda inúmeras bactérias. Isto não é motivo de alarme, pois a maioria delas é inofensiva e vive de restos de alimentos não digeridos. Em troca, essas bactérias produzem substâncias úteis ao nosso organismo como, por exemplo, as vitaminas K e B_{12}.

No fim do intestino grosso, os restos alimentares já se encontram sob a forma de fezes.

ESTABELECENDO CONEXÕES

Saúde

Prisão de ventre e diarreia

O volume das fezes acumuladas no reto, distende sua parede provocando o reflexo da defecação. No entanto, por diversas razões (pressa, local onde estamos etc.) e na impossibilidade de atender ao apelo do nosso organismo, deixamos para depois. A "vontade" passa porque a absorção de água que continua a ocorrer no reto faz com que o volume das fezes diminua e o reflexo desapareça. Instala-se o que se chama **prisão de ventre**. As fezes tornam-se endurecidas e a dificuldade para eliminá-las aumenta. Para absorver a maior parte da água presente nas fezes em formação, o intestino grosso pode levar de 11 a 48 horas.

Nos episódios de **diarreia**, as fezes são praticamente líquidas, porque atravessam muito rapidamente o cólon, sem tempo para uma adequada absorção de água e sais. O intestino irritado acelera os movimentos peristálticos.

As diarreias podem ocorrer por inúmeras causas, sendo as mais comuns a ingestão de alimento contaminado por algum agente infeccioso, a intolerância a certos alimentos e até mesmo em consequência de estresse. Diarréias são consequências também de algumas viroses, da amebíase (em que o protozoário habita o intestino grosso), do cólera (causado pela bactéria *Vibrio cholerae*) e de algumas verminoses.

Embora se acredite que muitas vezes as diarreias curem-se espontaneamente com a ingestão de soro hidratante, é sempre aconselhável consultar um médico, que adotará as medidas necessárias.

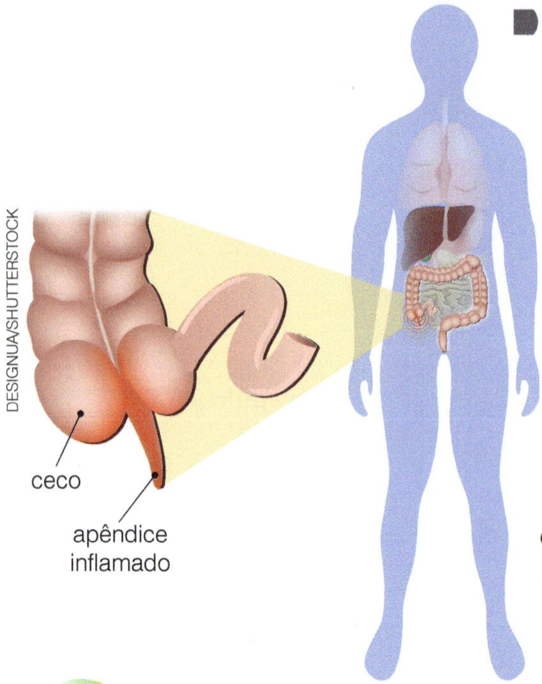

Apêndice e apendicite

A primeira porção do intestino grosso é o ceco. Nele encontra-se uma projeção com a forma e tamanho aproximado de um dedo mínimo, o **apêndice cecal** ou **apêndice vermiforme** (em forma de verme), que nos seres humanos é considerado um órgão vestigial, sem função na digestão.

Muito desenvolvidos nos mamíferos herbívoros não ruminantes, como cavalos e coelhos, tanto o ceco quanto o apêndice abrigam bactérias que digerem a celulose.

A inflamação do apêndice causada pela retenção de partículas de alimentos não digeridos e de bactérias é chamada **apendicite**.

DE OLHO NO PLANETA

Meio Ambiente

O homem depende da água por inúmeras razões, entre elas para aliviar a sede, cozinhar, lavar, regar as plantas. Mas, para que possa ser aproveitada por nós, a água deve estar potável, ou seja, não estar contaminada por organismos que causem doenças.

Um dos maiores responsáveis pela contaminação do ambiente por microrganismos (por exemplo, vírus, bactérias e protozoários, ovos e larvas de vermes) é o próprio homem. Alguns parasitas que habitam nosso tubo digestório podem chegar ao meio ambiente por meio das fezes e contaminar o solo, a água e, com ela, hortaliças e frutas, como acontece em regiões carentes de **saneamento básico**. Entre as doenças humanas veiculadas pelas fezes e que contaminam o solo e a água, podemos citar: amebíase, giardíase, esquistossomose, cólera, ascaridíase, amarelão, cisticercose e febre tifoide (salmonelose), entre outras.

Poluição às margens do rio Negro, em Manaus.

Nosso desafio

Para preencher os quadrinhos de 1 a 9, você deve utilizar as seguintes palavras: ácido clorídrico, boca, esôfago, fígado, glândulas, intestino delgado, peristaltismo, proteínas, suco gástrico.

À medida que você preencher os quadrinhos, risque a palavra que escolheu para não usá-la novamente.

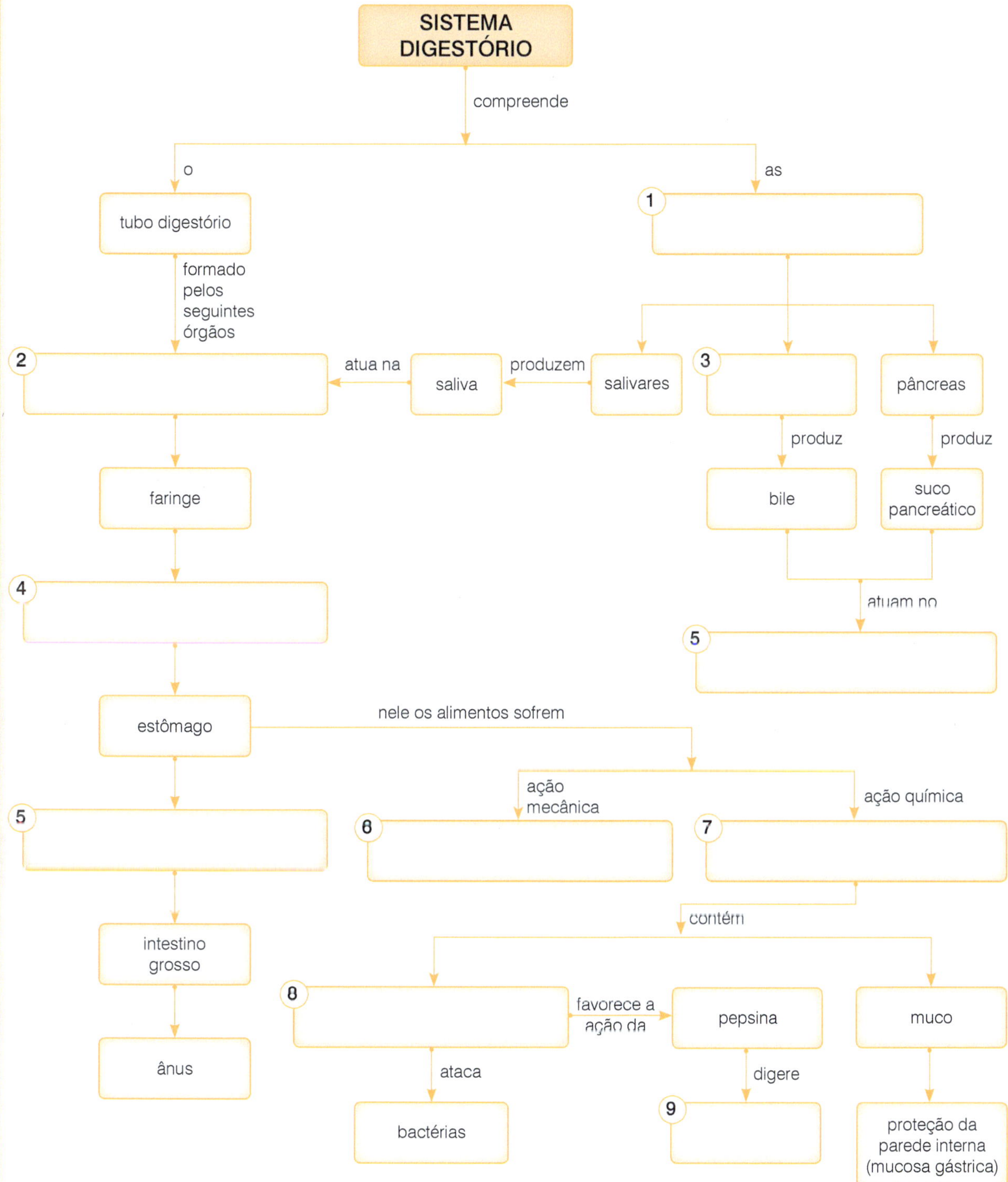

Atividades

1. **[1, 7, 10]** Explique em poucas palavras o significado de digestão.

2. **[1, 5, 10]** Analise cuidadosamente o esquema abaixo e responda:

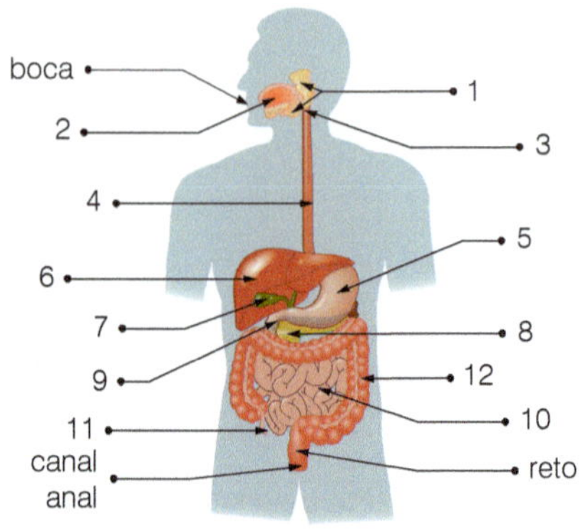

Que número(s) representa(m) cada uma das seguintes estruturas?

a) glândula salivar
b) pâncreas
c) vesícula biliar
d) intestino delgado
e) intestino grosso

3. **[1, 6, 10]** No tubo digestório ocorrem os seguintes eventos: mastigação, insalivação, deglutição, peristaltismo, quimificação, quilificação e emulsificação de gorduras. Separe esses eventos em dois grupos, correspondentes aos fenômenos físicos e aos fenômenos químicos.

4. **[6, 7, 10]** O sistema digestório humano é formado por boca, faringe, esôfago, estômago, intestino delgado, intestino grosso e ânus. Explique a razão da necessidade de glândulas anexas para que o processo digestivo se processe.

5. **[1, 6, 10]** No processo digestivo, grandes moléculas de alguns nutrientes são "desmontadas" em moléculas menores e solúveis em água, que são absorvidas e aproveitadas pelas células do organismo. Na relação seguinte, aponte os nutrientes que precisam ser decompostos sob a ação de enzimas e quais os produtos finais que passam para a corrente sanguínea e chegam às células.

amido – proteínas – lipídios – vitaminas – sais minerais – água

6. **[1, 6, 7, 10]** O alimento na boca é umedecido com saliva produzida pelas glândulas salivares. A saliva é 99% água, contém também muco e uma enzima digestiva: a amilase salivar. Em média, são produzidos por dia, de 1,0 a 1,5 litro de saliva.

a) Caso não houvesse muco na saliva, por que a quantidade de secreção salivar seria muito maior do que 1,0 a 1,5 litro?
b) Qual é o benefício da mastigação dos alimentos que se processa na boca?
c) A deglutição é um movimento voluntário. É correto dizer que os demais movimentos observados no tubo digestório também o são? Justifique sua resposta.

7. **[6, 7, 10]** Os movimentos peristálticos promovem a locomoção dos alimentos no tubo digestório; no entanto, movimentos peristálticos fracos não conseguem mover os alimentos para diante. Esses movimentos fracos, porém, são essenciais para o bom desempenho do estômago. Qual é a relação entre o bom desempenho do estômago e os movimentos peristálticos fracos?

Leia com atenção o texto abaixo e responda às questões **8** a **10**.

Em 1822, o médico americano William Beaumont tratou do paciente Alexis Martin, um caçador canadense que acidentalmente havia sido ferido por um disparo de espingarda. O ferimento atingiu a parede estomacal e as costelas. O médico tratou do paciente, que sobreviveu milagrosamente, mas sua ferida não cicatrizou completamente, não fechou convenientemente, ficando uma pequena abertura que comunicava o estômago com o meio exterior. Durante 17 dias parte dos alimentos ingeridos por Martin saíam pelo ferimento. No décimo oitavo dia a comida parou de sair, mas o buraco continuou presente. Já que o buraco não fechava, Dr. Beaumont viu uma oportunidade de realizar experimentos que pudessem elucidar a função do estômago. Convenceu o paciente a trabalhar com ele e durante 11 anos seguintes realizou seus experimentos.

Naquela época, pouco se sabia sobre os processos digestivos. A partir das conclusões esclarecedoras dos experimentos realizados, o Dr. Beaumont ficou conhecido como o "*o pai da fisiologia gástrica*". O Sr. Martin casou, teve seis filhos e morreu aos 86 anos. O buraco em seu estômago nunca sarou.

8. [1, 6, 7, 8, 9, 10] Um dos experimentos realizados por Dr. Beaumont foi retirar o suco do estômago por um tubo e misturá-lo a um pedaço de carne. Explique o motivo de a carne, após algumas horas, ter se fragmentado e se transformado em uma solução levemente amarelada, desaparecendo a organização celular.

9. [1, 6, 7, 8, 9, 10] Outro experimento realizado pelo Dr. Beaumont foi levar até o estômago do paciente uma corda com um pedaço de comida. Em intervalos de uma hora, Dr. Beaumont puxava a corda e analisava o resultado. Ao colocar no estômago do Sr. Martin alimentos ricos em carboidratos, lipídios e proteínas, ele notava o mesmo resultado? Justifique sua resposta.

10. [1, 6, 7, 8, 15, 16, 18] No seu modo de ver, foi ético o Dr. Beaumont ter usado o Sr. Martin para realizar seus experimentos?

11. [1, 6, 7, 10] O intestino delgado tem em torno de 7 m de comprimento no indivíduo adulto. Como se explica, no entanto, que a superfície total do nosso intestino delgado tem em torno de 180 metros quadrados, a área equivalente a uma quadra de tênis?

12. [1, 6, 7, 10, 18] É muito comum no nosso dia a dia respingar algum alimento ou bebida em nossas roupas, deixando-as manchadas. Para remover as manchas, usamos detergentes para roupas nas máquinas de lavar. Qual é a semelhança entre a ação dos detergentes para roupas e o nosso processo digestivo?

Leia com atenção o texto abaixo e responda às questões **13** a **16**.

O estômago é uma bolsa de paredes musculosas que se localiza na cavidade abdominal entre o esôfago e o intestino delgado. Basicamente o estômago tem quatro funções: a) armazenamento de grandes quantidades de alimento, imediatamente após as refeições (cerca de 1,5 L por 4 horas), b) mistura do alimento ingerido com o suco gástrico, c) absorção de pequena quantidade de água, d) envio do alimento para o intestino delgado.

13. [1, 6, 7, 10] É correto afirmar que o esôfago, assim como o estômago, armazena alimento? Justifique sua resposta.

14. [1, 6, 7, 10] Comente a frase: devido ao tempo em que o alimento permanece no estômago, a grande maioria das substâncias químicas presentes nos alimentos é nele digerida.

15. [6, 7, 10] Por que no estômago ocorre uma pequena e não grande absorção de água?

16. [6, 7, 10] No início do intestino delgado, bem em contato com o estômago, existem células que produzem muco em grande quantidade. À medida que caminhamos ao longo do intestino delgado a produção de muco vai diminuindo. Sabendo que a presença de muco protege a parede intestinal, qual é a relação entre o pâncreas e o decréscimo de muco ao longo do intestino delgado?

17. [1, 6, 7, 10] Por que a bile não consegue transformar as gorduras em ácidos graxos e glicerol? Qual é a contribuição da bile para a digestão das gorduras?

18. [1, 6, 7, 10] O processo de fermentação ocorre no intestino devido à ação de bactérias. No entanto, a fermentação não acontece no estômago por causa de uma substância química presente no suco gástrico. Cite o nome da substância e qual é o seu efeito sobre as bactérias. Justifique a resposta.

19. [1, 6, 7, 10] Os seres autótrofos clorofilados também precisam digerir seus alimentos? Justifique.

20. [1, 6, 7, 10] Células da polpa da maçã contêm uma enzima que escurece os tecidos quando a maçã é cortada e deixada em contato com o ar por algum tempo. Maçã aferventada ou cozida não escurece. Explique essa diferença.

capítulo 5

SISTEMA RESPIRATÓRIO

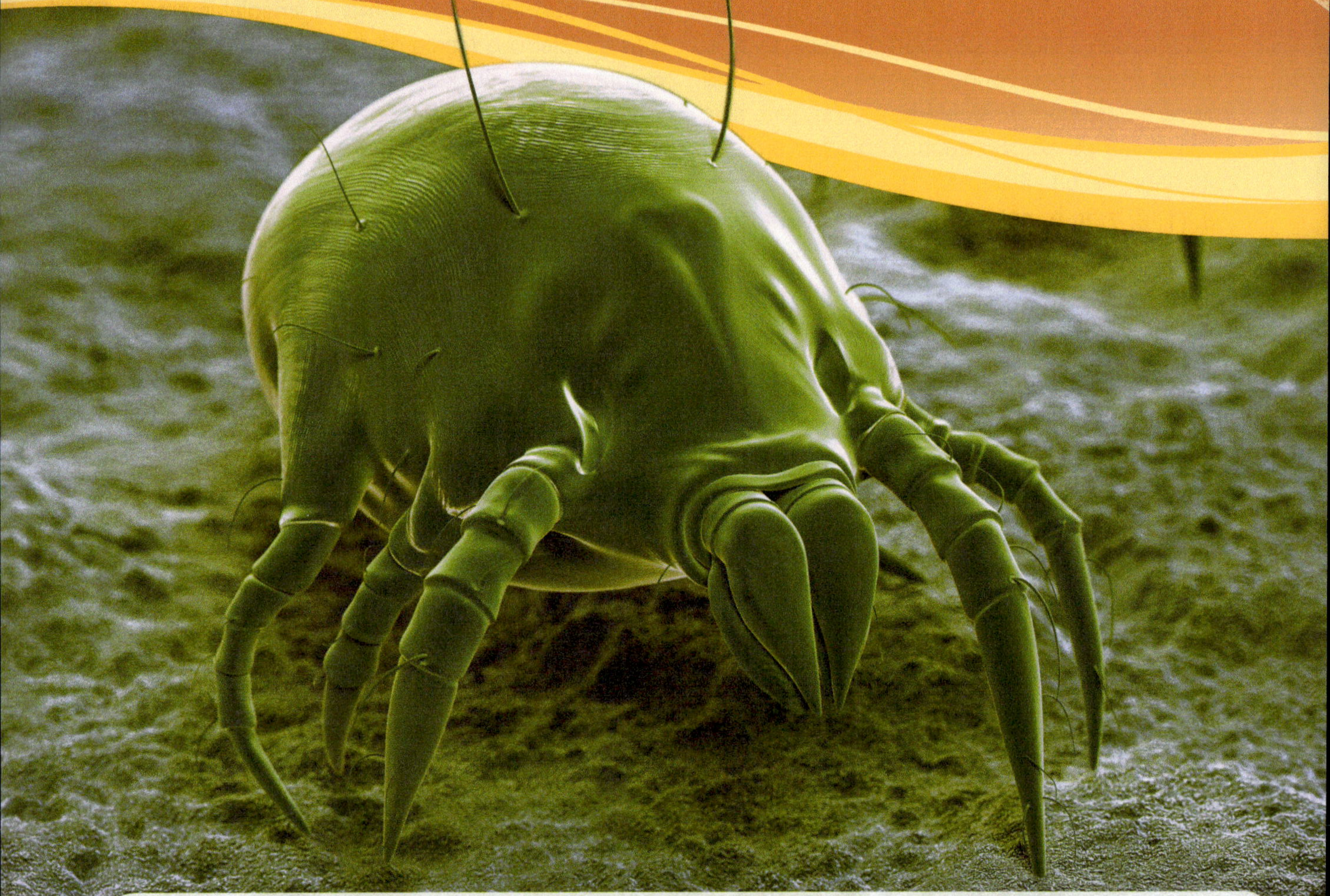

Ácaros: pequenos aracnídeos que causam grandes problemas

Qualquer um de nós sabe que respirar é fundamental para viver. Você consegue ficar um ou dois dias sem comer, porém sem respirar...

Os asmáticos, mais do que o resto da população, sabem da importância do ar, pois de vez em quando, devido a uma inflamação nas vias respiratórias, há um estreitamento (diminuição do calibre) de alguns órgãos em forma de tubo do aparelho respiratório, principalmente dos brônquios. As fibras musculares presentes na parede dos brônquios contraem-se involuntariamente, a passagem para o ar diminui e o indivíduo passa a sentir falta de ar.

Uma das causas frequentes da asma brônquica, também chamada de bronquite asmática, é a presença de ácaros, animais microscópicos do grupo dos aracnídeos, que podem viver em carpetes, colchões e bichos de pelúcia. Só para você ter uma ideia, em um colchão podem viver até 2 milhões de ácaros, cujas fezes passam a fazer parte da poeira das nossas casas. Essa poeira contaminada entra no nosso organismo pelas vias respiratórias e, caso o indivíduo seja alérgico a ela, acabará ocorrendo inflamação e contração da camada muscular dos brônquios, causando a asma. Felizmente a asma não é fatal e existem medicamentos que relaxam os músculos dos brônquios e aliviam os sintomas.

Neste capítulo, iremos estudar os órgãos do aparelho respiratório, o caminho do ar, a regulação da respiração, além de algumas doenças que acometem as vias respiratórias.

SEBASTIAN KAULITZKI/SHUTTERSTOCK

Por que precisamos de oxigênio?

RAEVAS/SHUTTERSTOCK

Se alguém lhe perguntasse por que precisamos respirar, você, em uma resposta simples, diria que precisamos respirar para viver. E sabendo que do ar que você respira o oxigênio é o único gás que utilizamos, por que precisamos dele em nossa vida?

Para responder a essa pergunta, vamos comparar a queima de um combustível (gasolina, álcool) no motor de um automóvel com o que ocorre em uma célula. A gasolina é formada por moléculas energéticas e, para liberar a energia dessas moléculas, é necessário "quebrá-las" em moléculas menores, mais simples. Essa "quebra" ou **combustão** ocorre na câmara de explosão do motor, na presença de oxigênio. Algo semelhante ocorre com a glicose nas células.

Como já estudamos em capítulos anteriores, a glicose é uma molécula altamente energética. Então, para liberar sua energia, a glicose deverá ser "quebrada" em substâncias mais simples. Essa "quebra" ocorre nas células, na presença de oxigênio. Nesse caso, a reação com o oxigênio também é responsável por liberar a energia presente nas ligações químicas da glicose. É essa energia que permite realizar todas as nossas atividades vitais. Neste instante, ao ler este capítulo, você está gastando uma parte da energia liberada pela "quebra" da glicose no interior de suas células.

A transformação da glicose dentro das células, que tem como consequência a liberação de energia e que permite a realização de todos os processos vitais, faz parte de um processo chamado **respiração celular**, que pode ser resumido pela reação seguinte:

Lembre-se!

As mitocôndrias são consideradas como as "usinas de força" ou os motores das células; nesses organoides, a glicose é "queimada" na presença de oxigênio.

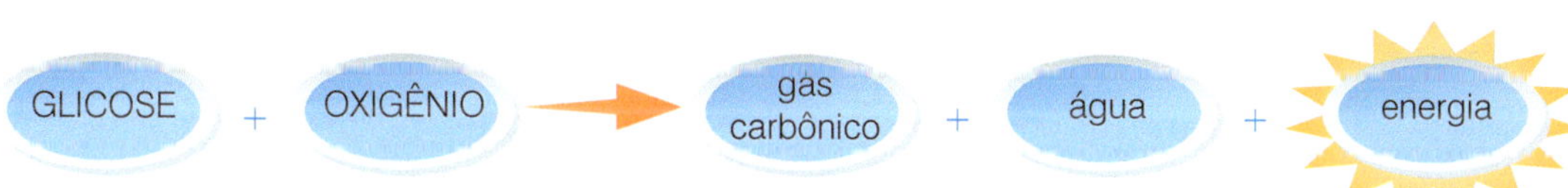

É SEMPRE BOM SABER MAIS!

Tanto na queima dos combustíveis nos motores, como na da glicose nas células, além do consumo de oxigênio (O_2) e da liberação de energia, há também produção de água e gases, como o gás carbônico (CO_2). Em um automóvel, a água, sob forma de vapor, o monóxido de carbono (CO) e o gás carbônico ou dióxido de carbono (CO_2) são eliminados pelo escapamento.

No nosso caso, a água pode ser aproveitada pelas próprias células, mas o gás carbônico precisa ser eliminado prontamente, o que é feito pelo sistema respiratório. Na respiração celular não há produção de monóxido de carbono.

Sistema respiratório humano

A principal função do sistema respiratório é abastecer as células com oxigênio e eliminar o gás carbônico produzido como subproduto na respiração celular. O pulmão, principal órgão do nosso sistema respiratório, é o local onde ocorre a troca de oxigênio pelo gás carbônico.

Na respiração pulmonar ocorrem dois movimentos: a **inspiração** e a **expiração**. Na *inspiração*, o ar rico em oxigênio é introduzido nos pulmões. O oxigênio penetra na corrente sanguínea e é distribuído para o resto do organismo. O gás carbônico faz o caminho inverso: eliminado pelas células, é transportado pelo sangue aos pulmões, de onde sai para o meio externo por meio da *expiração*.

São os seguintes os órgãos que pertencem ao nosso sistema respiratório e que formam as vias respiratórias: **nariz**, **faringe**, **laringe**, **traqueia**, **brônquios**, **bronquíolos** e **pulmões**.

Lembre-se!

É importante não confundir a troca de gases da *respiração pulmonar* com a *respiração celular*, que se refere à liberação de energia das moléculas de glicose, em presença de oxigênio, nas mitocôndrias.

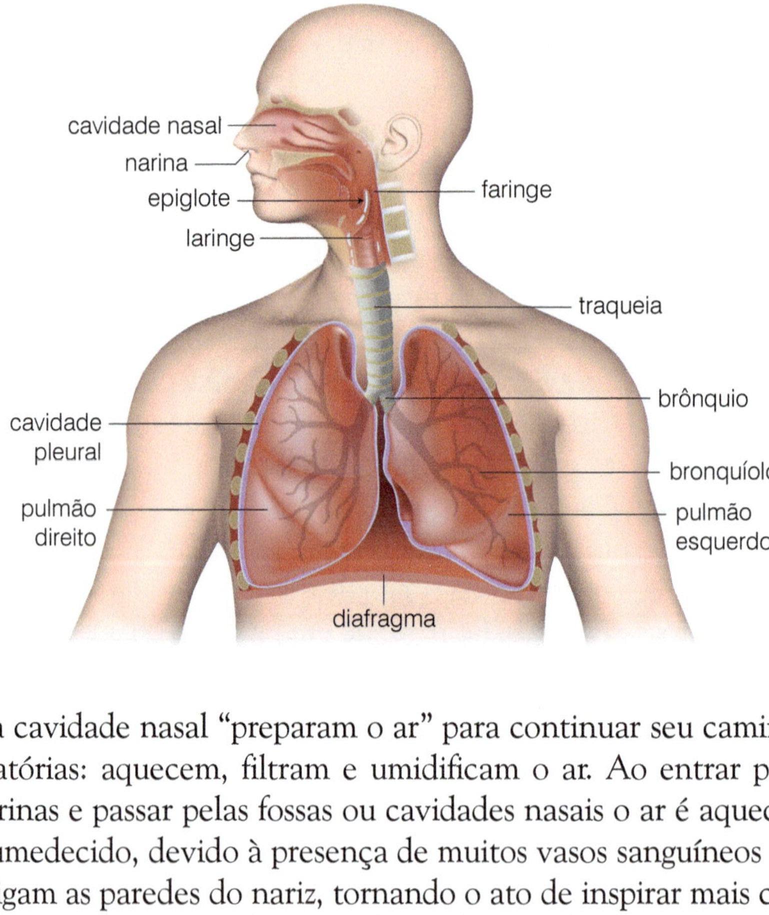

Sistema respiratório humano. (Cores-fantasia. Ilustração fora de escala.)

AUILA MEDICAL MEDIA/SHUTTERSTOCK

Nariz

O **nariz** e a cavidade nasal “preparam o ar” para continuar seu caminho pelas vias respiratórias: aquecem, filtram e umidificam o ar. Ao entrar pelas narinas e passar pelas fossas ou cavidades nasais o ar é aquecido e umedecido, devido à presença de muitos vasos sanguíneos que irrigam as paredes do nariz, tornando o ato de inspirar mais confortável. A presença de pelos, de células ciliadas e produtoras de **muco** no epitélio que reveste as fossas nasais ajuda a filtrar o ar, retendo partículas de pó e agentes estranhos, evitando sua passagem para regiões mais profundas do sistema respiratório.

Fique por dentro!

Ar muito frio e seco são prejudiciais às células pulmonares. Por isso, convém inspirar pelo nariz e não pela boca.

Faringe e laringe

O espaço que se vê ao fundo da cavidade bucal é a **faringe** (do grego, *pharunge* = garganta). A faringe é um órgão comum a dois sistemas, o digestório e o respiratório. Na deglutição, a faringe é percorrida pela saliva ou por alimentos a caminho do esôfago; na respiração, é percorrida pelo ar que entra ou sai dos pulmões. Mas como garantir que alimentos e ar sigam seus caminhos corretamente? O primeiro órgão a fazer parte das vias respiratórias, após a faringe, é a **laringe**, cuja abertura é conhecida como **glote**.

Sobre a glote há uma lâmina cartilaginosa triangular chamada **epiglote**, que a fecha no momento da deglutição, impedindo a entrada do alimento na laringe, encaminhando-o ao esôfago. Quando esse mecanismo falha, ocorre o **engasgo**. Em casos mais graves, engasgar pode ser fatal, por causar obstrução da glote e, em consequência, asfixia.

Obstrução: do latim, *obsto*, impedir a passagem de, bloquear a passagem.

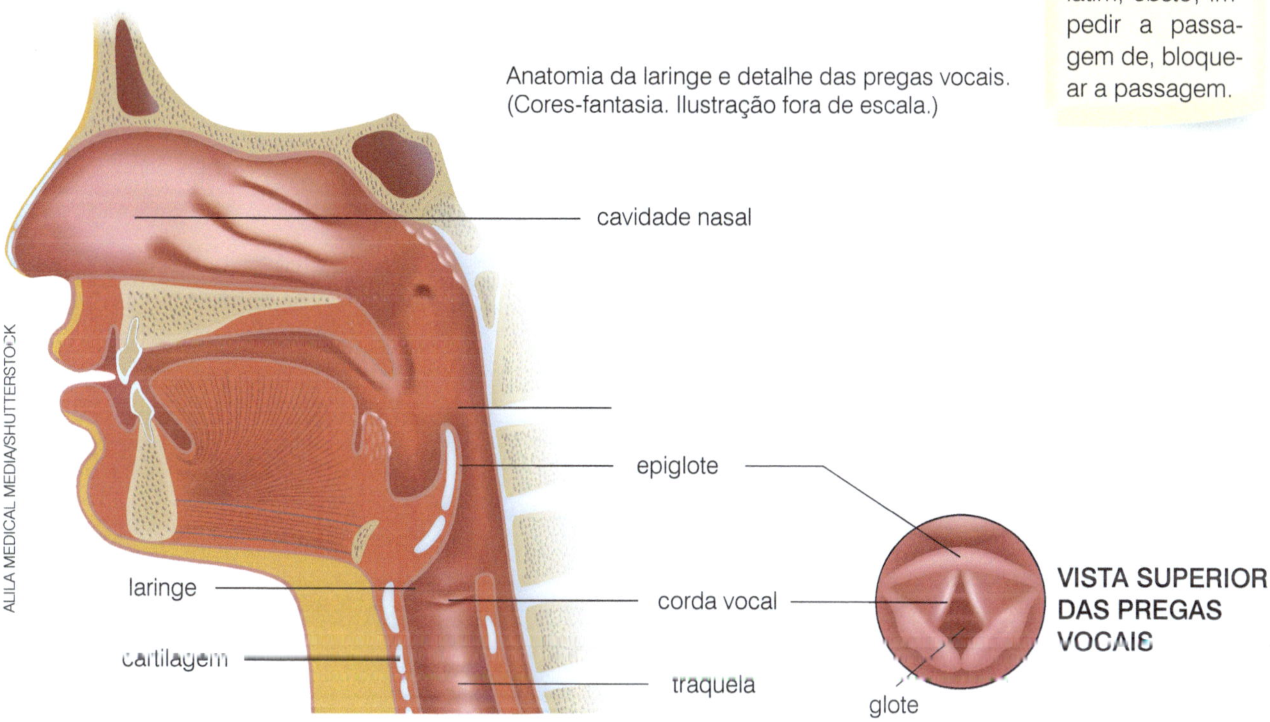

Anatomia da laringe e detalhe das pregas vocais. (Cores-fantasia. Ilustração fora de escala.)

ALILA MEDICAL MEDIA/SHUTTERSTOCK

É SEMPRE BOM SABER MAIS!

Por que o movimento de inspiração é interrompido quando deglutimos?

Apalpe a região anterior do seu pescoço. Você sentirá uma parte mais saliente e dura, que em geral é conhecida, nos homens, como "pomo de Adão" e que corresponde a uma das cartilagens da laringe, mais desenvolvida nos homens no que nas mulheres. A cavidade da laringe é maior nos homens e essa é uma das razões da voz mais grave nos indivíduos do sexo masculino.

Mantendo os dedos apoiados na altura do pomo de Adão, produza um movimento de deglutição de saliva. A laringe sobe, a glote (abertura da laringe) é fechada pela epiglote, a respiração é suspensa, a saliva escorrega para o esôfago e você não engasga. Ao final do ato de deglutição, a laringe desce e, com a glote novamente aberta, você volta a respirar.

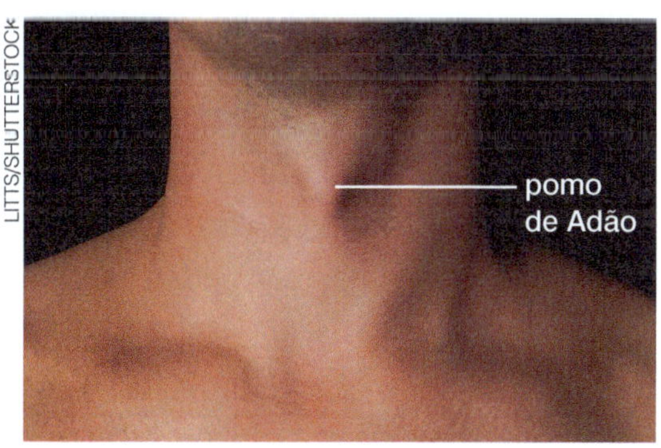

LITTS/SHUTTERSTOCK

Voz e linguagem oral

A laringe é o órgão da **fonação**, isto é, da produção da voz, porque abriga as **pregas vocais** (ou **cordas vocais**). São dobras formadas por um tecido elástico controlado por músculos, e situadas em ambos os lados da parede da laringe. Quando contraídas, vibram com a passagem de ar, emitindo som. Variando o grau de contração das cordas, o som pode ser alterado do grave, quando a tensão é menor, ao agudo, quando mais tensas, mais esticadas, comparável, por exemplo, às cordas de um violão, quando se afina esse instrumento.

O ar expirado faz as pregas vocais vibrarem e o som produzido é modificado pelo grau de abertura da cavidade bucal, pelos lábios, dentes e movimentos da língua. É assim que produzimos a linguagem oral, isto é, os sons que representam as vogais, as consoantes, as sílabas e, finalmente, as palavras.

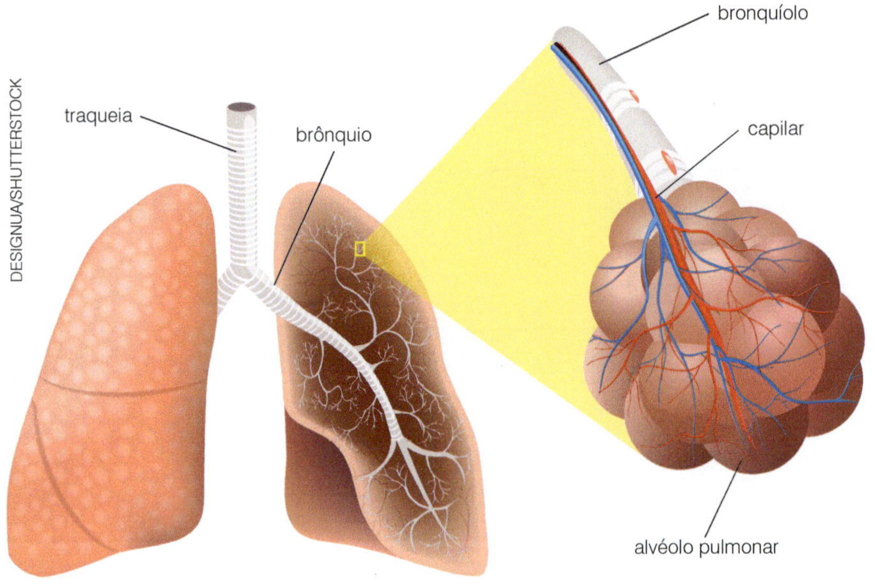

Ilustração da traqueia, brônquios, bronquíolos e detalhe dos capilares. (Cores-fantasia. Ilustrações fora de escala.)

Traqueia

Depois de atravessar a laringe, o ar inspirado passa para a **traqueia**, que é um longo tubo permanentemente aberto e reforçado por *anéis cartilaginosos*, cuja função é impedir que a traqueia entre em colapso (se feche), bloqueando a passagem do ar. Somente na parte posterior os anéis não se completam, de modo a não interferir na dilatação do esôfago quando se dá a passagem do alimento.

Internamente, a traqueia é revestida por *células epiteliais ciliadas* e por *células produtoras de muco*. O batimento ciliar contínuo e o muco protegem o organismo, assim como acontece nas fossas nasais, empurrando as partículas estranhas retidas pelo muco em direção à faringe. Quando a traqueia está irritada, como acontece quando você está gripado ou resfriado, a produção de muco passa a ser muito maior.

Jogo rápido

Qual é a função associada aos anéis cartilaginosos existentes na traqueia humana?

Brônquios, bronquíolos e alvéolos pulmonares

A traqueia se bifurca em dois tubos menores, os **brônquios**, que se dirigem um para o pulmão direito e o outro para o pulmão esquerdo. Ao penetrarem nos respectivos pulmões, os brônquios subdividem-se em tubos mais finos, os **bronquíolos**, que, por sua vez, tornam a subdividir-se em estruturas cada vez mais finas, chamadas de **bronquíolos terminais**. Na extremidade dos bronquíolos terminais estão localizados os **alvéolos pulmonares** (do latim, *alveolus*, diminutivo de *alveus*, "cavidade"), que correspondem a minúsculas bolsas, de parede extremamente fina, que se agrupam como uvas em um cacho.

Cada alvéolo apresenta até 2 milímetros de diâmetro e é envolvido por vasos sanguíneos extremamente finos, chamados capilares. Um par de pulmões contém aproximadamente 300 milhões de alvéolos, o que equivale, em área, a cerca de 70 a 90 metros quadrados.

Fique por dentro!

A traqueia, os brônquios, os bronquíolos terminais e os alvéolos formam a chamada **árvore respiratória**, pois lembram o aspecto de uma árvore invertida.

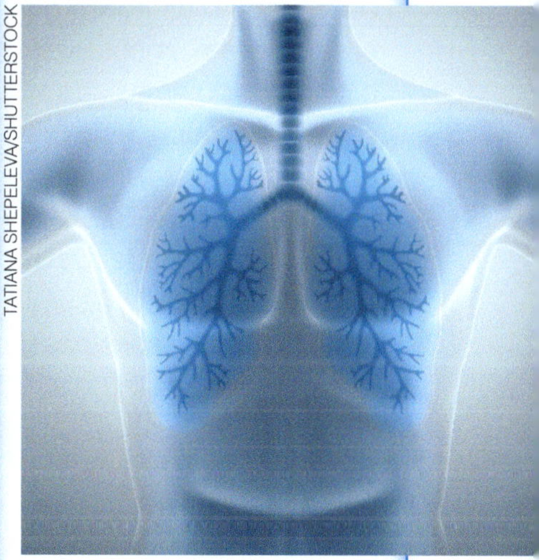

TATIANA SHEPELEVA/SHUTTERSTOCK

Representação artística da chamada árvore respiratória.

Pulmões, dois órgãos muito especiais

Os **pulmões** são dois órgãos esponjosos localizados na *caixa torácica*. A caixa torácica é limitada pelas *costelas*, pelos *músculos intercostais*, que unem as costelas, e pelo **diafragma**, músculo situado na base dos pulmões, separando o tórax do abdômen. Cada pulmão tem aproximadamente 25 cm de altura e pesa, no adulto, em torno de 600 a 700 g. Eles apresentam cor róseo-avermelhada, já que são intensamente irrigados pela corrente sanguínea; porém, com o avançar da idade, sua coloração torna-se mais escura.

Uma das principais características dos pulmões é sua elasticidade. Essa propriedade é necessária, pois, durante a inspiração, os pulmões se enchem de ar e precisam dilatar-se e aumentar seu volume.

Envolvendo os pulmões existem duas membranas chamadas **pleuras** (do grego, *pleura* = "lado"). A *pleura interna* está aderida à superfície pulmonar, enquanto que a *pleura externa* está junto à parede da caixa torácica. Entre essas duas membranas existe uma quantidade muito pequena de um líquido que, durante os movimentos respiratórios, ajuda no deslizamento de uma membrana sobre a outra, evitando aderências dos pulmões à parede da caixa torácica.

Lembre-se!

O sangue é o veículo de transporte dos gases da respiração. Os glóbulos vermelhos (hemácias) transportam e distribuem o oxigênio dos pulmões aos demais órgãos, tecidos e às células. O gás carbônico é recolhido e transportado aos pulmões pelas hemácias e principalmente pelo plasma, a parte líquida do sangue.

Os alvéolos pulmonares e as trocas gasosas

O fato de os alvéolos pulmonares e a rede de capilares sanguíneos que os envolvem terem paredes extremamente finas, formadas por uma só camada de células muito achatadas, favo-

Fique por dentro!

Internamente, os alvéolos são revestidos por uma fina película de água, cujas moléculas também se difundem livremente dos capilares para os alvéolos. Sem a água, as trocas gasosas seriam impossíveis; o oxigênio do ar inalado só se difunde para o sangue após dissolver-se nessa película líquida. Por isso, quando a umidade do ar diminui muito, podem surgir complicações respiratórias.

Descubra você mesmo!

Pesquise quais são os níveis mínimos de umidade do ar toleráveis para uma respiração satisfatória e que medidas podemos adotar para diminuir o problema da baixa umidade relativa do ar em nossas residências.

rece as trocas gasosas, permitindo que o oxigênio do ar inspirado penetre rapidamente no sangue e que o gás carbônico passe dos capilares para os alvéolos e seja eliminado pela expiração. A troca desses gases entre cavidades alveolares e os capilares ocorre por um processo chamado **difusão**.

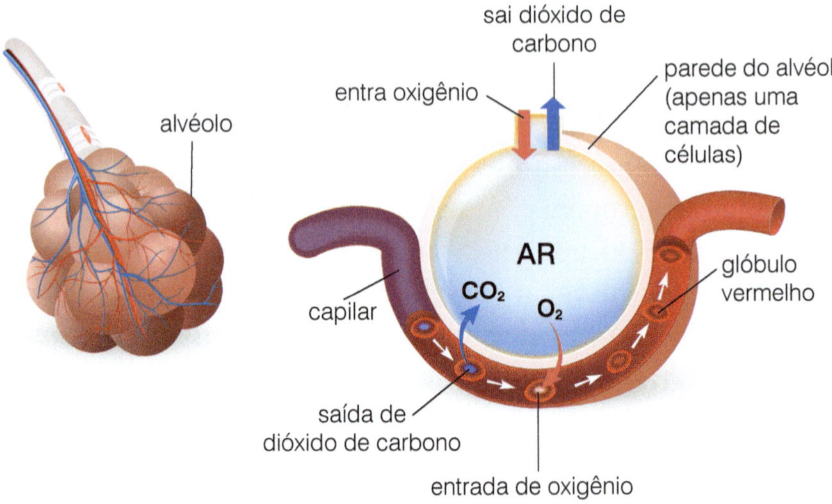

DESIGNUA/SHUTTERSTOCK

Inspirar, expirar...

Inspiração: o caminho do ar até os pulmões

O ar entra e sai dos pulmões graças aos movimentos de contração e relaxamento do músculo **diafragma** e dos **músculos intercostais** (músculos que mantêm as costelas unidas).

O diafragma é um músculo achatado que separa a cavidade torácica da cavidade abdominal e que apresenta forma abaulada (em arco). Quando esse músculo se contrai, sua curvatura diminui e ele assume uma posição mais baixa em relação à original. Com isso, a caixa torácica expande-se, isto é, tem seu volume aumentado. A contração dos músculos intercostais força as costelas para cima e para frente, contribuindo também para o aumento de volume da caixa torácica. Com o aumento do volume da caixa torácica, ocorre uma diminuição da pressão interna nessa cavidade em relação à pressão atmosférica, que age sobre o nosso corpo. Logo, a pressão atmosférica força a entrada de ar para dentro dos pulmões.

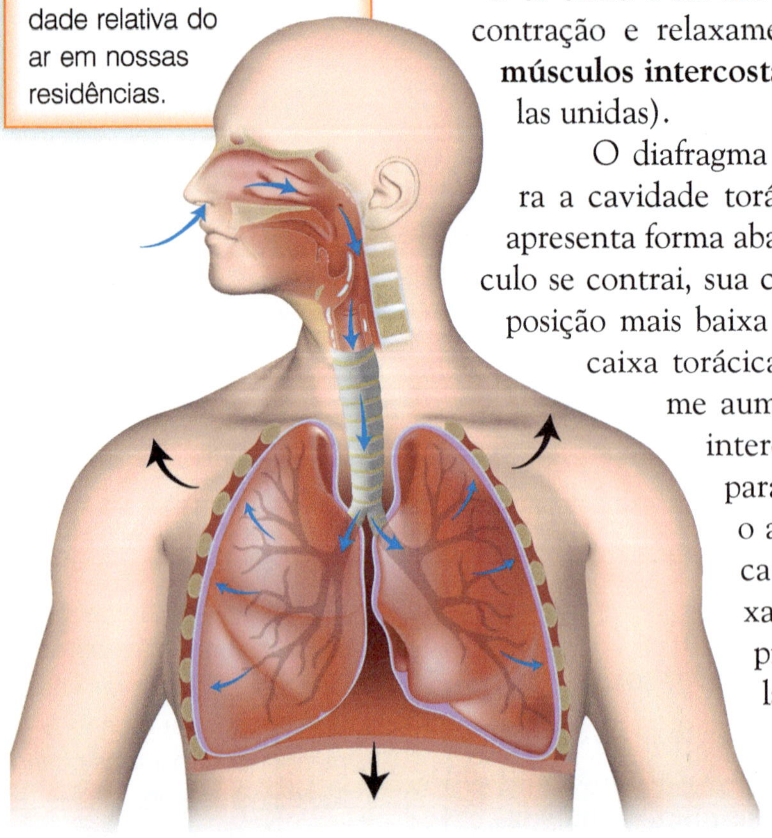

Expiração: o caminho do ar para fora dos pulmões

Na expiração, o diafragma e os músculos intercostais relaxam, retornando à posição original. Quando isso acontece, o volume da caixa torácica diminui, provocando o consequente aumento da pressão sobre os pulmões e sobre o ar neles contido. Assim, o ar dos pulmões é forçado a sair para o meio externo.

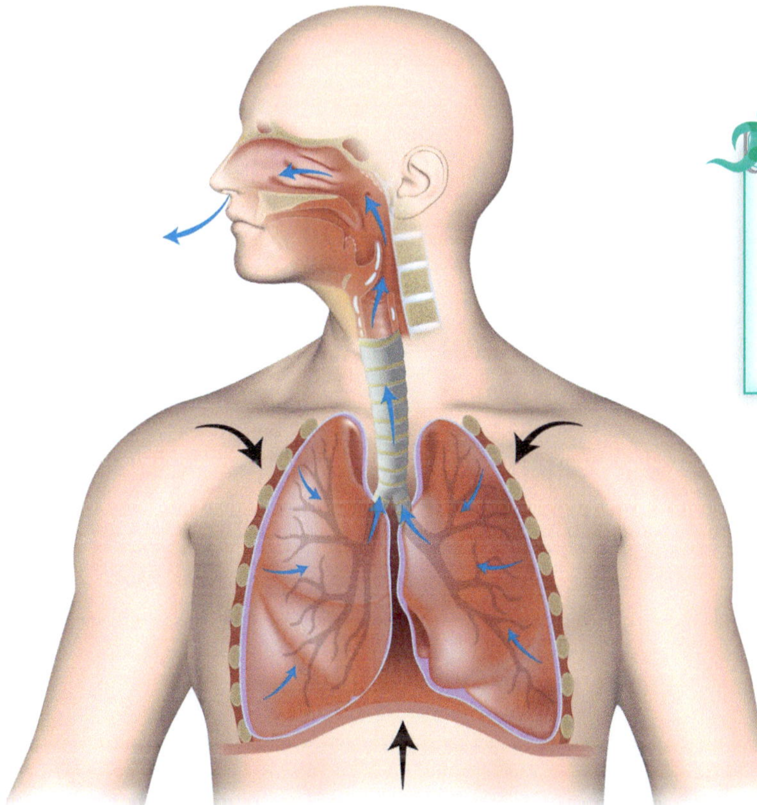

ALILA MEDICAL MEDIA/SHUTTERSTOCK

Jogo rápido

Qual é o comportamento do diafragma e dos músculos intercostais na inspiração e na expiração, respectivamente?

É SEMPRE BOM SABER MAIS!

Os números da respiração

- Em torno de meio litro de ar é renovado, isto é, passa para dentro e para fora dos pulmões em cada movimento respiratório. Como a frequência respiratória normal de um adulto é de aproximadamente 12 inspirações por minuto, cada indivíduo usa em torno de 6 litros de ar por minuto para respirar (12 × 0,5 L = 6 L).
- O ar atmosférico é formado por uma mistura de gases, da qual fazem parte o gás nitrogênio (78%), o gás oxigênio (21%) e outros gases (1%), entre eles o gás carbônico (0,03%) e vapor-d'água. Essa é, portanto, a composição do ar inspirado.
- No ar expirado, depois da ocorrência da troca de gases, há uma mudança na taxa de oxigênio e gás carbônico. Assim, a taxa de oxigênio diminui para aproximadamente 16%, ao passo que a taxa de gás carbônico sobe para algo em torno de 4%. A taxa de nitrogênio não se altera, pois este é um gás inerte, isto é, não é utilizado na respiração.

	Ar inspirado	Ar expirado
Oxigênio	21%	16%
Gás carbônico	0,03%	4%
Nitrogênio	78%	78%
Vapor-d'água	variável	alta
Temperatura	variável	alta

Você pensa para respirar?

É claro que não precisamos pensar ou nos lembrar de respirar, pois o ritmo e a profundidade da respiração são controlados involuntariamente, ou seja, não dependem da nossa vontade. O mesmo fato ocorre com os batimentos cardíacos, que também são controlados automaticamente, de maneira involuntária.

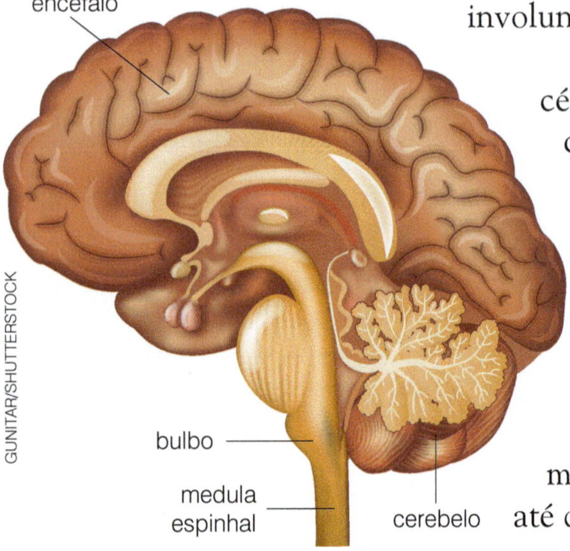

Quem controla a respiração é um órgão do encéfalo (parte do sistema nervoso alojada no crânio) chamado **bulbo**, que é sensível à quantidade de gás carbônico no sangue, mas não à falta de oxigênio. Caso a concentração de gás carbônico aumente no sangue, o bulbo, de maneira imediata e involuntária, acelera, por meio de impulsos nervosos, a contração do diafragma e dos músculos intercostais. Dessa forma, os movimentos respiratórios se tornam mais rápidos, permitindo que mais gás carbônico possa ser eliminado do sangue, até que a sua concentração volte ao normal.

É SEMPRE BOM SABER MAIS!

Um, dois, três espirros... Saúde!

Espirrar é uma boa forma de manter limpas as vias respiratórias. Ao espirrar, o ar é forçado a sair rapidamente das cavidades bucal e nasal. O espirro começa com uma irritação no nariz, seguida por uma série de impulsos nervosos que provocam uma expiração forçada.

A tosse também é uma forma de manter limpas as vias respiratórias e começa com uma irritação na superfície da traqueia e dos brônquios que, por meio de impulsos nervosos, provoca uma forte contração dos músculos da respiração, criando uma alta pressão sobre os pulmões.

Respiração e altitude

O ar tende a se concentrar nas camadas mais baixas da atmosfera porque as moléculas dos gases que o compõem são atraídas pela força gravitacional terrestre exercendo pressão sobre todos os corpos que se encontram na superfície da Terra ou próximos a ela. Ao nível do mar (0 m de altitude) a pressão atmosférica é maior do que em locais mais elevados e costuma-se atribuir a ela o valor de uma atmosfera (1 atm).

À medida que subimos em relação ao nível do mar, a pressão atmosférica gradualmente diminui (a concentração dos gases diminui; o ar torna-se *rarefeito*). Portanto, a disponibilidade do oxigênio também diminui.

Rarefeito: de rarefazer – tornar-se menos denso ou menos espesso. Em locais de grande altitude, diminuição da concentração dos gases componentes do ar.

A uma altitude de 3.600 m, como, por exemplo, na cidade de La Paz, na Bolívia, os seres humanos não acostumados (aclimatados) às grandes altitudes sentem uma diminuição do desempenho físico; a cerca de 5.000 m, a maioria perderá a consciência e a 6.000 m, mal conseguirão sobreviver por causa da falta de oxigênio.

Um indivíduo que se exponha a grandes altitudes pode adaptar-se à deficiência de oxigênio por meio do processo de aclimatação. Uma resposta do organismo favorável a essa adaptação é o aumento do número de glóbulos vermelhos. A deficiência de oxigênio é o estímulo que provoca a produção mais rápida de hemácias pela medula óssea. Assim, embora cada glóbulo transporte menos oxigênio, em conjunto conseguem suprir a deficiência. A aclimatação é sempre muito lenta e pode levar semanas ou meses para que uma pessoa se ajuste às altitudes elevadas.

Jogo rápido

Um avião de passageiros pode voar a uma altitude de 9.000 m ou mais. Antes da decolagem, os comissários de bordo dão orientações e demonstrações de como proceder em situações de emergência. Uma delas refere-se à despressurização no interior da aeronave: "em caso de despressurização, máscaras de oxigênio cairão automaticamente à sua frente...". Sabendo que o ar no interior da cabine dos aviões de passageiros é mantido sob uma pressão igual à pressão atmosférica na altitude de 1.500 m, qual é a necessidade do uso das máscaras de oxigênio caso ocorra despressurização da aeronave em grandes altitudes?

ZZVET/SHUTTERSTOCK

O monte Everest, no Himalaia, tem 8.848 m de altitude, a mais elevada montanha onde seres humanos *aclimatados* conseguem sobreviver durante poucas horas, respirando ar. Se respirarem oxigênio puro, a mais elevada altitude possível chega a 13.000 m.

EM CONJUNTO COM A TURMA!

Discuta com seus colegas porque convém aos esportistas não habituados a grandes altitudes, permanecerem por certo tempo nesses locais antes das competições.

ESTABELECENDO CONEXÕES

Esporte

Respiração e mergulhos

Se um mergulhador usar cilindros de ar comprimido para mergulhos de 10 m ou mais de profundidade, esse ar deverá estar na mesma pressão da massa líquida da água que o envolve e comprime o seu corpo. Por exemplo, na profundidade de 10 m, a pressão sobre o corpo é de 2 atmosferas, isto é, o dobro da pressão atmosférica ao nível do mar. Sendo assim, o tórax do mergulhador estaria tão comprimido que ele não seria capaz de contrair a musculatura (diafragma e músculos intercostais) e produzir um movimento de inspiração. Usando os cilindros, é a pressão do ar neles contidos que força a entrada de ar nos pulmões provocando a expansão da caixa torácica. A alta pressão nesses tubos faz com que uma quantidade maior de gases dissolva-se no sangue. De modo semelhante, gás carbônico sob alta pressão se dissolve nos refrigerantes e só se desprende como gás quando, ao abrir a garrafa ou a latinha, a pressão interna diminui.

Ao voltar das profundezas, o mergulhador deverá livrar-se vagarosamente desse excesso de gás em seu sangue, caso contrário bolhas gasosas formam-se no sangue e em outros tecidos: o mergulhador deverá promover a "descompressão" bem devagar, parando durante certo tempo em profundidades determinadas. Para esse fim, existem tabelas que relacionam a profundidade e o tempo de permanência em cada etapa, e o mergulhador deve estar preparado para saber em que profundidade se encontra e o tempo de parada.

RICH CAREY/SHUTTERSTOCK

Doenças que afetam o sistema respiratório

Resfriado e gripe

O resfriado é causado por um vírus e atinge principalmente as vias aéreas superiores (nariz e faringe), podendo manifestar febre baixa.

A gripe também é uma infecção viral, acompanhada por dores no corpo e febre alta.

Antibióticos não surtem efeitos no combate aos vírus. Porém, a infecção viral do sistema respiratório pode abrir caminho para uma infecção oportunista grave (pneumonia) causada por bactérias, que deve ser combatida com antibióticos.

As vacinas para a gripe são fabricadas anualmente a partir das muitas variedades de vírus conhecidos que causam essa doença. Porém, sempre surgem novas variedades de vírus da gripe e é por isso que, anualmente, surgem novas vacinas para serem administradas à população.

Pneumonia

A pneumonia é uma infecção nos pulmões causada por bactérias do tipo pneumococo. A infecção provoca uma inflamação dos alvéolos, promovendo acúmulo de líquido no seu interior, dificultando a passagem do oxigênio para os capilares sanguíneos. Trata-se de uma doença muito importante que, dependendo da fragilidade do doente, pode ser fatal. O tratamento inclui antibióticos.

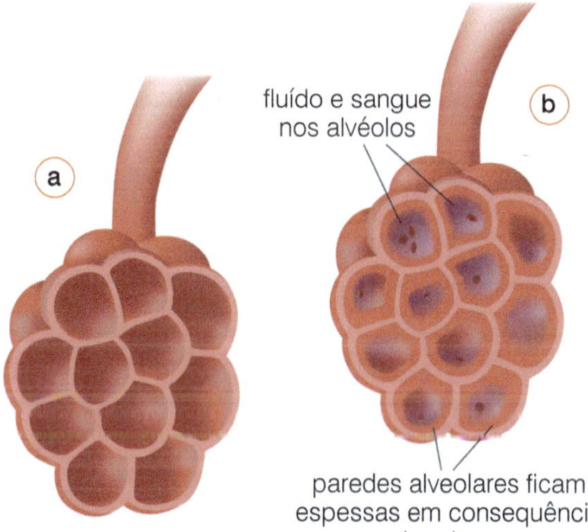

Em (a), alvéolos normais e em (b) de pessoa com pneumonia, situação em que as paredes ficam inchadas e o interior dos alvéolos contém fluido e sangue.

Tuberculose

A tuberculose é uma doença infecciosa que vem afligindo o homem desde os tempos antigos e que continua presente nos dias de hoje. A bactéria *Mycobacterium tuberculosis* ("bacilo de Koch") é a causadora da doença e foi descrita em 1882 pelo Dr. Robert Koch, que recebeu o Prêmio Nobel de Medicina em 1905 por sua descoberta.

A tuberculose é transmitida ao tossir, espirrar ou falar, por meio da dispersão de gotículas de saliva ou de secreção que contenham as bactérias.

A doença afeta principalmente os pulmões, pois as bactérias atingem os alvéolos pulmonares, prejudicando a troca de gases. Ela pode se espalhar chegando à parte superior dos pulmões e, algumas vezes, até rins, cérebro e ossos. Os sintomas mais comuns são tosse contínua, muita febre, suores noturnos, perda de apetite, emagrecimento e um cansaço progressivo.

O tratamento da doença é feito com antibióticos que combatem a bactéria. Infelizmente a tuberculose tem se agravado no mundo todo por várias causas: resistência dos bacilos às drogas, aumento de populações com índices elevados de pobreza, baixa imunidade provocada pela idade avançada ou por indivíduos imunodeprimidos por outros agentes infecciosos.

Fique por dentro!

A tuberculose é uma doença de notificação obrigatória, ou seja, as autoridades que cuidam da saúde pública precisam ser avisadas de qualquer caso confirmado da doença. A vacina BCG é empregada na prevenção da tuberculose.

Enfisema pulmonar

É uma doença gravíssima, em que os alvéolos pulmonares são destruídos, levando a uma diminuição da área total responsável pela troca de gases. Por isso, a quantidade de oxigênio que passa para os capilares sanguíneos torna-se insuficiente, acarretando a sensação de "falta de ar".

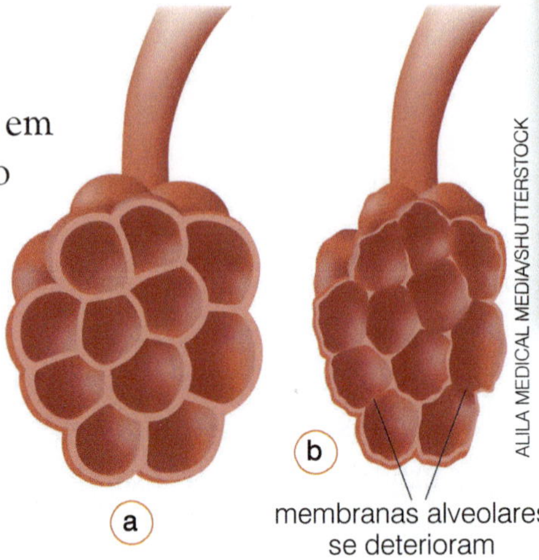

Observe que nos alvéolos saudáveis (a) as membranas estão íntegras e nos de enfisema pulmonar (b) as membranas estão rompidas.

O principal causador do enfisema pulmonar é o ato de fumar.

ESTABELECENDO CONEXÕES

Saúde

O efeito do fumo na saúde humana

Na fumaça do cigarro já foram encontradas 4.720 substâncias tóxicas, sendo 60 delas cancerígenas. Entre todas, a nicotina é a mais famosa; entretanto, outras substâncias já foram muito bem estudadas, como o monóxido de carbono e o alcatrão, e cada uma delas tem um efeito negativo sobre nossa saúde.

Veja, por exemplo, o efeito do monóxido de carbono (CO) sobre a hemoglobina, pigmento vermelho do sangue que tem maior afinidade pelo monóxido de carbono (CO) do que pelo oxigênio. O CO produzido pelas combustões em geral e, portanto, pela queima do tabaco, combina-se com a hemoglobina. Desse modo, o pigmento torna-se incapaz de transportar oxigênio, o que pode levar à falta de oxigênio em alguns órgãos.

Já o alcatrão, formado por mais de 4.000 substâncias, possui cerca de 60 delas potencialmente cancerígenas. Ao fumar, parte do alcatrão fica retida no filtro do cigarro, mas outra parte significativa vai para o pulmão do fumante.

A seguir, algumas doenças causadas pelo fumo, além do enfisema pulmonar já citado.

- **Câncer:** o fumo é um dos responsáveis pelo aparecimento do câncer de boca, faringe, laringe, esôfago, pâncreas, rim, bexiga, colo do útero e, principalmente, dos pulmões. O hábito de fumar é responsável por 30% das mortes por câncer e 90% das mortes por câncer pulmonar.
- **Derrame cerebral** (A.V.C., **a**cidente **v**ascular **c**erebral)**:** a hipertensão (pressão arterial elevada) é doença grave que afeta uma entre cada cinco pessoas, em algum momento da vida. O indivíduo fumante agrava ainda mais o quadro de hipertensão, facilitando a ruptura dos capilares sanguíneos do cérebro, causando o derrame cerebral, cujas consequências envolvem paralisias, dificuldades com a fala e a coordenação motora.
- **Falta de ar:** 85% dos casos de enfisema pulmonar são devidos ao cigarro. Além disso, o fumo favorece a bronquite (inflamação dos brônquios), que pode causar obstrução da passagem do ar, aumentado a sensação de falta de ar.

CHONES/SHUTTERSTOCK

- **Aborto:** a nicotina é uma substância vasoconstritora, isto é, que faz com que os vasos sanguíneos se contraiam, diminuindo o espaço para a passagem do sangue. Caso ocorra isso com os vasos sanguíneos do cordão umbilical e da placenta, o bebê receberá menos nutrientes e oxigênio. A criança pode nascer com peso abaixo do normal e tem 64,8% mais riscos de morte após o nascimento, quando comparados aos bebês das mães que não fumaram durante a gravidez. Mulheres que fumam 20 cigarros por dia têm 61% mais probabilidade de sofrer um aborto quando comparadas com as não-fumantes.
- **Problemas nos olhos, olfato, dentes:** o fumo prejudica a visão, pois distorce o ponto focal da visão; irrita a mucosa nasal e modifica a função olfativa, além de provocar enfermidades nas gengivas chegando a causar a perda de dentes.

DE OLHO NO PLANETA

Meio Ambiente

Poluição atmosférica e saúde humana

A poluição atmosférica pode ser definida como qualquer condição atmosférica na qual uma ou mais substâncias se apresentem em concentrações suficientemente acima dos níveis normais encontrados no ambiente, e que podem produzir algum efeito mensurável em humanos, animais, vegetais ou materiais.

As fontes de poluição atmosférica podem ser divididas em dois tipos: as originadas pelas atividades humanas e as naturais. As fontes naturais são aquelas advindas da própria natureza, tais como erupções vulcânicas; poeira; oceanos; queimadas de florestas e atividades de plantas e animais. As fontes advindas de atividades humanas são decorrentes da queima de combustíveis fósseis, de processos industriais em geral, agricultura etc.

Os principais poluentes atmosféricos são **monóxido de carbono**, **óxidos de enxofre** (produzidos pela queima de combustíveis que tenham enxofre em sua composição), **óxidos de nitrogênio** (gerados em processos de combustão e de descargas elétricas na atmosfera), **compostos orgânicos voláteis** (poluentes que contêm carbono e resultam da queima incompleta de combustíveis e têm um grande impacto sobre a saúde humana em função da sua alta toxicidade e efeito cancerígeno), **material particulado** (consiste de partículas sólidas e líquidas em suspensão na atmosfera, como poeira, fuligem da queima de óleo, polens, esporos), entre outros.

A exposição humana, em especial de crianças e idosos, a poluentes atmosféricos pode provocar impactos à saúde de acordo com a forma de exposição (aguda ou crônica), podendo gerar o agravamento de doenças pré-existentes e/ou o aumento do número de casos de doenças respiratórias, oculares e cardiovasculares. De forma geral, os efeitos da poluição na saúde humana podem ser divididos em:

- **problemas de curto prazo (nos dias de alta concentração de poluentes):** irritação nas mucosas do nariz e dos olhos; irritação na garganta (com presença de ardor e desconforto); problemas respiratórios com agravamento de enfisema pulmonar e bronquite;
- **problemas de médio e longo prazo (15 a 30 anos vivendo em locais com muita poluição):** desenvolvimento de problemas pulmonares e cardiovasculares; cardiopatias (doenças do coração); diminuição da qualidade de vida; diminuição da expectativa de

vida (em até dois anos); aumento das chances de desenvolver câncer, principalmente de pulmão.

A população deve sempre procurar o médico para o diagnóstico adequado da sua situação clínica, geralmente um pneumologista, e fazer o tratamento de forma adequada, pois a aderência ao tratamento é fundamental para o sucesso.

Considerando que a concentração de partículas é maior nos horários de pico de congestionamento (geralmente entre as 7h às 9h e das 17h às 20h) e que a concentração de ozônio é maior das 12h às 16h, as recomendações gerais para prevenir ou combater os efeitos da poluição atmosférica são:

1. usar soro fisiológico no nariz;
2. beber água com frequência;
3. fechar as janelas nos horários de pico de congestionamento para evitar inalar a fumaça que sai dos escapamentos dos veículos;
4. praticar exercícios físicos com regularidade, evitando escolher locais próximos às grandes avenidas também em razão da fumaça dos escapamentos, e evitando também os horários entre 12h e 16h;
5. usar umidificadores nos ambientes e recorrer à inalação de soro fisiológico, quando necessário.

Adaptado de: <http://portalms.saude.gov.br/vigilancia-em-saude/vigilancia-ambiental/vigiar/perguntas-e-respostas>. *Acesso em:* 20 maio 2019..

ENTRANDO EM AÇÃO

Modelo para os movimentos respiratórios

Nesta atividade, você vai construir um modelo para reproduzir o que acontece durante os movimentos respiratórios humanos.

Materiais

- uma garrafa plástica de refrigerante de 2,5 L (vazia)
- duas bexigas pequenas de borracha fina
- uma bexiga média de borracha grossa
- tubo de vidro ou de plástico em Y
- uma rolha de borracha que se adapte ao gargalo da garrafa e que contenha um furo pelo qual passe o tubo em Y
- fita adesiva de boa qualidade
- fio dental

Como proceder

- Corte a base da garrafa de refrigerante e monte o conjunto, conforme mostrado no desenho ao lado.
- Amarre bem as bexigas finas com o fio dental nos dois ramos do tubo em Y.
- Introduza o tubo em Y pela abertura maior da garrafa cortada e prenda a rolha no gargalo. Prenda bem a rolha contendo o tubo em Y.
- Corte a bexiga grossa e feche com ela a abertura inferior da garrafa cortada. Prenda bem com a fita adesiva.

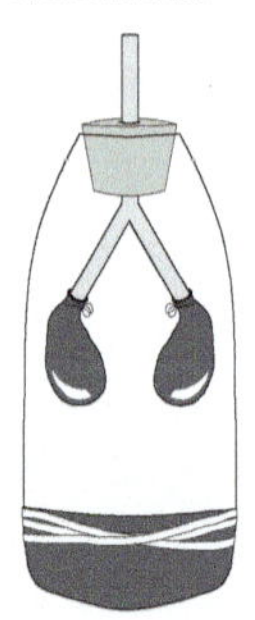

Depois de preparada a montagem, responda às questões a seguir.

1. Puxe, com uma das mãos, a bexiga grossa. O que acontece com as bexigas internas?
2. Empurre, com uma das mãos, a bexiga grossa para o interior da garrafa. O que acontece com as bexigas internas?
3. Faça a correspondência entre os componentes do modelo e o seu sistema respiratório.
4. Explique, com o modelo, o mecanismo da inspiração.
5. Explique, com o modelo, o mecanismo da expiração.

Nosso desafio

Para preencher os quadrinhos de 1 a 9, você deve utilizar as seguintes palavras: brônquios, caixa torácica, células, diafragma, energia, laringe, pulmões, respiração celular, trocas gasosas.

À medida que você preencher os quadrinhos, risque a palavra que escolheu para não usá-la novamente.

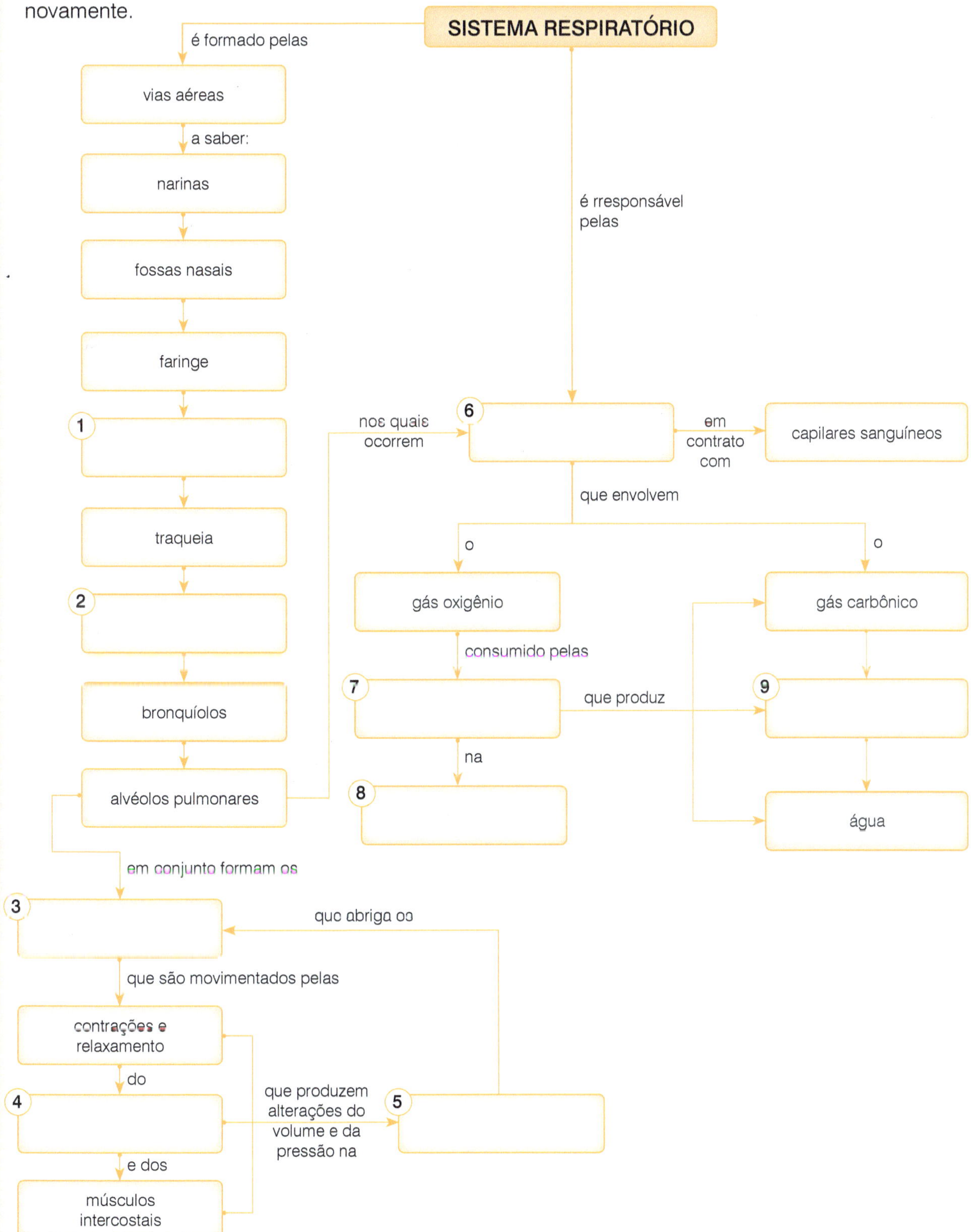

Atividades

1. **[6, 10]** Descreva o caminho que o oxigênio presente no ar percorre até chegar a uma célula do nosso corpo.

2. **[6, 7, 10]** É possível ocorrer no homem respiração celular sem que ocorra respiração pulmonar? Justifique a resposta.

3. **[5, 6, 10]** No quadro ao lado, substitua os algarismos pelas seguintes expressões: aumenta de volume; diminui de volume; contrai-se (abaixa); relaxa (eleva-se), de modo a estabelecer a relação entre o comportamento da caixa torácica e do diafragma durante a inspiração e expiração.

	Diafragma	Caixa torácica
Inspiração	1	2
Expiração	3	4

4. **[1, 6, 7, 10]** Em determinadas situações, os músculos que atuam na inspiração e na expiração podem ser movimentados voluntariamente, isto é, de acordo com a nossa vontade. Apesar disso o controle desses movimentos é normalmente involuntário, isto é, não depende da nossa vontade. Como se explica esse fato?

Leia com atenção o texto abaixo, acompanhado das ilustrações, e responda às questões **5** a **8**.

Na ilustração a seguir, note que em (a) existem dois garrafões transparentes de fundo móvel (borracha). Note ainda que dentro de cada garrafão existe um balão ligado a um tubo que perfura uma rolha que se comunica com o meio exterior. Finalmente, saiba que ao mover para baixo a borracha (b), os balões inflam; ao soltar a borracha, os balões retornam a sua posição normal e se esvaziam (c).

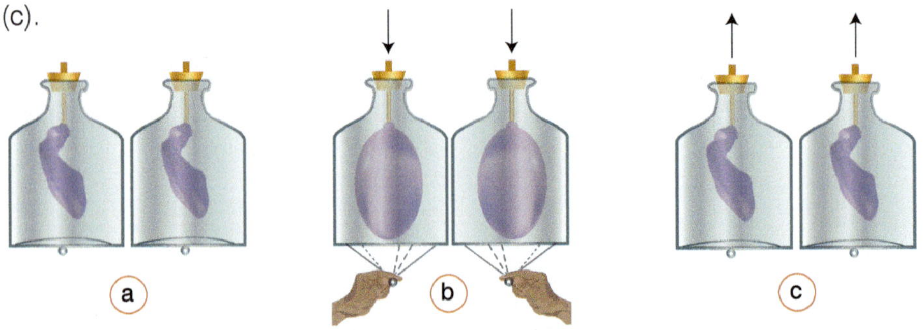

---

5. **[5, 6, 7, 10]** É correto dizer que as ilustrações mostradas no enunciado simulam os órgãos que compõem o sistema respiratório? Justifique a resposta.

6. **[1, 5, 6, 7, 10]** Qual é a relação entre o inflamento e o esvaziamento dos balões com a pressão no interior da garrafa e a pressão atmosférica?

7. **[5, 6, 7, 10]** Qual é a relação da atividade do diafragma, auxiliado pelos músculos intercostais, com a inspiração e a expiração?

8. **[5, 6, 7, 10]** É correto afirmar que a expiração é passiva, ao contrário da inspiração, que é ativa? Justifique a resposta.

9. **[6, 7, 9, 10]** Ao nível do mar, o ar exerce sobre o organismo uma pressão equivalente a 1 quilograma por centímetro quadrado. Essa pressão é suficiente para elevar uma coluna de mercúrio a 760 mm. Analise as três frases com atenção e indique qual(is) está(ão) correta(s). Justifique sua resposta.

   a) É correto afirmar que a altura alcançada pelo mercúrio se deve exclusivamente ao oxigênio presente no ar?

   b) É correto afirmar que o oxigênio é o gás responsável pela maior parte da pressão atmosférica?

c) É correto afirmar que praticamente a pressão atmosférica total deve-se à soma da pressão parcial de oxigênio e de nitrogênio?

10. [1, 6, 7, 9, 10] Os pulmões são dois órgãos esponjosos medindo em torno de 25 centímetros, localizados dentro da caixa torácica. Como se explica que os pulmões apresentam uma superfície respiratória de cerca de 70 metros quadrados?

11. [6, 7, 9, 10] A hemoglobina é uma molécula do glóbulo vermelho que capta por difusão o oxigênio presente nos alvéolos pulmonares e o transporta para todas as células do organismo. Nos alvéolos, a pressão que o oxigênio exerce é de 100 mm de mercúrio. Essa pressão é suficiente para a combinação do oxigênio com a hemoglobina, saturando-a (cada hemoglobina combina-se com 4 moléculas de oxigênio). À medida que o glóbulo vermelho se desloca pela corrente sanguínea do organismo, a pressão do oxigênio cai para 40 mm de mercúrio.

a) Essa queda da pressão do oxigênio ao longo da corrente sanguínea é favorável às células do organismo? Justifique sua resposta.

b) É correto afirmar que o destino final do oxigênio na célula é o ribossomo, organela responsável pela liberação da energia dos carboidratos? Justifique sua resposta.

Leia com atenção o enunciado e responda às questões **12** a **16**.

As condições que determinam a velocidade da passagem por difusão do oxigênio do alvéolo pulmonar para o sangue são as seguintes:

a) quanto maior a diferença de pressão entre o gás nos alvéolos e no sangue, maior será a velocidade do fluxo do oxigênio para o sangue. Caso a pressão do oxigênio seja de 100 mm de mercúrio nos alvéolos, enquanto no sangue é de 98 mm de mercúrio, a velocidade de deslocamento do oxigênio será muito pequena. No entanto, se a pressão for de 100 mm de mercúrio nos alvéolos e 10 mm de mercúrio no sangue, a velocidade de difusão será muito maior;

b) quanto maior a superfície da área pulmonar (alvéolos pulmonares), maior a quantidade de gás que poderá se difundir em determinado intervalo de tempo;

c) quanto mais delgada for a membrana dos alvéolos pulmonares, maior será a velocidade da passagem do oxigênio para os vasos sanguíneos.

12. [1, 6, 7, 9, 10] É correto afirmar que a grande altitude, 3.500 metros, por exemplo, há uma maior dificuldade da passagem do oxigênio dos alvéolos para o sangue devido ao item (a) do enunciado? Justifique sua resposta.

13. [1, 6, 7, 9, 10] Ainda em relação ao item (a) do enunciado, por que a altitudes de 5.500 metros o *indivíduo não aclimatado* pode começar a ter abalos musculares e convulsões, e a 7.000 metros o indivíduo entra em estado de coma, podendo vir a falecer?

14. [1, 6, 7, 9, 10] Aclimatação é um processo em que o organismo se ajusta a ambiente cujas condições físicas não está acostumado. Como é feita a aclimatação quando o indivíduo sai do nível do mar e vai para um local a 3.600 metros de altitude?

15. [1, 6, 7, 9, 10, 14, 18] Qual é a relação do quadro clínico de enfisema pulmonar com o item (b) do enunciado?

16. [1, 6, 7, 9, 10, 14, 18] Sabendo-se que pneumonia é uma doença causada por bactérias, que provoca uma inflamação nos alvéolos pulmonares, com líquidos corporais e glóbulos vermelhos enchendo os alvéolos, é possível associá-la com o item (c) do enunciado? Justifique sua resposta.

17. [5, 6, 7, 9, 10] A tabela a seguir mostra a variação do conteúdo gasoso no ar inspirado e expirado:

	Ar inspirado	Ar expirado
Oxigênio	21%	16%
Gás carbônico	0,03	4,0%
Nitrogênio	78%	78%

A partir dos dados da tabela, responda por que houve variação na taxa de oxigênio e gás carbônico e não na do nitrogênio?

18. [6, 10] Coloque as afirmações seguintes em uma ordem lógica para explicar a inspiração.

A – o ar entra nos pulmões

B – a pressão dentro da caixa torácica diminui

C – o volume da caixa torácica aumenta

D – o diafragma e os músculos intercostais contraem-se

19. [5, 6, 10] O esquema abaixo representa um alvéolo pulmonar e um capilar sanguíneo em corte, muito ampliados e serve para explicar a troca de gases que ocorre entre ambos durante a respiração pulmonar. Analise cuidadosamente a figura e substitua os números nela indicados pelos nomes ou termos seguintes:

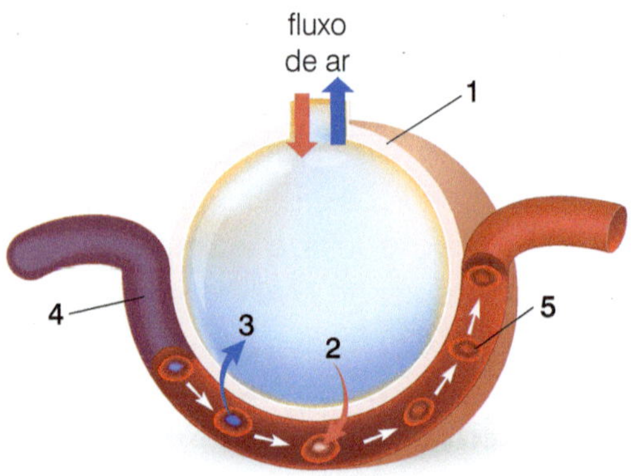

– gás oxigênio (O_2);

– gás carbônico (CO_2);

– parede alveolar;

– capilar sanguíneo;

– glóbulos vermelhos (hemácias).

20. [1, 6, 7, 9, 10, 15, 18] No Brasil, em torno de 18 milhões de pessoas são fumantes, 7,0 milhões de homens e 11 milhões de mulheres. A taxa de mortes causadas pelo consumo de cigarro gira em torno de 290.000 anualmente, provocadas por doenças como enfarte e câncer, entre outras.

A composição química da fumaça do tabaco tem em torno de 7.000 substâncias químicas, entre as quais podemos destacar a *nicotina*, o *monóxido de carbono*, o *3,4-benzopireno*, o *alcatrão* e a *fuligem*.

Analise com cuidado o esquema abaixo, que mostra a ação fisiológica de alguns componentes da fumaça do cigarro em nosso organismo, e responda:

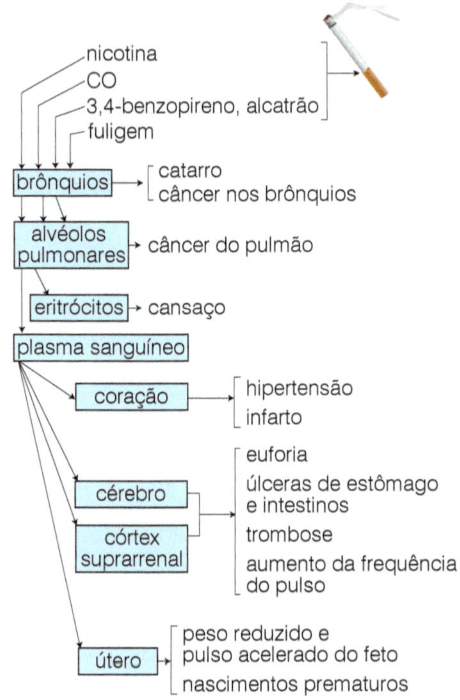

Fonte: FELLENBERG, G. *Introdução aos problemas de poluição ambiental*. São Paulo: EPU, 1980. p. 39.

a) Um dos componentes presentes na fumaça do cigarro age em determinado órgão do nosso corpo liberando substâncias químicas, as *aminas*, que são responsáveis pela dependência criada pelo consumo do tabaco. Explique o significado de "dependência" e aponte o componente químico que provoca dependência e o órgão onde ele atua. Justifique sua resposta.

b) Cite o nome de um componente da fumaça do cigarro que impede *diretamente* o indivíduo de alcançar grandes resultados atléticos. Justifique sua resposta.

c) O esquema cita o termo trombose na parte referente ao cérebro e ao córtex suprarrenal.

Qual é o significado desse termo?

SISTEMA CARDIOVASCULAR OU CIRCULATÓRIO

capítulo 6

Bate, bate, bate, coração...

O coração humano bate, em média, 70 vezes por minuto em situação de repouso. Em uma hora, são cerca de 4.200 batimentos. Em um dia, em torno de 100.000, e, em um ano, aproximadamente 36.000.000. Considerando que a expectativa média de vida de uma pessoa adulta seja de 70 anos, então o coração baterá cerca de 2.500.000.000 vezes durante toda a vida dessa pessoa! Isso sem levar em conta que, em algumas situações, o coração "acelera". Durante a realização de um exercício físico intenso, uma corrida, por exemplo, o coração chega a bater 160 ou 180 vezes por minuto! O mesmo pode acontecer quando uma pessoa fica nervosa. Ao acontecer isso com você, coloque a palma da mão no lado esquerdo do peito e perceba como o coração "dispara". O coração não tem fim de semana livre, não tem férias, muito menos aposentadoria. É um órgão que trabalha sem parar, incansavelmente, mesmo nas horas em que dormimos. É graças ao trabalho contínuo do coração que o sangue circula sem parar pelo nosso corpo. Então, esse trabalhador incansável merece um tratamento, no mínimo, "carinhoso". Adotar hábitos de vida saudáveis como, por exemplo, evitar a ingestão exagerada de alimentos gordurosos, fazer algum tipo de exercício físico regularmente e, sempre que necessário, consultar um médico, são atitudes que fazem bem ao coração e à saúde.

O coração é o órgão propulsor no sistema de transporte sanguíneo, objeto de estudo deste capítulo.

EVGENYRYCHKO/SHUTTERSTOCK

Um sistema de transporte

Em toda grande cidade, mercados e feiras abastecem as pessoas com alimentos transportados de diversas procedências para esses locais.

A água e o "gás de rua" para consumo domiciliar são conduzidos por tubulações especiais. Uma rede de transporte de esgotos chega às estações de tratamento. O lixo urbano é recolhido e depositado em aterros sanitários, lixões, ou é conduzido para reciclagem. O ir e vir da população ocorre nas ruas e avenidas, por onde também circulam diversos tipos de veículos, ou por meio dos transportes coletivos, representados pelo metrô, trens e linhas de ônibus.

Se pensarmos no organismo humano como uma grande cidade, veremos que há muita semelhança na maneira como ambos funcionam.

A água e os nutrientes orgânicos e inorgânicos são absorvidos e transportados às células a partir do intestino. O oxigênio utilizado pelas células na respiração aeróbia é proveniente dos pulmões e a eles é conduzido o gás carbônico residual, eliminado na expiração. Outro tipo de "lixo", os resíduos nitrogenados, como a ureia, produzidos pelo metabolismo celular, são levados aos rins e, daí, excretados pela urina.

E, para isso tudo ocorrer, é necessário um eficiente *sistema de transporte* representado pelo **sistema circulatório**, cujos principais participantes são, além do **coração**, bomba propulsora, as vias condutoras que são os **vasos sanguíneos** (artérias, veias e capilares) e, por fim, um líquido circulante, o **sangue** (tecido sanguíneo).

Lembre-se!

A maior parte do coração é constituída pelo músculo cardíaco ou **miocárdio**, um tecido formado por células (fibras) musculares estriadas cardíacas.

Coração humano: uma bomba dupla

O coração está localizado entre os dois pulmões, no interior da caixa torácica. Seu tamanho corresponde, aproximadamente, ao de uma mão fechada e pesa cerca de 250 gramas. Internamente, possui quatro cavidades: duas à direita – *átrio direito* e *ventrículo direito* – e duas à esquerda – *átrio esquerdo* e *ventrículo esquerdo*.

Esses dois lados independentes atuam como duas bombas que funcionam ao mesmo tempo.

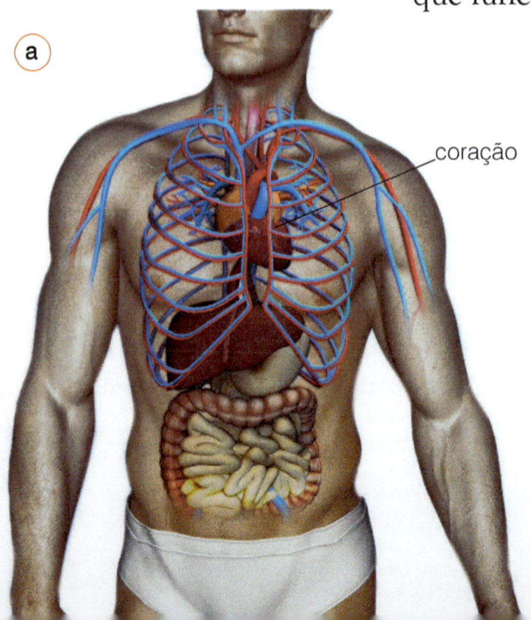

VITSTUDIO/SHUTTERSTOCK

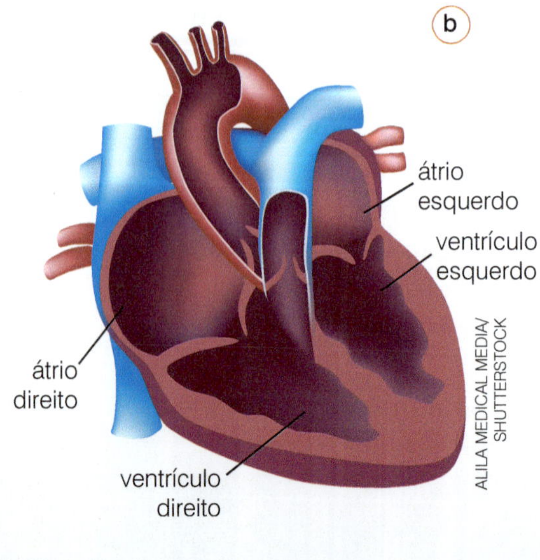

ALILA MEDICAL MEDIA/SHUTTERSTOCK

Observe (a) a localização do coração na caixa torácica e (b) suas quatro cavidades. (Cores-fantasia.)

Sangue entra, sangue sai

O lado direito do coração recebe sangue rico em gás carbônico, ou *sangue venoso*, proveniente dos tecidos do corpo. Esse sangue chega no átrio direito pelas *veias cavas* (superior e inferior) e, a seguir, atinge o ventrículo direito. A contração do ventrículo direito bombeia o sangue venoso para a *artéria pulmonar*, que se bifurca e o conduz aos pulmões. Nos pulmões ocorre a troca de gases: o gás carbônico é eliminado e o oxigênio penetra no sangue. Ao tornar-se rico em oxigênio, o sangue passa a ser chamado de *sangue arterial*.

O lado esquerdo do coração recebe dos pulmões o sangue arterial, por meio das *veias pulmonares* que desembocam no *átrio esquerdo*. A seguir, o sangue passa para o *ventrículo esquerdo*, que, ao se contrair, bombeia o sangue arterial para a *artéria aorta*, que o distribui para os tecidos do corpo.

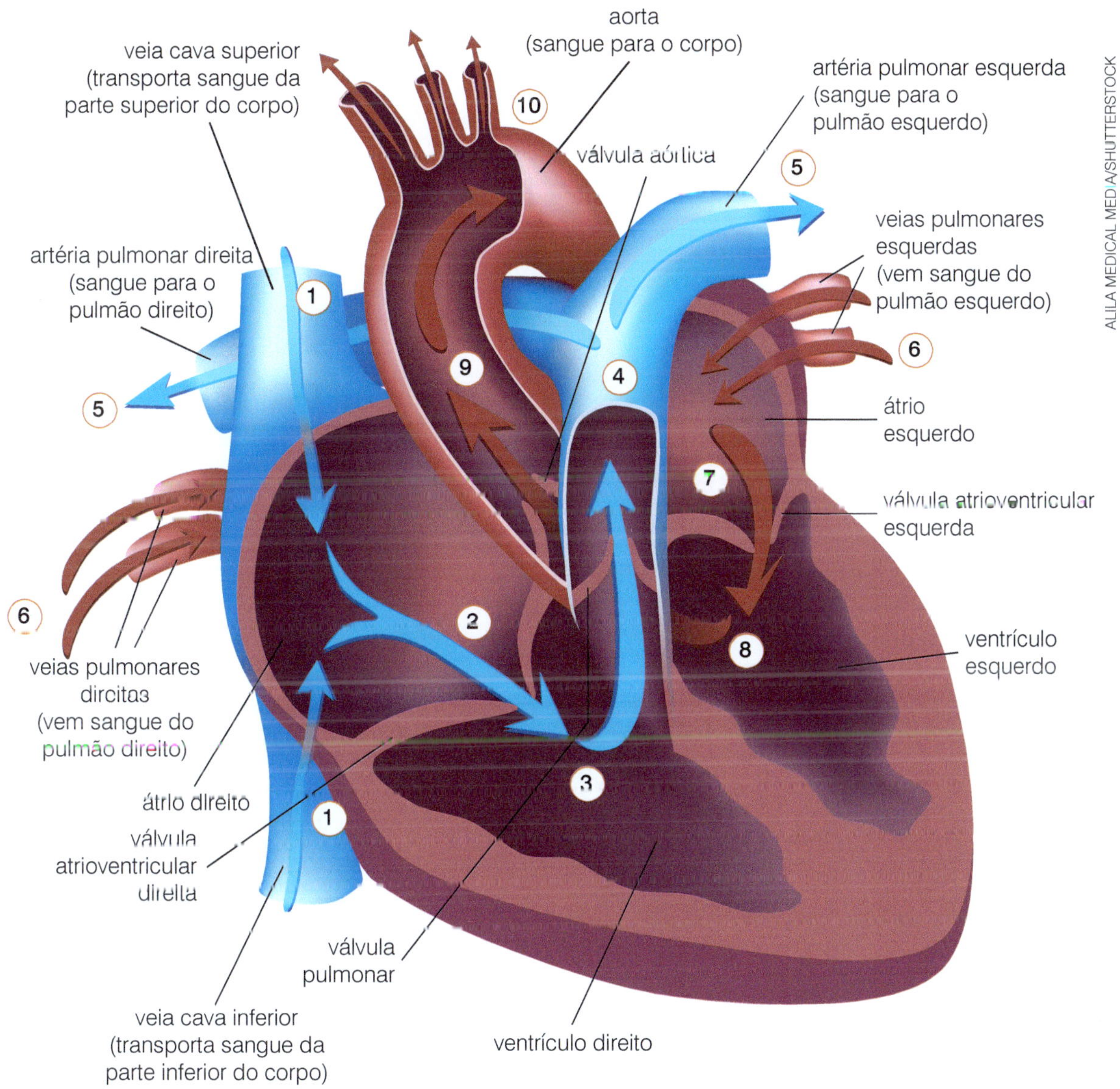

Coração humano. As setas indicam o caminho do sangue venoso (setas azuis) e arterial (setas vermelhas). Os números indicam a sequência do fluxo de sangue pelo coração e vasos acessórios. (Cores-fantasia.)

Lembre-se!

Os vasos que partem dos ventrículos são chamados **artérias**, independentemente do tipo de sangue (arterial ou venoso) transportado por elas. Da mesma forma, os vasos que chegam aos átrios são **veias**.

Veja o esquema de circulação mostrado a seguir. Note que o sangue venoso, representado artificialmente em azul, ocupa o lado direito do coração, enquanto o sangue arterial, representado artificialmente em vermelho, ocupa o lado esquerdo do coração.

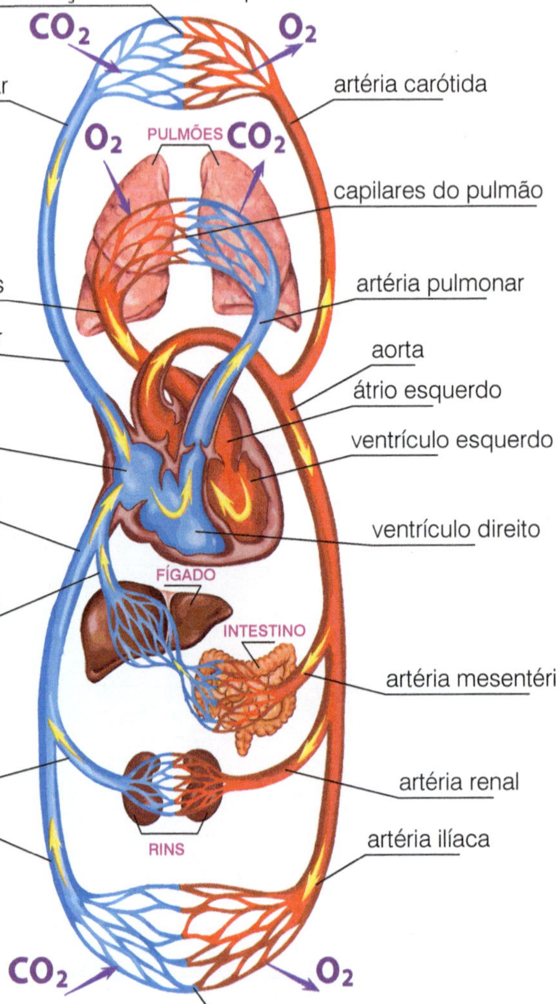

Esquema simplificado da circulação do sangue em seres humanos. (Cores-fantasia. Em azul, circulação de sangue venoso e em vermelho, arterial.)

Jogo rápido

A parede do ventrículo esquerdo comumente é mais espessa do que a parede do ventrículo direito. Qual seria uma possível explicação para essa diferença de espessura?

As "batidas" do coração: sístole e diástole

O período de relaxamento da musculatura cardíaca e enchimento dos átrios ou dos ventrículos é chamado **diástole**. O período em que ocorre a contração e o esvaziamento dos átrios e dos ventrículos é chamado **sístole**. Claro que a sístole dos ventrículos é mais forte do que a dos átrios. Contrações (sístoles) e relaxamentos (diástoles) alternam-se seguidamente. Esse admirável músculo cardíaco só "descansa" nos curtos períodos das diástoles.

As válvulas ou valvas cardíacas

Observe atentamente na figura do coração (página 123) que, separando os átrios dos ventrículos, existem **válvulas** ou **valvas** cuja função é permitir, quando *abertas*, a passagem do sangue dos átrios para os ventrículos e impedir, quando *fechadas*, o retorno do sangue dos ventrículos aos átrios.

Assim, durante a diástole atrial, o sangue venoso chega ao átrio direito, que se expande. Ao ocorrer a contração (sístole) da parede desse átrio, *abre-se* a válvula atrioventricular direita ou *tricúspide* (três projeções membranosas), permitindo a passagem do sangue para o ventrículo direito, que se encontra em diástole.

Ao mesmo tempo, o sangue arterial, ao chegar ao átrio esquerdo, provoca sua expansão. Quando a parede desse átrio se contrai, *abre-se* a válvula atrioventricular esquerda, *mitral* ou *bicúspide* (duas projeções membranosas), permitindo a passagem do sangue para o ventrículo esquerdo, que se dilata ao se encher de sangue.

A vez dos ventrículos

A contração do ventrículo direito tem duas consequências: provoca o *fechamento da válvula tricúspide*, impedindo o retorno do sangue para o átrio direito e, ao mesmo tempo, *direciona esse sangue para a artéria pulmonar*.

Ao sair do coração, a artéria pulmonar origina dois ramos, o direito e o esquerdo, cada qual indo para o pulmão correspondente. Simultaneamente, ocorre a contração do ventrículo esquerdo, também com duas consequências: provoca o *fechamento da válvula mitral*, impedindo o retorno do sangue para o átrio esquerdo e, ao mesmo tempo *encaminha esse sangue para a artéria aorta*, rumo aos órgãos e tecidos do corpo.

Nos pulmões			Nos tecidos		
sangue venoso (rico em gás carbônico)	transforma-se em →	sangue arterial (rico em oxigênio)	sangue arterial (rico em oxigênio)	transforma-se em →	sangue venoso (rico em gás carbônico)

É SEMPRE BOM SABER MAIS!

Outras válvulas no coração

Observe atentamente o esquema do coração (página 123) e localize, na saída dos ventrículos, outras válvulas, uma na base da artéria aorta e outra na base da artéria pulmonar. Elas se parecem com três meias luas e por isso são chamadas de *semilunares*. Sua função é impedir que o sangue bombeado pelos ventrículos retorne a essas cavidades quando os ventrículos relaxam, imediatamente após a contração.

Coronárias

Você poderia pensar que o coração, por fazer parte do sistema circulatório, retira oxigênio e nutrientes para as células a partir do sangue que circula em seu interior. Mas não é assim. Primeiramente, porque a musculatura da parede do coração é muito espessa e não permitiria uma difusão eficiente de oxigênio e nutrientes, já que a difusão é um processo lento. Em segundo lugar, o lado direito do coração trabalha com sangue venoso (pobre em oxigênio).

Descubra você mesmo!

Pesquise o que é e como é feito o chamado cateterismo. Você pode utilizar os livros da biblioteca de sua escola ou mesmo a internet para obter as informações básicas a respeito.

Assim, o coração, como qualquer órgão do nosso corpo, depende de irrigação própria. Essa irrigação é feita por meio de duas artérias, que se originam na artéria aorta e penetram nas paredes do miocárdio. São as artérias **coronárias**. Elas se ramificam por todo o músculo cardíaco suprindo as necessidades desse órgão. Depois de atravessar toda a rede de capilares que irriga o coração, o sangue é recolhido em veias e volta ao coração. Qualquer obstrução (placas de gordura, coágulos) dos vasos coronarianos implica falta de oxigenação do tecido cardíaco e, portanto, morte das células à frente do ponto de obstrução. É o que se chama **infarto do miocárdio**, que, dependendo da extensão, pode ser fatal.

ESTABELECENDO CONEXÕES

Tecnologia

Cirurgia de revascularização cardíaca

Dependendo do grau de obstrução das artérias coronárias, um dos procedimentos recomendados é a cirúrgia popularmente conhecida como "ponte(s) de safena".

Retira-se um segmento da veia safena localizada na perna. Uma extremidade é ligada à artéria aorta e a outra na coronária afetada, abaixo do ponto de obstrução. Ou seja, o sangue passa a fluir por essa ponte, que contorna o local bloqueado e, assim, a irrigação do miocárdio é restabelecida.

Esse tipo de cirurgia está indicado para aqueles pacientes que têm comprometimento da irrigação cardíaca (isquemia) por *obstrução de artérias, com risco de enfarte* (morte do músculo cardíaco por falta total de irrigação sanguínea).

Isquemia: diminuição ou suspensão da irrigação sanguínea (do latim, *ischemia* = que pode deter o sangue).

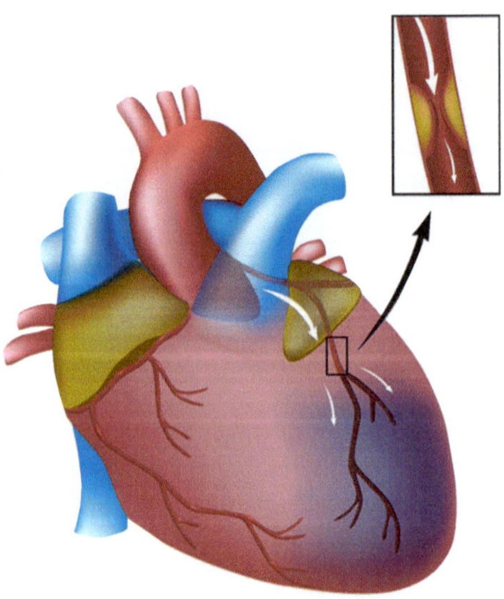

ALILA MEDICAL MEDIA/SHUTTERSTOCK

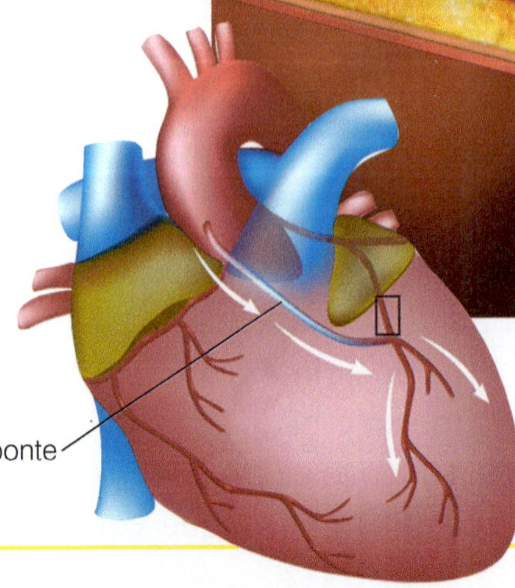

Antes da cirurgia, havia um bloqueio em um dos vasos, fazendo com que o fluxo sanguíneo ficasse prejudicado. Depois da cirurgia, a ponte de safena faz com que o sangue volte a fluir contornando o local bloqueado.

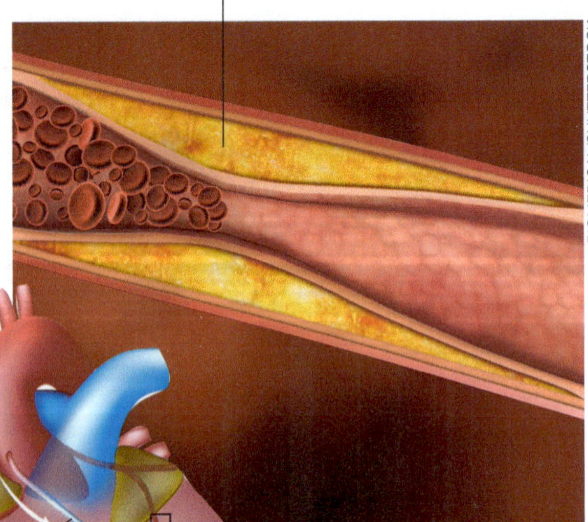

BIOMEDICAL/SHUTTERSTOCK

A placa de gordura dificulta a circulação dentro do vaso, podendo levar a uma isquemia.

A doença arterial coronariana é causada pelo acúmulo de *substâncias gordurosas* (ateromas) nas paredes das coronárias. Com o passar do tempo, esse acúmulo causa enrijecimento e estreitamento das *paredes* internas das artérias coronárias, limitando o suprimento de sangue rico em oxigênio para o músculo do coração, o que pode causar dor no peito (angina) ou aumentar o risco de sofrer um ataque cardíaco. Caso seja desenvolvido esse acúmulo de gordura nas artérias coronárias, o médico pode recomendar uma *angioplastia* coronariana ou uma cirurgia de *revascularização do miocárdio*, para *remover o depósito de gordura* ou *substituir as artérias lesadas*.

A angioplastia é outra forma de reperfundir uma artéria obstruída, o que é feito por meio da inserção de um catéter. Na angioplastia utiliza-se um *stent* para promover a reperfusão.

Reperfundir: neste caso, fazer o sangue fluir novamente para tecidos ou órgãos.

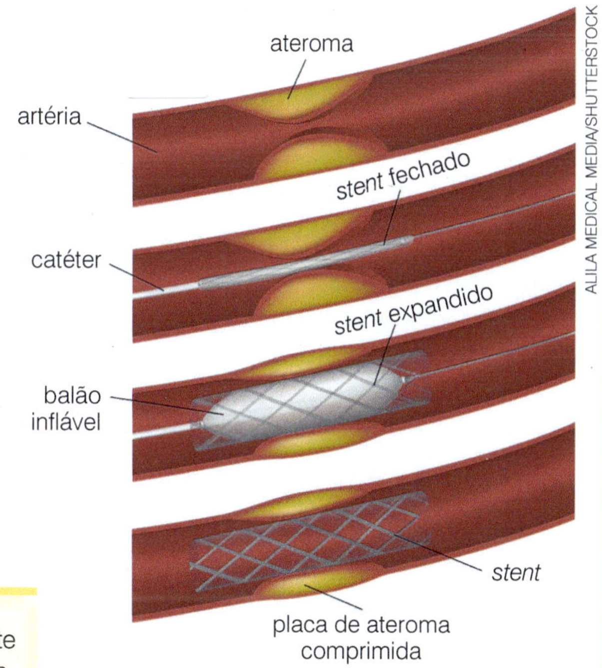

Na angiosplastia, um *stent*, espécie de tubo expansível, é introduzido no local bloqueado. Inflado faz com que a circulação sanguínea seja retomada. Observe que o tubo é fabricado com uma espécie de malha.

Pequena e grande circulação

Veja novamente o esquema da circulação com a participação do coração. O ventrículo direito é responsável pela **pequena circulação** (circulação pulmonar), em que o sangue percorre o caminho **coração ⟶ pulmões ⟶ coração.** O ventrículo esquerdo garante a grande circulação, em que o caminho do sangue é **coração ⟶ tecidos do corpo ⟶ coração** (circulação sistêmica).

A espessura da parede do ventrículo esquerdo é maior do que a espessura da parede do ventrículo direito. Afinal, a distância a ser percorrida pelo sangue na grande circulação é bem maior do que a percorrida pelo sangue na pequena circulação. Esse fato justifica a maior espessura da parede do ventrículo esquerdo e a pressão aplicada ao sangue que percorre a grande circulação.

Lembre-se!

Pequena circulação:
coração ⟶ pulmões ⟶ coração.
Grande circulação:
coração ⟶ corpo ⟶ coração.

Pressão sanguínea

A pressão sanguínea depende da força de contração do músculo cardíaco, do volume de sangue que sai do coração e da resistência que o sangue encontra no vaso. Quanto maiores esses três fatores, maior deverá ser a pressão do sangue ao circular.

Vasos sanguíneos

Os vasos sanguíneos são as **artérias**, as **veias** e os **capilares**. É comum associar artérias com sangue arterial (rico em oxigênio) e veias com sangue venoso (rico em gás carbônico). De fato, na grande circulação, a *artéria aorta* e suas ramificações conduzem *sangue arterial* do coração aos tecidos do corpo, enquanto as *veias* cavas trazem *sangue venoso* do corpo para o coração.

Na pequena circulação, porém, as *artérias pulmonares* transportam *sangue venoso* do coração para os pulmões, enquanto as *veias pulmonares* conduzem sangue arterial dos pulmões para o coração.

Portanto, a partir dessas informações, devemos caracterizar as **artérias** como vasos que conduzem sangue que **sai do coração**, seja ele arterial ou venoso. Suportam maior pressão, por isso têm paredes mais espessas, mais resistentes, que ajudam a manter a pressão sanguínea em sua extensão. E as **veias** são os vasos que conduzem qualquer tipo de sangue de **volta ao coração**. As paredes das veias são menos espessas do que as das artérias, adaptadas para suportar pressão menor do sangue que retorna ao coração.

À medida que as artérias percorrem seu trajeto, subdividem-se em vasos de calibre progressivamente menor, são as **arteríolas**. As arteríolas, por sua vez, se ramificam em vasos de parede extremamente fina, revestidos por uma única camada de células achatadas, os **capilares**.

Capilares são os mais finos vasos do sistema circulatório. O diâmetro de um capilar gira em torno de 0,008 milímetro enquanto o diâmetro das grandes artérias chega a 3 centímetros.

Os capilares são os únicos vasos que permitem a passagem de substâncias (gases, nutrientes, excretas) através de suas paredes, por serem formados por apenas uma camada de células achatadas.

É através da parede dos capilares que ocorrem as trocas de materiais com os tecidos. Feitas as trocas, os capilares reúnem-se para formar **vênulas**, que, por sua vez, originam **veias** de calibre progressivamente maior, que conduzem sangue de volta ao coração.

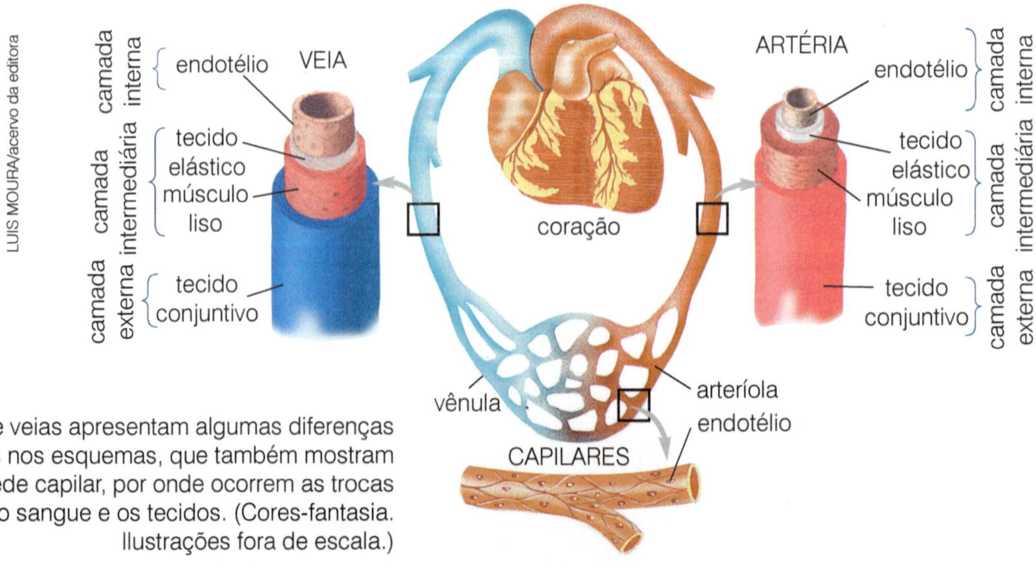

Artérias e veias apresentam algumas diferenças ilustradas nos esquemas, que também mostram a fina parede capilar, por onde ocorrem as trocas entre o sangue e os tecidos. (Cores-fantasia. Ilustrações fora de escala.)

É SEMPRE BOM SABER MAIS!

As veias possuem válvulas em toda sua extensão, que evitam o retorno do sangue. Nas pernas, por exemplo, as contrações dos músculos comprimem as veias e ajudam o sangue a subir.

Profissionais que permanecem muito tempo em pé sem mover os músculos da perna (dentistas, cirurgiões) costumam usar meias elásticas, que fazem o papel desses músculos.

Veias dilatadas e também deformadas, conhecidas como **varizes**, surgem quando essas válvulas funcionam mal. O aumento do volume e da pressão do sangue sobre as paredes do vaso faz com que, com o passar do tempo, ele se deforme, como mostra a ilustração abaixo.

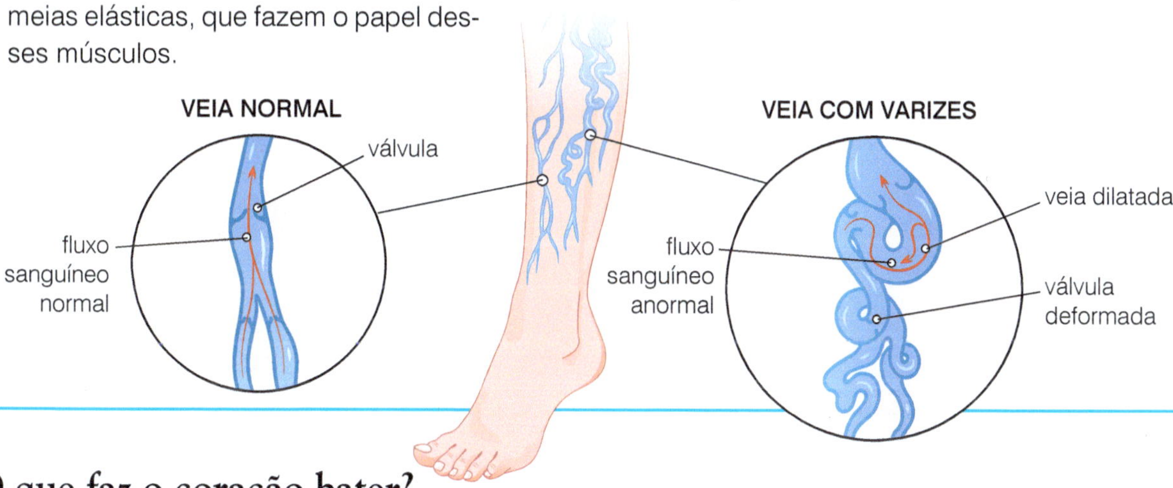

VIKIVECTOR/SHUTTERSTOCK

O que faz o coração bater?

A maioria dos músculos só se contrai quando estimulada por um nervo. O nervo, por sua vez, origina-se de órgãos do sistema nervoso. Assim, quando você pisca o olho ou quando faz uma careta, por exemplo, nervos conduzem impulsos originados no cérebro até a musculatura do olho ou da face, respectivamente, que se contrai em resposta aos estímulos.

No coração, as coisas são um pouco diferentes. As contrações originam-se no próprio músculo cardíaco, uma vez que na parede do átrio direito existe uma pequena região especial, chamada **nódulo sinoatrial**, que funciona como **marca-passo**.

SWAPAN PHOTOGRAPHY/SHUTTERSTOCK

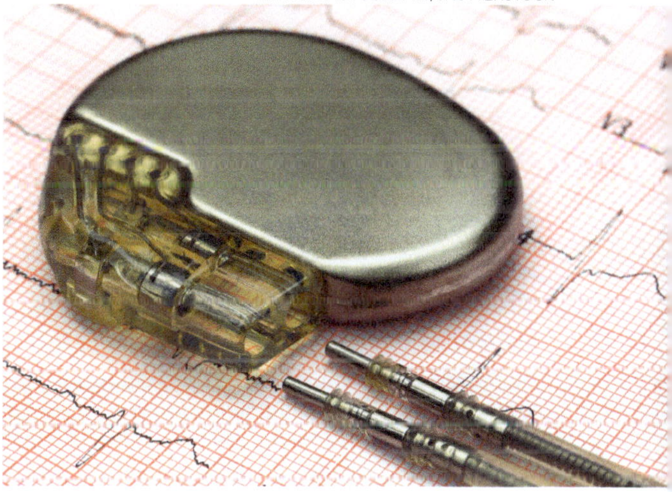

Marca-passo artificial.

O marca-passo é formado por um conjunto de células nervosas e musculares que têm a propriedade de gerar impulsos elétricos, que se propagam inicialmente pelos dois átrios e em seguida atingem um segundo marca-passo que comanda os ventrículos. Assim, a sístole atrial precede a ventricular.

Os batimentos cardíacos devem-se, portanto, aos marca-passos. Caso não funcionem adequadamente, pode ser implantado um pequeno aparelho eletrônico (marca-passo artificial) que passa a estimular eletricamente o coração, fazendo com que ele volte à normalidade.

Fique por dentro!

Devido à presença dos marca-passos, o coração dos vertebrados continua a bater, por horas, ou até dias, mesmo depois de retirado do corpo, se for mantido em condições de nutrição e oxigenação adequadas.

ESTABELECENDO CONEXÕES
Tecnologia

Eletrocardiograma

Eletrocardiograma é um exame que registra em papel a atividade elétrica do coração. Esse registro forma um gráfico que, devidamente analisado, leva a um diagnóstico de se há ou não problemas com o órgão.

É um exame absolutamente indolor. Para sua realização, são colocados "sensores" em diversas partes do corpo. Esses sensores estão conectados ao aparelho chamado eletrocardiógrafo, que registra os impulsos recebidos.

KZENON/SHUTTERSTOCK

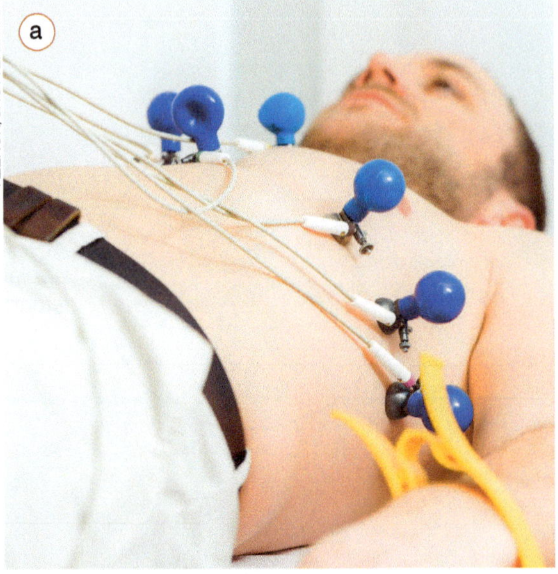

SFAM PHOTO/SHUTTERSTOCK

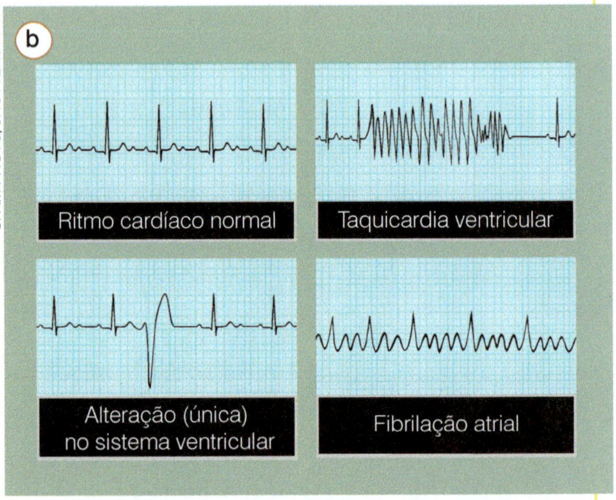

(a) Sensores colocados no peito de paciente para registro de eletrocardiograma (ECG). (b) Registros indicando atividade elétrica normal e anormal do coração.

Sistema linfático: paralelo e auxiliar da circulação sanguínea

Você já sabe que os capilares sanguíneos são os únicos vasos que permitem a troca de substâncias com os tecidos que irrigam. A solução (água, nutrientes, gases etc.) que atravessa a parede dos capilares e difunde-se nos pequenos espaços entre as células recebe o nome de **líquido intercelular** ou **intersticial**. Dele as células retiram glicose, oxigênio, aminoácidos, vitaminas sais etc. e para ele eliminam gás carbônico e excretas nitrogenadas.

Ocorridas as trocas de substâncias, uma parte desse líquido agora com substâncias eliminadas pelas células, retorna aos capilares sanguíneos. O restante é absorvido por outro tipo de finíssimos vasos, os **capilares linfáticos**, componentes do **sistema linfático**. Uma vez dentro desses vasos o líquido passa a ser chamado de **linfa**. A linfa será conduzida por vasos linfáticos de maior calibre até uma grande veia que desemboca no coração, sendo devolvida ao sangue.

Intersticial: adjetivo derivado de *interstício*, ou seja, o espaço existente entre duas estruturas próximas. O líquido intersticial ocupa o espaço existente entre os capilares sanguíneos e as células pelas quais transita.

Lembre-se!

Linfa não é sangue, não contém glóbulos vermelhos. É o que restou do líquido intersticial, conduzido por um vaso finfático a caminho da circulação geral (sangue).

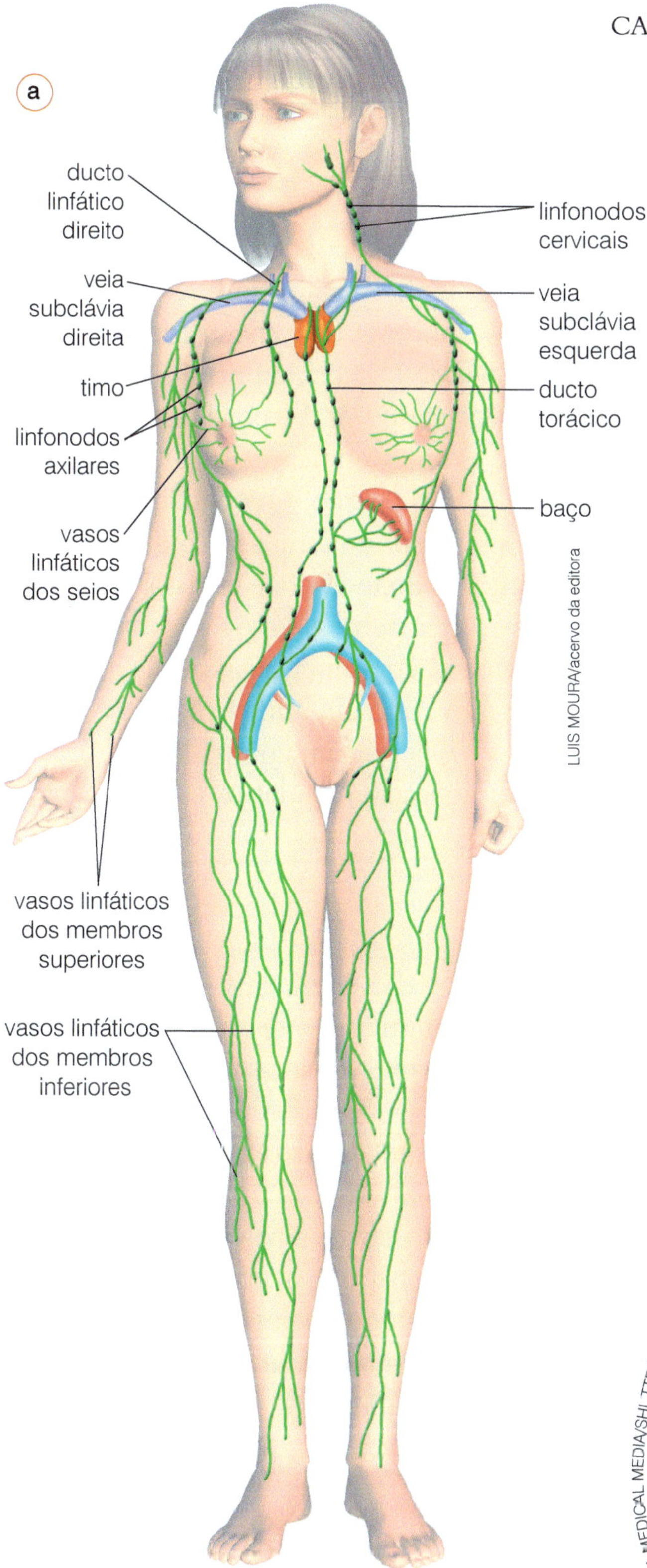

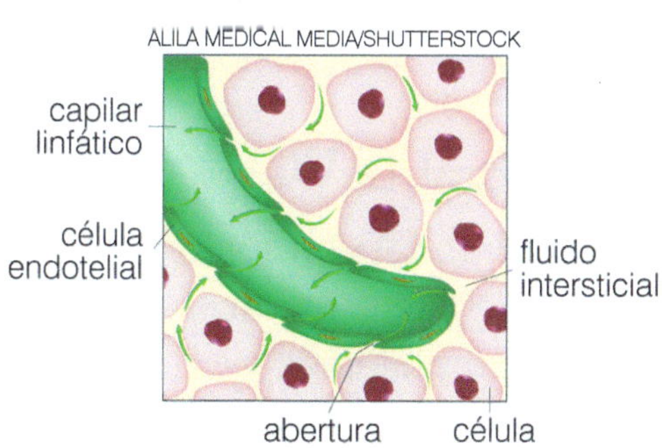

(a) Sistema linfático humano.
(b) Esquema de captação do fluido intersticial pelo capilar linfático.
(Cores-fantasia. Ilustração fora de escala.)

Ao longo do seu caminho, os vasos linfáticos passam por **nódulos linfáticos (linfonodos)**, estruturas que se agrupam principalmente no pescoço, nas axilas e nas virilhas. Uma das funções dessas estruturas é atuar como uma espécie de "filtro" da linfa, removendo partículas estranhas, microrganismos e até células cancerosas. Para cumprirem esta função, os linfonodos contêm um tipo de glóbulo branco, os linfócitos. Portanto, o sistema linfático também faz parte do sistema de defesa (imunitário) do nosso organismo.

ESTABELECENDO CONEXÕES

Saúde

Amigdalite

Na garganta, no fundo da boca, temos alguns gânglios linfáticos conhecidos como **tonsilas palatinas**. Como parte do sistema linfático, essas tonsilas, também conhecidas como **amígdalas**, são responsáveis pela defesa do nosso organismo.

Eventualmente pode ocorrer uma infecção dessas amígdalas, em geral por bactérias, causando a doença conhecida como **amigdalite**, caracterizada por febre alta, dor e placas esbranquiçadas na garganta.

O tratamento da amigdalite inclui antibióticos no caso das infecções bacterianas. No caso de infecções virais esses medicamentos não são indicados, mas apenas antitérmicos (para baixar a febre) e analgésicos.

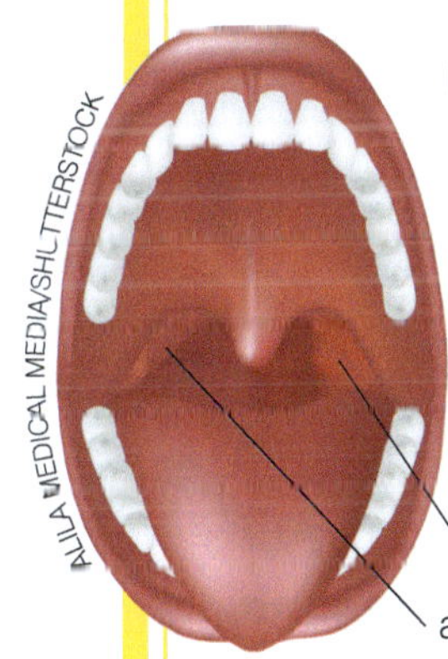

Doenças que afetam o sistema cardiovascular

Hipertensão arterial

Hipertensão arterial, também conhecida como **pressão alta**, é uma das doenças circulatórias mais comuns no mundo moderno, caracterizada pelo aumento da pressão arterial. Para a Organização Mundial da Saúde (OMS), a pressão normal de um adulto é 12 por 8. Valores acima de 14 por 9 caracterizam a hipertensão. É importante lembrar que, em algumas situações especiais como, por exemplo, nervosismo, preocupação ou realização de exercícios físicos, é absolutamente normal uma elevação da pressão arterial. Assim, quando você está correndo, os músculos necessitam de mais nutrientes e oxigênio, portanto, mais sangue. Nesse caso, o coração aumenta sua força propulsora e o ritmo cardíaco, promovendo um aumento da pressão.

A hipertensão arterial pode trazer complicações muito graves, tais como: infarto do coração, acidente vascular cerebral (AVC), problemas nos rins e na visão.

Lembre-se!

A hipertensão arterial é uma doença silenciosa, que, na maioria dos casos, não provoca nenhum sintoma nos pacientes. Por esse motivo, muitos indivíduos acometidos pelo problema nem sabem que o apresentam. Algumas vezes, o indivíduo hipertenso pode sentir dor de cabeça, náuseas, tontura e um leve cansaço.

Fique por dentro!

Você já deve ter reparado que pessoas com pressão baixa às vezes desmaiam e logo após beberem um pouco de água e sal de cozinha, voltam ao normal. É porque o sal provoca a retenção de água, o que aumenta o volume sanguíneo no interior dos vasos e conduz a pressão arterial a valores normais.

Pelo fato de o sal ter a propriedade de causar o aumento da pressão arterial, é recomendado a redução do sal na alimentação para pessoas hipertensas ou que querem evitar esse problema.

Não use medidas caseiras para resolver problemas de saúde. Procure um médico caso não se sinta bem.

Infarto do miocárdio

A causa de um terço de todas as mortes é o **infarto** do miocárdio, também conhecido popularmente como **ataque cardíaco**. O infarto do miocárdio resulta da falta ou da diminuição do fornecimento adequado de sangue a determinadas partes do músculo cardíaco. Isto ocorre quando as artérias *coronárias* ficam obstruídas total ou parcialmente.

O bloqueio das coronárias ocorre lentamente por meio de um processo de nome complicado, a **aterosclerose**, em que gorduras se depositam na parede das artérias coronárias. Os depósitos dessa substância formam uma placa endurecida que, com o passar do tempo, provocam uma doença, a **arterioesclerose**, que significa *endurecimento da artéria*. O diâmetro da artéria por onde passa o sangue diminui, assim como sua elasticidade, levando a uma redução da oferta de sangue ao músculo cardíaco. Esta condição é muito séria e pode levar o paciente à morte.

Acidente vascular cerebral (AVC)

O acidente vascular cerebral (AVC) refere-se a um bloqueio ou ruptura dos vasos sanguíneos que irrigam o cérebro. Sem nutrientes e oxigênio, a área afetada perde sua função. Quando o AVC rompe um vaso, ocorre um derrame cerebral e formação de um coágulo no local. Dores de cabeça intensas sem motivo aparente, dificuldade no ato de falar, perda de equilíbrio, perda da força nos braços e nas pernas e perda súbita da visão são alguns sintomas indicativos de que um quadro de AVC vai se instalar ou já se instalou.

Uma lesão nas regiões do cérebro que controlam os movimentos do organismo poderá provocar uma dificuldade ou perda de movimentos. Outras áreas cerebrais atingidas levam à perda da função correspondente a essas áreas (visão, fala, memória, por exemplo) e até mesmo à morte.

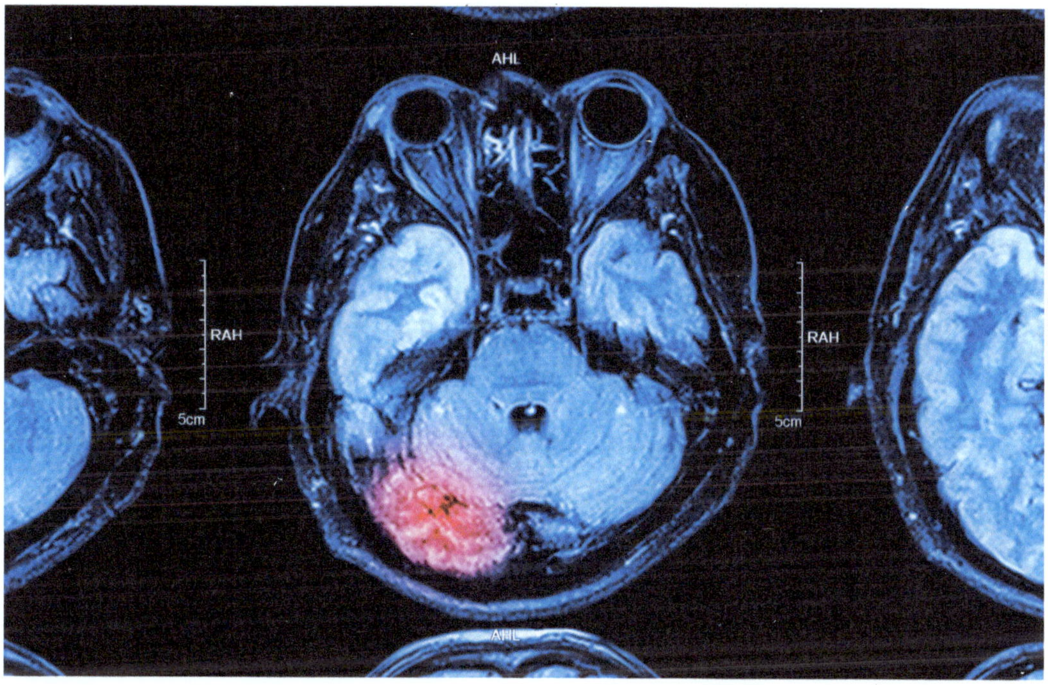

PUWADOL JATURAWUTTHICHAI/SHUTTERSTOCK

Ressonância magnética de crânio em que pode ser vista uma hemorragia. (Imagem colorida artificialmente.)

ESTABELECENDO CONEXÕES

Saúde

Vida saudável: prevenção

Para evitar a ocorrência de infarto do miocárdio, AVC e outras ocorrências, alguns cuidados podem ser tomados, principalmente com relação à adoção de hábitos saudáveis de vida como, por exemplo:

- evitar o excesso de peso;
- reduzir a ingestão de gorduras saturadas, de alimentos ricos em mau colesterol, e aumentar a ingestão de alimentos ricos no bom colesterol;
- praticar exercícios físicos regulares, sempre sob a orientação de um profissional e depois de realizar uma avaliação médica;
- não fumar, pois o cigarro acelera o processo de aterosclerose, além de diminuir a oxigenação do sangue. As estatísticas demonstram que o hábito de fumar duplica a chance de morte por problemas cardíacos;
- evitar ingestão excessiva de sal, principalmente em alimentos industrializados, é uma atitude que pode prevenir a ocorrência de hipertensão arterial;
- consultar profissional especializado (cardiologista) rotineiramente é atitude preventiva útil no sentido de evitar problemas cardíacos e circulatórios.

Nosso desafio

Para preencher os quadrinhos de 1 a 10, você deve utilizar as seguintes palavras: artérias, átrio esquerdo, capilares, coração, linfa, linfonodos, pulmões, sangue arterial, veias, ventrículo direito.

À medida que você preencher os quadrinhos, risque a palavra que escolheu para não usá-la novamente.

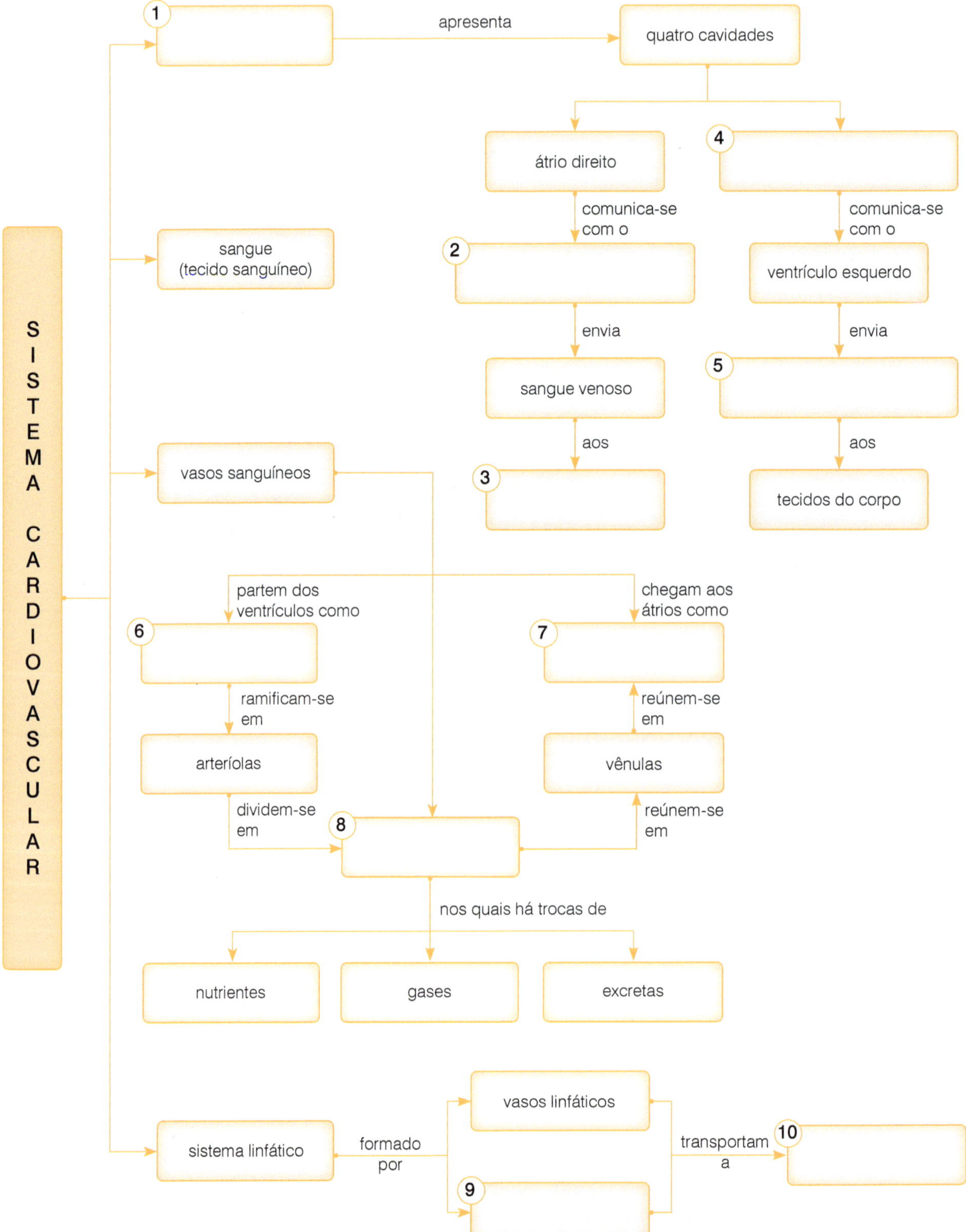

Atividades

1. **[1, 6, 7, 10]** Cada célula do organismo de um ser heterótrofo constrói todas as estruturas que necessita para manter seu metabolismo: as membranas, as organelas, suas proteínas, enzimas, a liberação de energia etc. Dessa forma as células podem se especializar em diferentes funções. Para exercerem essas atividades as células precisam de oxigênio e nutrientes (glicose, aminoácidos, vitaminas etc.).

a) Por que nos organismos unicelulares, como os protozoários, e nos pluricelulares muito pequenos e muito simples, como as esponjas do mar, não há necessidade de um sistema de transporte para atender as necessidades de suas células?

b) Nos animais maiores, mais complexos, como os seres humanos, as necessidades de suas células são atendidas por um sistema de transporte. Explique o que significa exatamente esse sistema de transporte.

2. **[1, 6, 7, 10]** O coração humano é um órgão "cavitário" – ou seja, dotado de cavidades –, no interior do qual circula sangue que será enviado para todas as células do corpo, ao mesmo tempo em que recebe de volta o sangue proveniente de várias regiões do corpo. A respeito desse órgão, responda:

a) Qual é sua localização no organismo humano?

b) Quantas e quais são as suas cavidades?

c) Que tipo de sangue (rico em gás carbônico ou rico em oxigênio) atravessa essas cavidades do coração durante o ciclo cardíaco?

d) Ao passarem pelas cavidades do coração os tipos de sangue se misturam? Justifique a resposta.

3. **[1, 6, 10]** Ao atuar como uma "bomba circulatória", o coração recebe e expulsa sangue em um trabalho rítmico de dar inveja a qualquer bomba propulsora inventada pelo homem. Sangue rico em gás carbônico proveniente de todas as regiões do corpo penetra na cavidade *a*, trazido pelas veias *b*. Dessa cavidade, o sangue passa para a cavidade *c*, cujas paredes, contraindo-se, o impulsionam para a artéria *d*. De volta ao coração, o sangue rico em oxigênio penetra na cavidade *e*, trazido pelas veias *f*, passa em seguida para a cavidade *g*, cujas paredes, contraindo-se, o impulsionam para a artéria *h*. Tendo como base o texto, responda:

a) Quais são as estruturas destacadas no texto, de *a* até *h*?

b) Ao transitar da cavidade *a* para a *c*, o sangue atravessa uma válvula (ou valva) que as separa. Qual é essa válvula?

c) Ao transitar da cavidade *e* para a cavidade *g*, o sangue atravessa outra válvula. Qual é essa válvula?

4. **[1, 6, 10]** Com relação à circulação sanguínea, descreva o trajeto do sangue na pequena circulação e na grande circulação, referindo-se apenas ao coração, aos pulmões e ao corpo.

5. **[1, 6, 7, 9, 10]** Ao ocorrer a sístole dos ventrículos, os vasos precisam suportar o impacto do sangue contra as suas paredes. A pressão que o sangue exerce contra as paredes dos vasos é a *pressão sanguínea*. A respeito desse tema, responda:

a) Quais são os valores considerados aproximadamente normais da pressão sanguínea em uma pessoa sadia?

b) O que significam os termos sístole e diástole, ao se referirem aos ventrículos?

c) Cite os principais fatores determinantes da pressão sanguínea nornal no organismo humano.

d) Explique, em poucas palavras, o significado do termo *hipertensão arterial*.

e) Que região localizada na parede do átrio direito produz os batimentos cardíacos?

6. **[1, 6, 9, 10]** O infarto do miocárdio é consequência da ausência de fornecimento de oxigênio e nutrientes às células do coração. A respeito desse tema, responda:

a) Qual é o significado de miocárdio?

b) Cite a principal causa circulatória que conduz à ausência de fornecimento de oxigênio e nutrientes para as células do coração.

c) Qual dos dois tipos de compostos de colesterol, o HDL ou o LDL, é normalmente associado a depósitos dessa substância nas paredes das artérias coronárias, conduzindo a um quadro de arteriosclerose?

d) É comum ouvirmos dizer que "hábitos saudáveis de vida" atuam como preventivos da ocorrência de infarto do miocárdio e outros acidentes vasculares. Cite algumas medidas que se enquadram nesse conceito.

7. **[1, 6, 7, 10]** Uma pequena porção do líquido intersticial ou intercelular, que banha as células após a ocorrência das trocas entre o sangue e os tecidos, não retorna aos capilares sanguíneos, sendo recolhido por outro sistema de vasos. A respeito desse assunto, responda:

a) Que nome recebe o líquido recolhido por esse sistema?

b) Por meio de quais vasos esse liquido é conduzido de volta à circulação sanguínea?

c) Que estruturas são responsáveis pela filtragem de microrganismos e impurezas contidas nessa porção líquida?

8. **[1, 6, 7, 10]** Ao ouvir os batimentos cardíacos de uma pessoa com um instrumento apropriado (estetoscópio), com frequência o médico reconhece a existência de sopros que, para muitas pessoas, é uma ocorrência normal. Na verdade, essa ocorrência é relacionada à atividade das válvulas cardíacas e arteriais que estão presentes no coração. A esse respeito:

a) Cite quais são as válvulas cardíacas e sua localização.

b) Cite as válvulas arteriais e sua localização.

9. **[1, 6, 7, 9, 10, 15]** O médico ao auscultar o batimento cardíaco, ouve algo parecido com lub-dup, lub-dup, lub-dup. O primeiro som, mais profundo (lub), indica o fechamento das válvulas entre átrios e ventrículos; o segundo som (dup) indica o fechamento das válvulas que possibilitam a saída do sangue dos ventrículos para as artérias.

Algumas doenças, como a febre reumática, afetam o funcionamento das válvulas, que não se fecham corretamente; nesse caso, o médico não mais escuta o lub-dup, e sim um som que lembra "f-f-f-f".

É correto afirmar que o som "f-f-f-f" indica que há problema no deslocamento do sentido do sangue no coração? Justifique sua resposta.

Leia com atenção o texto abaixo e responda às perguntas **10** a **14**.

Vazão cardíaca é o volume de sangue bombeado pelo coração por minuto. A vazão cardíaca é calculada pelo número de batidas do coração vezes o volume de sangue que sai em cada batida cardíaca. Assim, por exemplo, se o coração bate 70 vezes por minuto, e em cada batida cardíaca ejeta-se pela artéria aorta 70 mililitros de sangue, a vazão cardíaca é $70 \times 0{,}07 = 4{,}9$ litros. Então, nessa situação, a vazão cardíaca é em torno de 5 litros por minuto.

O teste ergométrico é uma ferramenta importante usada pelos médicos para avaliar o estado das artérias coronárias, se há arritmias, anormalidade da pressão arterial, entre outras patologias cardíacas. O teste ergométrico consiste em submeter o paciente a esforço físico crescente em esteira rolante, e avaliar o comportamento do coração por meio de eletrocardiograma.

10. **[1, 6, 7, 9, 10, 15]** O que acontece com a vazão cardíaca durante a realização do teste ergométrico? Justifique sua resposta.

11. **[1, 6, 7, 9, 10]** Os músculos só se contraem quando estimulados por um nervo motor. Então, como se explica que o coração continua a se contrair mesmo depois de removido do corpo.

12. [1, 6, 7, 9, 10] Qual é a relação entre vazão cardíaca e nódulo sinoatrial (marca-passo)?

13. [1, 6, 7, 9, 10, 15] É correto afirmar que em situação de medo, perigo, emergência ou situação muito estressante a tendência é aumentar a vazão cardíaca, pois nervos do encéfalo ativam o nódulo sinoatrial (marca-passo)? Justifique sua resposta.

14. [1, 6, 7, 9, 10, 15] Um atleta maratonista muito bem preparado, que compete em provas internacionais, tem em *repouso* entre 45 e 50 batimentos cardíacos por minuto, enquanto um indivíduo saudável, da mesma faixa etária, sedentário, também em *repouso* tem batimento cardíaco em torno de 70 batidas por minuto. Como se explica essa diferença de batimentos cardíacos, sabendo-se que os dois indivíduos têm praticamente a mesma vazão cardíaca?

15. [1, 6, 7, 9, 10, 15, 18] Pernas e coxas muito pequenas e mais fracas pode ser consequência de atrofia muscular. Uma das causas da atrofia muscular é a falta de atividade física, em que os músculos, cuja principal característica é se *contrair e relaxar*, não estão sendo solicitados. São pessoas que trabalham o tempo todo sentadas, evitam qualquer tipo de caminhadas, mesmo as mais curtas, preferindo se deslocar por automóvel, por exemplo.
Hipertrofia muscular, ao contrário, é quando os músculos estão sendo solicitados, *contraem e relaxam* regularmente. A consequência, com o passar do tempo, é o aumento da massa e do volume muscular (hipertrofia muscular). São pessoas que se exercitam fisicamente (caminhadas, corridas, musculação) com orientação de profissionais na área de educação física depois de uma avaliação médica.

a) É correto afirmar que a atividade cardíaca está relacionada com o conceito de atrofia e hipertrofia muscular? Justifique a resposta.

b) Por que a avaliação médica e a orientação profissional de um especialista em educação física são essenciais para a realização de exercícios físicos?

16. [6, 10, 15, 18] Hábitos saudáveis de vida frequentemente são associados a uma boa saúde e ao bom funcionamento orgânico, notadamente do coração. Em termos de prevenção de ocorrências circulatórias danosas:

a) Cite uma medida preventiva que possa evitar a ocorrência de aterosclerose.

b) Cite uma medida preventiva que possa evitar a ocorrência de hipertensão arterial.

17. [1, 6, 7, 9, 10] As coronárias são vasos que nutrem as células do coração e saem da artéria aorta. A artéria coronária esquerda abastece todo o ventrículo esquerdo, enquanto a artéria coronária direita alimenta o ventrículo direito. Por que a artéria coronária esquerda é maior que a artéria coronária direita?

18. [1, 6, 7, 8, 9, 10] Houve uma época em que se pensava que o sangue bombeado pelo coração fluísse e refluísse sempre no interior dos mesmos vasos, como as marés dos oceanos. Utilizando os seus conhecimentos sobre o sistema circulatório, explique em poucas palavras por que essa hipótese estava errada.

19. [6, 7, 9, 10] É correto afirmar que durante uma contração sistólica (contraçao dos ventrículos), sai sangue venoso e arterial *alternadamente* do coração? Inicialmente sai sangue venoso pela artéria pulmonar para os pulmões, e em seguida sangue arterial pela artéria aorta?

20. [6, 7, 9, 10] Comente a texto: diástole corresponde ao relaxamento do músculo cardíaco, enquanto sístole é a contração do músculo do coração. Durante o relaxamento do coração, entra simultaneamente sangue oxigenado no átrio direito, e sangue desoxigenado no átrio esquerdo. Durante a contração do coração, sai simultaneamente sangue desoxigenado do ventrículo direito, e sangue oxigenado do ventrículo esquerdo.

capítulo 7

SANGUE

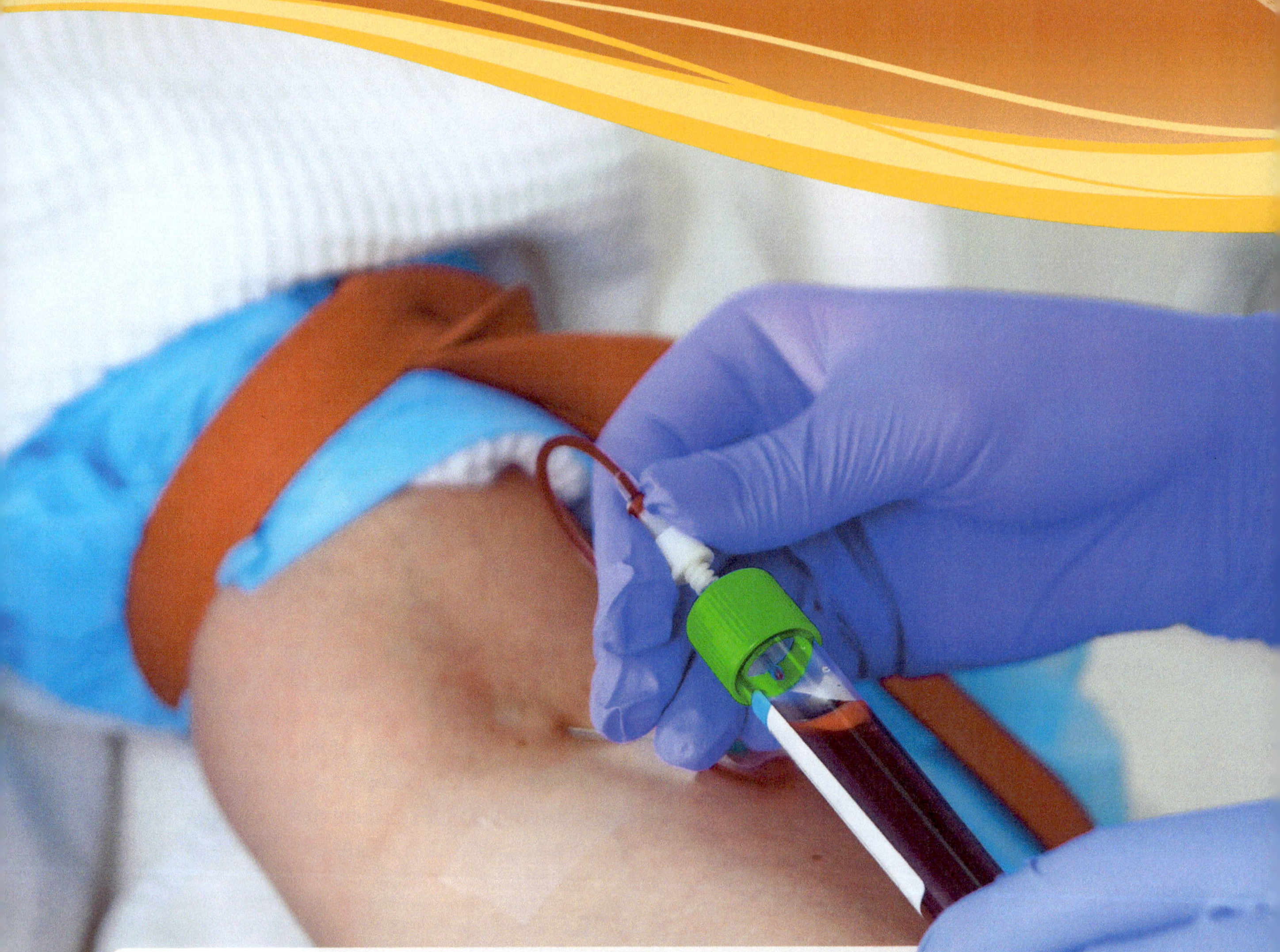

Como vai sua saúde? Um exame de sangue pode responder...

Todos nós, em algum momento da nossa vida, já realizamos um exame de sangue, seja por suspeita de alguma doença ou até mesmo para controle da saúde. Esse exame é um procedimento relativamente tranquilo, em que uma pequena quantidade de sangue de uma veia periférica é coletada e encaminhada para análise.

Um dos principais tipos de exame pedido pelos médicos é o hemograma, em que são avaliadas as três principais linhagens de células presentes no sangue (hemácias, leucócitos e plaquetas). Além desse, outros tipos de exame de sangue também podem ser solicitados pelo médico para determinação, por exemplo, da quantidade de glicose, colesterol, triglicérides, hormônios e outras proteínas presentes no sangue. Os resultados são um bom indicador de como está nossa saúde e se há algo que precise ser analisado mais detalhadamente.

Neste capítulo, iremos aprender um pouco mais sobre o sangue, essencial para a manutenção da vida e da nossa saúde.

KOVALCHYNSKYY MYKOLA/SHUTTERSTOCK

A composição do sangue

O sangue faz parte do sistema circulatório, um sistema de **transporte**, que conduz nutrientes e oxigênio para todas as células e remove produtos de eliminação. Além disso, ele apresenta outras funções como, por exemplo, contribuir para a defesa do organismo, como iremos estudar neste capítulo.

Um indivíduo sadio, pesando cerca de 80 quilos, tem em torno de 5,5 litros de sangue. Se um pouco de seu sangue for retirado e colocado em um tubo de ensaio, ele se apresentará com aspecto homogêneo, de cor vermelho-escura. Se esse sangue for centrifugado, duas porções distintas poderão ser vistas. A parte inferior, vermelho-escura, é formada por células (**glóbulos vermelhos** e **glóbulos brancos**) e fragmentos de células (**plaquetas**). Esse conjunto forma os **elementos figurados** do sangue e ocupa 45% de seu volume total. A parte superior, líquida, é uma solução aquosa, amarelo-claro, chamada **plasma** e ocupa 55% do volume total. Cerca de 90% do plasma é constituído de água e os outros 10% são formados por inúmeras substâncias, como água, proteínas, glicose, vitaminas, hormônios e sais minerais, entre outras.

Centrifugado: submetido a determinado processo de separação dos elementos de uma amostra.

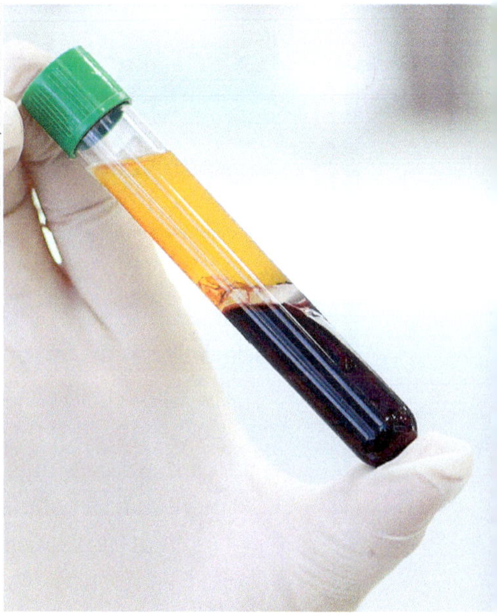
GINGERKITTEN/SHUTTERSTOCK

O sangue é o único tecido líquido de nosso corpo, constituído por vários tipos de células mergulhadas em uma solução em água de inúmeras substâncias.

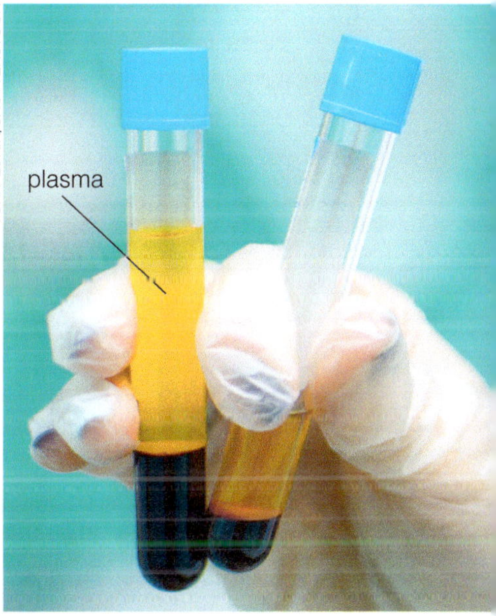

YURIY LUKIN/SHUTTERSTOCK

Glóbulos vermelhos

Os **glóbulos vermelhos**, também chamados de **eritrócitos** (do grego, *erythrós* = vermelho + *kytos* = célula) ou **hemácias** (do grego, *haima* = sangue + *lysis* = romper) têm a forma de um disco achatado com as bordas arredondadas. São células muito pequenas, que perdem o núcleo e as organelas durante sua formação, de modo que o seu espaço interno (citoplasma) é ocupado principalmente por moléculas de **hemoglobina**, substância responsável pela cor vermelha do sangue.

A hemoglobina é uma proteína que contém o elemento químico **ferro**. É justamente o ferro que se combina com o oxigênio para que esse gás possa ser conduzido pelo sangue até as células dos tecidos em geral.

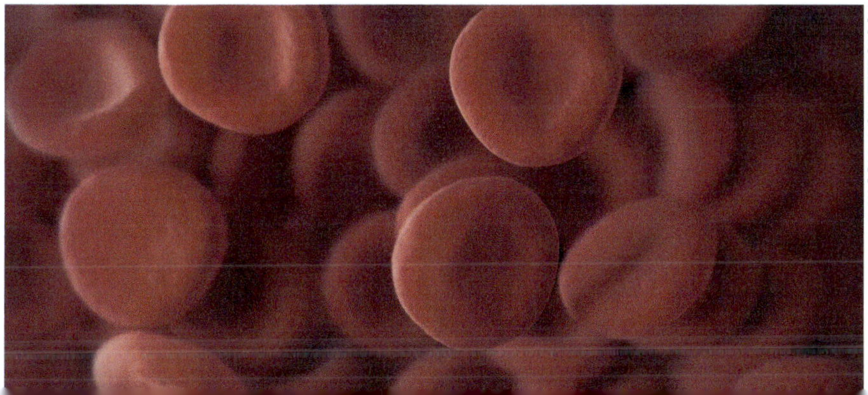
WACOMKA/SHUTTERSTOCK

Ilustração de glóbulos vermelhos. Note a forma achatada e bicôncava (os dois lados são côncavos) dessas células.

É SEMPRE BOM SABER MAIS!

Anemia ferropriva

Aproximadamente dois terços do ferro do organismo encontra-se nas moléculas de hemoglobina. Uma alimentação pobre em ferro prejudica a formação dessa proteína e, portanto, das hemácias, causando uma doença chamada de **anemia ferropriva**.

Há vários motivos que podem levar à anemia (do grego, *a*(*n*) = negação + *haima* = = sangue), mas o mais comum é a deficiência de alimentos ricos em **ferro**.

Na falta desse elemento, o número de glóbulos vermelhos, às vezes, pode ser quase normal, porém as hemácias tendem a ser menores, pois a quantidade de hemoglobina estará reduzida.

Devido à menor oferta de oxigênio para as células, os indivíduos anêmicos apresentam palidez, fraqueza, mal-estar e se cansam com muita facilidade. Algumas vezes, eles também apresentam dor de cabeça, tonturas e alterações visuais. Em casos mais graves, os sistemas respiratório e circulatório podem ficar comprometidos, acarretando problemas, como insuficiência cardíaca, por exemplo.

Segundo o Programa Nacional de Suplementação de Ferro, do Ministério da Saúde (2013), a anemia ferropriva é considerada um grave problema de saúde pública no Brasil em virtude do elevado número de casos e de como isso afeta o desenvolvimento das crianças. Dados da Pesquisa Nacional de Demografia e Saúde mostram que a incidência dessa anemia entre menores de cinco anos no Brasil é de 20,9%, sendo de 24,1% em crianças menores de dois anos.

Estudos comprovam a estreita relação que existe entre anemia e desenvolvimento das crianças: as que apresentaram anemia durante os primeiros anos de vida, mesmo tendo sido tratadas, ainda assim possuem maior probabilidade de baixo rendimento escolar em idades posteriores.

ESTABELECENDO CONEXÕES

Cotidiano

Panela de ferro é que faz comida boa?

Há muito tempo nossas avós já comentavam que cozinhar utilizando panelas de ferro poderia auxiliar no combate à anemia, já que o ferro contido na panela poderia ser transferido para a comida, enriquecendo-a com esse nutriente. Mas será que isso realmente acontece? Sim, essa é uma tradição que comprovadamente dá certo. O ferro presente na panela consegue migrar para o alimento, tornando-o mais rico nesse mineral. Os adeptos das delícias feitas em panela de ferro garantem que, além do benefício do ferro, o sabor dos alimentos cozidos nesse tipo de panela é ainda melhor.

É importante ressaltar que a quantidade de ferro que pode ser transferida para a comida depende do tipo de alimento que está sendo preparado. De maneira geral, quanto mais ácido for o alimento, maior a transferência de ferro.

Por isso, para quem está precisando de um reforço de ferro, cozinhar, por exemplo, molho de tomate (alimento levemente ácido) em panela de ferro é uma das melhores pedidas.

SEA WAVE/SHUTTERSTOCK

Em um ser humano adulto, há aproximadamente 5 milhões de glóbulos vermelhos por mm^3 (ou mL) de sangue.

O tempo médio de vida de uma hemácia é de 120 dias. Por serem anucleadas, as hemácias não se multiplicam. As células mais velhas são retiradas da circulação pelo fígado e baço. A produção de novas células é feita pela **medula óssea** vermelha ("tutano vermelho"), localizada no interior de alguns ossos, como costelas, esterno, vértebras, clavículas e osso do quadril.

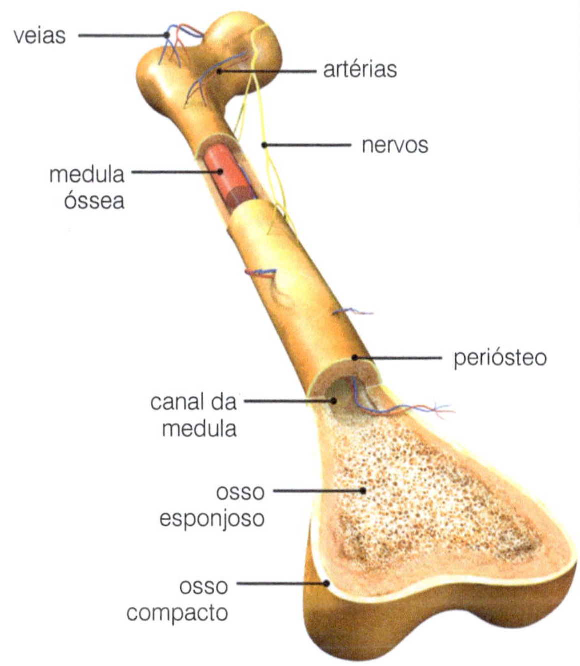

Estrutura de um osso longo com destaque para a medula óssea. (Cores-fantasia. Ilustração fora de escala.)

É SEMPRE BOM SABER MAIS!

A medula óssea trabalha intensamente produzindo hemácias. Para isso, a medula necessita de nutrientes, entre eles o ferro.

Quando da destruição das hemácias, o ferro é, em parte, reaproveitado pela medula óssea. Porém, essa quantidade não é suficiente para produzir toda a hemoglobina que necessitamos. O complemento deverá vir dos alimentos ricos em ferro como, por exemplo, o feijão e a carne vermelha.

Função dos glóbulos vermelhos

A principal função dos glóbulos vermelhos é transportar oxigênio dos pulmões para todas as células do organismo. Para entender melhor a sua função, vamos acompanhar sua trajetória pelo sangue.

Quando uma hemácia passa pelos capilares que envolvem os **alvéolos pulmonares**, recebe oxigênio, que se combina com a hemoglobina formando a *oxi-hemoglobina* (hemoglobina + oxigênio). Ao chegar aos tecidos do corpo, o oxigênio desprende-se da hemoglobina, atravessa a parede dos capilares e penetra nas células dos tecidos.

As células, por sua vez, liberam gás carbônico, que será levado aos pulmões por dois caminhos. Uma pequena parte combina-se com a hemoglobina formando a *carboxi-hemoglobina* (gás carbônico + hemoglobina), porém a maior parte do gás carbônico é transportada pelo plasma. Ao chegar aos alvéolos pulmonares, o gás carbônico abandona o sangue e a hemoglobina volta a combinar-se com moléculas de oxigênio.

É SEMPRE BOM SABER MAIS!

Outra função do sangue: regulação térmica

A atividade celular principalmente no fígado e nos músculos dos membros produz calor, que é distribuído por todo o corpo pelo sangue circulante. Desse modo, a circulação ajuda a manter a temperatura interna constante. Repare que os vasos periféricos *dilatam-se* ou *contraem-se*, regulando o fluxo de sangue e as perdas de calor através da superfície do corpo.

Vasos periféricos: veias sob a pele.

Em dias frios, por exemplo, os vasos periféricos contraem-se limitando a irradiação de calor. Em dias quentes ou após atividade física, esses mesmos vasos dilatam-se e, com a evaporação do suor, aumenta a perda de calor para o ambiente, abaixando a temperatura corporal.

ESTABELECENDO CONEXÕES

Geografia

Uma partida de futebol em grandes altitudes

Algumas cidades estão localizadas em grandes altitudes como, por exemplo, La Paz, a 3.650 m acima do nível do mar. Nessa altitude, o ar é mais rarefeito, isto é, existe menos oxigênio quando comparado com o oxigênio atmosférico ao nível do mar (altitude zero).

Um indivíduo que vive ao nível do mar tem um número de hemácias adequado ao transporte de oxigênio disponível nessa altitude. Ao deslocar-se para grandes altitudes, o organismo consegue adaptar-se, produzindo mais glóbulos vermelhos, o que compensa a menor oferta de oxigênio. Entretanto, o aumento do número de hemácias não é instantâneo. Por isso, o ideal é que um time de futebol que deseja disputar uma partida em locais de grande altitude chegue alguns dias antes para poder aclimatar-se, isto é, adaptar-se às condições locais.

MÔNICA ROBERTA SUGUIYAMA/ acervo da editora

Cerca de 28% do território boliviano situa-se entre ramos da Cordilheira dos Andes, a uma altitude média acima dos 3.000 m, como é o caso de La Paz (na foto), capital administrativa da Bolívia (a capital oficial é Sucre, cidade que se localiza na região centro-sul do país).

SHANTI HESSE/SHUTTERSTOCK

Glóbulos brancos

Os **glóbulos brancos** ou **leucócitos** (do grego, *leuco* = branco + *kytos* = célula) são células de defesa, de cor clara, produzidas pela medula óssea.

Diferentemente dos glóbulos vermelhos, os leucócitos possuem núcleo e organelas citoplasmáticas. Alguns lembram amebas, pois se movimentam por meio da emissão de pseudópodes.

O número de glóbulos brancos é bem menor que o de glóbulos vermelhos. Em cada mililitro de sangue há em torno de 4.500 a 10.000 leucócitos.

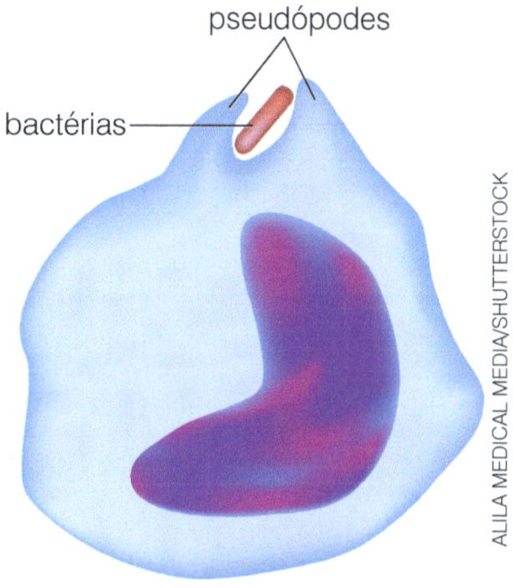

Ilustração de glóbulo branco fagocitando uma bactéria por meio da emissão de pseudópodes. (Cores-fantasia. Ilustração fora de escala.)

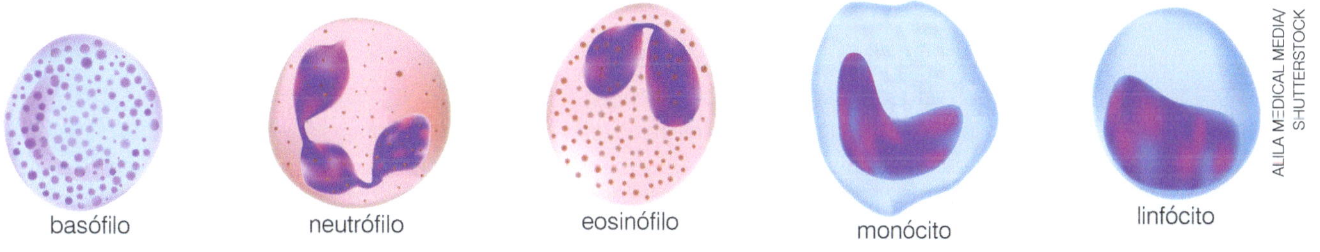

Ilustração dos diferentes tipos de glóbulos brancos. (Cores-fantasia. Ilustração fora de escala.)

Função dos glóbulos brancos

O corpo humano é continuamente exposto a bactérias e outros microrganismos através da boca, vias respiratórias, intestino, vias urinárias, mãos etc. Muitos desses microrganismos podem provocar doenças.

Os glóbulos brancos ou leucócitos combatem os agentes agressores por meio de dois processos: **fagocitose** e **produção de anticorpos**.

A fagocitose é efetuada pelo tipo mais comum e abundante dos glóbulos brancos, os *neutrófilos*. São produzidos pela medula óssea e são capazes de atravessar a parede dos capilares sanguíneos e de migrar para os locais infectados.

NIAID/NATIONAL INSTITUTES OF HEALTH/SPL/LATINSTOCK

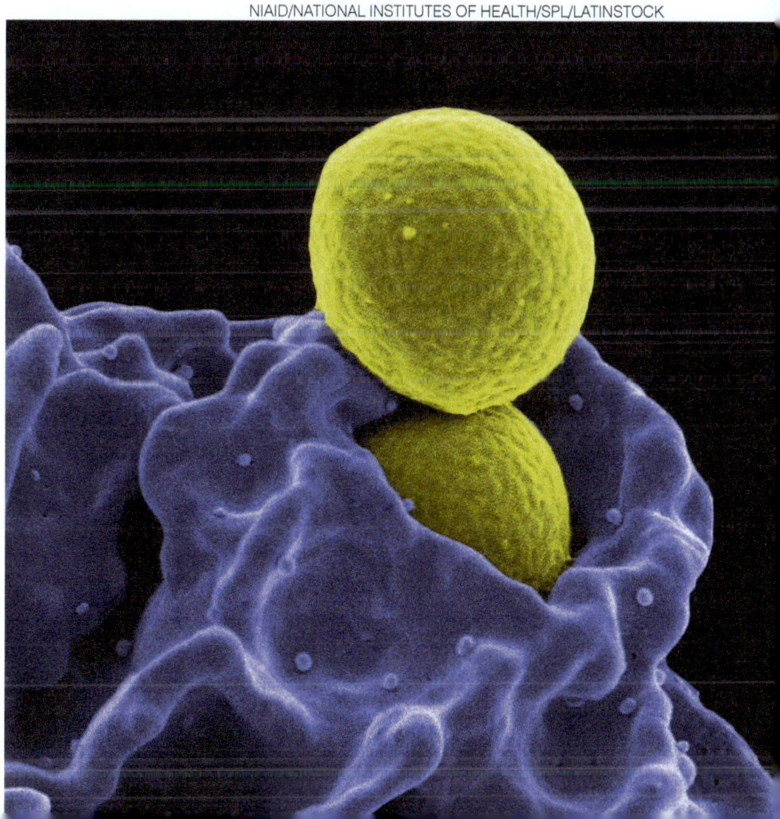

Neutrófilo (corado em roxo) fagocitando bactérias da espécie *Staphylococcus aureus* (em amarelo). Neutrófilos são o tipo mais abundante de glóbulos brancos de nosso organismo. (Microscopia eletrônica; aumento desconhecido.)

Uma vez fagocitados (englobados), os microrganismos são digeridos por enzimas do glóbulo branco. O resultado dessa luta é a formação do **pus** que contém tecidos, glóbulos brancos e microrganismos mortos.

O segundo tipo mais abundante de glóbulos brancos são os *linfócitos*, presentes nos nódulos linfáticos (linfonodos). A função dos linfócitos é produzir proteínas de defesa, os **anticorpos**, que combatem proteínas estranhas, os **antígenos**, presentes nos organismos invasores.

ESTABELECENDO CONEXÕES

Saúde

Exame de sangue

Os neutrófilos capturam e destroem microrganismos. Durante as infecções microbianas, o organismo aumenta a produção de leucócitos e o seu número no sangue se eleva. Por isso, a verificação do número dessas células no sangue permite aos profissionais de saúde reconhecerem a presença de infecções. Já a contagem dos glóbulos vermelhos permite verificar se o indivíduo apresenta anemia.

Um exame de sangue completo permite a detecção de várias outras disfunções, como distúrbios hormonais, diabetes e colesterol alto, por exemplo. Daí a importância de se fazer exames de sangue periódicos, a fim de detectar qualquer anormalidade o mais cedo possível.

(a)

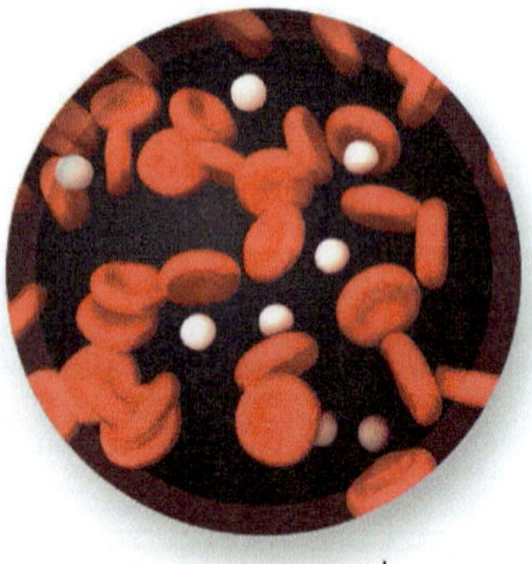

sangue normal

(b)

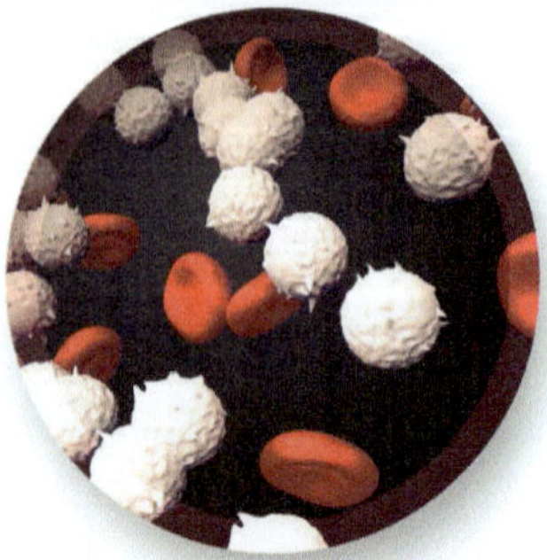

leucemia

FOTOS: DECADE3D - ANATOMY ONLINE/SHUTTERSTOCK

Ilustração de amostra de sangue (a) normal e (b) de portador de leucemia, em que pode ser visto um grande número de glóbulos brancos.

Leucemia

É um tipo de câncer que afeta os gânglios linfáticos ou a medula óssea e, portanto, a produção normal dos elementos figurados do sangue. Na leucemia, há um grande aumento do número de glóbulos brancos circulantes. A rápida multiplicação das células cancerígenas termina por ocupar cada vez mais a medula óssea, impedindo a formação normal dos glóbulos vermelhos, glóbulos brancos e plaquetas.

Os seguintes sintomas podem estar presentes na leucemia:

- **redução das hemácias –** cansaço, sonolência, fraqueza, palidez, dores de cabeça, tontura, desmaios, queda dos cabelos;
- infecções e febres;
- **redução de plaquetas –** sangramento em geral, presença de manchas roxas, menstruação excessiva.

O tratamento da leucemia pode ser feito por medicamentos (quimioterapia) ou aplicações de radiações (radioterapia), que destroem as células doentes. Às vezes, o tratamento envolve a realização de transplantes de medula: por esse procedimento a medula doente é inativada e células sadias da medula de um doador são introduzidas.

É SEMPRE BOM SABER MAIS!

A AIDS e os linfócitos

A AIDS (sigla em inglês para Síndrome da Imunodeficiência Adquirida, SIDA em português) é uma doença causada pelo vírus HIV. Esse vírus parasita e destrói os linfócitos, as células de defesa que protegem o organismo por meio da produção de anticorpos, levando os indivíduos acometidos pela doença a desenvolver **infecções oportunistas**, causadas por outros microrganismos.

O desenvolvimento de medicamentos modernos, que auxiliam no controle da quantidade de vírus, oferece melhor qualidade de vida e uma sobrevida maior aos pacientes.

Sobrevida: vida após certo limite.

Uma pessoa com AIDS pode transmitir a doença para outras pessoas por meio do contato com sangue, esperma, muco vaginal e leite materno contaminados pelo HIV. Por isso, é sempre importante lembrar de algumas medidas preventivas, que evitam o contato com o vírus: usar camisinha nas relações sexuais, utilizar agulhas e seringas descartáveis em qualquer situação. Bancos de sangue também devem realizar um rigoroso controle do sangue obtido por doações, evitando a contaminação de outras pessoas não só com o vírus da AIDS, mas com outros vírus causadores de outras doenças. Mulheres portadoras do vírus HIV, podem transmiti-lo aos filhos durante o parto e a amamentação.

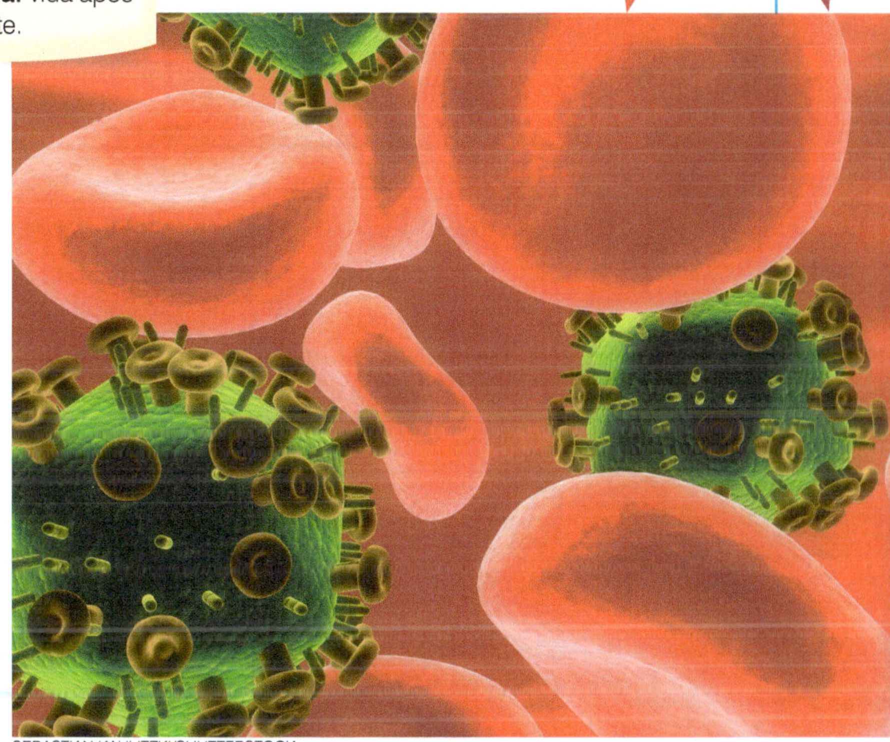

Representação artística de vírus HIV, agente causador da AIDS, em meio a células vermelhas do sangue. As proteínas que envolvem o vírus formam espécies de pontas que servem para liga-lo à célula que será infectada.

SEBASTIAN KAULITZKI/SHUTTERSTOCK

Plaquetas

Sempre que os vasos sanguíneos são rompidos, acontece um sangramento, uma perda de sangue chamada **hemorragia**. Se o ferimento for pequeno, depois de certo tempo a perda de sangue cessa por meio do processo de **coagulação sanguínea**. As plaquetas, pequenos fragmentos de células presentes no nosso sangue, são as responsáveis pelo início do processo da coagulação.

O número de plaquetas por mililitro (mL) ou por milímetro cúbico (mm^3) de sangue é bem maior do que o de glóbulos brancos, porém bem menor que o de glóbulos vermelhos, estando entre 150.000 e 400.000. Elas também são produzidas a partir de células da medula óssea vermelha.

É SEMPRE BOM SABER MAIS!

Heparina, um anticoagulante natural

Em condições normais, a coagulação não se verifica dentro de vasos intactos. Porém, algumas vezes, os coágulos podem formar-se no interior de um vaso e deslocar-se, *interrompendo a circulação* em áreas vitais do organismo. Uma substância produzida pelo fígado e outros órgãos, chamada **heparina**, um *anticoagulante*, impede a coagulação espontânea.

A heparina é usada em laboratórios quando se quer evitar a coagulação do sangue para análises ou transfusões.

Função das plaquetas

A coagulação sanguínea é um processo complexo do qual participam pelo menos 15 substâncias químicas especiais, chamadas de **fatores de coagulação**. O fator que inicia esse processo encontra-se nas plaquetas.

Jogo rápido

Em que local do organismo são produzidas as células do sangue?

Quando um vaso se rompe, as plaquetas iniciam uma série de reações químicas. Nesse processo há a formação de uma proteína chamada **fibrina**. A fibrina apresenta-se na forma de uma rede que retém glóbulos e plaquetas, formando um **coágulo**, que inibe o sangramento.

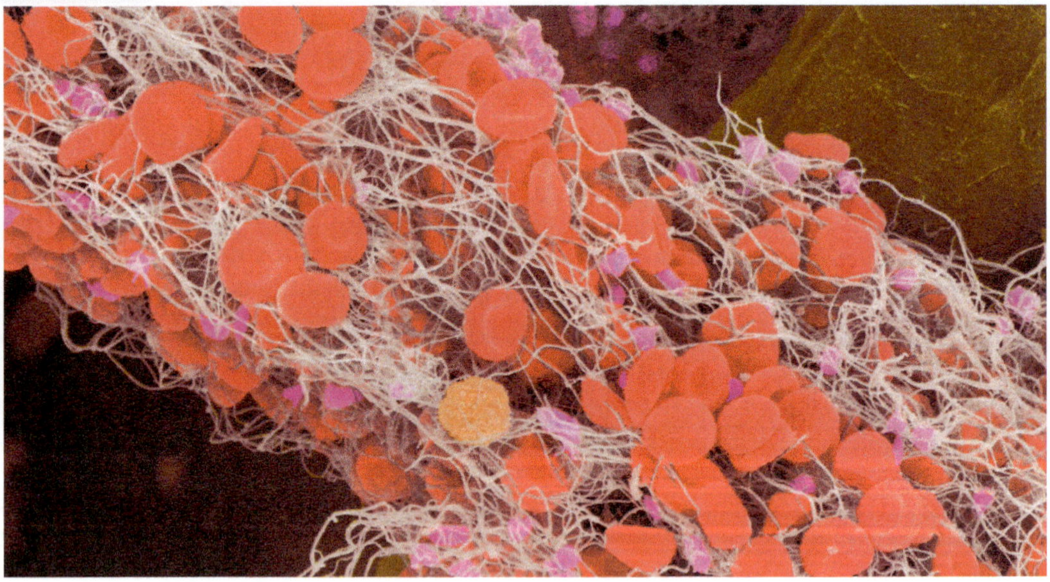

SPL/LATINSTOCK

Microscopia eletrônica de coágulo sanguíneo. Uma rede de fibrina (cor creme) se forma como resposta às substâncias químicas secretadas pelas plaquetas (em rosa). Essa rede retém os glóbulos vermelhos e brancos do sangue. (Imagem colorida artificialmente. Aumento desconhecido.)

É SEMPRE BOM SABER MAIS!

Hemofilia

A hemofilia, doença hereditária, que afeta o processo de coagulação do sangue, deve-se principalmente à não produção de uma proteína, que é um dos fatores de coagulação citados anteriormente. O sangue das pessoas hemofílicas não coagula normalmente, de modo que mesmo ferimentos leves podem ter consequências graves.

Os hemofílicos podem ser tratados por transfusões de sangue, pois assim receberão o fator que está faltando.

Plasma

Aprendemos, no início deste capítulo, que pouco mais da metade do volume sanguíneo (55%) é plasma. O plasma é formado por muitas substâncias químicas e tem inúmeras funções, como mostra o quadro a seguir:

Água	A sua função é dissolver as substâncias transportadas. Cerca de 90% do plasma é formado por água.
Nutrientes	Dissolvidos no plasma existem nutrientes que abastecem as células, como glicose, vitaminas, aminoácidos etc. Esses nutrientes são provenientes do sistema digestório.
Gases	Dissolvidos no plasma existem apenas 2% de oxigênio e a maior parte (cerca de 80%) do gás carbônico, que será transportado até o pulmão para ser eliminado.
Excretas	Os resíduos das células, como, por exemplo, a ureia, serão transportados pelo plasma até o rim, de onde serão eliminados.
Proteínas	Têm várias funções, entre elas a defesa do organismo (anticorpos). Outra função das proteínas plasmáticas é participar do processo da coagulação.
Sais minerais	Os elementos minerais, como sódio, cloro, fósforo, potássio, cálcio, exercem inúmeras funções no organismo. O cálcio, por exemplo, é importante na formação dos ossos e no processo de coagulação sanguínea.
Hormônios	Substâncias químicas que controlam a atividade dos diferentes órgãos e chegam a eles através do plasma.

Imunização

Talvez você não saiba, mas indivíduos que tiveram sarampo quando crianças nunca mais terão essa doença. Qual é a explicação para isso?

Para responder à pergunta, precisamos voltar aos linfócitos. Quando os vírus causadores da doença entraram em contato com a criança, antígenos dos vírus também o fizeram. Assim que isso aconteceu, os linfócitos reagiram e produziram anticorpos específicos para os antígenos e, portanto, para os vírus. Esses anticorpos neutralizaram os antígenos, eliminando os vírus. Assim, a criança curou-se da doença.

> **Fique por dentro!**
>
> A palavra **imunidade** vem do latim *immunis*, que significa livre, isento.

Nesse processo, linfócitos que permanecem no corpo por vários anos desenvolvem uma espécie de "memória", guardando as características dos antígenos dos vírus do sarampo. Caso eles voltem a aparecer, haverá um rápido reconhecimento, e, portanto, um **combate imediato e eficiente** a eles. O indivíduo não desenvolverá novamente a doença, pois está *imunizado* contra esse microrganismo.

Outras doenças como caxumba e catapora também só se manifestam uma vez, pois "células de memória" (linfócitos) reconhecem os antígenos causadores dessas doenças.

Vacinas: prevenção contra doenças

Podemos ficar imunizados contra uma doença sem tê-la contraído? Sim, isso é possível por meio da **vacinação**. Nesse processo, um tipo de microrganismo enfraquecido (atenuado), isto é, incapaz de se reproduzir, ou morto é inoculado por meio de vacinas em nosso corpo. Quando isso acontece, esse microrganismo não provoca a doença, porém ele possui o antígeno que estimula os linfócitos a produzirem os anticorpos específicos para combatê-lo. Dessa maneira, o micróbio ativo, ao entrar em contato com o indivíduo vacinado, será combatido por anticorpos previamente desenvolvidos, impedindo que a doença se manifeste.

ESTABELECENDO CONEXÕES
Saúde

Dependendo do tipo de agente invasor, a imunização pode ser temporária ou para toda a vida.

A produção de anticorpos por meio da vacinação é lenta. Por isso, as vacinas são usadas para evitar que o organismo adquira certa doença e não para curá-lo caso já esteja doente. Como o organismo participa ativamente da produção dos anticorpos, toda vacinação é considerada *imunização ativa*.

As campanhas de vacinação promovidas pelo governo federal são importantíssimas, pois previnem a ocorrência de algumas doenças, como poliomielite, sarampo, catapora, rubéola, gripe, hepatite B, entre outras, na maioria da população.

Soro: outro grande aliado do sistema de defesa

Imagine agora uma outra situação. Alguém estava andando por uma região rural e foi, acidentalmente, picado por uma cobra venenosa. Será que, nesse caso, a solução para o tratamento dessa pessoa seria uma vacina? Neste caso, a resposta é não. Os antígenos presentes no veneno da cobra são muito agressivos e agem rapidamente. E como a produção de anticorpos é lenta, a solução é injetar os **anticorpos específicos** já prontos, pois assim o veneno será combatido imediatamente. Esses anticorpos estão contidos em uma solução chamada **soro terapêutico**. Para picadas de cobra, o soro específico é chamado de *antiofídico*.

Os soros são fabricados em laboratórios. O renomado Instituto Butantan, em São Paulo, fabrica um número muito grande de medicamentos, entre eles os soros que combatem veneno de aracnídeos e de cobras. Na aplicação de soros, os indivíduos que os recebem não participaram da produção dos anticorpos. Trata-se, portanto, de uma *imunização passiva*. Veja o esquema abaixo mostrando a produção de soros.

Descubra você mesmo!

Pesquise como é produzido o soro antiofídico (contra picada de cobras).

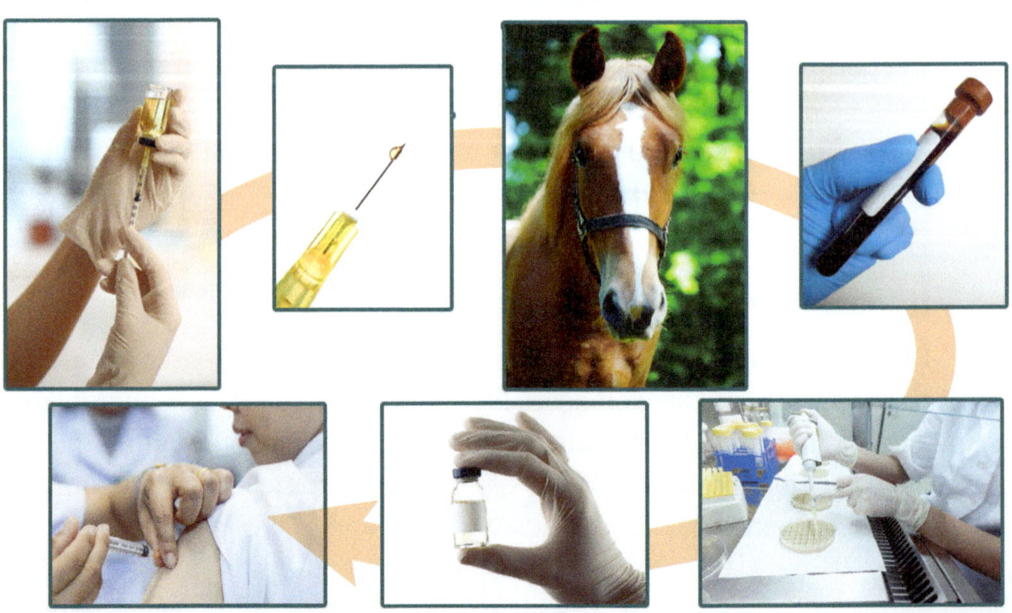

SHUTTERSTOCK

Os soros são produzidos a partir do sangue de animais (cavalos, por exemplo) previamente inoculados com doses não letais dos antígenos. Depois de certo tempo retira-se certa quantidade do sangue desses animais e isolam-se do plasma os anticorpos que esse animal produziu. A partir desse material, prepara-se em laboratório o soro para ser administrado às pessoas.

ESTABELECENDO CONEXÕES

Saúde

Outra situação semelhante ocorre quando nos ferimos com objetos (pregos, arames, cacos de vidro) contaminados pela bactéria *Clostridium tetani*, que causa o tétano. As toxinas bacterianas são tão agressivas que o remédio é administrar o *soro antitetânico*. Porém, se o caso for apenas de evitar o tétano, deve-se recorrer à *vacina antitetânica*.

Sistema sanguíneo ABO

Houve uma época em que transfusões sanguíneas levaram várias pessoas à morte. Em 1910, Karl Landsteiner, cientista austríaco, descobriu que o motivo das mortes era uma reação do tipo antígeno-anticorpo. Como já sabemos, antígeno é uma proteína estranha que provoca a formação de um anticorpo específico.

Na superfície dos glóbulos vermelhos existem dois **antígenos naturais**, chamados **A** e **B**, ou nenhum deles. No plasma, existem dois **anticorpos naturais**, isto é, produzidos sem estímulos de antígenos, chamados de **anti-A** e **anti- B**.

A presença ou não desses antígenos e anticorpos é determinada hereditariamente, isto é, depende do material genético (genes) recebido dos pais.

Lembre-se!

Há outros sistemas de tipagem sanguínea além do sistema ABO.

Grupos sanguíneos do sistema ABO

De acordo com os antígenos presentes nas hemácias, a população humana está distribuída em quatro grupos sanguíneos: A, B, AB ou O.

Um indivíduo do **grupo A** tem nas membranas de suas hemácias o *antígeno natural* **A** e em seu plasma está presente o *anticorpo natural* **anti-B**. Note que o anticorpo não poderia ser anti-A, pois ele combateria o antígeno A, provocando a aglutinação dos glóbulos vermelhos, isto é, a aglomeração dessas células em pequenos grumos que impediriam a circulação.

Grumos: grânulos.

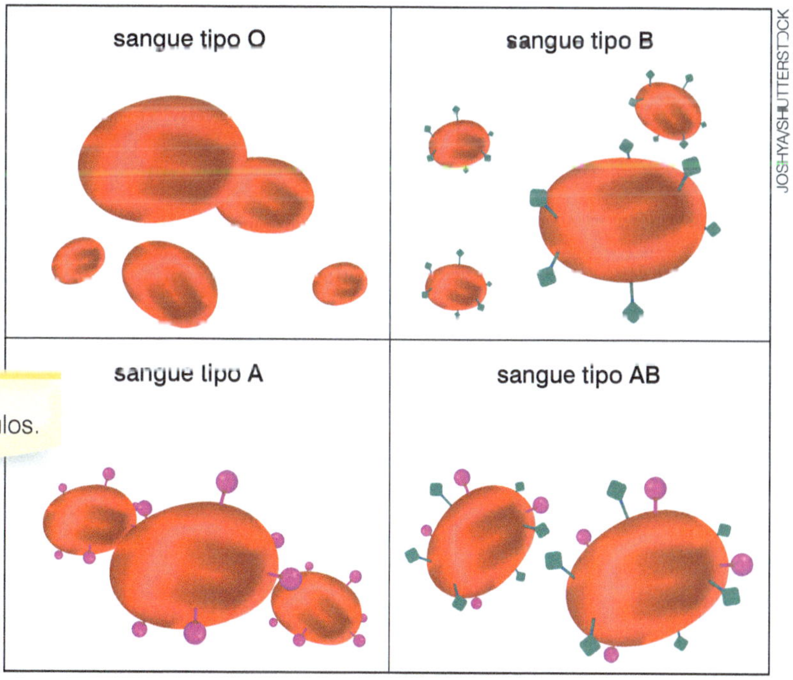

Distribuição ilustrativa dos antígenos na superfície das hemácias dos diferentes grupos sanguíneos do sistema ABO.

Um indivíduo do **grupo B** tem em suas hemácias o *antígeno natural* B e, no plasma, o *anticorpo natural* **anti-A**.

Um indíviduo do **grupo AB** tem os dois *antígenos naturais*, **A** e **B**; portanto, não possui anticorpos anti-A e anti-B em seu plasma.

Finalmente, indivíduos do **grupo O** não possuem nenhum antígeno em suas hemácias, mas apresentam os *anticorpos* **anti-A** e **anti-B**.

Resumindo:

Grupos sanguíneos do sistema ABO.

grupo	A	B	AB	O
tipo de hemácia	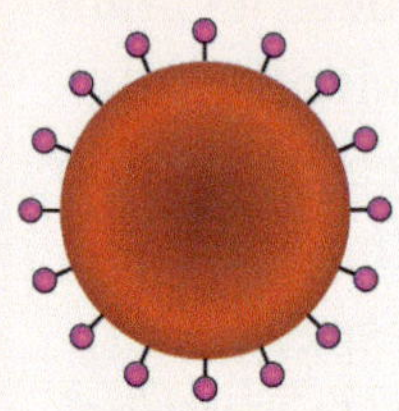	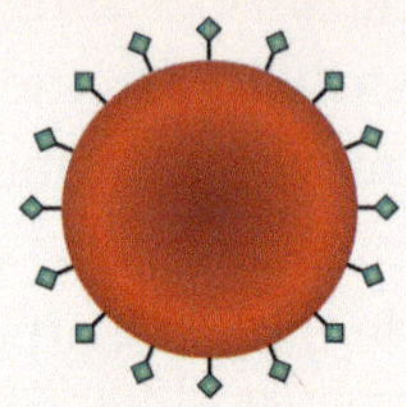	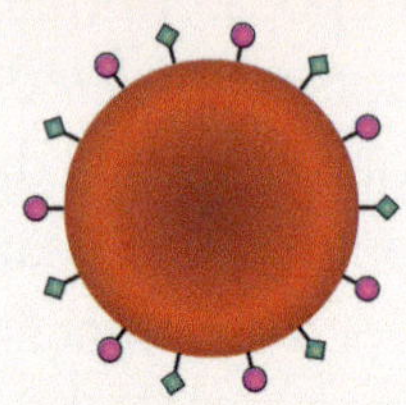	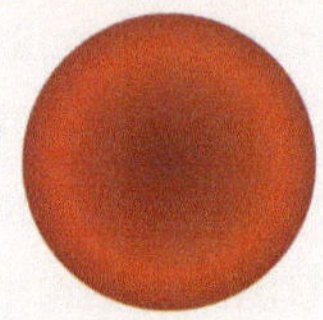
antígeno natural nas hemácias	 A	 B	 AB	ausente
anticorpos naturais no plasma	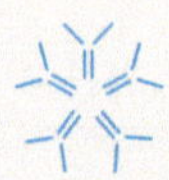 anti-B	 anti-A	ausentes	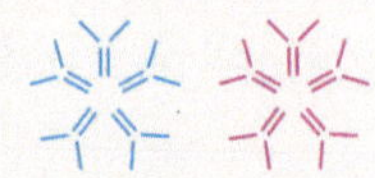 anti-B e anti-A

MR. HIGH SKY/SHUTTERSTOCK

Transfusões sanguíneas

Um indivíduo do grupo A perdeu sangue, necessitando de uma transfusão. Um colega dessa pessoa doou sangue para ajudar, mas seu sangue era tipo B. Essa transfusão é recomendável?

Acompanhe o esquema abaixo:

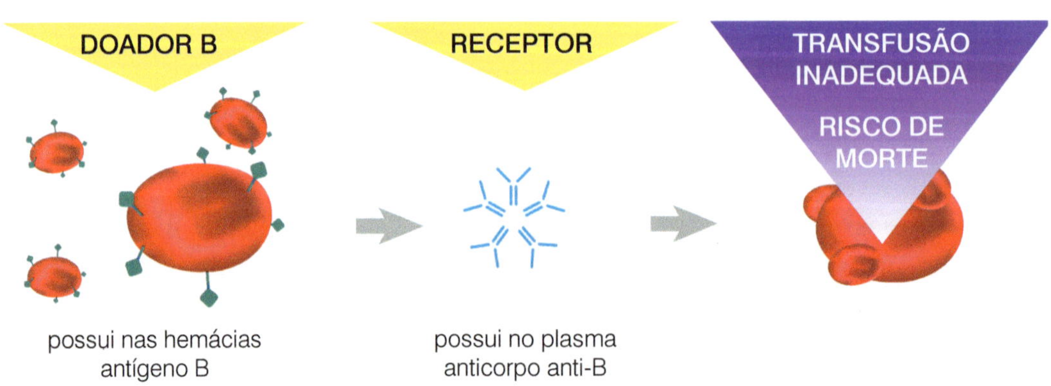

MR. HIGH SKY/SHUTTERSTOCK

Uma transfusão impossível. Diagrama mostrando hemácias de um doador do grupo B "atacadas" por anticorpos anti-B do receptor do grupo A.

Ao receber os glóbulos vermelhos com o antígeno B, os anticorpos anti-B, em grande quantidade no plasma do receptor de grupo sanguíneo A, irão aglutinar as hemácias do doador com as do receptor, podendo ocasionar problemas, como a interrupção do fluxo sanguíneo.

Nesse caso, você poderia argumentar que os anticorpos *anti-A*, presentes no *doador B* iriam confrontar-se com os *antígenos* A do receptor A, não é? É perfeitamente lógico. Porém, cabe aqui uma informação importante: em geral o volume de sangue doado não é muito grande e os anticorpos presentes no sangue do doador diluem-se no sangue do receptor, e não aglutinam suas hemácias.

No caso de doações que envolvem volumes maiores de sangue, a única transfusão segura é a que usa o mesmo tipo de sangue.

Acompanhe no diagrama a seguir, as transfusões que podem ser feitas de maneira segura, sem trazer maiores problemas para os receptores.

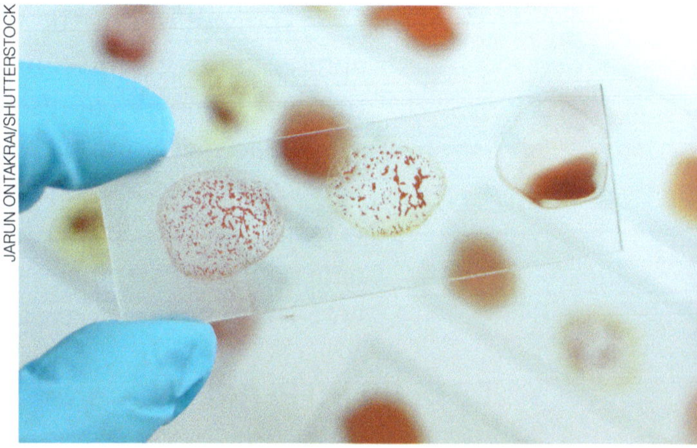

JARUN ONTAKRAI/SHUTTERSTOCK

Observe a aglutinação sanguínea nas duas amostras centrais da lâmina de teste mostrada na foto.

Jogo rápido

Em que elementos do sangue são encontrados os antígenos? e os anticorpos?

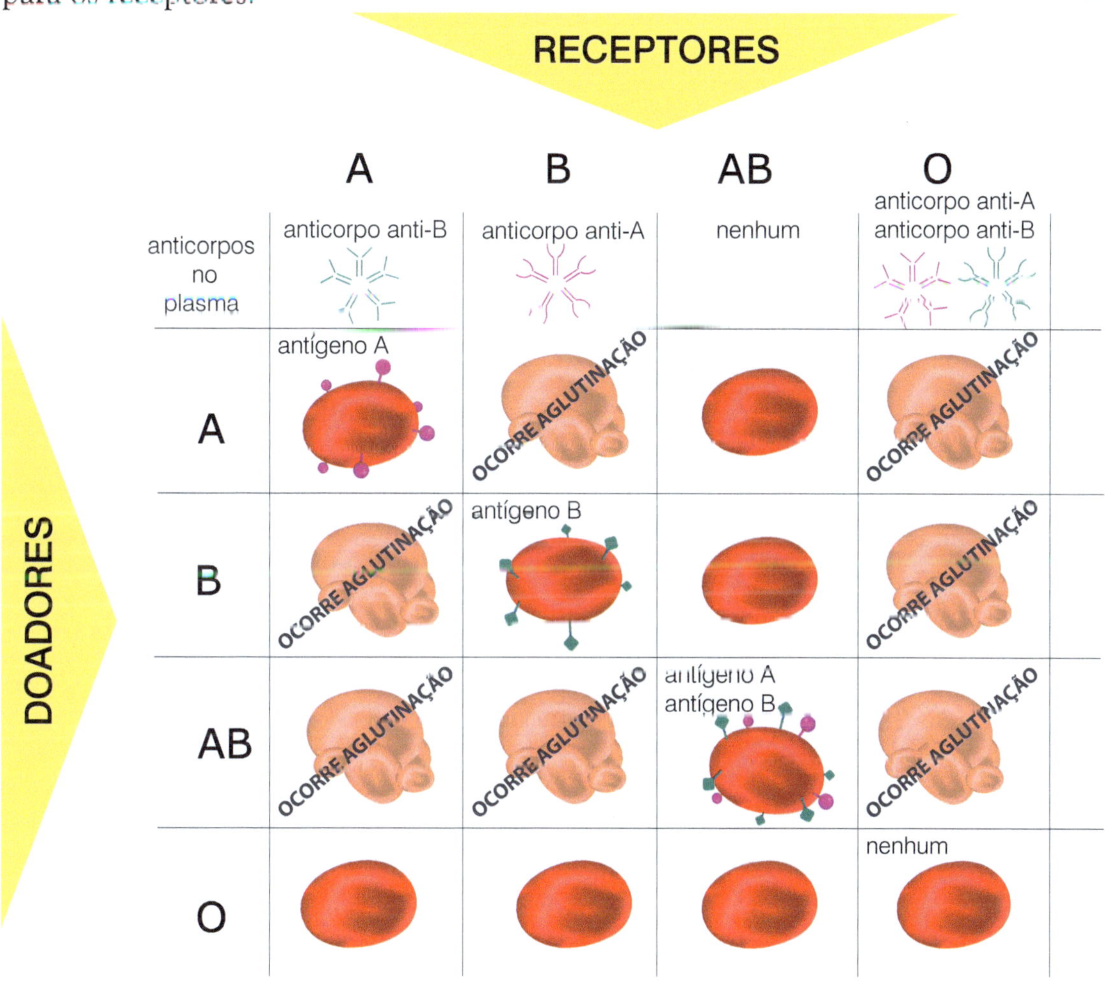

ELLEPIGRAFICA/SHUTTERSTOCK

Diagrama que mostra as possibilidades de transfusões sanguíneas no sistema ABO.
Lembre-se que os anticorpos (anti-A e anti-B) dos doadores diluem-se no sangue dos receptores e, por isso, não acarretam problemas em transfusões que envolvem pequenos volumes de sangue.

Indivíduos do grupo O são chamados de **doadores universais**, pois não apresentam antígenos em suas hemácias que, portanto, não podem ser aglutinadas. Como eles apresentam anticorpos anti-A e anti-B, só podem receber sangue do mesmo tipo O, isto é, sem antígenos A e B.

Os indivíduos com sangue do tipo AB são chamados de **receptores universais**, pois não apresentam os anticorpos anti-A e anti-B, ou seja, não aglutinam nenhum tipo de hemácia recebido. Porém, por possuirem os dois antígenos (A e B), só podem doar para pessoas com o mesmo tipo sanguíneo (AB).

DE OLHO NO PLANETA

Ética & Cidadania

Precisamos aumentar o número de doadores de sangue

Ninguém está livre de sofrer um acidente, de passar por uma cirurgia ou por um procedimento médico em que a transfusão de sangue seja absolutamente indispensável.

Quem precisa de transfusão tem de contar com a boa vontade de doadores; nada como o sangue verdadeiro retirado das veias de outro ser humano.

Todos sabemos que é importante doar sangue. Mas, quando chega a nossa vez, sempre encontramos uma desculpa: "Hoje está frio" ou "não estou disposto" ou "nesses últimos dias tenho trabalhado muito e ando cansado; será que esse sangue não me vai fazer falta?..." e vamos adiando a doação que poderia salvar a vida de uma pessoa.

Sempre é bom frisar que o sangue doado não faz a menor falta para o doador, pois será reposto em pouco tempo pela medula óssea. Consequentemente, nada justifica que as pessoas saudáveis deixem de doá-lo. O processo é simples, rápido e seguro.

Adaptado de: <http://drauziovarella.com.br/drauzio/doacao-de-sangue>. *Acesso em:* 4 abr. 2019.

OLEKSANDR BEREZKO/SHUTTERSTOCK

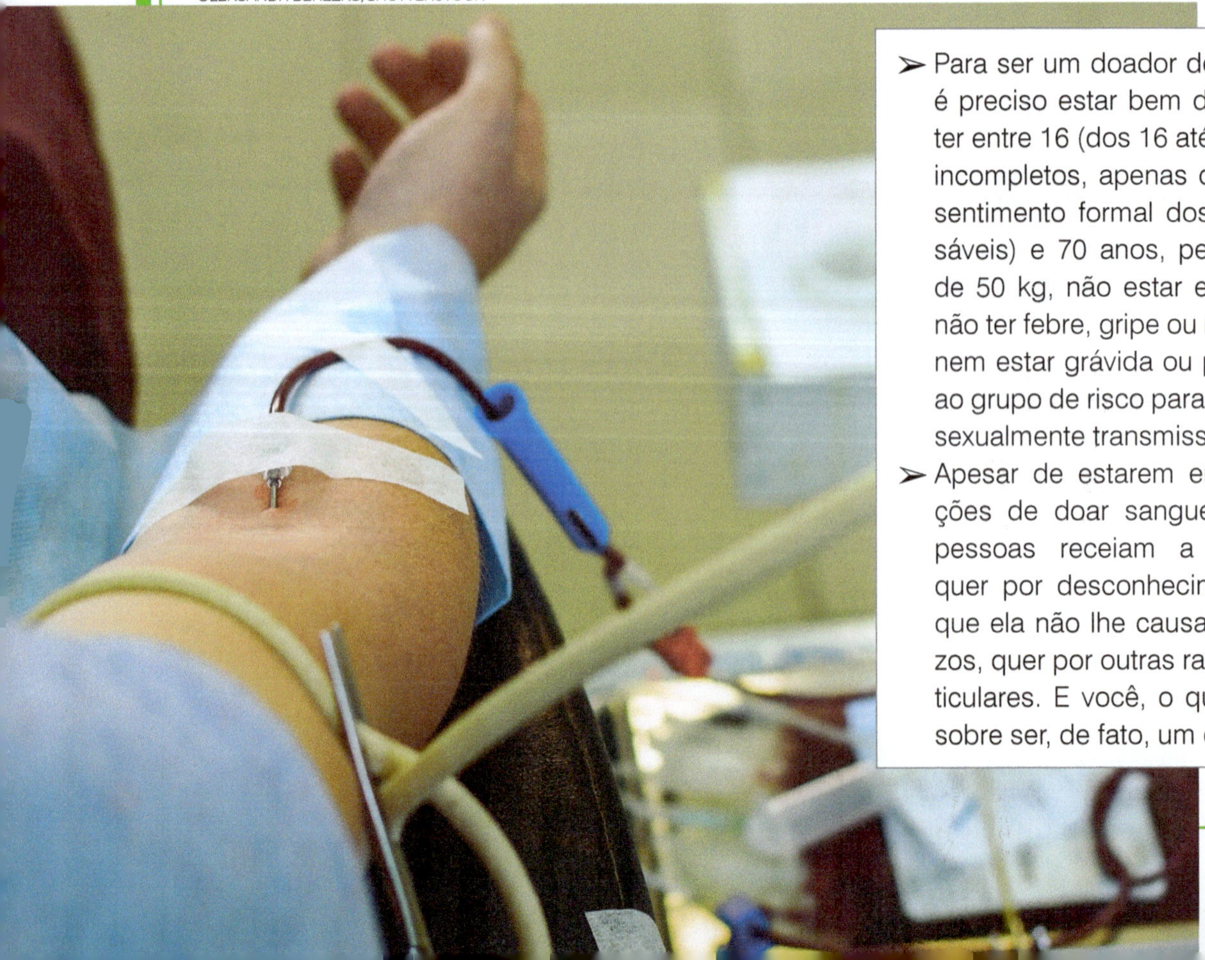

- Para ser um doador de sangue é preciso estar bem de saúde, ter entre 16 (dos 16 até 18 anos incompletos, apenas com consentimento formal dos responsáveis) e 70 anos, pesar mais de 50 kg, não estar em jejum, não ter febre, gripe ou resfriado, nem estar grávida ou pertencer ao grupo de risco para doenças sexualmente transmissíveis.
- Apesar de estarem em condições de doar sangue, muitas pessoas receiam a doação, quer por desconhecimento de que ela não lhe causará prejuízos, quer por outras razões particulares. E você, o que pensa sobre ser, de fato, um doador?

Nosso desafio

Para preencher os quadrinhos de 1 a 11, você deve utilizar as seguintes palavras: anticorpos, coagulação, fagocitose, ferro, gases, hemácias, leucócitos, linfócitos, medula óssea, plaquetas, plasma.

À medida que você preencher os quadrinhos, risque a palavra que escolheu para não usá-la novamente.

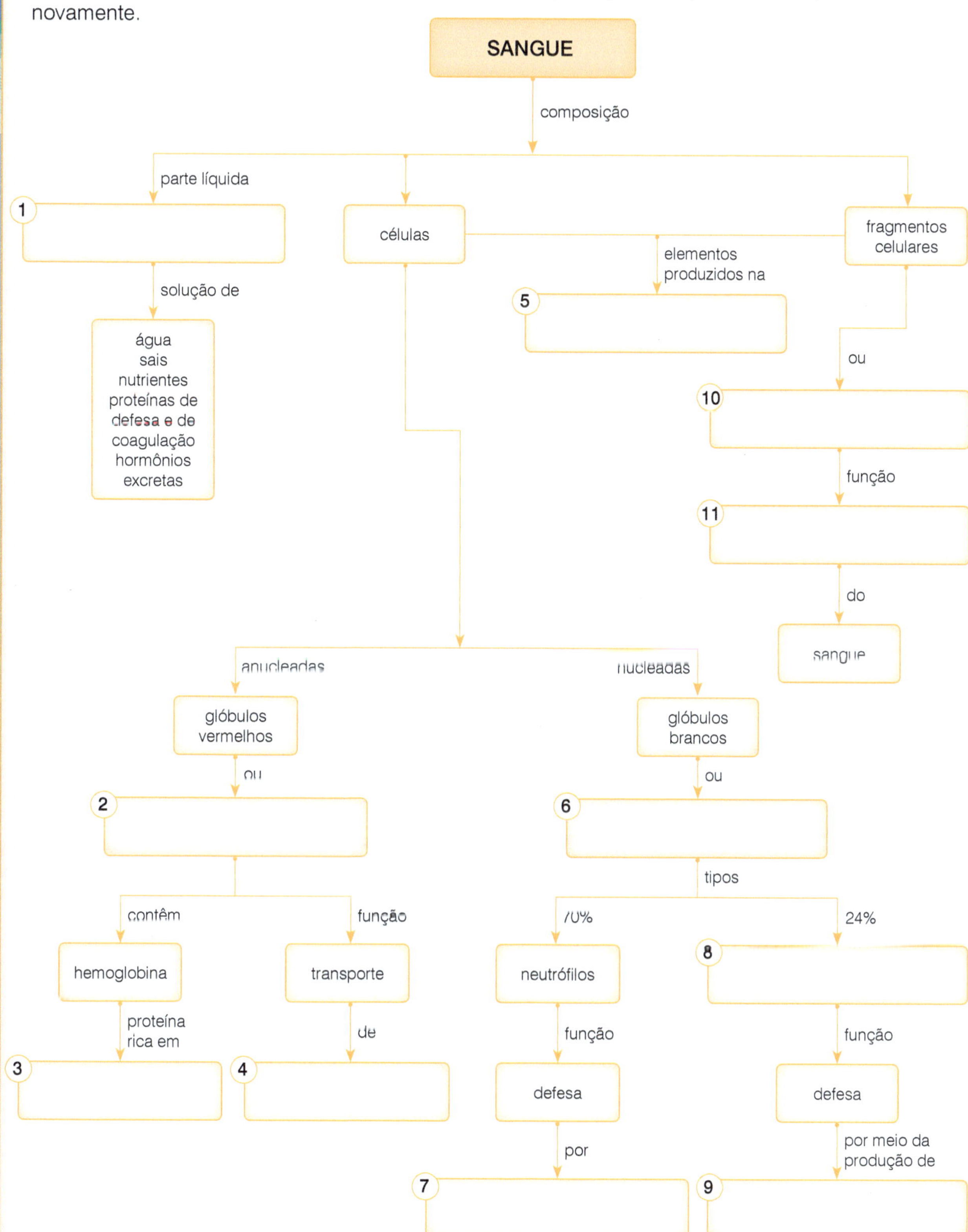

Atividades

1. **[1, 6, 7, 10]** O sangue é um tecido formado por uma parte líquida em que se encontram imersos os chamados elementos figurados (células e fragmentos celulares).

a) Qual é o nome da parte líquida?

b) Que associação pode ser feita entre a composição do sangue com os sistemas digestório e imunitário?

c) Quais são os elementos figurados do sangue?

2. **[1, 6, 10]**

a) Quais são as células sanguíneas responsáveis pelo transporte de gases da respiração?

b) Que substância (proteína) capacita essas células a exercerem essa função?

3. **[1, 6, 7, 9, 10]** É comum os indivíduos anêmicos queixarem-se de cansaço e de certa falta de ar. Explique por que uma alimentação rica em ferro pode reverter o quadro de anemia.

4. **[1, 5, 6, 7, 9, 10, 15]** Um indivíduo do sexo masculino foi submetido a um exame de sangue chamado hemograma, que informa o número de glóbulos vermelhos, glóbulos brancos e plaquetas por mL (ou mm^3) de sangue. O resultado do hemograma está apresentado na tabela abaixo:

Tipos celulares	Valores de referência	Valores obtidos
glóbulos vermelhos	5 a 5,5 milhões	5,3 milhões
glóbulos brancos	6.000 a 9.000	8.000
plaquetas	250.000 a 400.000	25.000

a) Que tipo de problema esse indivíduo pode apresentar?

b) Com base nesse resultado, podemos afirmar que o paciente está produzindo uma quantidade elevada de anticorpos que caracteriza uma infecção? Justifique a resposta.

Leia com atenção o texto a seguir e responda às questões **5** a **7**.

Os glóbulos vermelhos são células altamente especializadas em conduzir oxigênio para as células do organismo e trazer gás carbônico dos tecidos para os pulmões. Durante sua formação, que ocorre na medula óssea, são eliminados o núcleo e as organelas, como a mitocôndria, do glóbulo vermelho. Praticamente a totalidade do volume do glóbulo vermelho é ocupada por hemoglobina, molécula transportadora de oxigênio e gás carbônico. A hemoglobina é uma molécula formada pela união de uma parte proteica e um grupo complexo chamado heme, que contém ferro.

5. **[6, 7, 9, 10]** É correto afirmar que o glóbulo vermelho circulando pelo sangue consome parte do oxigênio para manter o seu metabolismo? Justifique sua resposta.

6. **[6, 7, 9, 10]** Por que uma vez no sangue os glóbulos vermelhos não são capazes de produzir hemoglobina?

7. **[6, 7, 9, 10]** Comente a frase: "o tempo médio de vida de uma hemácia é de 120 dias. Antes que as células envelhecidas sejam retiradas da circulação pelo fígado e baço, elas se multiplicam por divisões celulares, o que garante a continuação do número de glóbulos vermelhos necessários para abastecer os tecidos do organismo".

8. **[6, 7, 9, 10]** Os neutrófilos constituem 60% a 70% dos glóbulos brancos, são muito ativos em fagocitose, e são os primeiros a chegar ao local de uma lesão. É correto dizer que, ao contrário das hemácias e plaquetas, os neutrófilos são capazes de se locomover contra a corrente sanguínea? Justifique sua resposta.

Leia com atenção o texto abaixo e responda às perguntas **9** a **11**.

Hirudo medicinalis é o nome científico do anelídeo conhecido como sanguessuga. Quando a sanguessuga se instala em um organismo para se alimentar de sangue do hospedeiro, injeta por meio de sua saliva uma *proteína*, a hirudina, potente substância *anticoagulante*. Atualmente a indústria farmacêutica usa como modelo a hirudina para produzir uma droga, em substituição à heparina, tradicional anticoagulante. Essa nova droga já é usada em meio hospitalar em cirurgias ortopédicas para dissolver coágulos.

9. [6, 7, 9, 10] Qual é a relação entre plaqueta (fragmento celular presente no sangue) e a proteína hirudina produzida pela sanguessuga?

10. [1, 6, 7, 9, 10] Pelo fato de a hirudina funcionar tão bem como anticoagulante, por que retirar a hirudina diretamente da sanguessuga e administrá-la via oral como remédio não traz nenhum benefício ao paciente?

Leia com atenção o texto abaixo e responda às perguntas **11** a **14**.

Ferimento por corte de pele

Assim que acontece o corte da pele por um instrumento afiado, instantaneamente há o aparecimento de sangue. Passado certo tempo, o sangue resseca. Enquanto o sangue resseca os tecidos lesados pelo ferimento, as bactérias e impurezas invasoras são eliminadas por células especializadas. Caso seja necessário, a medula óssea produz mais células especializadas para terminar a tarefa de eliminar os tecidos lesados, as bactérias e as impurezas.

Para refazer o ferimento causado na pele, uma célula da derme (tecido da pele), o fibroblasto – que possui muitos ribossomos e um sistema golgiense desenvolvido – produz e secreta colágeno (proteína). Essa proteína agrupa-se com outras formando fibras de colágeno, que lentamente unem as bordas do ferimento.

Finalmente, células da epiderme da pele entram em divisão celular por baixo do coágulo, até que se complete o processo de regeneração do tecido epitelial, ficando do lado de fora a "casquinha", que pode ser removida com facilidade.

11. [1, 6, 7, 9, 10] Qual é a participação direta e indireta do sangue para que ocorra a cura do ferimento, sabendo que *ação direta* é uma ação imediata para produzir mudanças?

12. [1, 6, 7, 9, 10] É correto afirmar que na reparação da pele a medula óssea participa com a produção de fibroblastos, células responsáveis pela produção e secreção de colágeno? Justifique sua resposta.

13. [6, 7, 9, 10] Qual é a relação do processo de fagocitose com a cura do ferimento da pele?

14. [6, 7, 9, 10] Por que o fibroblasto, célula da derme, é rico em ribossomos e contém um sistema golgiense desenvolvido?

Leia com atenção o texto abaixo e responda às questões **15** a **17**.

O organismo é capaz de detectar uma substância química presente em um agressor que provoca uma enfermidade. Assim, quando determinado vírus entra no organismo, o corpo reconhece certa substância química dele e passa a produzir, como defesa, outra substância química. Esta se liga à substância invasora, formando um complexo químico que termina por destruir o organismo invasor. Caso esse tipo de vírus volte a agredir o organismo, o combate a ele será mais rápido e eficiente.

15. [6, 7, 9, 10] Qual é a relação dos conceitos de antígeno e anticorpo com o texto citado no exercício?

16. [6, 7, 9, 10] É correto afirmar que o processo de defesa citado no texto do exercício utiliza a fagocitose? Justifique sua resposta.

17. [1, 6, 7, 9, 10, 15, 18] Por que, se essa espécie de vírus agredir o organismo uma segunda vez, o combate a ele será mais rápido e eficiente?

Navegando na net

Vídeo sobre a origem, as características e as funções das células sanguíneas pode ser visto em (*acesso em:* 12 fev. 2019):

<http://www.biologia.seed.pr.gov.br/modules/video/showVideo.php?video=12397>

capítulo 8

SISTEMA URINÁRIO (EXCRETOR)

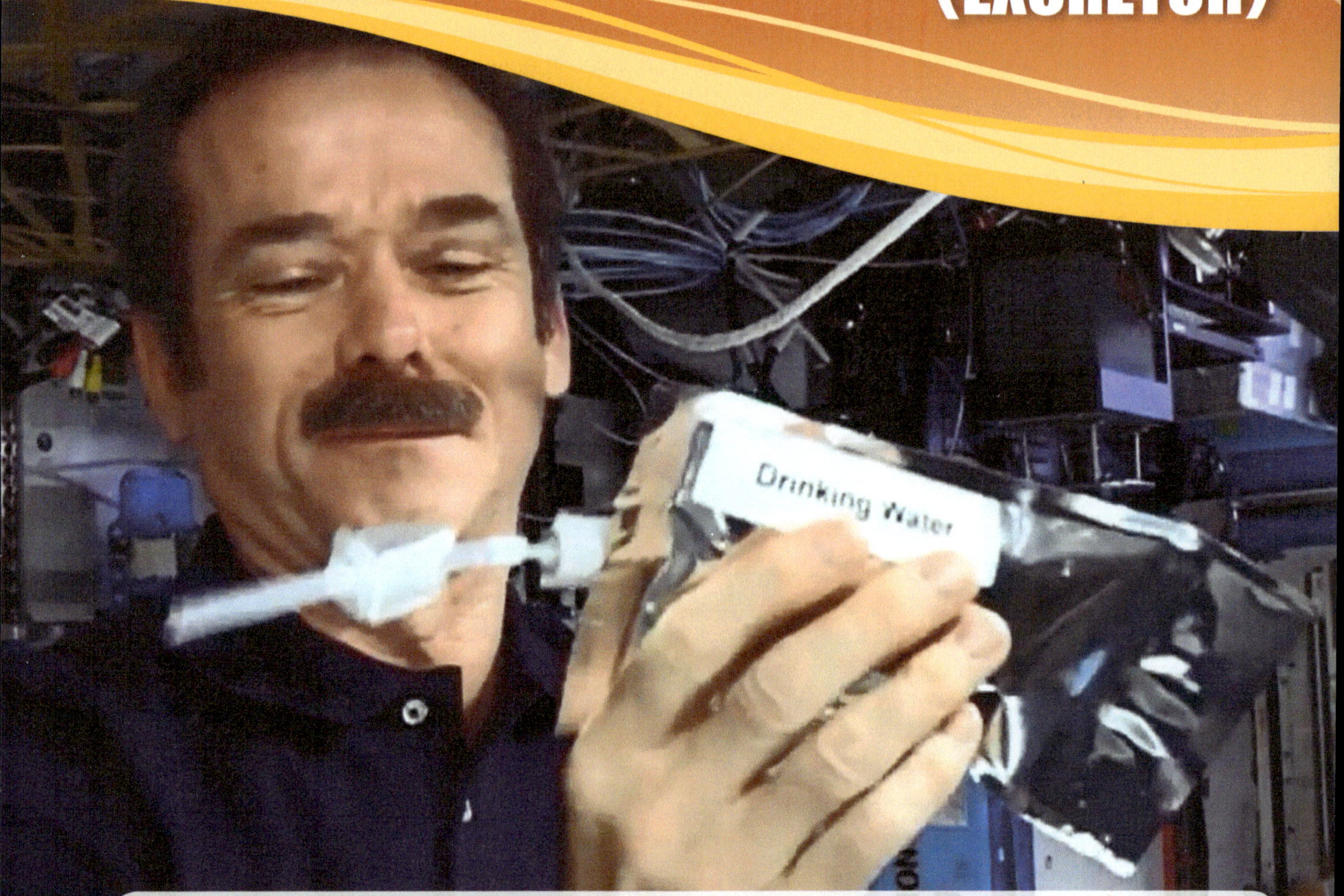

Urina transformada em água potável!

A tripulação a bordo da Estação Espacial Internacional (EEI) dependia de voos enviados da Terra para manter o suprimento de água a bordo. A necessidade de um sistema que reciclasse a água se mostrou ainda mais importante quando uma aeronave contendo suprimentos vitais foi incapaz de chegar à Estação.

A solução para o problema da autossuficiência de água a bordo da EEI veio em 2003, quando um sistema de destilação acoplado a filtros foi capaz de transformar a urina e o suor dos astronautas em água potável. Com esse sistema, é possível "produzir" cerca de 2,7 kg de água diariamente, o que possibilita que a Estação possa ter a bordo seis astronautas em lugar de três.

Muitos poderão fazer careta só de pensar em beber esse tipo de água reciclada, mas sua qualidade é melhor do que a oferecida por muitos municípios a suas populações – o único problema é superar o aspecto psicológico de saber a origem do líquido.

Fonte: ANDREW, D. *American Astronauts Drink Their Pee – But Russians Refuse. Disponível em:* <http://www.iflscience.com/space/american-astronauts-drink-eachother-pee-russians-refuse>. *Acesso em:* 15 mar. 2019.

Neste capítulo, vamos conhecer a fisiologia do sistema urinário, incluindo como se forma a urina, precioso líquido para os astronautas a bordo da EEI.

NASA TV

Desde quando começamos a enviar seres humanos ao espaço e lá permaneceram por meses, entre várias adaptações foi preciso equipá-los com alimentos e água potável, pensando sempre no exíguo espaço disponível nos veículos espaciais. A partir daí, grandes avanços ocorreram na indústria de alimentos liofilizados. Além de frutas, sopas, leite em pó, café, se conservarem por mais tempo, muitos, como as frutas secas, podiam ser consumidos dessa forma e outros, como sopas, leite e café, precisavam ser reidratados para consumo.

Liofilizados: desidratados.

Uma das soluções foi o aproveitamento da água eliminada pela urina dos astronautas. A urina coletada passa por um tratamento que retira os sais e a ureia excretados. A água sai dos equipamentos transformadores cristalina, inodora, insípida como toda água tratada deve ser, e pronta para beber ou para preparar uma boa refeição.

Quando se fala em tratamento e reutilização de água, os seres humanos há tempos fazem isso, a partir do esgoto produzido nas grandes cidades. O esgoto é submetido a um rigoroso tratamento em estações apropriadas e, em seguida, a "água de reúso" pode ser empregada na lavagem de ruas, jardinagem e tantos outros fins que não precisam de água potável. Rigorosamente falando, é isso o que nosso sistema urinário faz ao "tratar" os resíduos ou excretas nitrogenadas produzidas pelas nossas células. O sangue coleta esses resíduos e, ao circular pelos rins, sofre um processo de filtragem. Os resíduos nitrogenados são excretados pela urina, enquanto a água e alguns nutrientes úteis retornam para o sangue, para reutilização pelas nossas células. Por isso, neste capítulo, estudaremos os órgãos do sistema urinário humano, dando uma atenção especial para a estrutura e o funcionamento dos rins, à formação e composição da urina e à importância da excreção urinária na manutenção do equilíbrio do meio interno do nosso corpo.

Homeostase: em equilíbrio

A capacidade de um organismo manter o seu ambiente interno estável, apesar de todas as mudanças do ambiente externo, é chamada **homeostase** (do grego, *homoios* = = igual, constante + *stasis* = equilíbrio).

Essa capacidade depende da atividade conjunta de todos os sistemas que compõem o nosso corpo. Assim, por meio do *sistema digestório* absorvemos os nutrientes celulares; o sistema respiratório é reponsável pelo abastecimento de oxigênio e eliminação do gás carbônico; o *circulatório*, em contato com todos os outros sistemas, transporta nutrientes, gases, substâncias de excreção e inúmeras outras substâncias, além de distribuir o calor gerado pelo *sistema muscular*; o *excretor* elimina excretas por meio da urina. Finalmente, os *sistemas nervoso* e *hormonal* (endócrino) regulam o funcionamento de todos os outros sistemas. Somente dessa forma é possível manter um meio favorável para o trabalho (metabolismo) de nossas células e, por extensão, dos tecidos, órgãos, sistemas, e do organismo como um todo, mantendo-o em um estado de "equilíbrio dinâmico". Homeostase, portanto, é sinal de saúde, de vida em equilíbrio.

Os resíduos celulares

Como acontece em qualquer fábrica, as células, ao processarem substâncias químicas, produzem **resíduos**. Os dois principais resíduos provenientes do metabolismo celular são o **gás carbônico** (CO_2) e a **amônia** (NH_3).

Você já aprendeu que as células "quebram" açúcares para liberar energia. O gás carbônico é o resíduo desse processo e é eliminado para o ambiente através dos pulmões e das vias aéreas. A amônia é um resíduo nitrogenado resultante principalmente do metabolismo de proteínas ou de seus componentes, os aminoácidos. É, porém, muito tóxica e exige grandes volumes de água para sua eliminação. No homem e na maioria dos mamíferos, esse problema é resolvido pela *transformação da amônia* em **ureia**, resíduo que tem a vantagem de ser menos tóxico do que a amônia e, por isso, exige menores volumes de água para a sua eliminação.

A transformação de amônia em ureia ocorre no fígado, que é, portanto, uma importante "estação de tratamento de resíduos". Assim que é produzida, a ureia é lançada no sangue. E por meio do sangue alcança os rins, que são os órgãos do sistema urinário responsáveis pela sua eliminação.

A transformação de amônia em ureia nas células do fígado gasta energia. Mas vale a pena, pois reduzindo a toxicidade da excreta é possível ao organismo tê-la em maior concentração no sangue e eliminá-la pela urina com economia de água. Economizar água é um dos fatores importantes na adaptação de diversos grupos de seres vivos ao ambiente terrestre.

No fígado, a amônia é também transformada em ácido úrico, mas em uma quantidade bem menor do que a de ureia. O ácido úrico é bem menos tóxico e exige pequeníssima quantidade de água para a sua eliminação. Infelizmente, nos seres humanos, o excesso de ácido úrico indica alterações do metabolismo e pode causar uma doença popularmente chamada de "gota", em que cristais de ácido úrico depositam-se nas articulações ósseas causando inflamações e dor.

O sistema urinário

Observe a figura desta página, que mostra os órgãos e as estruturas que fazem parte do sistema urinário humano, formado por:

- **dois rins** – apresentam o formato de feijões, de cor vermelho-escura, pesam em torno de 150 g cada um, com cerca de 10 cm de comprimento, 5 a 7 cm de largura. Localizam-se na parte posterior da cavidade abdominal, em cada lado da coluna vertebral. Sua principal função é filtrar o sangue e *formar a urina*;
- **dois ureteres** – são tubos cuja função é *conduzir a urina produzida nos rins até a bexiga urinária*;
- **bexiga urinária** – é uma bolsa elástica localizada na parte inferior do abdômen. Sua função é *receber e acumular a urina conduzida pelos ureteres*. A bexiga pode armazenar de 400 a 700 cm^3 ou mais de urina;

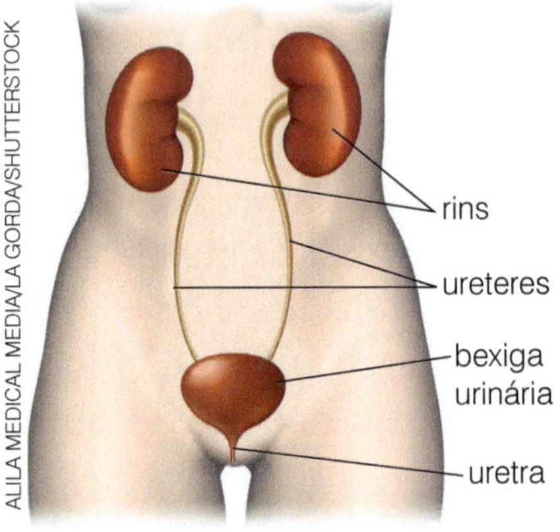

Representação ilustrativa do sistema urinário humano. (Cores-fantasia.)

- **uretra** – é o canal da bexiga urinária que se abre para o meio externo. No homem, é um canal longo e atravessa o pênis que, além da urina, também conduz o esperma. Na mulher é um canal muito curto, não mais do que 3 cm, e serve apenas à passagem da urina.

Jogo rápido

Cite os principais órgãos que fazem parte do sistema urinário humano.

A saída da urina da bexiga urinária é controlada por um esfíncter situado no começo da uretra. Nos bebês, o esfíncter é controlado involuntariamente e obedece a um estímulo provocado pela dilatação da parede da bexiga. Somente por volta dos dois anos de idade, o esfíncter pode ser controlado voluntariamente.

Esfíncter: um anel muscular com capacidade de contração e relaxamento.

O mau funcionamento do esfíncter causa incontinência urinária.

A relação dos rins com o sistema circulatório

Cada rim é irrigado por uma **artéria renal**, ramo da *artéria aorta dorsal*. As artérias renais, além de conduzirem sangue com nutrientes e oxigênio (sangue arterial) para abastecer as células do rim, levam também excretas nitrogenadas, que deverão ser filtradas por esse órgão.

Após a filtração renal, o sangue que sai de cada rim é conduzido por uma **veia renal** até a veia cava inferior, que se dirige ao coração. As veias renais carregam sangue com menor quantidade de nutrientes e de oxigênio, e com maior quantidade de gás carbônico (sangue venoso), porém livre da maior pate das excretas nitrogenadas tóxicas.

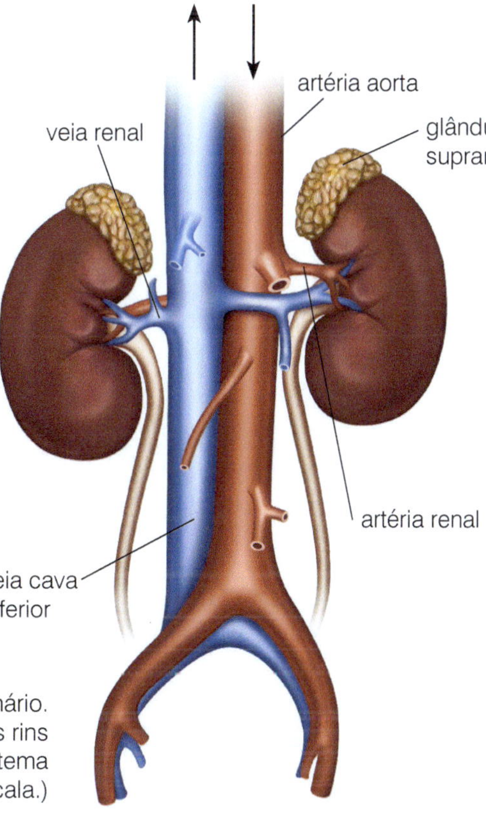

Principais vasos relacionados ao sistema urinário. A estrutura que se apóia na parte superior dos rins é a glândula suprarrenal, que não faz parte do sistema urinário. (Cores-fantasia. Ilustração fora de escala.)

ESTABELECENDO CONEXÕES

Saúde

Hemodiálise e a perda da função renal

Quando os rins são lesados severamente e deixam de funcionar, um *rim artificial* pode substituir a função dos rins naturais. O rim artificial é um aparelho onde o sangue é submetido a um processo de filtração, chamado **hemodiálise**.

O indivíduo com severa injúria renal deve se submeter a uma rotina semanal de, em geral, três sessões de hemodiálise, cada uma com duração de quatro horas, além de restringir a ingestão de líquidos, sais e proteínas.

Embora a hemodiálise seja um processo seguro, ela tem seus riscos, como qualquer tipo de tratamento. Podem surgir complicações como, por exemplo, hipertensão arterial e anemia, entre outros.

Uma solução quase definitiva para superar a deficiência renal é o **transplante renal**, cuja técnica está tão avançada que oferece praticamente 100% de sobrevivência aos transplantados.

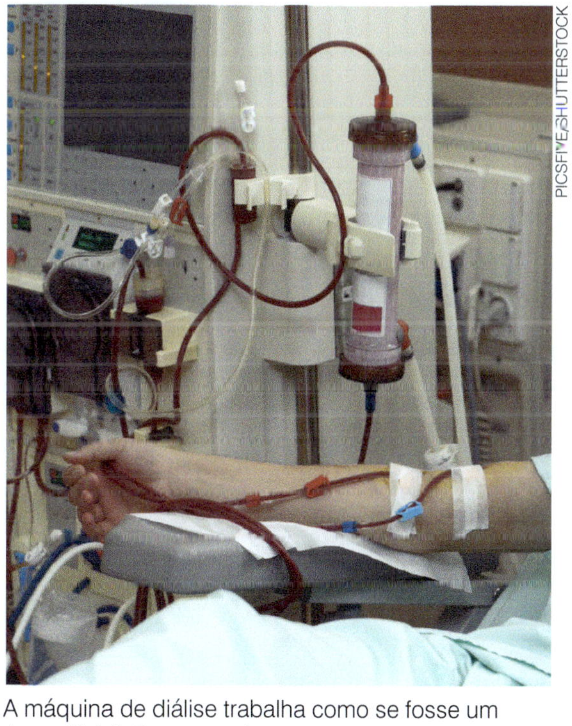

A máquina de diálise trabalha como se fosse um rim artificial. O sangue do paciente passa por uma membrana semipermeável do equipamento, em que ficam retidos os produtos de excreção. O sangue "tratado" retorna ao paciente também por via endovenosa.

Os rins e a formação da urina

Lembre-se!

Os rins desempenham um papel importante na homeostase do corpo, isto é, ajudam a regular a composição do meio interno, por meio da eliminação de substâncias tóxicas (ureia, ácido úrico) e dos excessos de água e sais, mantendo a composição química do plasma relativamente constante.

A função dos rins é "limpar" o plasma sanguíneo e o resultado desse processo de purificação é a formação da urina. A maior parte da urina é composta de **água** (95%); o restante é formado por substâncias tóxicas resultantes do metabolismo celular, como a **ureia** e o **ácido úrico**, e substâncias não tóxicas, como os **sais minerais**.

Os sais minerais e a água são úteis ao organismo, desde que presentes em uma concentração adequada no plasma. Porém, algumas vezes, os ingerimos mais do que o necessário, o que pode prejudicar a função do sangue (alternando, por exemplo, a pressão arterial) e o estado de equilíbrio do organismo. Os rins, eliminando o excesso de água e de sais minerais, conseguem manter o sangue em uma condição de equilíbrio, ou seja, em homeostase.

Urina com mais ou menos água: o que controla esse processo?

Normalmente, eliminamos 1,5 L de urina por dia. Porém, às vezes, o volume diário é de apenas 0,5 L, que é a quantidade mínima necessária para a remoção dos resíduos. Em outras ocasiões, eliminamos volumes maiores (vários litros por dia). O que controla a quantidade de urina?

No encéfalo existe uma região, o hipotálamo, que "percebe" a falta ou o excesso de água no sangue. O hipotálamo induz a hipófise a liberar no sangue o **hormônio antidiurético** (**HAD** ou **ADH**). Esse hormônio atua nos túbulos renais e nos coletores de urina, promovendo a reabsorção de água.

Hipófise: glândula endócrina situada na base do encéfalo.

Caso a quantidade de água no sangue esteja abaixo do normal, a hipófise libera o (ADH), que promove maior reabsorção de água. Dessa forma, o volume de urina será menor.

Ao contrário, caso haja muita água no sangue, a produção de ADH é inibida e, como consequência, menos água será reabsorvida, aumentando o volume urinário.

CHOMPOO SURIYO/SHUTTERSTOCK

É SEMPRE BOM SABER MAIS!

Glândulas sudoríparas e a excreção do suor

As glândulas sudoríparas se encontram em grande quantidade na pele (em torno de 2 milhões), principalmente na fronte, nas axilas, na palma das mãos e na planta dos pés. Elas produzem o suor, que é formado por água, ureia, ácido úrico e alguns sais, muito semelhante à composição da urina. Essas substâncias são retiradas do sangue por essas glândulas e são eliminadas através do poro excretor de cada glândula na superfície do corpo.

A principal função das glândulas sudoríparas é regular a temperatura corporal, embora contribuam com a eliminação de excretas. Ao transpirar, a evaporação da água do suor "rouba calor", mantendo constante a temperatura corporal.

ESTABELECENDO CONEXÕES

Cotidiano

No inverno, normalmente, urinamos mais do que no verão. Uma das explicações é que no inverno transpiramos menos do que no verão. Então, no inverno "sobra" mais água no sangue; como consequência, o ADH age menos no inverno do que no verão. Assim, no inverno, a urina terá mais água e será mais clara do que no verão, quando se apresenta com cor mais escura.

DE OLHO NO PLANETA

Ética & Cidadania

Troféu "Babaca do Ano"

Se você prestar atenção ao funcionamento do seu corpo, vai perceber que a ingestão excessiva de líquidos nos leva a uma maior produção de urina. No caso de bebidas alcoólicas, como a cerveja, por exemplo, o álcool presente em sua composição tem a propriedade de inibir a produção de ADH. Com isso, menos água será reabsorvida e, consequentemente, haverá maior produção de urina.

O problema fica constrangedor quando pessoas deixam de lado as noções de cidadania e higiene e passam a urinar em espaços públicos, como ruas, praças, postes, ou até mesmo nos muros das residências particulares, em lugar de buscar banheiros, que são os locais apropriados para isso.

O ato de urinar em público pode ser considerado uma contravenção penal ou até mesmo um ato obsceno, ambos passíveis de pena segundo nosso Código Penal (como ato obsceno, a pena é de três meses a um ano de detenção).

Apesar da norma, ainda assim muitos continuam a ignorá-la, emporcalhando nossas vias públicas. São os babacas da cidade, porque chamá-los de porcos seria ofender aos quadrúpedes!

➢ O que você acredita que poderia ser feito no sentido de modificar a conduta de quem urina em público?

Os rins e os néfrons

Cada rim é formado por uma extensa rede de capilares e finos tubos reunidos. Se um rim for cortado no sentido do comprimento, nota-se uma região mais externa, de cor vermelho-escura, chamada **córtex renal** e uma região interna, mais clara, a **medula renal**. O córtex e a medula abrigam cerca de 1 milhão de unidades filtradoras de sangue. Esses filtros microscópicos são os **néfrons** (do grego, *nephros* = rim).

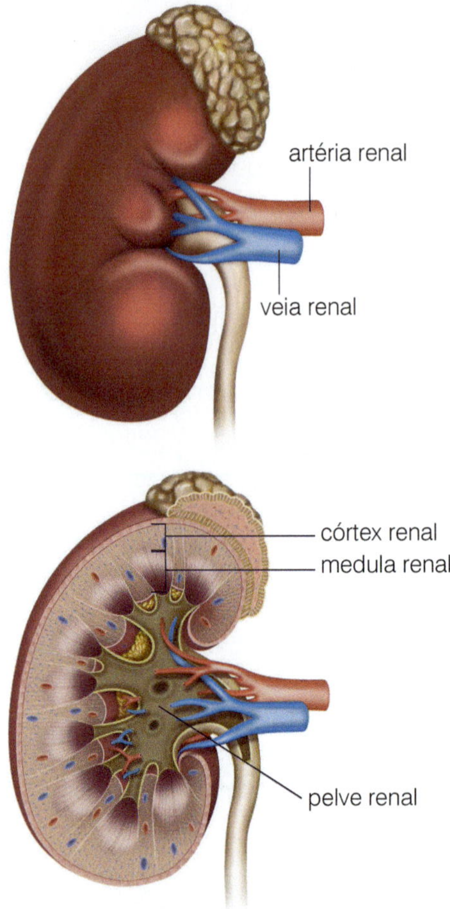

Rim em corte longitudinal, evidenciando o córtex e a medula renal. (Cores-fantasia. Ilustração fora de escala.)

Néfron: a unidade funcional dos rins

Para entender o funcionamento dos rins, devemos inicialmente estudar o **néfron**, que é a unidade funcional desses importantes órgãos. Repare na figura da página seguinte que o néfron é uma estrutura em forma de tubo, em que a porção inicial é dilatada e lembra uma taça, chamada **cápsula glomerular** (ou de Bowman).

Após a cápsula vem o **túbulo contorcido proximal**, seguido de uma região mais fina, em forma de "U", a **alça** do néfron. Na sequência, temos o **túbulo contorcido distal**, que termina em um **ducto coletor**, que recolhe a urina produzida pelos néfrons.

A urina corre pelos ductos coletores em direção à **pelve renal**, uma câmara em forma de funil, e dela para o **ureter**, canal que liga o rim à bexiga urinária.

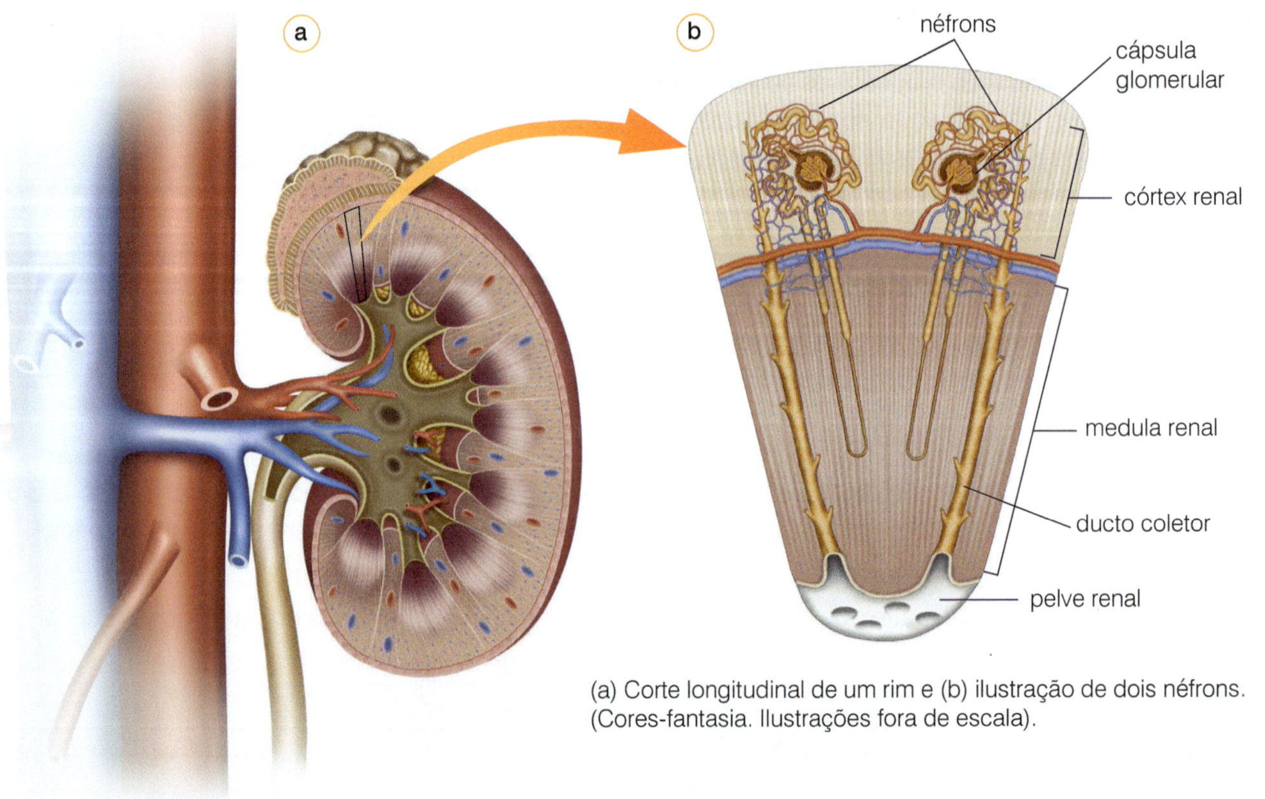

ALEXILUS/SHUTTERSTOCK

(a) Corte longitudinal de um rim e (b) ilustração de dois néfrons. (Cores-fantasia. Ilustrações fora de escala).

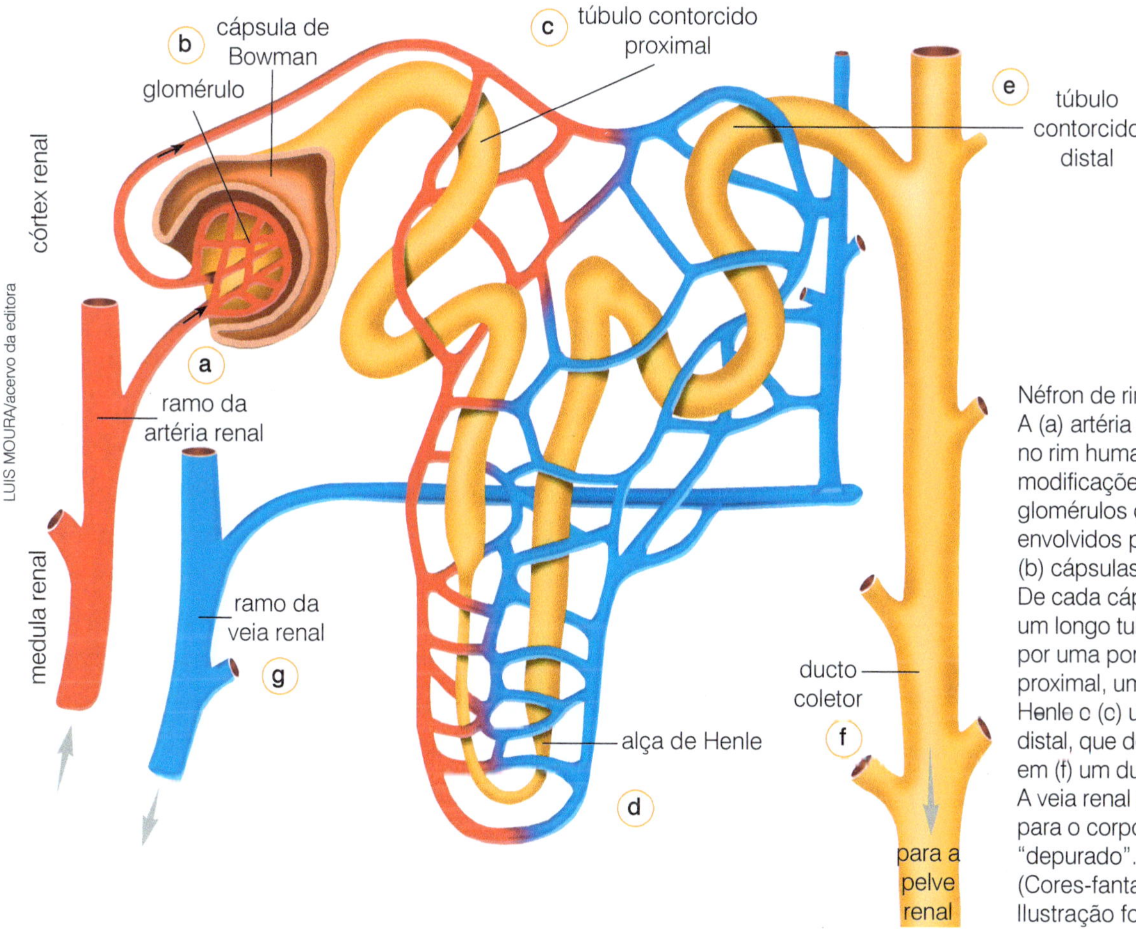

Néfron de rim humano. A (a) artéria renal entra no rim humano e sofre modificações até formar glomérulos que serão envolvidos por (b) cápsulas de Bowman. De cada cápsula emerge um longo tubo formado por uma porção (c) proximal, uma (d) alça de Henle e (e) uma porção distal, que desemboca em (f) um ducto coletor. A veia renal (g) encaminha para o corpo o sangue "depurado". (Cores-fantasia. Ilustração fora de escala.)

Glomérulo: o filtro do néfron

Observe no esquema do néfron que uma arteríola penetra na cápsula e forma um novelo de capilares sanguíneos, o **glomérulo renal**. A seguir, note que os capilares voltam a se reunir e formam uma arteríola que abandona a cápsula glomerular. Ou seja, há uma arteríola de ingresso, o glomérulo e uma arteríola de saída.

Na passagem pelos capilares do glomérulo, o sangue será filtrado. Essa filtração do sangue é a primeira etapa da formação da urina, como você verá a seguir.

Jogo rápido

Cite o nome do vaso sanguíneo que conduz sangue ao rim e o vaso que leva o sangue já filtrado pelo rim de volta ao corpo.

ESTABELECENDO CONEXÕES

Saúde

Nefrite: a infecção do rim

A nefrite é uma doença muito comum, provocada por toxinas de certos tipos de bactérias. Nessa doença, os glomérulos dos néfrons ficam inflamados, inchados e tornam-se extremamente permeáveis, permitindo que glóbulos vermelhos e proteínas do plasma saiam do sangue, dirijam-se aos túbulos renais e apareçam na urina.

Com tratamento médico, a nefrite regride rapidamente, mas a doença pode destruir permanentemente um grande número de néfrons, comprometendo a função renal.

Fique por dentro!

A cada 25 minutos, todo o volume sanguíneo passa pelos rins. Isso quer dizer que, em 24 horas, o plasma é filtrado em torno de 60 vezes, totalizando 180 litros de filtrado glomerular. Desses 180 litros, 99% retornam ao sangue por meio da reabsorção ao longo dos túbulos dos néfrons. Isso quer dizer que pouco mais do que 1,5 L de urina é, de fato, produzida em um dia.

Descubra você mesmo!

Pesquise na internet ou em livros da biblioteca por que uma parada no funcionamento dos rins pode causar sérios danos ao indivíduo.

O funcionamento dos néfrons: filtração e reabsorção

Os capilares que formam o glomérulo permitem a passagem de água, sais e de pequenas moléculas para a cápsula do néfron, mas impedem a passagem de moléculas grandes, como proteínas, e de células sanguíneas (hemácias e leucócitos) e plaquetas.

Como o sangue presente nos capilares do glomérulo está sob alta pressão, ocorre uma **filtração**; com isso, parte do plasma sanguíneo passa para a cápsula do néfron. O líquido filtrado recebe o nome de **filtrado glomerular**. O filtrado glomerular assemelha-se ao plasma, porém *sem proteínas*, ou seja, é formado por água, aminoácidos, glicose, sais minerais, vitaminas, ureia, ácido úrico, entre outras substâncias. À medida que o filtrado glomerular percorre os túbulos do néfron, a maior parte da água, dos aminoácidos, da glicose, das vitaminas e de alguns sais minerais passa por um processo de *reabsorção* e volta para os capilares que envolvem esses túbulos. Dessa forma, não há perda das substâncias úteis ao organismo, que retornam ao corpo pela veia renal.

O que sobrou, depois da reabsorção, é a **urina**, formada pelo excesso de água, excesso de sais minerais, ureia e um pouco de ácido úrico. A urina é coletada pelos ductos coletores que convergem para a pelve renal, penetra no ureter, chega à bexiga e, posteriormente, é eliminada pela uretra.

Nos ductos coletores, ainda há reabsorção de água, estimulada pela ação de um hormônio, o ADH ou HAD, que ajuda a reduzir o volume de urina produzido, o que contribui para a economia de água para o organismo.

É SEMPRE BOM SABER MAIS!

Por que a água do mar não é potável?

Se ingerirmos água salgada, o excesso de sais deve ser eliminado pelos rins. Porém, nossos rins não são capazes de filtrar uma solução salina tão concentrada quanto a água do mar.

Para excretarmos o sal existente em uma solução tão concentrada quanto a água do mar, devemos retirar das células uma quantidade de água maior, levando a uma severa desidratação das células e tecidos, o que pode levar à morte.

Alguns animais (tartarugas e aves marinhas) ingerem água salgada e conseguem eliminar o excesso de sal por meio das glândulas lacrimais ou de glândulas nasais.

EM CONJUNTO COM A TURMA!

Com seu grupo de trabalho, pesquise a respeito da desidratação no organismo humano.

1. O que é desidratação?
2. Como ocorrem as perdas de água pelo organismo humano?
3. Quais os cuidados que se deve ter durante os exercícios físicos para não se desidratar?

É SEMPRE BOM SABER MAIS!

Pedras no rim: você já ouviu falar delas?

Os **cálculos**, popularmente conhecidos como pedras, podem aparecer em qualquer parte do sistema urinário. O cálculo renal é um aglomerado de diversas substâncias, como sais minerais (sais de cálcio, fosfato, magnésio etc.) e ácido úrico, que, em excesso, podem dar início à formação das pedras.

Uma das recomendações para prevenir a formação de pedras no rim é a ingestão de 2 a 3 L de água por dia.

Os cálculos pequenos podem sair espontaneamente durante a micção (ato de urinar). Caso o tamanho da pedra seja grande, ela pode ser removida cirurgicamente ou quebrada em pedaços menores, que serão expelidos espontaneamente.

Veja, na figura ao lado, uma pedra na pelve renal. Essa situação provoca, muitas vezes, dores intensas, chamadas cólicas renais, além de ocasionar a presença de sangue na urina.

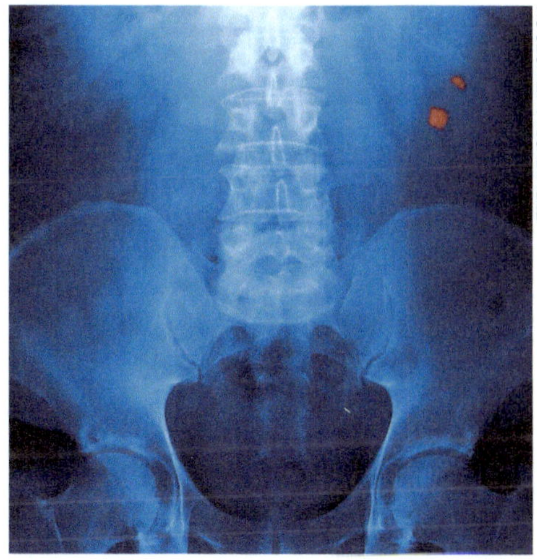

ZEPHYR/SPL/LATINSTOCK

Radiografia, colorida artificialmente, de abdômen de senhor de 70 anos de idade, em que podem ser vistas pedras (em vermelho) no rim esquerdo.

ENTRANDO EM AÇÃO

Excreção

Nesta atividade, vamos examinar a estrutura de um rim. Para isso, você vai precisar de um rim de boi ou de porco, que pode ser obtido em açougues, supermercados ou matadouros.

Como proceder

➢ *Observação externa*

- Disponha o rim sobre uma superfície limpa, de modo que a região da chanfradura fique para o lado direito.
- Observe as divisões existentes externamente, conhecidas como lobos renais.
- Reconheça o local de origem do ureter e os vasos que emergem e entram no rim.

➢ *Observação interna*

- Com uma faca de boa qualidade, abra o rim no sentido longitudinal, expondo suas duas metades.
- Procure identificar as regiões do córtex renal, medula renal e o local de origem do ureter.

1. Quais foram as dimensões (comprimento e largura) do rim que você analisou?

2. Como era a consistência (amolecida ou endurecida) do rim analisado?

3. Descreva a aparência externa (lisa, pregueada) e a cor do rim que você analisou.

4. Se o rim que você analisou possuía os vasos sanguíneos a ele associados, qual a posição ocupada pela artéria renal em relação à veia renal?

5. Junto à região dos grandes vasos do rim (artéria e veia renal) nota-se uma região amarelada de consistência firme. A que tecido principal corresponde essa região?

6. Após cortar o rim, quais as duas regiões nitidamente distinguíveis que você observou? Quais eram as colorações dessas duas regiões?

Nosso desafio

Para preencher os quadrinhos de 1 a 9, você deve utilizar as seguintes palavras: amônia, bexiga urinária, estado de equilíbrio, néfrons, sais minerais, sangue, ureteres, uretra, urina.

À medida que você preencher os quadrinhos, risque a palavra que escolheu para não usá-la novamente.

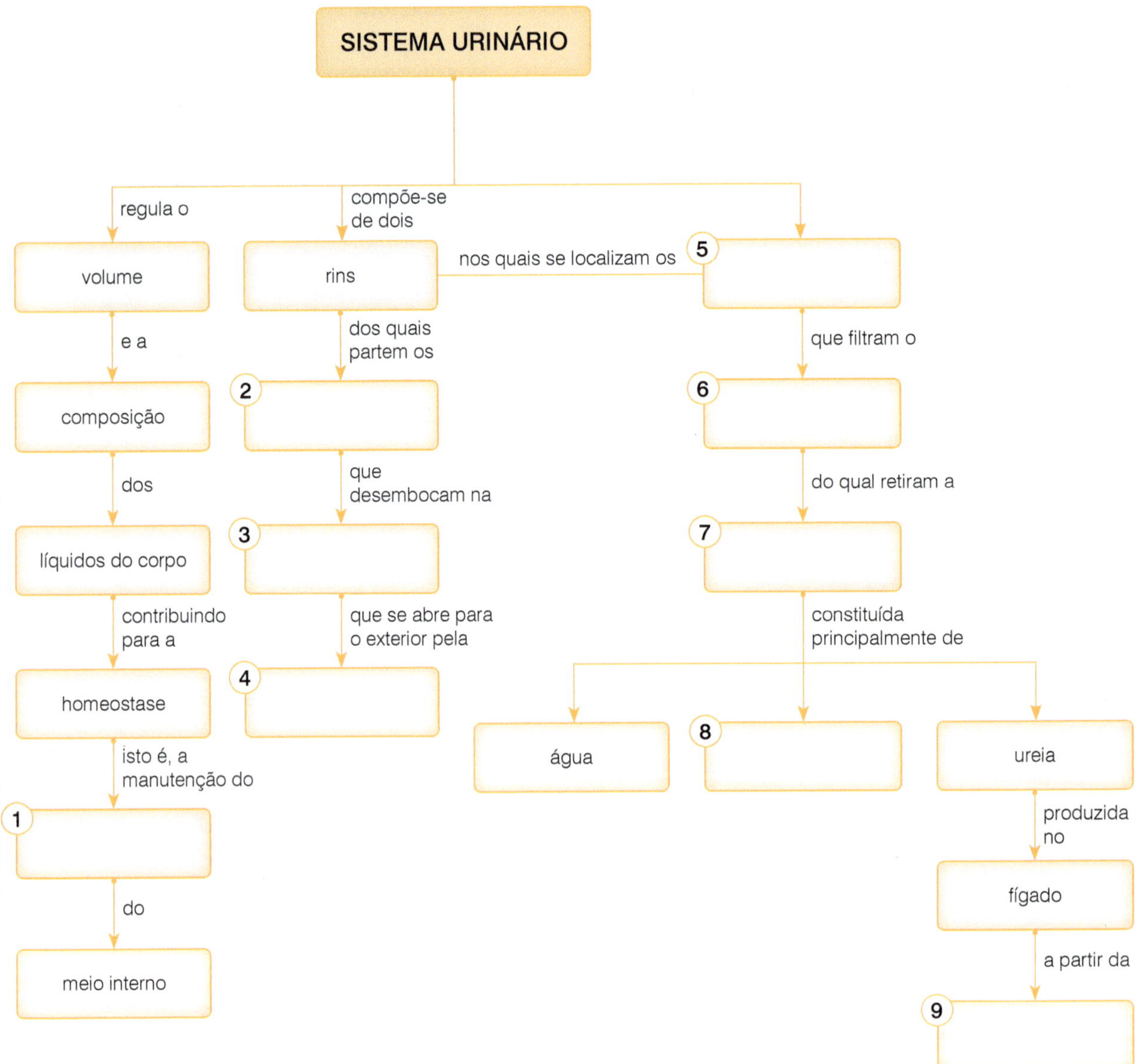

Atividades

1. **[1, 6, 10]** Com relação aos resíduos metabólicos produzidos pelo ser humano, responda:
   a) Quais são os dois principais resíduos do metabolismo celular, sendo um deles resultante da respiração celular, e o outro, nitrogenado, extremamente tóxico e caso o eliminássemos na forma como é produzido exigiria grande volume de água para ser excretado?
   b) Qual é a origem desses dois resíduos?
   c) Qual desses dois resíduos sofre transformação, originando o principal resíduo nitrogenado da nossa urina, menos tóxico, que exige menor volume de água para a sua eliminação?
   d) Em nosso organismo, um terceiro resíduo é produzido. Qual é esse resíduo e em que órgão é produzido?
2. **[6, 7, 10]** O que são néfrons, onde se encontram e qual é sua função?

3. **[5, 6, 10]** No esquema de um néfron, ilustrado ao lado, reconheça as estruturas identificadas por letras.

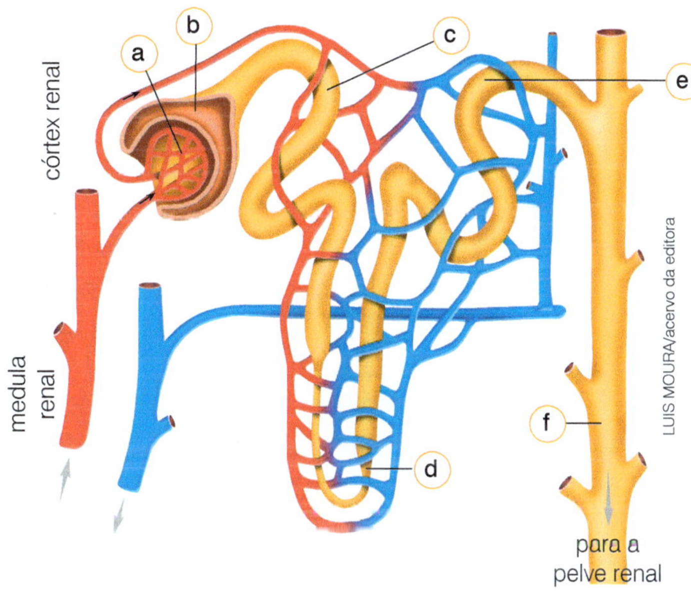

Leia com atenção o texto abaixo e responda às questões **4** e **5**.

Uma das propriedades mais característica dos seres vivos é a capacidade de manter um meio interno relativamente constante, independentemente das mudanças que ocorrem no meio externo onde habitam e também das trocas que eles têm com o meio externo. Essa propriedade denominada *homeostase* existe até nos seres mais simples, como bactérias e protozoários, cuja composição química é bem diferente do ambiente onde vivem. Nos vertebrados, a *homeostase* é controlada *em grande parte* por um sistema excretor.

4. **[1, 6, 7, 9, 10]** O texto cita que a homeostase é mantida nos vertebrados *em parte* pelo sistema excretor. É correto dizer, então, que o sistema digestório e respiratório também participam da manutenção do equilíbrio interno? Justifique sua resposta.
5. **[1, 6, 7, 9, 10]** Por que nos vertebrados o rim é o componente mais importante na manutenção do equilíbrio interno?
6. **[6, 7, 9, 10]** Comente o texto, após consultar o esquema do néfron (página 163). Cada rim recebe sangue por meio de uma artéria renal, derivada da artéria aorta. A artéria renal entra no rim, e se ramifica originando um tufo de capilares, o glomérulo, que é circundado pela cápsula glomerular (cápsula de Bowman). Ocorre uma filtração dos capilares glomerulares, formando-se um

filtrado glomerular (plasma sem proteínas). O filtrado glomerular percorre os túbulos do néfron, chegando aos ductos coletores, se dirige para a pelve renal, penetra no ureter, chega à bexiga e, posteriormente, é eliminado pela uretra para o meio exterior.

O vaso sanguíneo que deixa o glomérulo ramifica-se em capilares que circundam os túbulos renais. Após o processo de reabsorção, em que o sangue não contém mais os produtos residuais do metabolismo celular, o vaso sanguíneo abandona o rim pela veia renal e se dirige à veia cava inferior.

7. [6, 7, 9, 10] Ainda em relação ao texto da questão anterior, é correto afirmar que no corpo humano a veia renal, que desemboca na veia cava inferior, transporta ureia para ser encaminhada inicialmente ao coração, em seguida para a artéria aorta, depois à artéria renal e finalmente para o rim, local onde ocorre a filtração? Justifique sua resposta.

8. [6, 7, 9, 10] Ainda em relação ao enunciado da questão **6**, é correto afirmar que o processo de reabsorção (passagem de substâncias químicas dos túbulos para o sangue) evita a desidratação e a alteração da composição química do plasma? Justifique sua resposta.

9. [3, 6, 7, 9, 10] Leia com atenção o experimento realizado pelos cientistas e responda ao que se pede.

Os cientistas colocaram tubos de drenagem (ato de escoar) no ureter de um cão anestesiado. Em seguida registraram a quantidade de urina coletada por unidade de tempo. Administraram drogas que causavam constrição dos vasos sanguíneos e, em consequência, elevou-se a pressão sanguínea do cão. O resultado observado pelos cientistas foi o aumento de produção de urina. Notaram ainda em outro experimento, em que houve administração de drogas que provocavam queda da pressão sanguínea, uma redução na excreção de urina pelo animal.

Analisando os resultados dos experimentos realizados pelos cientistas, é correto afirmar que a pressão sanguínea fornece energia para a passagem dos elementos do plasma sanguíneo para a cápsula glomerular (cápsula de Bowmann), local da formação do filtrado glomerular? Justifique sua resposta.

10. [1, 6, 7, 9, 10, 15, 18] A nefrite, também chamada de glomerulonefrite, é uma doença de natureza alérgica provocada por toxinas liberadas por bactérias. Nessa doença, nota-se que os glóbulos vermelhos e as proteínas passam para os túbulos renais. Além disso, se alguma urina é ainda formada, ela é dotada de grande quantidade de proteínas e de hemácias. Caso esse indivíduo não receba assistência médica a função renal será prejudicada, pois haverá destruição permanente de um grande número de néfrons, a ponto de chegar a uma parada completa do funcionamento do rim.

É correto afirmar que a nefrite provoca uma mudança na função do glomérulo, visto que suas membranas tornam-se extremamente porosas, prejudicando enormemente o processo de filtração? Justifique sua resposta.

11. [1, 6, 7, 9, 10, 15, 17, 18] Caso os rins sejam severamente afetados, de tal maneira a não poderem mais participar da homeostase do meio interno do nosso organismo, recorre-se a hemodiálise. Explique, em poucas palavras, o significado de hemodiálise.

12. [1, 6, 7, 9, 10, 15, 17, 18] No processo de *reabsorção* que se observa nos túbulos renais, uma das substâncias que volta aos vasos sanguíneos que envolvem os túbulos é a glicose. Um diabético tem uma concentração de glicose acima dos valores normais. Como se explica que, apesar da existência do processo de reabsorção, a glicose é detectada na urina de um diabético?

Leia com atenção o texto abaixo e responda às questões **13** e **14**.

A creatinina é uma substância química, produto da atividade muscular, normalmente produzida em uma taxa constante pelo organismo. A taxa de creatinina depende diretamente da massa muscular do indivíduo; quanto maior a massa muscular, maior a taxa. A creatinina não pode ultrapassar determinado valor no sangue, pois pode gerar problemas urinários, intoxicação, doenças musculares e desidratação. A creatinina *é livremente filtrada* pelos néfrons, e não é *reabsorvida* pelos túbulos renais. Caso haja problema no processo de filtração, a consequência imediata será uma elevação da taxa dessa substância no sangue.

13. [1, 6, 7, 9, 10, 15, 17, 18] O resultado da dosagem de creatinina no sangue é um indicador da função renal? Justifique sua resposta.

14. [1, 6, 7, 9, 10, 15] Os valores de creatinina no sangue que indicam atividade renal normal para homens está entre 0,7 e 1,3 mg/dL. Para mulheres, entre 0,6 e 1,2 mg/dL. Por que o valor indicativo de normalidade no homem é mais alto do que na mulher?

15. [6, 7, 10] Qual é a relação entre o hormônio ADH produzido pelo hipotálamo (região do encéfalo) e a atividade renal?

Leia o texto abaixo e responda às questões **16** e **17**.

No homem as glândulas sudoríparas eliminam o suor, que é formado por água, ureia, ácido úrico e alguns sais; portanto, muito semelhante à composição da urina.

16. [1, 6, 7, 9, 10, 15] Sabendo que a temperaturas baixas ocorre diminuição do calibre dos vasos sanguíneos da pele (vasoconstrição), por que urinamos mais no inverno?

17. [6, 7, 9, 10] Sabendo que o hormônio ADH, secretado pelo hipotálamo (região do cérebro), age no néfron promovendo a reabsorção de água para os vasos sanguíneos, é correto afirmar que no inverno, normalmente, o hormônio é menos secretado do que no verão? Justifique sua resposta.

18. [1, 6, 7, 9, 10, 15, 17, 18] Nas atividades esportivas profissionais é rotina o exame *antidoping* para evitar fraudes, isto é, resultado que não seja apenas pelo mérito esportivo. Após a competição, ou a qualquer momento, o atleta é convocado por um profissional qualificado para recolher a urina, que será guardada em um recipiente e lacrada. O material recolhido será analisado bioquimicamente por profissionais especializados em investigar a presença de substâncias que possam melhorar artificialmente o desempenho do atleta.

Ocorre que, muitas vezes, o atleta chamado para exame não sente vontade de urinar. Até algum tempo atrás, usava-se entre os futebolistas, no fim da partida, a cerveja para acelerar a vontade de urinar. Atualmente, isso é proibido, por questão ética. Hoje o atleta é estimulado a urinar pela ingestão de muita água, suco ou refrigerante. O hipotálamo, órgão do cérebro detecta o excesso ou a falta de água no sangue. Na presença de excesso de água, não secreta ADH, hormônio que promove a reabsorção de água para os vasos sanguíneos; na falta de água, secreta ADH e, em consequência, a água é reabsorvida para o sangue.

É correto afirmar que a água, o suco e o refrigerante agem sobre o hipotálamo estimulando a secreção de ADH? Justifique sua resposta.

19. [1, 6, 7, 9, 10, 15, 17, 18] Por que a ingestão de 2 a 3 litros de água por dia pode evitar a formação de pedras no rim?

20. [6, 7, 9, 10] A amônia, produto extremamente tóxico e muito solúvel na água, é um produto do metabolismo celular. Então, é preciso dispor de muita água para eliminar do organismo essa substância. Não é de se admirar que os animais que excretam amônia vivem em ambiente aquático, como poríferos, celenterados, entre outros.

Os animais terrestres encontram um desafio: não dispõem de suprimento de água ilimitado como os animais de hábito aquático.

Sabendo que os animais terrestres também produzem amônia em seu metabolismo, como evolutivamente foi resolvido o desafio de adaptação ao meio terrestre? Justifique sua resposta.

capítulo 9

SISTEMAS ESQUELÉTICO E MUSCULAR

Um chute certeiro ao gol

Um chute certeiro ao gol depende de treinamento constante e agilidade na execução do movimento. No momento do arremate, os órgãos dos sentidos, especialmente a visão, e a coordenação nervosa entram em ação; afinal, é preciso enxergar o gol e saber em que direção chutar. E, evidentemente, ser bem-sucedido depende da ação do sistema muscular, que aciona os ossos do esqueleto envolvidos no ato de chutar. Do sistema esquelético fazem parte os ossos, as cartilagens e as articulações relacionados aos movimentos da cabeça, dos braços e das pernas no momento do chute. Do sistema muscular fazem parte os músculos que acionam ossos e musculatura respiratória e cardíaca, que garantem o suprimento constante de oxigênio e nutrientes, necessários à execução de toda essa atividade.

Neste capítulo, você entenderá como o esqueleto e a musculatura, sob a coordenação eficiente do sistema nervoso, poderão, se bem utilizados, manter a postura e o andar corretos, evitando problemas locomotores futuros.

IMAGESTOCKDESIGN/SHUTTERSTOCK

O sistema esquelético humano e suas funções

O esqueleto humano é interno (**endoesqueleto**), constituído de elementos rígidos, os ossos e as cartilagens.

Ossos são órgãos vivos, ricos em colágeno (uma proteína fibrosa) e fosfato de cálcio. Observe na figura ao lado, um exemplo de osso longo humano. Note a camada de **osso compacto**, circundada por uma *fina capa de tecido conjuntivo* (periósteo). O interior do osso é esponjoso e ocupado pela **medula óssea**, popularmente chamada de *tutano*, que pode ter coloração amarelada ou avermelhada. A medula óssea amarela é rica em gordura. A medula óssea vermelha possui as células-tronco das quais se originam as células do sangue.

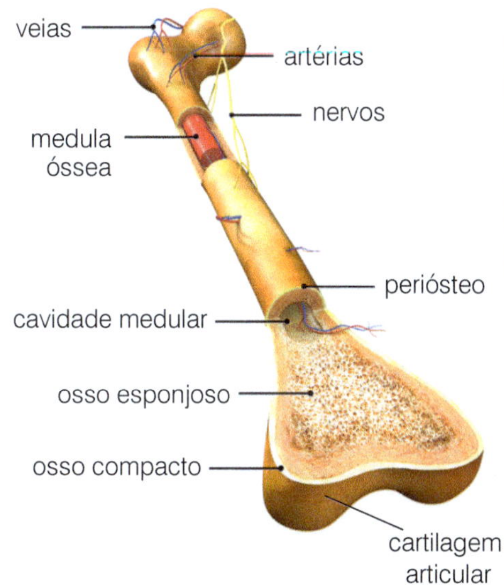

Representação ilustrativa dos componentes de um osso longo. (Cores-fantasia. Ilustração fora de escala.)

Todo osso é percorrido por nervos e vasos sanguíneos, o que justifica a dor e a ocorrência de hemorragias quando há fraturas ósseas. Nas extremidades do osso nota-se a existência de cartilagens articulares, essenciais na proteção de ossos cujas extremidades se articulam.

O crescimento do esqueleto é contínuo e acompanha o desenvolvimento do organismo até certo limite.

Dentre suas várias funções, podemos destacar:

- atua como uma armação, que suporta órgãos formados por tecidos moles, e ergue o corpo contra a ação gravitacional;
- protege órgãos internos, tais como o encéfalo, a medula espinhal, os pulmões, o coração, entre outros;
- serve para a fixação dos músculos que acionam os ossos durante os movimentos corporais;
- armazena e libera minerais, como o cálcio e o fósforo;
- aloja a medula óssea vermelha, onde são produzidas células do sangue.

Principais ossos do esqueleto humano

O sistema esquelético humano adulto é constituído de 206 ossos. De diferentes formatos, alguns deles são *ossos longos* (por exemplo, o fêmur), outros são *chatos* (por exemplo, os do crânio), há os *curtos* (por exemplo, a patela) e ainda os *irregulares* (por exemplo, as vértebras).

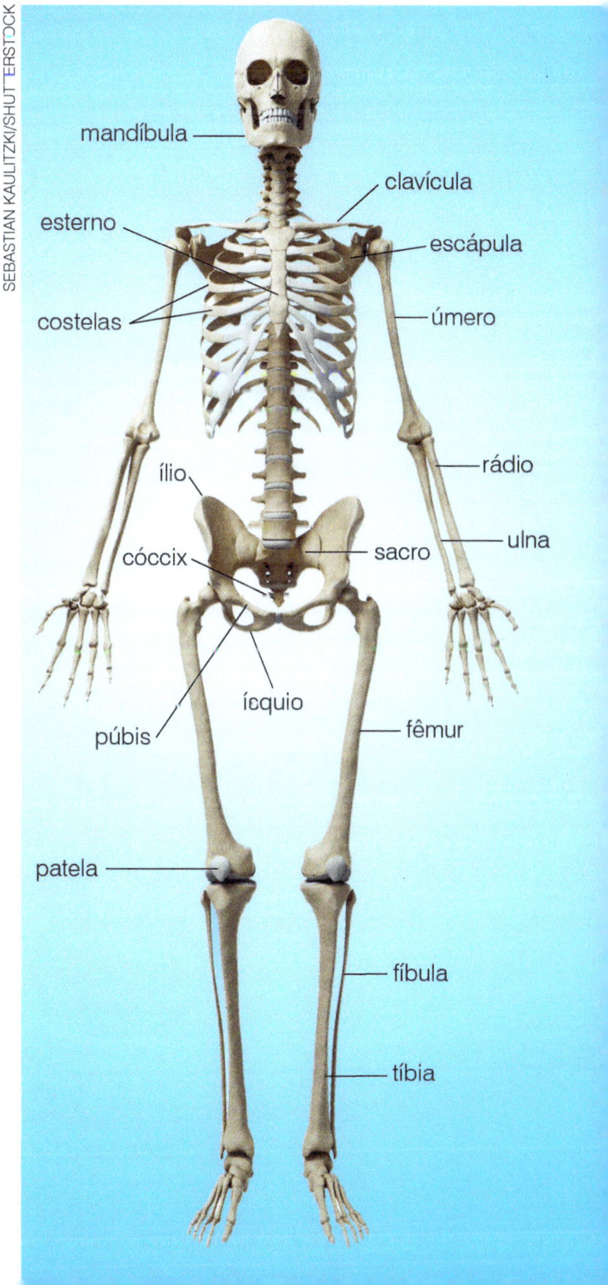

Ossos da cabeça

O esqueleto da cabeça compreende os ossos do crânio e da face. O crânio protege o encéfalo, parte superior do sistema nervoso central e as orelhas média e interna. Os ossos do crânio e da face são *imóveis*, com exceção da mandíbula, onde se inserem os dentes da arcada dentária inferior.

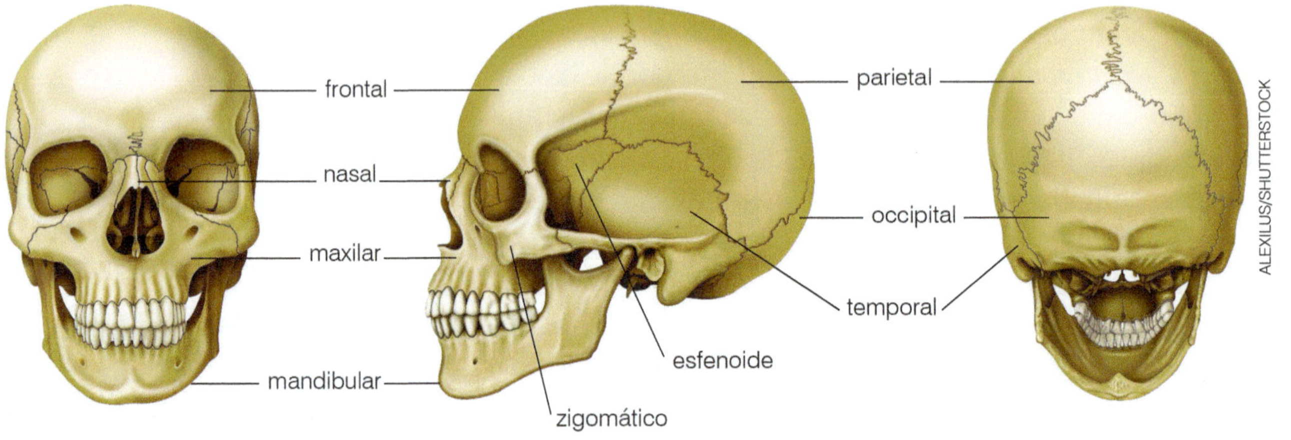

Principais ossos do crânio e da face.

Ossos do tronco

> **Lembre-se!**
>
> A medula espinhal é a parte do sistema nervoso central que se prolonga a partir do encéfalo por toda a região dorsal.

Coluna vertebral, formada por **vértebras**, osso **esterno** e **costelas** formam o chamado **tronco**.

Cada vértebra contém um **corpo vertebral** e um **orifício**; o conjunto dos orifícios vertebrais forma o *canal medular* ou *vertebral*, por onde passa a medula espinhal. Entre as vértebras existem pequenas aberturas bilaterais que permitem a passagem de nervos que ligam a medula espinhal às várias partes do corpo. Entre uma vértebra e outra (exceto a primeira e a segunda cervicais) existem *discos intervertebrais*, cartilaginosos, que atuam como amortecedores, possibilitando vários movimentos da coluna vertebral e absorvendo choques verticais.

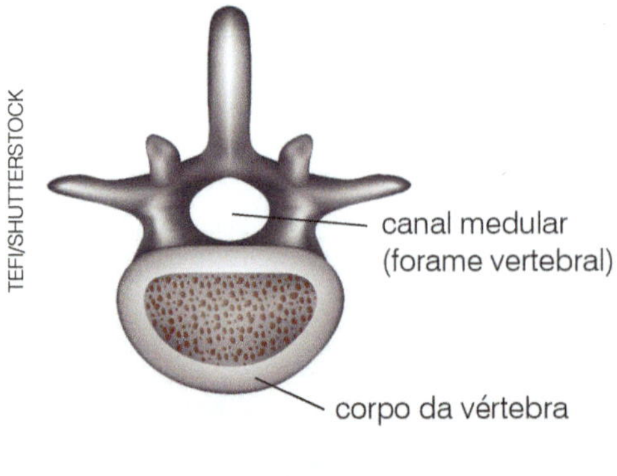

Vista superior de uma vértebra torácica.
(Cores-fantasia.)

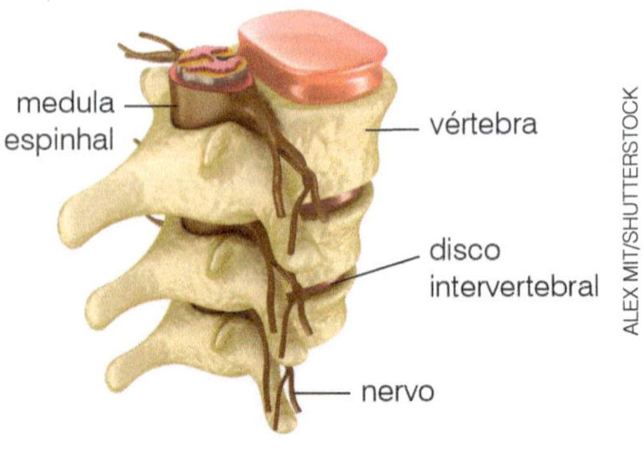

Detalhe da coluna vertebral.
(Cores-fantasia. Ilustração fora de escala.)

Dos 12 pares de costelas humanas, os 7 primeiros (costelas verdadeiras) ligam-se diretamente ao esterno por meio de cartilagens; os pares seguintes são denominados de **falsas costelas**, pois não estão diretamente ligadas ao osso esterno, mas sim à cartilagem da última costela verdadeira. Os últimos dois pares são chamados **flutuantes**, pois não se prendem ao esterno.

ALEXILUS/SHUTTERSTOCK

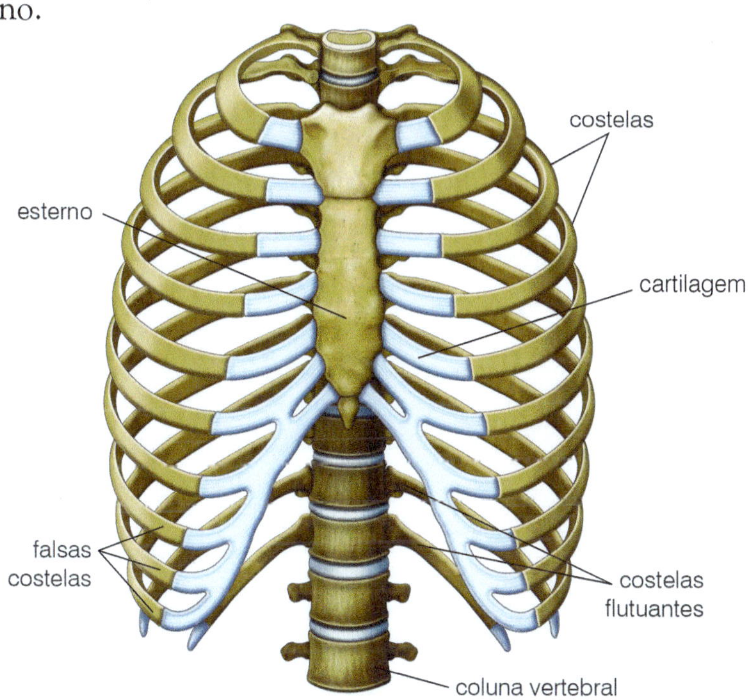

As vértebras torácicas, as costelas e o osso esterno formam a **caixa torácica**, que protege os órgãos localizados no tórax (esôfago, traqueia, pulmões e coração).

SEBASTIAN KAULITZKI/SHUTTERSTOCK

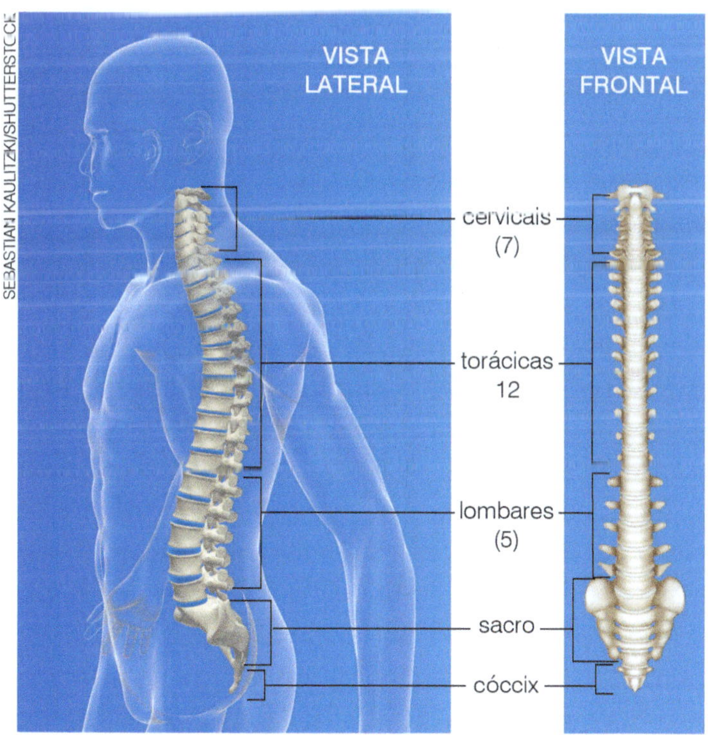

Tipos de vértebras da coluna.

Fique por dentro!

Nas hérnias de disco, ocorre uma ruptura do disco intervertebral, que pode comprimir a medula espinhal ou nervos que dela emergem. Pode ocorrer dor no local ou irradiar-se para coxas e pernas, sintoma típico, por exemplo, da conhecida dor ciática (quando há compressão do nervo *ciático*, que parte da medula e inerva a panturrilha).

CLIPAREA L CUSTOM MEDIA/SHUTTERSTOCK

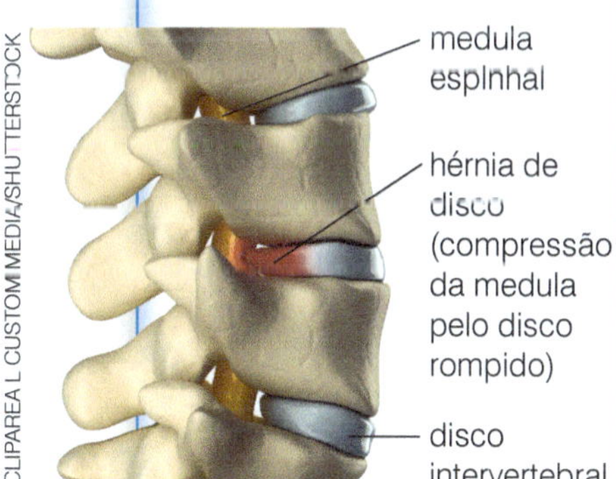

Representação ilustrativa de uma hérnia de disco. (Cores-fantasia. Ilustração fora de escala.)

ESTABELECENDO CONEXÕES

Saúde

Desvios da coluna vertebral

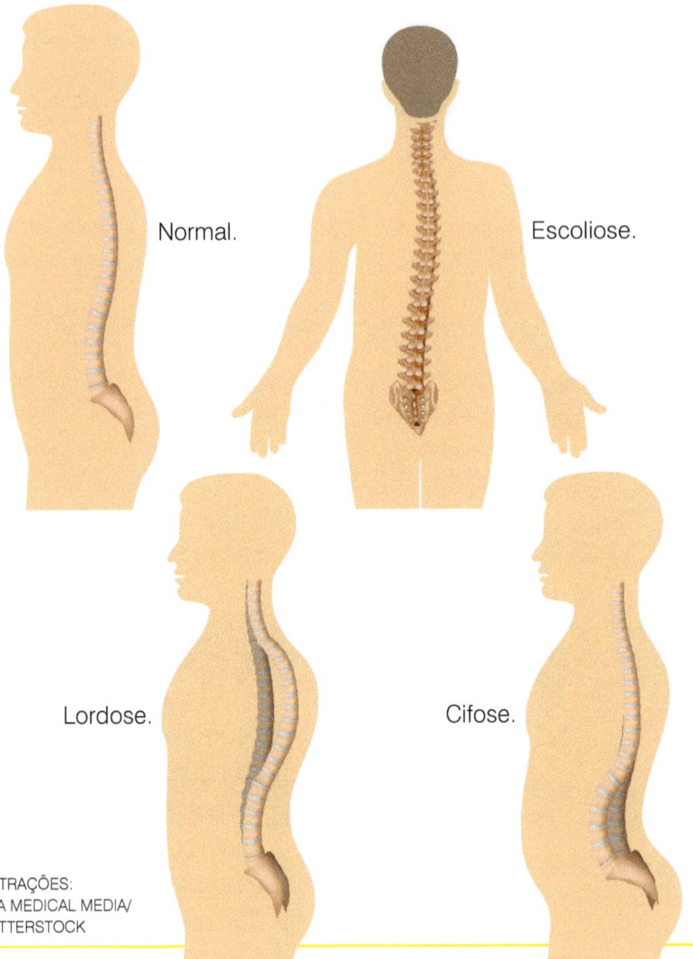

ILUSTRAÇÕES: ALILA MEDICAL MEDIA/ SHUTTERSTOCK

Escoliose: curvatura lateral da coluna vertebral. Pode ser consequência de paralisia acentuada ou de fibrose da musculatura dorsal. A causa mais frequente é a ocorrência de alguma interferência durante o crescimento, que produz uma permanente curvatura anormal da coluna vertebral.

Lordose: curvatura exagerada (geralmente na região lombar da coluna vertebral) para a frente. Mulheres na fase final da gravidez costumam apresentar lordose. O excesso de peso abdominal também pode levar a essa condição.

Cifose: exagero da curvatura da região torácica da coluna vertebral, situação popularmente caracterizada como *corcunda*. Pode ser devida a raquitismo e deficiências posturais.

O esqueleto dos membros

Os **membros superiores** são formados pelo *braço*, *antebraço* e *mão*; os **membros inferiores**, pela *coxa*, *perna* e *pé*.

Nos membros superiores, cada *braço* contém um único osso, o *úmero*.

O *antebraço* possui dois ossos, o *rádio* e a *ulna*. A *mão* é formada por três conjuntos de ossos: *carpo* (os ossos do punho), *metacarpo* (ossos da palma da mão) e *falanges* (ossos dos dedos).

Jogo rápido

Volte à página 171 e localize na ilustração do esqueleto os ossos dos membros superiores e inferiores.

O esqueleto dos membros inferiores tem uma estrutura semelhante à dos membros superiores.

Nos *membros inferiores*, cada *coxa* possui, assim como o braço, um único osso, o *fêmur*, o maior osso do corpo humano.

A perna, assim como o antebraço, contém dois ossos, a *tíbia* (osso da "canela") e a *fíbula*. Acima da tíbia, na região do joelho, está a *patela*, um osso em forma de disco.

Os ossos do pé, assim como os ossos da mão, distribuem-se em três regiões: *tarso* (ossos do calcanhar), metatarso (ossos da planta) e *falanges* (ossos dos artelhos, como são chamados os dedos dos pés).

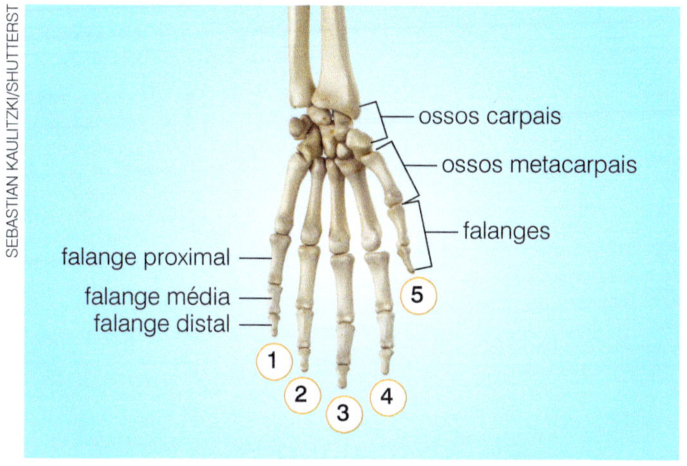

Ossos da mão. Dedos (1) mínimo, (2) anular, (3) médio, (4) indicador e (5) polegar.

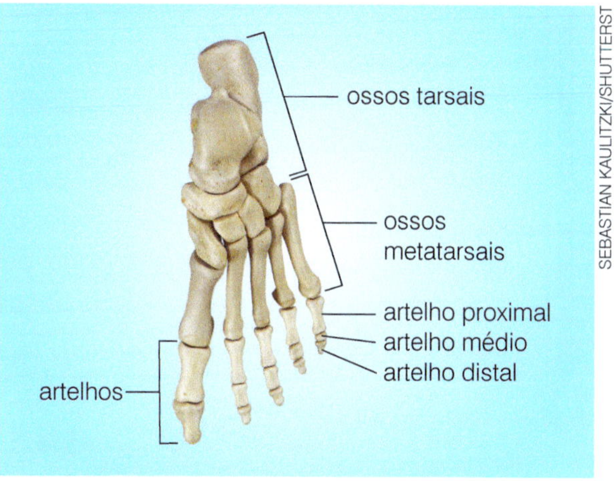

Ossos do pé. Hálux é o nome do popular "dedão".

É SEMPRE BOM SABER MAIS!

Cinturas escapular e pélvica

Seria impossível fazer exercícios de flexão no solo com os membros superiores se não estivessem firmemente conectados ao esqueleto. A ligação do úmero ao esqueleto faz-se por meio dos ossos do ombro: a *clavícula* na região anterior, ligada ao esterno, e a *escápula* na região dorsal. As duas clavículas e as duas escápulas formam, em conjunto, uma espécie de cintura ao redor do esqueleto, a chamada **cintura escapular** – o esqueleto dos ombros –, que liga os membros superiores à coluna vertebral.

A ligação do *fêmur* ao esqueleto axial faz-se por meio de um conjunto de ossos fortemente soldados, que formam a **cintura pélvica** ou ossos do quadril (*ílio*, *ísquio* e *púbis*). Como os seres humanos são bípedes (apoiam-se em duas pernas) os quadris e a parte inferior da coluna vertebral suportam a maior parte do peso do corpo. Assim, essa região da coluna e a cintura pélvica são mais rígidas e menos flexíveis do que a cintura escapular (ombros) e a parte superior da coluna.

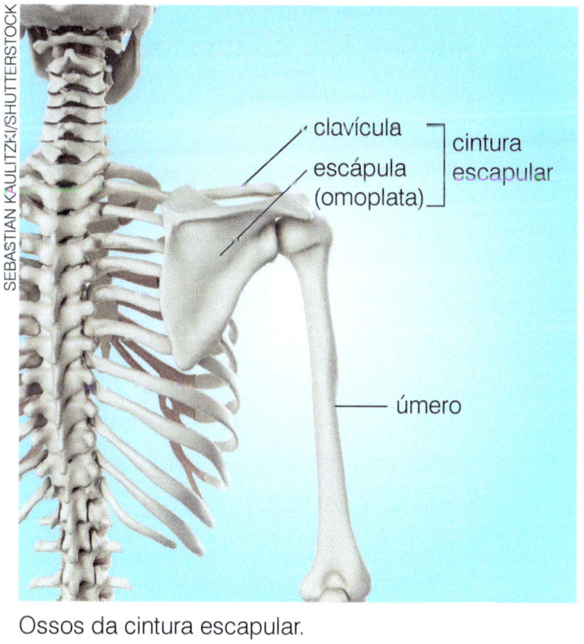

Ossos da cintura escapular.

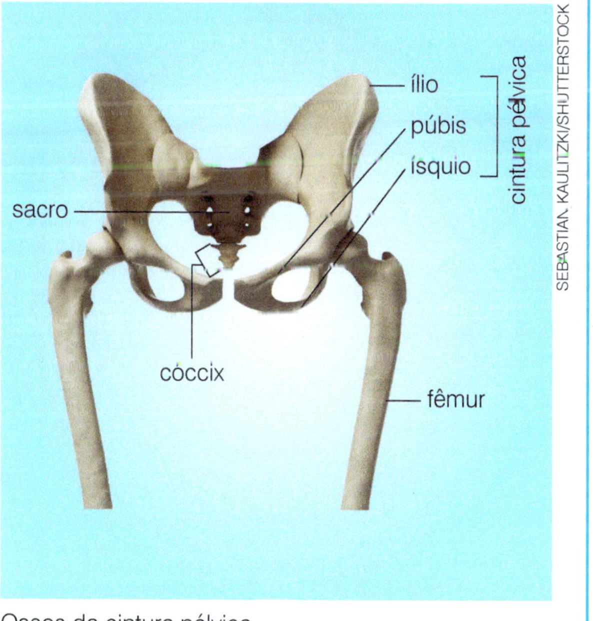

Ossos da cintura pélvica.

Os ossos dos quadris, em conjunto com as vértebras fundidas da extremidade inferior da coluna, que formam os ossos sacro e cóccix, constituem a *pelve*, *bacia pélvica* ou *cintura pélvica*, mais arredondada e larga na mulher, característica que permite a acomodação dos bebês e sua passagem durante o parto.

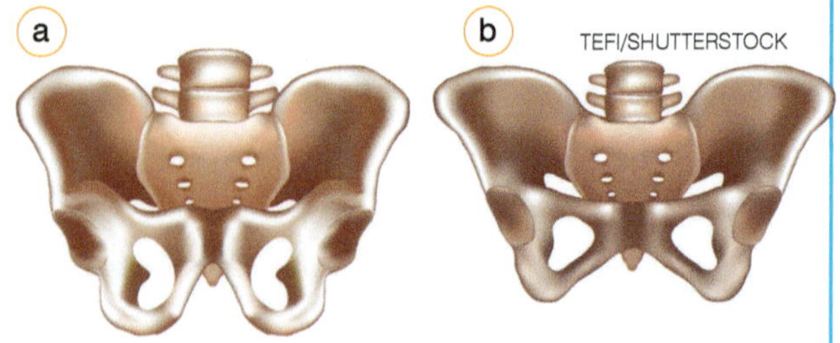

Compare as pelves (a) masculina e (b) feminina, e perceba que a feminina é mais larga do que a masculina.

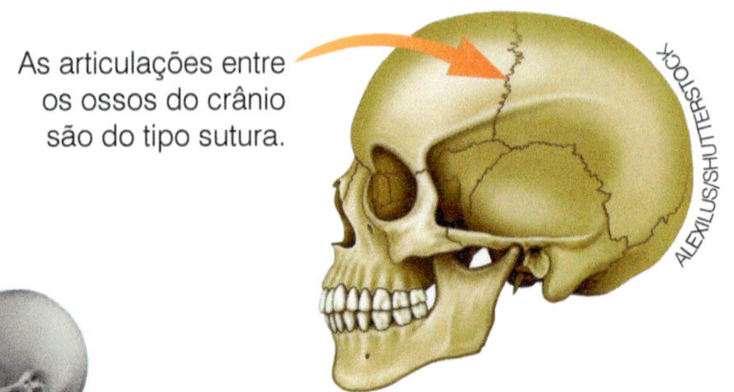

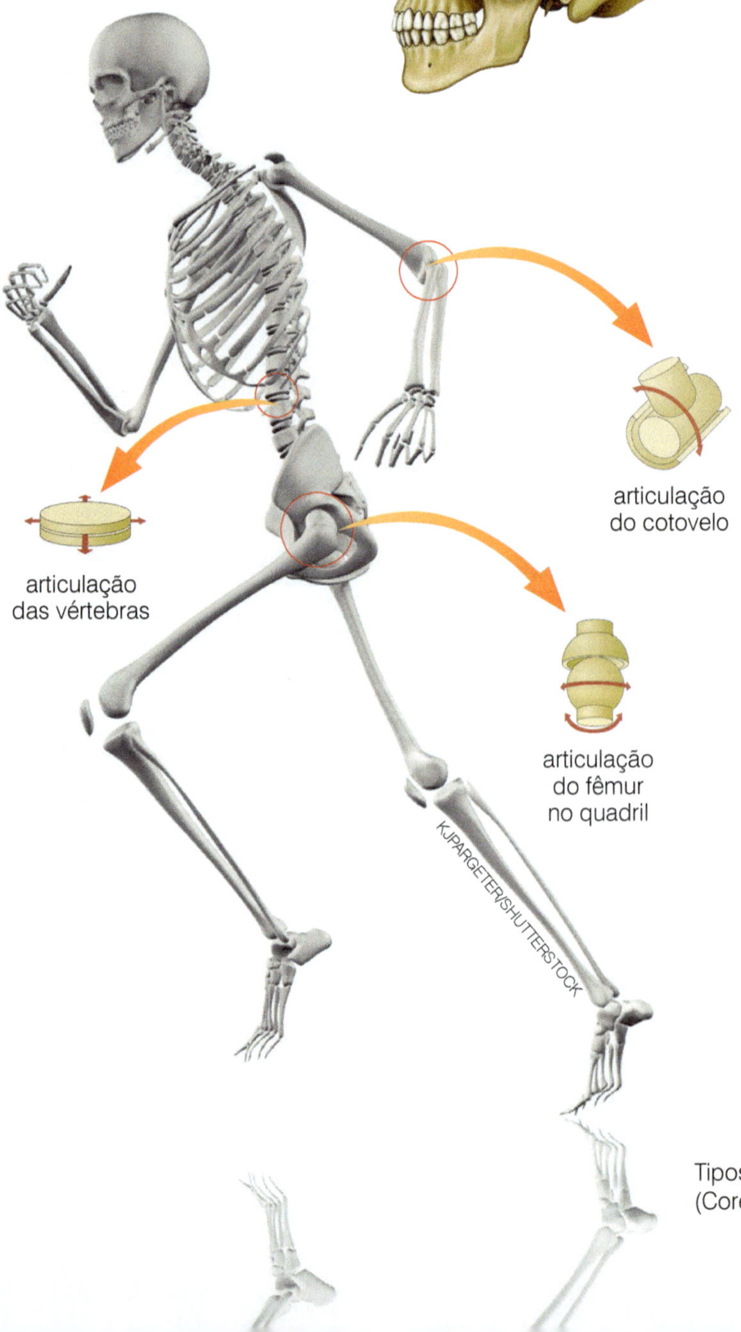

Tipos de articulação do esqueleto humano. (Cores-fantasia. Ilustração fora de escala.)

Articulações

Os ossos estão ligados por meio de **articulações** (ou **juntas**), que podem ser **imóveis, semimóveis** e **móveis**.

No esqueleto humano, muitos ossos se unem por meio de articulações *imóveis*, fixas (as articulações imóveis também são chamadas de *suturas*). É o caso do crânio, por exemplo. Nos recém-nascidos, os ossos do crânio estão separados, constituindo as moleiras ou fontanelas. Essa disposição é útil durante o trabalho de parto, em que o volume craniano se ajusta e permite a passagem do bebê ao longo do canal do parto. Após o nascimento, progressivamente os ossos se unem por meio de suturas, como se estivessem costurados. Outro exemplo de articulação fixa é o da união das costelas com o osso esterno.

Articulações **semimóveis** existem entre as vértebras e permitem alguma flexibilidade ao tronco, enquanto as **móveis** são aquelas que permitem a realização de movimentos mais amplos, como as existentes entre as diversas partes dos membros anteriores e posteriores e deles com as respectivas cinturas.

É SEMPRE BOM SABER MAIS!

Joelho: um exemplo de articulação

A articulação do joelho é uma das mais exigidas em atividades esportivas. Ela deve manter estável o arranjo formado pelas extremidades do fêmur e da tíbia. É uma articulação do tipo "dobradiça", que permite a livre movimentação da perna durante um chute, por exemplo.

A manutenção da estabilidade da articulação do joelho é obtida graças à existência de ligamentos, como se pode notar no esquema ao lado. Observe que as extremidades dos dois ossos não se tocam diretamente. Entre elas existem as cartilagens articulares e os *meniscos*, pequenas extensões cartilaginosas bilaterais. A existência de um líquido sinovial, secretado por células especiais localizadas na parede da cápsula articular, garante a lubrificação das superfícies, evitando a ocorrência de atritos nos ossos que entram em contato.

A ruptura dos ligamentos em consequência de um movimento mais brusco, chamado de **entorse**, e o deslocamento dos meniscos das articulações dos joelhos são ocorrências comuns nos praticantes de esportes de alto risco.

O tecido cartilaginoso é pouco irrigado por sangue; por isso os meniscos, quando lesados, dificilmente se recuperam espontaneamente.

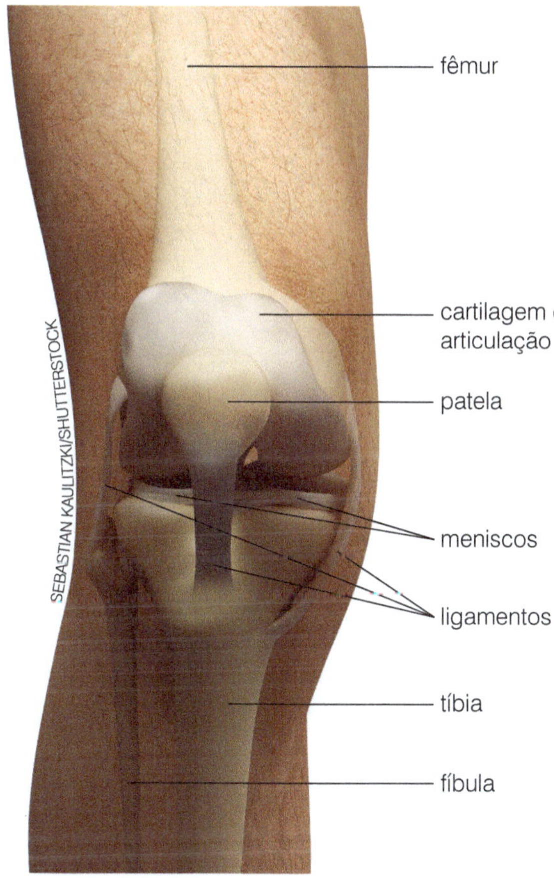

Estrutura da articulação do joelho.

EM CONJUNTO COM A TURMA!

A coluna vertebral possui muitos músculos a ela associados e que a mantêm em posição correta. Posturas inadequadas e levantamentos de objetos de maneira incorreta podem ocasionar estiramentos e lesões musculares.

Com seu grupo de trabalho discutam quais as nossas atitudes e posturas que podem prejudicar nossa coluna, não se esquecendo de procurar saber qual seria a correta posição para que nossa coluna vertebral não venha a ser prejudicada. Abaixo seguem alguns exemplos que podem ser analisados pelo grupo – sugiram sua correção.

O sistema muscular humano e suas funções

As funções do sistema muscular estão associadas às características dos três tipos de músculos existentes no corpo humano: os **músculos estriados**, os **músculos lisos** e o **músculo cardíaco**.

- A *musculatura estriada esquelética* ou *periférica*, situada sob a pele, geralmente presa aos ossos por meio de tendões, é responsável pelos *movimentos voluntários* do corpo ao andar, mastigar, falar, tocar um instrumento, por exemplo. As fibras (células) que formam o tecido muscular esquelético contraem-se *rapidamente* e são controladas por nervos que partem do sistema nervoso central, sob o comando da nossa vontade, isto é, têm *contração voluntária*.
- A *musculatura lisa*, formada por fibras (células) de *contração lenta* e *involuntária*, encontra-se, por exemplo, na parede das artérias, dos órgãos do sistema digestório, da bexiga urinária, do útero, na base dos pelos etc.
- A *musculatura cardíaca* (miocárdio), presente exclusivamente nas paredes do coração, também é formada por fibras estriadas. De *contração rítmica* e *involuntária*, essa musculatura é responsável pelo contínuo bombeamento do sangue.

Lembre-se!

Quando se diz que um músculo é de contração involuntária, significa que seu controle é realizado por regiões do sistema nervoso cuja ação independe de nossa vontade.

Dentre as muitas funções do sistema muscular, podemos citar:

- mover o esqueleto, produzindo todos os movimentos voluntários do nosso corpo;
- produzir os movimentos respiratórios; a inspiração e a expiração dependem das contrações e relaxamentos do diafragma e dos músculos que unem as costelas (músculos intercostais). O diafragma situa-se na base dos pulmões, separando as cavidades torácica e abdominal;
- produzir a circulação do sangue por meio dos batimentos cardíacos;
- alterar o calibre dos vasos sanguíneos (artérias e veias), regulando o volume e a pressão do sangue conduzido por esses vasos em situações de estresse, frio e calor, por exemplo;
- conduzir alimentos e fezes ao longo do tubo digestório por meio dos movimentos peristálticos;
- provocar o trabalho de parto, isto é, a contração da parede uterina e a saída dos bebês;
- liberar calor por meio da contração da musculatura estriada esquelética.

Alguns músculos do corpo humano

O movimento é uma função essencial do corpo, resultante de contrações e relaxamentos musculares. O tecido muscular representa de 40% a 50% do peso corporal total e é composto de células altamente especializadas.

Observe na ilustração abaixo, alguns músculos esqueléticos do corpo humano.

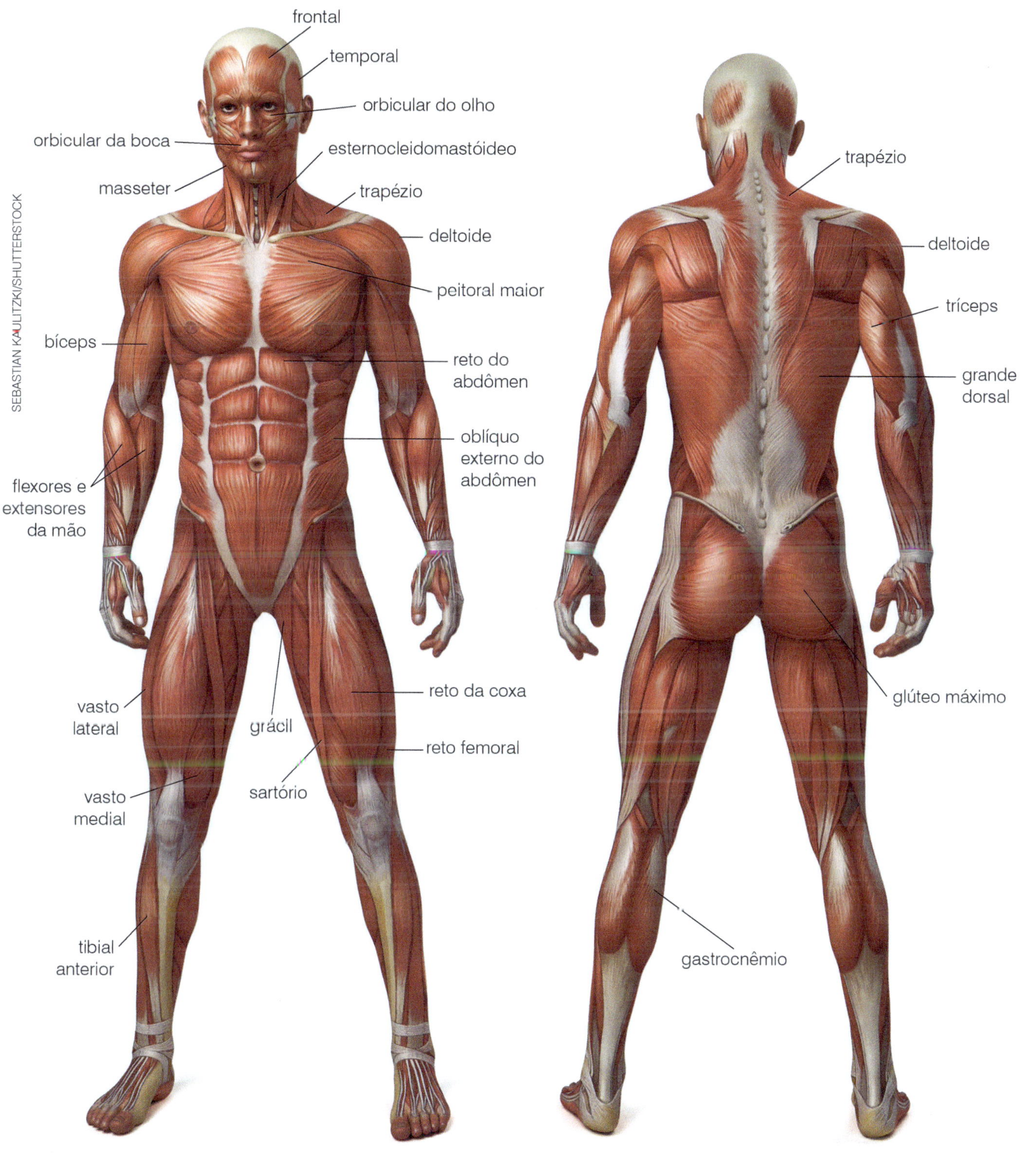

SEBASTIAN KAULITZKI/SHUTTERSTOCK

O tecido muscular estriado esquelético

O *tecido muscular estriado esquelético* é aquele presente nos músculos ligados aos ossos e que movimentam o esqueleto. Ele é denominado estriado porque, quando visto ao microscópio, apresenta estriações – bandas ou faixas transversais – em sua estrutura. É uma musculatura voluntária, já que pode ser comandada conscientemente pelo sistema nervoso.

Toda célula muscular, chamada **miócito** ou **fibra muscular**, contém filamentos proteicos contráteis, conhecidos como **miofilamentos** (ou miofibrilas). Esses miofilamentos deslizam um em relação ao outro, fazendo com que o músculo se contraia ou relaxe.

> **Descubra você mesmo!**
>
> Exercícios de reforço muscular, obtidos com o exercício muscular intenso por meio da utilização de aparelhos de musculação, conduzem ao aumento do tamanho dos músculos, fenômeno conhecido como **hipertrofia muscular**. Ao contrário, a imobilização dos músculos, que ocorre, por exemplo, ao engessar um membro fraturado, leva à **atrofia muscular**.
>
> Consulte em um dicionário o significado das palavras hipertrofia e atrofia. No caso da hipertrofia muscular, faça uma consulta na internet ou em livros da biblioteca da sua escola e descubra se ocorre aumento do número de células musculares em tal situação. Proceda da mesma maneira em relação à atrofia muscular, para saber se, neste caso, ocorre diminuição do número de células musculares.

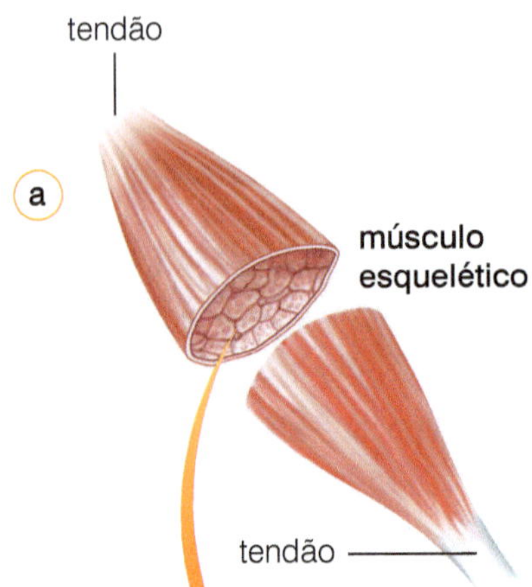

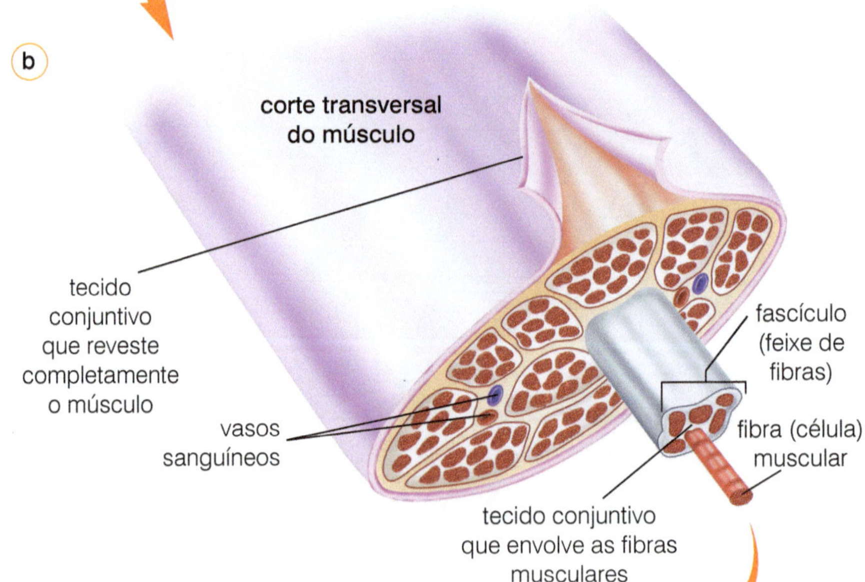

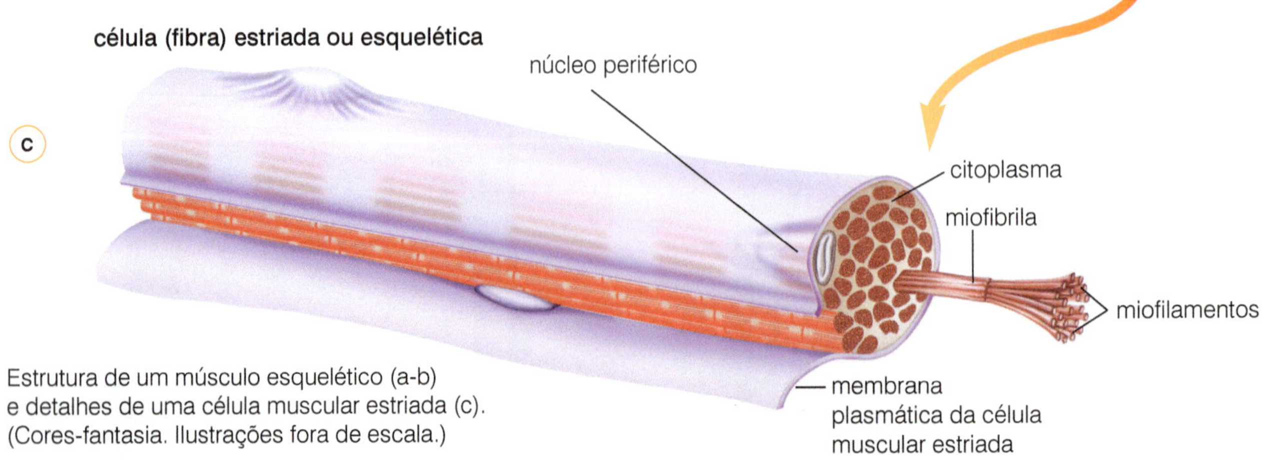

Estrutura de um músculo esquelético (a-b) e detalhes de uma célula muscular estriada (c). (Cores-fantasia. Ilustrações fora de escala.)

LUIS MOURA/acervo da editora

ESTABELECENDO CONEXÕES

Esportes

Fadiga muscular

Após a realização de uma atividade física intensa como, por exemplo, um jogo de futebol muito disputado ou uma partida de vôlei de praia, é comum ocorrer **fadiga muscular**, de modo geral acompanhada de dor. Lembre-se que a atividade dos músculos estriados esqueléticos depende do fornecimento contínuo de nutrientes (glicose) e oxigênio para a execução de *respiração celular aeróbia*.

Ocorre que, dependendo da intensidade do exercício, o fornecimento de oxigênio não é suficiente para a liberação de toda a energia necessária à contração muscular. Nessas condições, as células musculares realizam, simultaneamente, a *fermentação láctica*, que fornece energia adicional à atividade muscular. Esse tipo de metabolismo anaeróbio (que ocorre *na ausência de oxigênio*) produz ácido láctico, substância que é responsável pela dor que você sente ao final de uma atividade muscular muito intensa. Após certo tempo, o ácido láctico é removido da circulação e, lentamente, tudo volta ao normal.

SYDA PRODUCTIONS/SHUTTERSTOCK

Os músculos estriados esqueléticos são responsáveis por inúmeros movimentos voluntários, como andar, manter-se ereto, chutar, dançar, nadar, entre tantos outros.

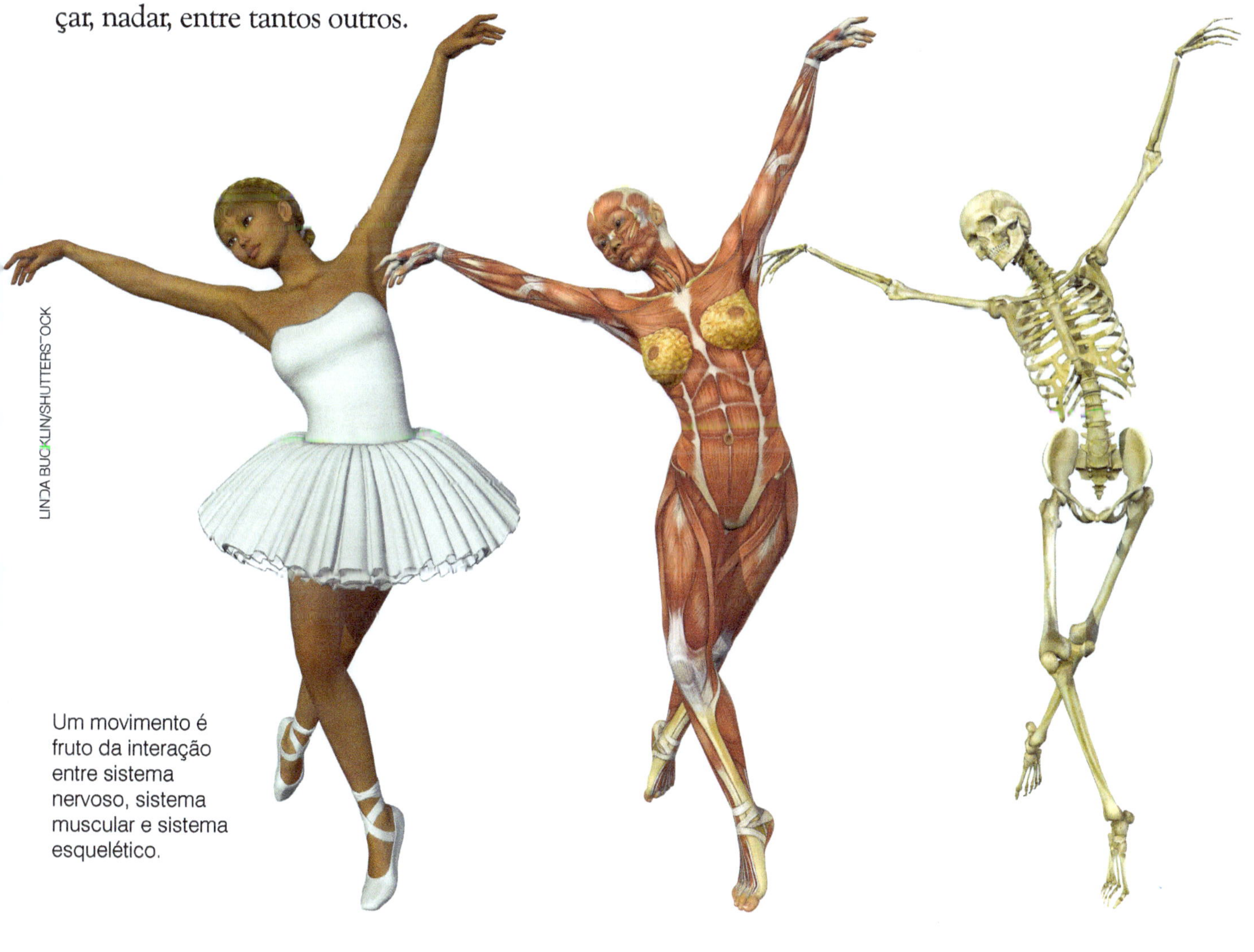
LINDA BUCKLIN/SHUTTERSTOCK

Um movimento é fruto da interação entre sistema nervoso, sistema muscular e sistema esquelético.

Descubra você mesmo!

Você pode sentir o estado de contração e de relaxamento de músculos antagônicos fazendo o seguinte: estique fortemente uma perna e apalpe o músculo da parte anterior e o da parte posterior da coxa. Qual deles apresenta maior rigidez? Em seguida, flexione a perna sobre a coxa e repita a palpação. Qual dos músculos se contrai? Qual deles relaxa?

A maioria dos movimentos é coordenada por vários músculos esqueléticos atuando em grupos e de maneira oposta. Assim, em uma articulação, por exemplo, os músculos que flexionam (os flexores) estão do lado oposto ao dos músculos que estendem (os extensores): quando um grupo contrai, o outro grupo relaxa. A esse tipo de ação chamamos de **antagonismo**.

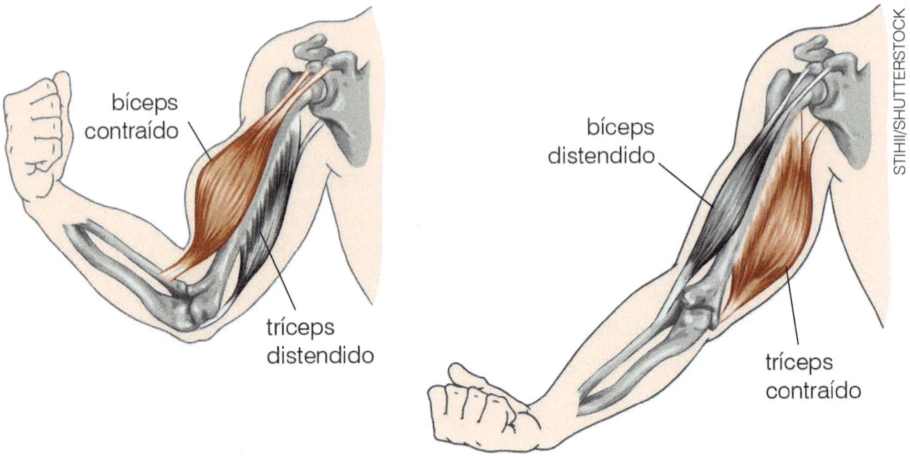

Ao flexionarmos o antebraço, o músculo bíceps contrai ao mesmo tempo em que o músculo tríceps relaxa. O contrário ocorre quando relaxamos o braço: o tríceps contrai e o músculo bíceps relaxa.

DE OLHO NO PLANETA

Ética & Cidadania

Anabolizantes

A procura de um corpo "sarado", musculoso e atlético, tem levado muitas pessoas a utilizar, abusivamente e sem critérios, as substâncias denominadas de **anabolizantes**. O nome deriva de anabolismo, que possui o significado de "construção" do corpo. São substâncias sintéticas relacionadas ao hormônio sexual masculino, a testosterona.

Realmente, os anabolizantes promovem o crescimento dos músculos esqueléticos e atuam também no desenvolvimento das características sexuais masculinas – o conhecido efeito androgênico (do grego, *andros* = masculino). Na verdade, essas substâncias somente deveriam ser utilizadas com indicação médica, por pessoas em que comprovadamente a produção de testosterona natural seja deficiente.

A ilusão de obter um corpo "sarado" tem provocado lamentáveis efeitos secundários, entre os quais: nervosismo, irritação, agressividade, ginecomastia (aumento do tamanho das mamas nos homens), problemas cardiovasculares (aumento do LDL, o mau colesterol), efeitos masculinizantes em mulheres (crescimento de pelos na face, engrossamento da voz), diminuição da produção de espermatozoides e problemas hepáticos (tumores). O emprego de anabolizantes de uso veterinário por seres humanos tem acarretado, lamentavelmente, a morte de muitos usuários.

➢ Considerando todos os efeitos colaterais que o uso de anabolizantes sem a correta prescrição médica pode causar, o que poderia levar uma pessoa esclarecida a continuar utilizando essas drogas?

Nosso desafio

Para preencher os quadrinhos de 1 a 8, você deve utilizar as seguintes palavras: articulações, caixa torácica, cinturas, coluna vertebral, crânio, medula óssea vermelha, pélvica, sustentação do corpo.

À medida que você preencher os quadrinhos, risque a palavra que você escolheu para não usá-la novamente.

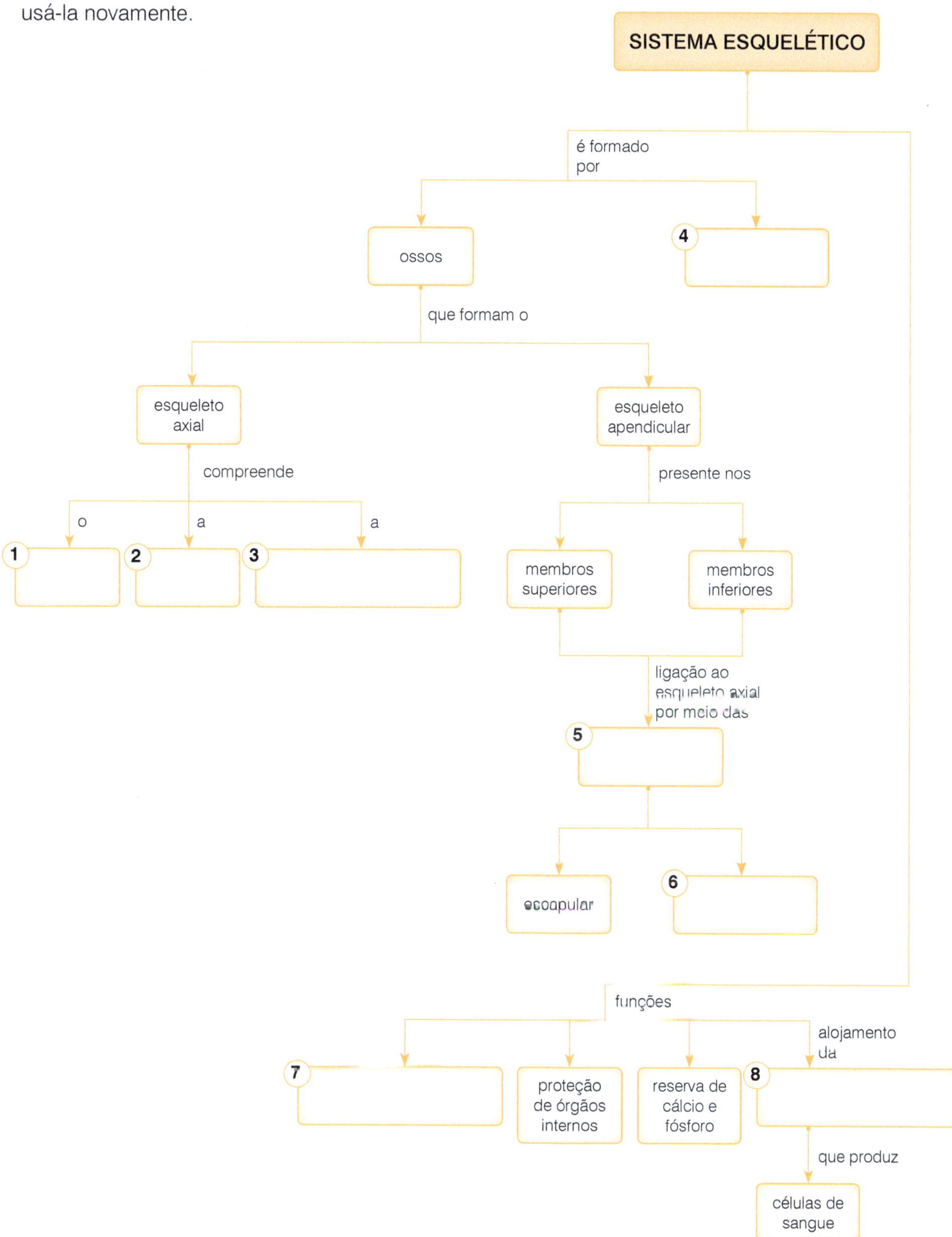

Atividades

1. [5, 6, 18] O esqueleto humano é constituído por 206 ossos de diferentes formatos e comprimentos. Imagine uma competição esportiva na qual determinado atleta se choca com outro, cai e é atendido por equipe de socorro. O profissional da área médica que o atende constata lesão na perna direita, em um pequeno osso do joelho direito, e também no braço direito e na região torácica, à direita. Ao ser entrevistado, o profissional da área médica relata ter havido fratura em um dos ossos da perna e do pequeno osso do joelho, além de forte pancada em um osso do braço direito e em um dos ossos da caixa torácica.

   Consulte o esquema do início deste capítulo que ilustra os principais ossos do esqueleto humano e as categorias a que pertencem, ou seja, longos, curtos, chatos e irregulares e responda ao que se pede.

   a) Indique quais são os dois ossos da perna. A que categoria(s) pertence(m) esses dois ossos?

   b) A que pequeno osso do joelho direito o profissional médico se referiu, no qual teria havido lesão? Em que categoria esse osso se enquadra?

   c) Qual dos ossos do braço direito pode ter sofrido pancada decorrente do choque entre os atletas? A que categoria esse osso pertence?

   d) Com relação à pancada ocorrida na caixa torácica, a que ossos o profissional da área médica se referiu? Em que categoria esses ossos são enquadrados?

2. [5,7,10,12] A ilustração abaixo é o esquema de um osso longo do esqueleto humano.

   a) Reconheça as regiões indicadas pelas setas.

   b) Cite a importante função desempenhada pela região indicada pela estrutura **3**.

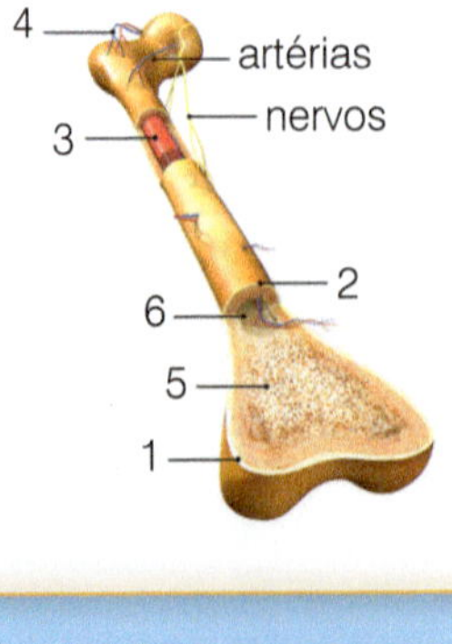

3. [5, 6, 18] Em jogos de futebol, é comum os jogadores cabecearem a bola, dirigindo-a a diversos locais, inclusive ao gol, de modo geral do adversário. Essa atitude só é possível e não provoca lesões no cérebro graças a uma caixa óssea rígida, o crânio, dotada de alguns ossos protetores da região cefálica. Observe o esquema do item *Ossos da cabeça*, existente neste capítulo:

   a) Indique quais são, respectivamente, os ossos que se situam nas regiões anterior, posterior e lateral do crânio.

   b) Em termos de categoria óssea, como designar os ossos do crânio mostrados no esquema?

   c) Indique a principal diferença existente entre os ossos do crânio ao serem comparados, por exemplo, aos ossos componentes dos membros superiores ou inferiores do corpo, pernas e braços.

4. [5, 6, 18] Coluna vertebral é uma das estruturas ósseas mais solicitadas atualmente em nossas atividades diárias, seja na escola, no trabalho ou na realização de exercícios físicos. Uma postura inadequada ao teclar no *laptop*, celular ou *tablet* pode propiciar a ocorrência de diversas alterações que comprometem a estabilidade da coluna vertebral. Nesse sentido, a estrutura das vértebras e seu posicionamento umas em relação às outras são de fundamental importância. Observe o esquema de um trecho de coluna vertebral que consta do item *Ossos do tronco*, deste capítulo:

   a) Indique a estrutura isolante que impede que as vértebras mantenham contato direto umas com as outras.

   b) Indique a importância atribuída aos chamados canais vertebrais presentes em cada vértebra.

   c) A qual categoria óssea pertencem as vértebras?

5. [2,3,6,11,18] Senhor Francisco tinha dor na região lombar da coluna vertebral e seu mé-

dico ortopedista diagnosticou a ocorrência de uma hérnia de disco. Como justificar a dor que ele sentia nessa região da coluna vertebral?

6. [2,3,6,11,18] Esportistas em geral estão sujeitos a fraturas e luxações ósseas. Qual é a diferença entre elas?

7. [5, 6, 18] É frequente a ocorrência de fraturas em determinados ossos dos pés, principalmente em modalidades esportivas como futebol, em que os choques entre os atletas e as quedas bruscas são muito frequentes. Um exemplo é o do denominado quinto metatarso, localizado na região lateral de cada pé. Observe o esquema dos ossos do pé e da mão, que constam do item *O esqueleto dos membros*, deste capítulo.

a) Indique a correspondência entre os ossos das mãos e dos pés. Por exemplo, na mão existem os ossos carpais, e no pé, esses ossos correspondem a quais?

b) Indique uma provável conduta da equipe médica que atenda à ocorrência da fratura do quinto metatarso em um atleta.

8. [5, 6, 18] É frequente a realização de cirurgias corretivas de alterações em ossos que se conectam à cintura pélvica, como, por exemplo, o fêmur, o conhecido osso da coxa. Comumente, ocorre desgaste ou alteração da chamada cabeça do fêmur, que é a região desse osso que se conecta à cintura pélvica por meio de uma articulação. No caso, a cirurgia, de modo geral, consiste na substituição da cabeça femoral por uma prótese metálica, que recupera praticamente a mobilidade dessa articulação. Observe o esquema do item *É sempre bom saber mais!, Cinturas escapular e pélvica*, que consta deste capítulo.

a) Indique os três ossos que compõem a cintura pélvica e os dois ossos da cintura escapular. Em linguagem popular, como são denominadas, respectivamente, essas duas cinturas?

b) Indique o osso que se conecta por meio de uma articulação com a cintura escapular.

9. [2, 5, 7, 10, 12] A ilustração a seguir mostra o esquema de um tipo de articulação móvel, em dobradiça, encontrada no esqueleto humano.

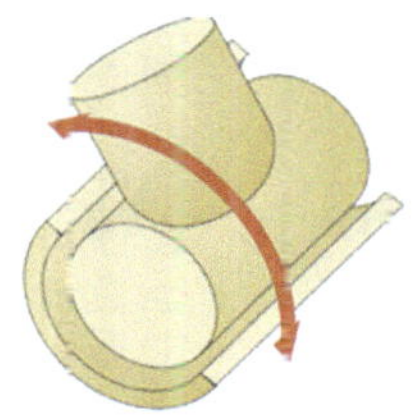

Cite pelo menos um local em que são encontradas articulações como a representada no esquema.

10. [5, 6, 18] Quedas constituem uma ocorrência frequente no dia a dia das pessoas, na medida em que muitas delas se deslocam rapidamente por ruas e calçadas acidentadas ou mesmo em residências, ao subirem ou descerem escadas. Joelhos são muito afetados nessas ocasiões, por constituírem regiões de apoio, assim como as mãos. No entanto, várias lesões podem ocorrer, considerando-se a constituição óssea e de sustentação existente nessas regiões, muito sujeitas a entorses que acarretam muita dor. Observe a ilustração que mostra a constituição do joelho humano, no item *É bom saber mais!, Joelho: um exemplo de articulação*.

a) Indique os dois ossos longos que fazem parte da organização do joelho.

b) Na articulação do joelho, qual é a estrutura que evita o contato direto desses dois ossos longos?

c) Estruturas com função de amortecedores também são úteis para amenizar o impacto do encontro desses dois ossos longos, que como já citado não entram em contato. Quais são essas estruturas, que em ocasiões de quedas podem ser deslocadas e, assim, favorecer o encontro dos ossos e causar dor intensa?

d) A articulação do joelho é dotada de uma cápsula protetora, cujas células localizadas em sua parede produzem e liberam um líquido lubrificante das superfícies ósseas. Que denominação recebe esse líquido?

11. [2, 5, 7, 10, 12] Na osteoporose, há redução da quantidade de massa óssea e, de modo geral, acomete as pessoas idosas. Conside-

rando as informações que você obteve ao ler os itens deste capítulo, qual é a substância mineral, existente nos ossos, mais diretamente relacionada à redução da massa óssea que acomete pessoas com osteoporose?

12 **[5, 6, 18]** As pessoas caminham e correm, o coração contrai e impulsiona sangue que percorre artérias e veias, as paredes intestinais são dotadas de contrações peristálticas que impulsionam ritmicamente alimento e fezes. Todas essas ocorrências dependem da existência de células contráteis de três tipos de músculos (consulte o item *O sistema muscular humano e suas funções*):

a) Indique os três tipos de músculos que existem no organismo humano.

b) Indique o tipo de contração – voluntária ou involuntária – associada a cada tipo muscular.

13. **[5, 6, 18]** Inúmeras funções estão relacionadas à existência de eficiente sistema muscular humano. Graças às contrações e relaxamentos dos músculos componentes desse sistema, inúmeras atividades são possíveis, em vários outros sistemas, entre os quais o esquelético, o cardiovascular, o reprodutor e o respiratório. Releia as informações que constam do item *O sistema muscular humano e suas funções*, deste capítulo.

a) Indique o papel do sistema muscular em relação ao sistema cardiovascular.

b) Indique o papel do sistema muscular no sistema respiratório. Cite o importante músculo estriado que separa a região torácica da abdominal e que exerce importante papel no funcionamento dos pulmões.

c) E no trabalho de parto, qual é a contribuição da musculatura existente no útero?

d) Em termos físicos, qual é a contribuição decorrente da contração da musculatura estriada esquelética para o organismo?

14. **[5, 6, 18]** Caminhar, correr, pedalar, exercitar-se em aparelhos de academia são exercícios físicos que podem condicionar a hipertrofia de músculos envolvidos nessas atividades, sobretudo os dos membros inferiores, ou seja, coxa e pernas. Por outro lado, ao ocorrer uma fratura óssea que atinge pernas e coxa, com a consequente imobilização dos membros afetados por certo período de tempo, pode se manifestar a chamada atrofia muscular. Após o período de imobilização, no entanto, tudo volta ao normal. Observe as ilustrações do item *Alguns músculos do corpo humano*, que consta deste capítulo.

a) Indique o volumoso músculo localizado na região anterior da coxa que é muito exercitado pelas pessoas que realizam intensos exercícios físicos.

b) Indique o músculo localizado na face posterior da perna que é motivo de queixas dolorosas por parte das pessoas que realizam intensos exercícios físicos.

c) Qual é o significado de hipertrofia muscular e atrofia muscular?

15. **[2, 5, 6, 7]** A ilustração abaixo é um esquema que mostra os eventos envolvidos em um levantamento de peso por uma atleta. Perceba a participação de dois músculos na execução dos movimentos: o bíceps, na parte anterior do braço e o tríceps, na parte posterior.

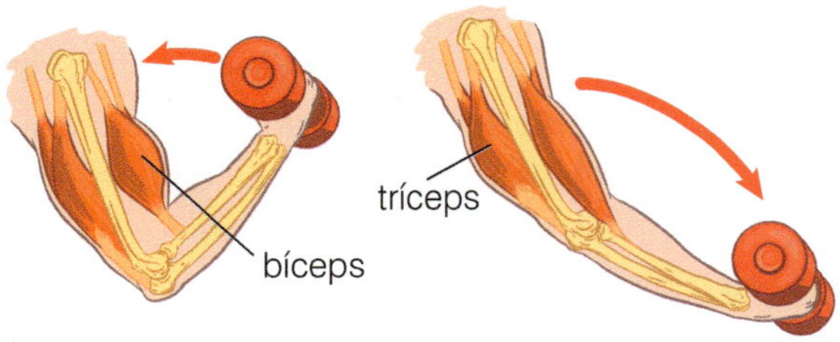

A respeito do esquema e dos seus conhecimentos sobre a atividade muscular, responda: o trabalho executado por esses dois músculos é antagônico? Explique o significado do termo antagônico, relacionado à atividade muscular.

16. **[2, 5, 6, 7]** A ilustração a seguir corresponde a um esquema da estrutura de um músculo estriado esquelético e revela que o músculo é formado por feixes de células (fibras) musculares; cada célula (fibra), por sua vez, é formada por feixes de miofibrilas. De que são formadas essas miofibrilas? Qual é a sua função?

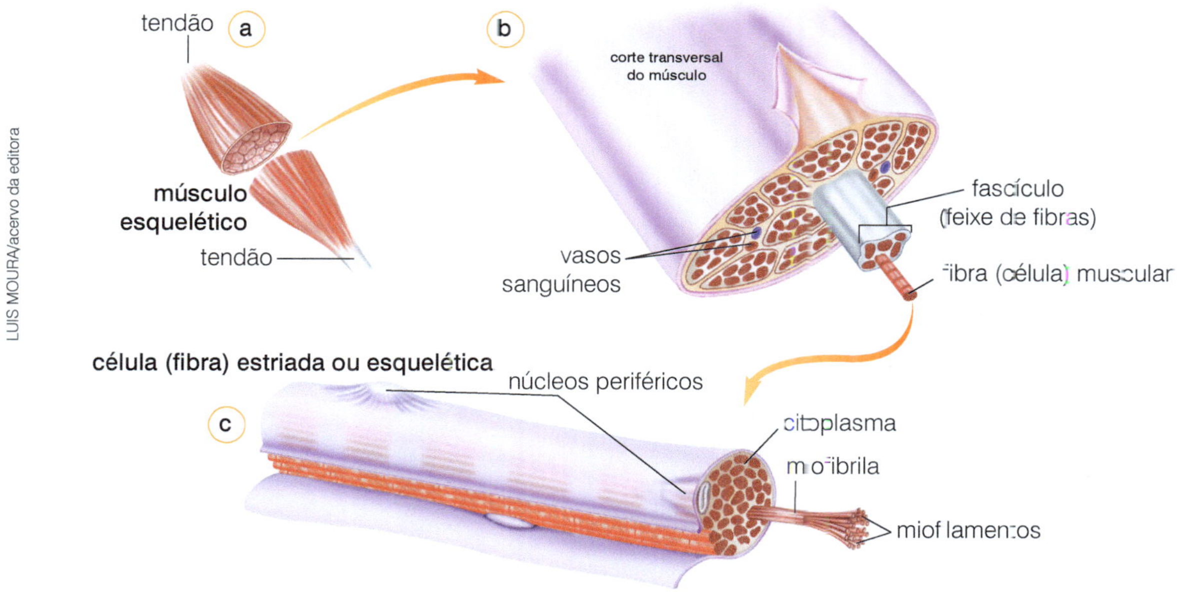

17. **[5, 6, 18]** Nos dias atuais, com a utilização cada vez mais intensa e prolongada de aparelhos celulares, *tablets* e *laptops*, aumentou a preocupação dos profissionais de saúde com o esforço muscular excessivo a que certos músculos são submetidos. É preciso adotar medidas preventivas para evitar o chamado cansaço muscular decorrente da postura necessária à utilização de tais aparelhos. Assim:

a) De modo bem superficial, aponte que grupos musculares seriam mais afetados e sofreriam com o chamado cansaço muscular devido à utilização intensiva e prolongada dos aparelhos citados.

b) Indique pelo menos uma medida que poderia ser adotada no sentido de evitar os transtornos musculares decorrentes da utilização intensiva e prolongada dos aparelhos citados.

18. **[5, 6, 18]** Exercer qualquer atividade esportiva exige um preparo físico adecuado no que diz respeito ao sistema muscular e ao esquelético. Por exemplo, jogadores de futebol e corredores de maratona devem estar conscientes do desgaste muscular a que são submetidos caso excedam a capacidade de sua musculatura. Nesse sentido:

Indique uma recomendação válida para todo e qualquer atleta não comprometer a estrutura e o funcionamento dos diferentes grupos musculares e que permita exercer a atividade física correspondente no período de competição.

19. **[5, 6, 18]** É ocorrência comum em diversas modalidades esportivas de grande intensidade, tais como jogos de futebol, de basquete, vôlei, natação e vôlei de praia, que os atletas fiquem muito extenuados e caiam em campo ou na beira da piscina, em decorrência de importante fenômeno, que exige a remoção do atleta do local da atividade.

a) Qual é o fenômeno a que se refere o texto da questão? Que sintoma é comum ocorrer com esse fenômeno?

b) A atividade dos músculos esqueléticos depende do fornecimento constante, pela circulação sanguínea, de importante nutriente e de um gás, necessários à atividade metabólica liberadora da energia necessária ao trabalho muscular. Indique qual é o nutriente, o gás e qual é a atividade metabólica que libera energia essencial para a ocorrência de trabalho muscular.

20. **[5, 6, 18]** É correto afirmar que o aumento da massa muscular com exercícios físicos diminui o risco de obesidade? Justifique a resposta.

capítulo 10

SISTEMAS NERVOSO E ENDÓCRINO

Esteroides anabolizantes

Mesmo proibidos por comitês e organizações esportivas, esteroides anabolizantes são usados por alguns atletas para ganhar massa muscular ou ter uma melhor *performance*. Apesar de não existirem dados oficiais no Brasil, são inúmeras as notícias veiculadas pela imprensa que dão conta do uso de anabolizantes por adolescentes.

Os esteroides anabolizantes são hormônios masculinos sintéticos, uma das muitas substâncias derivadas do colesterol. Além do aumento de massa muscular, o uso sem indicação médica dessas substâncias pode causar, entre outros problemas, tumores no fígado, hipertensão e ataque cardíaco. Estudos científicos têm demonstrado os efeitos no sistema nervoso do uso excessivo de esteroides anabolizantes, dentre eles alterações psiquiátricas como euforia, instabilidade emocional, impulsividade, e alterações comportamentais (por exemplo, comportamento violento), além de distúrbios do sono. Alterações neuro-hormonais também foram documentadas.

Em mulheres, acarretam perda de cabelo, engrossamento da voz, diminuição dos seios e crescimento excessivo de pelos no corpo. Já em homens e adolescentes do sexo masculino, há dificuldade ou dor em urinar, calvície, redução da produção de esperma, impotência e crescimento irreversível das mamas (ginecomastia). É um preço muito alto a ser pago por resultados que podem ser obtidos com uma saudável rotina de exercícios.

Neste capítulo, você conhecerá como a integração dos sistemas nervoso e endócrino (com suas glândulas endócrinas produtoras de hormônios) contribuem para a manutenção do equilíbrio do organismo humano.

BLACKDAY/SHUTTERSTOCK

Movimentos, sensações, equilíbrio, raciocínio, memória, são alguns dos importantes atributos relacionados a dois importantes sistemas de nosso organismo: o sistema nervoso e o sistema endócrino. O **sistema nervoso** coordena todo tipo de movimento executado pelo nosso corpo. Nossos órgãos dos sentidos, que captam informações do meio, as enviam para nosso sistema nervoso central, que as decodifica e encaminha a resposta aos efetuadores de resposta, músculos e glândulas, estas ligadas ao nosso **sistema endócrino**.

Sistema nervoso humano

Você já sabe que a unidade funcional do sistema nervoso é a célula nervosa ou **neurônio**, caracterizado por um corpo celular, axônio e dendritos. Axônios e dendritos são também chamados **fibras nervosas** ou **neurofibras**.

Relembre que os impulsos nervosos são sempre propagados nas neurofibras no sentido dendritos → corpo celular → → axônio, e que **nervos** são filamentos brancos, visíveis, formados por feixes de axônios, de dendritos ou de ambos, envolvidos por uma capa de tecido conjuntivo (os corpos celulares dos neurônios não fazem parte dos nervos).

Entre os neurônios existe um minúsculo espaço, chamado **sinapse**, através do qual os impulsos nervosos passam de um neurônio a outro por meio de substâncias químicas conhecidas como **neurotransmissores**.

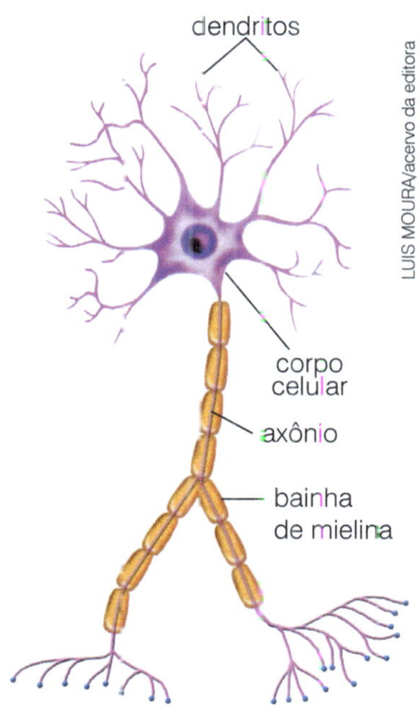

Um tipo de neurônio. (Cores-fantasia. Ilustração fora de escala.)

Levando-se em conta a localização dos órgãos que fazem parte do sistema nervoso no corpo humano, esse sistema pode ser dividido em duas partes: o **sistema nervoso central** e o **sistema nervoso periférico**.

O *sistema nervoso central* é formado pelo encéfalo e pela medula espinhal, situados ao longo do eixo dorsal mediano do corpo, protegidos, respectivamente, pelos ossos do crânio e da coluna vertebral.

O *sistema nervoso periférico* é formado pelos *nervos* que partem do encéfalo (nervos cranianos) ou da medula (nervos medulares), conectando-os aos órgãos dos sentidos, vísceras (órgãos internos), vasos sanguíneos, ossos, músculos e glândulas, além dos *gânglios nervosos*.

Tanto o sistema nervoso central quanto o sistema nervoso periférico controlam *ações voluntárias*, como, por exemplo, andar e falar, e *ações involuntárias*, como os movimentos peristálticos, as frequências respiratória e cardíaca e o funcionamento dos demais órgãos internos.

Lembre-se!

Gânglio é agrupamento de corpos celulares de neurônios no sistema nervoso periférico.

É SEMPRE BOM SABER MAIS!

Costuma-se adotar um critério de classificação levando em conta o *modo de ação*, ou seja, o *tipo de controle* exercido pelos centros nervosos e nervos que compõem o sistema nervoso. Com base nesse critério, divide-se o sistema nervoso em *sistema nervoso somático* e *sistema nervoso autônomo*.

Cabe à parte *somática* do sistema nervoso o controle das *ações voluntárias*. Os neurônios envolvidos nesse papel ocupam áreas do sistema nervoso central (encéfalo e medula) e seus prolongamentos (dendritos e axônios) ocupam os nervos do sistema nervoso periférico.

À porção *autônoma* do sistema nervoso cabe o controle das *ações involuntárias* e os neurônios que a constituem também ocupam áreas do sistema nervoso central, porém diferentes daquelas ocupadas pela porção somática. Os prolongamentos desses neurônios também são constituintes dos nervos do sistema nervoso periférico para chegarem aos órgãos por eles inervados.

Sistema nervoso central

Os ossos do crânio e as vértebras não estão em contato direto com o encéfalo e a medula. Entre eles existem as **meninges**, três membranas protetoras que envolvem os órgãos do sistema nervoso central. No espaço ocupado pela membrana intermediária, corre um líquido chamado **líquor**. Amostras desse líquido são colhidas para exames que podem evidenciar lesões ou infecções do sistema nervoso central ou das próprias meninges. A meningite é uma inflamação das meninges.

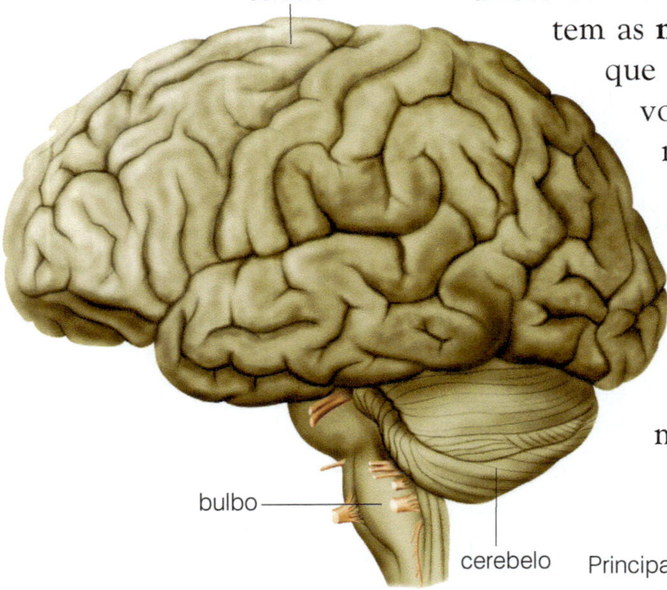

Principais órgãos do sistema nervoso central.

Encéfalo

O encéfalo humano pesa cerca de 1,5 kg e 85% dessa massa é constituída de água. Entre as partes que o compõem destacaremos o cérebro, o hipotálamo, o cerebelo e o bulbo.

Cérebro

O *cérebro* constitui a maior parte do encéfalo (cerca de 80%) e é formado por *dois hemisférios*, o *direito* e o *esquerdo*.

Seu aspecto externo lembra a parte comestível de uma noz, pois apresenta sulcos e dobras, o que aumenta muito a sua superfície, a maior entre todos os animais mamíferos. Sulcos mais profundos dividem cada hemisfério em quatro regiões chamadas lobos, onde se encontram áreas encarregadas da percepção sensorial (visão, olfato, gosto, audição, tato), áreas motoras (encarregadas das contrações musculares voluntárias), entre outras, que veremos a seguir.

A camada superficial dos hemisférios cerebrais, com espessura de 3 a 5 mm, é o chamado **córtex cerebral**, formado por milhões de corpos celulares de neurônios, dando a essa região uma coloração acinzentada, conhecida como **substância cinzenta**. Os dendritos e axônios, que são os prolongamentos dos corpos celulares, estão localizados abaixo do córtex em uma segunda camada, a **substância branca**, coloração que se deve à existência da bainha de mielina.

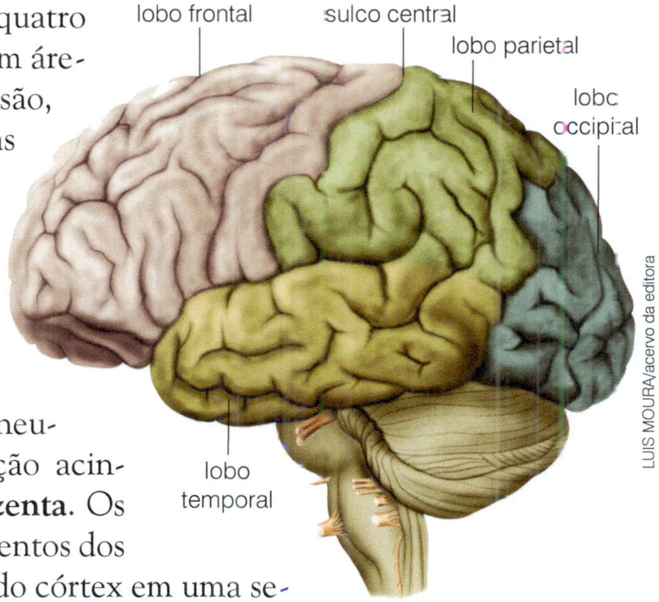

As divisões topográficas do cérebro humano. (Cores-fantasia.)

O córtex cerebral é responsável por boa parte das manifestações humanas. Os impulsos nervosos que atingem o cérebro são todos iguais, isto é, têm a mesma natureza elétrica, quer partam do ouvido, do nariz, dos olhos ou de qualquer outra região do corpo. Regiões diferentes do córtex cerebral é que traduzem esses impulsos em sensações sonoras, olfativas, luminosas etc. E é claro que o reconhecimento e a interpretação dos estímulos que geram esses impulsos dependem de aprendizado e memorização anteriores, funções também associadas a áreas específicas do córtex cerebral – afinal, não se pode reconhecer um som, um objeto, o sabor ou odor de um fruto sem experiências anteriores com os estímulos provocados por eles.

Fique por dentro!

O diencéfalo é uma região na qual se encontram o tálamo e o hipotálamo, além da glândula hipófise.

Hipotálamo

Abaixo da estreita área que mantém os hemisférios cerebrais unidos, situa-se uma região, o **hipotálamo**, localizado no diencéfalo. O hipotálamo é responsável por algumas atividades fundamentais para a nossa saúde. Dentre elas, podemos destacar:

Lembre-se!

ADH é o hormônio antidiurético.

- **produção de ADH** – como já foi estudado no capítulo dedicado ao sistema urinário, o ADH é o hormônio que atua nos néfrons, promovendo reabsorção de água, diminuindo o volume da urina formada;
- **regulação da temperatura corporal** – o hipotálamo é sensível a mudanças na temperatura do sangue e envia "ordens" às glândulas sudoríparas e músculos, que por meio da produção de suor e/ou de tremores musculares, regula o equilíbrio térmico;

Fique por dentro!

O tálamo ocupa a maior parte do diencéfalo. É uma via de passagem, na qual chegam fibras sensoriais ópticas e auditivas, por exemplo. Além disso, do tálamo partem fibras motoras em direção ao cérebro, onde a informação será processada e reconhecida pelos centros superiores cerebrais.

- regulação da fome, da sede, do sono, manifestação do instinto sexual, do prazer, da dor, do choro, do riso e da raiva.

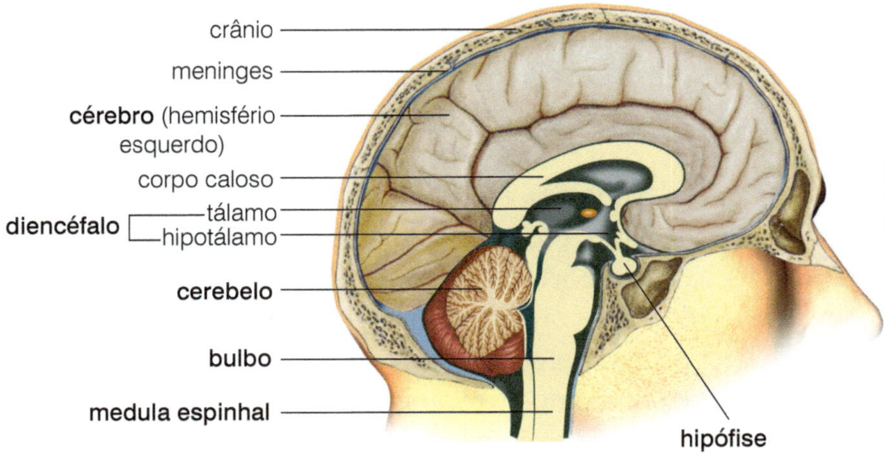

Observe a localização do hpotálamo e das demais estruturas do sistema nervoso central. A hipófise é uma glândula que pertence ao sistema hormonal. (Cores-fantasia. Ilustração fora de escala.)

Cerebelo

Jogo rápido

Cite as partes que constituem o encéfalo.

Localizado logo abaixo do cérebro, o **cerebelo** tem duas funções: coordenar e conferir harmonia aos movimentos do corpo e manter o equilíbrio do organismo em postura ereta.

Sem o cerebelo, seria impossível andar em linha reta, dirigir um automóvel, escrever ou tocar um instrumento musical, por exemplo.

A bebida alcoólica retarda os movimentos voluntários e as respostas automáticas (reflexos) necessárias a quem dirige um veículo. O álcool afeta o cerebelo e, em consequência, o motorista perde a coordenação dos movimentos. Por isso, não se deve dirigir ou operar instrumentos que exijam coordenação mais precisa depois de beber.

Bulbo (ou medula oblonga)

O **bulbo** é o órgão do encéfalo ligado diretamente à medula espinhal. É uma via de passagem de fibras nervosas que percorrem a medula, ligando-a a órgãos do encéfalo localizados mais acima, como, por exemplo, o cérebro.

Está relacionado ao controle dos batimentos cardíacos, do ritmo respiratório, da secreção de sucos digestivos e da pressão sanguínea, entre outras funções.

Medula espinhal (ou medula espinal)

A medula espinhal é a região mais inferior do sistema nervoso central. Fazendo-se um corte transversal na medula, vê-se uma região interna com a forma aproximada de um H maiúsculo, de coloração acinzentada. Trata-se da **substância cinzenta**, onde se encontram corpos celulares de neurônios. Ao redor do "H" de substância cinzenta, encontra-se a **substância branca**, que contém apenas prolongamentos (dendritos e axônios) dos neurônios.

A medula é um *centro de transmissão de informações*: impulsos nervosos gerados por estímulos periféricos, provenientes do tronco e membros, chegam ao encéfalo passando pela medula, assim como passam por ela as "ordens" cerebrais para os músculos do tronco e dos membros superiores e inferiores.

JOSÉ LUIS CALVO/SHUTTERSTOCK

Corte transversal da coluna vertebral em que pode ser vista a medula espinhal. (Para visualização da medula foi usada a técnica da impregnação pela prata.)

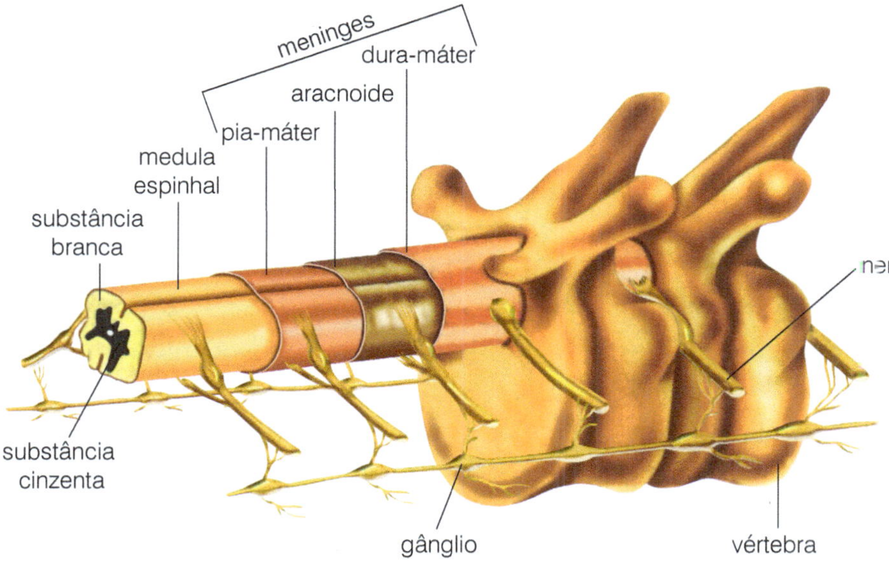

LUIS MOURA/acervo da editora

Medula espinhal: note o H da medula, formado pela substância cinzenta. As meninges (pia-máter, aracnoide e dura-máter) protegem a medula espinhal. No espaço da aracnoide corre o líquor. (Cores-fantasia. Ilustração fora de escala.)

ESTABELECENDO CONEXÕES

Cotidiano

Cuidado com a medula espinhal

A medula espinhal é protegida pela coluna vertebral. Apesar disso, acidentes podem afetar as vértebras e lesionar a medula. As lesões da medula provocam a perda de sensibilidade e dos movimentos (paralisia) nas áreas situadas abaixo da lesão, porque seccionam as fibras nervosas medulares, impedindo a propagação dos impulsos nervosos entre essas áreas e as regiões sensoriais e motoras do cérebro.

As principais causas de lesão na medula são acidentes de trânsito, quedas, mergulhos em águas rasas ou lugares pedregosos e também ferimentos em decorrência de armas de fogo. Para minimizar os problemas causados pelos acidentes de trânsito o uso de cinto de segurança e o apoio para cabeça já reduzem a probabilidade de lesões em caso de choques ou freadas muito bruscas.

Sistema nervoso periférico

O sistema nervoso periférico é formado pelos **nervos cranianos** e **nervos raquidianos** ou **medulares**, ligando os tecidos e órgãos do corpo ao sistema nervoso central.

Há 12 pares de nervos cranianos. Fazem a ligação do encéfalo com a cabeça, o pescoço e alguns órgãos localizados no tórax e abdômen, como o coração e a musculatura responsável pelo peristaltismo. Isto significa que alguns desses nervos contêm fibras nervosas envolvidas com o controle voluntário (somático) de alguns órgãos e fibras associadas ao controle involuntário (autônomo) de outros órgãos.

Os nervos cranianos são de três tipos: **sensitivos**, **motores** e **mistos**:

- *nervos sensitivos* contêm apenas fibras nervosas sensoriais, que conduzem os impulsos nervosos para o encéfalo. O nervo *óptico*, por exemplo, que conduz impulsos dos olhos até a área visual localizada no córtex

Fique por dentro!

Alguns nervos são formados por axônios ou dendritos que podem ter até 1 m de comprimento. Pense, por exemplo, nos nervos que partem da região inferior da medula espinhal e inervam a planta dos pés.

cerebral, é um nervo sensitivo. O *nervo auditivo*, que conduz impulsos da orelha interna até o centro da audição, localizado no córtex cerebral, também é um nervo sensitivo;

- *nervos motores* contêm apenas fibras motoras e conduzem impulsos no sentido inverso, isto é, do encéfalo para os músculos ou glândulas;
- *nervos mistos* contêm fibras nervosas sensoriais e motoras.

Há 31 pares de nervos raquidianos ou medulares, todos *mistos*, isto é, formados por feixes de fibras nervosas sensoriais e motoras, que comunicam a medula espinhal com os membros superiores e inferiores, tórax e abdômen.

Arco reflexo

Um **ato reflexo** ou, simplesmente, **reflexo** é uma resposta automática que acontece, por exemplo, quando se dá uma leve pancada no tendão abaixo do osso do joelho (a patela) e a perna se move para frente, independentemente da nossa vontade.

A grande maioria dos atos reflexos é comandada pela medula. O caminho percorrido pelos impulsos nervosos nos neurônios que participam da atividade reflexa recebe o nome de **arco reflexo**. Vejamos como é esse caminho em forma de arco.

Observe a figura a seguir. Repare que a batida no tendão abaixo do joelho estimula um *receptor* que está ligado a um *neurônio sensorial*. O neurônio sensorial estabelece uma sinapse medular com um *neurônio motor*, ligado ao músculo efetuador da resposta, situado na parte anterior da coxa, que ao se contrair movimenta a perna, esticando-a.

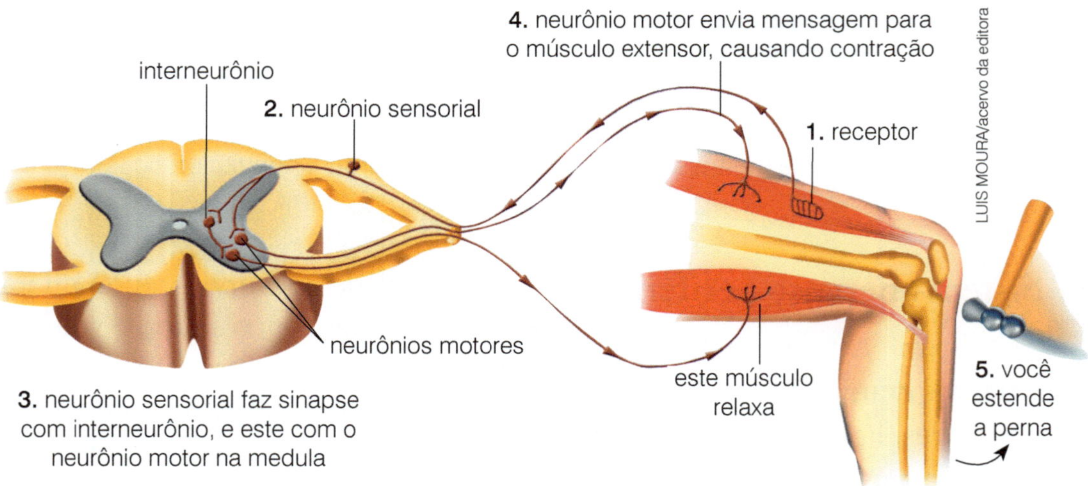

Esquema de arco reflexo. Dele participam receptor, neurônio sensorial, interneurônio e neurônios motores. Note que, para ocorrer o movimento da perna, há participação de músculos antagônicos, o que relaxa e o que contrai. (Cores-fantasia. Ilustrações fora de escala.)

Em outros atos reflexos pode não haver participação de neurônio *associativo* ou *interneurônio*, situado na substância cinzenta da medula.

É SEMPRE BOM SABER MAIS!

Reflexos inatos e adquiridos

Há dois tipos de reflexos, o **inato** e o **adquirido**. O inato já nasce com o indivíduo; o adquirido deve-se a um aprendizado, treinamento e condicionamento.

Ao colocarmos um dedo indicador na mãozinha de um bebê, ele de imediato a fechará fortemente ao redor do nosso dedo. Essa resposta não depende de aprendizado; o bebê já nasce com essa capacidade. Trata-se, portanto, de um reflexo inato.

Para dirigir um automóvel, um indivíduo é treinado no uso correto dos pés nos pedais, na mudança de marcha, ao mesmo tempo em que conversa e presta atenção ao que ocorre ao seu redor. Envolve estímulos e respostas que passaram obrigatoriamente por uma fase de aprendizado e treinamento até que, finalmente as respostas se tornarem automáticas. São, portanto, reflexos adquiridos.

Sistema nervoso autônomo

Estudamos até aqui o papel do sistema nervoso no controle das ações voluntárias (aquelas que estão sob o controle da nossa vontade), além dos atos reflexos.

Todavia, o sistema nervoso tem outra função extremamente importante, que é o controle das *ações involuntárias* desempenhadas pelos órgãos dos outros sistemas. Essa regulação é feita automática e inconscientemente por uma parte do sistema nervoso conhecida como **sistema nervoso autônomo** (do grego, *autos* = próprio + *nomos* = lei).

Os centros de comando do sistema nervoso autônomo localizam-se também no sistema nervoso central, isto é, no encéfalo e na medula espinhal.

As fibras nervosas do sistema nervoso autônomo, ao emergirem do sistema nervoso central, também percorrem alguns nervos cranianos e nervos raquidianos (medulares), dirigindo-se aos órgãos que funcionam independentemente da nossa vontade.

Como os nervos cranianos e raquidianos fazem parte do sistema nervoso periférico, o sistema nervoso autônomo pode ser considerado como uma subdivisão do sistema nervoso periférico, ainda que os centros de comando autônomo estejam no sistema nervoso central.

A manutenção do organismo em equilíbrio e adaptado a diversas situações do cotidiano implica que as ações involuntárias sejam ora estimuladas ora inibidas. Esse controle é realizado pelos dois setores do sistema nervoso autônomo: o **sistema nervoso simpático** e o **sistema nervoso parassimpático**.

A ação desses dois sistemas é antagônica. Em situações de "emergência" (medo, fuga, luta, competição esportiva) a ação do simpático predomina. E se você pensar um pouco, deve se lembrar das reações do seu corpo em alguma dessas situações: o coração e os movimentos respiratórios aceleram, você empalidece, a pressão arterial aumenta.

Na ausência de estresse, especialmente nos estados de repouso, predomina a ação do parassimpático e, com isso, as frequências respiratória e cardíaca adaptam o organismo a essa situação em que o gasto de energia é menor.

A figura a seguir indica as ações do sistema simpático e do parassimpático em alguns órgãos.

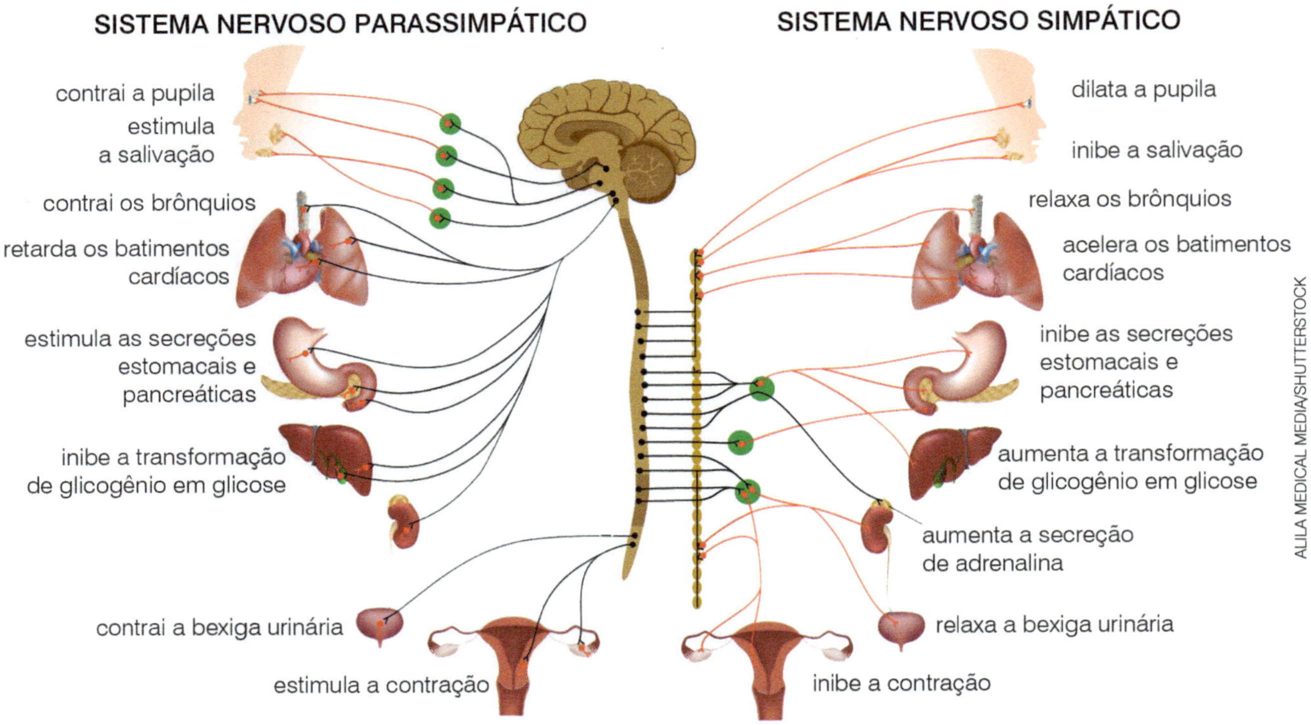

Ação do sistema nervoso simpático e do parassimpático sobre alguns órgãos. (Cores-fantasia. Ilustrações fora de escala.)

ESTABELECENDO CONEXÕES

Saúde

Algumas doenças relacionadas ao sistema nervoso

Entre as várias doenças relacionadas ao sistema nervoso, o acidente vascular cerebral (AVC), os traumatismos cranianos e as lesões de medula, a demência e o delírio são algumas das mais mencionadas.

- Hemorragias intracerebrais podem causar falta de oxigênio em algumas células do cérebro ou mesmo à sua volta. O AVC pode causar diversos tipos de incapacidade. Os fatores de risco de AVC mais frequentes são aterosclerose (depósito de gordura nas paredes dos vasos) e hipertensão arterial. A prevenção da doença vascular cerebral passa pelo controle dos níveis de colesterol no sangue e da pressão arterial.
- Tanto o cérebro como a medula estão protegidos por ossos do crânio e da coluna vertebral, respectivamente. Apesar dessa proteção, os traumatismos cranianos causam sérias incapacidades e até mesmo a morte. Uma pancada forte ou uma súbita desaceleração pode causar rompimento nos vasos cerebrais ou mesmo no tecido nervoso, podendo causar edemas ou hemorragias.
- Lesões na coluna podem seccionar a medula espinhal, levando à paralisia do local afetado para baixo. Se a lesão ocorrer na altura das vértebras cervicais, pode ocorrer paralisia dos membros superiores e inferiores, situação descrita como tetraplegia. Já a lesão na altura das vértebras torácicas ou lombares pode levar à paralisia dos membros inferiores, a chamada paraplegia.
- A perda progressiva de memória e das funções mentais, de caráter irreversível, caracteriza a *demência*. Já o *delírio* é uma condição em que a pessoa apresenta confusão mental, desorientação, incapacidade de pensar com clareza; muitas vezes aparece de maneira súbita e pode ser reversível.

ESTABELECENDO CONEXÕES

Saúde

É preciso pensar com a própria cabeça

Muito se tem falado a respeito do efeito das drogas no organismo, a maior parte das vezes no intuito de alertar sobre as consequências de seu uso. Em primeiro lugar, vamos estabelecer em que contexto estamos considerando a palavra "droga". Ela tanto pode ser um princípio ativo, ou seja, uma substância que acarreta uma reação orgânica benéfica – como o componente de um remédio, por exemplo –, como pode se referir a uma substância que provoca o entorpecimento da consciência e dos sentidos. E é nesse contexto que estamos usando essa palavra.

Ao lado da violência, da conduta sem limites para conseguir dinheiro para comprar as drogas, da dependência, do sofrimento que advém quando passa o seu efeito e da escravidão – no sentido exato da palavra – que gera no usuário, é preciso raciocinar, enquanto a droga ainda não tomou conta de nosso cérebro e inutilizou nossa capacidade de pensar. Leia a tabela a seguir e analise os efeitos de cada droga. Observe se as sensações que produzem são agradáveis ou desagradáveis.

É bom lembrar que um usuário de droga é um indivíduo que precisa de ajuda profissional e há várias clínicas especializadas que fazem um bom trabalho no sentido de recuperá-lo e afastá-lo definitivamente do caminho das drogas. Acreditar que dominamos a droga e que não nos tornaremos dependentes dela é como acreditar em contos de fadas: o final soa feliz, mas é bem pouco verdadeiro... É compreensível que o grupo exerça pressão, e durante toda a nossa vida isso acontece. Mas ninguém pode nos forçar a fazer algo que, de fato, não queremos fazer.

Na vida, cada um escolhe o caminho que quer trilhar – e é responsável por ele!

Droga	Fonte	Efeitos
Álcool	• Etanol produzido por fermentação.	• Em doses baixas (um ou dois *drinks* leves), atua como estimulante. • Em doses maiores, entorpece o raciocínio, a coordenação, a memória e a visão. • Altas doses podem levar ao coma e à morte por problemas respiratórios.
Anfetaminas	• Drogas sintéticas, desenvolvidas como coadjuvantes para regimes de emagrecimento.	• Provocam sensação de euforia e estado de alerta. • Aceleram os batimentos cardíacos, aumentam a pressão sanguínea, ocasionam náuseas e irritabilidade. Cansaço ao final da "viagem". • A *overdose* varia brutalmente de pessoa para pessoa, sendo que reações agudas podem ocorrer com 2 mg, levando a convulsões, problemas cardíacos, coma e morte.
Cafeína	• Alcaloide encontrado no café, chá, sementes de *Cola vera* e de guaraná. Muitas vezes encontrado em bebidas energéticas e remédios para gripe.	• Atua como estimulante. Em pequenas doses, como uma xícara de café (cerca de 150 mg), aumenta o estado de alerta. Acelera os batimentos cardíacos e o ritmo da respiração, além de aumentar a produção de urina. • Altas doses levam à sensação de ansiedade. • A dose fatal está em torno de 10 g.

Droga	Fonte	Efeitos
Cocaína e *crack*	• Alcaloides extraídos das folhas de coca (*Erythroxylon coca*), planta nativa dos Andes.	• Uma dose rapidamente conduz à sensação de autoconfiança e energia, o que dura aproximadamente 45 minutos. Depois, sobrevêm o cansaço e a melancolia. Aceleram o ritmo cardíaco e respiratório. • A dose fatal varia de indivíduo para indivíduo, mas foram constatados casos de morte com pequena quantidade da droga.
Ecstasy	• Derivado de anfetamina.	• Sentimentos de euforia, energia e desejo de contato com outras pessoas, além de alucinações auditivas, seguidas por letargia e depressão. • Pode ser letal em virtude do aumento da temperatura e da desidratação que acarreta ou por falência dos órgãos do sistema excretor.
Alucinó-genos	• Um grande número de compostos sintéticos faz parte desse tipo de droga. As mais usadas são as do grupo do LSD.	• Alucinações auditivas e visuais (as superfícies ondulam e tremem, as cores tornam-se mais intensas), sinestesia (um estímulo provoca uma sensação que viria de outro tipo de estímulo), distorção do tempo, alteração da personalidade. Objetos são vistos com sua forma alterada. A experiência pode ser aterrorizante. Depois, sobrevêm a fadiga e um sentimento de desligamento.
Maconha e haxixe	• Folhas, brotos, flores e resinas da planta *Cannabis sativa*, originária da Ásia Central. Normalmente, fumam-se suas folhas e brotos. Sua resina seca é conhecida como haxixe.	• Em pequenas quantidades, podem oferecer sensação de bem-estar, porém interferem com a memória e aumentam desesperadamente o apetite. São frequentes as sensações de náusea, ansiedade e paranoia. Afeta espermatozoides, reduzindo a fertilidade.
Opiáceos	• Resinas extraídas da papoula (*Papaver somniferum*). Incluem alcaloides como a morfina, heroína e metadona.	• A heroína pode induzir sensação de euforia e bem-estar. Passado seu efeito, sobrevêm náusea, constipação intestinal, intensa sudorese, coceira, diminuição nos ritmos cardíaco e respiratório. • A dose fatal varia de indivíduo para indivíduo, mas têm sido constatados casos de morte com doses pequenas.
Tabaco	• Extraída das folhas secas da planta de tabaco (*Nicotiana tabacum*), nativa da América do Sul. As folhas podem ser fumadas ou mascadas. O principal ingrediente ativo é o alcaloide nicotina.	• Estimulante, aumenta o estado de alerta, a energia e a memória. Paradoxalmente, também são relatados efeitos de relaxamento. Aumenta a pressão sanguínea e a taxa respiratória. Diminui o apetite. Em altas doses pode causar alucinação, náusea, vômito e morte. • Seu uso constante leva ao desenvolvimento de enfisema pulmonar e câncer.

Baseado em: Drugs. The Intoxication Instinct. *New Scientist*, London, v. 184, n. 2.473, p. 32-41, 13 Nov. 2004.

Agora, responda:

➢ Você se operaria com um médico sob efeito de cocaína? Voaria com um piloto sob os efeitos do *crack*? Andaria de carro com um motorista "viajando" com LSD? Por quê?

EM CONJUNTO COM A TURMA!

Reúna seu grupo de trabalho e enfrentem o desafio a seguir. Vocês devem preencher corretamente os quadrinhos de 1 a 10, utilizando as seguintes palavras: axônio, central, cérebro, coluna vertebral, crânio, medula espinhal, nervos, neurônios, periférico, sinapses.

À medida que preencherem os quadrinhos, risquem a palavra que escolheram para não usá-la novamente.

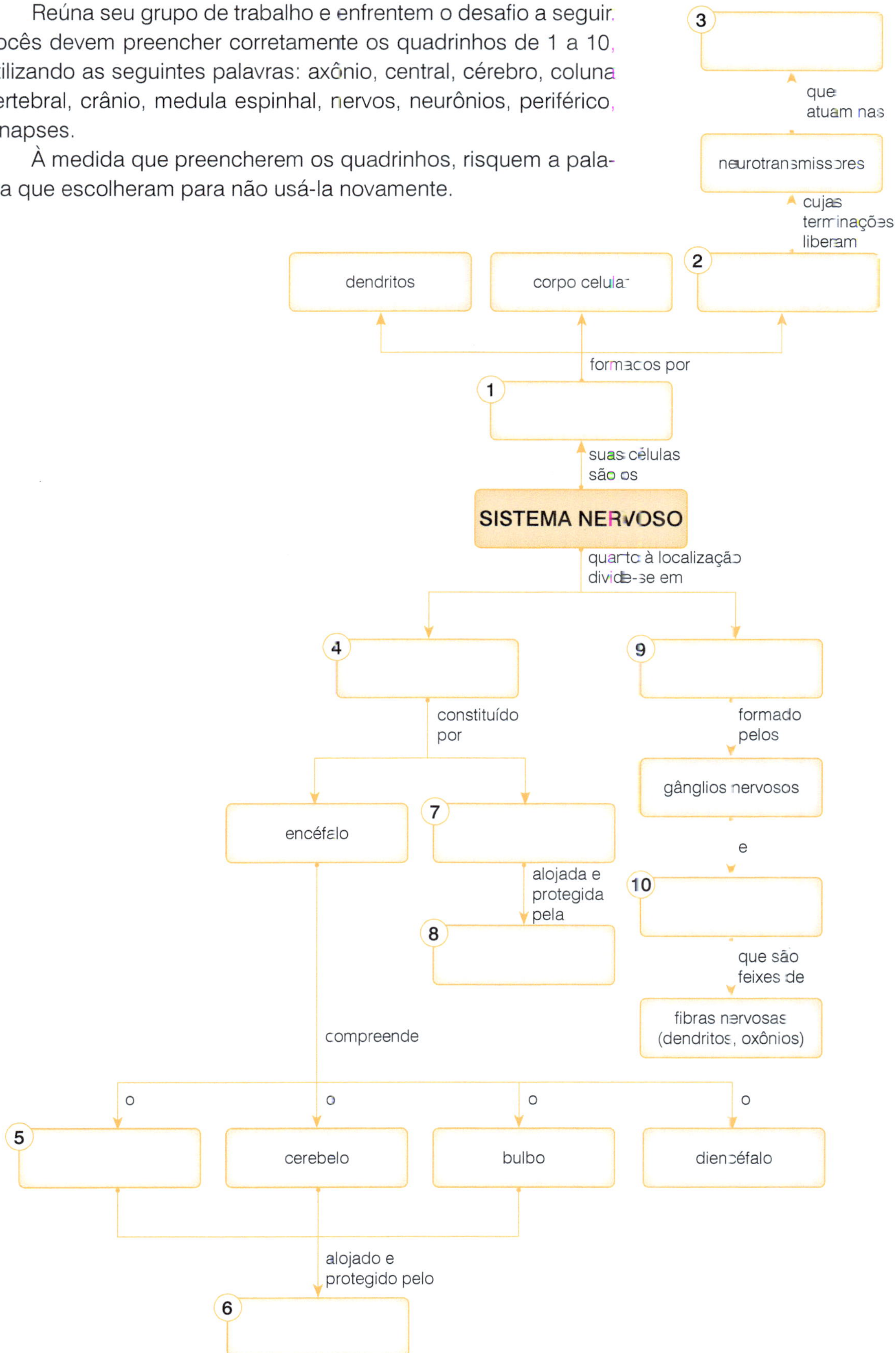

Sistema endócrino

O funcionamento do nosso corpo é um excelente exemplo de como os diversos sistemas que o constituem trabalham de maneira integrada, e de como esse trabalho é coordenado e controlado pelos **sistemas nervoso** e **endócrino** (*hormonal*). O equilíbrio das diversas funções desempenhadas por todos os sistemas é fundamental para a nossa sobrevivência.

Glândulas exócrinas e endócrinas

Lembre-se!

O pâncreas é uma **glândula mista**. Isso significa que ele apresenta uma porção endócrina, que secreta hormônios para o sangue, e uma porção exócrina, que secreta o suco pancreático para o duodeno.

Glândulas são órgãos cujas células são especializadas em produzir e eliminar substâncias, em um processo conhecido como *secreção*. Há dois tipos de glândulas: as **exócrinas** e as **endócrinas**.

As *glândulas exócrinas* ou *glândulas de secreção externa* apresentam ductos ou canais que lançam suas secreções diretamente na superfície do corpo (glândulas sudoríparas, sebáceas e mamárias) ou em cavidades, como a do tubo digestório (glândulas salivares, fígado, pâncreas exócrino).

As *glândulas endócrinas* ou *glândulas de secreção interna* são os componentes do sistema endócrino. Elas não têm ductos e suas secreções, os **hormônios**, são lançadas diretamente na corrente sanguínea, que as conduz aos tecidos ou órgãos sensíveis à sua ação. A hipófise, a glândula tireóidea, o pâncreas endócrino, os ovários e testículos são exemplos de glândulas endócrinas. A figura ao lado mostra as principais glândulas endócrinas encontradas no organismo humano.

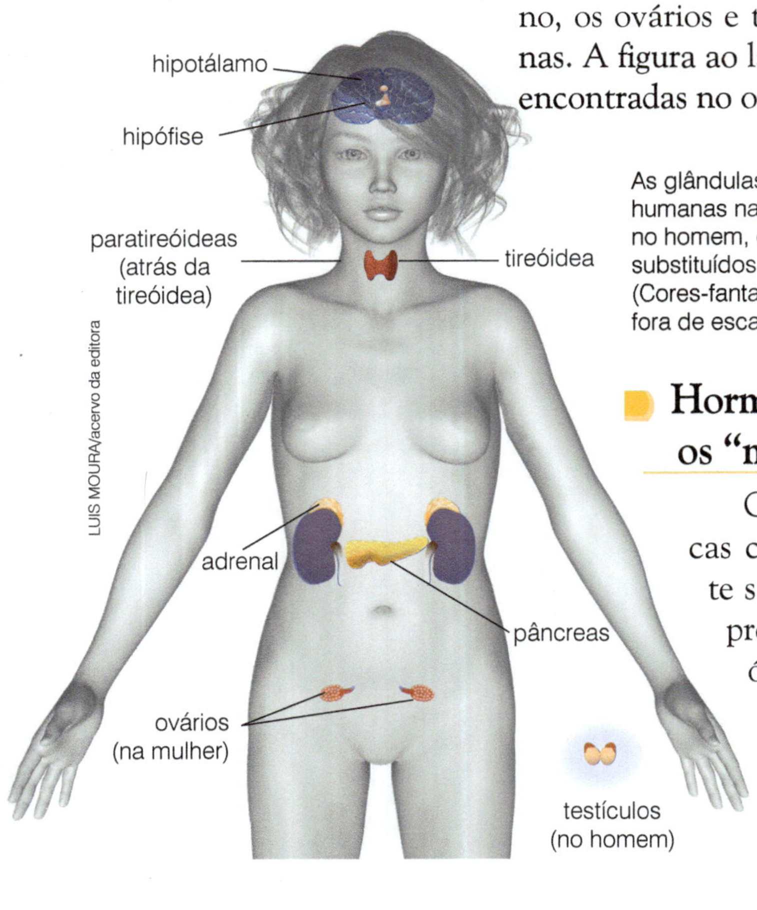

As glândulas endócrinas humanas na mulher; no homem, os ovários são substituídos pelos testículos. (Cores-fantasia. Ilustrações fora de escala.)

Fique por dentro!

Endocrinologia é o estudo das glândulas produtoras de hormônios.

Hormônios: os "mensageiros" do sistema endócrino

O sistema endócrino produz substâncias químicas chamadas hormônios, que através da corrente sanguínea são conduzidos do local em que são produzidos – as *glândulas endócrinas* –, para os órgãos sobre os quais atuam, os chamados **órgãos-alvo**. A palavra *hormônio* vem do grego e significa "excitar", "estimular". Hoje, porém, sabe-se que muitos hormônios também podem atuar como inibidores. Os hormônios, portanto, *estimulam* (aceleram) ou *inibem* (retardam) as funções dos órgãos-alvo. Ao passarem pelo fígado, os hormônios são decompostos e, posteriormente, excretados na urina.

Hipófise: regular o trabalho das outras glândulas é com ela

A maioria das nossas glândulas endócrinas não apresenta um funcionamento independente. Elas agem sob o controle de uma pequena glândula endócrina chamada **hipófise**. A maioria dos hormônios hipofisários estimula a produção hormonal de outras glândulas, como veremos mais adiante. Por esse motivo, a hipófise é considerada a *glândula-mestra* dos vertebrados.

A hipófise prende-se à base do encéfalo, encaixada em uma depressão óssea acima da cavidade nasal. Ela tem o tamanho de um grão de ervilha e pesa aproximadamente 0,5 g.

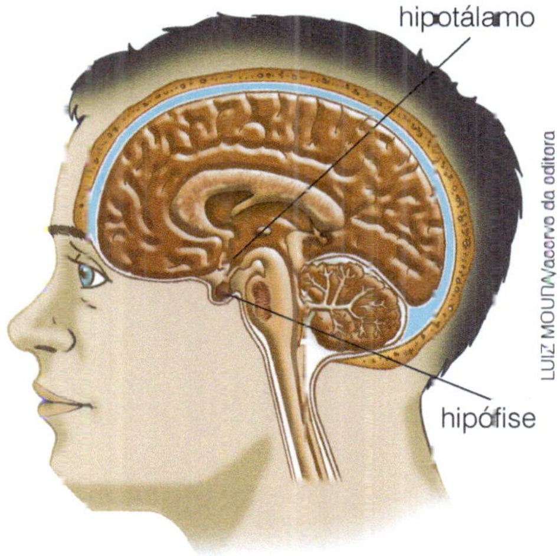

Localização do hipotálamo e da hipófise. (Cores-fantasia. Ilustração fora de escala.)

Hormônios liberados pela hipófise

Além dos hormônios estimuladores de outras glândulas, como testículos e ovários, por exemplo, a hipófise libera hormônios que têm efeito direto sobre algumas funções do organismo:

- **hormônio do crescimento** (GH) – estimula o desenvolvimento de todos os tecidos do corpo, em especial esqueleto e músculos. Se a produção desse hormônio for insuficiente durante a infância, o desenvolvimento físico será prejudicado e o indivíduo terá uma anomalia chamada **nanismo**. Ao contrário, se a produção de GH for superior ao normal na infância, o indivíduo terá um crescimento exagerado, anomalia conhecida como **gigantismo**. Se o excesso continuar ou iniciar-se na fase adulta, em que os ossos já alcançaram seu pleno desenvolvimento, o crescimento exagerado ocorrerá somente nas extremidades – mãos, pés ou maxilar inferior –, situação conhecida como **acromegalia**;
- **prolactina** (hormônio lactogênico) – estimula o crescimento das mamas e a produção de leite durante a gravidez;
- **oxitocina** (ou **citosina**) – promove a ejeção do leite das glândulas mamárias no período de amamentação e as contrações da musculatura uterina durante o parto;
- **hormônio antidiurético** (ADH) – atua sobre os túbulos dos néfrons, intensificando a reabsorção de água para o sangue (reduz o volume urinário). Quantidades insuficientes desse hormônio aumentam o volume de urina eliminado e causam muita sede.

Fique por dentro!

Os hormônios hipofisários que estimulam a produção hormonal de outras glândulas endócrinas são denominados, genericamente, *trofinas* (*trofo* = = alimento) ou *tropinas*.

Jogo rápido

Por que se considera a hipófise uma glândula-mestra?

Ejeção: liberação.

Lembre-se!

A oxitocina e o ADH são produzidos em uma região do encéfalo, o *hipotálamo*, ao qual a hipófise está ligada por um pedúnculo. Esses hormônios são apenas armazenados e liberados pela hipófise.

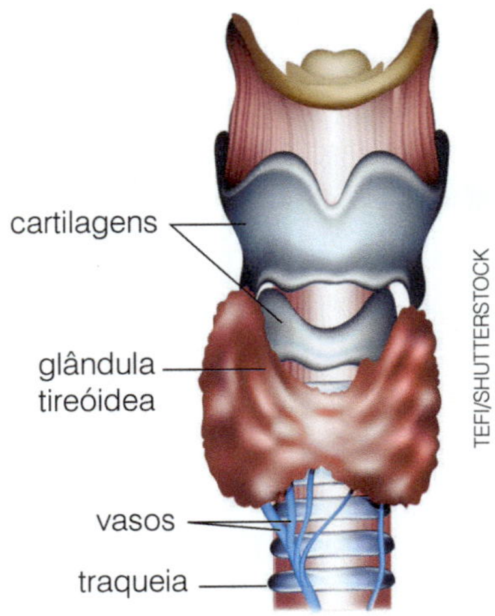

Localização da glândula tireóidea. (Cores-fantasia. Ilustração fora de escala.)

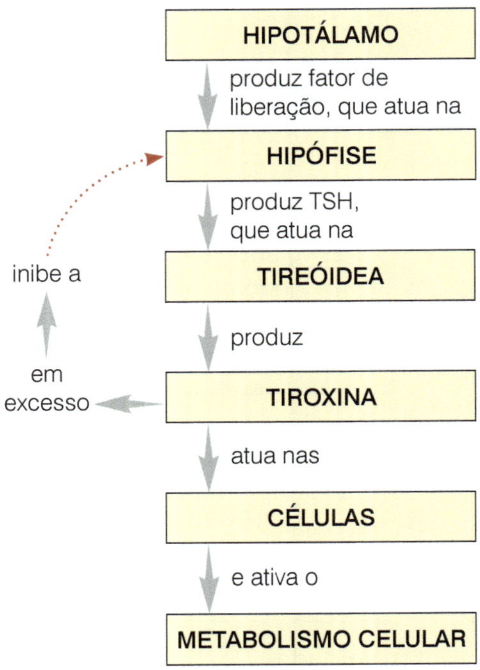

Esquema do mecanismo de *feedback* envolvendo o controle do hormônio TSH no sangue. O TSH, produzido pela hipófise, estimula a tireóidea a produzir tiroxina, que acelera o metabolismo celular. Quando o nível de tiroxina se eleva, esse hormônio inibe a produção do TSH e, em consequência, a produção de tiroxina diminui. A hipófise, então, volta a produzir TSH, e assim por diante. Esse mecanismo de controle mútuo entre as duas glândulas mantém o equilíbrio da produção hormonal de ambas.

Glândula tireóidea e a regulação do metabolismo celular

A **tireóidea** é uma glândula localizada no pescoço, logo à frente da laringe e da traqueia. É formada por dois lobos (direito e esquerdo), apresenta o formato de uma letra H e pesa, aproximadamente, 20 g a 30 g.

Os hormônios produzidos pela tireóidea são a **tiroxina**, também chamada de **tetraiodotironina**, e a **tri-iodotironina**; ambos necessitam do elemento químico **iodo** para serem produzidos. Esses hormônios atuam regulando o ritmo do metabolismo celular. Logo, o desenvolvimento normal do organismo depende desses hormônios.

Quando o funcionamento da glândula tireóidea não é perfeito, as consequências podem ser muito graves para o organismo.

No **hipertireoidismo**, a tireóidea produz hormônios em excesso. Assim, mesmo em repouso, o metabolismo celular torna-se muito acelerado. Os sintomas mais comuns do hipertireoidismo são: tendência a perder peso (apesar do bom apetite), nervosismo, insônia, aumento da temperatura, da frequência dos batimentos cardíacos e dos movimentos respiratórios. Às vezes, também pode ocorrer *exoftalmia*, situação em que os olhos salientes parecem querer "saltar para fora".

No **hipotireoidismo**, ao contrário, a quantidade de hormônios é produzida abaixo do normal. Como consequência, o organismo passa a trabalhar em ritmo lento, abaixo das necessidades normais. Nesse caso, os principais sintomas são: perda de apetite, obesidade, baixa temperatura, redução das frequências respiratória e cardíaca, apatia, reflexos retardados, às vezes falhas na memória e raciocínio lento.

A tireóidea, assim como outras glândulas, depende do estímulo da hipófise (a glândula-mestra) para funcionarem. Então, é necessário que se estabeleça entre elas, hipófise e tireóidea, por exemplo, um mecanismo de controle mútuo, a fim de assegurar o equilíbrio na ação de ambas. Esse mecanismo é estabelecido pelas concentrações sanguíneas dos hormônios dessas duas glândulas influenciando-se mutuamente. O controle da hipófise sobre outras glândulas e vice-versa é conhecido como mecanismo de **feedback** ou, em português, **retroalimentação**.

Outro hormônio produzido pela tireóidea é a **calcitonina**, que favorece a fixação de cálcio nos ossos.

É SEMPRE BOM SABER MAIS!

A deficiência da glândula tireóidea nos recém-nascidos pode causar um retardamento severo no desenvolvimento físico e mental, conhecido por **cretinismo**, que pode ser corrigido, desde que precocemente diagnosticado, por administração de tiroxina.

Adultos que precisam, por alguma razão, remover a tireóidea ou corrigir os efeitos do hipotireoidismo devem ingerir diariamente comprimidos de hormônio tireoidiano sintético. Nesse caso, o hormônio não é digerido e passa para a corrente sanguínea.

ESTABELECENDO CONEXÕES

Saúde

A falta de iodo e o bócio endêmico

O iodo é um elemento químico fundamental para a produção dos hormônios tireoidianos, sendo encontrado no mar e nos alimentos dele provenientes. Em regiões em que o solo é pobre em iodo (principalmente as mais afastadas do litoral), os indivíduos podem ter uma alimentação pobre nesse elemento químico. Como consequência, haverá produção deficiente dos hormônios tireoidianos e as pessoas poderão apresentar um aumento da glândula tireóidea, denominado **bócio endêmico**. Para resolver o problema, a legislação brasileira obriga as empresas produtoras de sal a acrescentar pequenas quantidades de iodeto de potássio ao sal de cozinha, para evitar a ocorrência de novos casos de bócio endêmico.

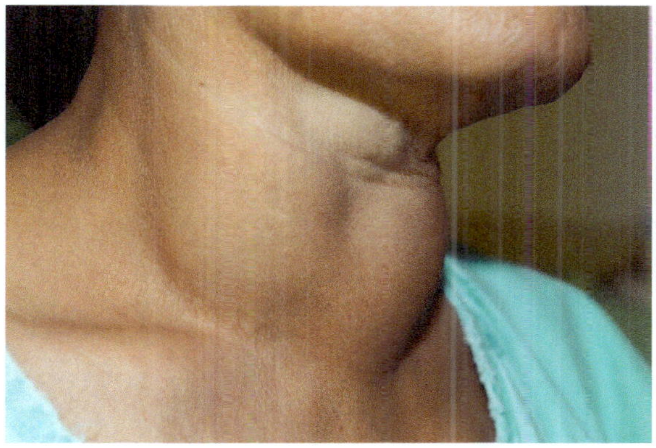

KARAN BUNJEAN/SHUTTERSTOCK

Bócio endêmico: glândula tireóidea hipertrofiada.

Glândulas paratireóideas: reguladoras da taxa de cálcio no sangue

As glândulas **paratireóideas** são pequenas glândulas localizadas atrás da tireóidea, com cerca de 5 mm de diâmetro cada uma. Elas produzem **paratormônio**, cuja função é regular o nível de sais de cálcio no sangue.

O elemento químico cálcio é essencial para a formação dos ossos e dos dentes, para a perfeita ação dos nervos e dos músculos, além de atuar no processo da coagulação do sangue.

A maior parte do cálcio está fixada nos ossos. Quando a taxa de cálcio no sangue diminui, as glândulas paratireóideas secretam o paratormônio, que promove a remoção de cálcio dos ossos para o sangue. Quando a taxa de cálcio atinge a normalidade, as glândulas paratireóideas são inibidas.

Jogo rápido

Compare a ação dos hormônios calcitonina e paratormônio.

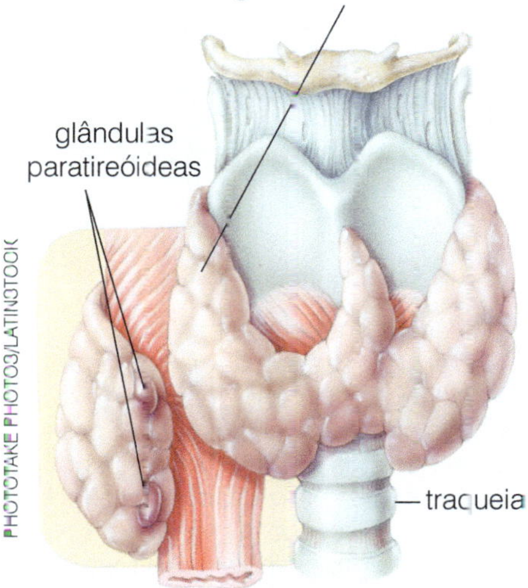

PHOTOTAKE PHOTOS/LATINSTOCK

As glândulas paratireóideas estão localizadas na parte posterior da glândula tireóidea.

Fique por dentro!

Os hormônios produzidos pelo córtex das suprarrenais são genericamente chamados de **corticosteroides**.

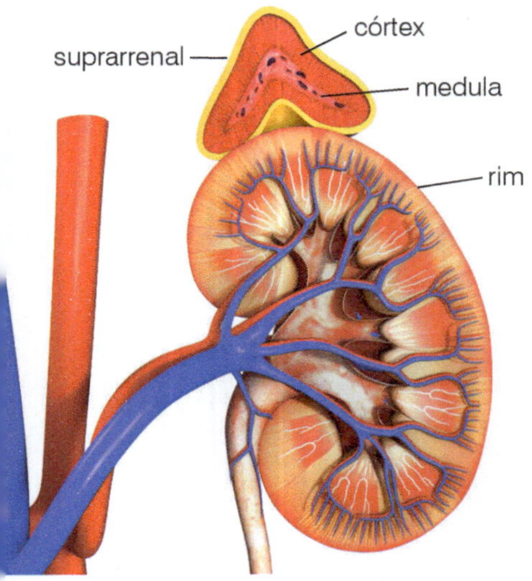

SCIENCEPICS/SHUTTERSTOCK

Ilustração de rim e glândula suprarrenal em corte. (Cores-fantasia. Ilustração fora de escala.)

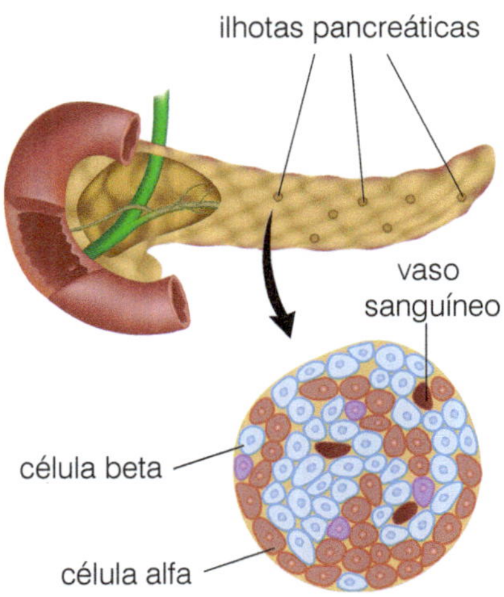

ALILA MEDICAL MEDIA/SHUTTERSTOCK

Pâncreas e detalhe das ilhotas pancreáticas, também chamadas de ilhotas de Langerhans.
Em cada ilhota, dois tipos de célula são responsáveis pela síntese dos hormônios pancreáticos: as *células alfa*, que produzem *glucagon*, e as *células beta*, responsáveis pela síntese de insulina.

Glândulas suprarrenais

As glândulas **suprarrenais** ou **adrenais** são duas glândulas apoiadas sobre os rins. Em corte, cada glândula mostra duas partes: uma parte periférica, chamada **córtex**, e uma parte central, a **medula**.

O córtex das suprarrenais produz vários hormônios. Um deles, a **cortisona** (ou **cortisol**) tem ação anti-inflamatória e antialérgica. Atua no metabolismo da glicose e das gorduras.

Outros hormônios das adrenais, como a **aldosterona**, atuam na regulação hídrica e de sais no organismo.

A medula das suprarrenais produz o hormônio **adrenalina**. A adrenalina é benéfica para o indivíduo quando exposto a situações de medo, raiva, ansiedade e esforços físicos exagerados. Nas situações citadas, a adrenalina acelera os batimentos cardíacos e os movimentos respiratórios. Com isso, o sangue circula mais rapidamente e o cérebro e os músculos recebem mais glicose e oxigênio. Além disso, os vasos da pele se contraem (você fica pálido) e o sangue é desviado da pele, assim como dos órgãos digestivos, para o cérebro e os músculos. Tudo isso adapta o indivíduo às situações de emergência ou de intenso trabalho do organismo.

Pâncreas: regulação da taxa de glicose no sangue

O **pâncreas** é uma glândula mista, pois apresenta uma porção exócrina e outra endócrina. Na porção exócrina, secreta **suco pancreático**, cujas enzimas atuam na digestão de alimentos no duodeno; na porção endócrina, as **ilhotas pancreáticas (de Langerhans)** – nome dado aos conjuntos de células endócrinas do pâncreas – secretam dois hormônios diretamente para o sangue, a **insulina** e o **glucagon**.

Insulina e glucagon: o equilíbrio da taxa de glicose no sangue

Um exemplo do papel regulador desempenhado pelos hormônios pode ser dado pela **insulina**, hormônio produzido pelo pâncreas. Toda vez que nos alimentamos de massas, doces ou pães, aumenta a taxa de glicose no sangue, porque a digestão dos açúcares mais complexos (amido, sacarose, lactose) origina moléculas desse açúcar mais simples, a *glicose*, fonte de energia para o trabalho celular.

Esse aumento da taxa de glicose no sangue estimula o pâncreas a produzir e secretar **insulina**, que favorece a entrada de glicose nas células. As células hepáticas (do fígado) e musculares são capazes de armazenar moléculas de glicose, transformando-as em glicogênio. Quando necessário, o glicogênio converte-se em glicose, que é liberada e distribuída pela corrente sanguínea a fim de atender às necessidades energéticas do organismo. Agora, pense no seguinte: o que aconteceria se o pâncreas deixasse de produzir insulina ou produzisse esse hormônio em quantidade abaixo do normal?

Esse fato é muito importante, pois, entre as refeições, durante o sono e em situações que exigem esforço, as células do organismo continuam necessitando de glicose; então, o fígado disponibiliza esse açúcar para o resto do corpo, a partir da reserva de glicogênio.

Assim, toda vez que há uma diminuição da taxa de glicose no sangue (hipoglicemia), o pâncreas secreta **glucagon**, que tem efeito oposto ao da insulina, ou seja, aumenta a taxa de glicose no sangue. O glucagon age no fígado promovendo a quebra das moléculas de glicogênio, disponibilizando glicose até normalizar a glicemia.

Descubra você mesmo!

Pesquise na internet ou em livros da biblioteca da sua escola como deve ser a alimentação de uma pessoa diabética.

Glicemia: é o nome utilizado para se referir à taxa de glicose no sangue de uma pessoa.

ESTABELECENDO CONEXÕES

Saúde

Diabetes melito

Diabetes melito é a doença provocada pelo excesso de glicose no sangue. Ocorre quando o indivíduo não consegue produzir insulina ou quando a quantidade produzida não é suficiente (diabetes tipo 1), ou, ainda, quando as células tornam-se insensíveis à insulina (diabetes tipo 2).

O tratamento para o diabetes do tipo 1 é feito pela reposição de insulina através de injeções diárias. A insulina é uma proteína e, portanto, se fosse administrada por via oral seria digerida por enzimas antes de chegar à corrente sanguínea. Já no diabetes tipo 2, o diabético não faz uso de insulina, mas de um medicamento que ajuda a manter equilibrado o nível de açúcar no sangue.

Os principais sintomas do diabetes melito são: excesso de glicose na urina, produção de grande volume urinário, sede intensa, fome exagerada e emagrecimento. A fome exagerada ocorre porque a glicose, apesar de estar presente em grande quantidade no sangue, não consegue ser aproveitada pelas células. Nesse caso, as células passam a utilizar gorduras como fonte de energia, levando ao emagrecimento.

Nunca é demais lembrar que uma dieta alimentar adequada, o controle de peso, entre outras atitudes, ajudam o diabético a levar uma vida normal.

Jogo rápido

Após uma refeição, normalmente acontece uma elevação na concentração de glicose no sangue, seguida de uma queda gradual. As curvas representadas no gráfico ao lado registram esse fenômeno em duas pessoas, uma saudável e uma diabética. Qual dessas curvas (*A* ou *B*) representa o que ocorre na pessoa diabética? Justifique a sua escolha, levando em consideração a deficiência de insulina verificada no diabetes do tipo 2.

Adaptado de: PUC-SP Vestibular 2011, p. 24.

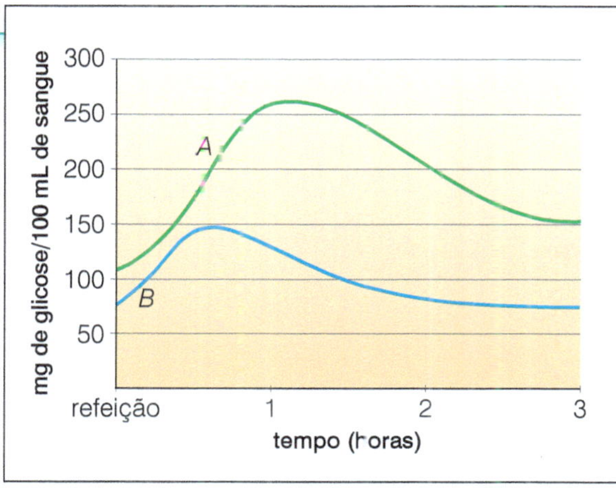

DE OLHO NO PLANETA

Ética & Cidadania

Número de pessoas com diabetes aumenta 40% em seis anos

"A pesquisa Vigilância de Fatores de Risco e Proteção para Doenças Crônicas por Inquérito Telefônico (Vigitel 2017) revelou aumento de 19% entre 2008, e o ano de 2017. O percentual de pessoas que se declararam diabéticas passou de 5,8% para 6,9% no período.

O avanço do diabetes está relacionado ao excesso de peso, à falta de exercícios físicos, à má alimentação e ao envelhecimento da população.

Os dados acima mostram que o diabetes é um problema de saúde pública no Brasil e os problemas advindos dessa doença não se limitam à sede excessiva, perda de peso, micção frequente, cansaço e vista embaçada. Vai muito além: com o passar do tempo, surgem problemas circulatórios, nos rins, na pressão arterial e até cegueira!

Por isso, é importantíssimo realizar campanhas permanentes de esclarecimento, no sentido de estimular as pessoas a procurarem um serviço médico e realizar, pelo menos, uma dosagem sanguínea de glicose. A descoberta precoce do diabetes permite que o paciente controle a doença com relativa facilidade e tenha uma vida absolutamente normal. Assim como ocorre com a hipertensão arterial, a prevenção é o melhor remédio contra o diabetes.

➢ Segundo o Federal Diabetes Federation (IDF), o Brasil em 2018 era o quarto país com o maior número de diabéticos no mundo, com cerca de 12,5 milhões de brasileiros (equivalente à população do Uruguai e do Paraguai juntas!). Que tipo de campanha lhe sensibilizaria mais para adotar hábitos que pudessem evitar o diabetes?

Testículos e ovários

São órgãos pertencentes ao sistemas reprodutores masculino e feminino, produtores de células sexuais ou gametas (espermatozoides e óvulos, respectivamente). Também são glândulas endócrinas, pois produzem hormônios que atuam no amadurecimento sexual e na reprodução.

Estimulados por hormônios hipofisários, os testículos produzem **testosterona**, hormônio sexual masculino que promove o desenvolvimento das características sexuais secundárias, como barba, pelos pubianos, voz grave, aumento da massa muscular etc.

Os ovários, também sob efeito de hormônios da hipófise, produzem dois hormônios: o **estrogênio** e a **progesterona**. O primeiro é responsável pelas características sexuais secundárias femininas, como desenvolvimento das mamas, voz menos grave, alongamento dos quadris, pelos púbicos etc. Além disso, o estrogênio inicia o espessamento da camada interna do útero (endométrio), preparando-o para a gravidez.

A **progesterona** também contribui com o espessamento e a manutenção do endométrio, criando condições para a fixação do embrião durante a gravidez.

Fique por dentro!

Os hormônios hipofisários que agem nos testículos e ovários são o hormônio folículo estimulante (FSH) e o luteinizante (LH).

Nosso desafio

Para preencher os quadrinhos de 1 a 13, você deve utilizar as seguintes palavras: bócio, cálcio estrogênio, hipertireoidismo, hipófise, hipotireoidismo, hormônios, insulina, iodo, pâncreas, progesterona, testosterona, tireóidea.

À medida que você preencher os quadrinhos, risque a palavra que escolheu para não usá-la novamente.

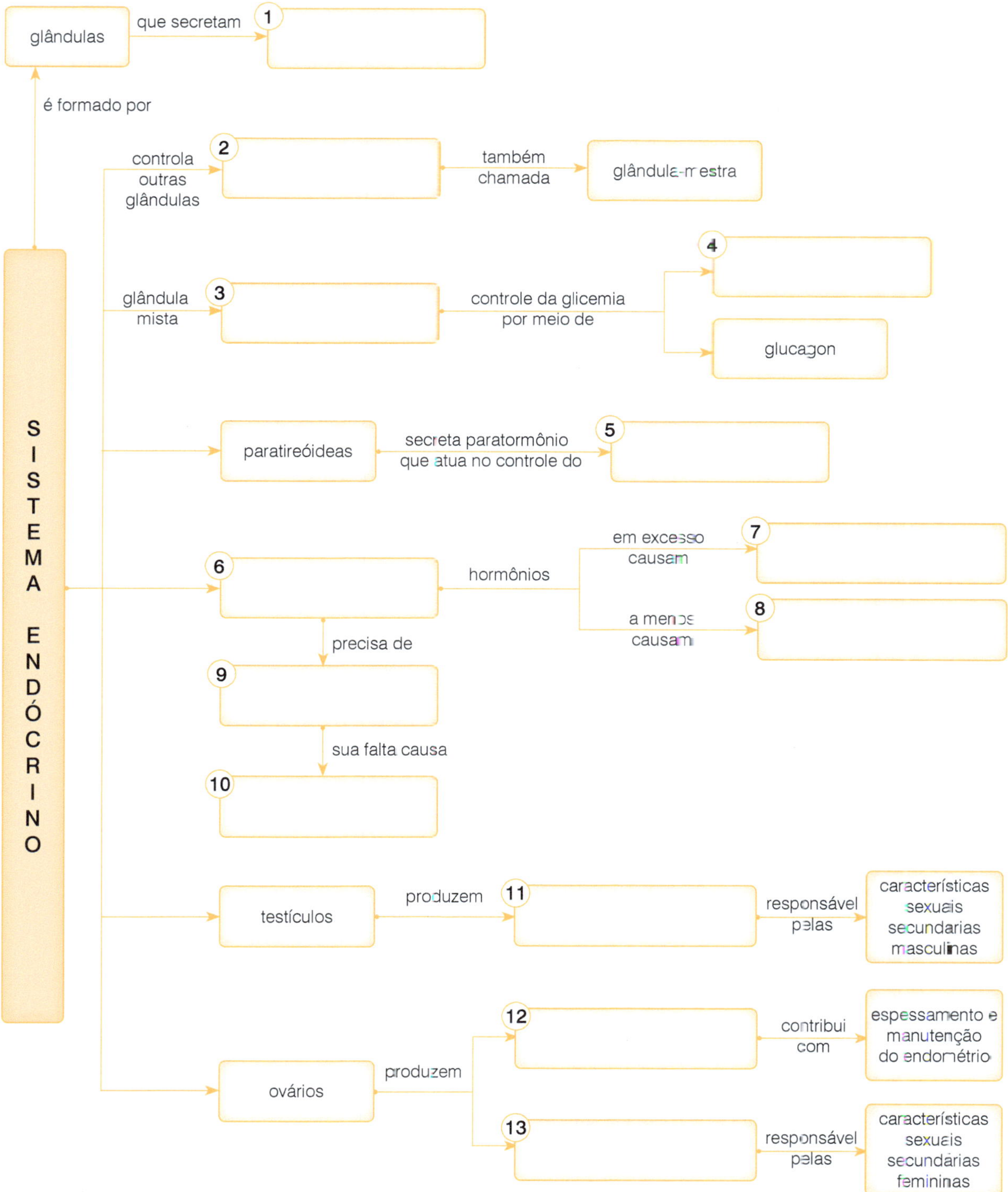

Atividades

1. [5, 6, 10] No desenho abaixo, dê o nome das estruturas apontadas pelas setas

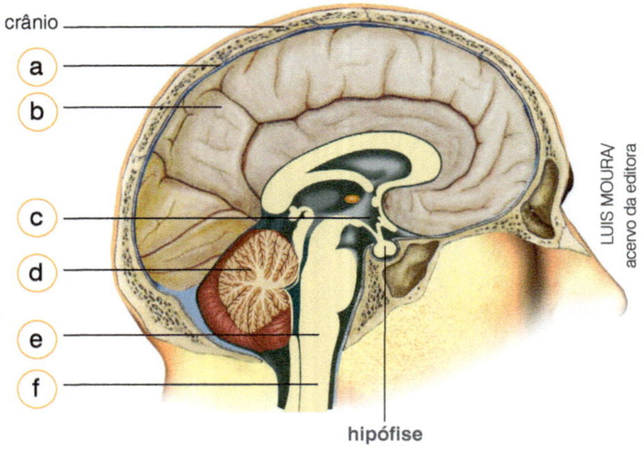

2. [6, 7] Caso você queira chutar uma bola, os impulsos nervosos para executar essa ação são gerados em determinadas áreas motoras do córtex cerebral. Qual é o órgão encefálico responsável pela manutenção do equilíbrio corporal necessário para que o chute seja bem-sucedido?

3. [5, 6, 10] Os músculos que movem sua perna são controlados voluntariamente, a não ser que esse movimento seja decorrente de um ato reflexo. Independem de nossa vontade e sobre as quais não temos nenhum controle a produção de suor, a ereção dos pelos durante um arrepio (de frio, de medo), a dilatação ou contração dos vasos sanguíneos.

Analisando todas as informações acima, responda:

a) Que divisões e que órgãos do sistema nervoso estão envolvidos na contração voluntária de um músculo de sua perna?

b) Qual é o caminho percorrido pelos impulsos nervosos a partir do estímulo produzido por uma pancada leve no tendão abaixo da patela?

c) Que nome recebe a porção do sistema nervoso e suas subdivisões, que controlam as glândulas sudoríparas, os músculos eretores dos pelos e o calibre dos vasos da perna?

4. [6, 7] Por que a bebida alcoólica prejudica o equilíbrio das pessoas, como, por exemplo, andar em linha reta?

5. [5, 6, 10] Enquanto a fala, a rotação da cabeça e o movimento do tronco dependem do cérebro, os batimentos cardíacos, o ritmo respiratório e a pressão sanguínea não dependem dele e sim de outro órgão do encéfalo. Cite o nome desse órgão. Qual é a vantagem de determinadas ações não dependerem do cérebro?

6. [5, 6, 10] É possível movimentar a perna sem a participação do cérebro? Justifique sua resposta.

7. [6, 7, 10] Ao compararem a atividade do sistema nervoso e do sistema endócrino na coordenação das atividades do organismo humano, os estudantes Paula e Roberto escreveram as seguintes frases:

Paula – Em ambos os sistemas são enviadas mensagens às células. A diferença entre um e outro consiste no fato de que no sistema nervoso as mensagens são transmitidas por meio de impulsos nervosos e neurotransmissores, enquanto no sistema endócrino os mensageiros são hormônios, produzidos por glândulas endócrinas e distribuídos pela corrente sanguínea.

Roberto – Em ambos os sistemas existem órgãos denominados glândulas endócrinas, constituídas de células especializadas, os neurônios.

Qual dos dois estudantes acertou e qual errou ao caracterizar a atividade de coordenação e integração dos dois sistemas? Justifique a sua resposta.

8. [6, 7, 10] Por que as glândulas sudoríparas, sebáceas e salivares são chamadas de exócrinas? E por que a hipófise e a tireóidea são consideradas glândulas endócrinas?

9. [1, 6, 7, 10] Com relação à glândula tireóidea e a função desempenhada pelos hormônios por ela produzidos, responda:

a) Qual é a sua localização no organismo humano?

b) Quais são os dois principais hormônios por ela produzidos e qual o elemento químico que faz parte das moléculas desses dois hormônios?

c) Qual é a principal função desempenhada por esses hormônios no organismo humano?

10. [1, 6, 7, 10] A glândula tireóidea depende de outra glândula para o seu funcionamento. Qual é essa glândula e como ela é influenciada pelos hormônios tireoidianos?

11. [1, 6, 7, 9, 10] A hipófise é uma glândula endócrina localizada no encéfalo. A hipófise, por meio de hormônios, *estimula* outras glândulas endócrinas a secretarem seus hormônios para o sangue. Quando estes atingem uma taxa ótima, a hipófise é inibida e *para de secretar* os hormônios estimulantes, cessa o estímulo sobre as glândulas e estas também param de produzir seus hormônios, que se mantêm em uma taxa constante ótima.

Uma queda da taxa ótima desses hormônios liberta a hipófise da inibição, que, então, *volta a produzir* os hormônios estimulantes. As glândulas são novamente estimuladas e libertam os seus hormônios até que atinjam, de novo, a taxa ótima. Esse processo é conhecido como mecanismo de *feedback* ou retroalimentação.

a) É correto afirmar que a relação entre a hipófise e as glândulas endócrinas é de controle mútuo, isto é, a hipófise controla as glândulas e é controlada por elas? Justifique sua resposta.

b) O que pode acontecer com o organismo humano se o mecanismo de *feedback* entre a hipófise e a tireóidea entrar em colapso?

Leia com atenção o texto a seguir e responda às questões **12** e **13**.

A glândula tireóidea lembra o formato de escudo, daí a origem de seu nome (do grego, *thyreos* = escudo e *oides* = forma). A produção excessiva de tiroxina, hormônio da tireóidea, gera o hipertireoidismo, enquanto a menor produção de tiroxina leva ao hipotireoidismo.

O bócio, doença ligada ao hipotireoidismo, é caracterizado pela dilatação da região anterior do pescoço. Entre outros sintomas, o bócio pode prejudicar o desenvolvimento cerebral de crianças para toda a vida. Segundo a UNICEF, no sul e leste da África 25% da população são acometidos de hipotireoidismo, deixando 3,9 milhões de bebês anualmente com possibilidade de ter seu desenvolvimento cerebral prejudicado.

12. [1, 6, 7, 9, 10, 15, 18] A região geográfica citada no enunciado, em que a maioria dos moradores apresenta bócio, localizava-se no litoral africano (faixa que se encontra na costa marinha)? Justifique sua resposta.

13. [1, 6, 7, 9, 10, 15, 16, 18] Por que em 1953 foi decretada no Brasil uma lei que obriga a adição de iodo ao sal de consumo humano nas áreas endêmicas de bócio e, em 1956, o decreto foi expandido para todo o território nacional?

Leia com atenção o texto abaixo e responda às questões **14** e **15**.

Os íons cálcio têm inúmeras funções no organismo humano, participando da formação dos ossos, contração das células musculares, atividade nervosa, coagulação sanguínea. O cálcio é absorvido pela mucosa intestinal e sua taxa normal é 10 mg de cálcio em 100 mL de sangue. O excesso de cálcio é excretado pelo rim. Caso venha a faltar cálcio no sangue, de tal forma que possa vir a prejudicar o organismo, imediatamente a glândula paratireóidea secreta paratormônio que retira cálcio dos ossos, fazendo com que o nível sanguíneo desse elemento aumente.

14. [1, 6, 7, 10] Assim como pode faltar cálcio no sangue, o inverso também pode ocorrer, isto é, excesso de cálcio no sangue, que poderia ser eliminado pelo rim. Para que o organismo não perca cálcio, é importante que o mesmo seja depositado nos ossos.

Qual é a relação da glândula tireóidea com a deposição de cálcio nos ossos?

15. **[1, 6, 7, 10, 15]** Caso haja um desequilíbrio na atividade da paratireóidea, a taxa de cálcio no sangue pode se elevar para, por exemplo, 25 mg por 100 mL. Que consequências esse desequilíbrio pode trazer para o nosso organismo?

Leia com atenção o texto abaixo e responda às questões **16** a **18**.

Diabetes é uma doença em que a taxa de glicose no sangue (glicemia) está acima do valor normal. Há dois tipos de diabetes, o tipo 1 e o tipo 2.

No diabetes tipo 1, o pâncreas do indivíduo produz pouca ou nenhuma insulina, hormônio proteico secretado pelo pâncreas. Esse tipo de diabetes ocorre mais na infância ou na adolescência, e o paciente, geralmente, precisa tomar injeção diária de insulina.

No diabetes tipo 2, a insulina não é capaz de fazer com que as moléculas de glicose atravessem a membrana das células na quantidade correta. Existe um *tipo de resistência*. A consequência imediata é que sobram moléculas de glicose no sangue. O pâncreas, então, secreta mais insulina para tentar fazer com que essas moléculas saiam do sangue. Ocorre que, em certo momento, o pâncreas deixa de secretar insulina em quantidade suficiente, instalando-se um quadro de pré-diabetes ou de diabetes. Nesse tipo de diabete em geral não há necessidade de injeção de insulina. O tratamento pode ser feito por meio de medicamentos via oral. A instalação do diabetes tipo 2 ocorre em pessoas com mais de 40 anos.

Com atenção, analise o gráfico abaixo e leia o texto que segue.

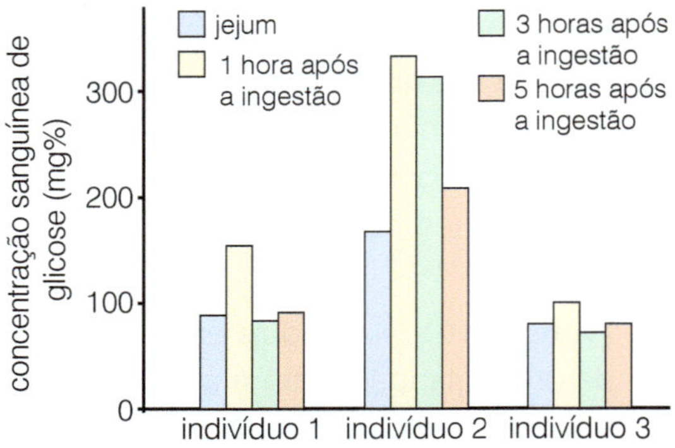

Fonte: GUYTON & HALL. *Tratado de Fisiologia Médica*. 13. ed. Rio de Janeiro: Elsevier, 2016. Adaptado.

A ilustração acima mostra o efeito da ingestão de 50 g de glicose em três indivíduos, 1, 2 e 3, respectivamente. Veja ainda que em cada pessoa foi medida a taxa de glicose em jejum, e também uma, três e cinco horas após a ingestão.

16. **[1, 6, 7, 10]** É correto afirmar que o glucagon, outro hormônio produzido pelo pâncreas, também age no controle da taxa de glicose do sangue? Justifique sua resposta.

17. **[1, 5, 6, 7, 9, 10, 15, 18]** Sabendo que a taxa de glicose no sangue de um indivíduo normal é de menos de 100 mg por 100 mL, é correto afirmar que os indivíduos 1 e 3 não são diabéticos? Justifique sua resposta.

18. **[1, 6, 7, 10, 15]** Por que a pessoa com diabetes tipo 1 não pode receber insulina via oral?

19. **[1, 6, 7, 10]** Os testículos e os ovários são gônadas, isto é, órgãos que produzem gametas masculinos e femininos, respectivamente. Como se explica que esses órgãos também são glândulas endócrinas?

Navegando na net

Conheça um pouco mais sobre o sistema nervoso assistindo ao vídeo disponível no endereço eletrônico abaixo (*acesso em:* 10 abr. 2019):

<https://www.youtube.com/watch?v=6_vTpxPuB2w>

SISTEMA GENITAL (REPRODUTOR)

capítulo 11

COOKIE STUDIO/SHUTTERSTOCK

De menina a mulher

Um dos momentos mais importantes na vida de toda menina é a chegada da primeira menstruação, a menarca, o início da fase fértil da mulher. Os primeiros "sinais" de que a menarca se aproxima começam a aparecer entre 9 e 13 anos de idade.

O processo de preparação do corpo para a transformação de uma menina em uma mulher envolve uma série de mudanças como, por exemplo, o início do crescimento dos seios, o aparecimento dos pelos pubianos e a definição do formato do corpo, com o afinamento da cintura e o alargamento dos quadris. O início e a duração desse processo de transformação são variáveis de menina para menina.

Por ser um período de intensas modificações, tanto físicas quanto emocionais, é comum que as meninas se sintam apreensivas e desconfortáveis com as mudanças nessa fase de transição entre a infância e a vida adulta. É nesse período que o corpo feminino está se preparando para o início da vida sexual e para uma possível gestação.

Neste capítulo, vamos aprender um pouco sobre o sistema reprodutor masculino e o feminino e entender o funcionamento dos órgãos que fazem parte desses sistemas.

Na espécie humana, para que se dê a formação de um novo indivíduo, é necessário que haja o encontro dos gametas e a formação de um zigoto. No homem, esses gametas são chamados de espermatozoides e nas mulheres, ovócitos secundários. Vamos, a seguir, acompanhar a descrição dos sistemas genitais humanos a fim de entender o caminho que os gametas percorrem até a formação do zigoto.

Células sexuais ou gametas

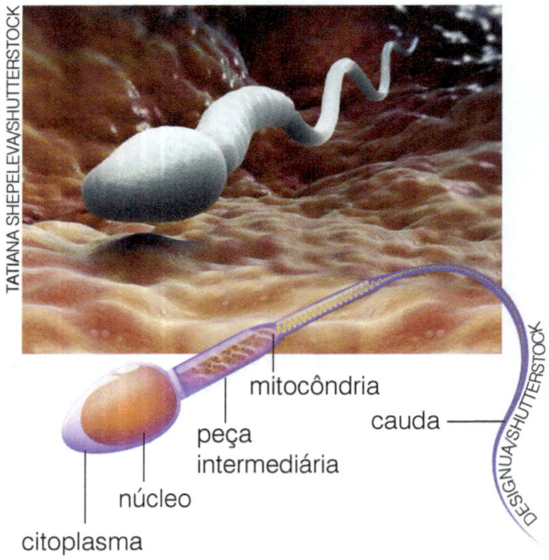

Ilustração de um espermatozoide e sua estrutura. (Cores-fantasia. Ilustrações fora de escala.)

As células sexuais ou gametas são as células reprodutoras. Essas células, no homem, são conhecidas como **espermatozoides** e nas mulheres são os **ovócitos secundários**, muitas vezes chamados de **óvulos imaturos**.

Lembre-se!

Somente se for fecundado é que o ovócito secundário passa a ser um óvulo verdadeiro.

O espermatozoide, célula reprodutora masculina ou gameta (do grego, *gamos* = casamento) masculino, é constituído por três partes: **cabeça**, **peça intermediária** e **cauda**.

A cabeça contém uma quantidade reduzida de *citoplasma* e o *núcleo*, que contém o material genético (genes) localizado em um conjunto de 23 cromossomos.

Jogo rápido

Qual é a função das mitocôndrias localizadas na cauda do espermatozoide?

A cauda é formada por um *flagelo*, cujo movimento lembra um chicote em agitação. Esse movimento permite o deslocamento do espermatozoide (em torno de 1 a 4 milímetros por minuto) no aparelho genital feminino, em busca do óvulo imaturo.

A peça intermediária é uma região rica em *mitocôndrias*, cuja função é fornecer energia para o movimento flagelar da cauda por meio do processo de respiração celular.

O ovócito secundário ou óvulo imaturo, célula reprodutora ou gameta feminino, possui *citoplasma abundante* com várias organelas e o *núcleo* que contém o material genético de origem feminina, também distribuído em 23 cromossomos.

No citoplasma do ovócito há substâncias de reserva que constituem o chamado **vitelo**, alimento necessário para o desenvolvimento das primeiras fases embrionárias.

Lembre-se!

As mitocôndrias existentes na cauda do espermatozoide não penetram no citoplasma do ovócito. Assim, as mitocôndrias encontradas no zigoto são todas de origem materna.

Fecundação

A fecundação é a união de um espermatozoide com um óvulo. O núcleo do espermatozoide, que contém 23 cromossomos, funde-se ao núcleo do ovócito secundário, que também contém 23 cromossomos. A célula que resulta dessa união é a **célula-ovo** ou **zigoto** (do grego, *zygos* = par), que na espécie humana contém 46 cromossomos ou 23 pares de cromossomos.

O zigoto é a primeira célula que todos nós fomos um dia, portadora de todo o equipamento genético (genes) determinante das nossas características hereditárias.

Sistema reprodutor masculino

O sistema reprodutor ou sistema genital masculino é formado pelos *testículos*, *pênis*, *vias genitais* e *glândulas anexas*. As vias genitais são os canais que conduzem os espermatozoides até o pênis e compreendem os *epidídimos*, os *ductos* ou *canais deferentes* e a *uretra*. A *próstata* e as *vesículas seminais* são as glândulas anexas, que produzem os líquidos prostático e seminal, que constituem o meio que banha e nutre os espermatozoides.

Ilustração do sistema genital masculino, visto de frente (a) e em corte (b). A bexiga e o ânus não fazem parte desse sistema, mas estão indicados apenas para melhor identificação das demais estruturas. (Cores-fantasia. Ilustrações fora de escala.)

a

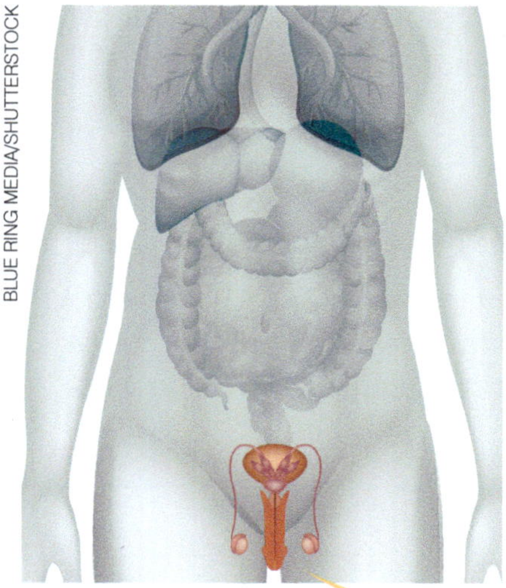
BLUE RING MEDIA/SHUTTERSTOCK

b

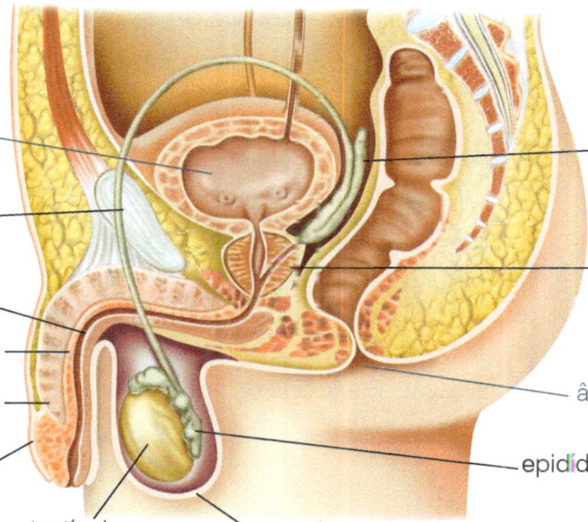

LUÍS MOURA/acervo da editora

Os **testículos** localizam-se no interior da **bolsa** ou **saco escrotal**. Em cada um dos testículos encontram-se cerca de mil tubos finos e enovelados, os **túbulos seminíferos**, nos quais ocorrem as divisões celulares que dão origem aos espermatozoides.

Descubra você mesmo!

Pesquise a função do corpo cavernoso e do corpo esponjoso.

a

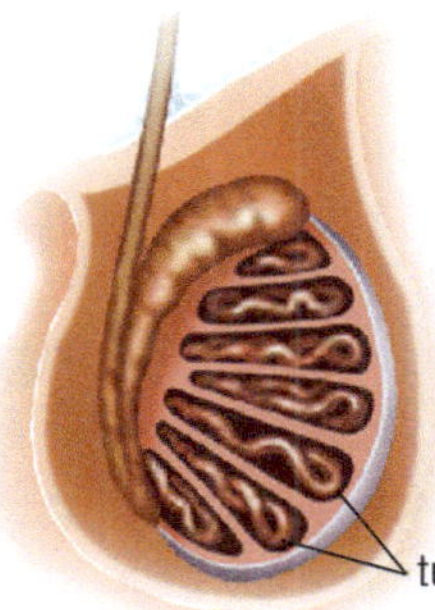

ALEXILUS MEDICAL/SHUTTERSTOCK

b

JOSÉ LUIZ CALVO/SHUTTERSTOCK

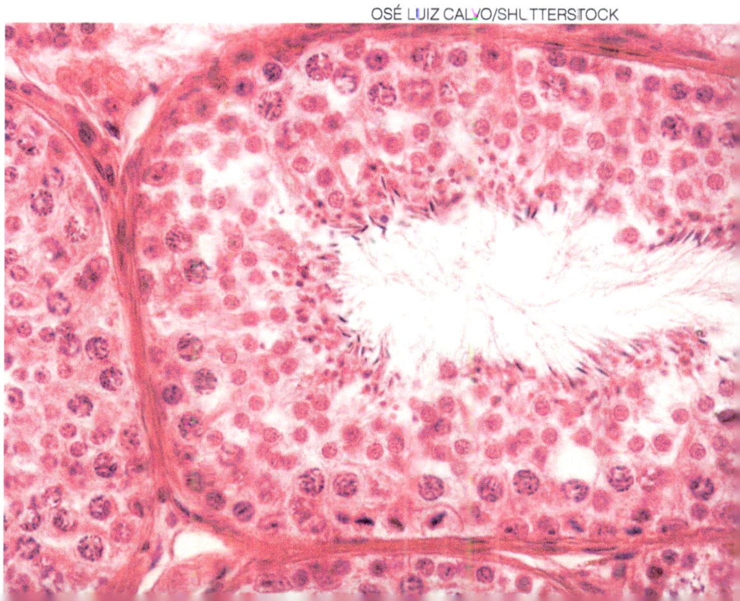

(a) Ilustração de testículo em corte mostrando os túbulos seminíferos.
(b) Corte transversal de túbulos seminíferos em que podem ser vistas as caudas dos espermatozoides próximas à luz do túbulo.
(Cores artificiais.)

Lembre-se!

No homem, a uretra é um canal que pertence a dois sistemas: o sistema urinário e o sistema reprodutor. Pela uretra são eliminados o sêmen e a urina.

O caminho dos espermatozoides

De cada testículo, os espermatozoides passam para o **epidídimo**, que consiste em tubo enovelado, de aproximadamente seis metros de comprimento, apoiado ao testículo. Os espermatozoides chegam imóveis ao epidídimo onde, durante três dias amadurecem e adquirem mobilidade (flagelo), passando para o **ducto deferente**, que é extenso e penetra na cavidade abdominal. Em seguida, o ducto deferente contorna a bexiga urinária e termina na **uretra**, assim que ela sai da bexiga.

A maior extensão da uretra percorre o interior do **pênis**. Antes de atingir a uretra, os líquidos prostático e seminal juntam-se aos espermatozoides e esse fluido espesso e leitoso é o **sêmen** ou **esperma**. Na base da uretra, duas pequenas glândulas (bulbouretrais) secretam um líquido viscoso e cristalino que é expelido no período que precede a ejaculação. Esse líquido lubrifica e neutraliza a acidez da uretra causada pela urina.

Ejaculação: liberação vigorosa de esperma.

É SEMPRE BOM SABER MAIS!

Sêmen ou esperma não é sinônimo de espermatozoide

O sêmen ou esperma eliminado na ejaculação é o conjunto formado pelos espermatozoides e o líquido em que se encontram mergulhados. Esse líquido é uma mistura das secreções das glândulas anexas ao sistema reprodutor: líquido seminal, produzido pelas glândulas ou vesículas seminais e líquido prostático, produzido pela próstata.

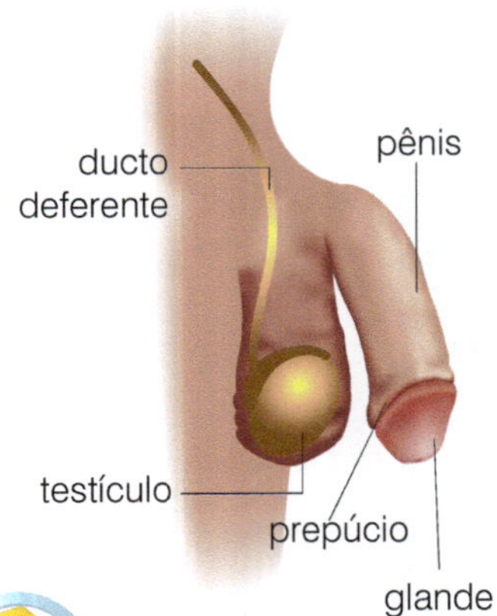

ELEN BUSHE/SHUTTERSTOCK

O pênis é um órgão cuja função é depositar o esperma no canal vaginal. É formado por um tecido esponjoso que, ao se encher de sangue, produz a **ereção** do pênis.

A extremidade do pênis recebe o nome de **glande**. Trata-se de uma porção mais dilatada, também conhecida como a cabeça do pênis. A glande é envolvida por uma camada de pele frouxa, chamada de **prepúcio**.

É SEMPRE BOM SABER MAIS!

Por que os testículos se encontram "fora do corpo"?

Os testículos formam-se na cavidade abdominal do embrião e depois descem para a bolsa escrotal, fora da cavidade abdominal. Na bolsa escrotal, os testículos se mantêm a uma temperatura cerca de 2 °C abaixo da temperatura normal do corpo, ideal para a produção dos espermatozoides. Caso o médico note que os testículos não desceram para o saco escrotal do recém-nascido, uma simples intervenção cirúrgica permite corrigir o problema e evitar a esterilidade (infertilidade) do jovem ao atingir a maturidade sexual.

Testosterona e as características sexuais secundárias

Além de produzir espermatozoides, os testículos produzem e secretam o hormônio **testosterona**, que determina as características sexuais secundárias masculinas. A testosterona, a partir dos 10 anos de idade, controla o crescimento e o desenvolvimento do pênis, dos testículos, da próstata e das vesículas seminais. Além disso, a testosterona promove o crescimento da laringe, engrossamento da voz, aparecimento e distribuição de pelos no corpo e na face e o desenvolvimento da musculatura e dos ossos.

Lembre-se!

A produção de espermatozoides é um processo contínuo, inicia-se na puberdade e perdura até o fim da vida.

Sistema reprodutor feminino

O sistema reprodutor feminino é formado pelos *ovários*, *vias genitais* (tubas uterinas, útero e vagina) e *vulva*.

Os **ovários** são dois pequenos órgãos arredondados com aproximadamente 3 cm de diâmetro. Estão localizados no abdômen e exercem duas funções importantes: produzir os óvulos imaturos e secretar os hormônios **estrógeno** e **progesterona**.

As **tubas uterinas** são dois canais de aproximadamente 12 cm de comprimento cada, que ligam cada ovário ao útero. Os óvulos imaturos formados nos ovários são conduzidos pelas contrações das tubas uterinas e pela agitação dos cílios da camada de revestimento interno das tubas em direção ao útero. Durante essa trajetória, eles podem ser fertilizados.

Lembre-se!

O hormônio LH produzido pela hipófise age nos testículos, estimulando a produção de testosterona.

Ilustração do sistema genital feminino, visto de frente (a) e em corte (b). A bexiga e o ânus não fazem parte desse sistema, mas estão indicados apenas para melhor identificação das demais estruturas. (Cores-fantasia. Ilustrações fora de escala.)

a

b

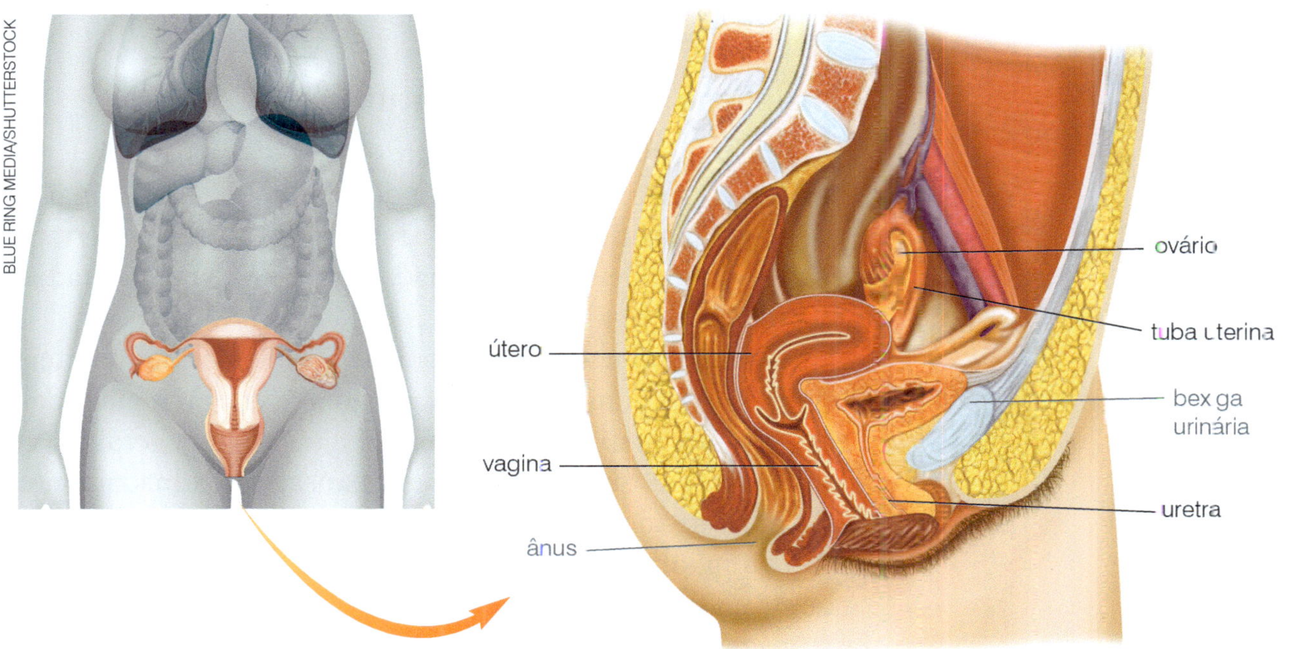

BLUE RING MEDIA/SHUTTERSTOCK

LUIS MOUHA/acervo da editora

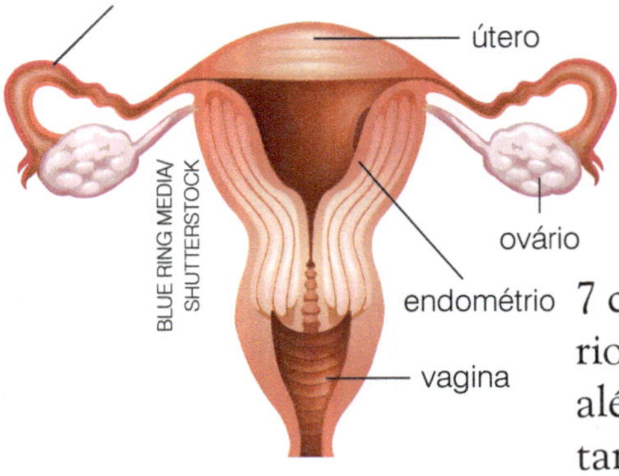

O **útero**, por sua vez, é um órgão muscular oco, com a forma de uma pera invertida. Internamente o útero é revestido pelo **endométrio**, que é a camada eliminada sob a forma de um fluxo sanguíneo (menstruação) no final de cada ciclo menstrual, sendo constantemente renovada.

A **vagina** é um canal muscular com aproximadamente 7 cm de comprimento. Ela comunica o útero com o meio exterior. É na vagina que o pênis se acomoda durante o ato sexual, além de ser este o canal de saída do fluxo menstrual uterino e também dos bebês no parto. Durante o ato sexual, glândulas vaginais liberam secreções que lubrificam a vagina. **Vulva** ou **pudendo feminino** é o nome dado ao conjunto dos órgãos genitais externos da mulher, formado por dobras da pele, os *grandes lábios* e os *pequenos lábios*, e pelo *clitóris*, um pequeno órgão constituído por tecido erétil, situado à frente da vagina. Ele corresponde ao pênis do homem, tanto que, no início do desenvolvimento embrionário, o clitóris e o pênis são estruturas idênticas.

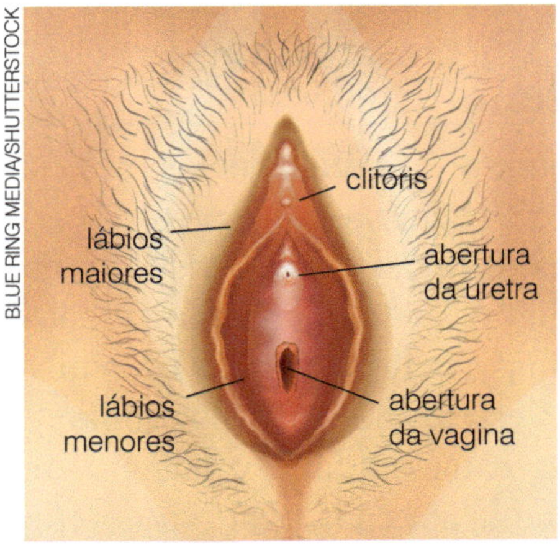

Genitália feminina. (Cores-fantasia. Ilustração fora de escala.)

Outra estrutura, na realidade uma membrana, encontra-se no início da vagina e fecha parcialmente sua abertura para o meio externo. Trata-se do **hímen**, que em geral se rompe na primeira relação sexual.

Fique por dentro!

O hímen pode, excepcionalmente, ser muito elástico e não se romper no ato sexual, mas adaptar-se e voltar ao normal ao final dele. É o chamado **hímen complacente**, que se rompe quando do parto normal.

Formação dos óvulos imaturos

A produção de óvulos imaturos inicia-se no período fetal e, ao nascer, a menina já tem cerca de 2 milhões deles. A maioria degenera durante a infância e ao chegar à puberdade restam cerca de 200 mil. Desses, aproximadamente 450 serão utilizados ao longo da vida fértil.

Cada óvulo imaturo está contido no interior de uma minúscula cavidade, um **folículo ovariano**. Ao chegar à puberdade, esses óvulos iniciam o seu amadurecimento, em geral um a cada 28 dias, até que ocorre a **menopausa**, aproximadamente aos 50 anos de idade, fim do período de vida fértil. Isso quer dizer que uma mulher pode ovular cerca de 400 vezes, correspondente ao número de meses do tempo de vida fértil, que dura aproximadamente 35 anos (dos 13 aos 50, mais ou menos).

Ciclo menstrual

O primeiro dia do fluxo menstrual (quando se inicia a menstruação) é considerado como **início de um novo ciclo**, que se repete aproximadamente a cada 28 dias, caso não haja gravidez.

Na 1ª fase do ciclo menstrual, a hipófise aumenta a secreção do hormônio FSH, que promove, no ovário, o desenvolvimento de vários folículos ovarianos, dos quais geralmente um passa a ser dominante.

Durante seu crescimento, esse folículo secreta o hormônio **estrógeno**, que atua no útero, aumentando a espessura do endométrio. Essa etapa do ciclo dura de 10 a 12 dias.

Por volta do 14º dia, a hipófise diminui a produção do FSH e aumenta a secreção do hormônio LH, que também age no ovário. O LH faz o folículo crescer rapidamente, provocando sua ruptura, o que possibilita a saída de um óvulo imaturo para a tuba uterina. Essa etapa chama-se **ovulação** e corresponde ao período fértil da mulher, já que o óvulo imaturo poderá ser fecundado.

No interior do ovário, o folículo rompido continua presente e passa agora a se chamar de **corpo amarelo** ou **corpo lúteo**. O corpo amarelo, então, passa a secretar grande quantidade de outro hormônio ovariano, a **progesterona**, além de continuar a secretar estrógeno.

Fique por dentro!

A menstruação pode durar, em média, 5 dias. Mas isto pode variar durante a vida fértil da mulher.

Jogo rápido

Qual é o efeito dos hormônios FSH e LH sobre os ovários? Em que glândula esses dois hormônios são produzidos?

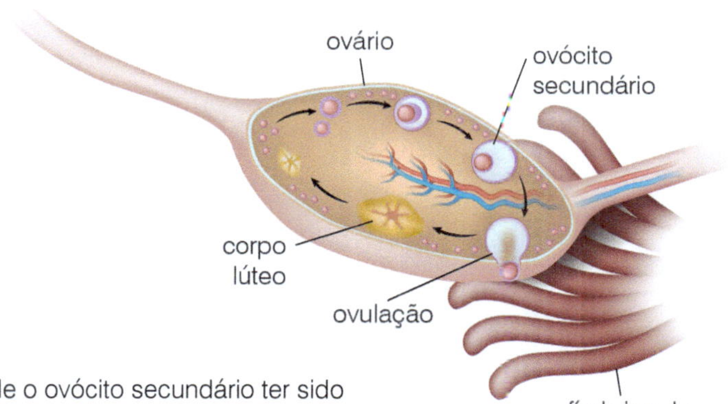

Depois de o ovócito secundário ter sido liberado do ovário, o folículo rompido se transforma em corpo lúteo, que é uma glândula endócrina temporária.

A progesterona prepara e mantém o endométrio para a implantação (**nidação**) e o desenvolvimento do embrião. Caso o ovócito secundário não seja fertilizado, o corpo amarelo degenera, reduzindo a secreção de progesterona e de estrógeno. A queda na produção de progesterona faz com que o sangue deixe de fluir para as camadas superficiais do endométrio. Como resultado, essa camada degenera e descama no interior da cavidade uterina, ocorrendo, então, o **fluxo menstrual** ou **menstruação**.

Lembre-se!

Na menstruação, as camadas mais profundas do endométrio permanecem intactas.

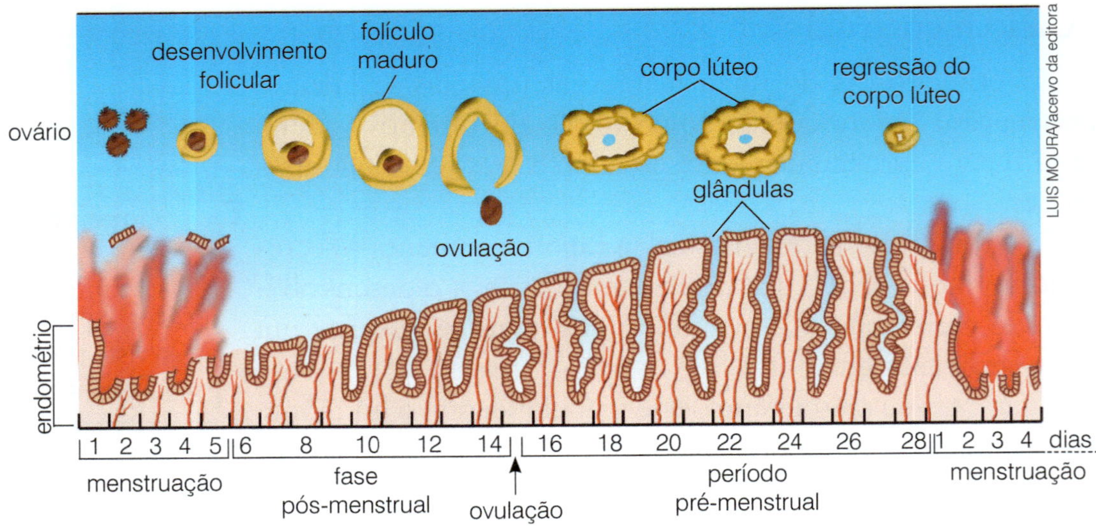

Gráfico ilustrativo do ciclo menstrual na mulher, com duração aproximada de 28 dias.

Na gravidez, o corpo lúteo continua a produzir progesterona, que garante a manutenção do endométrio.

Hormônios femininos e as características sexuais secundárias

Quando comparamos o corpo de uma menina de 7 anos com o de uma adolescente de 14 anos, notam-se muitas mudanças. O responsável por essas mudanças é também o estrógeno, hormônio que começa a ser produzido no início da puberdade. Sob a ação desse hormônio, ocorre o aumento da vagina, o desenvolvimento dos lábios que a circundam e o aparecimento dos pelos pubianos. Os quadris se alargam, desenvolvem-se as mamas e o tecido adiposo passa a se concentrar nos quadris e coxas, dando-lhes um aspecto arredondado, típico das mulheres. Todas essas transformações definem as chamadas **características sexuais secundárias femininas**.

A progesterona, por outro lado, não atua no desenvolvimento das características secundárias femininas. Esse hormônio está relacionado com a manutenção do útero e do embrião durante a gravidez, como você já sabe.

Gravidez

Você aprendeu neste capítulo que, em condições normais, ao final do ciclo menstrual, o corpo amarelo degenera e a produção de progesterona diminui, causando a menstruação. Caso ocorra a gravidez, portanto formação de um embrião, o corpo amarelo deve continuar ativo, secretando progesterona, o que resulta na manutenção do endométrio. Caso contrário, a perda dessa camada levaria à interrupção da gravidez (aborto espontâneo).

Quando ocorre a implantação do embrião no endométrio, inicia-se a produção do hormônio **gonadotrofina coriônica** pela placenta em formação. A produção desse hormônio impede a degeneração do corpo amarelo, que continua a produzir mais progesterona, garantindo a continuidade da gravidez. Por isso a progesterona é também chamada de "hormônio da gravidez".

Jogo rápido

Como a taxa de progesterona pode ser associada com a menstruação e com a gravidez?

Fique por dentro!

Para se confirmar ou não a gravidez, pode-se fazer um exame de sangue ou de urina para se pesquisar a existência do hormônio gonadotrofina coriônica. Caso o resultado seja positivo, a mulher está grávida; caso contrário, a menstruação está apenas atrasada.

ESTABELECENDO CONEXÕES

Saúde

Cólica menstrual e TPM (tensão pré-menstrual)

A cólica é uma dor abdominal aguda localizada em um órgão e provocada por espasmos, que são contrações involuntárias e súbitas de um músculo ou grupo de músculos, acompanhadas de dor.

É relativamente frequente que as mulheres sintam dores ou desconfortos – geralmente cólicas – antes (tensão pré-menstrual, conhecida como TPM) e durante a menstruação. Os sintomas de tensão pré-menstrual incluem irritabilidade, insônia, sensação de angústia, fortes dores de cabeça, sensação dolorosa nas mamas, dor nas costas, dor nas pernas e inchaço. Durante a menstruação também podem acontecer episódios de dor de cabeça, vertigem, mal-estar geral, náuseas e vômitos.

Caso esses sintomas sejam intensos e frequentes, é importante que a mulher procure seu ginecologista para avaliação e tratamento adequado.

Menopausa

Aproximadamente trinta e cinco anos depois de intensa atividade, os folículos ovarianos ou já foram rompidos durante os sucessivos ciclos menstruais ou já envelheceram. Com isso, chega a **menopausa**, ocasião em que os ciclos menstruais cessam, pois não existem mais folículos. Quando isso acontece, o ovário não secreta mais os hormônios estrógeno e progesterona, embora a hipófise continue enviando FSH e LH para os ovários.

Durante a menopausa, o corpo da mulher também passa por diversas modificações, pois a falta dos hormônios ovarianos pode levar ao desencadeamento de sintomas como, por exemplo, ondas de calor, irritabilidade, ansiedade, mudanças na pele e nos cabelos, entre outros.

Nosso desafio

Para preencher os quadrinhos de 1 a 12, você deve utilizar as seguintes palavras: corpo lúteo, crescimento do endométrio, crescimento folicular, FSH, gravidez, menstruação, ovulação, progesterona.

À medida que você preencher os quadrinhos, risque a palavra que escolheu para não usá-la novamente.

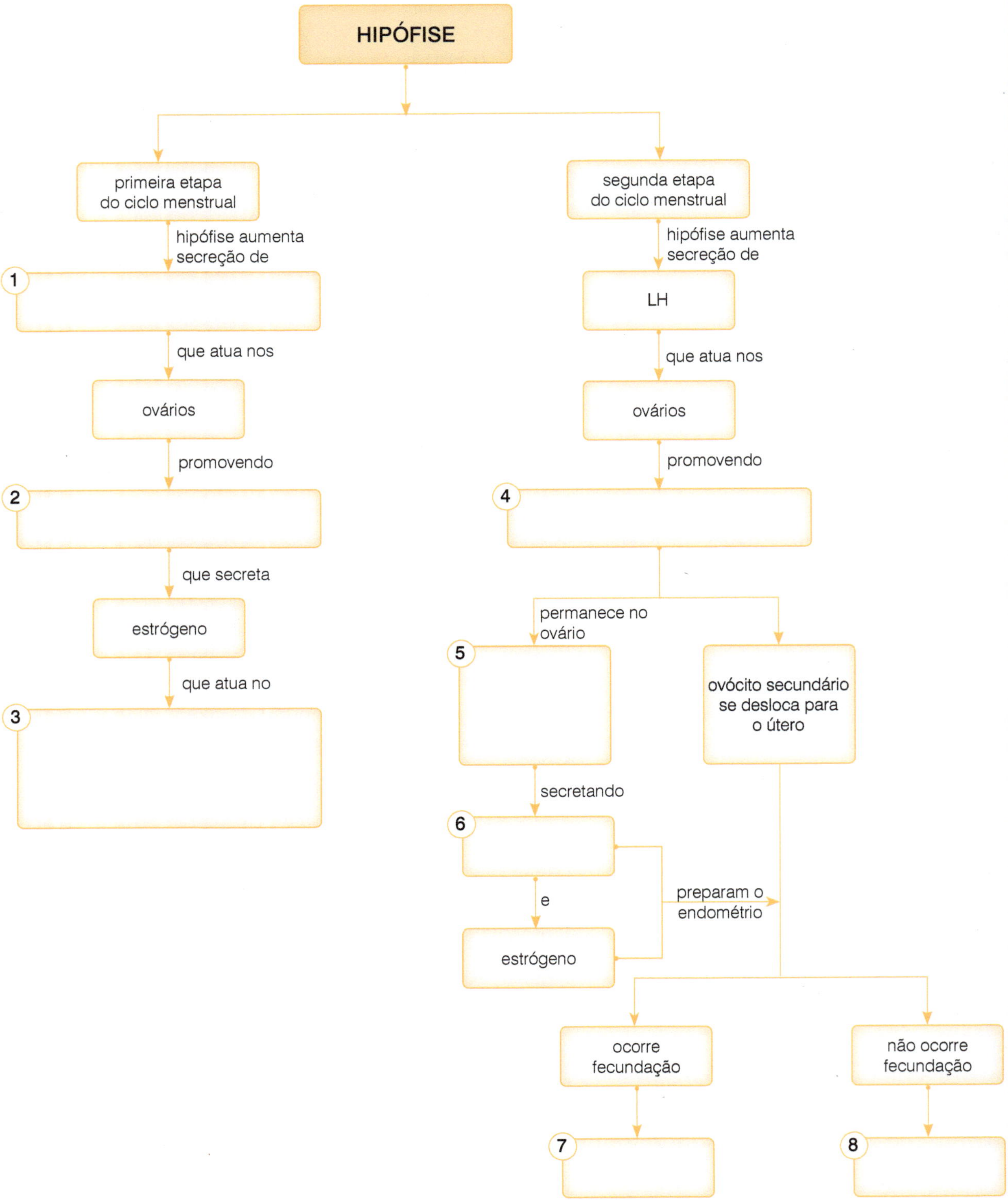

Atividades

1. **[1, 5, 6, 10]** No esquema a seguir, reconheça as três regiões de um espermatozoide humano indicadas pelas setas *a*, *b* e *c*

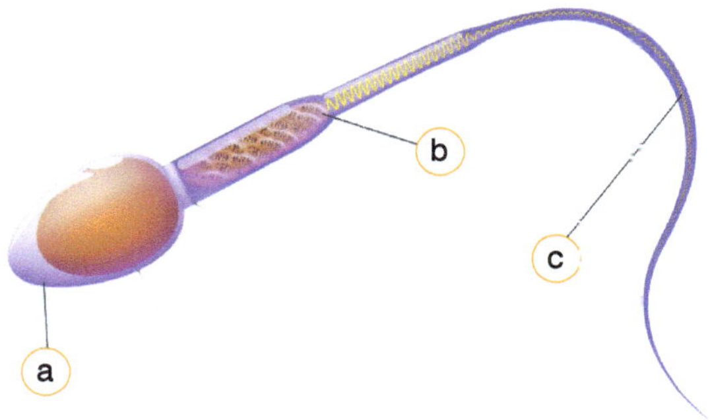

2. **[1, 5, 6, 10]** Com relação ao espermatozoide humano acima representado, cite:

a) o local em que se situa o material genético;

b) o papel desempenhado pela região indicada pela letra *c*;

c) o papel das mitocôndrias presentes na estrutura indicada por *b*.

3. **[1, 6, 9, 10]** É correto afirmar que o sêmen ou esperma é sinônimo de espermatozoide? Justifique a resposta.

4. **[5, 6, 10]** A figura a seguir representa um corte esquemático do sistema genital masculino. Reconheça os órgãos indicados por setas.

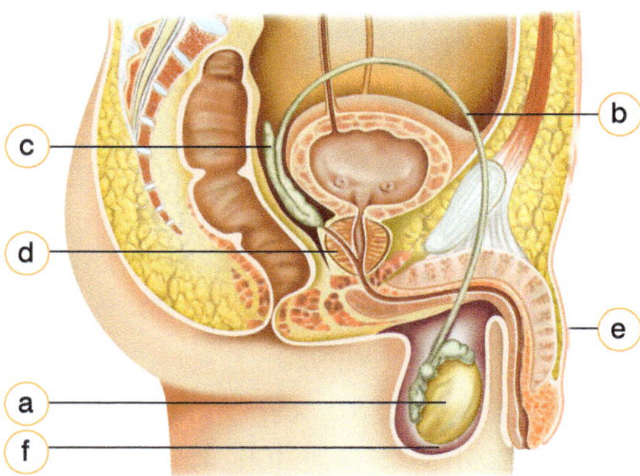

5. **[1, 6, 9, 10, 15, 18]** A caxumba, doença infecciosa causada por um vírus, provoca uma inflamação típica nas glândulas salivares. Porém, eventualmente, o vírus pode infeccionar o testículo, precisamente os milhares de túbulos cujo conjunto recebe o nome de túbulos seminíferos, destruindo-os parcial ou totalmente. Nos túbulos seminíferos ocorre o processo de espermatogênese.

a) É correto afirmar que a caxumba é uma das causas de esterilidade masculina? Justifique sua resposta.

b) Qual método preventivo pode ser acionado para evitar os problemas de saúde causados pela caxumba? Justifique sua resposta.

6. **[1, 6, 8, 10, 15]** O homem, na presença de determinado estímulo mecânico, promove a ação de nervos parassimpáticos, que atuam nas artérias vascularizando o órgão erétil do aparelho reprodutor masculino, dilatando-o.

a) Qual é a consequência da dilatação do órgão erétil masculino? Justifique sua resposta.

b) O controle parassimpático é voluntário ou involuntário? Justifique sua resposta.

Leia com atenção o texto abaixo e responda às questões **7** a **10**.

Assim que o feto masculino começa a se formar no útero materno, seus testículos passam a produzir e secretar testosterona. A testosterona tem como função, nessa fase de vida, ajudar a desenvolver os órgãos sexuais masculinos: acelera a formação do pênis, do ducto deferente, da próstata etc. Além disso, a testosterona promove a descida do testículo da cavidade abdominal para a bolsa escrotal.

A secreção de testosterona pelos testículos durante a gravidez é causada por um hormônio produzido pela placenta.

7. **[6, 7, 9, 10]** É correto afirmar que a partir da entrada do adolescente na puberdade, o testículo torna-se glândula exócrina, pelo fato de secretar espermatozoides? Justifique sua resposta.

8. **[6, 7, 9, 10]** Como se explica que, imediatamente após o nascimento de um bebê do sexo masculino, os testículos praticamente param de secretar testosterona?

9. **[1, 6, 7, 10]** Por que somente com a entrada na puberdade os órgãos sexuais voltam a crescer?

10. **[1, 6, 7, 10]** O crescimento dos órgãos sexuais, observado depois da entrada na puberdade e causado pela testosterona, é característica sexual primária ou secundária? Justifique sua resposta.

11. **[1, 6, 7, 9, 10, 15]** Assim como o testículo, o ovário também é controlado pela hipófise. Portanto, a espermatogênese, processo de formação dos espermatozoides, e a ovogênese, processo de formação de óvulos, dependem da atividade hormonal. No entanto, existe uma diferença básica entre os dois sexos: a produção de espermatozoides é contínua, enquanto a formação dos óvulos é cíclica. Como se explica esse fato?

12. **[1, 5, 6, 10]** A figura a seguir representa esquematicamente, em corte, o sistema genital feminino. Reconheça os órgãos indicados por setas.

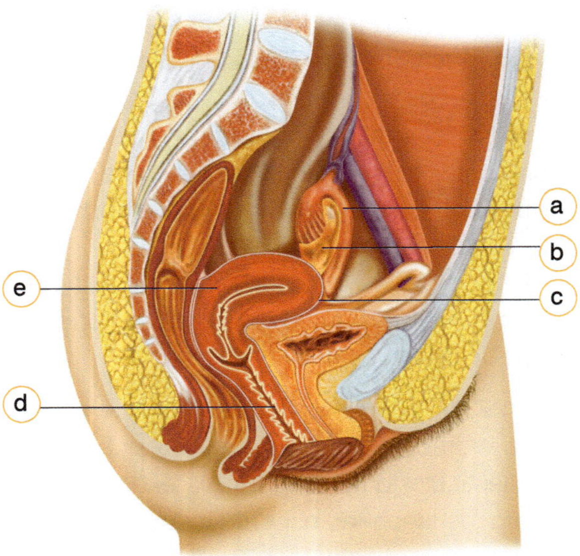

Leia com atenção o texto abaixo e responda às questões **13** e **14**.

O aparelho reprodutor feminino é constituído por ovários, tubas uterinas, útero, vagina e vulva. O ovário produz ovócitos secundários que são expelidos para a tuba uterina. O ovócito secundário, em geral, leva de três a sete dias para atravessar a tuba uterina em direção ao útero. Como o ovócito secundário deve ser fertilizado nas 8 a 24 horas que se seguem à sua saída do ovário, sua fertilização pelo espermatozoide ocorre na parte superior da tuba uterina, logo após o ovário.

13. **[6, 7, 10]** Localize no texto o evento que corresponde à ovulação. Qual é a participação do hormônio da hipófise nesse processo?

14. **[1, 6, 10, 12, 15]** O espermatozoide desloca-se à velocidade entre 1 a 4 mm por minuto. Sabendo que as tubas uterinas têm 12 cm, calcule o tempo mínimo e máximo esperado para o espermatozoide chegar ao ovócito secundário.

Análise com cuidado o gráfico abaixo, em que na vertical está a concentração dos hormônios estrógeno (A), progesterona (B) e gonadotrofina coriônica (C); na horizontal, os dias do ciclo menstrual e responda às questões **15** e **16**.

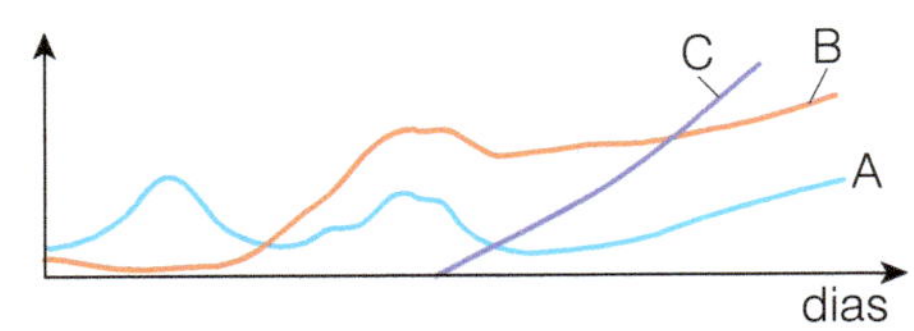

15. **[1, 5, 6, 7, 9, 10, 15]** O gráfico apresentado anuncia gravidez ou menstruação? Justifique sua resposta.

16. **[1, 5, 6, 7, 9, 10, 15]** Ainda da análise do gráfico, é correto afirmar que haverá inibição do desenvolvimento de outros óvulos após o dia 28? Justifique sua resposta.

17. **[1, 6, 7, 10, 15]** Explique por que a menstruação e a gravidez são dois eventos totalmente incompatíveis entre si.

GRAVIDEZ, PARTO E SEXUALIDADE RESPONSÁVEL

capítulo 12

De onde vem o "peso" que a mulher ganha durante a gravidez?

Um dos comentários mais ouvidos entre as mulheres, quando o assunto é gravidez, é o aumento do peso, fato absolutamente normal. Caso contrário, o desenvolvimento do feto poderia ser prejudicado. Como acontece o aumento de peso?

A mãe ganha em média 10 kg durante a gravidez, em geral da seguinte maneira: o feto pesa entre 3,0 e 3,5 kg; o útero gravídico pesa cerca de 1 kg; a placenta tem, aproximadamente, 1,25 kg; as mamas, que também aumentam de tamanho e se preparam para a amamentação, chegam a ganhar cerca de 1 kg; a distribuição de gordura, retenção de líquidos e aumento do volume do sangue respondem por mais 3,25 kg, aproximadamente.

A mulher grávida necessita de trinta por cento a mais de sangue para abastecer a placenta, órgão através do qual o feto recebe oxigênio e todos os nutrientes necessários ao seu desenvolvimento, e entrega ao sangue materno os resíduos de seu metabolismo, como o gás carbônico e as excretas nitrogenadas.

Neste capítulo, vamos conhecer os mais importantes acontecimentos que ocorrem desde a fecundação até o parto, e alguns métodos contraceptivos. Além disso, abordaremos as principais doenças sexualmente transmissíveis, os agentes causadores, principais sintomas e métodos de prevenção.

AFRICA STUDIO/SHUTTERSTOCK

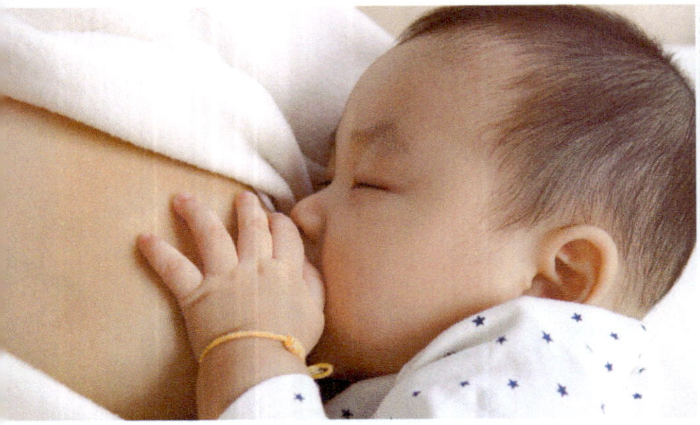

WONG SZE YUEN/SHUTTERSTOCK

Durante os primeiros seis meses de vida, o ideal é que o bebê se alimente somente de leite materno, pois sua composição é mais adequada para a nutrição da criança, além de possuir anticorpos e outros fatores que protegem o bebê de infecções. Também não podemos esquecer que o aleitamento materno tem outro papel fundamental, que é o de fortalecer a relação entre mãe e filho.

WAVEBREAKMEDIA/SHUTTERSTOCK

Aos 5 anos, a criança já consegue segurar o lápis ou a caneta com mais segurança. Também já consegue se vestir sozinha, precisando de auxílio apenas para fechar um zíper ou botão mais difícil.

SERGEY NOVIKOV/SHUTTERSTOCK

A criança por volta dos 9 anos de idade tem interesse em participar de atividades em grupo e já apresenta uma maior habilidade com as mãos e uma boa coordenação motora.

Hoje você deve ter em torno de 13 anos de idade, mas faça um esforço e tente se lembrar de quando você tinha 5 anos, por exemplo. Pense em quantas mudanças ocorreram nesse tempo! Antes de conversarmos sobre gravidez e sexualidade responsável, vamos conhecer as principais mudanças que ocorreram em algumas etapas de seu desenvolvimento até a adolescência.

Crescimento e desenvolvimento: as mudanças no comportamento

Durante toda a vida, o organismo humano passa por diferentes fases como resultado de seu desenvolvimento, tanto biológico quanto mental e social. Na infância, o bebê depende totalmente dos cuidados dos adultos (pais, avós, entre outros) que acompanham seu crescimento e lhe dão proteção.

Por volta dos 5 anos de idade, a curiosidade e o entendimento do mundo ao seu redor aumentam, fazendo com que a criança interaja mais com os adultos e com o ambiente que a cerca.

Quando chega aos 8 ou 9 anos de idade, sua personalidade se torna mais expressiva. Ela já sabe trabalhar com maior independência e como já está razoavelmente alfabetizada, passa a dominar a linguagem e o computador. O convívio social é outro fator importante para o desenvolvimento da criança. Por isso as referências familiares, assim como os amigos e os primeiros anos escolares, são marcantes.

Os primeiros meses de vida e o comportamento esperado do bebê humano.

Meses	Comportamento
Nascimento	Suga.
1 mês	Sorri.
2 meses	Mantém a cabeça erguida por curto espaço de tempo.
3 meses	Controla o movimento da cabeça.
4 meses	Controla a mão.
Entre 5 e 6 meses	Senta sozinho por pouco tempo.
Entre 7 e 8 meses	Engatinha.
Entre 9 e 10 meses	Caminha apoiado.
Entre 10 e 11 meses	Fica de pé sem apoio.
Entre 12 e 13 meses	Caminha sozinho.

EM CONJUNTO COM A TURMA!

Estudos mostram a relação peso e altura com a idade. Essa relação varia conforme o sexo, como mostram os diagramas a seguir.

Gráfico da evolução de peso e altura de crianças e adolescentes brasileiros.

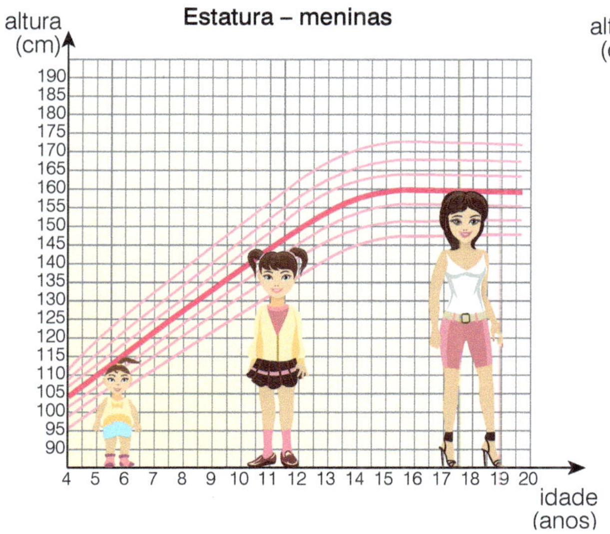

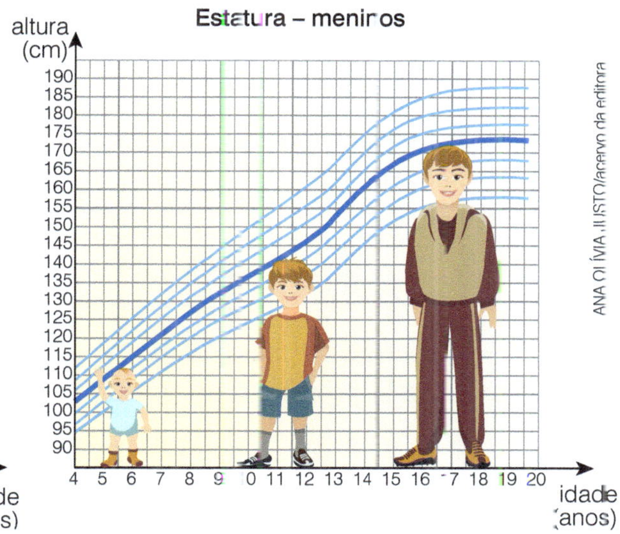

ANA OLÍVIA JUSTO/acervo da editora

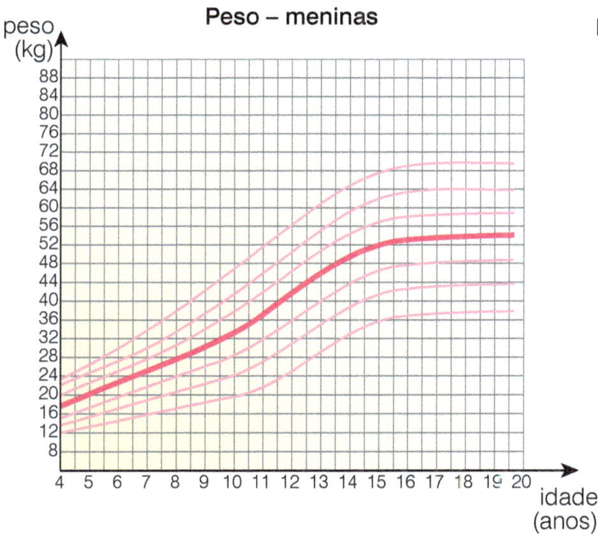

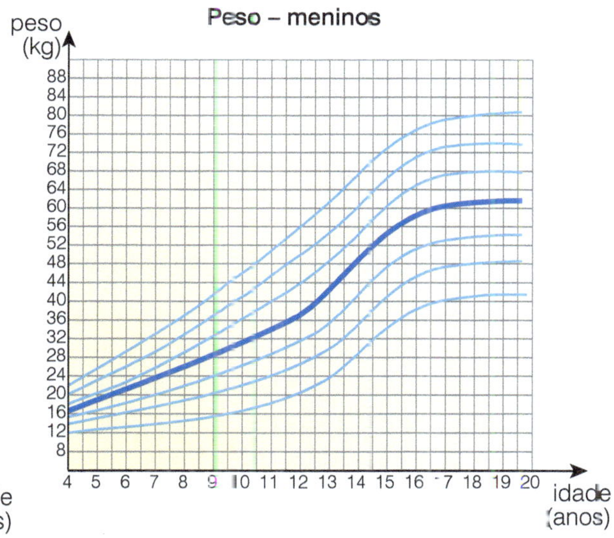

MARQUES, R. M. *et al*. *Crescimento e Desenvolvimento Pubertário em Crianças e Adolescentes Brasileiros*. II. Altura e Peso. São Paulo: Editora Brasileira de Ciências, 1982. In: PEREIRA, A. C. A. *O Adolescente em Desenvolvimento*. São Paulo: HARBRA, 2005. p. 3-4.

Com seu grupo de trabalho verifiquem se o peso e a altura de cada um de vocês está na média (curva mais grossa dos gráficos), acima ou abaixo dela. Marquem com um ponto na curva onde o peso e a altura de cada um está definido.

Se possível, façam o mesmo para todos os alunos da sala e concluam, em relação à curva da média:

1. como está a altura dos alunos da classe;
2. qual é a tendência do peso da população brasileira adulta.

A adolescência

As grandes mudanças na vida da criança acontecem ao entrar na adolescência, que é o período de transição entre a infância e a idade adulta. A adolescência dura em torno de 10 anos e um dos fatos mais marcantes é a **puberdade**, fase em que ocorrem modificações biológicas que possibilitam ao indivíduo ter a capacidade de se reproduzir, isto é, de produzir células sexuais (gametas).

Fique por dentro!

Entonação é a alteração na forma como se emite uma palavra, uma sentença, uma opinião, por exemplo.

Além das mudanças físicas, a adolescência também traz mudanças significativas no desenvolvimento intelectual. O pensamento do adolescente se torna mais flexível à medida que as habilidades vão se organizando em um desenho cada vez mais complexo. Nessa fase, ele compreende os múltiplos significados de uma mesma palavra ou entonação.

Na adolescência, "olhar para dentro", avaliar-se com relação ao que sabe, à sua personalidade, à forma como se expressa, como se apresenta, também é novo. No entanto, como o jovem ainda não consegue perceber e lidar com o que pensa de si mesmo e com o que os outros poderiam estar pensando dele, muitas vezes acaba sendo crítico demais de si mesmo. Com isso, advém a necessidade de privacidade, em uma tentativa de se afastar da vergonha, que é um sentimento que preocupa o adolescente.

Jogo rápido

Qual é o tempo médio de duração da puberdade?

Mas os sentimentos e as inquietações psicológicas da adolescência não são, apenas, resultado das alterações físicas da puberdade, mas das complexas mudanças da sociedade que afetam os indivíduos.

ESTABELECENDO CONEXÕES

Antropologia

Ritos de puberdade em diversas culturas

Os ritos de puberdade podem ser independentes da puberdade fisiológica, dependendo da cultura em que se inserem. Na medida em que não estão necessariamente relacionados com mudanças biológicas, seria mais apropriado falar em cerimônias de iniciação, ritos de passagem ou ritos de adolescência.

Alguns ritos estão diretamente relacionados com o atingir da maturidade sexual, como nos casos frequentes das cerimônias associadas à menarca. Entre os índios Tucuna, do Baixo Amazonas, imediatamente antes da menarca, ou seja, da primeira menstruação, a jovem é afastada dos homens, indo para uma cabana de reclusão, onde permanece 3 meses em completo isolamento. Após este período o corpo da jovem é pintado e durante 3 dias são celebradas cerimônias e festas. Imediatamente após esta fase, é permitido à jovem se casar e, então, não há qualquer cerimônia. O rito da puberdade é a cerimônia pública mais importante de sua vida, mudando seu *status* de criança para o de mulher casadoura.

Entre as jovens Manus, a menarca também determina o tempo das cerimônias e da constatação pública. Quando a jovem tem sua primeira menstruação, o pai lança um grande número de castanhas ao mar, para a diversão das crianças do povoado. Não há embaraço associado com o anúncio público da menstruação. As jovens da aldeia vão se juntar à iniciada, grandes banquetes são realizados e várias cerimônias têm lugar. Para a jovem, a cerimônia significa que as atividades livres da infância terminaram e é esperado dela a passividade e a submissão até o casamento. Apesar do fato de a menstruação e os ritos de iniciação estarem intimamente associados, entre os Manus esta tem relativamente pouca importância psicológica na vida da jovem.

No caso dos meninos a ocasião pode ser ou não desvinculada das mudanças fisiológicas. (...) Um motivo cultural para a iniciação é a estabilização do papel sexual do jovem. Os ritos de iniciação dão ao jovem uma identidade sexual como homem e solicitam um alto grau de solidariedade masculina que requer lealdade para com todos os homens. (...)

Lúcia Maria Franco da Silva
Psicóloga e professora do Departamento de Psicologia do Desenvolvimento da PUC-SP

In: PEREIRA, A. C. A. *O Adolescente em Desenvolvimento*. São Paulo: HARBRA, 2005. p. 3-4

Puberdade feminina

STOCKLIFE/SHUTTERSTOCK

Normalmente, a puberdade começa um pouco mais cedo nas meninas do que nos meninos. Nas mulheres, as mudanças pelas quais o corpo passa incluem a deposição progressiva de tecido adiposo ao redor dos quadris (**alargamento dos quadris**) e o **afinamento da cintura**. Todas essas mudanças, devidas à ação do hormônio estrógeno, fazem parte dos chamados caracteres sexuais secundários femininos. Em seguida, por volta dos 11 anos de idade (podendo variar entre 8 e 13 anos) começa o desenvolvimento das **glândulas mamárias**. Também é nessa época que surgem os primeiros **pelos pubianos** e nas **axilas**.

Nas adolescentes, às vezes, no início da formação das mamas, a mama esquerda e a direita podem apresentar tamanhos diferentes. Com o passar do tempo, a tendência é que as duas fiquem praticamente do mesmo tamanho, mas é normal que uma discreta diferença se mantenha ao longo da vida da mulher.

No fim do desenvolvimento das mamas, que leva em torno de um ano, ocorre um crescimento rápido em altura e depois de uns seis meses acontece o evento mais importante da puberdade que é a **primeira menstruação**, também conhecida como **menarca**. Com o início da menstruação, o corpo feminino atinge sua maturidade sexual, pronto para uma futura gestação. A gravidez na adolescência deve ser evitada, pois é considerada um fator de risco, porque o útero ainda não está completamente desenvolvido para suportar a grande dilatação própria de uma gravidez. Além disso, a jovem não está emocionalmente madura para encarar todas as responsabilidades da maternidade precoce.

É bastante frequente, nas primeiras menstruações, a adolescente apresentar uma **secreção vaginal**, isto é, a eliminação de um líquido claro ou ligeiramente leitoso, sem coceira, nem odor. Esse fato é normal e é causado pela ação do hormônio estrógeno um pouco antes da menstruação. Também é bastante frequente, durante aproximadamente um ano após a primeira menstruação, a ocorrência de **ciclos menstruais irregulares**, em que a duração do ciclo varia muito.

ESTABELECENDO CONEXÕES

Saúde

É muito importante a adolescente aprender a apalpar as suas mamas para descobrir cistos, nódulos ou tumores, fazendo o chamado autoexame das mamas. Nessa faixa etária é pouco provável a presença de um tumor, porém o hábito do autoexame deve ser criado desde a adolescência e se manter durante toda a vida.

O autoexame não substitui o exame físico e clínico realizado pelo ginecologista ou mastologista, que deve ser feito todos os anos. Além disso, a mamografia (um tipo de radiografia das mamas) é atualmente considerada como o único método de detecção precoce do câncer de mama. Por isso, a mulher deve sempre procurar seguir as orientações de um médico especialista.

FAÇA O AUTOEXAME DAS MAMAS TODOS OS MESES 5 DIAS APÓS A MENSTRUAÇÃO

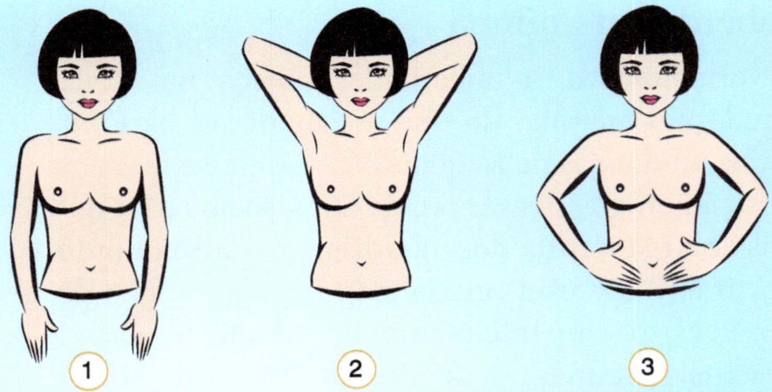

EVELEEN/SHUTTERSTOCK

Inicialmente, faça a observação de suas mamas em frente ao espelho, com os (1) braços abaixados, depois (2) com os braços levantados e, por fim, (3) com as mãos fazendo uma leve pressão no quadril. Nessas três etapas, observe o bico dos seios, a superfície e o contorno das mamas, verificando se há alguma alteração.

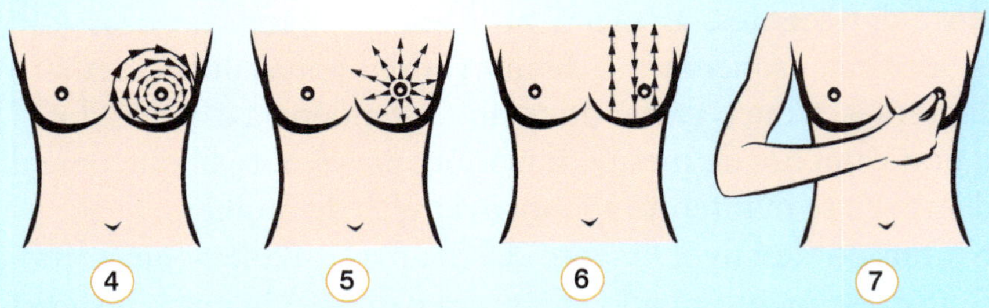

Depois, de preferência sob o chuveiro, coloque a mão esquerda atrás da cabeça e apalpe com a mão direita a mama esquerda, e vice-versa, primeiro (4) em movimentos circulares, depois (5) do bico do seio para as laterais da mama e, por fim, (6) da base do seio para cima e de cima para baixo. O toque deve ser feito com a ponta dos dedos juntos e esticados.

Examine também o bico dos seios (7), pressionando levemente o mamilo para verificar se há saída de algum líquido.

Caso observe alguma alteração, procure um ginecologista ou um mastologista a fim de se certificar de que tudo está bem.

Descubra você mesmo!

Pesquise sobre a campanha chamada "outubro rosa" e também sobre o significado da imagem ao lado:

LEONE V/SHUTTERSTOCK

Puberdade masculina

Por volta dos 11 anos de idade (entre 9 e 13 anos), começam a aparecer nos meninos os caracteres sexuais secundários: **crescimento dos testículos** e do **pênis**, aparecimento dos primeiros **pelos pubianos** e nas **axilas**. Por volta dos 17 anos, pênis e testículos já adquiriram o tamanho definitivo.

A quantidade e distribuição de pelos é uma característica hereditária, podendo variar de um indivíduo para outro. Nos meninos, na faixa etária dos 15 anos, ocorre também a **mudança na voz**, que se torna mais grave devido ao crescimento da laringe e das cordas vocais.

Assim como nas meninas, a velocidade de crescimento acentua-se e o adolescente vai ficando progressivamente mais alto e mais pesado (aumento da massa muscular e óssea). Finalmente, sob influência do hormônio hipofisário FSH, os testículos produzem os primeiros espermatozoides, que serão expelidos no processo de ejaculação. Nessa fase, o adolescente atingiu a maturidade sexual.

RIDO/SHUTTERSTOCK

Também é importante cuidar da higiene da região genital, evitando o acúmulo de secreções e de microrganismos que podem causar odor desagradável e, eventualmente, uma infecção.

Nos adolescentes em geral, o aparecimento de espinhas (acne), que são causadas pela secreção excessiva das glândulas sebáceas, incomoda muito esteticamente. Nesse caso, é importante manter a pele limpa e não espremer as espinhas quando aparecerem, uma vez que esse ato pode causar infecções na pele. Em condições normais, elas desaparecem depois de certo tempo.

Fique por dentro!

Durante a puberdade masculina, pode ocorrer o fenômeno chamado de **polução noturna**, isto é, ejaculação durante o sono.

Jogo rápido

Quais são os hormônios sexuais responsáveis pela determinação das características sexuais secundárias nos meninos e nas meninas, respectivamente? Em que órgãos são produzidos esses hormônios?

É SEMPRE BOM SABER MAIS!

As características sexuais primárias e secundárias

Os *caracteres sexuais primários* são definidos pelos órgãos genitais masculinos e femininos, que se diferenciam durante o desenvolvimento do embrião sob ação dos hormônios sexuais. Na puberdade, com o aumento da produção dos hormônios sexuais, esses órgãos se desenvolvem e adquirem toda sua capacidade e, como consequência, aparece a menstruação nas meninas e as ejaculações nos meninos. Os *caracteres sexuais secundários* estão relacionados a características do corpo que diferenciam os homens das mulheres, *independentemente dos órgãos sexuais*, e surgem na puberdade.

DE OLHO NO PLANETA

Ética & Cidadania

Ser adolescente

Quem nunca sofreu com o impasse de ser criança demais para exercer uma atividade e não suficientemente adulto para as outras? Eis a adolescência. Fazer birra? Muito velho para isso. Viajar sozinho? Não é adulto o suficiente.

No entanto, a adolescência tem um lado extremamente peculiar e intrigante. É nela que nosso corpo de criança se transforma, tornando-nos homens e mulheres. A adolescência é acompanhada da capacidade de tomarmos algumas decisões importantes, que direcionarão parte da nossa vida. A oportunidade de escolher o nosso futuro, ou pelo menos parcialmente, escolher o vestibular que vamos prestar e consequentemente nossa profissão, levando em conta o que os outros têm a nos dizer – e eles têm muito a acrescentar e, por isso, é importante aprendermos a ouvi-los! Escolhemos nossos paqueras, nosso grupo de amigos, nosso estilo de roupa, nossas gírias, ou seja, nosso jeito adolescente de ser.

Não devemos esquecer que essa fase, mesmo que conturbada e diferente, é muito importante e deve ser bem vivida. Nessa fase, nossas escolhas interferem no comportamento ao longo de muitos e muitos anos.

Não reclame demais do que você não tem, ou do que não pode fazer, ou porque acha que todo mundo "fica no seu pé". Viva a sua vida de forma gostosa. Aproveite aquilo que a sua idade tem a oferecer. Afinal de contas só somos *teen* uma vez na vida. Viva da melhor maneira possível.

Disponível em: <http://www.escolainteligencia.com.br/blog/vida-de-adolescente/ser-adolescente/>. *Acesso em* 26 mar 2010.

➢ E não se esqueça: você tem direitos, mas também deveres. Não espere que tudo lhe venha pronto, de "mão beijada". Esforce-se para conquistar seus objetivos. As conquistas pessoais são mais valorizadas, têm um "sabor" melhor. Seja cooperativo – você é um ser social, faça sua parte.

ENTRANDO EM AÇÃO

Imagens da adolescência

Sente-se em um lugar tranquilo, onde possa ficar em silêncio por algum tempo. Certifique-se de que há algum espaço ao seu redor, de modo a não se distrair com pessoas por perto. Feche os olhos e entre em contato com a sua existência física e com as sensações que está tendo. Tome consciência de como se sente internamente. Então, deixe que apareçam algumas imagens visuais: da sua casa, da escola em que você estuda, dos locais pelos quais gosta de passear... Relembre os cheiros e os sons desses locais.

- Como é seu corpo?
- Como você se veste?
- Que sentimentos tem a respeito de sua família?
- Como são seus colegas e seus amigos?
- O que costumam fazer quando estão juntos?
- Que músicas vocês gostam de ouvir?
- Você vai a festas? Em caso positivo, como são essas festas?
- Como você imagina que as pessoas o(a) veem?
- Como você se vê?

DIEGO CERVO/SHUTTERSTOCK

Examine e responda calmamente a cada uma dessas questões e guarde-as novamente em sua memória. Abra os olhos. Pegue uma folha de papel e um lápis (ou *crayon*), procure representar suas imagens da adolescência.

Adaptado de: PEREIRA, A. C. A. *O Adolescente em Desenvolvimento*. São Paulo: HARBRA, 2005. p. 11.

Fecundação: encontro entre os gametas masculino e feminino

Fecundação é a junção dos gametas masculino e feminino, formando uma célula-ovo ou zigoto. Mas como isso ocorre nos seres humanos?

No período imediatamente após a ovulação, o gameta feminino entra na tuba uterina e permanece viável de 8 a 24 horas. Nesse período, ele se desloca e pode ser fecundado no terço distal da tuba uterina.

Terço distal da tuba uterina: dividindo-se uma tuba uterina em três partes, cada parte é um terço e a porção mais distante em relação ao útero é o terço distal.

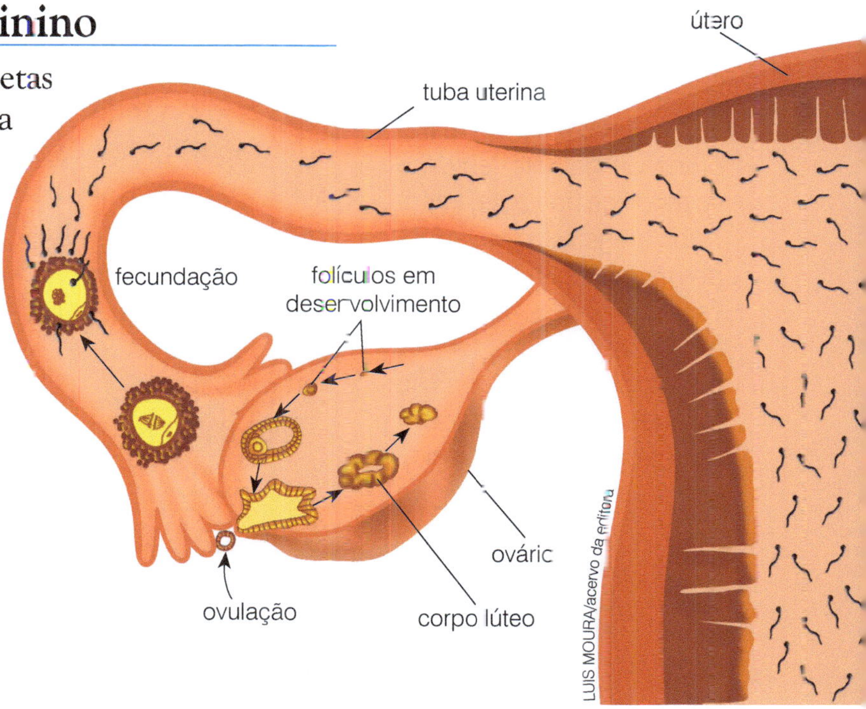

Após a ejaculação, os gametas masculinos por meio de movimentos ondulatórios de suas caudas flageladas, percorrem o útero em direção às tubas uterinas, mas a grande maioria não consegue chegar até onde se encontra o gameta feminino.

Como você já aprendeu, o espermatozoide é muito menor do que o ovócito secundário e, ao ejacular, o homem introduz na mulher de 2 a 5 centímetros cúbicos de esperma. Cada centímetro cúbico contém entre 100 milhões e 200 milhões de espermatozoides.

Jogo rápido

Que organela celular, presente na cauda dos espermatozoides, fornece a energia necessária ao deslocamento dessas células ao longo do útero e da tuba uterina?

Espermatozoides humanos em torno de um gameta feminino. Dos milhões de espermatozoides liberados na ejaculação, apenas um se funde com o gameta feminino. (Imagem obtida por microscopia eletrônica de varredura, ampliada 1.800 vezes.)

Da fecundação à implantação do embrião no útero

Lembre-se!

Após a penetração do espermatozoide, a membrana do gameta feminino se modifica bastante, impedindo o ingresso de outro espermatozoide. A porção do espermatozoide contendo mitocôndrias não penetra no citoplasma do ovócito (apenas a cabeça, contendo o pró-núcleo masculino).

Durante a fecundação, o núcleo do espermatozoide, que carrega o material genético do pai (23 cromossomos), penetra no citoplasma do ovócito secundário e se funde com o núcleo desse gameta, que contém o material genético da mãe (23 cromossomos). O resultado da fusão dos dois núcleos é a formação de um núcleo contendo os cromossomos paternos e maternos, isto é, um núcleo com 46 cromossomos. O óvulo fecundado passa a ser chamado de **zigoto** ou **célula-ovo.**

Jogo rápido

Cite o local do sistema reprodutor feminino em que o óvulo imaturo pode ser fecundado.

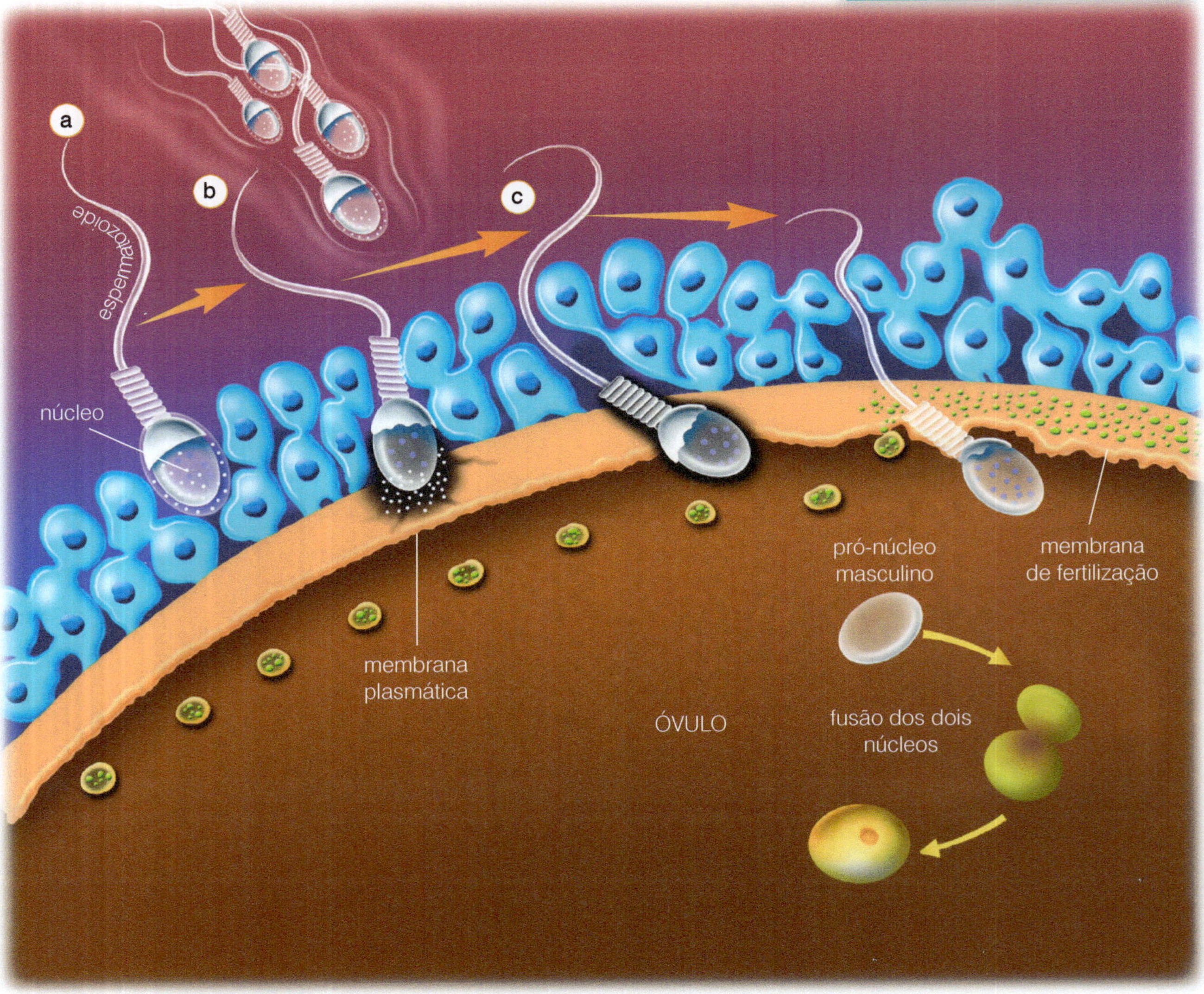

Representação ilustrativa do ingresso do espermatozoide no gameta feminino humano. (a) Quando a cabeça do espermatozoide consegue atingir a camada gelatinosa que envolve o ovócito, ele libera enzimas que conseguem digerir e "abrir caminho" até (b) atingir a membrana plasmática do ovócito. (c) Quando ocorre a ligação entre os gametas, uma reação faz com que a membrana plasmática do gameta feminino se modifique, impedindo que novo espermatozoide penetra na célula. O ovócito fecundado passa a ser chamado óvulo. (Cores-fantasia. Ilustração fora de escala.)

O zigoto, ainda na tuba uterina, começa a se dividir por mitose originando-se duas, quatro, oito células, e assim por diante. É assim que se formam as primeiras fases embrionárias. O embrião é deslocado em direção ao útero, onde ocorrerá sua implantação (**nidação** ou **nidificação**) no endométrio, camada de tecido ricamente irrigado por sangue, que reveste internamente a cavidade uterina.

Fique por dentro!

Em raras ocasiões, ocorre a implantação do zigoto na tuba uterina. Nesse caso, fala-se em **gravidez ectópica** ou **gravidez tubária**. Se não tratada rapidamente, pode romper a tuba uterina, causando vazamento de sangue para a cavidade abdominal.

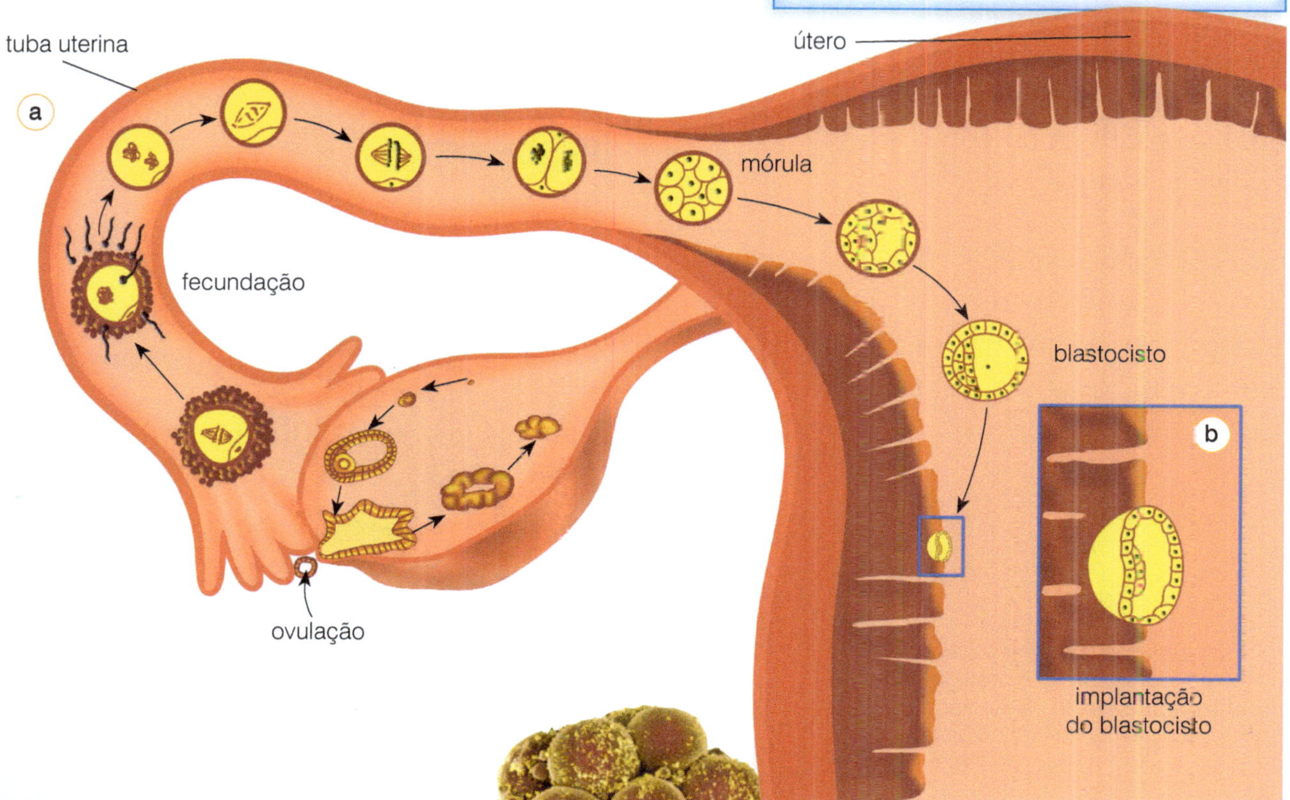

(a) Início do desenvolvimento embrionário humano, da ovulação até a implantação do blastocisto no endométrio. O zigoto se divide igualmente até atingir 16 células, fase conhecida como mórula. Após a mórula, as células vão se dispondo de modo a formar uma cavidade interna cheia de líquido e uma massa de células deslocada, formando o **blastocisto**. (b) Detalhe de blastocisto em corte, em que se pode ver a localização da massa celular e da cavidade. (Cores-fantasia. Ilustração fora de escala.)

Microscopia eletrônica de embrião humano no estágio de mórula (16 células), visto na ponta de um alfinete. Nesta fase do embrião (em amarelo), as células são idênticas. (Imagem ampliada 450 vezes.)

Na cavidade uterina, o feto humano encontra-se envolto pelo **âmnio**, uma "bolsa" repleta de líquido, que protege o feto. A parede interna do útero e alguns tecidos do feto formam logo no início da gestação o cordão umbilical e a **placenta**, órgão através do qual o bebê em desenvolvimento receberá do corpo da mãe alimento, oxigênio, anticorpos e eliminará o gás carbônico e as excretas. A placenta também secreta hormônios que auxiliam a manter a gravidez.

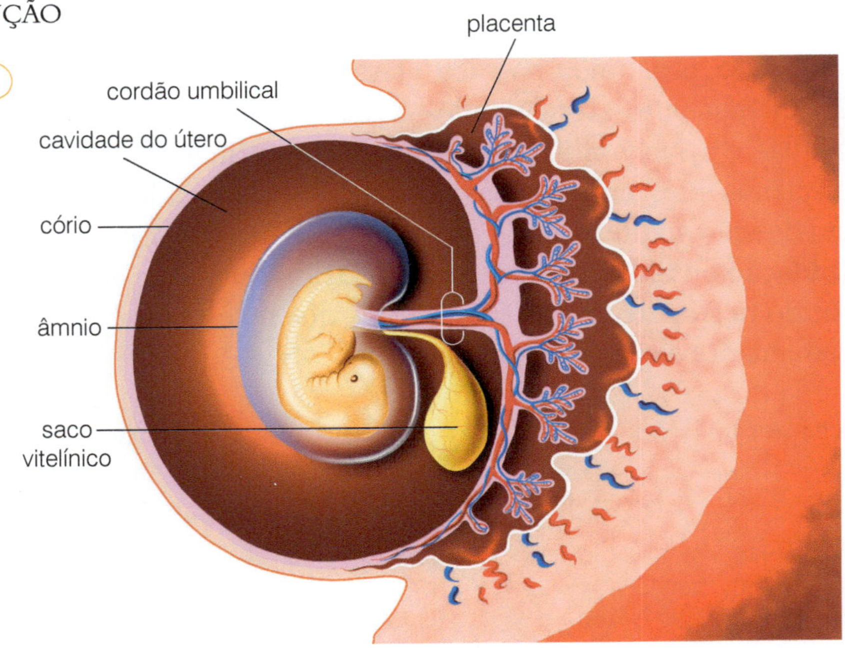

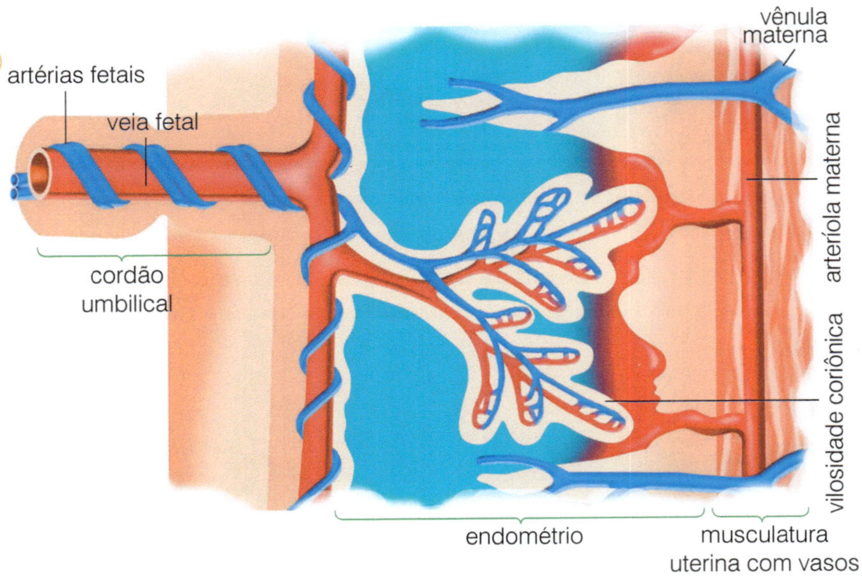

(a) Observe o saco amniótico, repleto de líquido, que protege o embrião. (b) Detalhe esquemático dos vasos sanguíneos no cordão umbilical e na parede uterina.

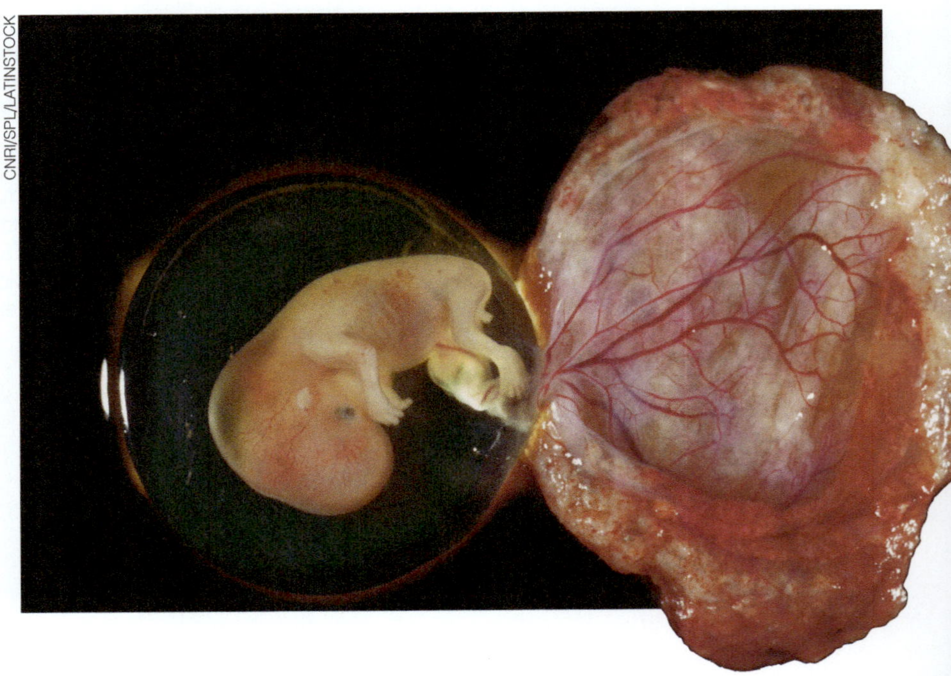

Feto de oito semanas dentro do saco amniótico. Está ligado à placenta (à direita) pelo cordão umbilical. A oitava semana marca a transição de embrião para feto. Já estão formados os principais sistemas, mas ainda devem continuar a se desenvolver. O feto mede de 3 a 4 centímetros e pesa em torno de 10 gramas.

É SEMPRE BOM SABER MAIS!

Mitose – um tipo de divisão celular

Imagine a construção de filiais de uma fábrica, de modo que todas sejam extremamente semelhantes à matriz, com cópias fiéis de todos os componentes, inclusive dos diretores. A divisão celular corresponde à criação de uma cópia da fábrica e a primeira coisa para que isso possa ocorrer é a duplicação de todos os seus componentes. Na mitose, antes de uma célula se dividir, formando duas novas células, ocorre a duplicação dos seus arquivos de comando, isto é, os cromossomos se duplicam no núcleo, formando dois novos núcleos com o mesmo número (46) de cromossomos. Em seguida, a célula divide o seu citoplasma em dois e leva consigo um núcleo com 46 cromossomos.

Esse tipo de divisão celular, em que uma célula origina duas células-filhas com *o mesmo número de cromossomos existentes na célula original*, é chamado de mitose.

LUIS MOURA/acervo da editora

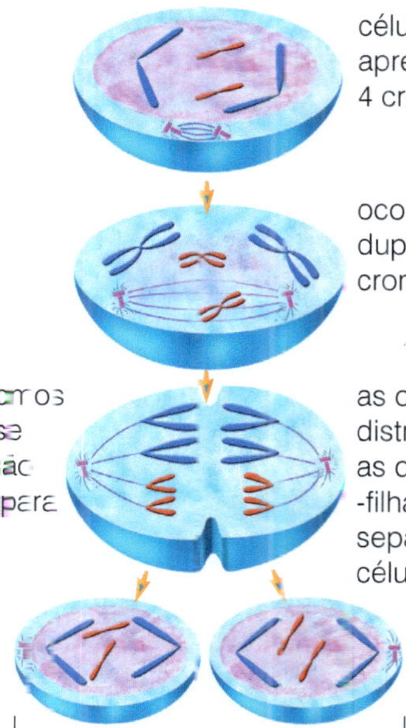

A mitose é o tipo de divisão celular que permite o crescimento, a substituição de células que morrem por outras novas e a regeneração tecidual de diversas partes do nosso corpo.

Fertilização *in vitro*

Em alguns casos, pode acontecer de o casal não conseguir gerar filhos naturalmente, por uma série de problemas. Em algumas situações, pode-se recorrer a uma técnica conhecida como fertilização *in vitro* (FIV). Nessa técnica, a mulher é submetida a um tratamento com medicamentos que estimulam a produção e a liberação de vários gametas femininos (ovulação múltipla). Esses gametas são, então, coletados e levados ao laboratório. O homem também precisa ir ao laboratório ou clínica para que seus espermatozoides sejam coletados e preparados.

> ***in vitro***: em vidro, isto é, em um recipiente de vidro.

MARTCHAN/SHUTTERSTOCK

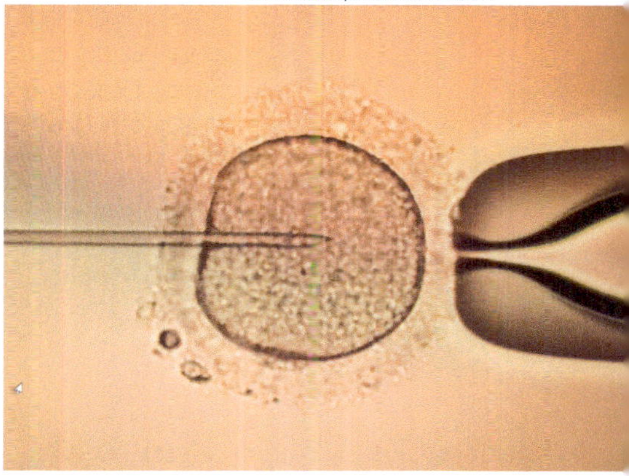

Fertilização *in vitro*. Com uma microagulha, um espermatozoide é injetado no gameta feminino (ao centro) para fertilizá-lo.

Cada gameta feminino é fertilizado com um único espermatozoide e colocado em um meio especial de cultura até que atinja determinado estádio de desenvolvimento. No passo seguinte, se a fertilização for bem-sucedida, os embriões, após a seleção dos mais adequados, serão transferidos para o útero da mulher, onde, se a implantação der certo, poderão se desenvolver normalmente.

Os bebês gerados com essa técnica são conhecidos como "bebês de proveta", porque a fecundação acontece em um recipiente de laboratório e não no corpo da mulher.

Do embrião ao feto: as etapas do desenvolvimento

Acompanhe a seguir os eventos mais importantes que acontecem desde a formação do zigoto até o final da gravidez.

1ª SEMANA	O jovem embrião já passou pela tuba uterina e entra em contato com o útero.
2ª SEMANA	O jovem embrião tem aproximadamente 1,5 mm de comprimento. Nessa fase, a maioria das mulheres nem sabe que está grávida.
3ª SEMANA	O embrião cresceu um pouco, medindo em torno de 2-3 mm. Nessa fase, a mulher começa a "desconfiar" de uma possível gravidez, pois a menstruação está atrasada. É nesse momento que os testes de gravidez geralmente são realizados, confirmando ou não essa condição.O teste feito com a urina será positivo ao se constatar a presença do homônio gonadotrofina coriônica, produzido pela placenta em início de formação.
4ª SEMANA	Inicia-se a formação dos olhos e do coração, que ainda é rudimentar, porém já está pulsando. No fim do primeiro mês, o embrião praticamente já dobrou de tamanho e passa a medir em torno de 5 mm. 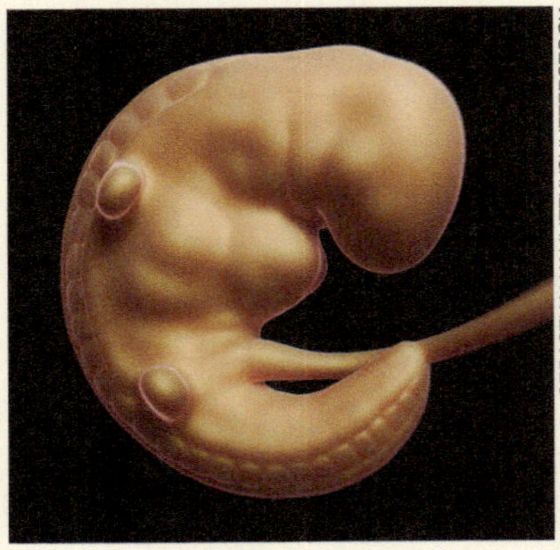 SEBASTIAN KAULITZKI/SHUTTERSTOCK
2º MÊS	Nessa época nota-se um acentuado desenvolvimento da cabeça, acompanhando o desenvolvimento do cérebro. Os olhos já estão mais nítidos e os braços e pernas começam a se formar. Além disso, a bexiga, o pâncreas e o fígado também já estão presentes. Com tudo isso, o embrião já está medindo em torno de 2,5 cm e já tem aparência humana, passando a ser chamado de **feto**. 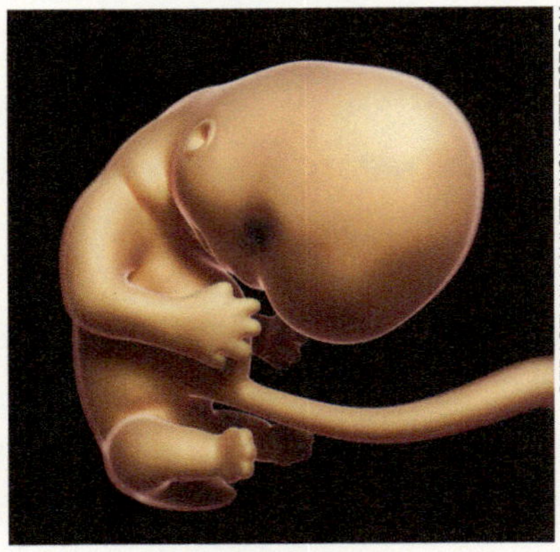 SEBASTIAN KAULITZKI/SHUTTERSTOCK
3º MÊS	Com 90 dias, o feto atinge em torno de 7,5 cm de comprimento e pesa em torno de 60 g. A mãe começa a sentir os movimentos do feto, pois os braços e as pernas já se movimentam. A face do feto fica mais definida, e ele pode inclusive fazer "caretas" e até piscar. O pulmão e outros órgãos do aparelho respiratório já estão formados, assim como o rim, embora ainda não sejam funcionais (a oxigenação e a eliminação de excretas continuam a ocorrer através da placenta). Os órgãos sexuais começam a se desenvolver. 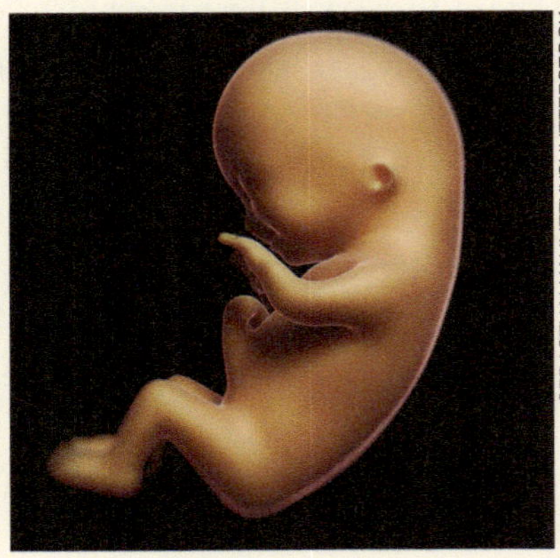 SEBASTIAN KAULITZKI/SHUTTERSTOCK

4º MÊS

Começa a fase dos "chutes". Durante esse período, a mãe normalmente sente inúmeras vezes os movimentos da criança. O esqueleto ósseo começa a se desenvolver e é facilmente visualizado por meios de exames de ultrassom. O feto mede aproximadamente 12 cm de comprimento e pesa em torno de 150 g.

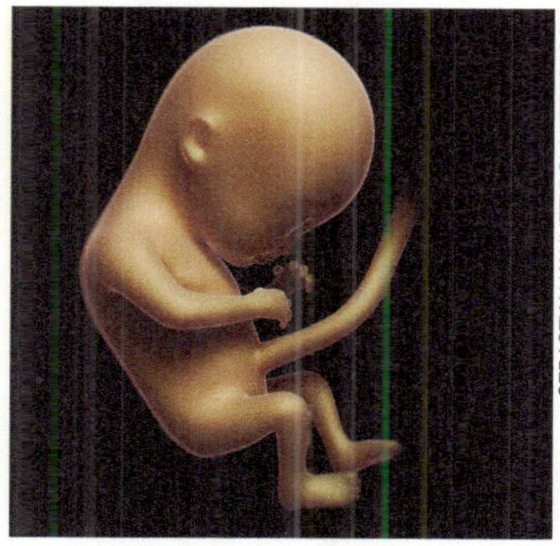

SEBASTIAN KAULITZKI/SHUTTERSTOCK

5º MÊS

Começa a formação dos cabelos. O feto atinge em torno de 17 cm de comprimento e o peso aumenta muito, chegando a 330 g. O que chama a atenção são os batimentos cardíacos, de 120 a 160 vezes por minuto, o que revela a ocorrência de metabolismo muito ativo. O aparelho digestório já está totalmente formado.

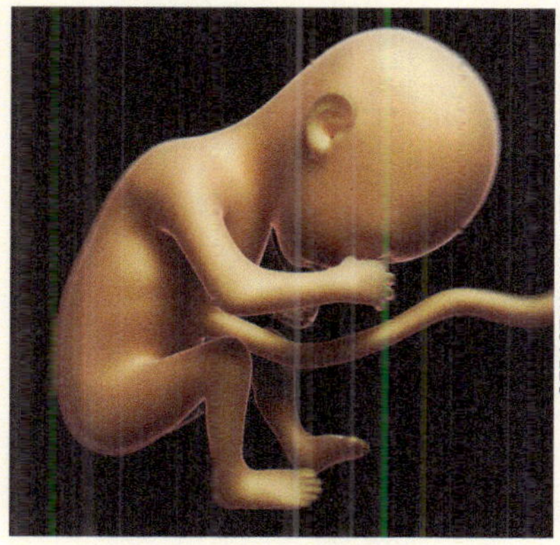

SEBASTIAN KAULITZKI/SHUTTERSTOCK

6º MÊS

O feto atinge 35 cm de comprimento e o peso é de aproximadamente 700 g. No final do sexto mês, o feto tem chance de sobreviver fora do corpo da mãe desde que receba ajuda respiratória e esteja em uma incubadora.

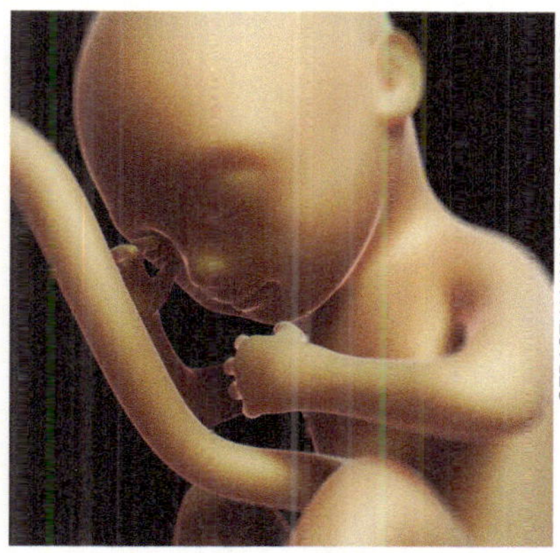

SEBASTIAN KAULITZKI/SHUTTERSTOCK

ÚLTIMOS TRÊS MESES

Nos últimos 2 a 3 meses de gestação, o feto aumenta muito de tamanho (chega a duplicar) e de peso (em torno de 3 kg). Já no último mês de gravidez, a velocidade de crescimento passa a diminuir.

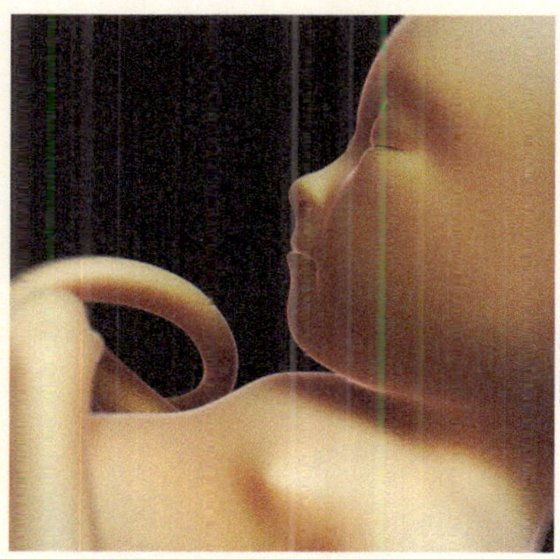

SEBASTIAN KAULITZKI/SHUTTERSTOCK

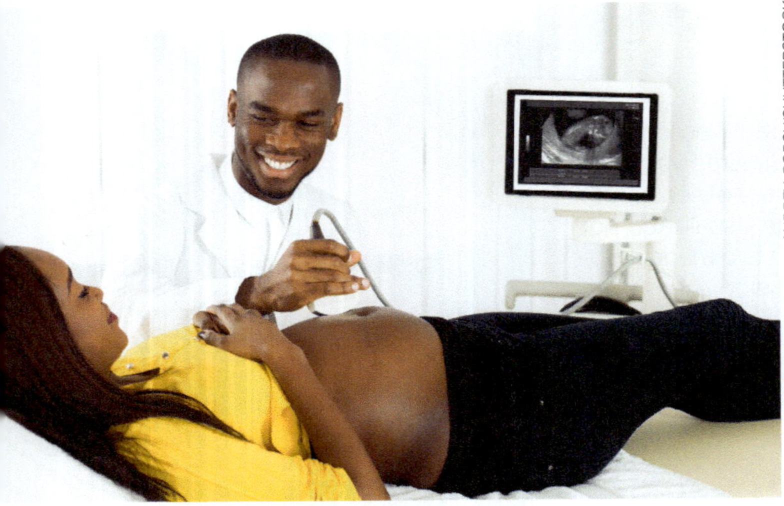

ANDREY_POPOV/SHUTTERSTOCK

Cuidados na gravidez

Gravidez não é doença, mas é preciso que esse período seja acompanhado por um médico desde o seu início. O objetivo do acompanhamento pré-natal é avaliar o estado de saúde da mãe (se não é diabética ou hipertensa ou drogada, entre outros aspectos), orientá-la quanto à adequada alimentação, realizar exames físicos, verificar peso da gestante, sua altura, tamanho da barriga, batidas do coração do feto, solicitar exames laboratoriais e até mesmo de imagens (ultrassonografias) para acompanhar o desenvolvimento do bebê.

No acompanhamento pré-natal, o médico saberá orientar quanto à realização de atividade física, discutir sobre receios que a grávida possa ter e esclarecer sobre os sintomas comuns na gravidez.

Fique por dentro!

Caminhadas e exercícios leves durante a gestação auxiliam no controle do peso materno e também na circulação do sangue, além de fortalecer a musculatura. Melhor oxigenação também favorece a sensação de bem-estar.

Durante o pré-natal, o acompanhamento médico esclarece a gestante sobre as modificações físicas e emocionais associadas ao período e a prepara para o parto. O útero aumenta de volume consideravelmente à medida que o feto cresce e as mamas se preparam para a amamentação.

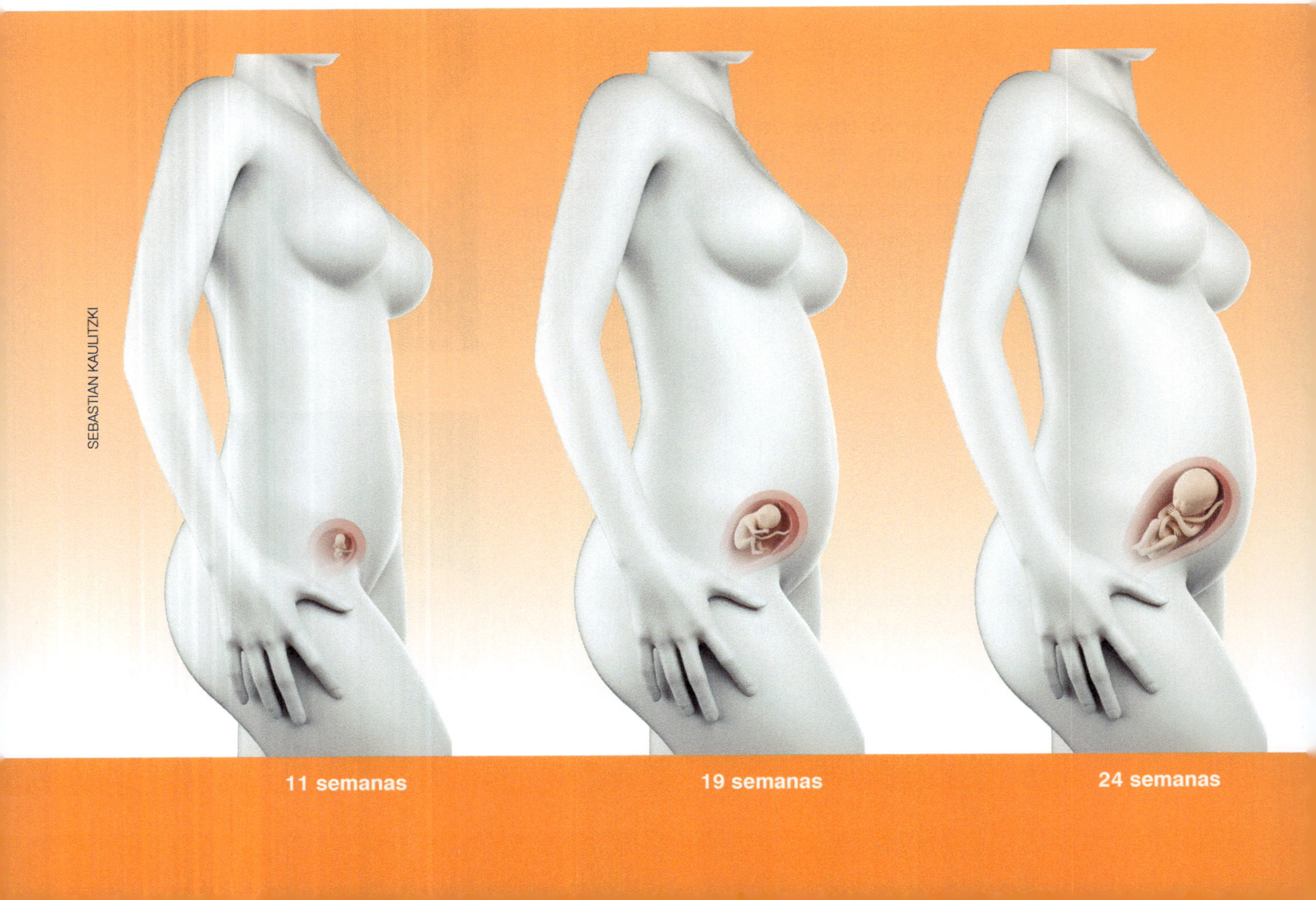

SEBASTIAN KAULITZKI

A gestante deve evitar o consumo de qualquer tipo de medicamento que não tenha sido prescrito por seu médico, assim como drogas, incluindo álcool, e fumo, pois são agentes potenciais de malformações no bebê ou mesmo de atraso em seu desenvolvimento físico e mental.

Durante o pré-natal também pode ser indicado um exame mais específico, chamado **amniocentese**, principalmente no caso de a gestante ter mais de 35 anos ou no caso de haver doenças genéticas na família dos pais. Nesse exame os cromossomos das células do embrião são examinados.

Descubra você mesmo!

Infecções são potencialmente perigosas, principalmente as causadas pelo vírus da rubéola. Pesquise sobre os danos dessa infecção e se há vacina contra essa doença. Ela pode ser administrada durante a gestação? Qual vacina é indicada durante a gravidez caso ainda não tenha sido tomada pela gestante?

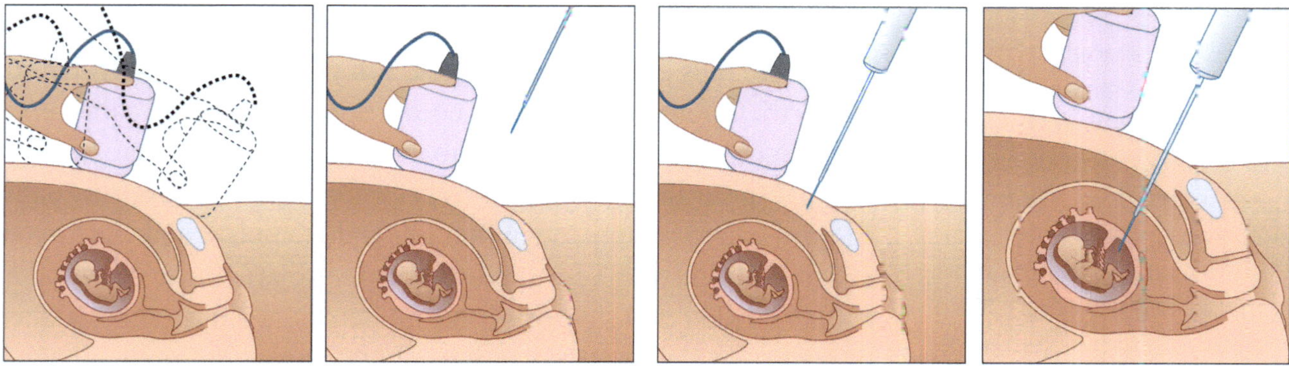

PETER GARDINER/SPL/LATINSTOCK

Ilustração mostrando como o exame da amniocentese é realizado. Um aparelho de ultrassom auxilia a determinar o melhor local para que, por meio de uma agulha inserida no saco aminiótico que circunda o feto, seja retirado um pouco do líquido da bolsa. Como esse líquido também contém algumas células do bebê, é possível analisar seus cromossomos e verificar se há alguma anormalidade no número deles, por exemplo.

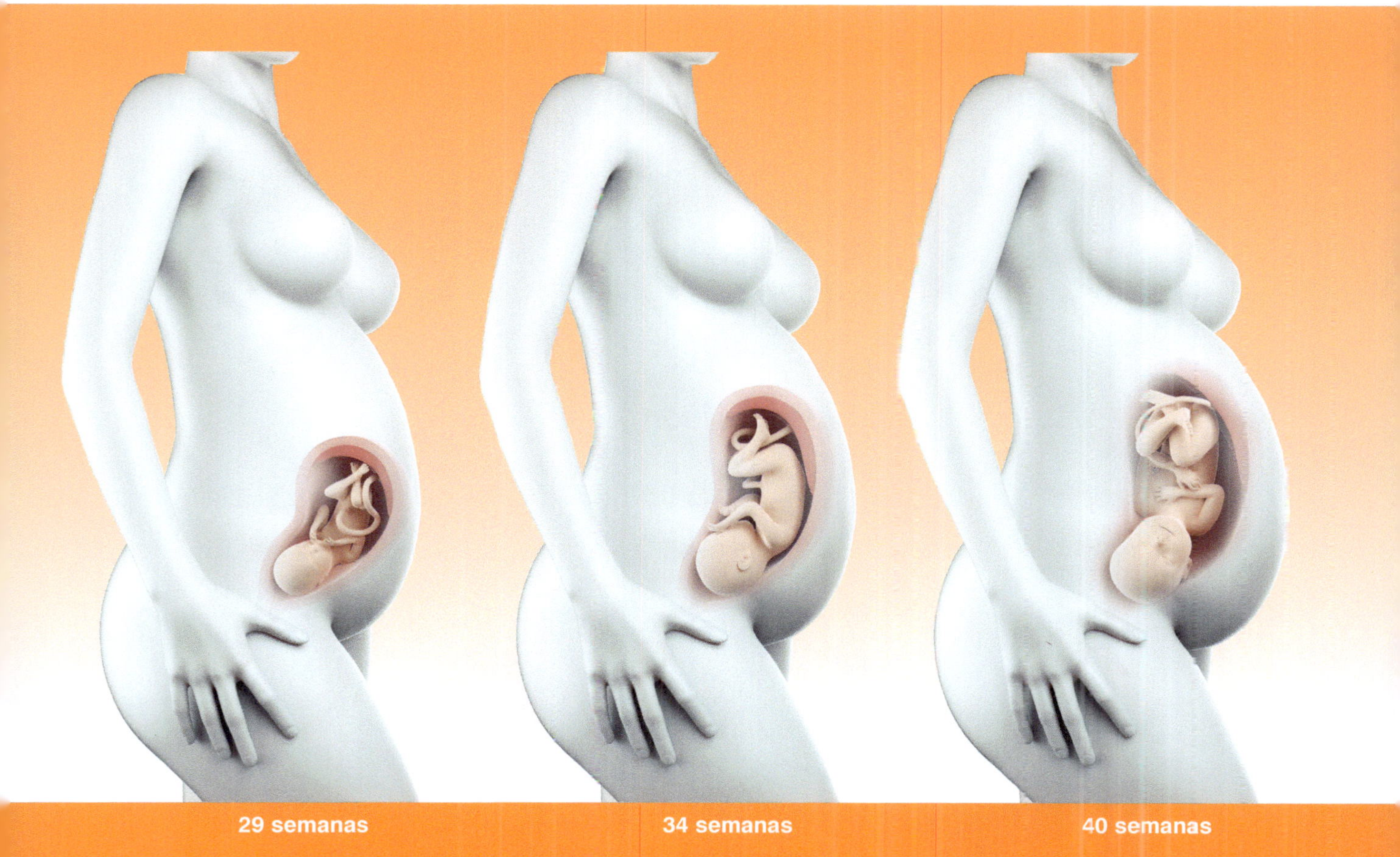

Fique por dentro!

Por atuar no cérebro da parturiente, a oxitocina estreita os laços emocionais entre mãe e bebê, sendo, atualmente, considerado um hormônio do relacionamento mãe-bebê.

Lembre-se!

O aleitamento materno ajuda a estreitar os laços entre mãe e filho, e auxilia a proteger o bebê contra infecções, pois contém anticorpos. Amamentar também ajuda a reduzir mais rápido o peso da gestante após o parto e o útero a voltar ao seu peso normal.

Parto: o momento do nascimento

Duas etapas são fundamentais no momento do parto: a **dilatação** do colo do útero e a **saída do feto**. A dilatação do colo uterino, estimulada pelo hormônio oxitocina, liberado pela hipófise, inicia-se com as primeiras contrações do útero e termina quando a dilatação atinge a máxima abertura. No início, as contrações uterinas ocorrem em intervalos de 15 a 20 minutos e são suaves. No fim, as contrações são mais vigorosas e ocorrem em intervalos de 1 a 2 minutos. Nesse momento, o colo uterino está dilatado em torno de 10 cm de diâmetro.

Na etapa de saída do feto, a bolsa-d'água (bolsa amniótica) se rompe, mas ela também pode se romper no início do trabalho de parto. O feto começa a sair com o aparecimento da cabeça no colo do útero para finalmente abandonar o corpo da mãe.

Depois do nascimento, as contrações uterinas continuam durante certo tempo com a finalidade de expulsar a placenta e o cordão umbilical. O cordão umbilical, que até então permitia a sobrevivência do feto por ser a rota de passagem de substâncias entre a mãe e o feto, é cortado e o bebê passa a ter uma existência separada.

Fases do parto e expulsão da placenta.

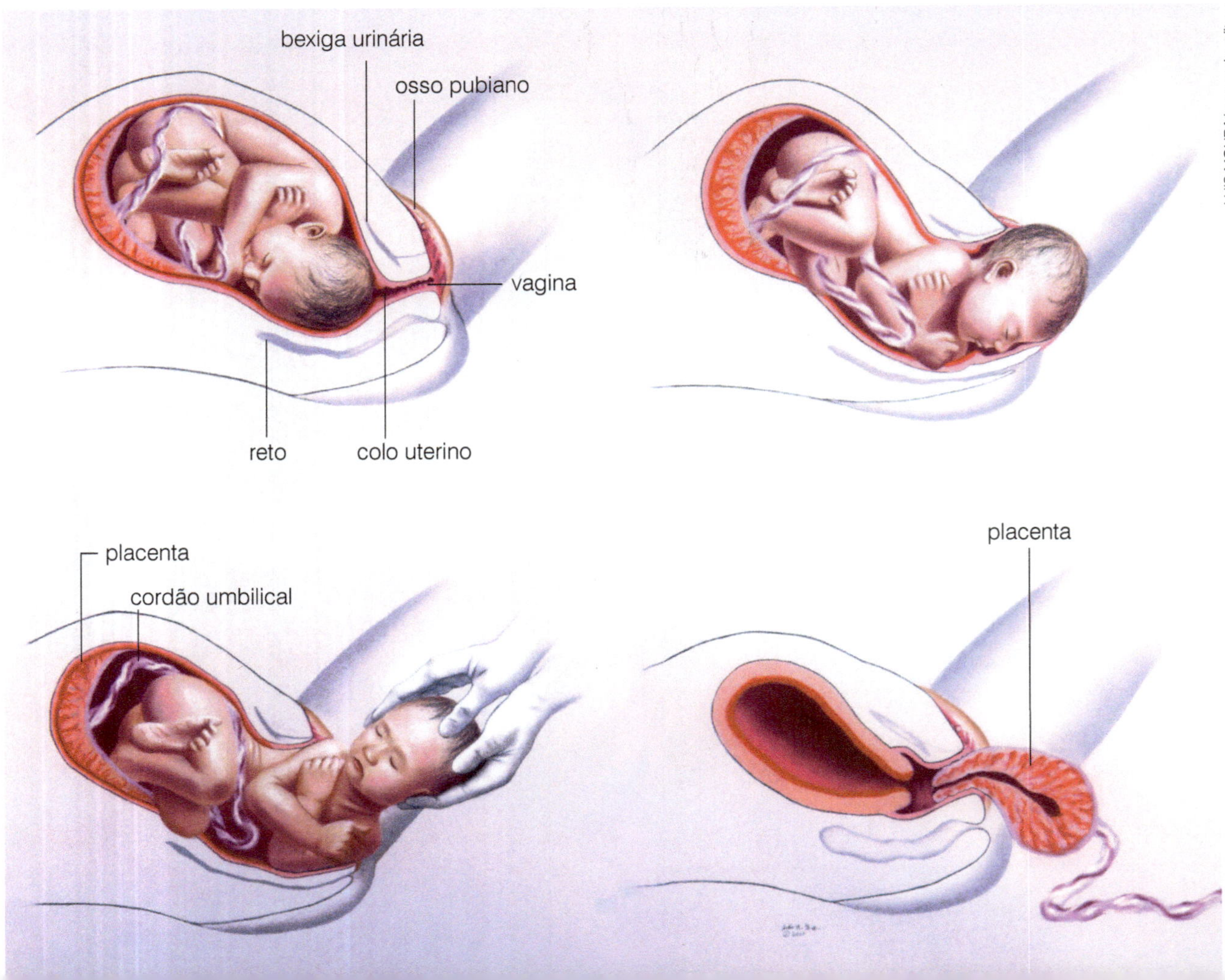

LUIS MOURA/acervo da editora

ESTABELECENDO CONEXÕES

Saúde

Cesariana: quando o parto normal não pode ocorrer

Algumas situações podem dificultar a ocorrência de um parto normal, como a gestante possuir bacia muito estreita, o que pode dificultar a passagem do feto pelo colo do útero e pelo "canal do parto" vaginal; o tamanho exagerado do feto, o que pode dificultar sua passagem pelo colo uterino e pelo "canal do parto" (canal vaginal); a posição do feto não ser a correta, ou seja, sua "apresentação para nascer" não ocorrer com a região da cabeça, mas pela região pélvica (a da bacia), muito alargada, dificultando sua passagem pelo canal vaginal; as contrações uterinas não serem suficientes para a expulsão do feto.

Na "cesariana", o médico faz um corte na parede abdominal e na parede do útero, possibilitando a retirada do bebê. Nesse momento, o cordão umbilical é cortado e a placenta é retirada.

No final da cirurgia, os tecidos seccionados são suturados, fechando as incisões feitas na parede do útero e na parede abdominal.

O parto por cesariana também pode ser feito em casos de urgência, em que é necessário antecipá-lo como, por exemplo, quando o bebê ou a mãe apresentam algum problema mais sério que afete a sobrevivência de um ou de ambos.

a

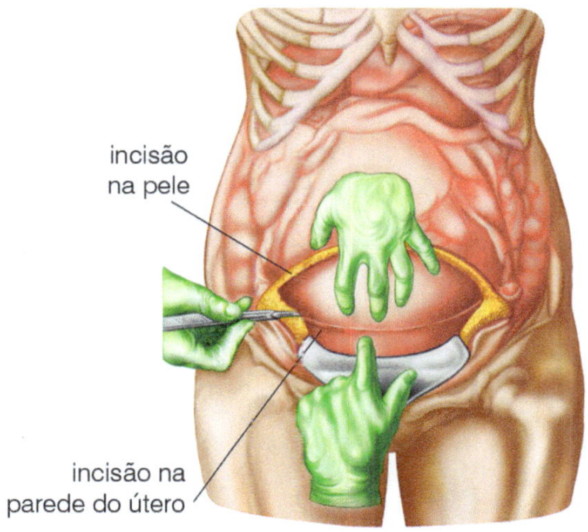

b

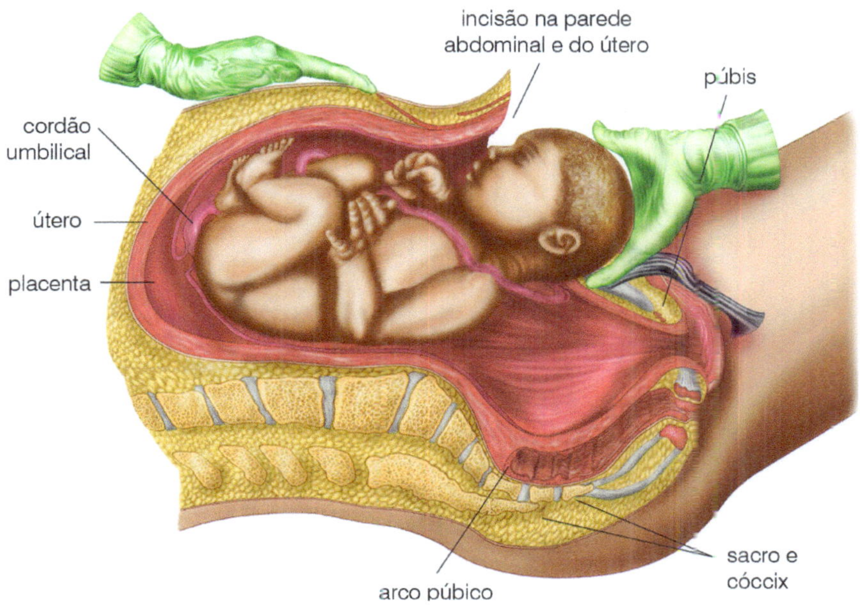

Ilustração de um parto por cesariana. (a) As paredes abdominal e uterina são seccionadas a fim de que (b) o bebê e a placenta possam ser retirados.

STOCKTREK IMAGES/CORBIS/LATINSTOCK

A formação de gêmeos

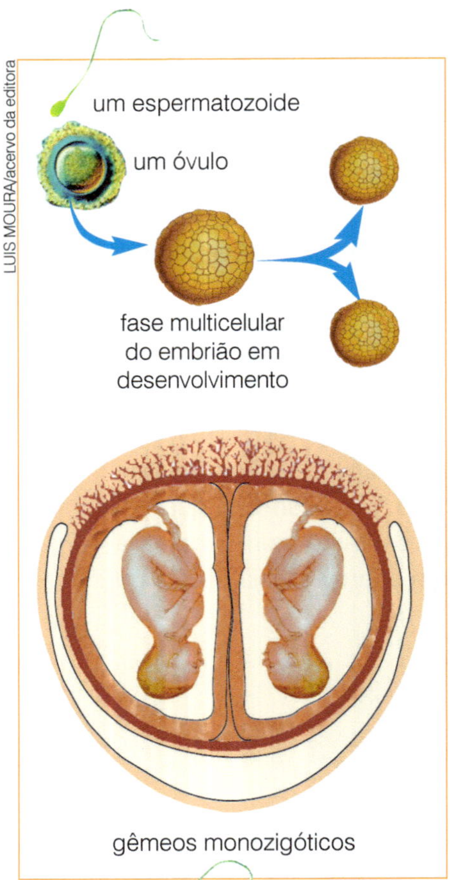

LUIS MOURA/acervo da editora

Por que será que há gêmeos absolutamente iguais e outros completamente diferentes? É que gêmeos podem ser formados de duas formas diferentes.

Os gêmeos **idênticos** ou **univitelinos** resultam de uma única fecundação. Após um período de divisões celulares, o conjunto de células se separa em dois e cada um forma um embrião. Os dois embriões terão em suas células conjuntos idênticos de cromossomos e genes, pois derivam de um único zigoto (são monozigóticos). As características (sexo e aparência física) são as mesmas.

VGM/SHUTTERSTOCK

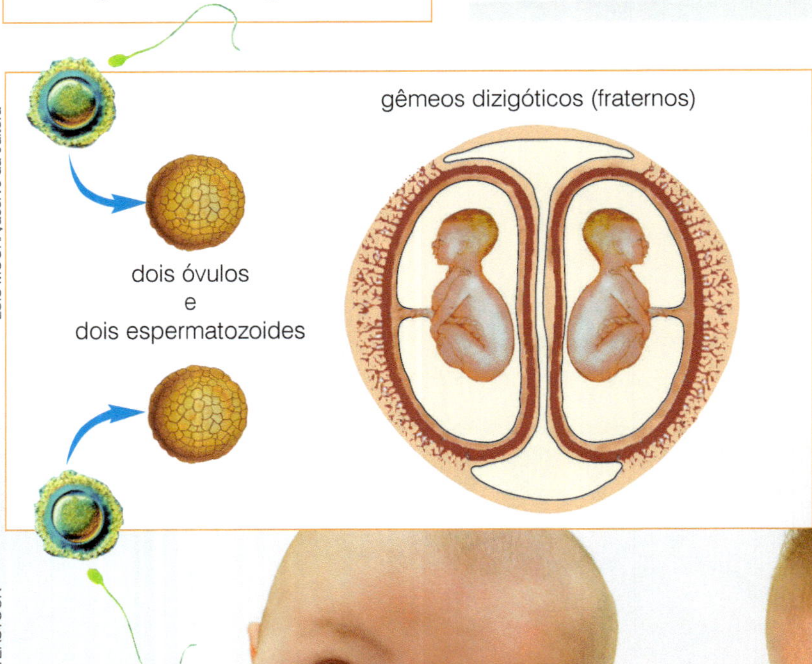

LUIS MOURA/acervo da editora

Os gêmeos **fraternos** ou **bivitelinos** resultam de fecundações distintas (são dizigóticos). Os zigotos terão conjuntos cromossômicos com variação dos genes e as características (sexo e aparência física) poderão manifestar-se diferentemente nesse tipo de gêmeos, como se fossem filhos gerados em épocas distintas.

CULTURA MOTION/SHUTTERSTOCK

EM CONJUNTO COM A TURMA!

Com seu grupo de trabalho, divirtam-se preenchendo corretamente as lacunas com as respostas aos seguintes itens:

1. A primeira célula que todos fomos um dia; o mesmo que célula-ovo.
2. Órgão musculoso que abriga os embriões e os fetos durante a gestação.
3. Procedimento cirúrgico adotado em substituição ao parto normal.
4. Nome do ser em desenvolvimento após o segundo mês de gestação.
5. Órgão responsável pela passagem de nutrientes e excretas e pela troca de gases (O_2 e CO_2) entre mãe e feto.
6. Assegura o fornecimento de todos os nutrientes necessários ao desenvolvimento do recém-nascido.
7. Nome do ser em desenvolvimento até o segundo mês de gestação.
8. Hormônio produzido pela hipófise. Atua na contração uterina e na ejeção do leite produzido pelas glândulas mamárias.

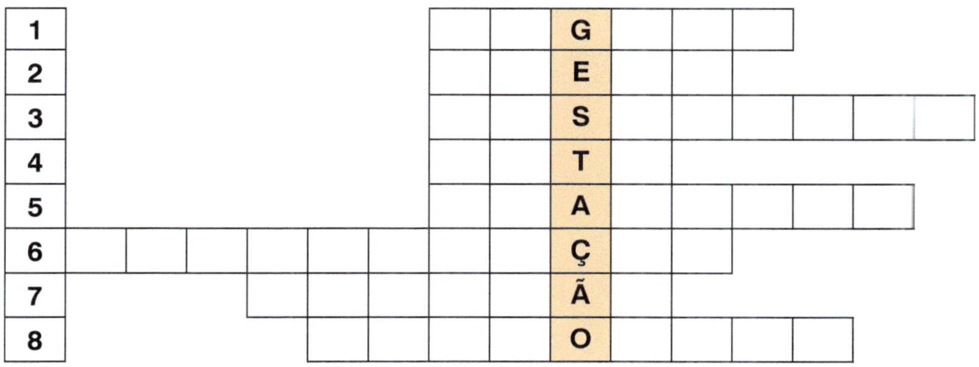

Contracepção: evitando a gravidez

Sem entrar em considerações a respeito da validade ou não desse procedimento, *contracepção* significa impedir a formação do zigoto. Como veremos nos itens a seguir, isso pode ser obtido por *meios naturais* ou *artificiais*, podendo ser, estes últimos, definitivos ou temporários.

Atualmente existem muitas opções de métodos contraceptivos e a escolha deve ser feita levando-se em conta as necessidades de cada casal, **sempre sob orientação médica**. Pode, inclusive, variar durante a vida, dependendo do momento vivido pelo casal. Por isso, é importante conhecer cada método, suas vantagens, desvantagens, modo de ação, eficácia, necessidade de ajuda médica e possíveis efeitos indesejáveis.

Métodos contraceptivos artificiais

Os métodos contraceptivos artificiais disponíveis e, de modo geral, aceitos pela sociedade e pela legislação do nosso país, podem ser classificados em **definitivos** (irreversíveis) e **temporários** (reversíveis). Os primeiros são considerados irreversíveis porque envolvem a realização de uma cirurgia, a **vasectomia** (nos homens) ou a **ligadura das tubas uterinas** (nas mulheres).

Os métodos temporários incluem os **de barreira** (camisinhas, por exemplo), os **hormonais** (utilização de pílulas, por exemplo) e os **dispositivos intrauterinos** (por exemplo, o DIU).

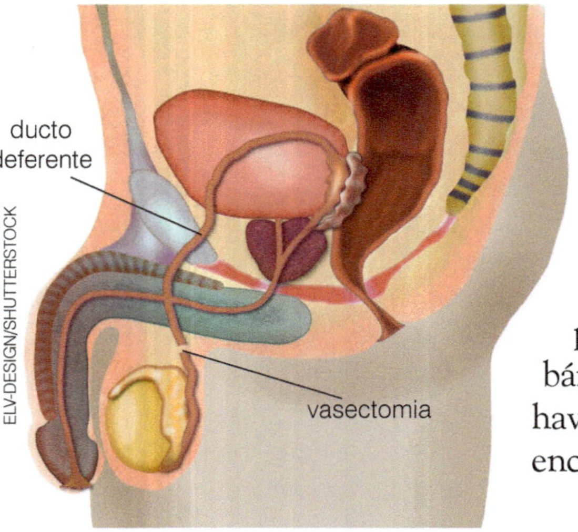

Na vasectomia, os ductos deferentes recebem um corte.

Vasectomia e ligadura de tubas uterinas

A vasectomia é uma intervenção cirúrgica considerada simples do ponto de vista médico. Após anestesia local, são cortados os ductos ou canais deferentes por meio de incisão (corte) na parede do saco ou bolsa escrotal. Desse modo, os espermatozoides não são mais conduzidos ao pênis. No caso da ligadura das tubas uterinas, cirurgia popularmente conhecida como laqueadura ou ligação tubária, as tubas uterinas são cortadas e amarradas. Deixa de haver conexão entre ovários e útero. Dessa forma, não há mais encontro de gametas femininos com espermatozoides.

Tanto a vasectomia quanto a ligação das tubas uterinas apresentam uma eficácia muito alta (maior que 99%).

Jogo rápido

Na vasectomia, a produção de testosterona é interrompida? Justifique sua resposta.

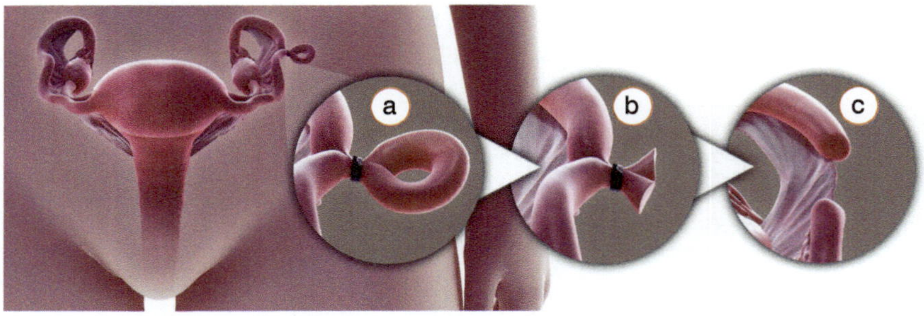

Ilustração da ligação das tubas uterinas, método utilizado para impedir a fecundação. (a) Tubas obstruídas, (b) seccionadas e amarradas e (c) seccionadas e pontas cauterizadas.

É SEMPRE BOM SABER MAIS!

A vasectomia não causa impotência (dificuldade de ereção), pois a produção hormonal dos testículos e o fluxo sanguíneo que produz a ereção continuam normalmente. Na ejaculação são eliminados apenas os fluidos secretados pela próstata e vesículas seminais. A laqueadura tubária também não interfere na produção hormonal, de modo que as ovulações continuam, porém sem possibilidade de fecundação.

Lembre-se!

O efeito contraceptivo da pílula é temporário. Interrompendo-se o uso, a ovulação volta a ocorrer normalmente. Pílulas **não protegem** contra doenças sexualmente transmissíveis (DST).

Pílula anticoncepcional

O uso de pílulas anticoncepcionais é atualmente um dos métodos contraceptivos mais populares. A pílula mais comum é constituída pela combinação de hormônios ovarianos sintéticos, como o estrógeno e a progesterona. Tomada corretamente, a eficácia é bastante alta (maior que 95%). Isso porque os hormônios existentes na pílula agem inibindo a liberação dos hormônios hipofisários FSH e LH. Sem a liberação desses hormônios, deixa de haver estimulação dos ovários e não há ovulação. Portanto, o uso da pílula é um método *anovulatório*.

Jogo rápido

Qual é a composição hormonal da pílula anticoncepcional normalmente utilizada por pessoas do sexo feminino e qual é o seu mecanismo de ação?

ESTABELECENDO CONEXÕES

Saúde

Os cuidados no uso da pílula anticoncepcional

Como são medicamentos com diferentes doses hormonais, as pílulas só podem ser prescritas por um médico ginecologista. Isso porque, atualmente, estão disponíveis no mercado diferentes tipos de pílula, que apresentam combinações hormonais variadas. Muitas vezes, uma pílula que funciona bem para uma mulher não é indicada para outra.

É importante lembrar que as pílulas podem apresentar diversos efeitos colaterais. De início, pode haver retenção de líquidos que causam inchaços (edemas), maior sensibilidade nas mamas e dores de cabeça. Com o passar do tempo podem ocorrer problemas circulatórios, como hipertensão e formação de coágulos sanguíneos.

Mulheres fumantes que fazem uso de pílulas anticoncepcionais aumentam potencialmente o risco de acidentes vasculares.

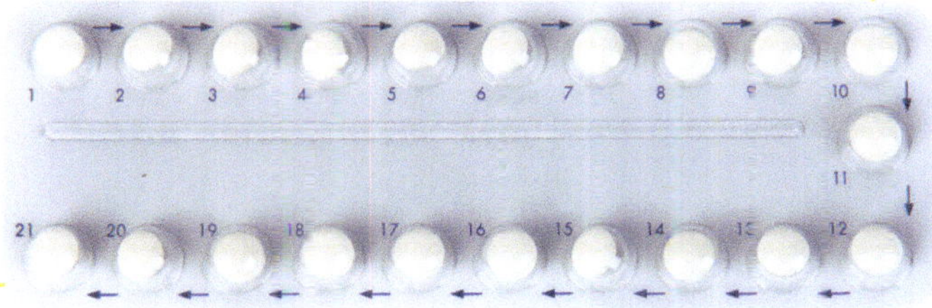

IRASCKOLOVSKAYA/SHUTTERSTOCK

É SEMPRE BOM SABER MAIS!

Outras formas de contracepção hormonal

Além de serem utilizados na forma de comprimidos (pílulas), os contraceptivos hormonais podem ser administrados na forma de injeções mensais ou trimestrais. As injeções também apresentam alta eficácia e facilidade de utilização, uma vez que a mulher não precisa ingerir hormônios todos os dias, o que ocorre com os contraceptivos orais.

Mais recentemente, novas formas de administração de contraceptivos hormonais têm sido mais indicadas por serem bem eficazes e de fácil utilização.

As pílulas anticoncepcionais, assim como outros contraceptivos hormonais, apresentam algumas contraindicações. Por exemplo, mulheres com diabetes, problemas no fígado, nos rins, ou relacionados à coagulação sanguínea, devem evitar seu uso. Por isso, toda e qualquer administração de medicamentos deve ser sempre precedida de uma consulta médica, que indicará o método adequado a cada caso.

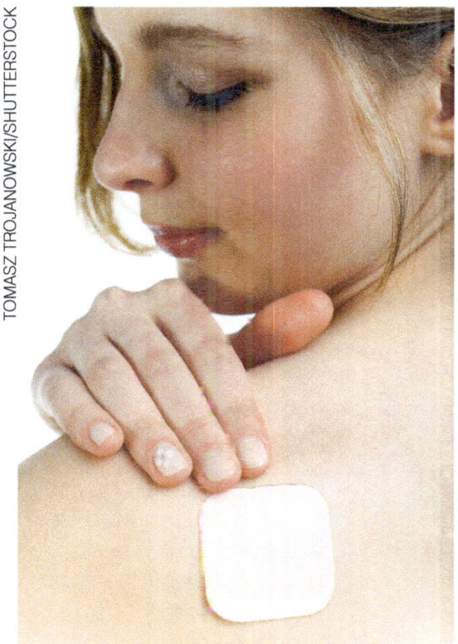

TOMASZ TROJANOWSKI/SHUTTERSTOCK

Adesivos transdérmicos: aplicados na pele, os hormônios são por ela absorvidos.

IMAGE POINT FR/SHUTTERSTOCK

Anéis vaginais: anéis plásticos contendo hormônios, inseridos no canal vaginal.

MICHAEL KRAUS/SHUTTERSTOCK

Implantes subcutâneos: pequenos tubetes com hormônios, colocados sob a pele da parte interna do braço.

DIU: dispositivo intrauterino

IMAGE POINT FR/SHUTTERSTOCK

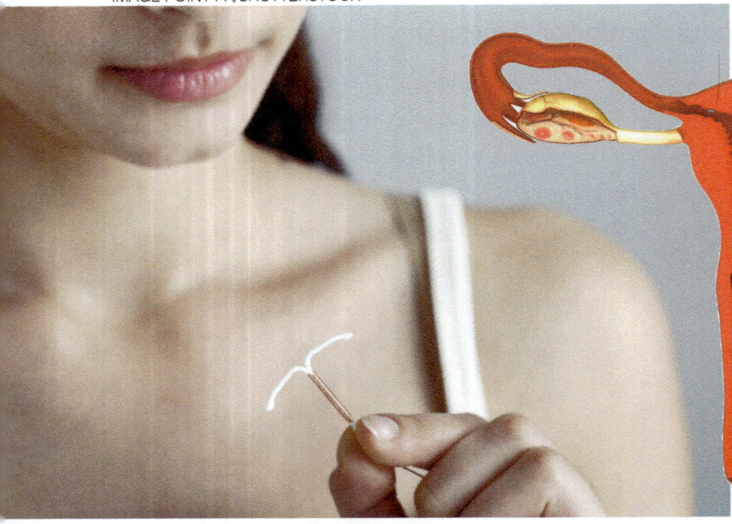

Dispositivo intrauterino (DIU).

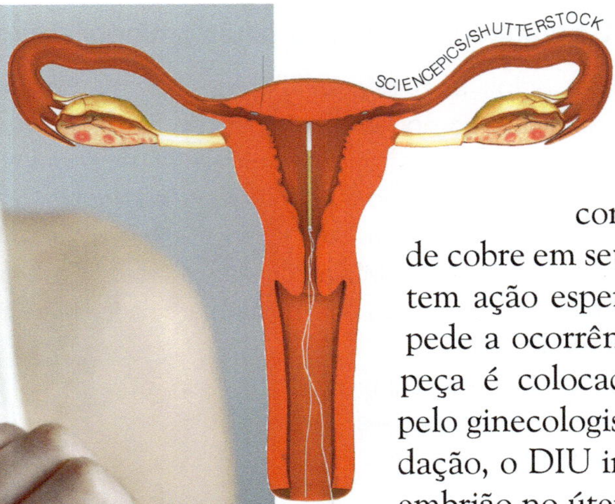

O dispositivo intrauterino (DIU) é uma peça de plástico com pouco mais de 3 cm, em forma de T, com um filamento metálico de cobre em seu eixo principal. O cobre tem ação espermicida e, portanto, impede a ocorrência de fecundação. Essa peça é colocada na cavidade uterina pelo ginecologista. Caso ocorra a fecundação, o DIU impede a implantação do embrião no útero.

Preservativo masculino.

MMKARABELLA/SHUTTERSTOCK

Métodos de barreira

Além dos métodos contraceptivos hormonais e do DIU, existem também os métodos de barreira como, por exemplo, os preservativos, popularmente conhecidos como “camisinhas”, e o diafragma. A função desses dispositivos é impedir o ingresso de espermatozoides na vagina ou no útero.

LUIS MOURA/acervo da editora

Preservativos (camisinhas)

O preservativo masculino (camisinha) é formado por uma borracha (latéx) fina que impede a entrada dos espermatozoides na vagina. Quando utilizado corretamente, sua eficácia é relativamente alta. Acompanhe na figura ao lado o modo correto de utilizar a camisinha masculina.

Ela deve ser inserida no pênis ereto. É importante, em seguida, apertar a ponta da camisinha para retirar o ar e permitir o acúmulo de esperma. Ao final da relação, ainda com o pênis ereto, ela deve ser desenrolada, com cuidado, para não rasgá-la ou perfurá-la. Aí é só amarrar a parte posterior e descartar.

O preservativo feminino, também chamado de camisinha feminina, é um dispositivo de plástico macio e flexível. Colocado no interior da vagina, também tem a função de impedir a entrada dos espermatozoides no útero.

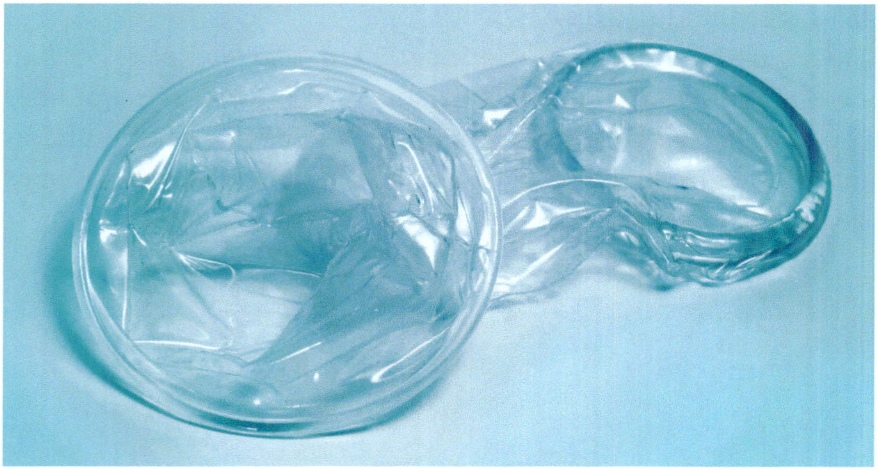
NITO/SHUTTERSTOCK

Preservativo feminino.

Lembre-se!

Além de impedir a passagem de espermatozoides, o uso de preservativos constitui o único método eficaz contra doenças sexualmente transmissíveis, pois impedem a passagem de vírus, bactérias e fungos causadores dessas enfermidades.

Diafragma

Outro método contraceptivo de barreira é o diafragma, que pode ou não ser utilizado em conjunto com um gel espermicida. O diafragma é um objeto de borracha (látex) ou silicone transparente com forma de capuz. Colocado no colo do útero (no fundo do canal vaginal), sua função é impedir a entrada dos espermatozoides na cavidade uterina. Ele deve ser inserido pela própria mulher algumas horas antes da relação sexual e não deve ser retirado antes de oito horas após a relação.

Gel espermicida: substância que inativa ou mata os espermatozoides.

Sua eficácia é relativamente alta, mas não tanto quanto outros métodos. Isto acontece porque ele pode se deslocar durante a relação sexual ou até mesmo por ter sido inserido incorretamente. O diafragma também não protege contra as DST.

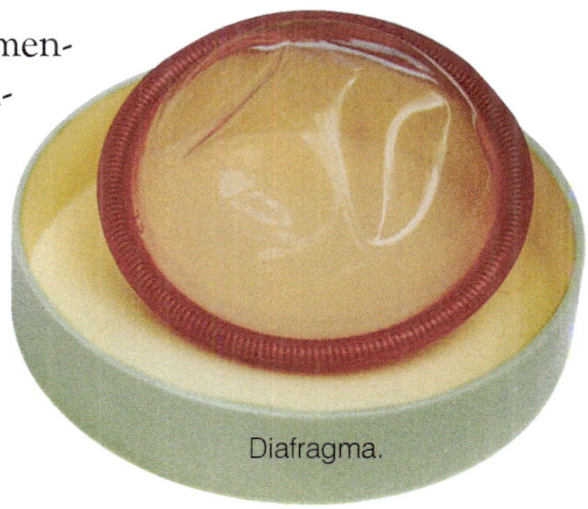
ACERVO DA EDITORA

Diafragma.

Métodos contraceptivos naturais

Os métodos "naturais" de contracepção incluem a **abstinência temporária**, com a utilização da "tabelinha", e o **coito interrompido**.

"Tabelinha" e abstinência sexual temporária

O método natural mais conhecido está relacionado ao uso da popularmente chamada "tabelinha". Nesse método, a mulher evita a relação sexual no período fértil, ou seja, durante o período em que o gameta feminino encontra-se em condições de ser fertilizado.

A ovulação geralmente ocorre no 14º dia de um *ciclo normal de 28 dias*. Porém, para que o método tenha uma eficácia maior, é preciso que a mulher conheça bem seu corpo e seu ciclo menstrual. Isso porque algumas mulheres não apresentam ciclos regulares de 28 dias. Elas podem apresentar ciclos mais longos (cerca de 40 dias) ou mais curtos (cerca de 21 dias).

■	FASE FOLICULAR	PROVAVELMENTE INFÉRTIL
■	OVULAÇÃO	FÉRTIL
■	FASE LÚTEA	INFÉRTIL

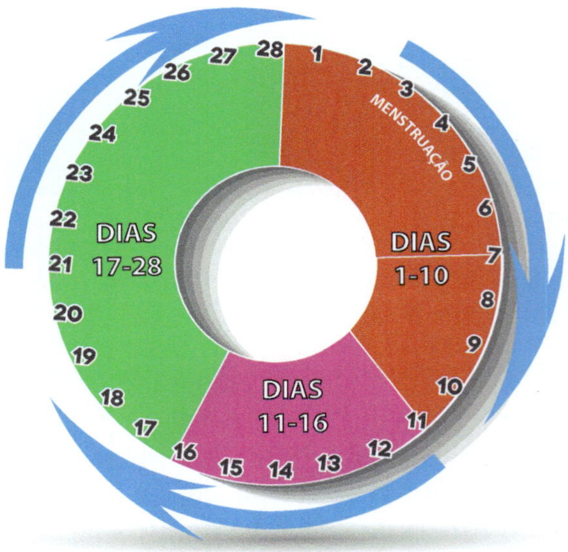

TEFI/SHUTTERSTOCK

Tabelinha menstrual. Para um ciclo menstrual regular de 28 dias, o período fértil estaria entre o 11º e o 16º dia, contados a partir do primeiro dia da menstruação. Mas, **cuidado**, o método da tabelinha apresenta uma eficácia **relativamente baixa**. Isso ocorre porque a duração do ciclo menstrual pode ser variável e, além disso, pode sofrer alteração por razões emocionais ou estresse e a ovulação ocorrer em período diferente do esperado.

Coito interrompido

Nesse método, durante a relação sexual, o pênis é retirado da vagina **antes** da ejaculação (momento da saída ou liberação do sêmen). Assim como acontece com a tabelinha, a eficácia do método é bastante baixa, pois mesmo antes da ejaculação uma pequena quantidade de sêmen é liberada na vagina.

Doenças sexualmente transmissíveis

A relação sexual desprotegida pode ser "porta de entrada" de muitos microrganismos, dentre os quais podemos citar vírus, bactérias e protozoários. Muitos desses microrganismos podem ser causadores de **doenças sexualmente transmissíveis** (DST).

Faremos uma breve descrição de algumas das principais DST que afetam os seres humanos; outras, de interesse, são apresentadas na tabela a seguir.

Algumas das principais doenças sexualmente transmissíveis.

Doença	Agente causador	Sintomas	Prevenção
Tricomoníase	*Trichomonas vaginalis* (protozoário)	Corrimento vaginal amarelado, fétido, e dor ao urinar. O homem, geralmente, é portador assintomático.	Evitar o contato sexual com portadores.
Pediculose pubiana (ftiríase)	*Phthirus pubis* ("chato", um artrópode)	Prurido (coceira), ferimentos leves (escoriações) e infecções bacterianas secundárias.	Evitar contato com portadores e incentivar a higiene pessoal e a lavagem adequada de roupas.
Hepatite tipo B	Vírus da hepatite B	Icterícia (amarelecimento da pele e da conjuntiva ocular). Dores abdominais. Cirrose hepática. Insuficiência hepática. Câncer hepático.	Evitar contato sexual com portadores. Existe vacina.
Hepatite tipo C	Vírus da hepatite C	Icterícia, febre, cansaço fácil. Pode evoluir para câncer hepático.	Evitar contato sexual com portadores. Por ora, não há vacina.
Candidíase vaginal (monilíase)	Fungos do gênero *Candida*	Coceira na região genital e ardor ao urinar. Pode ter corrimento vaginal.	Evitar contato sexual com portadores.

Cancro mole

O agente causador dessa doença é a bactéria *Haemophilus ducreyi*. As bactérias penetram na pele e, depois de um período de incubação que varia de 3 a 5 dias, provocam a formação de uma ferida dolorosa no pênis ou na região anal, acompanhada de uma secreção clara. A doença predomina no sexo masculino e o tratamento é feito com a utilização de antibióticos.

Gonorreia

A gonorreia, também chamada de blenorragia, é causada pela bactéria *Neisseria gonorrhoeae*. No homem, os sintomas aparecem no sistema urinário, principalmente na uretra, destacando-se coceira, corrimento purulento, dor ao urinar e aumento na frequência da micção (ato de urinar). É importante chamar atenção para a possibilidade de ocorrer infecção na próstata e nos testículos, podendo, inclusive, causar esterilidade. Na mulher, ocorre a formação de corrimento purulento vaginal. O tratamento consiste no uso de antibióticos.

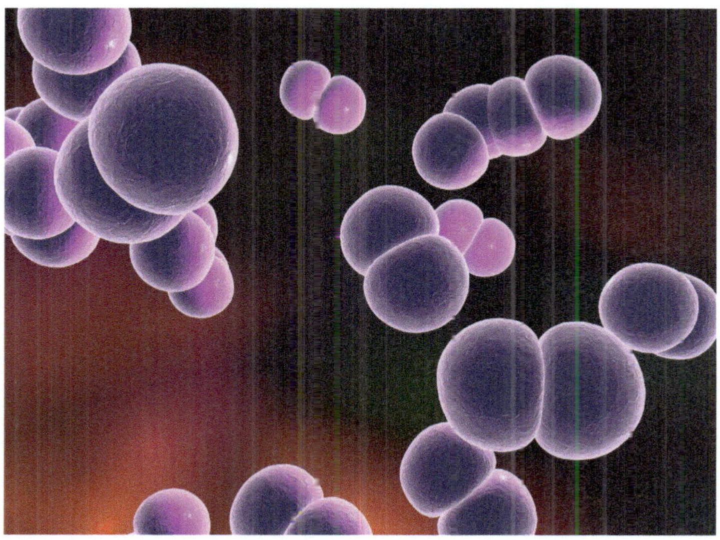
KATERYNA KON/SHUTTERSTOCK

Ilustração de *Neisseria gonorrhoeae*, bacteria causadora de blenorragia.

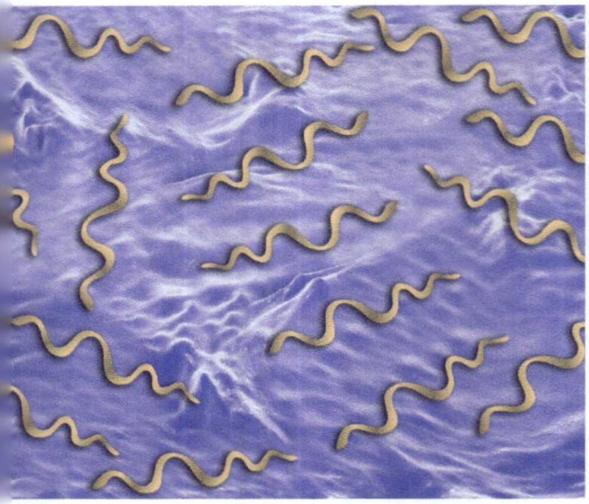
KATERYNA KON/SHUTTERSTOCK

Representação ilustrativa de *Treponema pallidum*, bactéria espiroqueta causadora da sífilis.

Sífilis

A sífilis é causada pela bactéria *Treponema pallidum*. É doença que apresenta três fases distintas: sífilis primária, secundária e terciária.

A **sífilis primária** se manifesta de 2 a 3 semanas após a penetração da bactéria na pele. No local de entrada, surge uma ferida coberta por uma secreção clara, sem pus, conhecida como *cancro duro*. No homem, essa ferida é muito comum no pênis e na mulher, junto à uretra e aos grandes lábios. Por ser pouco dolorosa, é comum que o indivíduo acometido não procure tratamento médico, principalmente porque, em alguns casos, as lesões costumam desaparecer, levando o indivíduo a acreditar que está curado.

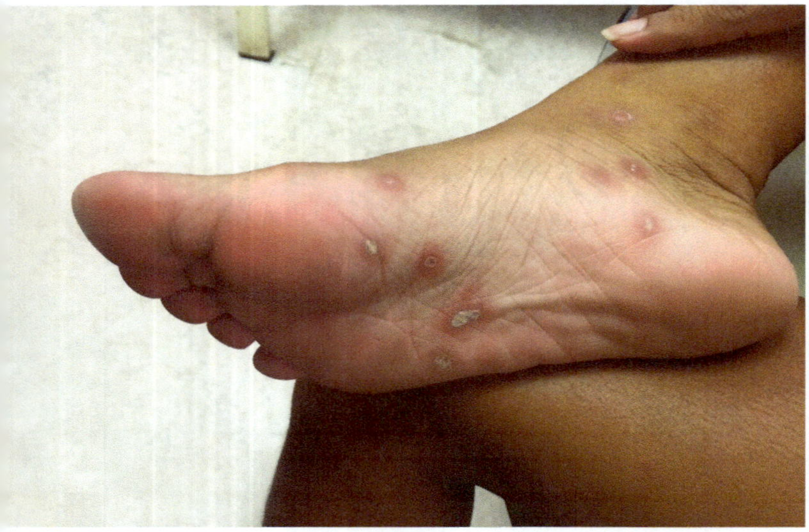
TISFORTHAN/SHUTTERSTOCK

Manchas no pé decorrentes de sífilis secundária.

Depois de um período de 2 a 3 meses, surgem manchas róseas na pele do corpo, principalmente nas palmas das mãos, caracterizando a **sífilis secundária**.

Na **sífilis terciária**, a bactéria passa a atuar internamente no organismo. Nesse caso, podem ocorrer graves lesões no sistema cardiovascular – podem surgir, por exemplo, aneurismas (dilatações) na artéria aorta e no sistema nervoso, onde as lesões provocam sintomas como demência, psicoses e convulsões, que podem conduzir o indivíduo à morte.

Assim como acontece com o cancro mole e com a gonorreia, o tratamento da sífilis também é feito com antibióticos.

Jogo rápido

Por que as mulheres que planejam engravidar devem fazer o teste para diagnosticar a sífilis?

É SEMPRE BOM SABER MAIS!

A bactéria causadora da sífilis pode ser transmitida através da placenta ao feto. As consequências são muito graves, desde aborto até a morte do recém-nascido. O problema é bastante sério, pois a mulher geralmente não sabe que apresenta a doença durante a gravidez. Por isso, é muito importante para as mulheres em idade reprodutiva a realização do teste VDRL (indicado no diagnóstico de sífilis) antes de engravidarem. O parceiro da mulher também deve fazer o teste para saber se tem a doença, evitando que ele a transmita para a mulher.

Condiloma acuminado

Também chamado de crista-de-galo, o condiloma acuminado é causado pelo vírus HPV (papilomavírus). São conhecidos mais de 100 tipos desse vírus.

Importante saber que há um período, não se sabe exato qual o tempo, em que a pessoa está contaminada sem apresentar sinais ou sintomas da contaminação, mas, apesar disso, ela pode transmitir a doença. Depois, há formação de verrugas na região anogenital ou no colo do útero, sendo que também podem estar presentes na boca e garganta. Algumas formas de HPV podem levar ao câncer, principalmente de colo do útero e de ânus.

A forma de contágio se dá pela via sexual, mas não apenas pelo ato sexual. A contaminação pode ocorrer pelo contato boca-genitais, mãos-genitais ou genitais-genitais. O uso da camisinha ajuda a prevenir a transmissão do vírus. A transmissão direta mãe para bebê pode ocorrer durante o parto normal.

O acompanhamento médico é indispensável para o tratamento adequado.

Herpes genital

É doença causada por vírus. Nas fases iniciais, a infecção viral causa vermelhidão da pele na região anal e genital. Em seguida, o indivíduo começa a sentir coceira nessas regiões. Formam-se pequenas bolhas, que provocam feridas quando estouram. Normalmente os sintomas desaparecem em algumas semanas, porém os vírus permanecem por longo tempo no organismo, muitas vezes sem produzir sintomas.

O tratamento para o herpes genital consiste na utilização de medicamentos antivirais, que combatem os vírus, sempre com acompanhamento médico especializado.

Fique por dentro!

Durante o parto normal, a mulher pode passar os vírus do herpes genital para a criança.

AIDS

AIDS é uma sigla inglesa que designa a *Síndrome da Imunodeficiência Adquirida* (***A****cquired* ***I****mmunodeficiency* ***S****yndrome*). É doença causada pelo vírus da imunodeficiência humana, cuja sigla em inglês é HIV.

O vírus HIV infecta principalmente as células sanguíneas chamadas linfócitos T, um tipo de glóbulo branco cuja função é proteger o organismo contra a ação de microrganismos.

Jogo rápido

Com relação às DST: herpes genital, cancro mole, AIDS, sífilis, gonorreia e condiloma acuminado, quais são causadas por vírus e quais são causadas por bactérias?

Mecanismo de infecção

O vírus HIV encosta no linfócito e, ao fundir o seu envoltório externo com a membrana da célula sanguínea, ele consegue entrar na célula hospedeira. O próximo passo do vírus é usar todas as estruturas da célula que ele está parasitando para se reproduzir, produzindo novos vírus. O resultado desse processo é a morte do linfócito.

Os novos vírus HIV, agora liberados para a corrente sanguínea, poderão parasitar outros linfócitos T, em uma reação em cadeia, o que acaba levando o indivíduo à perda progressiva de proteção (imunidade) e até à morte.

Fique por dentro!

Os indivíduos portadores do vírus da AIDS são chamados de HIV positivos ou soropositivos para o HIV. Embora muitas vezes eles não apresentem nenhum sintoma da doença, podem transmitir o vírus a outros indivíduos.

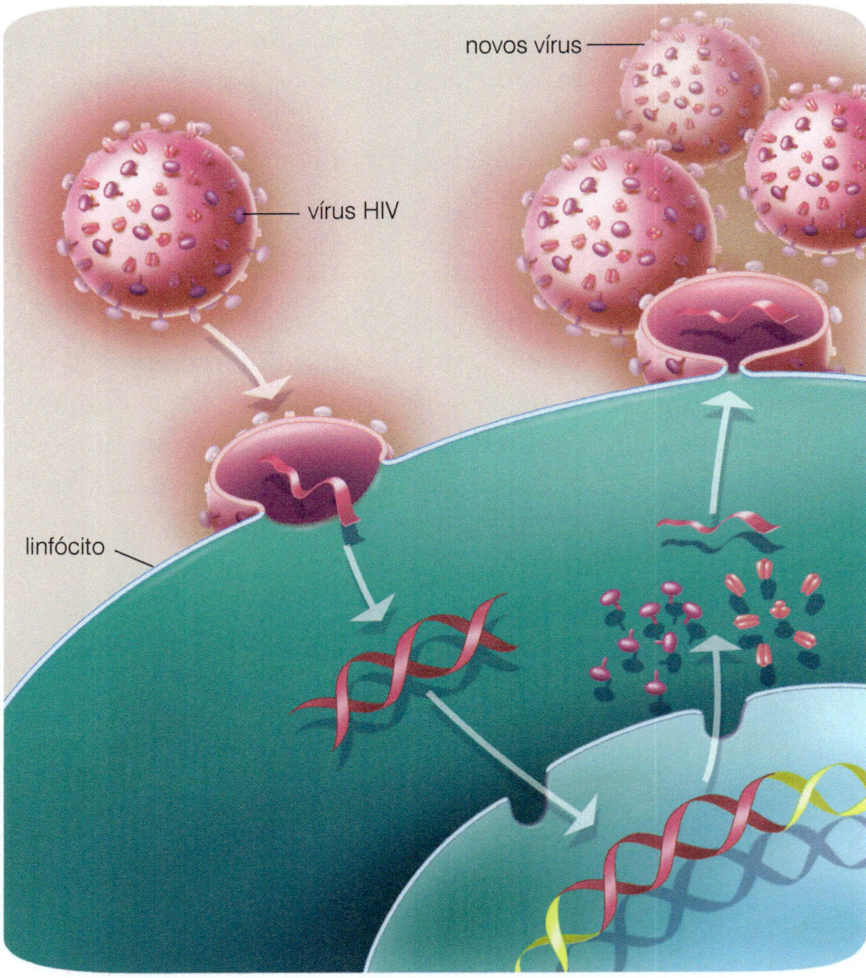

SOPHIE JACOPIN/SCIENCE SOURCE/LATINSTOCK

Multiplicação do vírus HIV. Ao entrar na célula, o vírus utiliza os elementos da célula invadida para produzir novos vírus.

A AIDS não tem cura. Os procedimentos atuais consistem em impedir a reprodução dos vírus nos linfócitos. Sob orientação médica, os pacientes tomam os conhecidos "coquetéis", que são medicamentos antivirais que podem prolongar a vida do doente, além de melhorar a sua qualidade de vida. Não há, até o momento, perspectivas de fabricação de uma vacina. Então, a única maneira de evitar a contaminação e suas consequências é a prevenção.

Prevenção: evitando o contágio

A transmissão do vírus da AIDS ocorre de pessoa para pessoa e se dá por **via sexual** (esperma, secreção vaginal), por **transfusão de sangue**, pela **amamentação** (leite materno) e durante a **gravidez** (o vírus passa da mãe para o feto). Assim, são situações de risco:

- ter relações sexuais sem usar preservativos, mesmo que se tenha um companheiro fixo;
- usar drogas injetáveis compartilhando agulhas e seringas, isto é, quando duas ou mais pessoas usam as mesmas agulhas e seringas;
- submeter-se a transfusões em que o sangue não foi testado previamente;
- usar lâminas de barbear, tesouras, alicates de unha, instrumentos usados por médicos, dentistas, manicures e tatuadores sem que estejam muito bem esterilizados.

Fique por dentro!

A vigilância junto aos bancos de sangue é uma obrigação do governo que deve zelar para que todo o sangue recebido de doadores seja testado para diversas doenças, inclusive para a presença do vírus da AIDS.

O ideal é que você leve ao cabeleireiro o seu próprio material para manicure a fim de evitar contato com possível material contaminado.

ROBERT PRZYBYSZ/ SHUTTERSTOCK

ESTABELECENDO CONEXÕES

Cidadania

Diga não ao preconceito

Como qualquer outra pessoa, a pessoa que vive com HIV/AIDS tem o direito de levar uma vida igual à de todo mundo. Pode trabalhar normalmente, praticar esportes, ir a festas, frequentar bares, *shoppings*, clubes e se relacionar com as pessoas, social e afetivamente. Está comprovado que a continuidade da vida social e a adesão adequada ao tratamento resultam na melhora da qualidade de vida e na resposta ao tratamento com medicamentos adequados.

O preconceito e o estigma associado à AIDS são dificuldades frequentemente encontradas pelos soropositivos para conseguirem manter a vida normalmente. Deixar de ser amigo de uma pessoa que vive com HIV/AIDS por medo de pegar a doença é bobagem. O HIV não é transmitido pelo abraço ou até mesmo pelo beijo. O contágio se dá, principalmente, por relações sexuais desprotegidas, compartilhamento de seringas e outros objetos cortantes e pela amamentação. Previna-se contra o HIV e livre-se do preconceito.

Disponível em: <http://www.aids.gov.br/pagina/relacionamento-pessoal-e-social>. *Acesso em:* 13 set. 2015.

➢ Um colega de turma é soropositivo. Como você pode ajudá-lo a se integrar ao grupo?

Nosso desafio

Para preencher os quadrinhos de 1 a 12, você deve utilizar as seguintes palavras: camisinha, coito interrompido, definitivos, diafragma, DIU, laqueadura tubária, ovulação, tabelinha, temporários, útero, vagina, vasectomia.

À medida que você preencher os quadrinhos, risque a palavra que escolheu para não usá-la novamente.

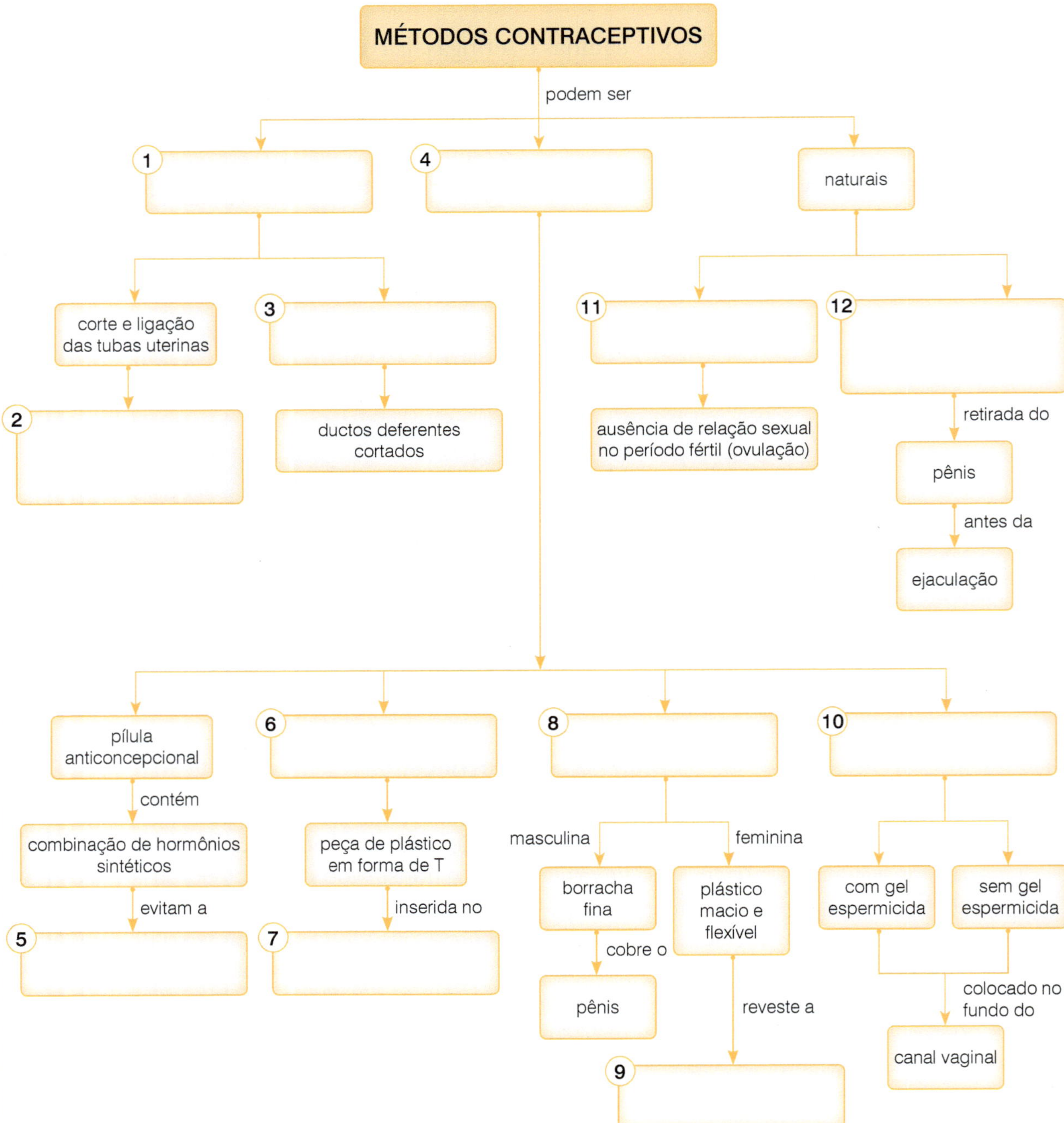

Atividades

1. **[1, 6, 12, 15]** Assim como qualquer máquina, computador ou celular, também o organismo humano passa por várias fases. As características de cada etapa de nossa existência são resultantes de algumas ocorrências que devem ser sempre valorizadas. Considere essas informações e, ao reler o item *Crescimento e desenvolvimento: as mudanças no comportamento*, que consta do início deste capítulo:

a) Essas fases são resultantes do desenvolvimento de três importantes indicadores. Quais são esses indicadores?

b) Indique em poucas palavras as características marcantes das seguintes etapas da vida de uma criança: infância (bebê), com idade aproximada de 5 anos e a etapa que abrange de 8 a 9 anos de idade.

2. **[1, 2, 3, 7, 8, 12, 15]** Os primeiros meses de vida de um bebê humano são marcantes e chamam a atenção de familiares e amigos dos pais. Desde o período de amamentação até os primeiros passos, nota-se um desenvolvimento importante das características sensoriais e motoras da criança. Assim, por exemplo, aproximadamente aos 3-4 meses de idade, o bebê já consegue controlar o movimento da cabeça e das mãos. Tendo como referência a tabela do item *Crescimento e desenvolvimento: as mudanças no comportamento* e apenas com a finalidade de destacar e fixar algumas ocorrências marcantes dessa importante etapa da vida:

a) Indique os meses em que se espera que a criança comece a engatinhar e caminhar sozinha.

b) O manuseio de celulares e *tablets* nos dias atuais é cada vez mais comum entre as crianças. É possível dizer que essa habilidade já ocorre nos primeiros meses de vida? Justifique sua resposta.

3. **[1, 2, 3, 7, 12, 15]** Qual é o outro papel do aleitamento materno, além de alimentar adequadamente o bebê nos primeiros meses de vida?

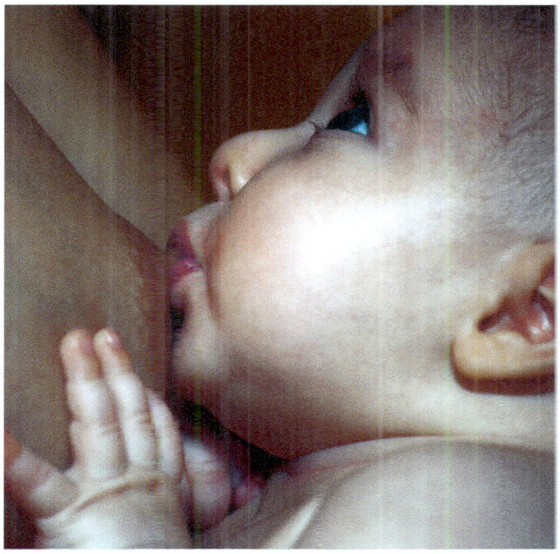

NIKOLAY LITOV/SHUTTERSTOCK

4. **[1, 2, 3, 7, 8, 10, 12, 15]** Adolescência e puberdade são duas etapas marcantes da vida de qualquer pessoa. É nessas fases que ocorrem grandes mudanças na vida dos jovens e é nelas que ficam marcados exemplos, atitudes e normas consideradas corretas no convívio social. O adolescente "olha para dentro" de si mesmo, avalia-se toda hora em relação ao que sabe e muitas vezes é crítico demais de si mesmo. Então, considerando os dados acima, que constam do item *A adolescência*, deste capítulo:

a) Indique o que é adolescência, em termos de desenvolvimento humano.

b) Qual é o tempo de duração médio da adolescência?

c) Qual é o significado de puberdade?

5. **[1, 2, 3, 6, 7, 8, 15]** "Normalmente, a puberdade começa um pouco mais cedo nas meninas do que nos meninos", é o que se relata no início do item *Puberdade feminina* deste capítulo. Ao reler o item:

a) Indique as principais modificações que ao longo do tempo ocorrem no corpo feminino.

b) No fim do desenvolvimento das mamas ocorre um rápido crescimento em altura e, após uns seis meses, acontecem importantes eventos relacionados à puberdade feminina, que revelam a ocorrência do amadurecimento do sistema reprodutor feminino. Indique quais são esses eventos.

6. [1, 2, 3, 6, 7, 11, 12, 15] Qual é a importância da realização do autoexame das mamas?

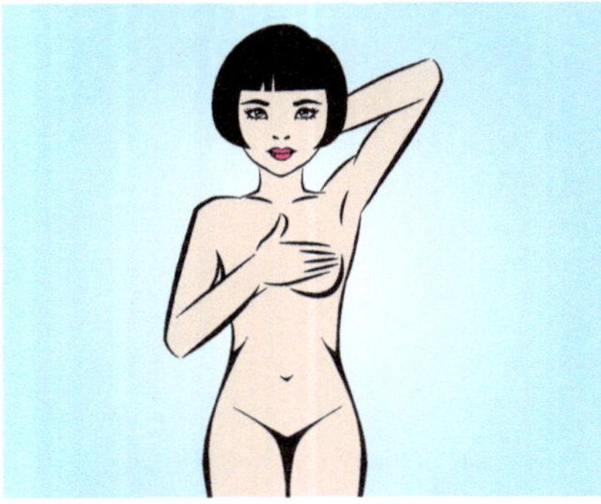
EVELEEN/SHUTTERSTOCK

7. [1, 2, 3, 6, 7, 8, 15] Nos meninos, a puberdade se manifesta entre 9 e 13 anos, ocasião em que surgem, graças à ação dos hormônios sexuais masculinos já conhecidos, alguns caracteres que revelam a ocorrência dessa fase da vida. Um deles, o hormônio FSH (Hormônio Folículo Estimulante) estimula a produção de gametas pelos testículos. Considere e releia as informações constantes do item *Puberdade masculina* deste capítulo.

a) Indique as principais características da puberdade masculina que diferem da feminina.

b) O hormônio FSH, então, está relacionado à produção de gametas pelos testículos. Outro hormônio, o LH, estimula a produção de hormônio sexual masculino, responsável pela determinação dos caracteres sexuais secundários masculinos que ocorrem no início da puberdade masculina. Indique o nome que designa o hormônio sexual masculino e também o do hormônio sexual feminino.

8. [1, 2, 3, 7, 8, 15] O que você entende por caracteres sexuais primários? e secundários?

9. [1, 2, 3, 7, 8, 15] As espinhas costumam aparecer na puberdade devido a maior atividade de determinadas glândulas. Cite o nome dessas glândulas.

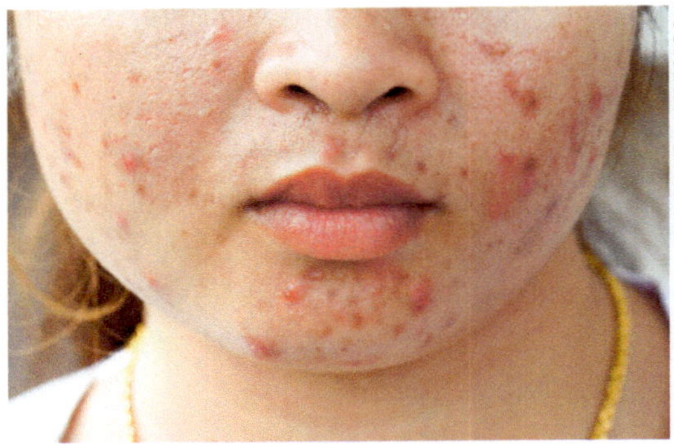
FRANK60/SHUTTERSTOCK

10. [1, 2, 3, 6, 12, 15] Pesquise por que os adolescentes são chamados de "teenagers" em língua inglesa?

MAKSIM SHMELJOV/SHUTTERSTOCK

11. [1, 6, 7, 10] O que acontece com o núcleo do espermatozoide assim que penetra no ovócito?

12. [1, 6, 7, 10] Por que somente aproximadamente 3 semanas após a fertilização a mulher começa a "desconfiar" que está grávida?

13. [5, 6, 10] No esquema a seguir, identifique as estruturas e eventos indicados por setas.

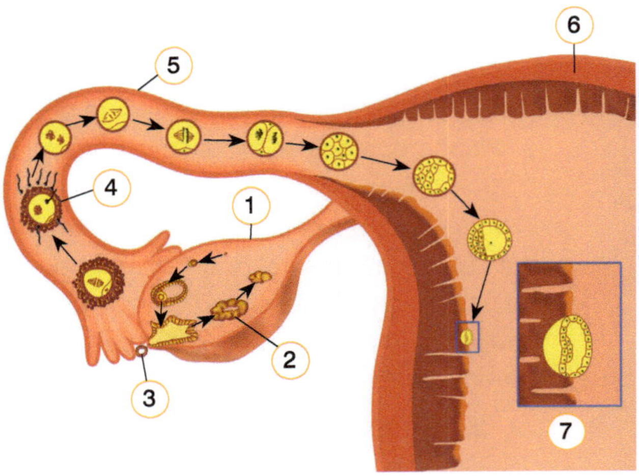

LUIS MOURA/acervo da editora

14. [1, 6, 7, 10, 15] Uma vez expelido do ovário humano, o ovócito secundário permanece viável de 8 a 24 horas para ser fertilizado. Assim que o espermatozoide penetra no ovócito secundário, sua membrana imediatamente se torna impermeável à entrada de outros. Dessa forma, o ovócito secundário fecundado passa a chamar-se de zigoto ou célula-ovo. Por que é providencial tornar a membrana do zigoto impermeável à entrada de outros espermatozoides? Justifique sua resposta.

Leia com atenção o texto a seguir, analise com cuidado o gráfico e responda às questões **15** a **18**.

Uma vez formado o zigoto ou célula-ovo ocorre a primeira divisão celular, aproximadamente 30 horas após o espermatozoide ter fertilizado o ovócito secundário. Em seguida, a cada 10-15 horas ocorrem novas divisões celulares. Essa massa celular formada por 16-32 células chega ao útero. Com dez dias de vida, algumas células do embrião em formação digerem e devoram a parede do endométrio, introduzindo-se nela. O trofoblasto cresce e suas células se dividem com rapidez formando a placenta. Além disso, produzem e secretam a gonadotrofina coriônica, hormônio usado no teste de detecção de gravidez.

A placenta passa a ocupar aproximadamente 25% da superfície do útero e o feto está ligado a ela pelo cordão umbilical. O cordão umbilical transporta sangue do feto para a placenta, onde estão localizados os vasos sanguíneos da mãe. Dessa forma, o sangue fetal recebe dos vasos sanguíneos da mãe, via placenta, os nutrientes para o seu desenvolvimento.

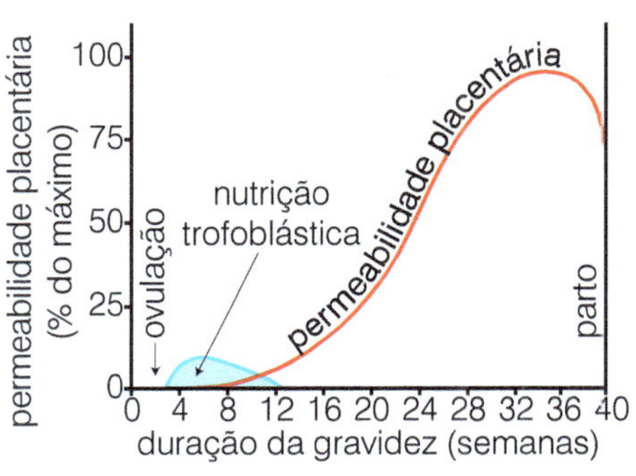

Fonte: GUYTON & HALL. *Tratado de Fisiologia Médica*. 13. ed. Rio de Janeiro: Elsevier, 2016. Adaptado.

15. [1, 6, 7, 9, 10] É correto afirmar que cada célula formada por divisão celular a partir do zigoto terá 46 cromossomos? Justifique sua resposta.

16. [1, 6, 7, 10] É correto afirmar que o sangue da mãe corre pelo corpo do feto levando alimentos e oxigênio? Justifique sua resposta.

17. [1, 6, 7, 9, 10] Por que a gonadotrofina coriônica tem a mesma propriedade do hormônio da hipófise, LH?

18. [5, 6, 7, 10] Analise o gráfico e explique o aumento progressivo da permeabilidade placentária ate o momento do parto.

19. [1, 6, 7, 9, 10] Os cientistas notaram que a pressão do oxigênio no sangue materno é em torno de 50 a 60 mm de mercúrio, enquanto nos capilares sanguíneos do feto na região placentária está em torno de 30 mm de mercúrio. Além disso, os cientistas também notaram que moléculas de glicose, aminoácidos, lipídios, vitaminas e sais minerais estão em concentrações maiores no sangue materno do que nos capilares sanguíneos também na região da placenta. Essas duas constatações dos cientistas são vantajosas para o feto em desenvolvimento? Justifique sua resposta.

20. [1, 6, 7, 10] Com relação à oxitocina, liberada pela hipófise:

a) Cite a importância desse hormônio durante o trabalho de parto.

b) Cite a ação desse hormônio nas glândulas mamárias após o parto.

21. [1, 6, 7, 9, 10, 15, 16, 17, 18] Até a metade do século XX, a população brasileira vivia basicamente no campo, as crianças trabalhavam na roça, muitas vezes a partir dos sete anos de idade. Então, naquela época, quanto maior o número de filhos, maior a probabilidade de sobrevivência, visto que mais pessoas trabalhavam para o sustento da família. Uma família com cinco ou mais filhos era um fato absolutamente normal.

Naquela época, a mortalidade infantil era alta e praticamente não havia *planejamento familiar*, um conjunto de ações que visa ao bem-estar da mãe e dos filhos. Com planejamento familiar, o casal decide quantos filhos pretende ter, a diferença de idade entre eles, o tipo de educação e condições sociais (conforto, qualidade de vida e culturais).

Qual é a relação entre *planejamento familiar* e o conceito de *contracepção*?

22. **[1, 6, 7, 10, 15, 18]** Um dos métodos anticoncepcionais mais usado pelas mulheres é a "pílula". A pílula anticoncepcional consiste em uma combinação de estrógeno e progesterona, que tomada diariamente mantém a concentração deles suficientemente alta para impedir a secreção dos hormônios da hipófise, FSH e LH.

a) É correto dizer que ao longo dos dias em que a mulher toma a pílula o revestimento do útero encontra-se espessado artificialmente, devido à ação dos hormônios estrógeno e progesterona? Justifique sua resposta.

b) Por que a elevada concentração dos hormônios estrógeno e progesterona no sangue devido à ingestão da pílula é um método anticoncepcional?

c) Assim que a mulher para de tomar a pílula, que mudanças ocorrem em seu ciclo menstrual?

d) Por que é fundamental a orientação médica para o uso da pílula?

23. **[1, 6, 7, 10, 15, 16, 17, 18]** Apesar da disponibilidade de grande número de métodos anticoncepcionais, anualmente ocorrem gravidezes não desejadas, principalmente entre adolescentes. Em recente pesquisa entre jovens mulheres solteiras, verificou-se que em torno de metade delas não havia usado nenhum método anticoncepcional em sua relação sexual mais recente. As que tinham usado algum método, os mais mencionados foram a "camisinha" e o "*coitus interruptus*" (retirada do pênis antes da ejaculação); apenas 21% usaram a pílula.

A pesquisa levantou as razões de as jovens solteiras não usarem nenhum método anticoncepcional em sua última relação sexual. Em sua opinião, por que as adolescentes não usaram um método anticoncepcional em sua última relação sexual, sabendo que a ignorância da possibilidade de gravidez não é um dos motivos?

24. **[1, 6, 7, 9, 10, 15, 18]** Um adolescente relatou aos amigos e amigas que a vasectomia e a ligação das tubas uterinas são métodos anticoncepcionais de eficácia muito alta, porém deveriam ser descartados, pois os possíveis efeitos indesejáveis são totalmente incompatíveis com suas faixas etárias, visto que interferem na produção de espermatozoides e ovócitos secundários, respectivamente. São métodos indicados para pais que não desejam mais filhos. O que existe de correto e de errado no relato do adolescente?

25. **[1, 6, 7, 9, 10, 15, 16, 17, 18]** O uso de dispositivos intrauterinos, conhecidos como DIU, e de diafragma com geleia espermicida têm uma eficácia alta se usados corretamente. Explique quais são as diferenças entre os dois métodos anticoncepcionais, abordando modo de ação; necessidade de substituir os dispositivos usados e de ajuda médica; se apropriados para mulheres de menstruação irregular e possíveis efeitos indesejáveis.

26. **[1, 6, 7, 10, 15, 17, 18]** Já foram relatados mais de trinta diferentes tipos de bactérias, vírus e parasitas que podem causar alguma *doença sexualmente transmissível*. Em 2015, a OMS (Organização Mundial de Saúde) relatou mais de um bilhão de pessoas no mundo com alguma *infecção sexualmente transmissível*. Desses, em torno de 500 milhões estavam infectados por sífilis, gonorreia, cancro mole ou tricomoníase.

Para diminuir o número de infectados relatado pela OMS, é necessário *sexo seguro*. Explique o que você entende por sexo seguro.

Leia com atenção o texto a seguir e responda às questões **27** e **28**.

Em 1494, houve um surto de sífilis na Europa. Com incrível rapidez o surto se espalhou pelo continente e matou mais de cinco milhões de pessoas. O nome sífilis foi tirado de um poema escrito por Girolamo Fracastoro (1478-1553), que exerceu a medicina e propôs que a doença infecciosa fosse causada por minúsculas partículas. O poema escrito pelo médico, sífilis ou doença francesa, versava sobre um pastor de nome *Syphilis*, que é castigado pelos deuses com uma doença a que hoje chamamos de sífilis.

Até o século XX, sífilis era considerada uma doença incurável e seu tratamento se limitava a diminuir os sintomas. Porém, com o progresso da medicina, existe, atualmente, cura completa para essa e outras doenças sexualmente transmissíveis.

Estátua de mármore de Girolamo Fracastoro. Piazza dei Signori, Verona, Itália.

27. **[1, 6, 7, 8, 10]** As minúsculas partículas descritas por Girolomo Fracastoro correspondem a que organismo?

28. **[1, 6, 7, 9, 10, 15, 17, 18]** Qual foi o acontecimento notável para que se conseguisse o tratamento para sífilis? Justifique sua resposta.

Leia com atenção o texto a seguir e responda às questões **29** e **30**.

A doença conhecida como AIDS foi relatada pela primeira vez em 1981, nos Estados Unidos. Os médicos notaram que indivíduos homossexuais, usuários de drogas injetáveis, apresentavam sintomas de pneumonia causada pelo fungo *Pneumocystis carinii*. Os médicos constataram que se tratava de uma infecção oportunista, ou seja, é uma porta de entrada para bactérias, vírus, fungos e parasitas, provocando graves infecções em todos os órgãos do corpo, podendo levar à morte. Além disso, pessoas com AIDS têm risco maior de desenvolver vários tipos de câncer.

A contaminação pelo vírus responsável pela AIDS acontece principalmente por contato sexual, por meio de sangue contaminado (transfusão sanguínea, partilha de seringas durante o uso de drogas injetáveis) e durante a gravidez, parto ou amamentação do bebê.

29. **[1, 6, 7, 8, 9, 10, 15, 18]** Qual é o conceito de doença oportunista?

30. **[1, 6, 7, 10, 15, 17, 18]** Comparando a doença de AIDS com a sífilis, antes do século XX, relate algumas semelhanças e diferenças entre elas, abordando o processo de contaminação, os efeitos nos organismos contaminados e os métodos preventivos.

Navegando na net

Conheça um pouco mais sobre as alterações que ocorrem em nosso corpo na adolescência assistindo ao vídeo disponível no endereço eletrônico:

<https://www.youtube.com/watch?v=Wjg84ig8dGI>

(*acesso em:* 25 mar. 2019).

Leitura

Você, desvendando a Ciência

Gravidez na adolescência e cuidados com doenças infecciosas

Na adolescência, uma fase tão marcante da vida, os adolescentes experimentam um turbilhão de sentimentos, passando por momentos de ansiedade, rebeldia e descobertas, na tentativa de encontrar e formar sua própria identidade. As mudanças físicas tornam essa fase ainda mais especial. Para as meninas, a chegada da puberdade representa o início da vida reprodutiva e, muitas vezes, da vida sexual. O grande número de adolescentes grávidas dos últimos anos tem sido um fator importante para que se oriente com mais cuidado as atividades sexuais entre adolescentes.

É indiscutível o fato de que em nossa cultura as primeiras relações sexuais estão ocorrendo cada vez mais cedo na vida dos adolescentes. Além da gravidez na adolescência, outra importante preocupação das famílias e dos agentes de saúde é a preocupação com a possível ocorrência de moléstias infecciosas, notadamente a AIDS, causada pelo vírus HIV. Atualmente, tem-se estimulado a chamada terapia PrEP – terapia Pré-Exposição – por meio da ingestão, antes das relações sexuais, de um medicamento que contém enzimas que impedem a reprodução do vírus HIV após sua entrada nas células humanas. Existe também o que se chama de terapia PEP, ou seja, terapia Pós-Exposição, na qual, em face da ocorrência de contaminação ou apenas uma sugestão de sua ocorrência, recorre-se ao mesmo medicamento, no sentido de se obter efeito semelhante ao da terapia PrEP.

Ocorre que, ao se incentivar tais procedimentos, deixam de ser adotados procedimentos preventivos, notadamente os que envolvem a utilização de preservativos. E, com isso, a preocupação aumenta, uma vez que outras moléstias sexualmente transmissíveis podem ocorrer, tais como sífilis, gonorreia, hepatites virais e HPV. Portanto, a preocupação das autoridades públicas e dos pais e responsáveis não deve se restringir apenas à gravidez na adolescência, mas também com a frequência crescente de moléstias infecciosas de transmissão sexual, que pode atingir inúmeros adolescentes.

No caso da terapia PrEP, qual deve ser a conduta a ser adotada por equipes médicas de saúde pública na orientação de pessoas, notadamente adolescentes, em termos de prevenção de contaminação por outros microrganismos causadores de doenças sexualmente transmissíveis, tais como sífilis, HPV, clamídia e gonorreia?

TecNews

O que há de mais moderno no mundo da Ciência!

Aleitamento materno e aleitamento artificial

É inegável que a amamentação com leite materno é comprovadamente essencial ao desenvolvimento do bebê durante os primeiros meses de vida. No leite materno existem alguns nutrientes que favorecem o desenvolvimento de vários sistemas corporais, incluindo o sistema nervoso. Entre esses nutrientes destacam-se gorduras, proteínas e carboidratos. Além disso, o leite materno e seus componentes proporcionam a colonização do intestino do recém-nascido por uma comunidade bacteriana, a denominada microbiota intestinal, que exerce relevante papel protetor do revestimento desse setor do sistema digestivo, evita a ocorrência de inflamações e úlceras, ativa o controle do sistema imunológico e contribui para o não desenvolvimento de obesidade, entre outros fatores. Dentre essas bactérias, destacam-se as da espécie *Bifidobacterium bifidus*, além de muitas outras.

Aí surge a pergunta: e a mãe que não produz leite suficiente para a amamentação? Resta a alternativa do leite artificialmente produzido, que procura simular razoavelmente o conteúdo original do leite materno. Ocorre que mesmo que a indústria de alimentação produza um leite o mais possível parecido com o materno, ainda assim alguns nutrientes acabam faltando. E, nesse caso, outras espécies de bactérias, nem sempre benéficas, colonizam o intestino e podem acarretar sérios problemas, entre eles vários episódios de inflamações e diarreias. Pois foi essa preocupação que levou cientistas de diversas instituições universitárias e determinada indústria fabricante de leite, durante um congresso em Paris, em março de 2018, a divulgar, após longo período de investigações científicas, a descoberta de um nutriente presente no leite materno, o ***oligossacarídeo*** de nome químico ***2'-fucosyllactose*** (*2'-FL*) – e que promete ser a grande novidade futura para mães que não conseguem produzir o leite necessário no aleitamento.

Experimentos feitos com a participação de bebês recém-nascidos mostraram o eficiente papel do "novo leite" artificial dotado do oligossacarídeo para a saúde e o bom desenvolvimento dos bebês. A promessa é que em breve esse leite artificial contendo ***2'-fucosyllactose*** (*2'-FL*) esteja no mercado e possa ser oferecido a recém-nascidos cujas mães não podem amamentar.

Fonte: One of the most important ingredients in breast milk you've never heard of. *Nature Research Costume*, London, 9 May 2018.

Investigando

Faça um levantamento na Internet a respeito dos tipos de leite utilizados na amamentação artificial de recém-nascidos. Verifique a composição química dos produtos oferecidos, bem como recomendações para utilização e possíveis efeitos adversos decorrentes de seu emprego na alimentação de bebês.

UNIDADE 2

Matéria e ENERGIA

Nesta unidade, o tema **matéria** será explorado com a perspectiva de construirmos as bases sobre a natureza da matéria e algumas de suas principais características. Vamos compreender como ela se organiza em diferentes fases e como ocorrem as transformações entre essas fases.

Outro importante tema explorado nesta unidade será a **energia**, sendo a energia elétrica a que acarreta maior impacto em nossa vida diária e também do ponto de vista tecnológico.

Vamos juntos compreender esses importantes temas e refletir sobre novas formas de nossa interação com o ambiente, a fim de minimizarmos nossa "pegada" no planeta.

PLOTPLOT/SHUTTERSTOCK

capítulo 13

ORGANIZAÇÃO DA MATÉRIA

Mas por que investir tanto dinheiro em pesquisas como essa?

LHC, bóson de Higgs, CERN... Você já ouviu algum desses nomes ou termos em alguma notícia científica?

A imagem apresentada nesta página é do Grande Colisor de Hadrons (ou LHC, *Large Hadrons Collider*, em inglês). Ele é um dos complexos experimentos realizados no CERN, o Centro Europeu de Pesquisas Nucleares, e busca desvendar os segredos da matéria que compõem a natureza.

Esse laboratório é constituído de um grande túnel circular com mais de 27 km de circunferência, enterrado a 100 m no subsolo, na divisa da França e Suíça. O LHC utiliza altas quantidades de energia para fazer colidir pequenas partículas menores do que um átomo que se movem com velocidades próximas à da luz.

Mas por que investir tanto dinheiro em pesquisas como essa?

A resposta é complexa, mas podemos dizer que, no fundo, as pesquisas são movidas pelo mesmo desejo que nos impulsiona em vários momentos da vida: a curiosidade, o desejo de conhecer cada vez melhor o que nos rodeia.

Além disso, o conhecimento gerado é utilizado na construção de equipamentos cada vez mais eficientes nas mais diversas áreas, tais como, Medicina, comunicação, transportes, lazer, entre outras.

Neste capítulo, vamos estudar a constituição da matéria, a massa, a energia e as diferentes formas em que esta é encontrada na natureza.

CERN/SCIENCE PHOTO LIBRARY/LATINSTOCK

Propriedades da matéria e unidades de medida

A Física e a Química são ciências naturais que se ocupam de fenômenos que possuem semelhanças e diferenças. Enquanto a Química ocupa-se dos fenômenos em que há transformação da matéria, a Física se ocupa daqueles nos quais a matéria não se transforma. Mas para poder descrever os fenômenos e processos é necessário o conhecimento de algumas propriedades da matéria, como **massa**, **volume**, **ponto de ebulição**, **elasticidade**, entre outras. Mas antes de apresentar mais detalhes de algumas dessas propriedades, vamos ver como podemos classificá-las.

Massa: quantidade de matéria de um corpo.

Volume: espaço ocupado por um corpo.

Para isso, considere um processo simples: ferver a água. No nível do mar, a água ferve quando sua temperatura atinge 100 °C. Chamamos a essa temperatura particular de **ponto de ebulição** da água e ela é uma propriedade da água. Agora, pense no seguinte: será que diferentes quantidades de água apresentam diferentes temperaturas de ebulição? Ou seja, será que para ferver um copo de 200 mL de água teremos uma temperatura diferente daquela encontrada para ferver uma jarra de 1 L de água?

ZMAJ88/SHUTTERSTOCK

Será que o ponto de ebulição da água depende de sua quantidade?

A resposta é negativa, pois independente da quantidade de água para que ela comece a ferver é necessário atingir 100 °C. Portanto, podemos dizer que a propriedade temperatura de ebulição **não** depende da quantidade de matéria considerada.

Propriedades desse tipo, ou seja, que não dependem da quantidade de matéria, são denominadas **propriedades intensivas**.

O oposto desse tipo de propriedade são as **propriedades extensivas**, ou seja, aquelas que dependem da quantidade de matéria considerada, como o volume e a massa.

Vamos agora falar de outra classe de propriedades, as **propriedades mecânicas**. Elas compreendem uma série de comportamentos da matéria dependendo se ela é esticada, puxada, torcida, empurrada, deformada etc. Essas propriedades são de enorme importância para o desenvolvimento de produtos para engenharia, desde para-choques de automóveis até estruturas de concreto utilizadas em construções de estádios, prédios, pontes, entre outros.

Lembre-se!

Compressibilidade é a propriedade que a matéria tem de, sob a ação de uma força, diminuir de volume.

Para começar, pense no que ocorre quando uma mola é esticada ou comprimida. Dependendo da força com que fazemos isso, a mola retornará a sua forma inicial. A tendência de retornar ao estado original ocorre devido à propriedade da **elasticidade**.

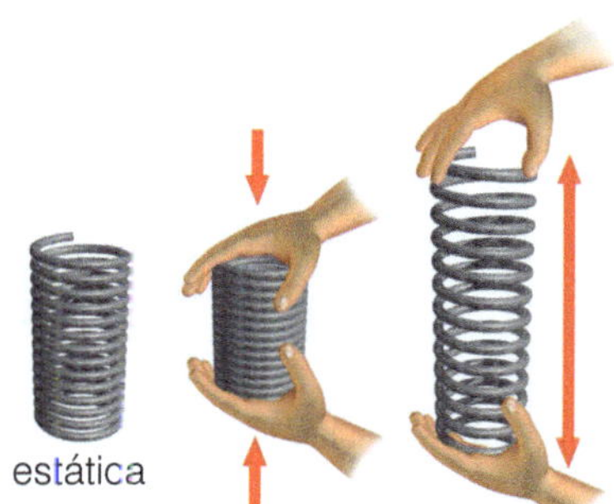

Ao posicionar uma régua sobre a mesa como mostra a ilustração, é possível deformar a régua e observar sua elasticidade.

Ilustrações: LUIS MOURA/ acervo da editora

É SEMPRE BOM SABER MAIS!

A elasticidade pode ser observada em todos os materiais e objetos, em maior ou menor grau. Metais possuem, em geral, boa elasticidade, já vidros e cerâmicas não. Quando um material é deformado e, após cessar a força de deformação, volta integralmente ao seu estado original, dizemos que a deformação foi 100% elástica. Já no outro extremo, quando um material é deformado e, após cessar a força de deformação, mantém a forma final sem retornar ao formato original, dizemos que a deformação foi 100% plástica ou 0% elástica. A propriedade que determina a capacidade do corpo retornar ao seu estado original após ser submetido a uma deformação é a **resiliência**.

Aços de alta resiliência são importantes para a construção de pontes como a Rio-Niterói. A estrutura metálica presente no concreto garante que a ponte retornará a sua forma original após sofrer deformação.

JOAO PAULO V TINOCO/SHUTTERSTOCK

Para falarmos de outra propriedade mecânica, leia o trecho da notícia a seguir:

Cobre superduro

Combinando técnicas tradicionais de metalurgia com a moderna nanotecnologia, engenheiros da Universidade Johns Hopkins (Estados Unidos) produziram uma forma de cobre metálico puro, que é seis vezes mais dura do que o normal, sem significativa perda de ductilidade.

Esse cobre mais resistente e mais duro terá aplicações em dispositivos microeletromecânicos (MEMS), para os quais é mais difícil a produção de ligas que sejam suficientemente resistentes à corrosão. Dispositivos médicos também serão beneficiados, nos quais o metal puro é mais desejável do que ligas que possam expor o corpo humano a elementos tóxicos, metálicos ou não-metálicos.

INOVAÇÃO TECNOLÓGICA. *Cobre seis vezes mais duro. Disponível em:* <http://www.inovacaotecnologica.com.br/noticias/noticia.php?artigo=010170021105>. Acesso em: 5 abr. 2019.

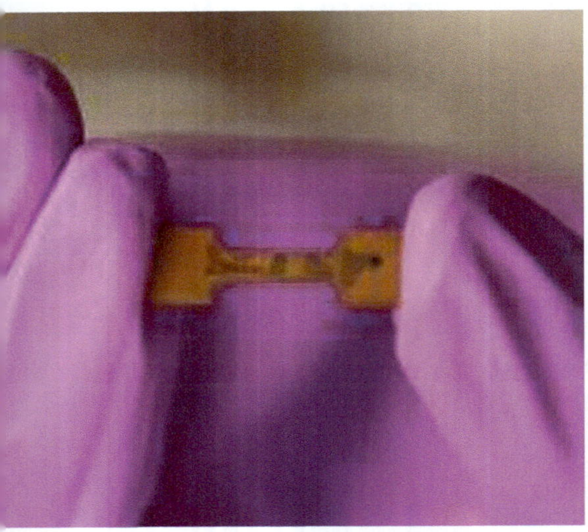

Combinando técnicas tradicionais de metalurgia com a moderna nanotecnologia, pesquisadores produziram cobre metálico seis vezes mais duro do que o normal.

Você reparou no uso do termo *ductilidade* no texto? O que significa dizer que o cobre produzido não tem perda significativa de ductilidade? Por que isso é bom para o material?

Determinados materiais quando começam a ser deformados logo se quebram ou rompem (sofrem fratura). É o caso do vidro. Se o experimento ilustrado anteriormente com a régua plástica fosse feito com um pedaço de vidro, com uma pequena deformação ele teria se quebrado. Isso não ocorre com um fio de cobre, que pode ser deformado sem se romper.

Dizemos que o vidro é **frágil** enquanto o cobre é um material **dúctil**. A **ductilidade** é a propriedade de um material ser deformado antes de fraturar/romper/quebrar. Quanto mais dúctil for um material, menos frágil ele é. Assim, retornando ao texto do artigo sobre o novo tipo de cobre desenvolvido com ajuda da nanotecnologia, não perder a ductilidade é importante para que possa ser moldado sem se romper.

A fragilidade é uma propriedade mecânica dos materiais.

O cobre é amplamente utilizado para fazer cabos, pois apresenta boa ductilidade, ou seja, pode ser deformado sem sofrer ruptura.

Além das propriedades mecânicas, existem também outras, como propriedades ópticas, elétricas e térmicas.

Propriedades térmicas são importantes para a escolha de materiais que evitem a perda de calor de garrafas térmicas.

As propriedades ópticas são importantes para determinar materiais utilizados na fabricação de lentes dos óculos.

Nos exemplos que demos, falamos dos materiais de forma qualitativa, ou seja, comparando seu comportamento sem nos referirmos a quantidades. O cobre é mais dúctil que o vidro, por exemplo. Ao descrever um dado fenômeno ou processo, a comparação entre o quanto uma propriedade é maior do que outra é imprescindível para escolha e análise de materiais. Observe outros exemplos a seguir:

- O Sol é bem maior do que a Terra!
- Nos polos a temperatura é menor do que no equador!
- Um avião militar é mais veloz do que um avião comercial!

Mas a necessidade de precisão e controle exige que comparações como essas possam ser quantificadas de modo mais preciso. É necessário fazer medidas, como a do raio do Sol e da Terra, da temperatura nos polos e no equador, e da velocidade de um avião militar e de um avião comercial.

Porém, não é sempre que buscamos uma comparação em que seja possível fazer uma medida. O gosto de uma comida, o cheiro de um perfume e a beleza de uma pessoa são qualidades que não podem ser medidas de forma universal, pois não existe um padrão para tais medidas.

A Física e a Química se ocupam do estudo de grandezas que possam ser medidas. A essas grandezas damos o nome de **grandezas físicas**.

Grandeza física: tudo aquilo que podemos medir e comparar com um padrão.

As grandezas físicas estão diretamente relacionadas às propriedades da matéria. Em alguns casos, é a própria grandeza física que determina uma propriedade da matéria; em outros casos, é o valor de uma ou mais grandezas que determina uma propriedade. O volume, por exemplo, é uma grandeza física que mede a extensão tridimensional dos corpos e também é uma propriedade da matéria, uma vez que todo corpo possui certa forma. Já a propriedade ponto de ebulição da água depende tanto da grandeza temperatura quanto do valor (100 °C).

No caso do ponto de ebulição da água, repare que o valor da temperatura fica definida com uma medida numérica (100) e uma unidade de medida (°C – graus Celsius).

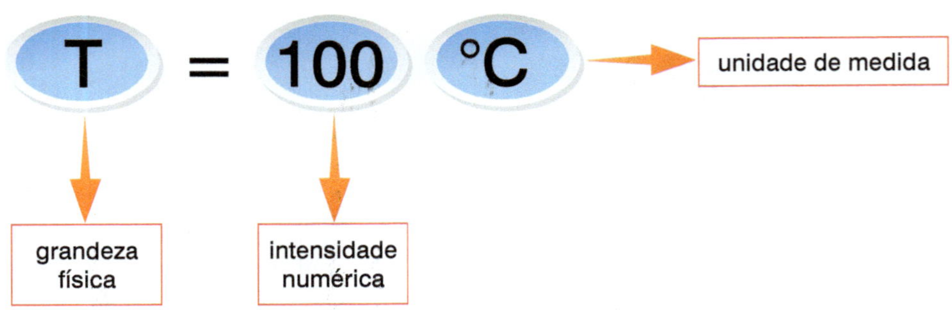

Há algumas grandezas físicas fundamentais que estão associadas a propriedades de interesse da Física e da Química: o **comprimento**, a **massa** e o **tempo**. Conforme a definição de grandeza física, é preciso apresentar determinado padrão para medir essas grandezas.

Com a expansão marítima e comercial iniciada no século XV, o uso de diferentes padrões de medidas oferecia grande dificuldade para compra e venda. Muitos povos tinham padrões de medida que não eram conhecidos por outros e isso praticamente impossibilitava a conversão de unidades. Somente com a Revolução Francesa, já no século XVIII, institui-se pela primeira vez um sistema de medidas universal, **Sistema Internacional de Unidades** (SI), também conhecido popularmente como **sistema métrico**. Vejamos como esse sistema determina as unidades de medida de comprimento, massa e tempo.

As unidades utilizadas para medir comprimento há muito tempo eram baseadas em medidas de partes do corpo: pés, mãos, braços, passos. Uma das mais conhecidas dessas unidades, que era utilizada no Egito há mais de 50 séculos atrás, era o chamado *cúbito*, unidade definida como a distância entre o cotovelo até a ponta do dedo médio. Como poderia haver discordâncias de pessoas para pessoas, havia um padrão gravado em uma pedra de granito – o cúbito real – que media aproximadamente 0,5 m.

Atualmente, o metro (símbolo m) é a unidade de medida padrão para comprimento. É definido em função da distância percorrida pela luz no vácuo (velocidade de 300.000 km/s) no tempo de 1/299.792.458 do segundo.

Para medir massas e pesos, os povos da antiguidade utilizavam pedras com formatos padronizados, que eram colocadas em balanças de braços, possibilitando a medida por comparação.

GOIR/SHUTTERSTOCK

CIGDEM/ DONATAS1205/ BILLION PHOTOS/ SHUTTERSTOCK

Quando uma massa de 10 kg é colocada no prato da direita e um objeto no da esquerda, se a balança permanecer equilibrada horizontalmente significa que o objeto também tem massa de 10 kg.

Até 21 de maio de 2019, a massa era definida em função do quilograma padrão que era a massa de um protótipo internacional mantido sob guarda e cuidados do Bureau Internacional de Pesos e Medidas, em Sèvres, Paris.

Atualmente, o quilograma padrão passou a ser definido em função da constante de Planck, que não será objeto de nosso estudo.

Antigamente, o tempo era medido pela sucessão de dias e noites. Os mesopotâmicos, que utilizavam uma base numérica de 12 dígitos, determinaram as subdivisões do dia em horas, minutos e segundos como múltiplos dessa base (24 horas, 60 min e 60 segundos).

A partir de 1967, o tempo passou a ser padronizado com base nos relógios atômicos. Atualmente, o **segundo** é definido em função do número de vezes que ocorre uma mudança de posição de elétrons (níveis de energia) no átomo de césio. O segundo (símbolo s) é o tempo necessário para que 9.192.631.770 oscilações de níveis de energia ocorram no átomo de césio.

A partir das grandezas fundamentais – massa, comprimento e tempo – podem ser definidas outras, como área, volume, velocidade, densidade, força etc.

Densidade

Se colocarmos em uma balança de braços, como mostrada anteriormente, 1 kg de algodão em um prato e 1 kg de chumbo em outro, a balança ficará equilibrada? Como trata-se da mesma massa em ambos os lados, a balança ficará em equilíbrio. Mas repare, na imagem abaixo, o volume ocupado pelo algodão é maior do que o volume ocupado pelo chumbo.

LUIS MOURA/acervo da editora

Considere agora dois cubos de mesmo tamanho, um deles de alumínio e o outro de chumbo. Qual dos dois tem maior massa?

Colocando ambos em uma balança de pratos, observamos que o mais pesado é o de chumbo.

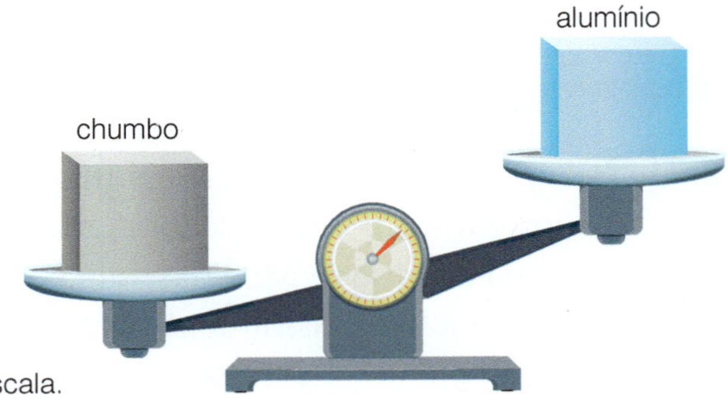

ANA OLÍVIA JUSTO/ acervo da editora

Ilustração fora de escala.

Esses exemplos nos fazem pensar sobre a relação entre a massa e o volume dos corpos. Há uma grandeza física que mede essa relação – a **densidade**. Essa grandeza é importante tanto para a Física quanto para a Química e relaciona a massa e o volume de um corpo. Matematicamente, densidade pode ser definida como:

$$d = \frac{m}{V}$$

em que d é a densidade, m é a massa e V é o volume.

A unidade de medida da densidade, no SI, é kg/m^3, mas também pode ser expressa por g/cm^3.

Algumas substâncias e respectiva densidade.*

Substâncias	Densidade (g/cm^3)
água	1,00 (= 1.000 kg/m^3)
gasolina	0,72-0,77
álcool	0,79
óleo mineral	0,80
borracha	0,90-1,46
cálcio	1,53
alumínio	2,70
bronze	8,83
cobre	8,93
prata	10,50
chumbo	11,30
mercúrio	13,55
ouro	19,28

* Dados compilados pelos autores.

É SEMPRE BOM SABER MAIS!

A densidade depende da temperatura na qual é medida

O aumento da temperatura faz com que o volume varie; com isso, a relação entre massa e volume se altera, o que implica diferentes densidades para diferentes temperaturas. Na tabela apresentada anteriormente, os valores referem-se à densidade medida sob temperatura de 20 °C.

Uma das importâncias do estudo da densidade dos corpos diz respeito às condições de **flutuabilidade**. Uma bola flutua sobre a água, pois é menos densa que ela. Um parafuso de aço afunda quando colocado na água, mas flutua se colocado no mercúrio, pois o mercúrio é mais denso do que o aço.

Jogo rápido

Para testar o entendimento do conceito de densidade, considere dois cubos de aço de mesmo tamanho: um deles maciço e outro oco. Qual deles apresenta maior densidade?

Transformações de unidades

Leia a receita a seguir e observe as diferentes unidades de medida utilizadas.

COOKIES

Ingredientes

- 3/4 xícara de manteiga (em temperatura ambiente)
- 1/2 xícara de açúcar
- 2 ovos
- 1 xícara de açúcar mascavo peneirado
- 1 colher (chá) de essência de baunilha
- 1/2 colher (chá) de sal
- 1 colher (chá) de fermento em pó
- 2 xícaras de farinha de trigo
- 300 g de chocolate ao leite, picado, ou gotas de chocolate

MARTIN GARDEAZABAL/SHUTTERSTOCK

Fonte das informações: RECEITAS.COM. Cookies com Gotas de Chocolate. *Disponível em:* <http://gshow.globo.com/receitas/cookies-com-gotas-de-chocolate-4ecd52e316b05a3cf9003bc8>. *Acesso em:* 15 jun. 2019.

Com base nas informações, você saberia dizer qual é a massa total, em quilogramas, do conjunto de todos os ingredientes juntos e misturados? O que seria preciso fazer para responder a essa pergunta?

Certamente precisaríamos saber quantos gramas de manteiga equivalem a ¾ de uma xícara. O mesmo é válido para as medidas de colheres de chá. Ou seja, para que possamos conhecer a massa total, é preciso transformar as unidades de medida.

A transformação de unidades é uma habilidade importante na análise de fenômenos e processos em Física e Química e, para que possa ser feita, é preciso conhecer uma relação entre as unidades que se pretende transformar. Aqui, vamos apresentar as principais transformações entre grandezas usuais que serão estudadas com mais detalhes ao longo deste livro.

DARREN J. BRADLEY/SHUTTERSTOCK

Nos Estados Unidos, as distâncias entre cidades são representadas nas placas de rodovias em milhas. Para converter a distância para quilômetros, é preciso considerar a seguinte relação: 1 milha = 1,61 km.

Veja abaixo outras relações entre distâncias/comprimentos.

1 cm	→	10 mm
1 mm	→	0,001 m
1 m	→	100 cm
1.000 m	→	1 km

Como regra prática, multiplicando-se ou dividindo-se por 10 temos os múltiplos e submúltiplos do metro.

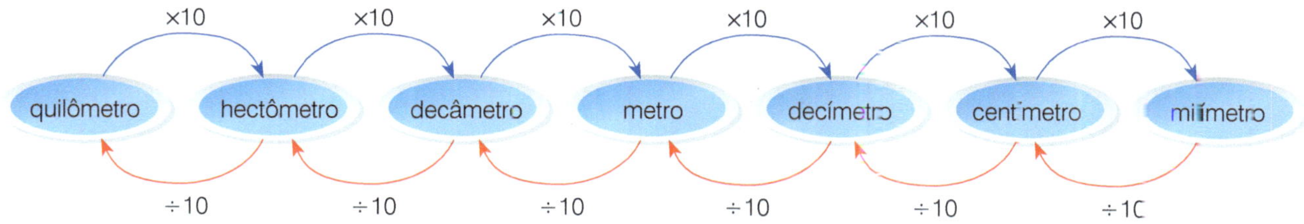

Fique por dentro!

O rei da Inglaterra Henrique I mediu a distância entre o polegar de seu braço estendido e seu nariz e assim definiu a *jarda*. O símbolo da jarda é o yd e vem do termo inglês *yard*. Alguns submúltiplos e relações da jarda:

1 braça = 2 jardas   1 jarda = 0,9144 m = 3 pés = 36 polegadas

As linhas que definem distâncias em um campo de futebol americano são separadas por 10 jardas (1 jarda = 0,9144 m).

EFKS/SHUTTERSTOCK

As transformações de unidades de massa que se relacionam com o quilograma também podem ser transformadas segundo uma regra prática similar àquela apresentada para os comprimentos (multiplicando-se ou dividindo-se por 10):

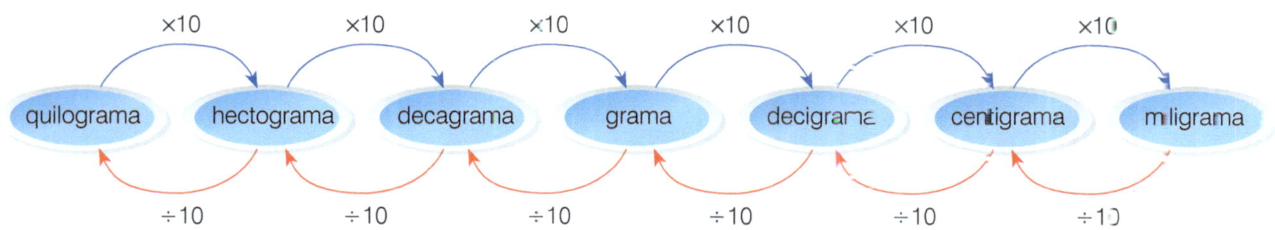

Por fim, temos diversas relações e escalas de tempo. Desde os múltiplos e submúltiplos do segundo até as escalas de tempo que usamos para registrar a passagem de dias, anos, séculos…

1 século = 100 anos
1 década = 10 anos
1 ano = 365 dias
1 dia = 24 h
1 h = 60 min
1 min = 60 s

AFANASIEV ANDRII/SHUTTERSTOCK

Matéria e energia

Matéria e energia estão presentes de diferentes formas em nosso dia a dia e, em geral, somos capazes de intuitivamente reconhecer uma ou outra. As imagens a seguir ilustram algumas situações em que ambas estão envolvidas. Classifique quais delas estão associadas à matéria e quais à energia.

ORTODOX/SHUTTERSTOCK

NIARKRAD/SHUTTERSTOCK

Em todas as imagens é possível identificar exemplos de matéria, mas a elas também é possível associar certo tipo de energia (para mover o trem, andar de bicicleta, acender luzes, é necessário energia). Assim, percebemos que separar matéria e energia não é tão simples. Elas estão profundamente relacionadas a tudo o que acontece na natureza. Mas afinal, o que é matéria? e energia?

Apesar de as perguntas serem simples, suas respostas podem ser complexas. Para nossos estudos, iremos definir matéria e energia por meio de propriedades percebidas ou utilizadas por nós.

Matéria

Tudo o que existe, que faz parte do mundo em que vivemos, ocupa determinado lugar no espaço. Seja uma bola, uma árvore, um gato ou até mesmo o Sol e a Lua: todos ocupam um espaço. Mesmo possuindo formatos diferentes, são todos formados por **matéria**.

A matéria distribui-se pela natureza em diversos formatos e quantidades, constituindo diferentes corpos ou materiais. Um **corpo** ou **material** é qualquer porção limitada de matéria. Um bloco de mármore, uma barra de ferro e uma tábua de madeira são formados por uma quantidade limitada de mármore, ferro e madeira. Por isso, cada um deles é um corpo (material) diferente.

O mármore pode ser transformado em estátua, a barra de ferro em fios e chapas, a madeira em mesas e cadeiras. Estátuas, fios, chapas e mesas servem para determinada finalidade de uso. Quando os corpos são moldados para determinado uso são denominados **objetos**.

Matéria é tudo o que possui massa e ocupa lugar no espaço.

O formato de um objeto define seu volume (V), que é usualmente medido em metros cúbicos (m^3) ou em litros (L). A relação entre essas duas unidades é a seguinte: $1\ m^3 = 1.000\ L$. Assim, uma caixa-d'água de 5.000 L, por exemplo, ocupa um espaço de $5\ m^3$.

A matéria ocupa determinado volume no espaço.

A quantidade de matéria que forma um corpo é chamada de **massa** (m), e é medida em gramas (g) ou mais usualmente em quilogramas (kg). A balança é o aparelho utilizado para medir massas.

A balança indica que sobre ela estão 38 g de queijo – essa é a quantidade de matéria que compõe aquela quantidade de queijo.

YEVGEN KOTYUKH/SHUTTERSTOCK

A massa mede a quantidade de matéria que forma um corpo.

Lembre-se!

Notamos a existência da matéria, pois nossos sentidos percebem duas de suas propriedades mais gerais: o volume e a massa.

Jogo rápido

Escreva em seu caderno a definição do que é matéria. Cite alguns exemplos.

O que é um corpo?

Lembre-se!

1 kg = 1.000 g

Um múltiplo do kg é a tonelada (t ou Mg):

1 tonelada = 1.000 kg

É SEMPRE BOM SABER MAIS!

Inércia e força

Apesar de a Física e a Química estudarem a matéria e suas propriedades, partem de princípios diferentes para criar modelos capazes de compreendê-la. O conceito de massa definido anteriormente é um conceito que atende bem às duas áreas. Porém, na Física, o conceito de massa possui um complemento: massa é uma medida direta da **inércia** de um corpo.

Na prática, funciona assim: se nenhuma força externa agir sobre um corpo, ele tende a permanecer do jeito que está: se estiver parado, continuará parado; se estiver em movimento, irá manter seu movimento em trajetória retilínea, sempre com a intensidade de sua velocidade constante.

Isso é o que observamos ao nosso redor: para fazer uma bola rolar por um gramado, é necessário um chute! Ou a força do vento... Ela não sairá rolando sozinha se ninguém agir sobre ela. Portanto, só é possível alterar a inércia por meio da ação de uma força.

Corpos mais leves (ou seja, de pouca massa) possuem menos inércia que corpos mais pesados, pois para alterar o estado de movimento do mais leve é necessária uma força pequena.

Como vimos, a relação entre a quantidade de matéria que compõe um corpo (sua massa) e o espaço ocupado por ele (seu volume) define outra propriedade dos corpos: a **densidade**. Ela revela que quanto menor for o volume "V" de determinada quantidade de matéria "m", maior será sua densidade "d".

Densidade é a razão entre a quantidade de matéria (massa) que compõe um corpo e o espaço ocupado por ela (seu volume). É expressa pela relação

$$d = \frac{m}{V}$$

Vamos explorar um pouco mais o conceito de densidade:

- pegue uma massinha de modelar, faça uma bolinha e solte-a em um recipiente com água. Observe o que acontece;
- agora, retire a massinha e molde-a como um barco. Coloque de volta no recipiente com água e observe.

ANA OLÍVIA JUSTO/ acervo da editora

Comparando as duas situações, o que notou?

No formato de bolinha, o volume ocupado pela massinha é menor do que no formato de um pequeno barco. E, de acordo com a expressão da densidade, quando o volume diminui a densidade aumenta – eis o motivo de a bolinha afundar. Já no formato de barco, o volume da massinha é grande, o que faz sua densidade diminuir tanto que é capaz de boiar.

Assim, sob certas circunstâncias, a mesma quantidade de matéria pode se comportar ora de um jeito, ora de outro, de acordo com sua densidade.

A diferença de densidade também pode fazer com que diferentes líquidos imiscíveis se separem, com os menos densos ocupando a parte superior, como pode ser notado na imagem ao lado.

Lembre-se!

Como vimos anteriormente, para medir densidade utiliza-se a unidade padrão no Sistema Internacional de Unidades, que é o kg/m^3. Porém, as unidades kg/L, g/mL ou g/cm^3 também são utilizadas. Essas unidades são equivalentes, de modo que

$$1.000\ kg/m^3 = 1\ kg/L = 1\ g/L = 1\ g/cm^3$$

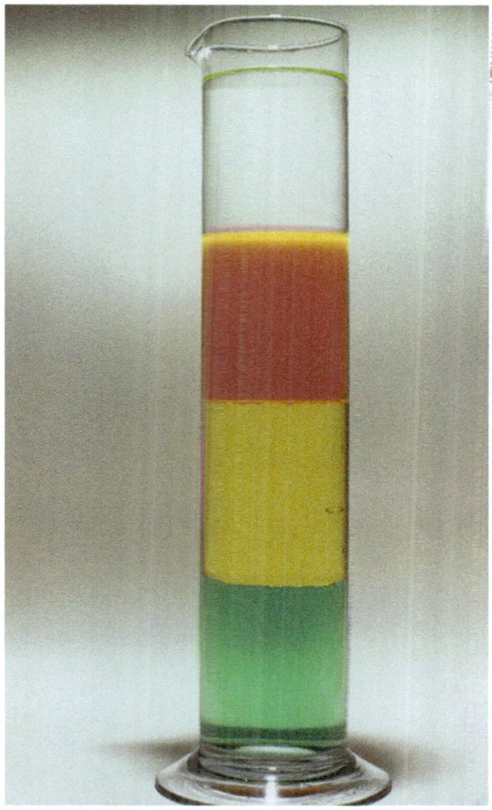

CLAUDE NURIDSANY & MARIE PERENNOU/SCIENCE PHOTO LIBRARY/LATINSTOCK

O líquido da base é mais denso do que os líquidos acima dele.

Imagine agora o seguinte experimento: ao fixar um papel no fundo de um copo e mergulhá-lo de boca para baixo dentro de um balde de água, o papel no fundo do copo ficará molhado?

Ao observar o copo dentro da água, nota-se um espaço aparentemente vazio entre a água e o papel. Na verdade, esse espaço está repleto de ar que fica aprisionado dentro do copo, impedindo que a água molhe o papel.

Essa experiência revela a **impenetrabilidade** da matéria, propriedade de dois corpos não poderem ocupar o mesmo lugar do espaço ao mesmo tempo.

Outras propriedades da matéria são ductilidade, fragilidade, elasticidade, resiliência, por exemplo, e também podemos citar a capacidade de ser comprimida, dividida, transformada em lâminas e fios, de conduzir ou não o calor, a eletricidade, de manifestar propriedades magnéticas, entre muitas outras. Algumas dessas são propriedades físicas; outras, químicas. É em função dessas propriedades que cada tipo de material é utilizado.

ANA OLÍVIA JUSTO/acervo da editora

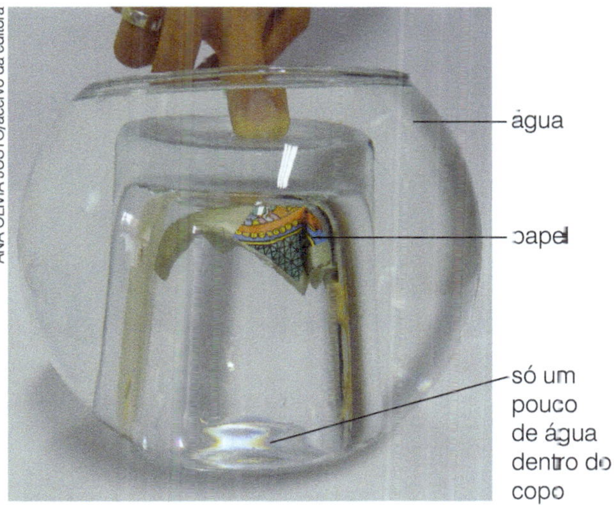

Ao realizar o experimento sugerido, verificamos que o papel não fica molhado.

Jogo rápido

Como seria possível comprovar que, na demonstração acima, há ar no interior do copo?

Tenista suíço Roger Federer em partida do Grand Slam de tênis.

Energia

Leia o artigo a seguir sobre a prática do tênis de quadra e observe o contexto em que o termo energia é utilizado.

Energia e o gasto calórico no tênis

O tênis é caracterizado por exercícios de alta intensidade, velocidade e apuração durante partidas que podem durar horas. Por isso, ele necessita que seu corpo utilize dois sistemas distintos para fornecimento de energia: ele primeiramente utiliza energia (...) dos carboidratos para os movimentos rápidos e de alta intensidade durante a disputa dos pontos. Entretanto, a longa duração das partidas, o curto tempo de recuperação entre os *games* e a constante tolerância ao calor requerem também a ativação do sistema (...) para fornecimento de energia que utiliza carboidrato e gordura como combustíveis. (...)

O total dessa energia fornecida para a prática do tênis representa o gasto calórico que o jogador apresenta durante o treino ou partida. Tenistas podem gastar muitas calorias nas quadras, principalmente durante as competições. Não é raro os jogadores gastarem de 600 a 800 calorias por hora nos treinos e partidas de tênis simples. (...)

Por isso, tanto a dieta do tenista amador quanto do competitivo deve promover um balanço dessa perda calórica, a partir do consumo adequado de calorias em refeições balanceadas que favoreça crescimento e desenvolvimento adequado (...).

Os cálculos utilizados para a prescrição de uma alimentação adequada devem ser feitos por um profissional capacitado, pois dependem da composição corporal, da necessidade de manutenção, ganho ou perda de peso e dos objetivos de cada atleta (por exemplo, atletas de elite podem ter uma necessidade energética de 2.500 a 4.500 calorias por dia).

Os jogadores de tênis precisam de energia para velocidade, força e resistência. As escolhas na alimentação e na hidratação antes, durante e após a partida são uma ferramenta decisiva em quadra.

HOMSI, C. Energia e o gasto calórico no tênis. Tênis Brasil, 27/07/2010. *Disponível em:* <http://tenisbrasil.uol.com.br/instrucao/79/Energia-e-o-gasto-calorico-no-tenis/>. *Acesso em:* 11 mar. 2019.

Dentre as varias informações apresentadas no texto, fica claro que é preciso ter energia para poder jogar tênis. Mas o que é **energia**? Pode parecer complexo definir essa grandeza tão importante para a Física e para a Química, mas você certamente já ouviu falar dela e faz uso dela o tempo todo. Para entender melhor o que é energia, devemos também notar as diferentes formas nas quais ela pode aparecer na natureza. Para alimentar um computador é necessário *energia elétrica*, para iluminar um ambiente é necessário *energia luminosa*, quando ouvimos um som, há a *energia sonora* em cena, as reações químicas podem liberar ou consumir *energia*... enfim, são muitas as formas de energia.

Jogo rápido

Você conhece alguns exemplos de transferência e de transformação de energia?

Além de existir em diversas formas, a energia também pode ser *transferida* e *transformada*.

Assim, ainda que não tenhamos uma definição formal para energia, podemos enunciar uma propriedade bastante geral:

Energia é capaz de modificar uma ou mais propriedades da matéria, provocar ou alterar movimentos e causar deformações.

A seguir, veremos algumas formas de energia disponíveis na natureza.

TATYANA CHAIKO/ROMMEL CANLAS /SHUTTERSTOCK

Um liquidificador transforma energia elétrica em energia de movimento para mover suas pás e processar o alimento. Sem o devido cuidado isso pode gerar uma grande bagunça!

Energia mecânica

Está relacionada com o movimento ou a posição relativa dos corpos. Ela se diferencia em três formas: um corpo que se move com certa velocidade possui uma energia associada ao seu movimento chamada de *energia cinética*; um corpo posicionado a certa altura possui *energia potencial gravitacional*; quando um corpo provoca deformações elásticas, como uma mola, dizemos que ele possui *energia potencial elástica*.

CASSIOHABIB/SHUTTERSTOCK

CHINASONG/SHUTTERSTOCK

Energia elétrica

Talvez esse seja o tipo de energia que venha à sua cabeça quando falamos em energia. Sem eletricidade o mundo atual não sobrevive, pois dela dependem nossos computadores, TVs, celulares, a iluminação de nossas casas etc. Essa forma de energia é "gerada" a partir de outros tipos de energia, como a partir da água represada ou a partir do movimento do vento ou da luz solar.

Energia térmica

Manifesta-se de duas formas: *calor* e *temperatura*. O calor é a energia térmica *transferida* entre um corpo e outro, e pode ser sentida ao se tocar um objeto. Já temperatura é a energia térmica armazenada em um corpo, e é uma medida indireta do nível de agitação das partículas que o compõem. Quanto maior a agitação das moléculas de um corpo, maior é a sua temperatura.

ALEXANDR SHEVCHENKO/SHUTTERSTOCK

Energias sonora e luminosa

Luz e som são formas de energia perceptíveis por nossos sentidos e que se propagam na forma de ondas. O som é uma onda mecânica e necessita de um meio material para se propagar, como o ar, por exemplo. A luz é uma onda eletromagnética, e também se propaga no vácuo.

Um princípio fundamental da matéria e energia é que ambas não podem ser criadas nem destruídas; são apenas *transformadas*. Ao queimar madeira, por exemplo, a matéria é transformada em cinzas, liberando energia nesse processo.

Já a energia é transformada de uma forma em outra por meio de diferentes processos. Em usinas eólicas, por exemplo, a energia do movimento do vento é convertida em eletricidade; nas hidrelétricas, a energia armazenada na água represada é convertida em energia elétrica.

CHRISTIAN BERTRAND/SHUTTERSTOCK

DE OLHO NO PLANETA

Sustentabilidade

Com o desenvolvimento das cidades e o acesso da maior parte das pessoas a equipamentos eletroeletrônicos, a demanda por energia tem crescido significativamente no país. Em 16 de janeiro de 2019, a demanda por energia elétrica bateu novo recorde, chegando a 87.000 megawatts-hora. No documento *Plano Decimal de Expansão de Energia 2026*, do Ministério de Minas e Energia, estima-se uma tendência de que essa demanda por energia chegue a 120.000 megawatts-hora em 2026.

Outro efeito do crescimento e desenvolvimento das cidades é a produção cada vez maior de lixo (resíduos sólidos). Dados do IBGE mostram que a quantidade de lixo diária coletada no Brasil é superior a 200.000 toneladas. São incríveis 73 milhões de toneladas por ano! O grande problema disso é o destino desse lixo. Muitos aterros sanitários no Brasil já atingiram sua capacidade limite de receber resíduos.

Assim, é inevitável a busca por soluções sustentáveis que possibilitem o crescimento do país. É nesse cenário que foi desenvolvido no Brasil um protótipo de uma usina de lixo, a Usina Verde. Situada no Rio de Janeiro, a usina transforma matéria orgânica em energia. Funciona assim: o lixo que chega na usina é separado. Uma parte é destinada à reciclagem e outra vai para um incinerador. O lixo é queimado inicialmente com gás natural, mas depois o fogo é mantido pelo próprio lixo. A liberação de poluentes está de acordo com padrões de exigência ambiental e, ao final do processo, uma tonelada de lixo é convertida em cerca de 100 kg de cinzas, que podem ser utilizados em misturas de asfalto ou de concreto na construção civil.

A geração de energia por meio do lixo ocorre devido à decomposição da matéria orgânica, que libera um tipo de gás (o metano). O metano é um dos gases que podem intensificar o efeito estufa, mas em vez de ser jogado na atmosfera, a Usina Verde capta o gás e o envia, através de tubulações, para usinas geradoras de energia elétrica.

LUIS MOURA/acervo da editora

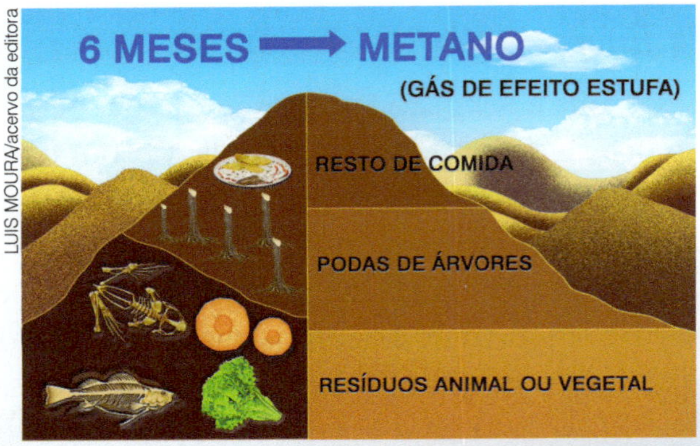

Em aproximadamente 6 meses, certos resíduos sofrem decomposição e liberam um gás chamado metano, que é inflamável e pode ser utilizado como fonte de energia.

O processo todo ainda tem custo elevado, mas as pesquisas feitas na área tendem a tornar essa uma solução sustentável para o lixo e para a energia elétrica. Entenda o processo utilizado na Usina Verde no infográfico a seguir.

A USINA VERDE

Esquema da Central de Resíduos de Seropédica, RJ.

LUIS MOURA/acervo da editora

SIRTRAVELALOT/SHUTTERSTOCK

Fonte: <http://planeta-sustentavel.abril.com.br/pops/usina-verde-lixao.shtml>.

Estados de agregação da matéria

Você lembra o que é *granizo*? É a precipitação de pequenos "pedaços" de gelo.

As chuvas de granizo podem ser observadas sob diversos aspectos: há a beleza das pequenas pedras de gelo caindo do céu, a preocupação pela grande tempestade por vezes associada e pelos danos que as pedras podem causar em carros e telhados de casas.

Você já presenciou uma chuva de granizo? Sabe como elas ocorrem? No infográfico a seguir você encontrará mais informações sobre o fenômeno.

TANAKORNSAR/SHUTTERSTOCK

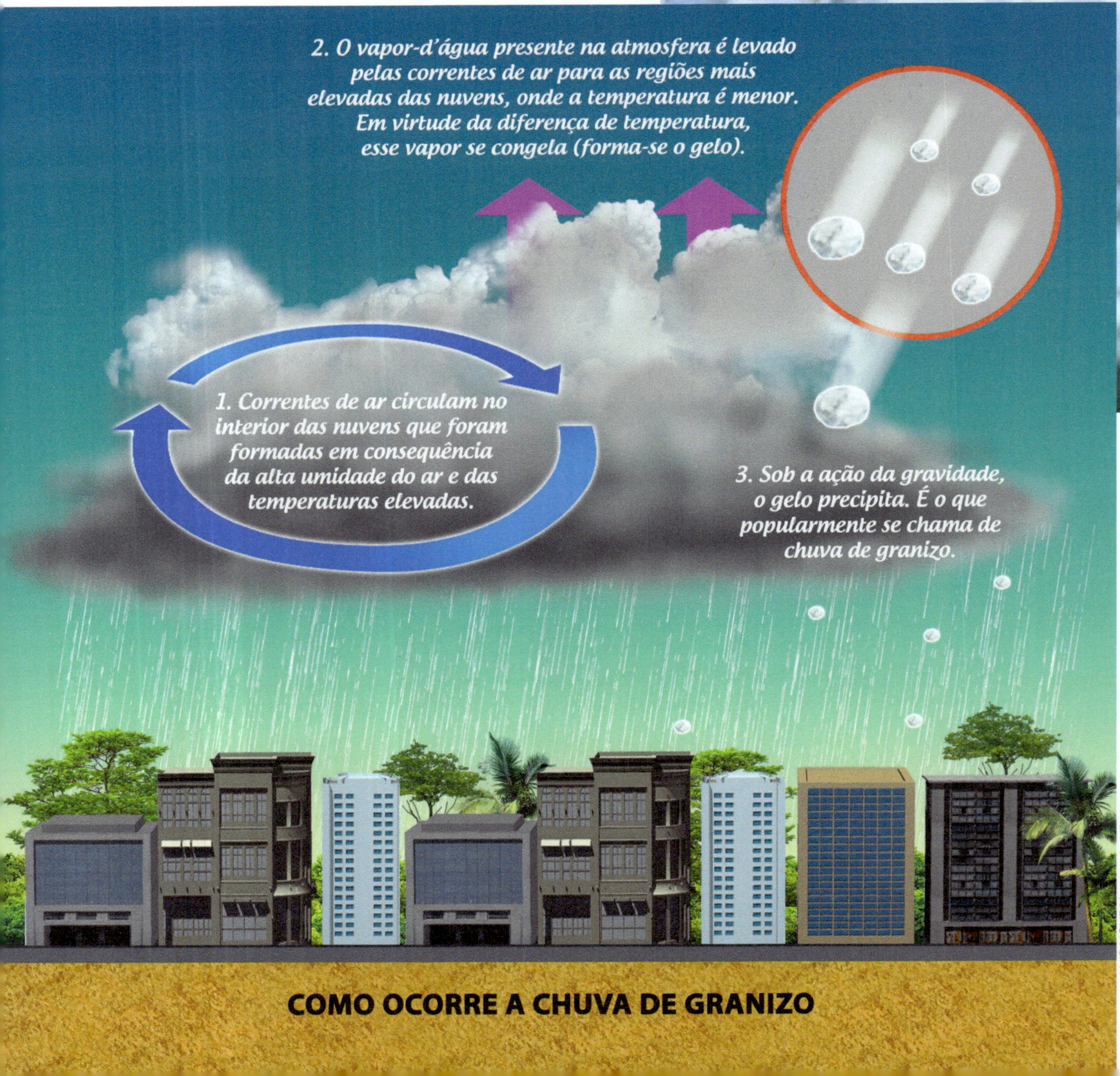

LUIS MOURA/acervo da editora

Granizo.

Analisando as nuvens, o gelo e a própria chuva, percebemos que há uma substância comum no fenômeno: a água. Ela forma as nuvens, o gelo e as gotas de chuva. Mas qual é a diferença na forma como encontramos a água em cada situação?

As nuvens são formadas por gotículas de água no estado líquido, que ao se juntarem formam gotas maiores, caindo na forma de chuva ou de **granizo**, que é a água no estado sólido. A água no estado de vapor está dispersa por toda a atmosfera, e pode ser encontrada em maior ou menor quantidade dependendo das condições meteorológicas.

Jogo rápido

Também é possível observar a água nos três estados (sólido, líquido e vapor) em situação cotidianas. Cite algumas delas.

Dependendo da quantidade de energia armazenada na água, e das trocas de energias que faz com o meio, ela pode se apresentar em diferentes estados físicos ou fases. Assim, chamamos de **estados físicos** ou **fases** aos diferentes estados de agregação (organização) da matéria.

Podemos generalizar a observação que fizemos sobre a água para a matéria como um todo: dependendo das trocas de energia que a matéria faz com o ambiente, e das situações em que isso ocorre, suas propriedades (macroscópicas) passam a ser moldadas pela forma de organização de seus componentes (microscópicos).

Jogo rápido

A imagem a seguir mostra a erupção de um vulcão no mar. Procure identificar os estados físicos sólido, líquido e gasoso.

CLAUDIO ROSSOL/SHUTTERSTOCK

Agora que conhecemos os estados físicos comuns da matéria, vamos fazer um comparativo das características macroscópicas observadas nos estados com as respectivas organizações microscópicas das partículas que as constituem.

SÓLIDO

Volume: constante
Forma: constante
Forças de atração entre as partículas: fortes, o que faz com que elas fiquem vibrando em determinada posição.

No estado sólido, as moléculas estão fortemente ligadas e apresentam maior grau de organização.

LÍQUIDO

Volume: constante
Forma: varia
Forças de atração entre as partículas: mais fracas do que nos sólidos, permitindo seu movimento.

No estado líquido, as moléculas estão menos fortemente ligadas do que no estado sólido. Apresentam menor grau de organização do que no estado sólido, porém estão mais organizadas do que no estado gasoso.

GASOSO

Volume: varia
Forma: varia
Forças de atração entre as partículas: praticamente nulas.

O vapor-d'água é formado por moléculas suficientemente separadas umas das outras para impedir sua visualização.

No estado gasoso, as moléculas estão praticamente livres e é alto o grau de desorganização das moléculas.

Quanto mais energia o corpo recebe do meio, mais agitadas ficam suas moléculas – isso permite ao corpo adquirir uma maior liberdade de formas. É por isso que nos estados líquido e gasoso o corpo não possui um formato próprio: suas moléculas estão livres e assumem o formato do recipiente que as contém. Já no estado sólido, as moléculas ficam bem mais "comportadas" e ordenadas – a energia nelas armazenada é menor do que no estado líquido.

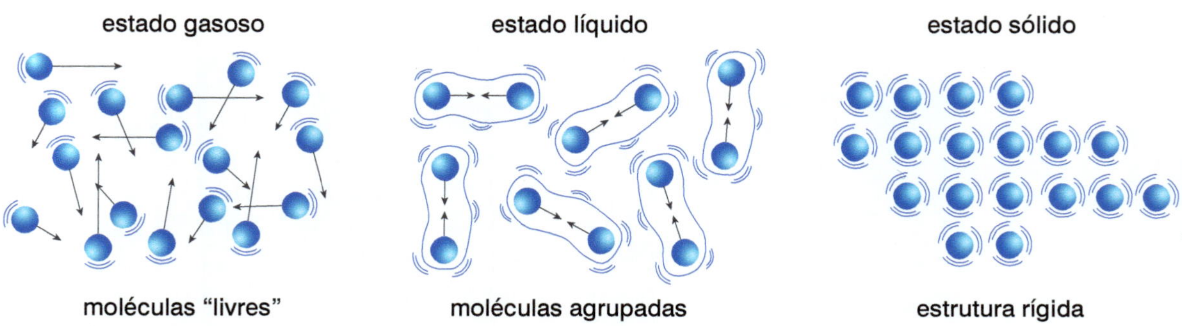

Observe como as moléculas se movimentam segundo seu estado físico.

É SEMPRE BOM SABER MAIS!

Você faz ideia de quantos estados físicos a matéria possui?

Apesar de a pergunta parecer simples, muitos cientistas realizam pesquisas e buscam a resposta para essa pergunta!

Até agora já foram comprovados cinco estados fundamentais da matéria. Há ainda outros dois estados teóricos, que ainda não foram observados na natureza. Já falamos nos estados sólido, líquido e gasoso; conheça no infográfico a seguir o estado de *plasma* e o quinto estado, chamado de *condensado Bose-Einstein*.

Em 1924, o físico alemão Albert Eistein e o matemático indiano Satyendra Nath Bose previram a existência de um quinto estado da matéria, porém sua comprovação em laboratório só ocorreu muitos anos depois (em 1995).

ESTADO DE PLASMA

A temperaturas altíssimas, da ordem de 10.000 °C, os átomos movimentam-se caoticamente, espalhando-se por todas as direções a uma velocidade aproximada de 15.000 km/h. É o estado da matéria das estrelas.

ESTADO GASOSO

Em um gás à temperatura ambiente, os átomos movimentam-se com velocidade média de 1.500 km/h, em qualquer direção.

ESTADO LÍQUIDO

À temperatura ambiente, os átomos movimentam-se desordenadamente. Percorrem todo o volume que lhes é dado, como o de um copo. A velocidade média das moléculas é bem menor: 90 km/h.

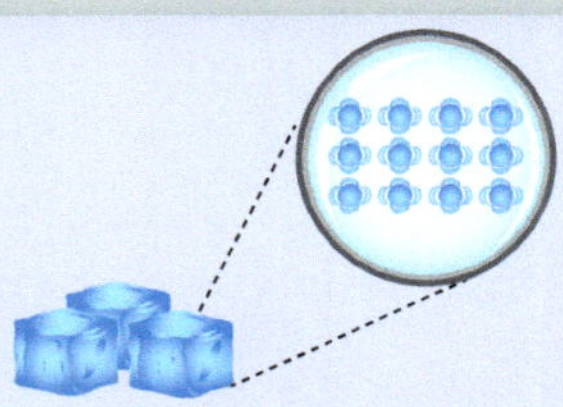

ESTADO SÓLIDO

Quando a temperatura cai mais, os átomos se unem firmemente, mas ainda se movimentam. Na água, a 0 °C os átomos se movimentam a 90 km/h, mas já não se deslocam por todo o volume. Apenas vibram em torno de um ponto.

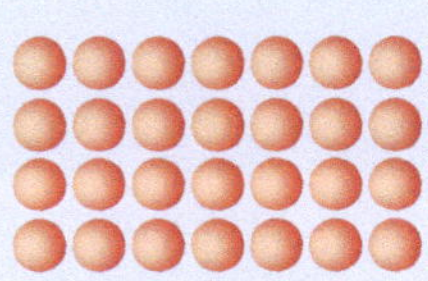

Não existe na natureza.

QUINTO ELEMENTO

No condensado Bose-Einstein, os átomos estão a uma temperatura muito próxima do zero absoluto (–273 °C). As partículas vibram como um corpo único, mas a uma velocidade tão baixa que é impossível medi-la em laboratório.

Fonte: <http://portaldoprofessor.mec.gov.br/fichaTecnicaAula.html?aula=12454>. *Acesso em:* 21 ago. 2018.

ESTABELECENDO CONEXÕES
Cotidiano

Sabe onde é possível encontrar o 4.º estado da matéria?

RUSLAN IVANTSOV/ SHUTTERSTOCK

TV de plasma.

Atualmente muitos televisores e celulares funcionam com pequenas cápsulas de um liquido que é ionizado (ou seja, transformado em *plasma*) quando uma corrente elétrica passa por ele.

Ionizado: transformado em íons.
Íons: são partículas, moléculas ou átomos que possuem uma carga elétrica, que pode ser positiva ou negativa. As moléculas ou átomos neutros podem ser ionizados, ou seja, podem passar por um processo de transformação em que seus íons são liberados.

Lâmpadas de neon e lâmpadas frias (como essa que provavelmente ilumina a sua sala) funcionam com descargas elétricas que ionizam o gás dentro delas, transformando-o em plasma, que faz a matéria emitir luz.

PAULO VILELA/SHUTTERSTOCK

As bolas de plasma como a da foto são objetos à venda que permitem interagir com descargas iônicas desse tipo.

Existem várias manifestações naturais do estado de plasma. O raio que cai durante uma tempestade é o plasma formado pela ionização do ar quando uma corrente elétrica passa por ele. As auroras boreais são outro tipo de manifestação do plasma que são observadas em regiões de altas latitudes.

PI-LENS/SHUTTERSTOCK

O fenômeno das coloridas faixas de luzes "dançantes", visto em regiões de alta latitude, é conhecido como aurora boreal. (Na foto, aurora boreal no Território de Yukon, Canadá.)

Mas apesar de toda a aparente tecnologia envolvida por trás do plasma, sabia que a simples chama de uma vela ou de uma fogueira é feita de plasma? A energia liberada com a queima da matéria provém da quebra das ligações entre as moléculas da matéria em combustão e do ar. É o 4.º estado da matéria mais próximo de você.

ALEXANDRA LANDE/SHUTTERSTOCK

Mudanças de fase

Você já reparou que quando uma garrafa d'água é retirada da geladeira e deixada em temperatura ambiente por alguns instantes, pequenas gotículas de água surgem em sua superfície?

Qual é a origem dessas gotículas? Como elas surgem na superfície da garrafa? Vimos até aqui que a matéria pode ser encontrada em diferentes estados, mas como ocorre a transformação entre esses estados? É possível transformar qualquer estado em outro? Vamos investigar essas perguntas.

A matéria pode trocar diferentes formas de energia com o ambiente onde está. Uma das consequências dessa interação é sofrer mudanças em seu estado físico.

Um material sólido, por exemplo, ao receber energia na forma de calor pode passar para sua fase líquida. É o caso de uma pedrinha de gelo quando colocada em um copo de suco: aos poucos, o gelo frio vai se esquentando ao receber calor do líquido mais quente que ele, e logo derrete. Já um material que esteja na fase gasosa, ao ceder parte de sua energia para o ambiente, pode se transformar em líquido. É o caso do vapor do chuveiro que quando toca nas paredes frias do banheiro se resfria e vira pequenas gotículas de água. Um processo similar ocorre quando as gotículas de água se formam na superfície da garrafa gelada. O vapor-d'água (umidade do ar) entra em contato com a parede fria da garrafa e se liquefaz. Esse processo recebe o nome de **liquefação** ou **condensação**. Vejamos a seguir outros nomes atribuídos a transformações de fase.

A imagem abaixo ilustra os três estados da matéria mais comuns e as transformações de fase que ocorrem quando recebem energia do meio (nas setas para a direita) ou perdem parte de sua energia para o ambiente (nas setas para esquerda). Observe:

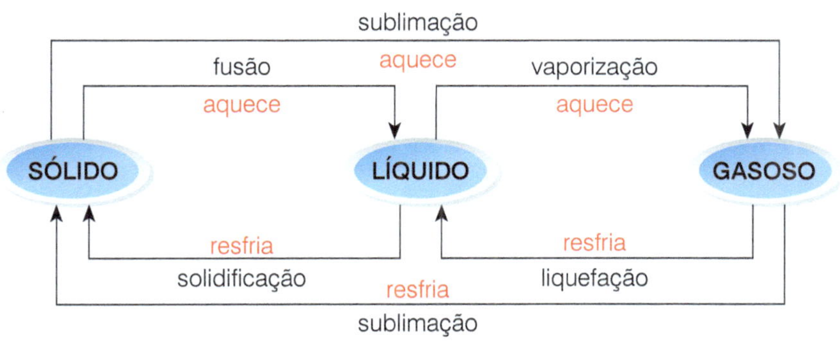

Ao continuar fornecendo energia na forma de calor, o gás passa para um estado onde suas partículas rompem as ligações químicas existentes entre elas. Dizemos que a matéria torna-se **ionizada**. Portanto, ionizar é separar a matéria em suas partículas portadoras de cargas elétricas, que, como vimos, são chamadas de íons.

Quando se fornece calor à manteiga ela se funde, passando do estado sólido para o líquido.

MASHKA/SHUTTERSTOCK

A naftalina, muito usada no passado para afastar as traças (insetos que, muitas vezes, atacam tecidos), em contato com o ar sublima, ou seja, passa do estado sólido para o estado gasoso.

É SEMPRE BOM SABER MAIS!

Carga elétrica e íons

A carga elétrica é uma das características fundamentais da matéria. Existem dois tipos de cargas: a positiva e a negativa. Quando a matéria se junta para formar um corpo, partículas portadoras de cargas se unem. Quando a quantidade de cargas positivas é igual à quantidade de cargas negativas, dizemos que o corpo está neutro.

Íons podem ser criados por meio de processos físicos ou químicos: o processo físico ocorre ao continuar a fornecer energia a um gás. Quando é superaquecido, ele muda de estado físico para a fase de plasma, e as partículas portadoras de cargas elétricas tornam-se livres.

O processo químico de formação de íons ocorre em reações químicas eletrolíticas, como a de uma pilha, por exemplo, onde em cada polo acumula-se um tipo de íon (e daí a sua classificação como polo positivo e polo negativo).

OLEKSIY MARK/SHUTTERSTOCK

Fatores que interferem nas mudanças de fase

As mudanças de fase ocorrem em geral com a mudança da temperatura do corpo (energia térmica que ele armazena). Mas também podem ocorrer com a **variação do volume** e **da pressão** (ou seja, modificando as condições do ambiente).

Quando fervemos água em uma panela, ela evapora ao atingir aproximadamente 100 °C. Mas você sabia que a água pode ferver instantaneamente caso seja liberada no espaço? Mesmo sendo o espaço um ambiente muito frio, a pressão que o vácuo exerce sobre a água é baixíssima, o que permite à água atingir seu ponto de fervura mesmo a temperaturas extremamente baixas.

Jogo rápido

Qual é o tipo de energia mais comum utilizado para mudar o estado físico da matéria?

Qual é o estado da matéria que exige mais energia para ser atingido? E qual estado exige menos energia?

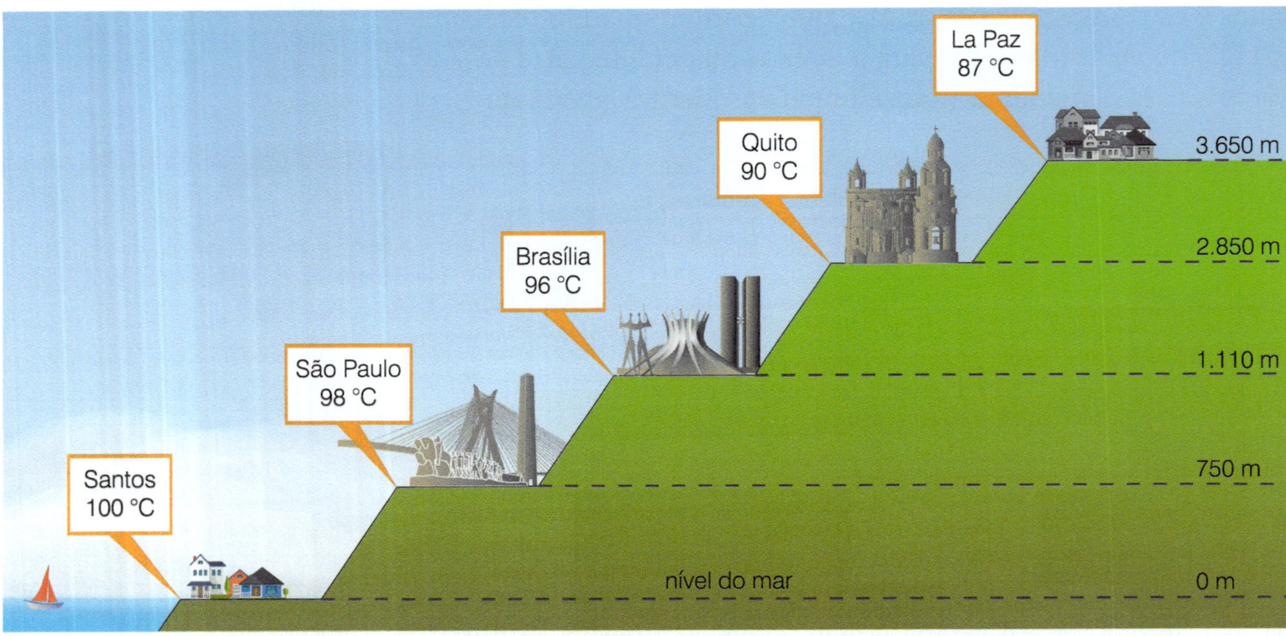

ANA OLÍVIA JUSTO/acervo da editora

Como a temperatura de ebulição depende da pressão, a temperatura de ebulição da água ao nível do mar é maior do que a temperatura de ebulição da água em localidades mais elevadas.

O contrário ocorre dentro de uma panela de pressão: o volume limitado da panela aumenta a pressão sobre a água quando aquecida. Isso eleva sua temperatura de ebulição. Dentro da panela de pressão, a água atinge seu ponto de ebulição próximo dos 120 °C, e isso permite que os alimentos cozinhem mais rapidamente.

Jogo rápido

Como varia a pressão atmosférica em função da altitude?

LUIS MOURA/acervo da editora

Dentro da panela de pressão, o vapor exerce uma força sobre o líquido aquecido. Maior pressão leva a uma temperatura de ebulição maior.

As mudanças de estado não são instantâneas: ao fornecer energia térmica a um corpo (na forma de calor), sua temperatura aumenta, como ilustrado na imagem ao lado. Mas há momentos em que a energia fornecida não eleva a temperatura – essas são as situações em que ocorrem as mudanças de fases, quando o corpo utiliza a energia fornecida para alterar a organização de suas moléculas. No gráfico, há duas regiões assim: uma entre a fase sólida e líquida, e outra entre a fase líquida e gasosa.

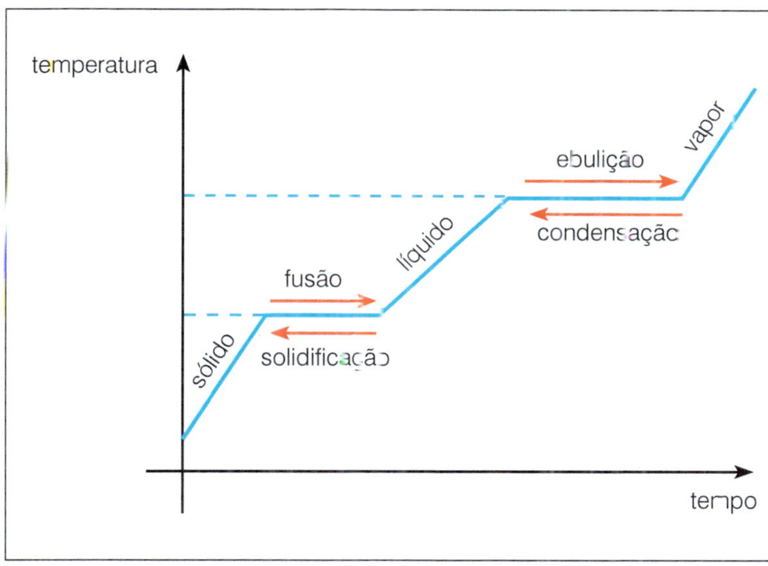

ANA OLÍVIA JUSTO/acervo da editora

Gráfico das mudanças de fase em função da temperatura

De que é feita a matéria

No início deste capítulo, falamos sobre a descoberta da partícula conhecida como bóson de Higgs. Mencionamos que a busca por essa partícula estava associada ao entendimento da razão para a existência da massa dos corpos. Mas essa é apenas uma parte da história da investigação sobre a natureza da matéria. A busca pelo entendimento da natureza teve contribuições significativas dos filósofos gregos.

De um lado estavam as ideias de Leucipo (500 a.C.-?), Demócrito (460 a.C.-370 a.C.) e outros pensadores, que acreditavam que a matéria era constituída de pequenas unidades fundamentais e indivisíveis, denominadas de **átomos**. Os defensores dessa ideia ficaram conhecidos como atomistas. Para eles, as percepções do doce, salgado, amargo, azedo, por exemplo, eram resultado das diferentes formas como os átomos se ligavam. Também defendiam a existência de espaços vazios (vácuo) por onde os átomos se moveriam. Os atomistas explicavam as mudanças ocorridas no mundo ao redor por transformações que poderiam ocorrer nas interações entre os átomos – para eles, as unidades fundamentais da matéria.

Átomo: do grego, o termo *tomo* pode ser entendido como parte. O prefixo "a" remete a negação. Assim, átomo seria aquilo que não pode ser dividido em partes.

Do outro lado estavam as ideias de Aristóteles (384 a.C.-322 a.C.), que negava a existência do vácuo, alegando que o mundo era constituído por um contínuo de matéria, ou seja, para ele, não seria possível dividir as coisas até que se chegasse a unidades fundamentais. Aristóteles defendia que as mudanças observadas no mundo poderiam ser explicadas por sua teoria dos quatro elementos (água, ar, fogo e terra).

A grande questão por trás do pensamento de Demócrito e de Aristóteles era: o que é fundamental na matéria? Seria o mundo como um grande jogo de bloquinhos fundamentais e indivisíveis ligados uns aos outros? ou seria um contínuo de matéria que até poderia ser quebrada, mas sem jamais se chegar a um pedaço fundamental?

Ao longo da evolução do pensamento humano foram surgindo apoiadores de uma ou de outra visão. O físico e matemático inglês Isaac Newton (1643-1727), por exemplo, descrevia a luz como formada por pequenos corpúsculos e, ao que indica a análise de sua obra, Newton apoiava a teoria atômica.

RAVL/SHUTTERSTOCK

Como em um jogo de blocos de montar, o mundo para os atomistas gregos seria constituído pela junção de várias peças fundamentais, os átomos.

CREATIVE COMMONS

Retrato de Isaac Newton.
Óleo sobre tela, de Sir Godfrey Kneller, 75,6 × 62,2 cm, 1702.
National Portrait Gallery, Londres.

Mesmo que as ideias sobre a existência de átomos fosse ganhando força após a Revolução Científica iniciada no século XVI, uma prova experimental de sua existência só viria em 1905, quando Albert Einstein submete sua tese de doutorado na qual explica um movimento desordenado observado inicialmente pelo biólogo e físico escocês Robert Brown (1773-1858).

Brown observou trajetórias do movimento de partículas de pólen suspensas em um líquido chegando a sugerir que tal movimento era devido a algum tipo de vida microscópica (como a de pequenas bactérias, por exemplo). Em homenagem a esse cientista, o movimento de partículas em suspensão em um líquido ficou conhecido como **movimento browniano**.

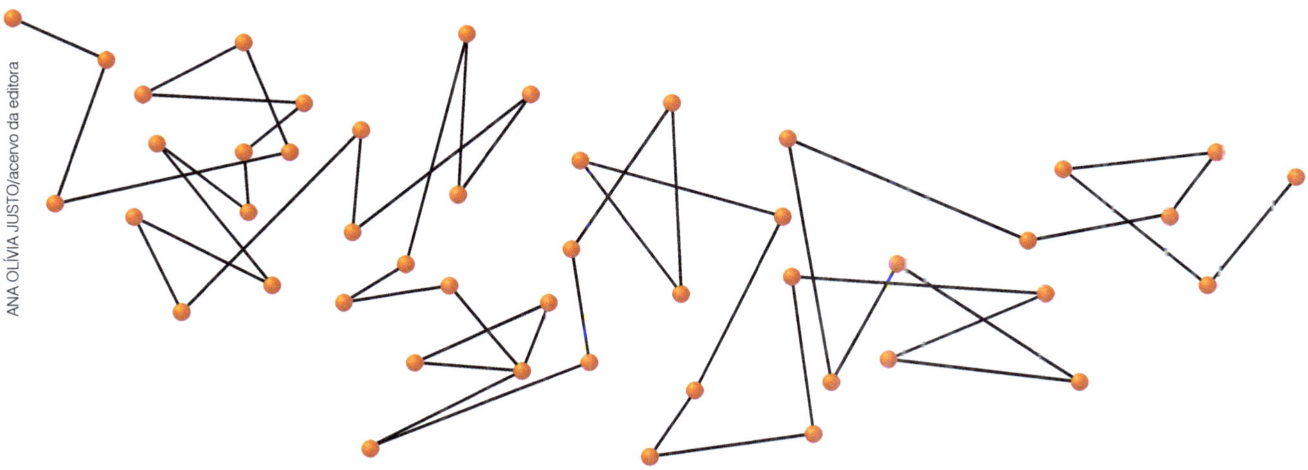

ANA OLÍVIA JUSTO/acervo da editora

Trajetória descrita por partículas de pólen em suspensão em um líquido.

Em sua tese, Einstein considerou que o movimento descrito pelas partículas ocorria devido à interação com átomos ou moléculas que estariam em constante movimento no líquido.

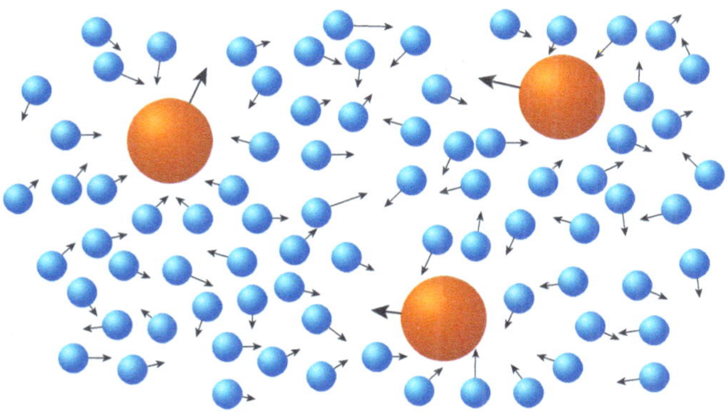

ANA OLÍVIA JUSTO/acervo da editora

As moléculas de água (em azul), ao movimentar-se chocam-se constantemente com os grãos de pólen (em vermelho) dando-lhes a trajetória irregular do movimento browniano.

No ano em que Einstein submeteu seu trabalho, a hipótese atômica já era bem difundida e utilizada por diversos físicos e químicos. O grande valor de seu trabalho foi dar um respaldo experimental para a hipótese. A partir de então, aqueles cientistas que ainda criticavam a existência dos átomos tiveram que rever sua posição.

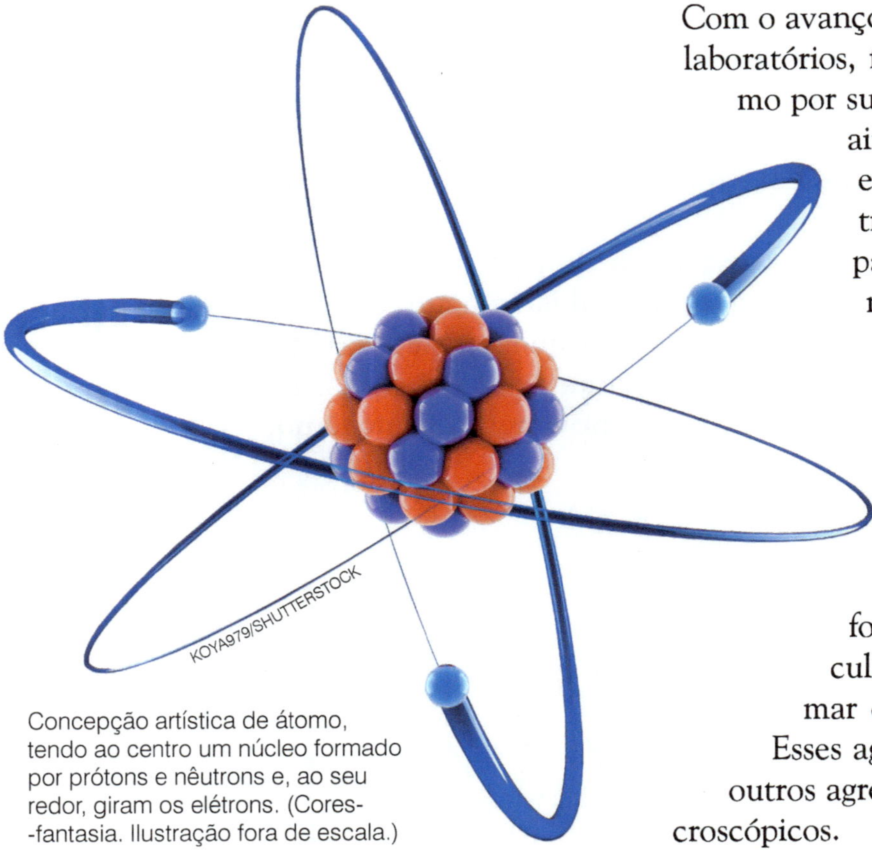

Concepção artística de átomo, tendo ao centro um núcleo formado por prótons e nêutrons e, ao seu redor, giram os elétrons. (Cores-fantasia. Ilustração fora de escala.)

Com o avanço das pesquisas e a evolução dos laboratórios, foi possível verificar que o átomo por sua vez é composto por partículas ainda menores: **prótons**, **elétrons** e **nêutrons**. Já os prótons e nêutrons são compostos por outras partículas, os **quarks**! Mas deixemos essa história para um próximo capítulo.

Para finalizar nossa jornada pela matéria e energia, vamos traçar um caminho que conecta os átomos aos corpos macroscópicos. Quando os átomos se ligam uns aos outros formam moléculas e essas moléculas também podem se ligar e formar estruturas moleculares maiores. Esses agregados moleculares ligam-se a outros agregados, formando os corpos macroscópicos.

Fique por dentro!

As ligações entre átomos e moléculas são chamadas de **ligações químicas**.

EM CONJUNTO COM A TURMA!

Neste capítulo, você viu algumas ilustrações que representam os estados sólido, líquido e de vapor. Em conjunto com seu grupo de trabalho, crie um modelo usando materiais do cotidiano para representar esses estados. Por exemplo, se você fosse usar pequenos pedacinhos de papel amassado para fazer seu modelo, o estado sólido seria representado pelos pedacinhos de papel agrupados, o estado de vapor seria representado pelos pedacinhos de papel bem dispersos em certa região, e o estado líquido seria uma situação intermediária.

Outra forma de produzir um modelo como esse é usando moedas, conforme ilustração ao lado.

Usem a criatividade! Planejem um modelo criativo para representar esses estados. Será que o modelo poderia representar o estado de plasma? Como isso seria possível?

Ao término do seu modelo, procure outros colegas na turma e explique cada um dos estados.

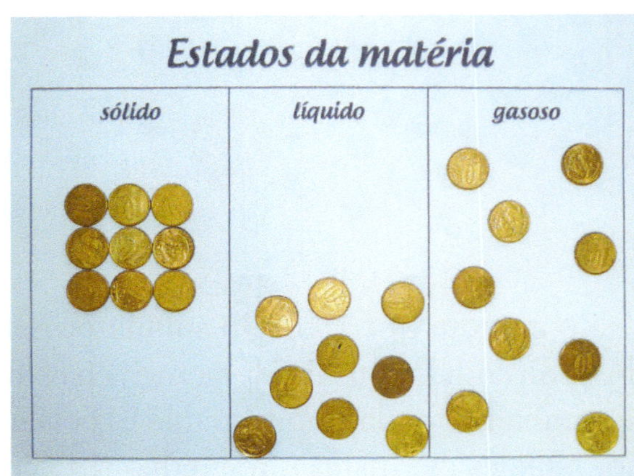

Nosso desafio

Para preencher os quadrinhos de 1 a 13, você deve utilizar as seguintes palavras: constante, criada, fortes, líquido, luminosa, mecânica, moderadas, quase nulas, sólido, sonora, térmica, transformada, varia.

À medida que você preencher os quadrinhos, risque a palavra que escolheu para não usá-la novamente.

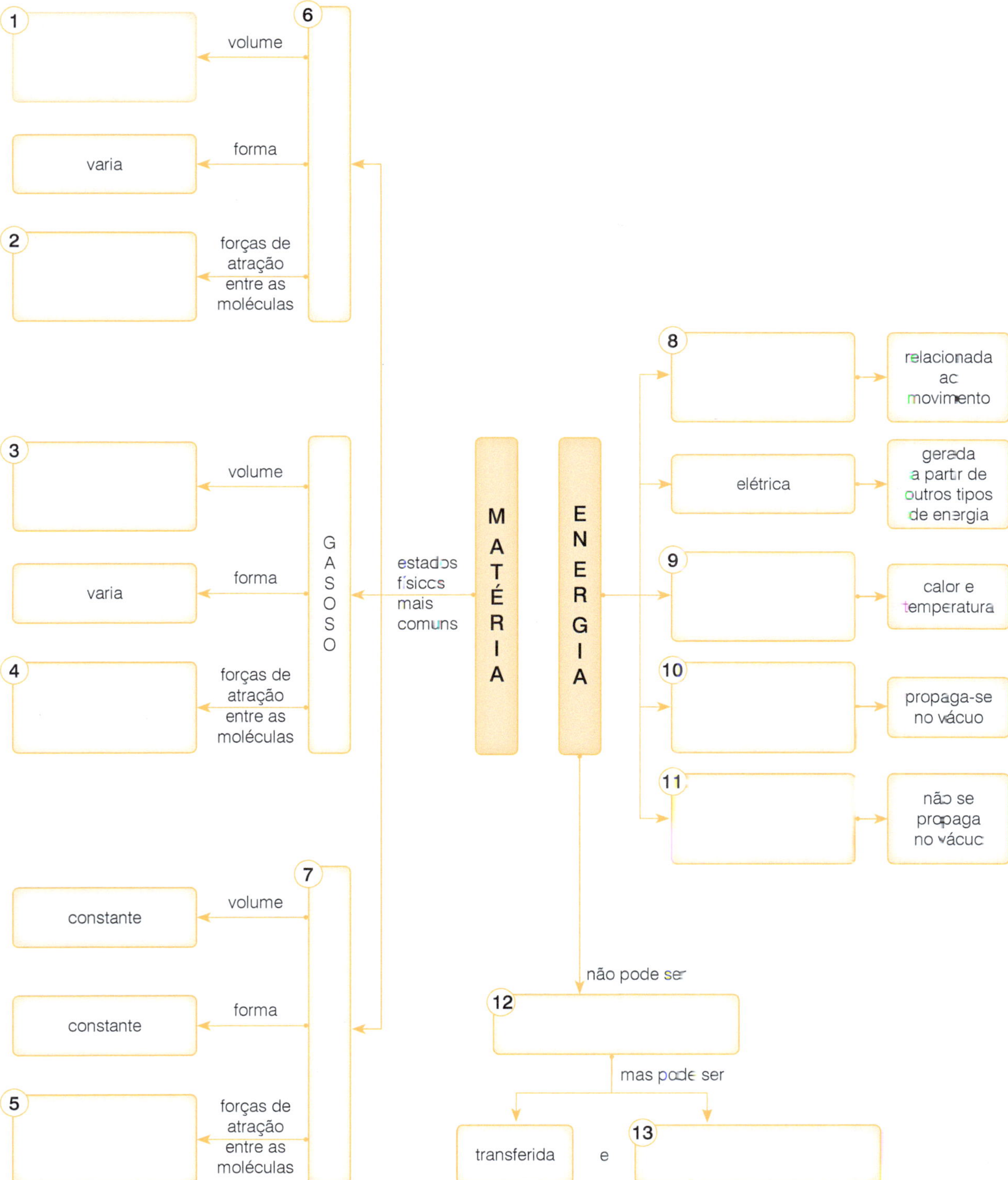

Atividades

1. [1, 10] Uma pedra de 100 cm^3 possui 265 g de massa. Determine sua densidade.

2. [1, 5, 10] Procure em livros ou na internet a densidade dos seguintes materiais com suas respectivas unidades: água; álcool etílico; etanol; óleo de cozinha (soja); gasolina; ferro; chumbo. Organize esses valores em uma tabela. Consulte esses valores sempre que necessário em outros exercícios.

3. [1, 3, 6, 7, 9, 10] De acordo com os valores obtidos na questão anterior, qual substância ocupa maior volume: 1 kg de água ou 1 kg de álcool etílico?

4. [1, 10] Sabendo-se que a densidade do gelo é 0,9 g/cm^3, determine a massa de 20 cm^3 de gelo.

5. [1, 3, 6, 7, 9, 10] Qual é a densidade da mistura de 1 L de água com 1 L de álcool etílico?

6. [1, 3, 6, 7, 9, 10] De acordo com sua resposta anterior, descreva o que será observado se em um frasco for adicionado água, óleo de soja, etanol e uma bolinha de ferro. Justifique sua resposta.

7. [1, 3, 6, 7, 9, 10] Dois recipientes de 1 litro foram preenchidos um com água e outro com álcool etílico. Cada um foi colocado em um dos lados de uma balança de pratos. O que a balança indicou? Justifique sua resposta com um argumento matemático.

8. [1, 3, 6, 7, 9, 10] Para construir um barco de 40 m^3 foram necessários 3.000 kg de ferro. Com essa informação, explique por que o barco boia se o ferro naturalmente afunda. Justifique sua resposta com cálculo matemático.

9. [1, 3, 6, 7, 9, 10] Uma empresa de combustível precisa construir dois depósitos: um para armazenar 3.000 toneladas de álcool e outro para armazenar 20.000 toneladas de etanol. Qual é o tamanho que cada depósito deve possuir? Justifique sua resposta com cálculo matemático.

10. [1, 3, 6, 7, 9, 10] Quando esfregamos uma mão contra outra, sentimos a temperatura aumentar. De onde veio a energia responsável por esse aumento de temperatura?

11. [1, 6, 7, 9, 10] Indique quais transformações de energia ocorrem com os seguintes objetos: ventilador; rádio; gerador eólico; célula solar; liquidificador; aquecedor; geladeira; elevador.

12. [1, 6, 7, 9, 10] Cite um equipamento ou processo natural capaz de realizar as seguintes transformações de energia:
    a) energia elétrica em sonora;
    b) energia mecânica em térmica;
    c) energia térmica em elétrica;
    d) energia mecânica em elétrica.

13. [1, 6, 9, 10] Observe as imagens abaixo e explique que mudanças de fases elas ilustram:

a) 
KAZOKA/SHUTTERSTOCK

b) 
FRESHPAINT/SHUTTERSTOCK

c) 
AMY JOHANSSON/ SHUTTERSTOCK

d) 
BORIS SOSNOVYY/ SHUTTERSTOCK

14. [1, 6, 7, 9, 10] Ordene os três estados da matéria que você conheceu neste capítulo de acordo com o grau crescente de agitação das moléculas.

15. [1, 6, 9, 10] Volte ao quadro de mudanças de estado físicos mostrado neste capítulo e liste as transformações de estado físico que estão presentes no cotidiano. Cite situações em que tais transformações ocorrem.

16. [1, 6, 7, 9, 10] Você já estudou em anos anteriores sobre o ciclo da água ou ciclo hidrológico. Escreva um texto de no máximo 12 linhas que relacione os processos de mudança de estado da água com as trocas de energia que a água faz com o meio em cada etapa.

Fonte: <http://www.srh.noaa.gov/jetstream/atmos/hydro_cycle.htm>

17. [1, 3, 6, 7, 9, 10] Imagine uma situação em que você enche um copo com água bem gelada. Antes de beber, observa que o copo fica cheio de pequenas gotículas de água na superfície externa. Explique como surgiram essas gotículas de água.

Enunciado para as questões **18** a **20**.

O gráfico ao lado representa a variação da temperatura de uma substância em função do tempo.

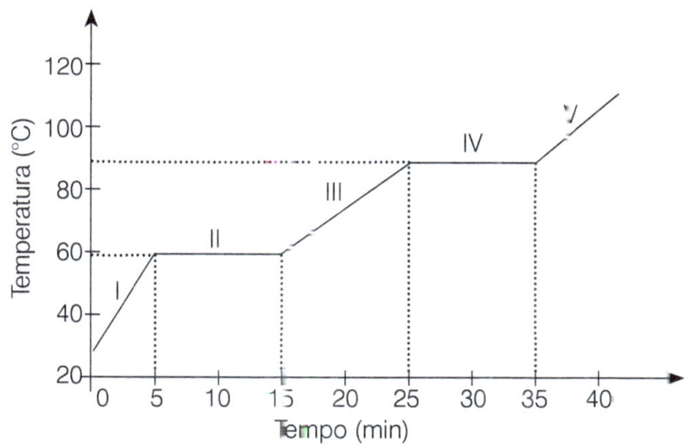

18. [1, 5, 6, 7, 9, 10] O gráfico mostra o aquecimento ou resfriamento da substância? Justifique sua resposta.

19. [1, 5, 6, 7, 9, 10] Qual é o estado físico da substância nos trechos I, III e V?

20. [1, 5, 6, 7, 9, 10] Que mudança(s) de estado físico está(ão) ocorrendo nos trechos II e IV?

Navegando na net

Assista no endereço eletrônico abaixo ao vídeo de como os cientistas do CERN são capazes de colidir partículas em velocidades próximas à da luz:

<http://www.youtube.com/watch?v=Ko_eDMhe5z8>

(*acesso em:* 4 jun. 2019). Não se esqueça de clicar no ícone de tradução.

capítulo 14 — A ENERGIA DOS MOVIMENTOS

Energia elétrica e desenvolvimento sustentável

A geração e o consumo de energia elétrica no Brasil têm aumentado significativamente na medida em que o país vem se desenvolvendo. A principal fonte de toda essa energia são as usinas hidrelétricas. Itaipu, a principal representante do setor, ainda mantém em 2019 o recorde mundial de geração, ocorrido em 2016, com assombrosos 103,1 milhões de MWh no ano.

Essa imensa quantidade de energia é gerada e transmitida para todo o Brasil e é utilizada para iluminar, aquecer ou resfriar ambientes, refrigerar alimentos, aquecer água para banho, alimentar TVs, rádios, computadores, mover motores elétricos de máquinas de lavar, liquidificadores... São tantas as aplicações que é difícil imaginar um mundo sem energia elétrica.

Mas como as usinas podem gerar tanta energia? O que é o kWh (quilowatt-hora)? Como medir e reduzir o consumo de energia para garantir um desenvolvimento sustentável das nações? Para investigar essas e muitas outras questões, vamos estudar neste capítulo o conceito de energia, suas diferentes formas, processos de transmissão e de transformação.

LUA CARLOS MARTINS/SHUTTERSTOCK

Energia e sociedade

Desde a descoberta do fogo, que possibilitou ao homem cozinhar os alimentos, até as baterias de celulares e computadores, cada vez menores e mais duradouras, o acesso e a manipulação de fontes de energia contribuíram para o desenvolvimento da humanidade.

Dentre várias formas de energia que podemos identificar na natureza, algumas das que estão presentes em nosso cotidiano estão representadas nas imagens a seguir.

ROMARIOLEN/SHUTTERSTOCK

Quando ouvimos música, certa quantidade de energia sonora é transmitida para nossos ouvidos.

A energia gerada em hidrelétricas é transferida para subestações que, por sua vez, transmitem a energia elétrica até nossas casas.

PAULO NABAS/SHUTTERSTOCK

MADY70/SHUTTERSTOCK

A energia térmica pode ser usada, por exemplo, em nossa casa para cozinhar os alimentos e pela indústria metalúrgica para derreter o ferro e produzir aço.

MARIA USPENSKAYA/SHUTTERSTOCK

SERGII KOVALOV/SHUTTERSTOCK

A energia mecânica pode estar associada a sistemas em movimento, como uma pessoa pedalando uma bicicleta.

As formas de energia dos exemplos mostrados podem ser classificadas, de acordo com a fonte, em **renováveis** e **não renováveis**.

As fontes de energia *renováveis* podem ser associadas a ciclos naturais que fazem com que a energia sempre se renove e sempre esteja disponível, como é o caso da energia armazenada na água das hidrelétricas, a energia solar e a energia eólica, entre outras.

Energia eólica: é a energia transformada a partir da energia do vento (*aeolicus*, em latim, quer dizer "referente a Éolo", deus dos ventos na mitologia grega).

Já outras são chamadas de fontes *não renováveis*, ou seja, uma vez utilizadas não podem ser novamente reaproveitadas em um ciclo natural de curta duração. É o caso da energia radioativa, da energia do carvão mineral e do petróleo e seus derivados.

Jogo rápido

Qual é a principal diferença entre o conceito de energia renovável e não renovável?

Tendo em vista os problemas de poluição e o consumo desenfreado das reservas naturais de energia, nações do mundo todo buscam desenvolver tecnologias que permitam cada vez mais o uso de fontes renováveis de energia. Apesar disso, o percentual de energias renováveis consumidas no mundo é de apenas cerca de 10%.

A participação de energias renováveis na matriz de consumo do Brasil é uma das maiores do mundo, cerca de 47,6%. Ainda assim, o uso de petróleo e seus derivados é bastante significativo, principalmente porque é dele que vem o combustível que move a imensa quantidade de veículos no país.

Fique por dentro!

Energia não pode ser criada, nem destruída. Apenas transformada ou transferida. É o que ocorre, por exemplo, na transformação da energia solar em energia química contida nos alimentos no processo de fotossíntese.

Dentre as formas de energia que vimos, aquela que talvez tenha maior impacto nas transformações sociais e no desenvolvimento tecnológico é a **energia elétrica**. A compreensão dos fenômenos elétricos e magnéticos ocorrida na Revolução Industrial, no final do século XIX, levou ao desenvolvimento de tecnologias para a transformação da energia, e transmissão e distribuição de energia elétrica em larga escala.

Apesar de usarmos o termo "geração de energia", a energia não pode ser criada, pode apenas ser *transferida* ou *transformada*. Essa transformação ocorre nas usinas hidrelétricas, termelétricas, nucleares, de biomassa, eólica e solar.

Jogo rápido

A energia mecânica associada à imagem do ciclista pedalando, mostrada anteriormente, seria renovável ou não renovável?

É SEMPRE BOM SABER MAIS!

Você sabe quais são as fontes de energia mais utilizadas no Brasil? Veja a seguir os percentuais de cada fonte na matriz energética.

RENOVÁVEIS ➲ 47,6%

biomassa de cana – 12%

BUNNYPHOTO/SHUTTERSTOCK

hidráulica e eletricidade – 18,6%

SIEGI/SHUTTERSTOCK

lenha e carvão vegetal – 8,2%

WICHAI PRASOMSRI1/SHUTTERSTOCK

lixívia* e outras renováveis – 8,8%

PEDROSALA/SHUTTERSTOCK

NÃO RENOVÁVEIS ➲ 52,4%

petróleo e derivados – 39,6%

LEO FRANCINI/SHUTTERSTOCK

gás natural – 7,6%

FOTOCUISINETTE/SHUTTERSTOCK

carvão mineral – 5,2%

MARK AGNOR/SHUTTERSTOCK

Fonte: BRASIL. *Balanço Energético Nacional 2018* – Ano base 2017. Rio de Janeiro: Empresa de Pesquisa Energética, 2017. p. 33.

* Lixívia é o resíduo líquido oriundo do processamento da madeira para a extração da celulose.

DE OLHO NO PLANETA

Sustentabilidade

Energia e desenvolvimento sustentável

Desde o início dos anos 90, estudiosos e cientistas alertavam para os efeitos da deterioração ambiental provocada pela ação humana. Um deles é o aquecimento global, provocado pelo elevado volume de emissões dos gases causadores do efeito estufa (GEE), particularmente o dióxido de carbono (CO_2), liberado em larga escala nos processos de combustão dos recursos fósseis para produção de calor, vapor ou energia elétrica. Outro é a possibilidade de esgotamento, no médio prazo, das reservas de recursos naturais mais utilizadas. Entre elas, carvão mineral e petróleo. Do ponto de vista econômico, este último, por sinal, durante quase uma década foi caracterizado pela (...) tendência de alta das cotações (que superaram US$ 100,00 por barril em 1980 e, mais recentemente, em 2008), o que se revelou como um forte estímulo para as iniciativas de substituição por outras fontes.

A atividade de obtenção de energia – e, particularmente, da energia elétrica – ingressou no século XXI, portanto, em busca do desenvolvimento sustentável, conceito que alia a expansão da oferta, consumo consciente, preservação do meio ambiente e melhoria da qualidade de vida. É o desenvolvimento capaz de suprir as necessidades da geração atual, sem comprometer a capacidade de atender as necessidades das futuras gerações. É o desenvolvimento que não esgota os recursos para o futuro.

Em outras palavras: o desafio é reduzir o impacto ambiental e, ao mesmo tempo, ser capaz de suportar o crescimento econômico – que, entre outros desdobramentos, proporciona a inclusão social de grandes contingentes da população, com o aumento da geração de renda e da oferta de trabalho.

Fonte: AGÊNCIA NACIONAL DE ENERGIA ELÉTRICA (BRASIL). *Atlas de Energia Elétrica do Brasil.* 3. ed. Brasília: Aneel, 2008. p. 13.

Transformação da energia

A ideia central por trás de todas as usinas citadas no final do item da página anterior é o uso de algum tipo de energia para produzir movimento de rotação das turbinas acopladas a um gerador.

Turbinas são máquinas cujo elemento principal é um rotor com hélices que se movimentam conforme uma corrente de água, gás ou vento passa por elas. As turbinas são acopladas aos **geradores elétricos**, equipamentos que transformam a energia contida no movimento das turbinas em energia elétrica.

No caso das **hidrelétricas**, o movimento da água que escoa pelos condutos da barragem passa pelo conjunto de pás provocando o movimento da turbina.

Rotor: componente de uma máquina que gira em torno de seu próprio eixo em um movimento de rotação.

MISS KANITHAR AIUMLA-OR/ SHUTTERSTOCK

Detalhe de uma turbina, cujas hélices se movimentarão à medida que uma corrente fluida passar por elas, fazendo girar o rotor.

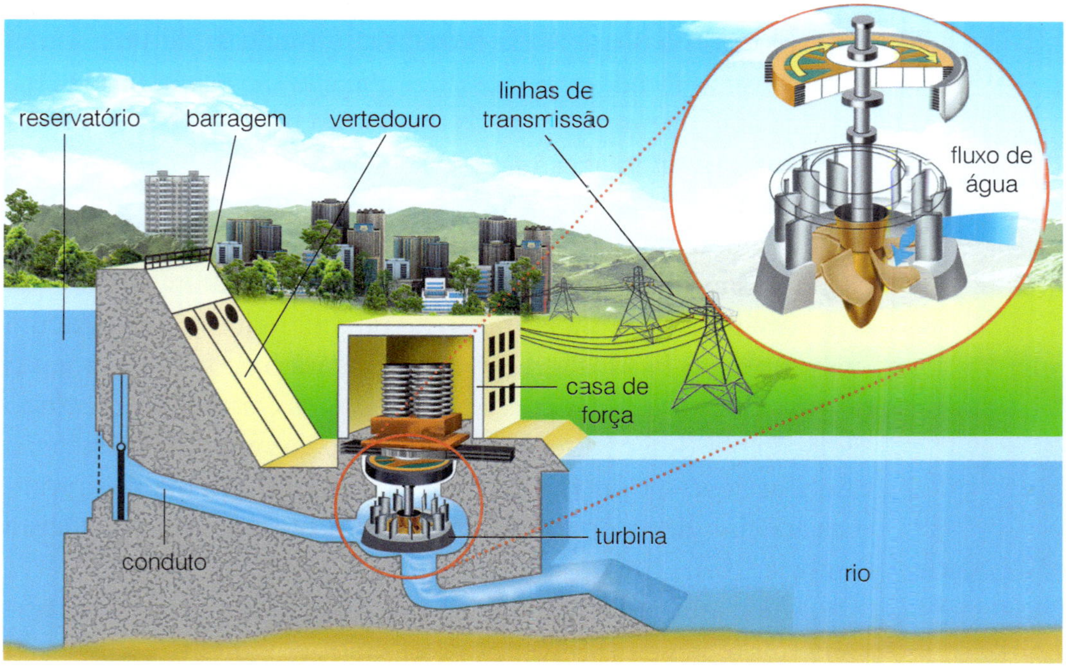

LUIS MOURA/acervo da editora

Adaptado de: AGÊNCIA NACIONAL DE ENERGIA ELÉTRICA (BRASIL). *Atlas de energia elétrica do Brasil*. 3. ed. Brasília: Aneel, 2008. p. 51.

Esquema simplificado de uma hidrelétrica. É construída uma barragem para conter as águas de um rio e formar um reservatório. Por um duto, a água é levada do reservatório até onde se encontram as turbinas, ligadas por um rotor ao gerador. É pelo movimento das pás das turbinas e do gerador que a energia do movimento da água é convertida em energia elétrica. Depois de passar pela turbina, a água é direcionada novamente para o rio. Quando há excesso de água no reservatório, ela sai pelo vertedouro. (Ilustração fora de escala.)

No caso das **termelétricas**, a queima de algum tipo de combustível (normalmente, o carvão) provoca ebulição da água armazenada em uma caldeira. O vapor-d'água sob pressão é liberado por uma tubulação que passa pela turbina, gerando movimento de rotação.

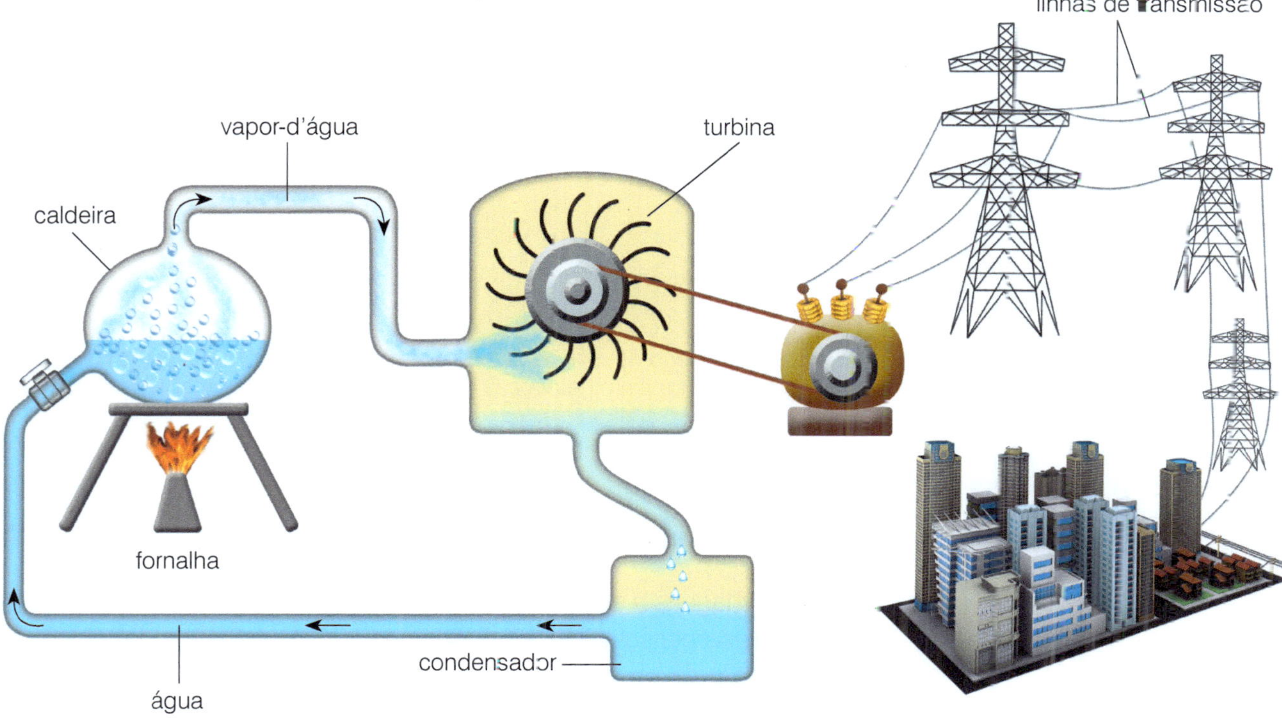

LUIS MOURA/acervo da editora

Adaptado de: Programa educ@ar. *Disponível em:* <http://educar.sc.usp.br/>. *Acesso em:* 16 nov. 2014.

Esquema simplificado do funcionamento de uma termelétrica. (Ilustração fora de escala.)

Biomassa: todo recurso renovável que provém de matéria orgânica.

No caso das usinas de **biomassa** e **nuclear**, de uma forma bastante simplificada podemos dizer que elas são usinas termelétricas cuja energia térmica vem da queima da biomassa e das reações nucleares que liberam calor, respectivamente.

As usinas nucleares têm a vantagem de não liberar para o meio ambiente gases de efeito estufa, além de poderem gerar grande quantidade de energia em um espaço bem menor do que o necessário para a implantação de uma hidrelétrica. Porém, um dos problemas ligados a elas é como se dará o acondicionamento do lixo nuclear gerado, pois seus compostos continuam emitindo radiação por dezenas de anos. O risco de vazamento da radiação também deve ser previsto e rotas de fuga das populações próximas em caso dessa ocorrência também precisam ser previamente estabelecidas.

As usinas **eólicas** têm um mecanismo mais simples: basicamente, é o vento o responsável pelo movimento de rotação das hélices que estão acopladas a geradores elétricos.

HXDYL/SHUTTERSTOCK

As torres de resfriamento das usinas nucleares, como as duas da foto acima, são utilizadas para liberar para a atmosfera o calor envolvido no processo. Geralmente, para isso utilizam a evaporação da água.

FOKKE BAARSSEN/SHUTTERSTOCK

Parque eólico em que podem ser vistos vários aerogeradores.

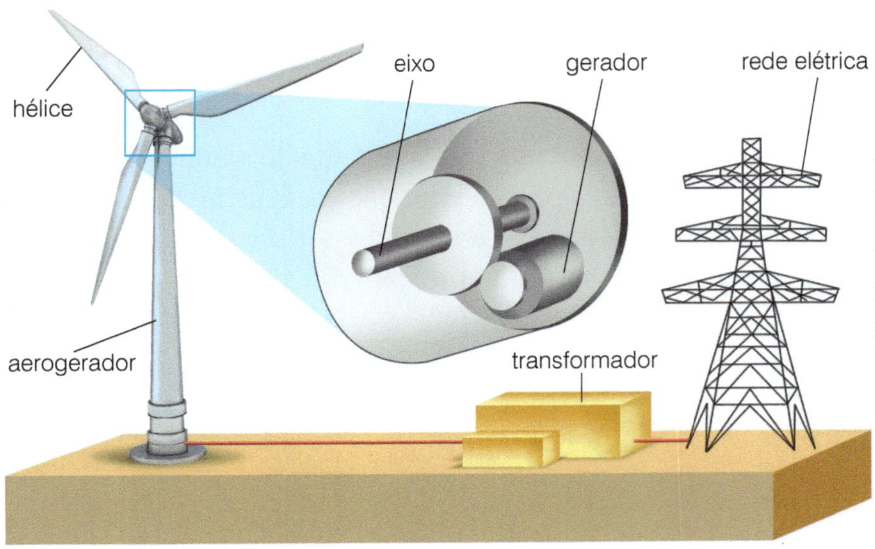

LUIS MOURA/acervo da editora

Adaptado de: <http://www.bbc.co.uk/portuguese/especial/1931_energia/page4.shtml>. *Acesso em:* 8 fev. 2019.

Esquema simplificado de uma usina eólica. As pás do aerogerador estão ligadas por meio de um rotor a um gerador. O giro das hélices e do gerador transformam a energia do vento em energia elétrica, que pode ser acumulada e depois transmitida pelas linhas de transmissão. (Ilustração fora de escala.)

Descubra você mesmo!

As imagens a seguir mostram uma usina solar e os painéis coletores de energia solar. Você sabe como funciona esse tipo de usina?

Faça uma pesquisa e busque entender como ocorre a captação de energia solar e a transformação em energia elétrica. Compartilhe sua descoberta com seus familiares e colegas.

DENIS ZHITNIK/SHUTTERSTOCK

PEDROSALA/SHUTTERSTOCK

Energia mecânica

Vamos retomar a questão da geração de energia elétrica liberada por uma hidrelétrica. Como já dissemos anteriormente, para que ocorra uma transformação que resulte em energia elétrica, a água em movimento transfere energia para a rotação da turbina e o movimento do gerador. Mas de onde vem a energia da água?

A origem dessa energia está relacionada à altura da barragem e à aceleração da gravidade ($g = 10 \text{ m/s}^2$). Dizemos que a água represada na barragem da hidrelétrica, que possui mais de 100 m de altura, armazena energia.

Para entender como essa energia pode ser armazenada, pense em uma simples experiência. Você segura uma bolinha de tênis a certa altura do solo. Quando você abre a mão, a bolinha entra em movimento de queda. Podemos dizer que a bolinha em queda possui energia associada ao seu movimento, assim como qualquer outro corpo que se move com certa velocidade tem também uma energia – **energia cinética**.

ALF RIBEIRO/SHUTTERSTOCK

Imagem dos condutos forçados da barragem de Itaipu (essa barragem tem 7.919 m de extensão e altura máxima de 196 m, o equivalente a um prédio de 65 andares). Por essa canalização a água é forçada em direção às turbinas. Em Itaipu, são 20 os condutos, cada um com 10,5 m de diâmetro interno e 142,2 m de comprimento.

> A energia associada ao movimento de um corpo é denominada **energia cinética**.

A energia cinética (E_C) de um corpo de massa (m) que se move com velocidade (v) é dada por:

$$E_C = \frac{m \cdot v^2}{2}$$

Lembre-se!

A unidade de energia no SI (Sistema Internacional de Unidades) é o **joule** (J).

LUIS MOURA/acervo da editora

A energia cinética está associada à bolinha em seu movimento de queda.

Mas antes de você abrir sua mão, a bolinha não possuía velocidade; portanto, não tinha energia cinética. De onde veio, então, a energia cinética?

O simples fato de existir um campo gravitacional que atrai os corpos para a Terra e de você segurar a bolinha a certa altura do solo faz com que exista uma energia armazenada na bolinha junto a sua mão e em relação ao solo, que é chamada **energia potencial gravitacional.**

A energia armazenada em um corpo devido a sua altura em relação a uma superfície e à existência da gravidade é chamada de **energia potencial gravitacional**.

A energia potencial gravitacional (E_G) de um corpo de massa (m), que está a certa altura (h) do solo em uma região onde há aceleração da gravidade (g), é dada por:

$$E_G = m \cdot g \cdot h$$

Quando você solta a bolinha de tênis, a energia potencial gravitacional é transformada em energia cinética e a bolinha entra em movimento de queda. O mesmo raciocínio se aplica para uma hidrelétrica.

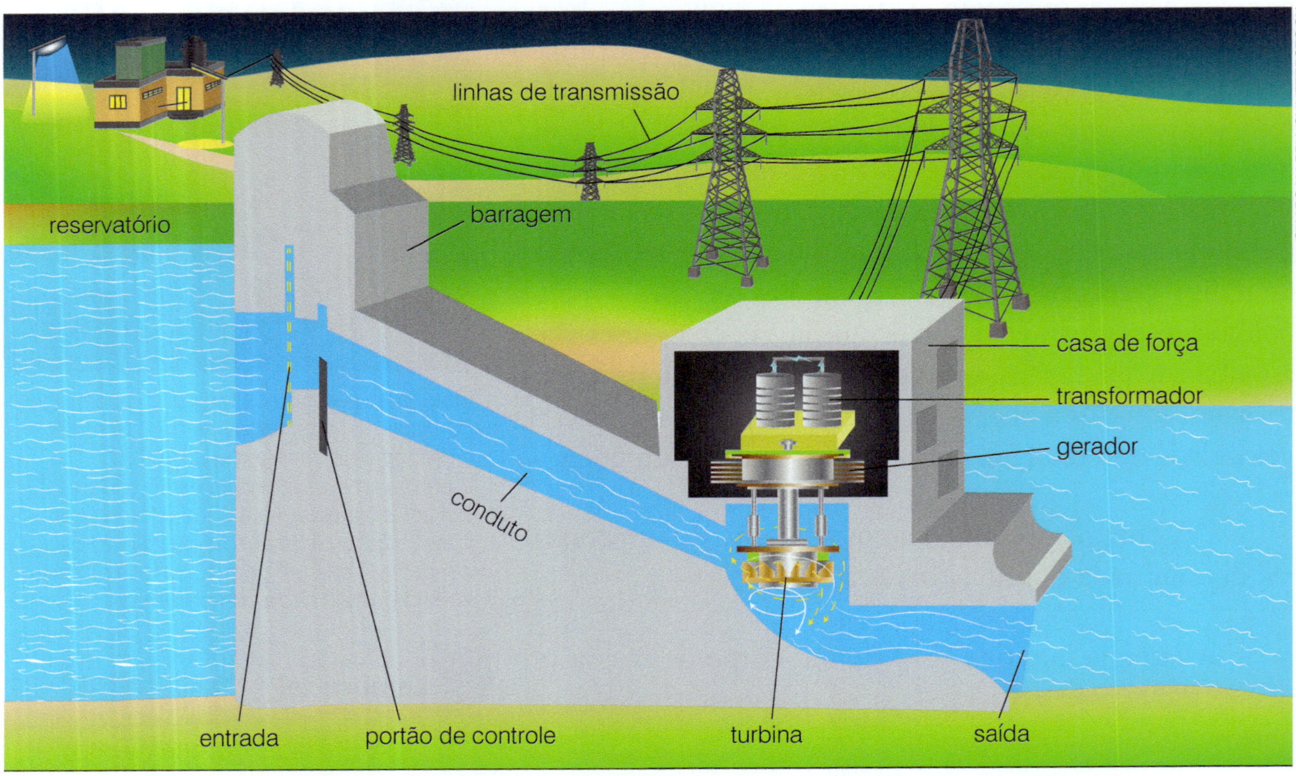

SNAPGALLERIA/SHUTTERSTOCK

A água na barragem (represa) de uma hidrelétrica possui energia potencial gravitacional (energia armazenada). Quando flui pela entrada de água caindo por uma centena de metros ao longo dos dutos, essa energia é convertida em energia cinética (movimento), que faz girar a turbina e o gerador elétrico.

Para estender um pouco a compreensão sobre o armazenamento de energia, vamos considerar outro sistema: uma mola ou um elástico. Quando comprimimos uma mola contra a parede, por exemplo, sentimos a mola pressionando nosso dedo na tentativa de volta ao estado inicial.

Da mesma forma, quando esticamos uma mola, percebemos que há uma tendência de a mola retornar ao estado inicial. Enquanto a mola está esticada ou comprimida, há uma energia armazenada no sistema, que é chamada **energia potencial elástica.**

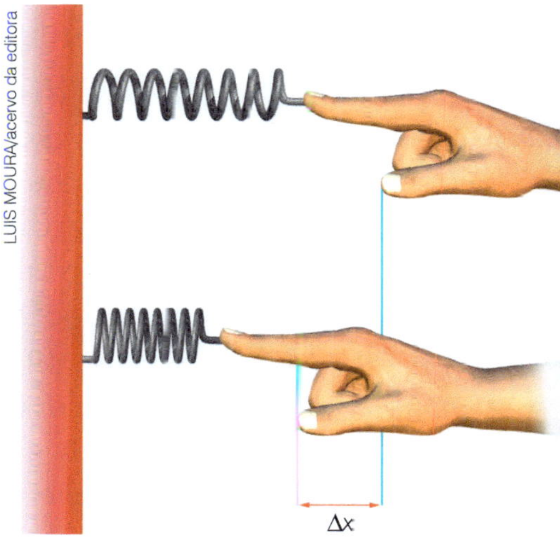

LUIS MOURA/acervo da editora

REGRETO/SHUTTERSTOCK

A energia armazenada devido à deformação e à elasticidade de um material é chamada de **energia potencial elástica.**

Quando mantemos um elástico esticado entre nossos dedos, o sistema armazena energia potencial elástica. Quando soltamos o elástico do dedo indicador, a energia potencial elástica é convertida em energia cinética e ele entra em movimento.

LUIS MOURA/acervo da editora

Outro exemplo de situação em que encontramos a conversão de energia potencial elástica em cinética é no tiro com arco. Quando o arqueiro puxa a corda, deforma o arco (que possui propriedades elásticas) e armazena energia potencial elástica no sistema. Ao disparar a flecha, a energia armazenada é convertida em energia cinética.

Ao conjunto de energia cinética (E_C), potencial gravitacional (E_G) e potencial elástica (E_E) damos o nome de **energia mecânica** (E_M). Matematicamente, podemos expressar essa relação por:

$$E_M = E_C + E_G + E_E$$

Princípio da Conservação da Energia

O lançamento de um elástico por nossos dedos, o tiro com arco e flecha, a queda de uma bolinha de tênis, o movimento da água em uma usina hidrelétrica, todas essas situações têm em comum o fato de que a energia total sempre se conserva (**Princípio da Conservação da Energia**), isto é, a energia total no início de um processo é igual à energia total em qualquer outro momento desse processo. Por exemplo, a energia mecânica sempre se conserva em sistemas isolados, isto é, em que não há dissipação para o ambiente de energia por atrito, calor, som ou outra forma. Caso contrário, parte da energia se dissipa para o ambiente e a energia mecânica não se conserva. Porém, se levarmos em conta todas as modalidades de energia envolvida em um processo, ela nunca se altera.

Quando soltamos uma bolinha de tênis contra o solo, por exemplo, verificamos que ela quica atingindo alturas cada vez menores. Isso ocorre, pois a energia potencial gravitacional se converteu em cinética fazendo com que a bola caia, mas quando ela bate no solo, produz som, vibração e uma quantidade mínima de calor. Essa energia é dissipada para o ambiente ao redor. O que resta de energia cinética volta a se converter em energia potencial gravitacional e a bola sobe, mas não atinge a mesma altura inicial. Depois que toda energia cinética foi convertida em potencial gravitacional, a bola volta a cair e o processo se repete. A cada colisão da bola com o solo, parte da energia mecânica do sistema é perdida até que não reste mais energia cinética para a bola voltar a subir.

ANA OLÍVIA JUSTO/acervo da editora

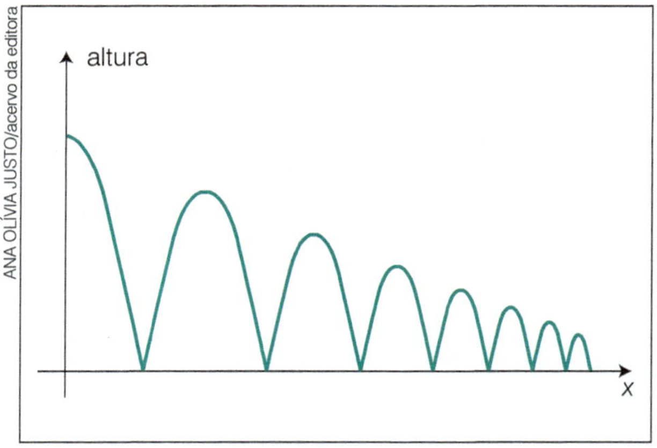

Quando uma bola toca o solo e volta a subir, parte de sua energia inicial se dissipa na forma de vibração, som e calor. Daí o porquê de ela não atingir novamente a altura inicial.

ENTRANDO EM AÇÃO

Vamos analisar a perda de energia de uma bolinha de tênis ou de borracha quando ela colide com o solo.

Você vai precisar de uma bolinha de tênis ou de borracha, mas também pode utilizar uma bola de futebol ou de basquete desde que você saiba a massa dessa bola.

1. Anote a altura inicial de onde você vai abandonar a bolinha de tênis.
2. Considere que uma bola de tênis tem aproximadamente 60 g e determine a energia potencial gravitacional da bola.
3. Solte a bola e deixe que ela colida com o solo e suba novamente.
4. Procure anotar a altura atingida pela bola após colidir com o solo.
5. Com base nessa altura e na massa da bolinha, determine a energia potencial gravitacional da bolinha após a colisão.
6. Subtraindo os valores obtidos nas etapas 5 e 2, calcule a energia perdida durante a colisão.
7. Com base nos valores obtidos e na energia inicial, faça uma estimativa de quantas vezes a bolinha vai colidir com o solo até parar.
8. Solte a bolinha novamente e conte quantas vezes ela colide com o solo até parar. Compare esse número com sua estimativa obtida na etapa 7.

Trabalho, potência e energia

No cotidiano, nós associamos a ideia de trabalho a um esforço físico ou mental. Quando você está sentado diante de um computador cinco horas por dia em uma sala de bate papo, sem se deslocar, está realizando trabalho? Podemos dizer que, no cotidiano, sim. Em Física, trabalho está *ligado a força e ao deslocamento produzido* por essa força; portanto, no sentido físico, você não estaria realizando trabalho, ou seja, só a aplicação da força não é suficiente para a realização de um trabalho.

ROMRODPHOTO/SHUTTERSTOCK

Na foto acima, a criança está realizando um trabalho, pois a força que ela aplica sobre o carrinho está produzindo um deslocamento.

Em termos físicos, trabalho é a medida da quantidade de energia necessária para que uma força que atua sobre um corpo o movimente ou lhe cause deformações.

Para uma força constante e paralela ao deslocamento, o trabalho pode ser calculador por:

$$\tau = F \cdot \Delta s$$

ANA OLÍVIA JUSTO/ acervo da editora

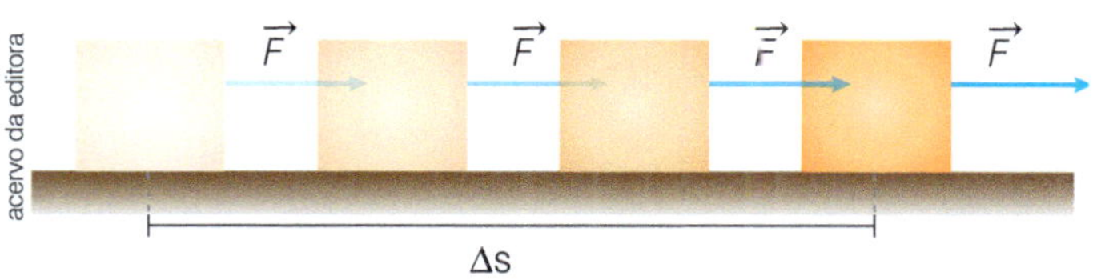

em que a letra grega τ (lê-se *tau*) é o trabalho, F é o módulo da força constante e Δs é o deslocamento. O sinal positivo de trabalho indica que a força e o deslocamento apresentam o mesmo sentido. O sinal negativo de trabalho, ao contrário, indica que a força e o deslocamento apresentam sentidos opostos; nesse caso, a força seria de **resistência**.

Outra grandeza pertinente para a descrição dos processos de transformação e transferência de energia é a **potência**. A potência mecânica de um dispositivo está relacionada com a eficiência com que um trabalho é realizado ou a energia é transformada.

Lembre-se!

No SI, a unidade de medida do trabalho de uma força é o **joule** (J) ou N · m.

Módulo: um valor ou número absoluto, isto é, um número tomado sempre com sinal positivo.

Eficiência: capacidade de conseguir o efeito desejado.

Lembre-se!

Força é uma grandeza vetorial e deve ser representada por $\vec{F}$. Toda grandeza vetorial possui *direção*, *sentido* e *módulo* (também denominado *intensidade*).

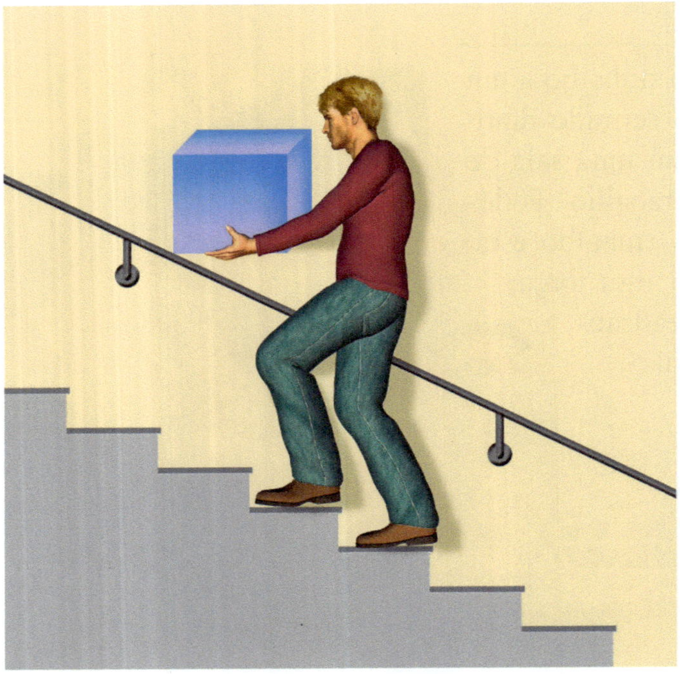

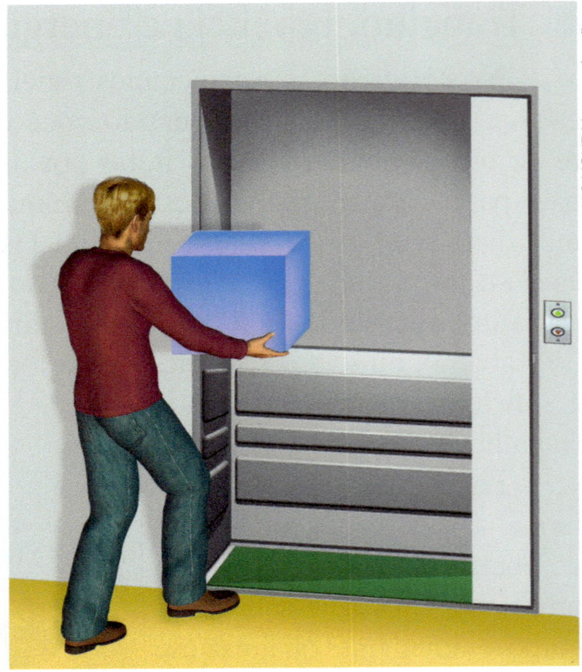

LUIS MOURA/acervo da editora

Se você precisar levar uma caixa até o 10.º andar de um edifício, pode transportá-la pela escada ou utilizando o elevador. Em ambas as situações, o trabalho realizado é o mesmo, mas há uma diferença entre as situações: utilizando o elevador você gasta um intervalo de tempo menor (como o elevador é mais potente que o homem, ele realiza o mesmo trabalho em um intervalo de tempo menor).

Fique por dentro!

A unidade de potência mecânica no SI é o **watt** (W) ou J/s. Quando falamos em equipamento de potência elevada, é comum utilizarmos o termo quilowatts (o prefixo "quilo" é igual a mil):

1 kW = 1.000 W

Matematicamente, a potência (P) pode ser calculada em termos do trabalho (τ) ou da energia (E) por:

$$P = \frac{\tau}{\Delta t} \quad \text{ou} \quad P = \frac{E}{\Delta t}$$

É SEMPRE BOM SABER MAIS!

Corrente elétrica

Você já deve saber que o que possibilita o funcionamento dos diversos aparelhos elétricos que temos em nossa casa é a corrente elétrica. Mas o que vem a ser essa corrente?

Para compreender o que é corrente elétrica, vamos fazer uma analogia com o movimento de água no interior de um cano. Enquanto o cano com água permanecer na horizontal, não haverá um fluxo ordenado de água de um lado para outro. Mas basta inclinar um dos lados do cano para que esse desnível, essa diferença, faça com que a água passe a fluir ordenadamente de um lado para outro. Em um condutor elétrico, um efeito análogo ocorre com os elétrons.

Se visualizássemos a estrutura atômica de um condutor, por exemplo, um fio de cobre, observaríamos que seus elétrons se movimentam em todas as direções, totalmente desordenados. No entanto, quando ligamos esse condutor aos polos de uma bateria, criamos uma diferença entre esses polos e estabelece-se um movimento ordenado de elétrons, ou seja, uma **corrente elétrica**. Assim, corrente elétrica é o *movimento ordenado de elétrons* por um condutor.

ESTABELECENDO CONEXÕES

Cotidiano

Entendendo sua conta de luz

Para medir a quantidade de energia elétrica utilizada por uma residência, as empresas de cobrança levam em conta a potência elétrica e o tempo de uso:

$$P = \frac{E}{\Delta t} \Leftrightarrow E = P \cdot \Delta t$$

Mas em vez de medir a potência em watt e o tempo em segundos para obter a energia em joules, as empresas medem a quantidade de energia consumida em uma unidade diferente daquela utilizada no SI: elas utilizam o *quilowatt-hora* (kWh).

Para isso, consideram a potência medida em kW (sendo que 1 kW = = 1.000 W) e o tempo medido em horas (1 h = 3.600 s).

Profissionais especializados visitam todos os meses as residências para fazer a leitura do consumo de energia elétrica. Se um medidor, por exemplo, registra 2.481 kWh em uma leitura e, no mês seguinte, 2.581 kWh, o consumo de energia no mês foi de 100 kWh.

Você pode calcular o consumo elétrico dos equipamentos elétricos e eletrônicos de sua casa buscando nos rótulos ou manuais as informações de potência de cada aparelho e estimando o tempo de uso de cada um.

LITTLEMISS/SHUTTERSTOCK

Os medidores ciclométricos registram o consumo de energia de uma residência.

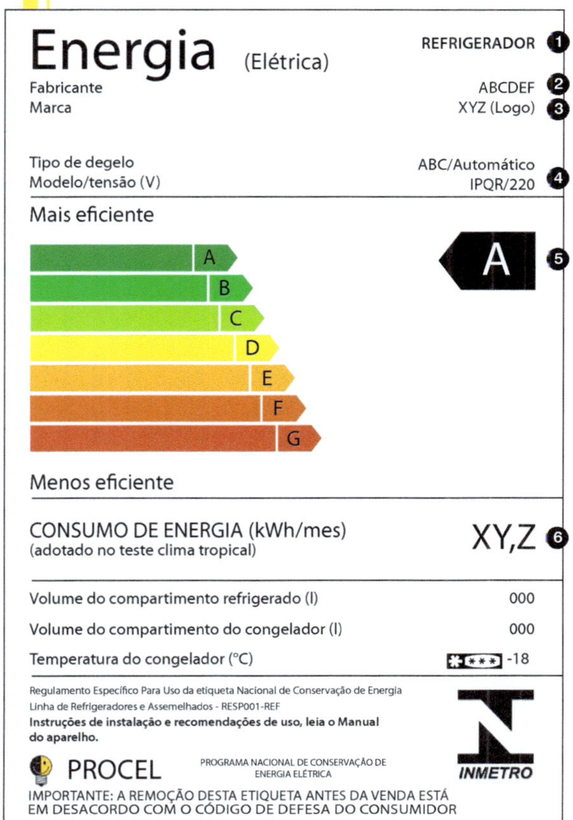

ANA OLÍVIA JUSTO/acervo da editora

1 – Indica o tipo de equipamento
2 – Indica o nome do fabricante
3 – Indica a marca comercial ou logomarca
4 – Indica o modelo/tensão
5 – A letra indica a eficiência energética do equipamento
6 – Indica o consumo de energia, em kWh/mês

Descubra você mesmo!

Verifique na conta de luz de sua casa qual é o valor pago por 1 kWh. A seguir, supondo que o chuveiro elétrico de sua casa tenha 2.800 W de potência, calcule qual o custo de um banho seu.

O nível de consumo de muitos equipamentos pode ser observado também no selo Procel, um dispositivo criado pelo Programa Nacional de Conservação da Energia Elétrica que tem por objetivo orientar o consumidor no momento da compra para ajudá-lo a optar por equipamentos mais eficientes e que apresentem menor consumo.

Disponível em: <http://www.eletrobras.com/ELB/main.asp?TeamID=%7B95F19022-F8BB-4991-862A-1C116F13AB71%7D>. *Acesso em:* 3 dez. 2014.

EM CONJUNTO COM A TURMA!

Desafio da economia de energia elétrica

Nessa atividade, vamos analisar algumas medidas que podemos tomar visando a reduzir o consumo de energia elétrica.

1. Em sua turma, forme vários grupos de 2, 3 ou 4 alunos.
2. Cada um dos integrantes de seu grupo deve pedir aos pais ou responsáveis as informações de consumo de energia elétrica da conta de luz de sua casa.
3. Encontre o gasto energético do grupo somando os gastos, em kWh, de cada um dos membros da equipe.
4. Discuta com seu grupo que ações podem ser tomadas na casa de cada um dos integrantes para que o consumo do mês seguinte seja reduzido.
5. Leve suas ideias para sua casa, discuta com seus familiares e procure aplicá-las ao longo do mês.
6. Após um mês, o grupo deve analisar novamente as contas de luz somando os valores.
7. Fazendo uma regra de três simples, descubra qual foi a redução percentual após aplicar as ações para diminuir o consumo.
8. O consumo total de cada grupo deve ser diferente, mas a redução percentual pode ser comparada. Faça essa comparação entre os vários grupos. Qual foi o grupo vencedor? Qual foi o segredo da vitória?
9. Discutam entre todos os grupos quais foram as ações mais efetivas para reduzir o consumo.

BENZNERKUP/SHUTTERSTOCK

Medidas simples, como apagar a luz dos cômodos quando não há pessoas neles ou quando a iluminação natural é suficiente, fazem diferença não só na conta paga pela energia, mas também para o meio ambiente.

Nosso desafio

Para preencher os quadrinhos de 1 a 10, você deve utilizar as seguintes palavras: cinética, joule, mecânica, não renováveis, potência, potencial elástica, potencial gravitacional, renováveis, trabalho, watt.

À medida que você preencher os quadrinhos, risque a palavra que escolheu para não usá-la novamente.

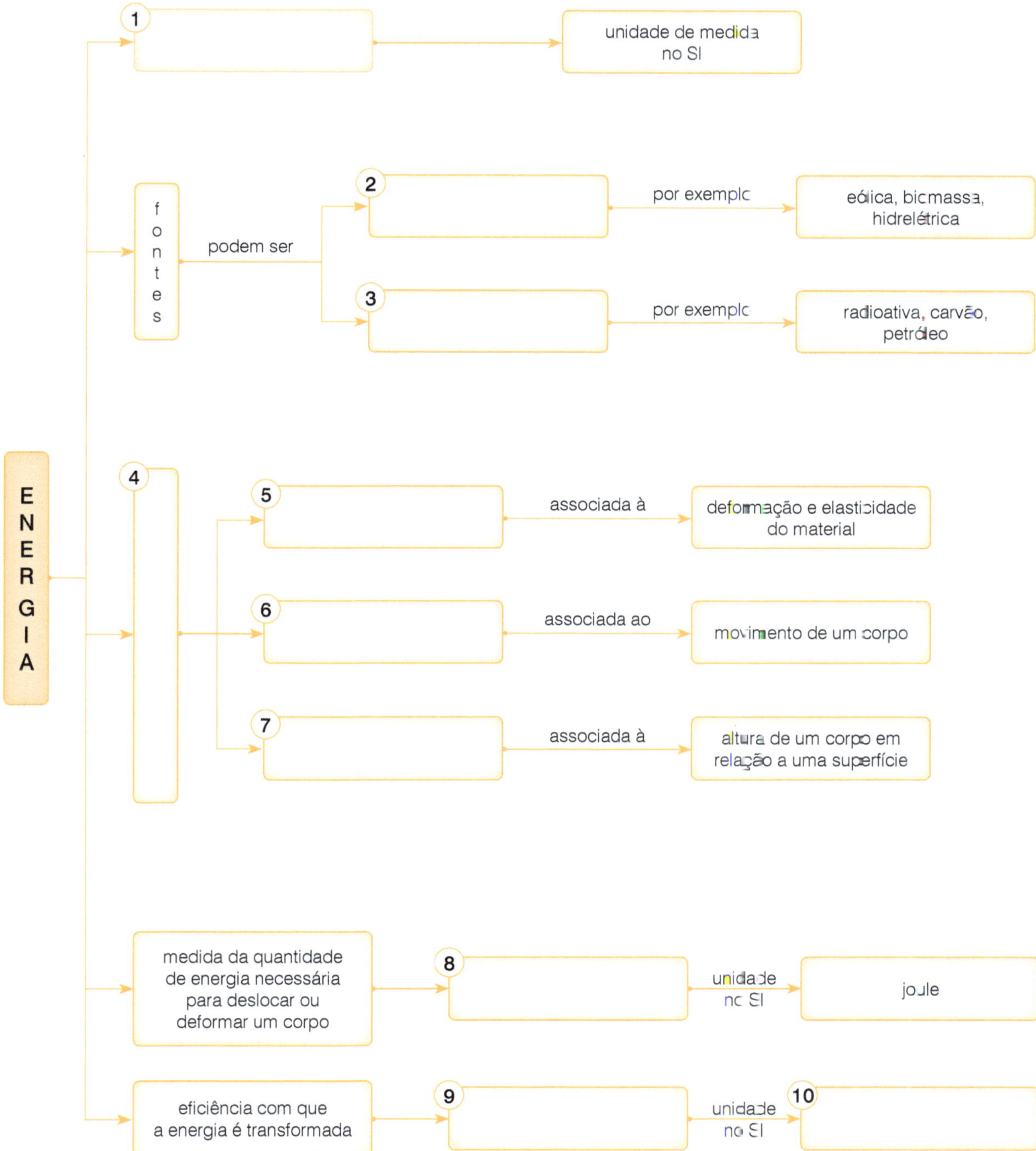

Atividades

1. [1, 10] Vimos que a energia elétrica pode ser obtida por diferentes tipos de usina, entre elas: hidrelétricas, termelétricas, nucleares e eólicas. Discuta os pontos positivos e negativos de cada uma delas.

2. [1, 6, 9, 10] Pouco antes de ir ao colégio, um garoto levanta sua mochila do chão e a apoia sobre seu ombro. Sabendo-se que a mochila com todo o seu material possui massa 5 kg e que sua altura do solo vale 1 m:
   a) Determine, adotando $g = 10\ m/s^2$, a energia potencial gravitacional adquirida pela mochila.
   b) Qual é a origem dessa energia?

3. [1, 6, 9, 10] Um trator arrasta o tronco de uma árvore por 600 m, aplicando-lhe uma força de 1.000 N. Determine:
   a) O trabalho realizado por essa força.
   b) A potência desenvolvida por essa força, se esse trabalho foi realizado em 5 min.

4. [1, 6, 9, 10] Um homem de 80 kg está em repouso no ponto mais alto de um tobogã de 5 m de altura em relação à água de uma piscina em um parque aquático.
   a) Qual é a energia potencial gravitacional do homem no alto do tobogã em relação à superfície da água, considerando-se a aceleração da gravidade igual a $10\ m/s^2$?
   b) Desprezando-se todas as formas de atrito, determine sua velocidade de impacto com a água da piscina.

5. [1, 6, 9, 10] No halterofilismo, o atleta deve levantar do chão até sobre a cabeça a maior quantidade de peso possível. O *arranco* é uma modalidade em que o atleta deve levantar a barra onde são fixados os pesos em um movimento sem pausa e sem apoiar a barra no corpo. O levantador deve estabilizar a barra acima da cabeça e permanecer imóvel por dois segundos, quando receberá dos árbitros o sinal para "abaixar" a barra. Muitos atletas, campeões olímpicos nessa modalidade, chegam a levantar mais de 200 kg. Adotando-se $g = 10\ m/s^2$, determine:
   a) A energia transferida pelo atleta em um levantamento de 200 kg até uma altura de 2,5 m.
   b) Se o atleta gastou 2 s para o levantamento, determine a potência desenvolvida por ele.

6. [1, 2, 6, 9, 10, 11] Uma família é composta por quatro pessoas. Cada uma necessita de aproximadamente 15 minutos para um banho em um chuveiro de potência 5.400 W.
   a) Aproximadamente, qual é o consumo mensal de energia elétrica do chuveiro, em kWh, dessa família?
   b) Sabendo-se que um kWh custa R$ 0,30, determine, aproximadamente, o gasto mensal dessa família com o uso desse chuveiro.

7. [1, 6, 9, 10] Um veículo de 1.000 kg percorre uma estrada reta com velocidade 108 km/h (30 m/s) quando avista uma lombada eletrônica que indica velocidade máxima de 36 km/h (10 m/s). Para reduzir a velocidade para o limite permitido, o motorista aciona os freios. Considerando que o atrito exercido pelos freios foi a única força responsável pela redução da velocidade e que toda a energia de movimento foi convertida em energia térmica pelos freios, determine a energia térmica, em kJ, que os freios devem dissipar para que o veículo reduza sua velocidade.

8. [1, 6, 9, 10] Um garoto de 50 kg ao chegar da escola subiu pela escada os dois andares até chegar ao seu apartamento. Sabendo-se que os dois andares possuem uma altura de 6,4 m e que o garoto levou 10 s para subir pela escada, determine a potencia média desenvolvida por ele. Adote $g = 10\ m/s^2$.

9. **[1, 6, 7, 9, 10, 11]** (ENEM) A energia elétrica consumida nas residências é medida, em quilowatt-hora, por meio de um relógio medidor de consumo. Nesse relógio, da direita para esquerda, tem-se o ponteiro da unidade, da dezena, da centena e do milhar. Se um ponteiro estiver entre dois números, considera-se o último número ultrapassado pelo ponteiro. Suponha que as medidas indicadas nos esquemas seguintes tenham sido feitas em uma cidade em que o preço do quilowatt-hora fosse de R$ 0,20.

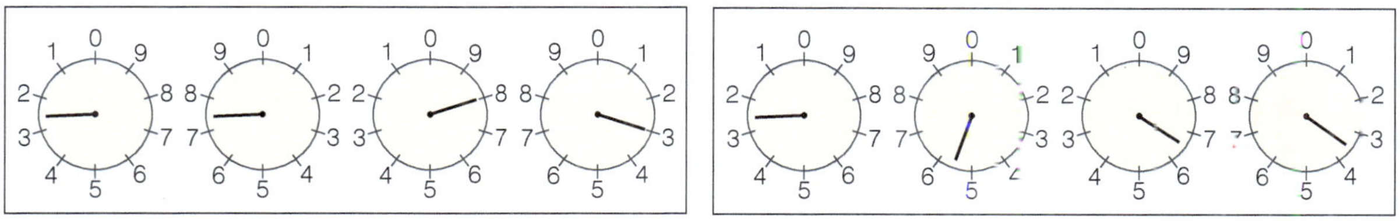

ANA OLÍVIA JUSTO/acervo da editora

FILHO, A. G.; BAROLLI, E. *Instalação Elétrica*. São Paulo: Scipione, 1997.

O valor a ser pago pelo consumo de energia elétrica registrado seria de

a) R$ 41,80. b) R$ 42,00. c) R$ 43,00. d) R$ 43,80. e) R$ 44,00.

10. **[1, 3, 6, 7, 9, 10, 11]** (ENEM) O esquema mostra um diagrama de bloco de uma estação geradora de eletricidade abastecida por combustível fóssil.

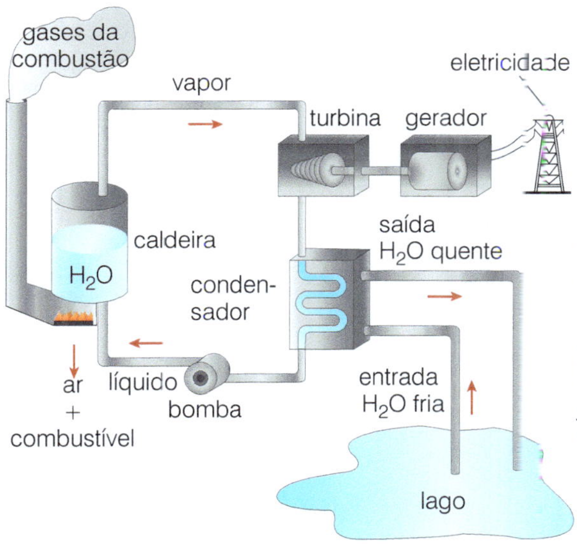

ANA OLÍVIA JUSTO/acervo da editora

HINRICHS, R. A.; KLEINBACH, M. *Energia e o Meio Ambiente*. São Paulo: Pioneira Thomson Learning, 2003. Adaptado.

Se fosse necessário melhorar o rendimento dessa usina, que forneceria eletricidade para abastecer uma cidade, qual das seguintes ações poderia resultar em alguma economia de energia, sem afetar a capacidade de geração da usina?

a) Reduzir a quantidade de combustível fornecido à usina para ser queimado.
b) Reduzir o volume de água do lago que circula no condensador de vapor.
c) Reduzir o tamanho da bomba usada para devolver a água líquida à caldeira.
d) Melhorar a capacidade de os dutos com vapor conduzirem calor para o ambiente.
e) Usar o calor liberado com os gases pela chaminé para mover outro gerador.

11. **[1, 3, 6, 7, 9, 10, 11]** (ENEM) Com o projeto de mochila ilustrado na figura a seguir, pretende-se aproveitar, na geração de energia elétrica para acionar dispositivos eletrônicos portáteis, parte da energia desperdiçada no ato de caminhar.

MOCHILA GERADORA DE ENERGIA

- A mochila tem uma estrutura rígida semelhante à usada por alpinistas.
- O compartimento de carga é suspenso por molas colocadas na vertical.
- Durante a caminhada, os quadris sobem e descem em média cinco centímetros. A energia produzida pelo vai-e-vem do compartimento de peso faz girar um motor conectado ao gerador de eletricidade.

O sobe-e-desce dos quadris faz a mochila gerar eletricidade

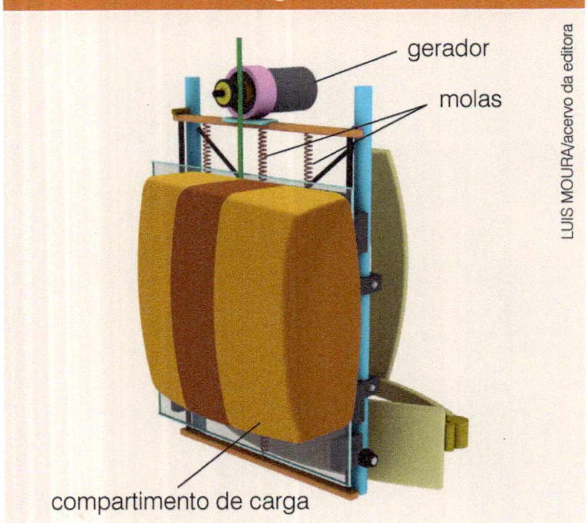

IstoÉ, n. 1.864, p. 69, set. 2005. Adaptado.

As transformações de energia envolvidas na produção de eletricidade enquanto uma pessoa caminha com essa mochila podem ser esquematizadas conforme ilustrado a seguir.

MOVIMENTO DA MOCHILA

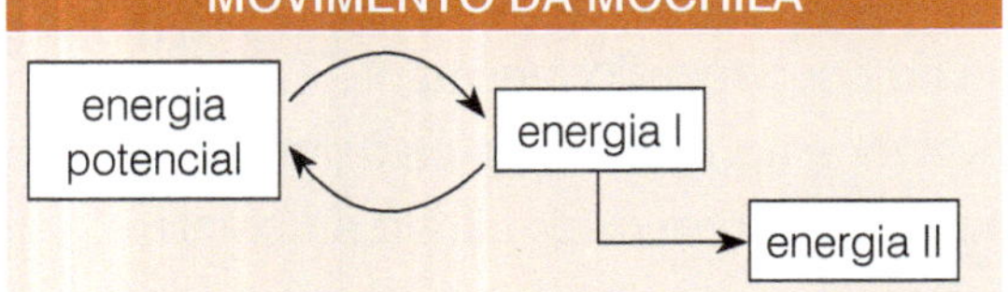

As energias I e II, representadas no esquema anterior, podem ser identificadas, respectivamente, como

a) cinética e elétrica.
b) térmica e cinética.
c) térmica e elétrica.
d) sonora e térmica.
e) radiante e elétrica.

12. **[1, 3, 6, 7, 9, 10]** (ENEM) A figura a seguir ilustra uma gangorra de brinquedo feita com uma vela. A vela é acesa nas duas extremidades e, inicialmente, deixa-se uma das extremidades mais baixa do que a outra. A combustão da parafina da extremidade mais baixa provoca a fusão. A parafina da extremidade mais baixa da vela pinga mais rapidamente do que na outra extremidade. O pingar da parafina fundida resulta na diminuição da massa da vela na extremidade mais baixa, o que ocasiona a inversão das posições.

Assim, enquanto a vela queima, oscilam as duas extremidades.

Nesse brinquedo, observa-se a seguinte sequência de transformações de energia:

a) energia resultante de processo químico → energia potencial gravitacional → energia cinética.
b) energia potencial gravitacional → energia elástica → energia cinética.
c) energia cinética → energia resultante de processo químico → energia potencial gravitacional.
d) energia mecânica → energia luminosa → energia potencial gravitacional.
e) energia resultante do processo químico → energia luminosa → energia cinética.

13. **[1, 3, 6, 7, 9, 10]** A barragem da usina hidrelétrica de Itaipu possui altura que equivale a um prédio de 65 andares (196 m). Para cada tonelada de água que é mantida na altura máxima da barragem, determine sua energia potencial gravitacional em J e em kWh (considere 1 kWh $= 3{,}6 \times 10^5$ J).

14. **[1, 6, 9, 10]** Uma flecha de 200 g é atirada por um arco capaz de armazenar energia potencial elástica de 110 J. Considerando que a energia mecânica se conserva, qual será a energia cinética e a velocidade (em m/s e em km/h) da flecha quando atingir a altura de 10 m?

15. **[1, 6, 9, 10]** Determine o trabalho realizado por uma força de 30 N que desloca 2 m uma mesa na mesma direção e sentido da força.

16. **[1, 6, 9, 10]** Suponha um corpo de 20 kg localizado a 10 m acima do solo. Determine sua energia potencial gravitacional em relação ao próprio solo. Considere $g = 10$ m/s^2.

17. **[1, 6, 9, 10]** (UFPE) Um bloco é solto no ponto A e desliza sem atrito sobre a superfície indicada na figura abaixo. Com relação ao bloco, podemos afirmar:

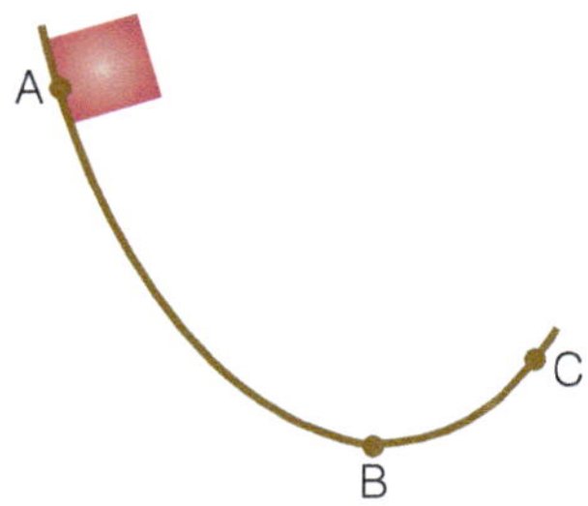

ANA OLÍVIA JUSTO/
acervo da editora

a) a energia cinética no ponto B é menor que no ponto C.

b) a energia cinética no ponto A é maior que no ponto B.

c) a energia potencial no ponto A é menor que a energia cinética no ponto B.

d) a energia total do bloco varia ao longo da trajetória ABC.

e) a energia total do bloco ao longo da trajetória ABC é constante.

18. **[1, 3, 6, 7, 9, 10]** (UNOPAR) O Brasil utiliza o represamento das águas dos rios para a construção de usinas hidrelétricas na geração de energia elétrica. Porém, isso causa danos ao meio ambiente como, por exemplo

- imensa quantidade de madeira nobre submersa nas águas;
- alteração do *habitat* da vida animal;
- assoreamento dos leitos dos rios afluentes.

Em uma usina hidrelétrica, existe a transformação sequencial de energia. Essa sequência é corretamente apresentada na alternativa:

a) cinética – potencial – eletrica.

b) química – cinética – elétrica.

c) cinética – elástica – elétrica.

d) potencial – cinética – elétrica.

e) potencial – química – elétrica.

19. **[1, 6, 9, 10]** Suponha que um elevador de peso 5.000 N se desloque para cima com velocidade constante, percorrendo 20 m em 5 s. Calcule a potência da força que movimenta o elevador.

20. **[1, 6, 9, 10]** (PUC – RJ) Sabendo que um corredor cibernético de massa 70 kg, partindo do repouso, realiza uma prova de 200 m em 20 s, mantendo uma aceleração constante de 1 m/s^2, determine a energia cinética atingida pelo corredor no final dos 200 m, em J.

Navegando na net

Conheça como funciona uma usina hidrelétrica por meio de uma miniatura feita com objetos caseiros. *Disponível em:*

http://www.youtube.com/watch?v=VE5DF_4s6r8

(*acesso em:* 3 jun. 2019).

Leitura

Você, desvendando a Ciência

Biomassa dos vegetais supera a de todos os demais seres vivos

O conjunto de vegetais da Terra atual armazena mais biomassa do que qualquer outro reino de seres vivos, inclusive o Monera, reino das bactérias. Essa é a surpresa decorrente de importante investigação científica realizada com intenção de avaliar a atual biomassa do nosso planeta. O resultado mostra que os grupos mais ricos em biodiversidade não são necessariamente os mais dotados de biomassa. Assim, as medidas efetuadas fornecem uma perspectiva diferente da vida em nosso planeta, de acordo com Ron Milo, biólogo participante do projeto de pesquisa e especialista em Biologia Quantitativa do Weizmann Institute of Science, em Rehovot, Israel. Para se ter uma ideia, a biomassa de seres humanos é de apenas 0,06 gigatoneladas de carbono – empatando com a dos organismos do *krill* e de cupins – mas, evidentemente, o impacto da nossa espécie no resultado da biomassa mundial desde o início da civilização moderna é extraordinário. Seres humanos e suas criações de animais domésticos e para fins alimentares – bois e porcos, entre outros – vencem, por exemplo, em termos de biomassa, a correspondente a todas as espécies de aves hoje existentes. Constatou-se também declínio pela metade da biomassa vegetal desde o início da civilização humana. Quanto à biomassa de microrganismos – bactérias e vírus, entre outros – sua medida ainda é muito difícil de ser estimada de modo conclusivo.

O excepcional gráfico ao lado é uma mostra dos resultados obtidos pelo grupo de cientistas. Vale a pena interpretá-lo com cuidado e entender como anda a distribuição da biomassa terrestre atual, com os seus diversos componentes vivos. A biomassa é estimada pelo conteúdo de carbono nos seres vivos. Como se pode perceber, a dos vegetais atinge 450 gigatoneladas de carbono (Gt C).

Fonte: Plants weigh the most, but humans, livestock add up. *Science Magazine*, Washington, v. 360, n. 6391, 25 May 2018, p. 837.

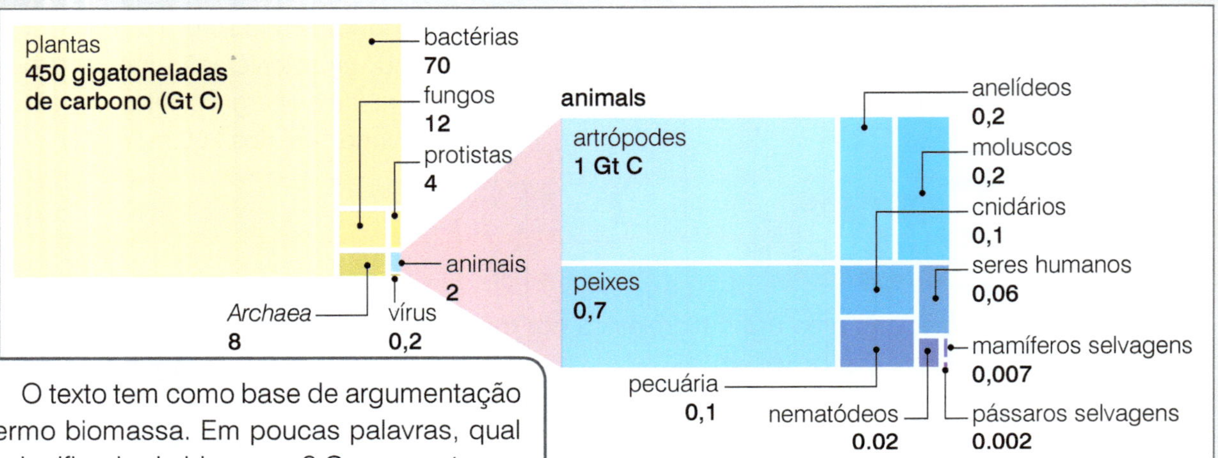

O texto tem como base de argumentação o termo biomassa. Em poucas palavras, qual é o significado de biomassa? O mesmo termo pode ser aplicado a componentes não vivos da Terra atual como, por exemplo, rochas?

TecNews

O que há de mais moderno no mundo da Ciência!

Tecnologias de emissão negativa

Com a crescente preocupação decorrente do excesso de emissão de gás carbônico e sua relação com a acentuação do efeito estufa e o incremento do aquecimento global, alguns cientistas realizam experimentos e investigações no sentido de atenuar as consequências dessas ocorrências em nosso planeta. O que estão fazendo é avaliar a possibilidade de efetuar o que denominam de *Tecnologias de Emissão Negativa*. Em resumo, o que pretendem é sugerir mecanismos que retirem gás carbônico da atmosfera, ou seja, considerando que as emissões serão cada vez mais crescentes, propõem mecanismos de extração de gás carbônico da atmosfera, e o resultado seria, conforme acreditam, uma emissão negativa desse gás. Como isso poderia ser conseguido? Por meio de seis possíveis estratégias:

1) *captura e armazenamento de gás carbônico:* vegetais de crescimento rápido são queimados visando à liberação de energia e o gás carbônico gerado na queima é capturado e introduzido em formações rochosas subterrâneas, locais em que se mistura à água existente nessas regiões;
2) *reflorestamento:* incentivo ao plantio de árvores que, durante o crescimento, "sequestram" gás carbônico da atmosfera, armazenando-o por longo tempo em seus tecidos, principalmente nos constituintes da madeira;
3) *captura direta do gás carbônico da atmosfera:* estimular a sucção de gás carbônico com a utilização de filtros contendo substâncias químicas que se ligam a esse gás. Os filtros podem ser reutilizados após terem o gás carbônico retirado e introduzido no subsolo, como no item **1**;
4) *estímulo à produção de carvão vegetal*, que armazena grandes quantidades de gás carbônico e não sofre decomposição por microrganismos;
5) *utilização de fragmentos pedregosos de minerais contendo sílica*, a exemplo da olivina, que seriam espalhados em campos e praias. Ao serem umedecidas, essas minúsculas pedras absorvem gás carbônico, retendo-o por longo tempo;
6) *fertilização de oceanos com nutrientes que possuem o elemento ferro*, que estimulam a proliferação de organismos autótrofos do fitoplâncton, os quais absorvem gás carbônico, dissolvido na água marinha, ao realizar fotossíntese, efetuando o chamado *sequestro de carbono*. Ao morrerem, esses microrganismos acabam indo para o fundo dos oceanos, local em que o gás carbônico fica armazenado.

Adaptado de: ROSEN, J. The Carbon Harvest – Vast energy plantations could suck up carbon and stave off climate change. They would also radically reshape the planet. *Science*, Washington, v. 357, n. 6377, 16 Feb. 2018, p. 733-737.

Investigando

Faça uma pesquisa na internet a respeito das chamadas COP (Conferência das Partes da Convenção do Clima das Nações Unidas) e verifique qual foi a justificativa de suas realizações e, evidentemente, os resultados obtidos nas discussões então ocorridas.

UNIDADE 3

Terra e UNIVERSO

ELROCE/SHUTTERSTOCK

Vamos explorar os movimentos de três corpos celestes – Sol, Terra e Lua – e como interferem em nossa vida.

Ao ampliarmos nesta unidade nossos conhecimentos a respeito desses temas, poderemos perceber como a forma e os movimentos da Terra estão relacionados ao clima e à previsão do tempo, entre outros fenômenos.

capítulo 15

FENÔMENOS ATMOSFÉRICOS E PREVISÃO DO TEMPO

Qual é a previsão do tempo para hoje?

Todos os dias somos informados a respeito da previsão do tempo pelos jornais, revistas, rádio, TV ou internet. Computadores, satélites, radares e antenas espalhados pelo planeta constituem uma rede que coleta, analisa e transmite informações precisas, que nos auxiliam em nossas decisões.

A previsão do tempo assume cada vez mais importância no nosso dia a dia, não só para decidir se levamos o guarda-chuva ou um agasalho quando saímos de casa, mas muitas vidas têm sido salvas por meio da análise de informações coletadas por satélites e radares. A partir dos dados coletados, tem sido possível evacuar áreas na rota de furacões, evitar que barcos pesqueiros saiam para o mar em situações de perigo e aviões se dirijam para o interior de uma grande tempestade.

A agricultura também tem sido grandemente beneficiada; agricultores evitam lançar suas sementes ao solo quando uma grande seca se aproxima ou quando chuvas em excesso são previstas.

E foi buscando o melhor momento para o plantio, que, na antiguidade, surgiram as primeiras previsões do tempo. Os antigos egípcios conseguiam prever o comportamento do rio Nilo, que irrigava as terras à margem, preparando-as para o plantio, associando suas cheias com os movimentos das estrelas. Hoje, porém, a previsão do tempo envolve um conhecimento muito maior do que simplesmente observar estrelas. Mas por que o tempo se altera tanto no decorrer do ano? Será que os movimentos de nosso planeta estão relacionados com as estações do ano? Por que cada região tem o seu clima característico?

Para conhecermos um pouco a respeito desses assuntos, começaremos observando o Sistema Solar e a posição que a Terra ocupa em relação ao Sol e aos outros planetas. Em seguida, estudaremos neste capítulo quais são os fatores que influenciam o tempo e o clima em nosso planeta.

JOSÉ A. S. REYES/SHUTTERSTOCK

O planeta Terra

É o único planeta do Sistema Solar que possui água líquida abundante e atmosfera rica em oxigênio, condições essenciais à vida como a conhecemos. Sua forma é esférica, ligeiramente achatada nos polos.

Como você já sabe, a Terra apresenta alguns movimentos, sendo os mais importantes o movimento em torno de seu eixo, chamado movimento de **rotação**, e o movimento em torno do Sol, chamado de movimento de **translação**.

ANA OLÍVIA JUSTO/acervo da editora FOTOGRAFIA: BOGUSLAW MAZUR/ SHUTTERSTOCK

O eixo da Terra não é vertical, mas um pouco inclinado em relação ao plano de sua órbita.

Rotação

A Terra leva 24 horas para dar uma volta em torno de seu eixo e esse movimento é feito de Oeste para Leste. É esse movimento o responsável pela sucessão dos dias e das noites. Observe na figura ao lado que a face do planeta que está voltada para o Sol fica iluminada (dia), enquanto a outra face não recebe a luz do Sol e fica no escuro (noite).

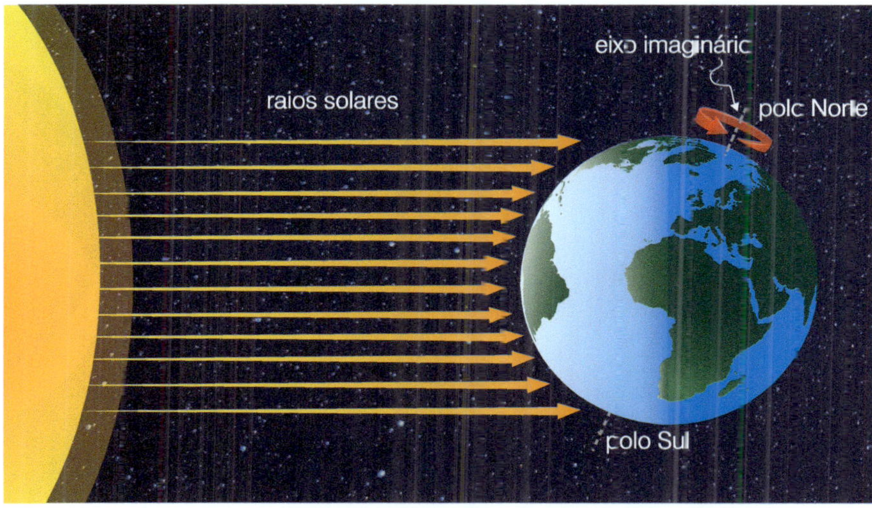

ANA OLÍVIA JUSTO/acervo da editora FOTOGRAFIAS: BOGUSLAW MAZUR/SHUTTERSTOCK ROXANA BASHYROVA/SHUTTERSTOCK

Movimento de rotação da Terra. Na face do planeta que está iluminada pelo Sol é dia, enquanto na outra face é noite.

ESTABELECENDO CONEXÕES

Cotidiano

Nascer e por do Sol

Você já notou que de manhã o Sol surge no Leste, também chamado de nascente. Sabe por que chamamos essa região de nascente? Porque os povos antigos acreditavam que a cada dia nascia um novo Sol e, à tarde, ele se punha abaixo do horizonte para morrer. Assim, o Oeste é também chamado de poente ou ocaso (decadência).

Hoje, sabemos que isso não é verdade, pois o Sol "nasce" e se "põe" por causa do movimento de rotação da Terra. Porém, por tradição as palavras nascer e por do Sol ainda são usadas.

Translação

O movimento de translação da Terra, que é o de uma volta completa em torno do Sol segundo uma determinada órbita, leva 365 dias e 6 horas. Como a órbita da Terra em torno do Sol é uma elipse, a distância da Terra ao Sol não é sempre a mesma durante todo esse trajeto.

FOTOGRAFIAS: BOGUSLAW MAZUR/SHUTTERSTOCK ROXANA BASHYROVA/SHUTTERSTOCK

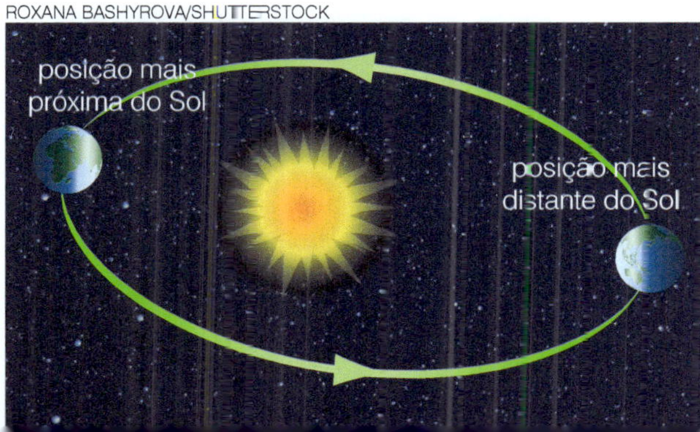

ANA OLÍVIA JUSTO/acervo da editora

Posição da Terra durante o movimento de translação.

ESTABELECENDO CONEXÕES

Geografia

Hemisférios

Para que se possa localizar mais facilmente um ponto na Terra, foi criado um sistema de linhas imaginárias sobre a superfície do planeta. Por esse sistema, uma linha imaginária (linha do Equador) passa pelo centro do planeta, perpendicular ao eixo imaginário, "dividindo-o" em duas metades. Cada meia esfera é chamada de **hemisfério** (do grego, *hemi* = metade e *sphaira* = esfera), que recebem o nome de hemisfério Norte ou Setentrional, o que contém o polo Norte, e de hemisfério Sul ou Meridional, o que contém o polo Sul.

Linhas imaginárias também podem ser traçadas ligando um polo do planeta ao outro. Uma dessas linhas, chamada meridiano de Greenwich, também "divide" o planeta em dois hemisférios: o hemisfério Oriental ou Leste e o hemisfério Ocidental ou Oeste.

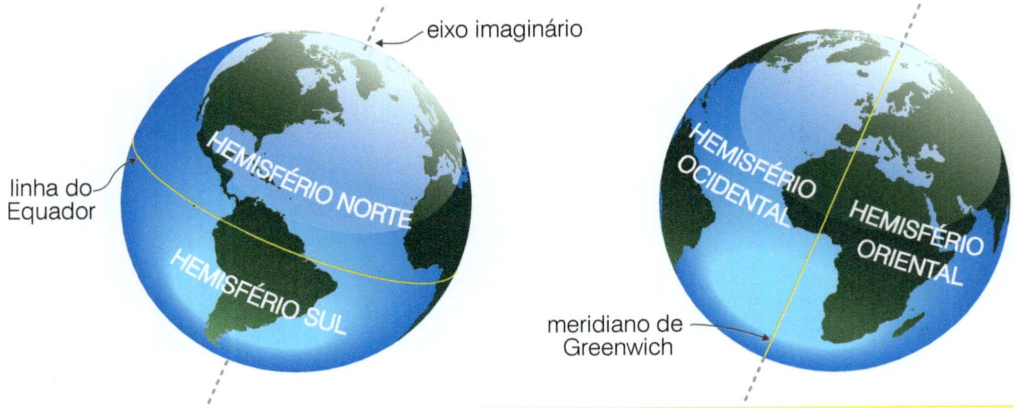

ANA OLÍVIA JUSTO/acervo da editora
FOTOGRAFIAS: BOGUSLAW MAZUR/SHUTTERSTOCK

Jogo rápido

Observe o mapa das regiões brasileiras, localize a linha imaginária do Equador e responda: o Brasil está localizado no hemisfério Sul ou no hemisfério Norte?

BRASIL – REGIÕES

ANA OLÍVIA JUSTO/acervo da editora

Estações do ano

Como o eixo de rotação da Terra é ligeiramente inclinado em relação ao plano de sua órbita, há meses em que um dos hemisférios recebe mais calor e luz do Sol (**verão**) do que o outro, que se encontra mais frio (**inverno**). Há também meses em que os dois hemisférios recebem praticamente a mesma quantidade de calor e de luz do Sol (**primavera** e **outono**).

Durante o movimento de translação da Terra, há dias em que os raios solares incidem perpendicularmente à linha do Equador, fazendo com que os hemisférios Norte e Sul recebam a mesma quantidade de calor e luz do Sol. São os chamados dias de **equinócio** (do latim, *aequus* = igual + *nox* = noite), quando a duração do dia é igual à duração da noite.

Agora, há dias do ano em que os raios solares incidem perpendicularmente sobre os trópicos, ocasião em que a desigualdade em termos de recebimento de calor e luz do Sol pelos hemisférios Norte e Sul é máxima. Esses dias são chamados dias de **solstício** (do latim, *solis* = sol + *statio* = que não se mexe). Quando o solstício ocorre no verão, a duração do período iluminado do dia é a maior do ano; quando o solstício ocorre no inverno, o período da noite é o mais longo do ano.

Jogo rápido

Se o eixo de rotação da Terra não fosse inclinado em relação ao Sol, que consequências traria para nosso planeta?

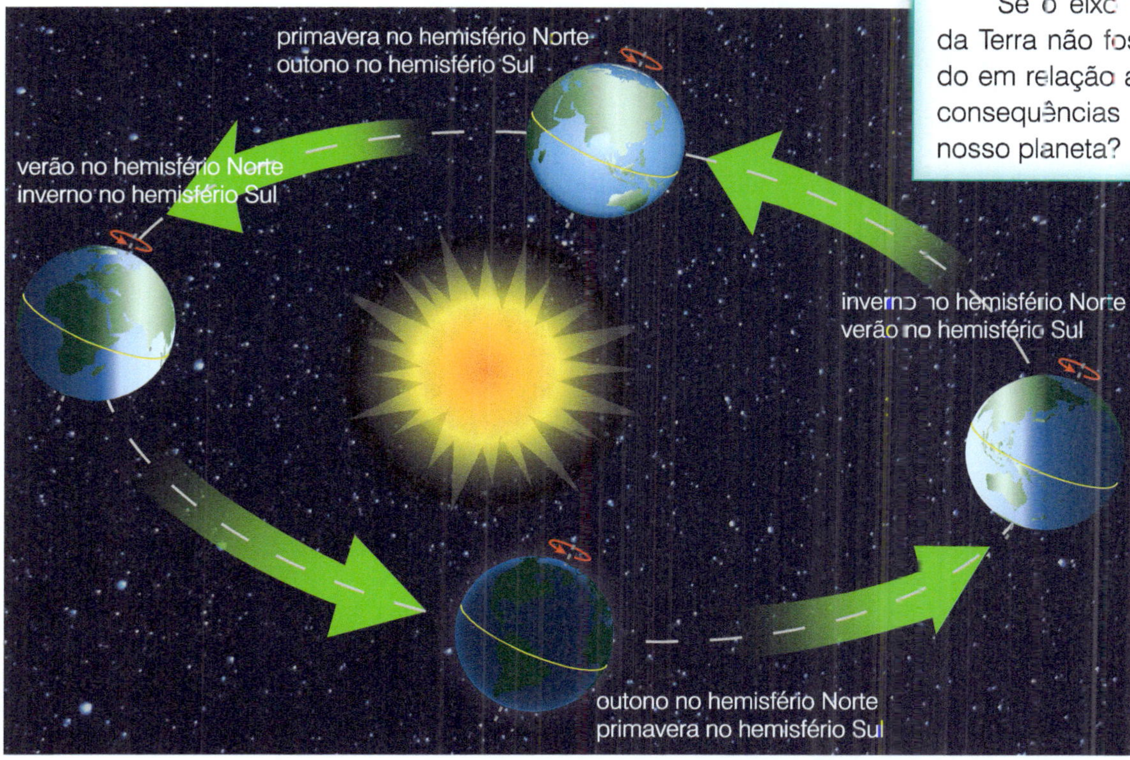

Órbita da Terra em torno do Sol. Observe que quando é verão no hemisfério Norte é inverno no hemisfério Sul, e quando é primavera no hemisfério Norte é outono no hemisfério Sul. (Ilustração fora de escala.)

ANA OLÍVIA JUSTO/acervo da editora
FOTOGRAFIAS: BOGUSLAW MAZUR/SHUTTERSTOCK
ROXANA BASHYROVA/SHUTTERSTOCK

Lua – satélite natural da Terra

Damos o nome de **satélite natural** ou **lua** a qualquer corpo celeste que possui órbita em torno de um planeta ou outro corpo celeste menor A Terra possui uma única lua, ou seja, um único satélite natural (chamado Lua).

A distância média da Lua à Terra é de 384.400 km. A Lua é pequena demais para reter uma atmosfera, pois sua gravidade é equivalente a um sexto da gravidade terrestre. Apesar disso, ela exerce uma forte influência sobre o nosso planeta, provocando as marés.

Em sua órbita elíptica em torno da Terra, a Lua completa uma volta exatamente ao mesmo tempo em que completa uma rotação em torno de seu eixo, aproximadamente 28 dias, e assim como a Terra o seu movimento de rotação se dá de Oeste para Leste. Por isso, a Lua mantém sempre a mesma face voltada para a Terra.

Descubra você mesmo!

Dos planetas do Sistema Solar, alguns possuem luas e outros não. Pesquise quais desses planetas possuem satélites naturais.

JPL/NASA

Nem sempre aqui da Terra vemos a Lua com a mesma forma. Mas por que isso acontece? É que a Lua não é um astro com luz própria, mas sim um astro que é *iluminado* pelo Sol. Em seus movimentos em torno do próprio eixo e em torno da Terra, varia a porção da Lua iluminada pelo Sol que vemos. Essa variação é gradual, mas destacam-se quatro fases bem conhecidas: crescente, cheia, minguante e nova.

Fases da Lua: porção da face da Lua iluminada pelo Sol vista da Terra.

Fases da Lua, desde crescente, passando pelas etapas de lua cheia e minguante, até chegar à lua nova (totalmente escura).

VADIM PETRAKOV/SHUTTERSTOCK

Eclipses

À medida que a Lua percorre a sua órbita, periodicamente atravessa a sombra da Terra ou bloqueia a chegada da luz solar em uma parte da superfície terrestre. Na primeira situação, dizemos que está ocorrendo o **eclipse lunar** e na segunda, o **eclipse solar**.

Um eclipse solar total ocorre quando a Lua se encontra perfeitamente entre o Sol e a Terra. Dessa forma os raios solares são bloqueados pela Lua e uma região da Terra deixa de ser iluminada.
Na foto, eclipse ocorrido em Tidore, Indonésia, em 9 mar. 2016.

Eclipses não acontecem todos os meses, porque o plano da órbita da Lua em torno da Terra não coincide com o plano orbital da Terra em torno do Sol.

Em outras palavras: eclipses só acontecem quando Sol, Terra e Lua situam-se na mesma reta, isto é quando estão alinhados.

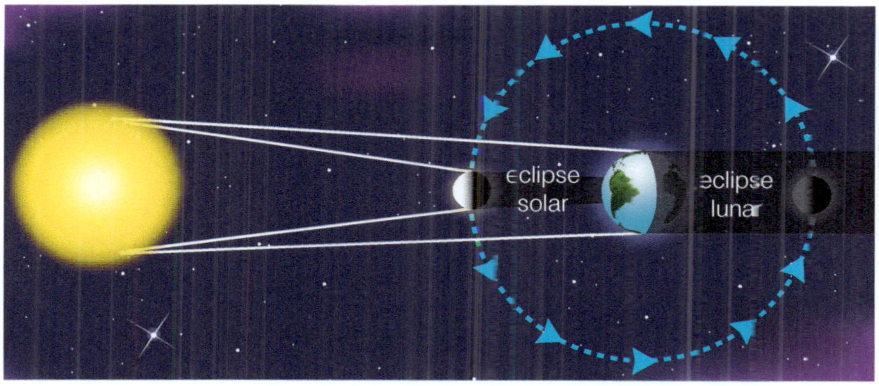

LUIZ IRIA/acervo da editora

Fique por dentro!

Em um eclipse lunar, a sombra da Terra projetada sobre a Lua é chamada **umbra**.

Observe na foto ao lado um eclipse lunar parcial, em que se vê a sombra da Terra projetada sobre a Lua. (Granada, Espanha, 21 jun. 2011.)

JAVIER ALGARRA/NASA/APOD

ENTRANDO EM AÇÃO

Você pode entender como ocorrem os movimentos de rotação e de translação da Terra, bem como a formação dos eclipses, com algumas montagens bem simples. Para isso, você vai precisar de uma fonte de luz (lâmpada, vela, farolete), uma mesa, dois corpos esféricos de diferentes tamanhos (por exemplo, uma laranja e um limão) e duas hastes (pode ser uma agulha de tricô ou um pedaço de arame, por exemplo), que farão a função de eixos.

Para entender como ocorre o movimento de rotação:

- introduza a haste no centro de cada esfera, atravessando-os de um lado ao outro;
- segure o objeto esférico maior por uma das extremidades do eixo, mantendo o conjunto levemente inclinado;
- peça para um colega segurar a fonte de luz na frente do objeto e gire-o, bem devagar, no sentido horário e você terá um efeito semelhante ao da rotação da Terra.

1. Qual é a função da fonte de luz nesse modelo de rotação de um planeta?
2. Se o objeto esférico fosse a Terra, o que significariam as regiões iluminada e não iluminada?

- Agora, desloque-se vagarosamente no sentido horário ao redor da fonte de luz, mantendo ao mesmo tempo a rotação do objeto. Observe a incidência da luz sobre o objeto à medida que você se desloca.

3. O seu deslocamento em torno da fonte de luz reproduz que tipo de movimento dos planetas?

- Agora você irá simular os eclipses. Segure os dois objetos esféricos pela extremidade de cada eixo. O maior irá representar a Terra e o menor a Lua. Mantendo a fonte de luz fixa, gire o menor em torno do maior.

4. Quais são as condições para o aparecimento dos eclipses?

JASTROW/CREATIVE COMMONS

Busto de Aristóteles, filósofo grego (384 a.C.-322 a.C.). Cópia em mármore a partir de original em bronze do escultor grego Lísipo (cerca de 300 a.C.). O manto em alabastro foi acrescido posteriormente. Palazzo Altemps, Museu Nacional de Roma, Itália.

Meteorologia e previsão do tempo

A televisão, o rádio, a internet e os jornais veiculam informações sobre a previsão do tempo de acordo com a meteorologia. Mas o que significa meteorologia? Qual é a origem dessa palavra?

Meteorologia é a ciência que estuda a atmosfera e seus fenômenos (umidade, pressão atmosférica, frentes frias ou quentes), com a finalidade de prever as variações do tempo em uma região.

O termo meteorologia provém de *Meteorologica*, título de um livro escrito pelo filósofo grego Aristóteles, por volta de 340 a.C. Este livro apresentava observações e investigações sobre a origem dos fenômenos atmosféricos, tais como a formação de nuvens, ventos, chuvas, granizo, neve, trovões e furacões. Muitas destas especulações não estavam corretas, mas foram aceitas por quase 2 mil anos. O nome do livro estava ligado ao fato de que, na época de Aristóteles, tudo o que caía do céu ou era visto nele recebia o nome de meteoro. Hoje, nós fazemos diferença entre o que vem do espaço, a que chamamos de meteoroides, e aquilo que é formado na atmosfera, como a água e o gelo.

Especulações: suposições; afirmações sobre algo sem que haja comprovação dos fatos.

Tempo e clima

Para a meteorologia, clima e tempo são conceitos diferentes. Quando falamos em **tempo**, estamos considerando as condições atmosféricas em determinado momento, ou seja, as mudanças atmosféricas em um dia ou em uma semana. Por exemplo, hoje em sua cidade o tempo pode estar mais quente e úmido em relação a ontem. Assim, tempo é uma condição atmosférica passageira, que ocorre em determinado momento e lugar, podendo mudar de uma hora para outra.

Fonte: CLIMA TEMPO. *Disponível em:* <https://tempo.cptec.inpe.br>.

Fique por dentro!

A palavra meteorologia tem sua origem no grego *metéoros*, que, significa meteoro, elevado no ar, e *lógos*, que significa tratado, estudo.

Quando falamos de **clima**, estamos nos referindo, de forma geral, às condições atmosféricas que predominam em períodos mais longos, como meses ou anos. Por exemplo, na Amazônia o clima é quente e geralmente úmido, com chuvas abundantes e temperaturas elevadas. Já no interior do Nordeste, na região conhecida como Polígono das Secas, as chuvas são escassas, e o clima se apresenta com pouca umidade e temperaturas elevadas.

O clima não se altera apenas nas diferentes regiões em nosso país. Você também pode perceber a mudança do clima em sua cidade por meio do ciclo das estações do ano – primavera, verão, outono e inverno –, pois cada uma, em geral, apresenta um clima característico. Por outro lado, em uma mesma estação, o clima se altera de região para região. Até mesmo cidades próximas podem possuir climas distintos. É o caso de Campos do Jordão e São Paulo, que apresentam climas diferentes em uma mesma época do ano, pois a altitude, a presença ou a proximidade de mares, rios, lagos e o tipo de vegetação são fatores que afetam o clima.

Além disso, quando nos afastamos da linha do Equador e nos deslocamos para o sul do nosso continente, mais nítida passa a ser a diferença climática entre as estações, principalmente as diferenças de temperatura entre um verão quente e um inverno frio. É o que acontece, por exemplo nos estados do sul do Brasil, em que o inverno e o verão são mais definidos que nos estados mais próximos da linha do Equador.

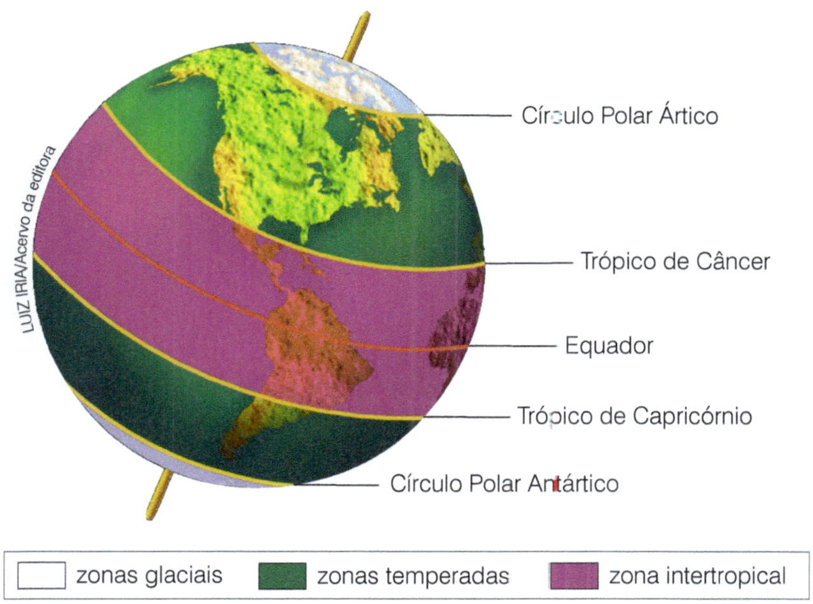

Jogo rápido

No texto desta seção, você aprendeu a diferença entre clima e tempo. Na Amazônia, o clima é quente e úmido, porém a manchete de um jornal local estampou a seguinte frase: "Amanhã o dia será frio". Essa manchete se refere ao clima ou ao tempo? Escreva um pequeno texto para justificar a sua resposta.

Fatores atmosféricos relacionados com o tempo

Os meteorologistas que fazem a previsão do tempo levam em conta alguns fatores que se alteram dia a dia. Por exemplo, a umidade do ar, a pressão atmosférica, a temperatura da região, as nuvens, as massas de ar, as frentes frias e as frentes quentes.

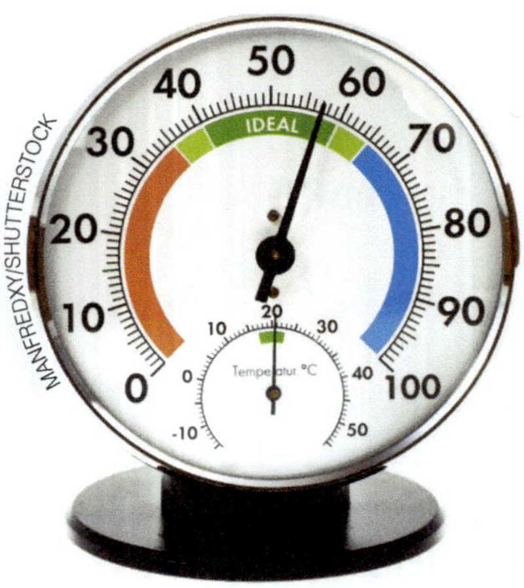

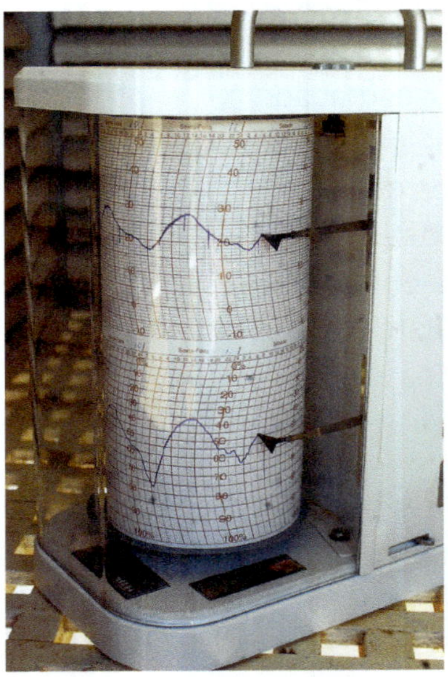

Umidade do ar e chuvas

Quanto maior a quantidade de água na forma de vapor presente na atmosfera, maior é a probabilidade de ocorrência de chuvas. Muitas vezes falamos em **umidade relativa**, que é a quantidade de água na forma de vapor que existe na atmosfera em relação à quantidade máxima desse vapor que a atmosfera pode conter. Ela é medida diariamente nas estações meteorológicas em aparelhos chamados **higrômetros** (a palavra higrômetro vem do grego *higrós*, que significa umidade e, *métron*, que significa medida). Ela também pode ser registrada por meio de *higrógrafos*, que também são instrumentos destinados à medição da umidade, porém além de medir ainda registram o resultado em folhas de papel.

Estação meteorológica: local em que são colhidos dados (como pressão, temperatura, velocidade do vento etc.) para a análise do tempo.

A umidade relativa pode variar de 0% (ausência de vapor-d'água no ar) a 100% (quantidade máxima de vapor-d'água que o ar pode conter). Quando a umidade atinge 100%, dizemos que o ar está *saturado* de vapor-d'água. Em regiões de clima seco, a umidade relativa do ar se mantém muito baixa por longos períodos e raramente chove nessa época.

O higrômetro (imagem superior) registra a umidade relativa do ar em termos de porcentagem. Essa umidade é registrada pelos higrógrafos (imagem inferior) em papel.

ESTABELECENDO CONEXÕES

Cotidiano

Um certo desconforto

Na Amazônia, o clima é quente e geralmente úmido, com chuvas abundantes e temperaturas elevadas, porém raramente superando os 40 °C, graças à elevada umidade do ar proporcionada pela floresta. Essa umidade impede que as temperaturas disparem, mas provocam um desconforto, aumentando a sensação de calor (sensação térmica), pois o excesso de umidade no ar dificulta a evaporação do suor. Fazendo uma comparação: roupas no varal demoram mais para secar em dias úmidos. Quando o ar está saturado de umidade, dificulta a passagem de novas moléculas de água para o ambiente, sejam essas moléculas provenientes da água do suor ou da roupa estendida no varal.

Você já deve ter ouvido nos noticiários que a temperatura de determinada localidade é, por exemplo, 35 °C, mas a **sensação térmica** naquele local é de 39 °C. Por que essa diferença? É que os termômetros marcam apenas a temperatura do ar e a sensação térmica é a *temperatura como a sentimos*, e leva em conta a umidade do ar, pressão e velocidade do vento, entre outros fatores atmosféricos. Esses dados são coletados e relacionados por meio de uma equação matemática complicada, que nos dá como resultado a temperatura que sentimos, ou seja, a sensação térmica.

Pluviômetro

Para medirmos a quantidade de chuva que cai em uma região durante determinado período, utilizamos um aparelho chamado **pluviômetro** (a palavra pluviômetro vem do latim *pluvio*, que significa chuva, e do grego *métron*, que significa medida). O aparelho é composto por um funil para coletar a água da chuva e um cilindro de vidro graduado. Cada milímetro de água coletado, corresponde a 1 litro de água por metro quadrado.

Como a distribuição das chuvas não é regular em uma região, uma cidade, por exemplo, convém instalar vários pluviômetros, um em cada zona ou bairro. Assim, para uma melhor avaliação da quantidade de chuva em toda a extensão do município, coletamos os dados dos aparelhos e calculamos a média de pluviosidade no período considerado.

STEVE HEAP/SHUTTERSTOCK

Foto de um pluviômetro, aparelho utilizado para medir a quantidade de chuvas que cai em determinada localidade durante um dado período de tempo.

ENTRANDO EM AÇÃO

Podemos construir um pluviômetro bastante simples, como o da figura abaixo, usando uma garrafa ou um frasco cilíndrico e transparente com fundo plano. Precisaremos também de um funil com a boca da largura da garrafa (ou frasco), uma régua graduada em milímetros e fita adesiva. Com a fita adesiva, fixe a régua do lado de fora da garrafa.

Disponha o funil na boca do frasco ou garrafa como mostra a figura e leve todo o conjunto para local aberto, certificando-se de que a montagem não está coberta por galhos de árvores ou qualquer tipo de cobertura – ela precisa receber diretamente a água da chuva.

Cada milímetro de água coletada em dia de chuva significa que, naquele local, a quantidade de chuva equivale a 1 L de água por metro quadrado.

Durante o período de 30 dias, analise diariamente a quantidade de água coletada, tomando o cuidado de fazer a leitura após o término da chuva. Feita a leitura, esvazie o frasco e reposicione o conjunto para nova leitura. Expresse a quantidade de chuva mensal em litros de água por metro quadrado.

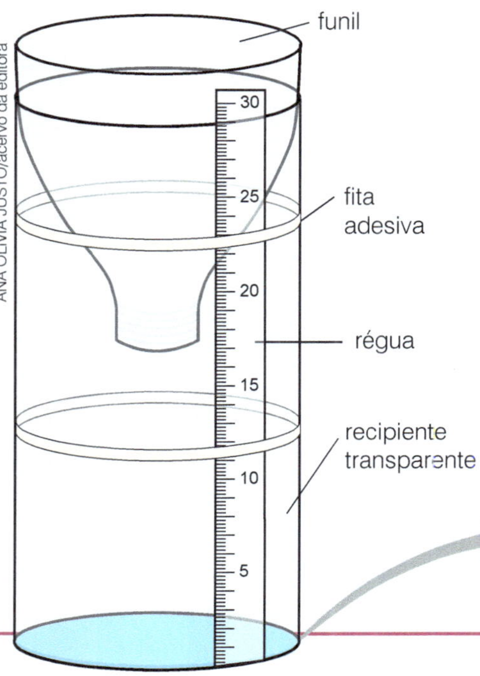

ANA OLÍVIA JUSTO/acervo da editora

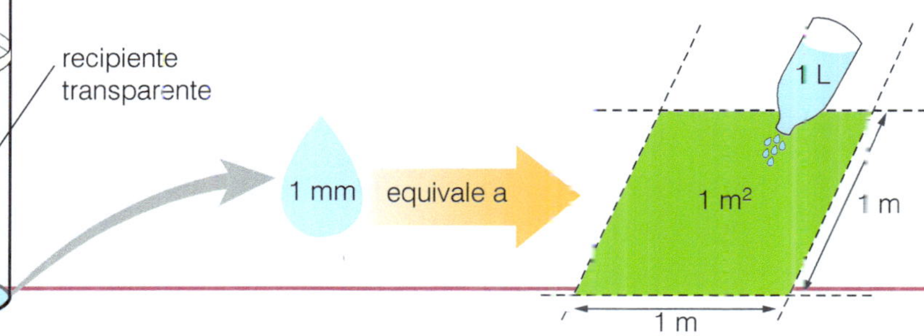

> **Atenção:** para esta montagem, **não** utilize garrafas PET que possuam reentrâncias em suas bases, como a da foto ao lado.

GRAZVYDAS JANUSKA/PANTHERMEDIA/KEYDISC

Pressão atmosférica

> **Fique por dentro!**
>
> Quando a pressão atmosférica aumenta é sinal de que o tempo vai melhorar. Porém, se houver uma queda rápida da pressão atmosférica, é sinal de que está se aproximando uma forte chuva.

A pressão atmosférica está relacionada com o peso que a atmosfera exerce sobre a superfície terrestre. Os instrumentos utilizados para medir a pressão são o **barômetro** (a palavra barômetro vem do grego *báros*, que significa peso, e do grego *métron*, que significa medida) ou o *barógrafo*. A diferença é que o barógrafo registra a pressão continuamente em uma folha de papel.

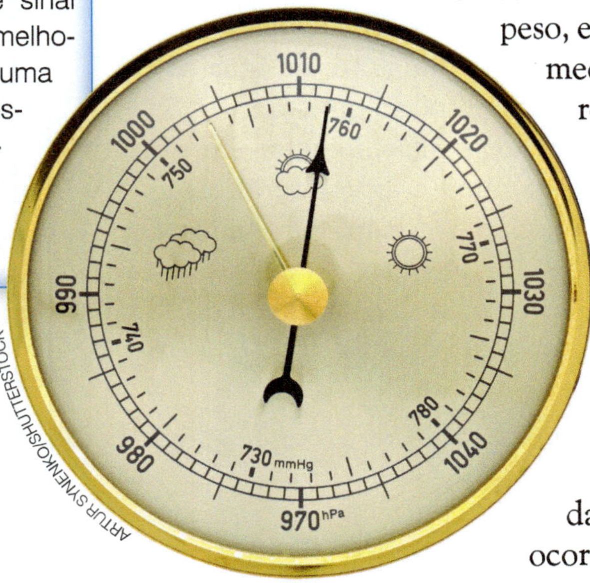

ARTUR SYNENKO/SHUTTERSTOCK

A diminuição da pressão atmosférica indica um aumento de vapor-d'água no ar. Portanto, quando medimos a pressão atmosférica, estamos indiretamente verificando a umidade do ar e a possibilidade da ocorrência de chuvas.

> **É SEMPRE BOM SABER MAIS!**
>
> **Por que a pressão atmosférica diminui com o aumento da umidade no ar?**
>
> Como você já sabe, uma mistura de gases forma a atmosfera: nitrogênio, oxigênio, gás carbônico e vapor-d'água. Os mais abundantes são o nitrogênio e o oxigênio, mais pesados que o vapor-d'água.
>
> Quando o ar está úmido, o vapor-d'água, mais leve, passa a ocupar o espaço antes ocupado pelas moléculas de nitrogênio e oxigênio. Por isso, o peso da atmosfera sobre a superfície terrestre diminui.

Temperatura do ar

A temperatura do ar indica o quanto ele está sendo aquecido ou resfriado pela influência direta da energia solar e pela superfície do planeta, que libera energia térmica do seu próprio interior (como, por exemplo, pela atividade vulcânica e fontes termais) e diariamente devolve à atmosfera parte da energia térmica recebida do Sol.

A temperatura do ar é medida próxima à superfície, usando-se instrumentos chamados **termômetros** (a palavra termômetro vem do grego *thérme*, que significa calor, e do grego *métron*, que significa medida) ou *termógrafos*, aparelhos que registram continuamente a temperatura em uma folha de papel. Os termômetros podem ser elétricos, de mercúrio ou de álcool. No Brasil, a temperatura é medida em graus Celsius (°C).

É SEMPRE BOM SABER MAIS!

Nuvens

As nuvens são constituídas por gotículas de água ou cristais de gelo que se formam na atmosfera. Sua formação ocorre quando o ar quente e úmido sobe para camadas mais altas e frias da atmosfera. Nessas condições o vapor-d'água condensa-se, podendo até mesmo se transformar em gelo.

Observe, nas fotos a seguir, alguns dos principais tipos de nuvem.

CE PHOTOGRAPHY/SHUTTERSTOCK

Cirros: são nuvens altas (localizadas acima de 6.000 metros), longas e brancas, quase transparentes, formadas por pequenos cristais de gelo. Sua presença indica ausência de chuva. A palavra cirros vem do latim *cirru* e significa cacho de cabelo ou caracol.

BIRD PEERAPHON/SHUTTERSTOCK

Cúmulos: são nuvens brancas e densas parecidas com grandes flocos de algodão, típicas de verão. Podem ocorrer isoladamente ou dispostas próximas umas das outras, de 600 a 900 metros de altitude. Sua presença indica tempo estável, sem chuva. A palavra cúmulos vem do latim *cumulu* e significa pilha ou montão.

MARJORIE BULL/ PANTHERMEDIA/KEYDISC

Estratos: são nuvens baixas (localizadas abaixo de 2.000 metros) semelhantes a um nevoeiro e formam-se em camadas horizontais acinzentadas, que parecem se sobrepor. A presença de estratos pode indicar chuva. A palavra estrato vem do latim *stratu* e significa camada.

PANTHERMEDIA/KEYDISC

Nimbos: também são nuvens altas de cor cinza-escura, suficientemente densas para dificultar a passagem da luz. Sua presença está associada com chuvas fortes, raios e granizo. A palavra nimbos vem do latim *nimbu* e significa portador de chuva.

DE OLHO NO PLANETA

Meio Ambiente

A água e o efeito termorregulador

Em lugares secos, longe de florestas, mares e lagos, onde a umidade é baixa, a temperatura sofre grande variação entre o dia e a noite. Por exemplo, nos desertos, durante o dia, a temperatura é altíssima, porém à noite fica muito próxima de 0 °C. Isso se deve à pequena quantidade de vapor-d'água no ar.

Durante o dia, a água recebe calor aumentando sua temperatura.

À noite, ela vai lentamente cedendo calor ao ambiente, o que impede o brusco resfriamento da atmosfera.

Essa capacidade de a água absorver e perder calor lentamente tem um efeito termorregulador, isto é, contribui para equilibrar a temperatura do ambiente, o que não acontece nos desertos, pela quase total ausência de água.

Massas de ar

As massas de ar são grandes blocos de ar em movimento. Essas grandes porções da atmosfera se deslocam carregando parte das características da região onde se originaram, como a temperatura e a umidade. Por exemplo, as massas que se originam de regiões polares são frias; as que se originam nas regiões tropicais são quentes. À medida que se movem, alteram as condições do tempo por onde passam. Muitas vezes, elas podem permanecer estacionadas sobre determinada região por vários dias ou algumas semanas.

Frentes frias e frentes quentes

O encontro de duas massas de ar de temperaturas diferentes dá origem a uma região de transição entre elas. Essa região recebe o nome de **frente**. Assim, uma frente é a região dianteira de uma massa de ar em movimento, que entra em contato com outra massa de ar de características diferentes. As frentes podem ser frias ou quentes.

A **frente fria** ocorre quando uma massa de ar frio que se desloca, encontra e empurra uma massa de ar quente estacionada em uma região. O ar frio, mais denso, introduz-se sob o ar mais quente e menos denso, que sobe e esfria. Com isso, a temperatura cai rapidamente junto ao solo. Como a massa de ar quente pode conter umidade, com a ascenção (subida) e a consequente queda rápida da temperatura, o vapor-d'água se condensa ocasionando nevoeiro, tempestades e trovoadas. No Brasil, as frentes frias, em geral, vêm da Região Sul e avançam sobre o litoral, sendo desviadas para outras partes do país pelos ventos.

A **frente quente** ocorre quando uma massa de ar quente que se movimenta encontra e empurra a massa de ar frio que estava estacionada sobre uma região, provocando aumento de temperatura. Como o ar quente é menos denso que o ar frio, a massa de ar quente se desloca por cima da massa de ar frio. Nesse caso, formam-se nuvens predominantemente do tipo estrato, podendo ocorrer precipitações.

Quando uma frente deixa de se mover, ela recebe o nome de **frente estacionária**.

Estacionária: que está parada.

frente fria

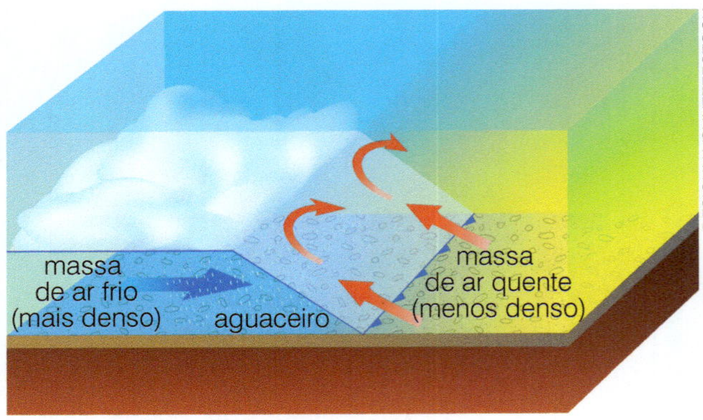

DESIGNUA/SHUTTERSTOCK

Formação de uma frente fria.

1. Massa de ar frio (mais denso) introduz-se sob a massa de ar quente (menos denso).
2. A massa de ar quente, menos densa, sobe e esfria.
3. Se a massa quente contiver umidade, há condensação e possíveis precipitações (chuvas).

frente quente

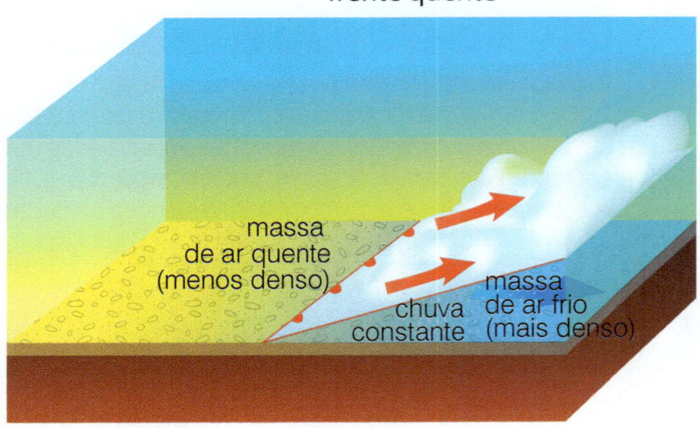

DESIGNUA/SHUTTERSTOCK

Formação de uma frente quente.

1. Massa de ar quente empurra a massa de ar frio.
2. No encontro das duas massas formam-se nuvens do tipo estrato e ocorrem chuvas.

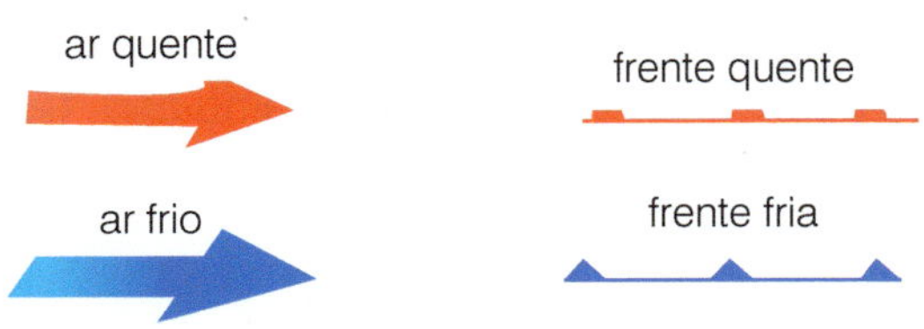

Ciclones: *furacões e tufões*

Tufões e **furacões**, também conhecidos como **ciclones**, formam-se do encontro de massas de ar quente (áreas de baixa pressão) com massas de ar frio (áreas de alta pressão). O ar tende a se deslocar de uma área de alta pressão para uma de baixa pressão e assim surgem os ventos de um ciclone que, influenciados pelo movimento de rotação da Terra, giram em espiral.

Quando os ciclones se formam sobre áreas oceânicas próximas à linha do Equador, recebem o nome de *ciclones tropicais*. Nessas regiões, as altas temperaturas e a umidade favorecem a sua formação.

NASA

Furacão Isabel sobre o oceano Atlântico (acima) e detalhe de seu centro (abaixo). O centro ou núcleo de um furacão é chamado de "olho do furacão", possui de 20 a 30 km de diâmetro, mas não é tão turbulento. Porém, a movimentação do vento que gira ao seu redor pode ir além dos 300 km/h.

A conhecida imagem de uma coluna de nuvens, em formato de funil, que gira a alta velocidade e toca a terra, é o que se convencionou chamar de **tornado**.

JUSTIN HOBSON/SHUTTERSTOCK

OEMER TIGREL/PANTHERMEDIA/KEYDISC

ESTABELECENDO CONEXÕES

Geografia

Friagem

No sul da Amazônia brasileira, a população enfrenta o fenômeno conhecido como friagem. Mas o que é isso?

No período de maio a agosto, uma massa de ar formada próximo à Patagônia, portanto uma massa de ar fria (polar), desloca-se para a região do Equador, provocando uma queda brusca de temperatura e chuvas. Esse fenômeno chama-se friagem.

Em consequência do desmatamento que vem ocorrendo nessa região nos últimos anos, a friagem tornou-se mais acentuada: a temperatura local chega a cair para menos de 8 °C.

Ventos

O **vento** é o movimento do ar produzido por causas naturais. São muitos os fatores que influenciam os ventos em determinada região. Porém, de maneira geral, os ventos se formam como consequência do deslocamento do ar de regiões de alta pressão em direção a regiões de baixa pressão. Vejamos uma comparação: um pneu, ao furar, esvazia-se, pois o ar de seu interior, sob uma pressão maior, se dirige para o exterior, que se encontra sob uma pressão menor. Na atmosfera, também se formam regiões de alta e de baixa pressão como consequência das diferenças de temperatura entre as várias regiões. O ar aquecido se expande, isto é, as moléculas dos gases presentes no ar se espalham, se afastam, e o ar passa a exercer menor pressão atmosférica. Essas são, portanto, áreas ou zonas de **baixa pressão**. O ar quente, por ser menos denso, tende a elevar-se na atmosfera.

Ao contrário, no ar frio as moléculas dos gases estão mais próximas; o ar é mais denso e tende a ocupar camadas mais próximas da superfície da Terra, sobre a qual exerce mais pressão. Áreas ou zonas de ar frio são, então, áreas de **alta pressão**. O movimento de ar das zonas de alta pressão para as zonas de baixa pressão é o que forma os ventos.

Para se prever quando uma massa de ar chegará a determinada localidade, é fundamental conhecer a *velocidade dos ventos*, que é medida com um aparelho denominado **anemômetro** (a palavra anemômetro vem do grego *anemos*, que significa vento e *métron*, que significa medida). O modelo mais comum utiliza um eixo com três conchas, acoplado a um dispositivo que registra o número de rotações em um intervalo de tempo. A vantagem desse modelo é que ele independe da direção do vento.

A **direção dos ventos** é verificada por instrumentos como a **biruta**, que é constituída por um cone de tecido com duas aberturas. O ar penetra através da abertura maior, fixa a um suporte giratório, e sai pela outra. Dessa forma, ao soprar o vento, a biruta alinha-se com sua direção. As birutas são usadas principalmente em aeroportos, para a orientação nos pousos e decolagens dos aviões.

Anemômetro. As três conchas do aparelho giram pela ação do vento e as rotações dadas em torno do eixo que as suporta são registradas. A velocidade do vento é dada pelo número de giros (rotações) em determinado intervalo de tempo.

SOLOSERGIO/SHUTTERSTOCK

ADAPTICE PHOTOGRAPHY/SHUTTERSTOCK

Biruta.

Brisa marítima e brisa terrestre

As brisas marítima e terrestre são exemplos de ventos locais, porque limitam-se a alguns quilômetros da costa litorânea.

Durante o dia, a areia da praia se aquece mais rapidamente que a água do mar. Há transferência de calor da areia para o ar. Esse ar aquecido expande-se, torna-se menos denso, desloca-se para as camadas mais altas da atmosfera e o seu lugar é ocupado pelo ar menos aquecido e mais denso que está sobre o mar. Esse ar que sopra do mar para o continente constitui a **brisa marítima**.

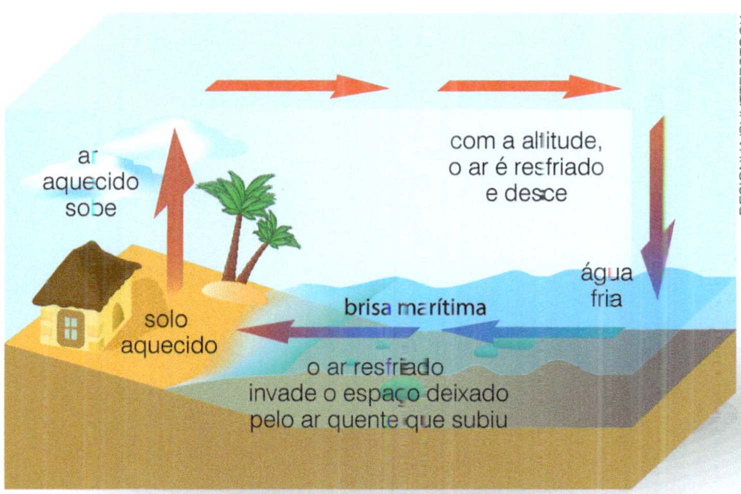

DESIGNUA/SHUTTERSTOCK

A brisa marítima sopra do mar para o continente no período matutino até a metade da tarde.

Durante a noite ocorre o inverso. A terra esfria mais rapidamente que a água do mar. Então, a transferência de calor se dá da água para o ar, o qual se aquece e sobe, sendo o seu lugar ocupado pelo ar mais frio que sopra do continente para o mar. Assim se forma a **brisa terrestre** ou **continental**. Essa é a brisa que os pescadores aproveitam para conduzir suas embarcações para o alto mar, de madrugada. Voltam durante o dia, favorecidos pela brisa marítima.

No final da tarde e durante todo o período noturno, até próximo do amanhecer, a brisa terrestre sopra do continente para o mar.

DE OLHO NO PLANETA
Ética & Cidadania

A força da natureza

Se fenômenos geofísicos tais como tempestades, terremotos, maremotos ou furacões causam sérios danos e prejuízos a pessoas e bens de uma comunidade, então temos um cenário típico de desastres naturais. Os cientistas têm constatado, nas últimas décadas, um aumento na frequência e na intensidade desses desastres. Estudos indicam que esse aumento pode estar ligado principalmente às mudanças climáticas resultantes do aquecimento global.

Os últimos relatórios do IPCC (Painel Intergovernamental sobre Mudanças Climáticas) apontam para um aumento das chuvas nas Regiões Sul e Sudeste e um agravamento da seca nas Regiões Norte e Nordeste do Brasil. Esse aumento das chuvas não significa que teremos uma boa distribuição anual. Pelo contrário, as chuvas ficarão muito fortes e concentradas.

As atividades humanas, associadas ao desrespeito à natureza, por meio de desmatamentos, queimadas, assoreamento de rios, ocupações desordenadas e edificações mal construídas, têm aumentado o impacto dos desastres ambientais nos últimos anos.

➢ O assoreamento dos rios, ou seja, o acúmulo de entulho, lixo e outros descartes no fundo dos rios, faz com que estes suportem cada vez menos água. Como consequência, quando há grande quantidade de chuvas, o nível dos rios sobe e torna-se mais provável a ocorrência de enchentes. Em sua opinião, que medidas poderiam ser tomadas para evitar o assoreamento dos rios?

São incalculáveis os prejuízos tanto em termos materiais, mas, principalmente, em termos de vítimas, que uma enchente pode causar.

Nosso desafio

Para preencher os quadrinhos de 1 a 9, você deve utilizar as seguintes palavras: cirros, clima, Meteorologia, nuvens, pressão atmosférica, tempo, termômetro, umidade do ar, ventos.

À medida que você preencher os quadrinhos, risque a palavra que escolheu para não usá-la novamente.

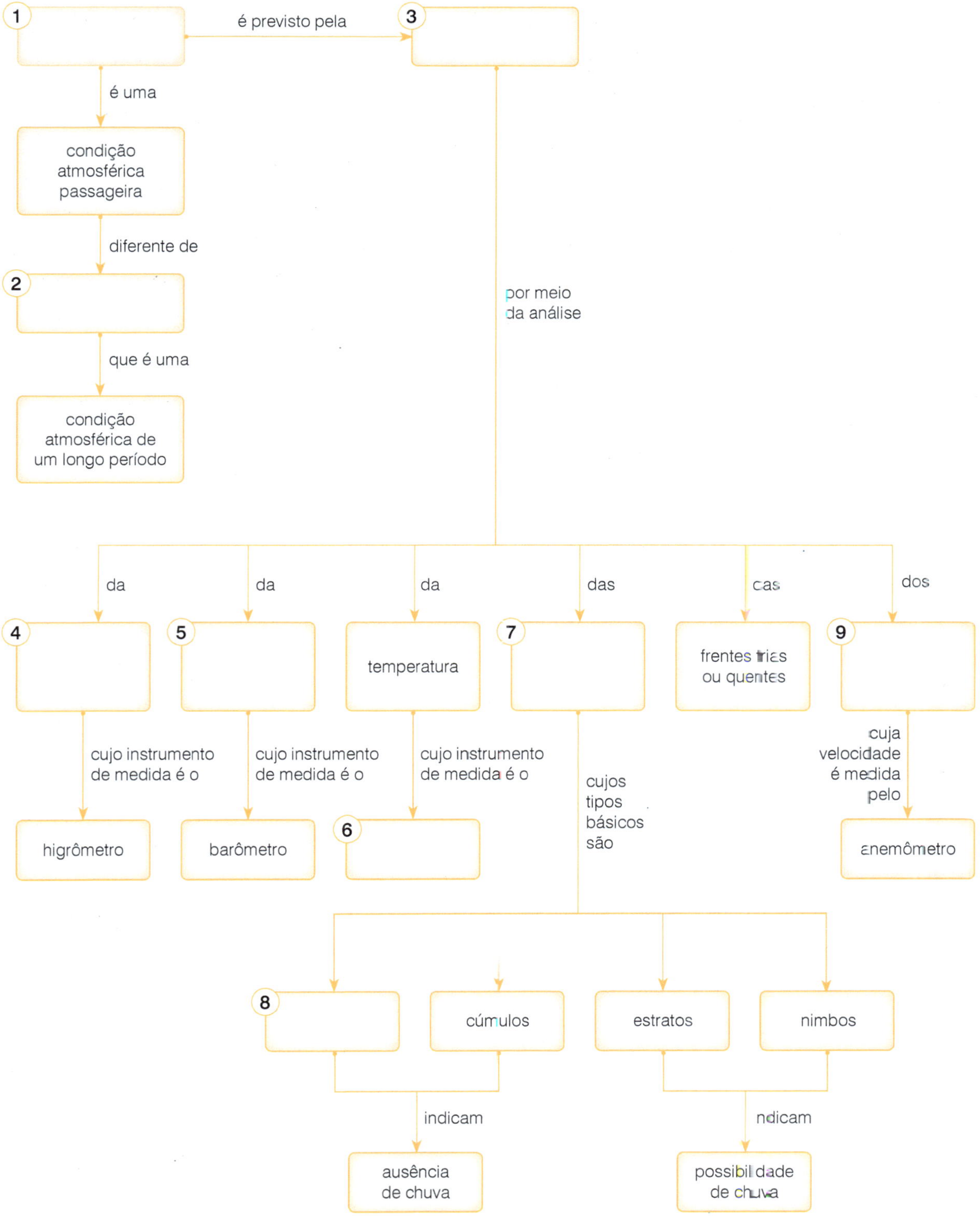

Atividades

1. **[1, 3, 6, 7, 9, 10]** O deserto de Atacama está localizado na região norte do Chile. É o deserto de maior altitude e o mais seco do mundo, pois está localizado entre duas cadeias montanhosas (os Andes e a Cordilheira da Costa do Chile) que impedem a propagação da umidade proveniente da evaporação das águas dos oceanos Pacífico e Atlântico. Essas condições, aliadas a temperaturas variando entre 0 °C a 40 °C, proporcionam muitas dificuldades para o ser humano viver nesse local, porém favorecem muito a observação astronômica. É no Atacama, a 5.000 m de altitude, que está localizado o ALMA (Atacama Large Millimeter Array), um observatório composto por 66 antenas interconectadas, que podem operar como um único e imenso radiotelescópio.

Antenas do ALMA.
HTTPS://WWW.ALMAOBSERVATORY.ORG

a) Por que essas condições favorecem a observação astronômica?

b) Como você pode explicar a enorme variação de temperatura no deserto, que durante o dia atinge 40 °C, porém à noite fica em torno de 0 °C?

---

2. **[1, 7]** O que causa a sucessão regular dos dias e das noites em nosso planeta?

3. **[1, 6, 7, 9]** Para moradores distantes da linha do Equador, é fácil notar que, no verão, o Sol nasce mais cedo e se põe mais tarde, porém no inverno clareia mais tarde e escurece mais cedo. Qual é a causa dessa diferença?

4. **[1, 7]** No Brasil, existe um dia do ano em que o período diurno é o mais longo e o período noturno é o mais curto. Como esse dia é conhecido?

5. **[1, 3, 6, 7, 9, 10]** Dois alunos estavam conversando sobre as estações do ano, quando um deles, com a intenção de fornecer uma explicação cientifica afirmou: "No verão, a Terra se aproxima muito do Sol, por isso essa estação do ano é muito quente".

a) A explicação do aluno é convincente? Por quê?

b) Como você pode explicar para esse aluno a origem das estações do ano?

c) Em que região do nosso planeta a incidência da luz solar é maior durante todo o ano? Qual é a consequência desse fato para essa região?

6. **[1, 7]** Se a Lua não produz luz e só podemos vê-la refletindo a luz do Sol, então como é possível ver a Lua à noite?

7. **[1, 7, 8]** O Sol nasce a Leste e se põe no Oeste. Esse movimento aparente do Sol foi um dos motivos que levou os antigos gregos a acreditar que a Terra era fixa e o centro do Universo.

Explique a causa desse aparente movimento do Sol.

8. **[1, 7]** Como ocorre a formação das nuvens? do que são formadas?

SUNNY FOREST/SHUTTERSTOCK

9. **[1, 10]** Qual instrumento meteorológico deve ser utilizado para se determinar o sentido do deslocamento dos ventos? e para estimar sua velocidade?

10. **[1, 10]** Um colega comenta: "Hoje o dia está muito quente". Ele se refere ao clima ou ao tempo? Justifique a sua resposta.

11. **[1, 6, 9]** Como podemos prever a aproximação de uma tempestade utilizando um barômetro?

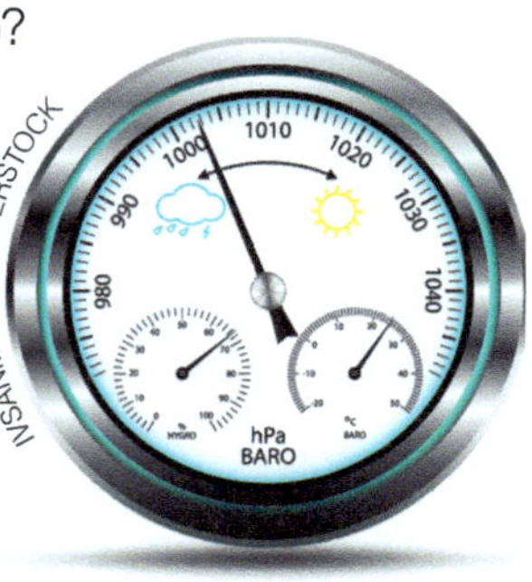

VSANMAS/SHUTTERSTOCK

12. **[1, 6, 9]** Como ocorre o aparecimento de uma frente fria? Como se forma chuva nesse caso?

13. **[1, 9]** Quando medimos a umidade do ar, referimo-nos a ela como "umidade relativa" do ar. Explique em um pequeno texto o que você entende pela expressão "umidade relativa".

14. **[1, 9]** Explique como se formam as brisas que favorecem a partida dos jangadeiros para o alto-mar.

LUCIO CONSUL/SHUTTERSTOCK

Jangada com turistas próxima à praia de Pajuçara, Alagoas, Maceió.

15. **[1, 9]** Explique a formação das brisas que favorecem a volta dos pescadores ao continente.

16. **[6, 10]** Uma construtora planejou um edifício com um reservatório destinado a coletar toda a água da chuva. A área construída foi de 10 metros de comprimento por 7 metros de largura, ou seja, 70 metros quadrados. Junto ao edifício foi instalado um pluviômetro. Verificou-se que após a ocorrência de uma hora de chuva, o nível indicado pelo pluviômetro foi de 2 milímetros. Calcule o volume de água coletado.

17. **[1, 2, 4, 5, 6, 9, 10, 11]** Pesquise na internet algum *site* sobre previsão do tempo e procure identificar nele as temperaturas máximas e mínimas para sua região, as condições de tempo nos aeroportos, as imagens de satélites, a previsão oceânica, com a altura máxima das ondas. Depois de analisar as informações disponíveis, produza um texto com a previsão do tempo para sua cidade ou região.

Navegando na net

Para ficar por dentro do que acontecerá em termos da qualidade do ar e da previsão do tempo de sua região, visite o site:

<http://www.cptec.inpe.br/>

(*acesso em:* 15 abr. 2019).

Leitura

Você, desvendando a Ciência

Por que certas doenças são mais comuns no outono e no inverno?

Vimos nesta unidade a relação entre estações do ano e o movimento de órbita da Terra ao redor do Sol. Mas será que esse movimento é a causa de ocorrência mais frequente de doenças respiratórias, principalmente gripe, resfriado, rinite e sinusite, sem contar possíveis infecções pulmonares de origem viral ou bacteriana?

O motivo do aumento de frequência dessas doenças no outono e no inverno é fácil de entender. Assim que saímos das estações mais quentes, demora para as pessoas perceberem que precisam se proteger mais, utilizar roupas mais aconchegantes, tanto em casa como em locais externos. É comum encontrarmos, no começo dos meses mais frios, pessoas ainda caminhando nas ruas de bermudas, sem agasalhos, sem proteção na cabeça etc. Nesses casos, o organismo, sujeito a temperaturas ambiente baixas, passa por um aumento do metabolismo, que gera mais calor e mantém o corpo mais aquecido, protegendo-se do frio. Do mesmo modo, as pessoas passam a se aglomerar mais, o que facilita sobremaneira o espalhamento de microrganismos que costumam invadir as vias respiratórias. Em recintos abertos ou fechados, basta que alguém esteja gripado, tossindo, espirrando, para que as partículas liberadas pelas vias respiratórias se espalhem pelo meio, contaminando mãos, objetos, portas, corrimões, mesas, sofás, portas de veículos, celulares, *tablets*, *laptops* e tudo o mais que possa alojar microrganismos. E aí, contaminar-se é muito fácil, não é mesmo?

Assim, é fundamental adotar atitudes preventivas que impeçam o contágio nessas ocasiões. Lavar constantemente as mãos, com água e sabonete ou mesmo com álcool gel, é uma delas. Ao espirrar ou tossir, conduzir a palma da mão à boca, no sentido de evitar o espalhamento das partículas. Cumprimentos, tais como beijos, devem ser evitados na medida do possível. Utilizar lenços descartáveis ao tossir ou espirrar, e depositá-los em recipientes de lixo. Beber muita água, permitindo que fígado e rins exerçam seus papéis de filtradores do sangue possivelmente contaminado por vírus, bactérias e seus fragmentos.

Agora, a pergunta que é frequentemente ouvida: é seguro ser vacinado contra a gripe? Sim, mesmo que a cobertura vacinal não atinja 100%, é vantajoso vacinar-se.

Com base nas informações do texto, que atitude é considerada a mais satisfatória no sentido de evitar a ocorrência das afecções respiratórias citadas?

TecNews

O que há de mais moderno no mundo da Ciência!

Noturnalidade e defesa dos animais silvestres contra as alterações ambientais geradas pela espécie humana

Aproximadamente, 75% da superfície terrestre atual encontra-se modificada devido à interferência da espécie humana nos ambientes. A expansão da chamada “pegada ecológica” decorrente das atividades humanas não está apenas causando perda de *habitats* ou da biodiversidade, mas está alterando também a dinâmica das populações silvestres.

Seres humanos atuam como predadores de topo nas teias alimentares e essa atividade é exercida principalmente no período diurno. Com isso, o medo das demais espécies de se exporem aos mesmos meios está se acentuando, mesmo naquelas que não são alvo da nossa espécie. Isso sem contar as inúmeras invasões ambientais humanas com fins agropecuários ou habitacionais. Os animais silvestres respondem a essas ameaças reduzindo seus movimentos e, fato importante, alterando seus hábitos de vida – ou seja, passam a evitar seres humanos durante o dia e adotam o que foi chamado por cientistas especializados em pesquisa ecológica de ***noturnalidade***, quer dizer, passam a se movimentar preferencialmente no período noturno. E isso tem um preço: alteração radical da reprodução desses seres, com diminuição de suas populações e das possibilidades de obtenção de alimentos, uma vez que alterações profundas na composição das teias alimentares provocam danos irreversíveis na composição dessas comunidades. Além disso, alterações radicais também ocorrem nos diversos tipos de relação entre os seres vivos da comunidade, com possível desaparecimento de muitas delas.

Segundo os cientistas que pesquisam esse tema, mamíferos de grande porte respondem mais fortemente a essas alterações do que mamíferos de pequeno tamanho, porque os primeiros são mais visíveis pelos caçadores humanos e, portanto, mais vulneráveis do que os pequenos animais. Os resultados dessas pesquisas constam dos gráficos a seguir. Por sua leitura, percebe-se que em situação de pequena perturbação causada pelo homem, animais possuem atividade diurna elevada. Já com elevada perturbação ambiental causada pela ação humana, o comportamento dos animais se inverte e passam a adotar a noturnalidade, ou seja, passam a ser ativos preferencialmente no período noturno. No fundo mesmo, é um recurso de defesa já inscrito nas características das espécies.

Adaptado de: BENÍTEZ-LÓPES, A. Animals feel safer from humans in the dark. *Science Magazine – Ecology*, Washington, v. 360, n.6394, 15 June 2018, p. 1185-1186.

Investigando

Faça uma pesquisa na Internet a respeito de quais espécies de animais possuem hábito noturno, o tamanho corporal e tipo de alimentação a que recorrem. Pesquise, também, os possíveis competidores dessas espécies e que tipo de repercussão o desaparecimento de algumas delas pode acarretar no ambiente de vida.

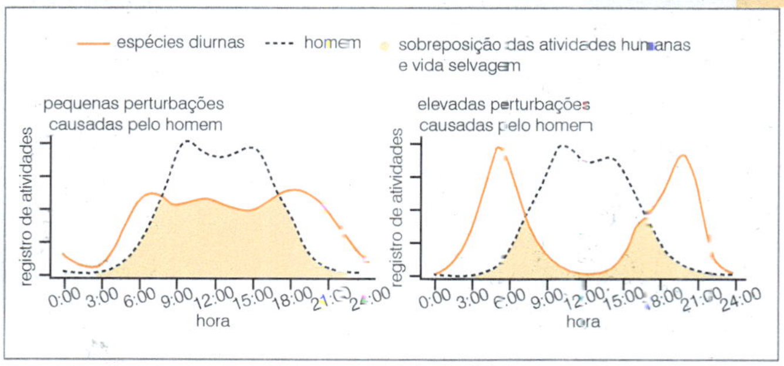

BIBLIOGRAFIA

ANDERY, M. A. *et al. Para Compreender a Ciência*. Rio de Janeiro: Garamond, 2007.

BRESINSKY, A. *et al. Tratado de Botânica de Strasburger.* 36. ed. Porto Alegre: Artmed, 2012.

BRUSCA, R. C.; BRUSCA, G. J. *Invertebrados*. 2. ed. Rio de Janeiro: Guanabara Koogan, 2007.

CANIATO, R. *As Linguagens da Física*. São Paulo: Ática, 1990. (coleção Na sala de aula).

CHALMERS, F. A. *O que É Ciência Afinal?* São Paulo: Brasiliense, 1993.

CHANG, R. *Chemistry*. 9. ed. New York: McGraw-Hill, 2007.

CLEMENTS, J. *Darwin's Notebook* – the life, times and discoveries of Charles Robert Darwin. Philadelphia: The History Press, 2009.

CUNNINGHAM, W.; CUNNINGHAM, M. A. *Environmental Science* – a global concern. 10. ed. New York: McGraw-Hill, 2008.

LEPSCH, I. F. *Formação e Conservação dos Solos*. São Paulo: Oficina de Textos, 2010.

MILLER, T. G. *Living in the Environment* – principles, connections, and solutions. 13. ed. Belmont: Cengage Learning, 2004.

NELSON, D. L.; COX, M. M. *Lehninger Principles of Biochemistry*. 5. ed. New York: W. H. Freeman, 2008.

POUGH, F. H.; JANIS, C. M.; HEISER, J. B. *Vertebrate Life*. 6. ed. New Jersey: Prentice-Hall, 2002.

PRESS, F. *et al. Para Entender a Terra*. 4. ed. Porto Alegre: Artmed, 2008.

RAVEN, P. H.; EVERT, R. F.; EICHHORN, S. E. *Biology of Plants*. 7. ed. New York: W. H. Freeman, 2005.

SILVERTHORN, D. U. *Fisiologia Humana* – uma abordagem integrada. 5. ed. Porto Alegre: Artmed, 2010.

STARR, C. *et al. Biology* – the unity and diversity of life. 13. ed. Stamford: Brooks/Cole, 2009.

TAIZ, L.; ZEIGER, E. *Plant Physiology*. 3. ed. Sunderland: Sinauer Associates, 2002.